"十二五"国家重点出版规划项目

现代舰船导航、控制及电气技术丛书

赵 琳 主编

现代舰船导航系统

■ 赵 琳　杨晓东　程建华　唐正平　编著

国防工业出版社
National Defense Industry Press

内 容 简 介

本书结合国内外现代舰船导航最新研究进展和作者最新的研究成果,围绕舰船导航系统的核心知识点,系统阐述了国际和国内各种不同类型的舰船导航系统。全书共分12章:第1、2章叙述了舰船导航定位系统的发展历史、现状以及导航定位的基础知识;第3章介绍了几种应用较早的舰船导航系统,包括船位推算系统、地文导航系统和天文导航系统;第4章详细阐述了惯性导航系统;第5章讲述了陆基无线电和卫星导航系统;第6章介绍了水声导航系统;第7~9章分别阐述了几种先进的舰船导航手段,包括地磁导航、重力导航和气象导航;最后,从导航信息处理和应用的角度出发,利用第10~12章全面介绍了组合导航、电子海图和舰船航路规划。

本书可用作测控技术与仪器专业的本科生和导航、制导与控制专业的研究生的教材,也可作为大专院校教师、工程技术人员从事船舶导航定位技术教学与科研的参考书。

图书在版编目(CIP)数据

现代舰船导航系统/赵琳等编著. —北京:国防工业出版社,2015.8

(现代舰船导航、控制及电气技术丛书/赵琳主编)

ISBN 978-7-118-10349-6

Ⅰ.①现… Ⅱ.①赵… Ⅲ.①航海导航-导航系统 Ⅳ.①U666.11

中国版本图书馆CIP数据核字(2015)第248376号

※

国防工业出版社出版发行

(北京市海淀区紫竹院南路23号 邮政编码100048)

三河市鼎鑫印务有限公司印刷

新华书店经售

*

开本 787×1092 1/16 **印张** 22¾ **字数** 520千字

2015年8月第1版第1次印刷 **印数** 1—2000册 **定价** 98.00元

(本书如有印装错误,我社负责调换)

国防书店:(010)88540777 发行邮购:(010)88540776

发行传真:(010)88540755 发行业务:(010)88540717

丛书编委会

主　编　赵　琳

副主编　刘　胜　兰　海

编　委　（按姓氏笔画排序）

王元慧　卢　芳　付明玉　边信黔

朱晓环　严浙平　苏　丽　杨　震

杨晓东　宋吉广　金鸿章　周佳加

孟　杰　梁燕华　程建华　傅荟璇

綦志刚　蔡成涛

PREFACE | 丛书序

随着海洋世纪的到来，海洋如今越来越成为人类新的希望，也越来越成为世界各国争夺的目标。当今世界强国，无一例外都是海洋大国，海洋战略已成为具有重要意义的国家战略。现代舰船是保卫国家海上安全、领土主权，维护海洋权益，防止岛屿被侵占、海域被分割和资源遭掠夺的重要工具。伴随着我国“海洋强国”战略目标的提出，现代舰船对操纵性、安全性、可靠性及航行成本，适应现代条件下的立体化海战，及与其他军种、兵种联合作战等提出了更高的需求，必然要求在核心领域出现一大批具有自主知识产权的现代舰船装备。

要提升我国舰船行业竞争力，实现由造船大国向造船强国的转变，首先要培养一大批具有国际视野和民族精神的创新人才，突破制约舰船装备性能的瓶颈技术，进而取得具有自主知识产权的研究成果，应用于船舶工程和海军装备。而创新人才的培养，一直是科技教育工作者的历史使命。

新形势下，我国海洋安全面临着前所未有的严峻威胁和挑战。确立“海洋国土”观念，树立海洋意识，提升海军装备水平，是捍卫我国国土安全必不可少的内容。为此，我们邀请业内知名专家，联合开展“现代舰船导航、控制及电气技术丛书”编撰工作，就舰船控制、舰船导航、舰船电气以及舰船特种装备的原理、应用及关键技术展开深入探讨。

本丛书已列入“十二五”国家重点出版规划项目。它的出版不仅能够完善和充实我国海洋工程人才培养的课程体系，促进高层次人才的培养，而且能为从事舰船装备设计研制的工业部门、舰船的操纵使用人员以及相关领域的科技人员提供重要的技术参考。这对于加速舰船装备发展，提升我国海洋国防实力，确立海洋强国地位将起到重要的推动作用。

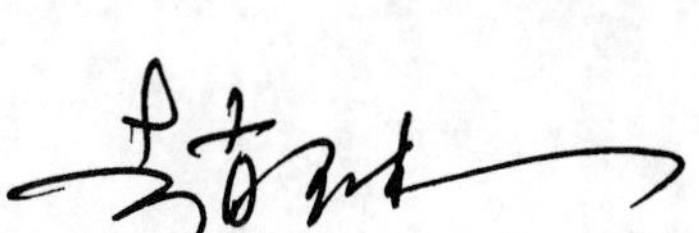

FOREWORD | 前言

“导航定位”是人类从事政治、经济、军事、文化活动必不可少的信息技术，是航海、航天、航空和武器系统的重要组成部分。在舰船应用领域，导航系统已经成为实现舰船精确操纵、武器系统精确打击、雷达精确探测必不可少的有机组成部分，尤其是其长时间的高精度和运行有效性，对于保障舰船在任何条件下遂行海上多种任务能力具有重要意义。

准备致力于舰船导航的探索者，想必无不对导航的悠久历史及其对现代文明发展所起的作用感到好奇，并引发对这一既古老又充满现代活力的理论和技术一探究竟的愿望。本书是作者结合长期从事舰船导航技术教育教学和科学研究的成果，在对2009版《舰船导航概论》和2011版《船舶导航定位系统》内容修订的基础上，重点针对现代舰船导航系统，如惯性导航、卫星导航、重力导航、地磁导航、气象导航、组合导航理论和舰船航路规划等进行了深入探讨，并特别融入了国内外最新研究进展，介绍了诸如欧洲Galileo卫星导航系统、我国的北斗卫星导航系统、先进的无源导航技术等。

全书共分12章。第1章简要叙述了舰船导航定位系统的发展历史和现状、舰船导航系统的类型等；第2章介绍了与舰船导航定位技术相关的基础知识，包括地球形状描述、坐标系及其转换、时间系统和电子海图基础知识；第3章介绍了几种应用较早的舰船导航系统，包括船位推算系统、地文导航系统和天文导航系统，分别阐述了其定位基本原理、系统误差特性；第4章介绍了惯性导航系统的基本原理、误差特性以及初始对准、综合校正、旋转调制和系统标定等关键系统技术；第5章在简要叙述陆基无线电导航系统的基础上，重点对卫星导航原理、方法、误差特性、卫星导航增强方法进行了讲述；第6章介绍了水声导航系统，包括声波传播基础，基于声波的测速、定位和测深方法及其误差分析；第7章介绍了地磁导航系统，包括地磁传感器、误差校正以及基于地磁导航系统的匹配导航方法；第8章主要分析了地球重力场的测量以及基于重力导航的匹配导航方法；第9章介绍了气象导航系统的基本理论和系统应用；第10章介绍了组合导航及信息处理，包括组合导航的基本原理和信息融合方法，并给出了几种典型的组合导航系统；第11章主要介绍了电子海图系统的相关标准、设计方法以及电子海图集成技术；第12章介绍了舰船航路规划，包括航路规划的方法和程序、航路规划设计以及影响航路规划的关键要素分析。

本书的编著工作由哈尔滨工程大学赵琳教授、程建华副教授，海军潜艇学院杨晓东教授、唐正平副教授、赵宝庆讲师，海军装备研究院舰船所陈晶高工联合完成。第2章、第5章和第10章由赵琳教授编写；第1章、第3章、第7章和第8章由杨晓东教授编写；第4章和第6章由程建华副教授编写；第11章由陈晶高工编写；第12章由唐正平副教授编写；第9章由赵宝庆讲师编写；全书由赵琳教授和杨晓东教授规划和统稿。

本书作为“十二五”国家重点出版规划项目，力求做到物理概念清晰、数学分析详尽、前沿跟踪迅速、图形描述细致，使教材做到图文并茂、深入浅出。

感谢国防工业出版社王九贤同志对本书出版的热情支持和认真审校。

感谢国家自然科学基金（61273081、61374007、61104036）和中央高校科研业务费专项资金（HEUCFX41309）对本书出版的大力支持。

由于作者水平有限，不妥和错误之处在所难免，敬请读者批评指正。

CONTENTS | 目录

第1章 舰船导航系统概述

第2章 舰船导航基础

第3章 传统舰船导航方法

第4章 惯性导航

第5章 舰船无线电导航

第6章 水声导航

第7章 地磁导航

第8章 重力导航

第9章 气象导航

第10章 组合导航及信息处理

第11章 电子海图系统

第1章

舰船导航系统概述

海洋约占地球面积的70%，人类除了开发和利用海洋资源外，还得到一个好处就是利用海洋来作为一种交通途径——航海。导航最早是从航海开始，并且与船舶相伴而生的，航海既需要船舶，也需要导航，从而使导航既成为一门艺术，又成为一门有光辉发展前景的科学。一方面，人类对海洋的探索和开发应用推动着导航技术的发展；同时，导航技术的发展又为人类更深层次开发应用海洋提供了重要保障。

引导运动体安全、准确地航行到预定目标或指定点的理论和方法，就称为导航。导航解决的核心问题是，确定任意时刻运动体的位置和姿态、运动体的时间基准和运动体到下一个位置点的正确航法。

现代导航技术的发展使得导航概念已经发生了重大变化。例如，舰船导航不仅仅起传统的航海保障作用，其功能还包括舰船导航与控制、武器作战的指挥与控制、导弹的导航与制导、武器系统及雷达等的控制与稳定、海洋环境的测绘和现代战争的指挥与控制等。可以说，舰船导航已经成为现代海战的关键技术。

舰船导航的基本任务是：为舰船提供各种航行参数，引导舰船安全航行，保证其遂行各种战斗活动；为舰载指控和武器装备系统提供位置、姿态、方位、时间等各种导航信息，保证作战指挥和武器使用需要；引导精确制导武器准确命中目标；战时开展导航信息对抗，对敌方导航系统进行干扰和压制，保护我方导航系统，采取各种手段，减小敌方干扰对我导航保障的影响。

舰船导航的总体要求是可靠、连续和准确。可靠是指系统和设备要能连续、稳定地提供可利用的导航信息；连续是指导航设备要能实时提供导航信息，要能连续进行导航，不能做后处理；准确是指信息精度要高，时间信息要准，要能满足各类用户的使命任务需求。导航信息使用对象的不同，对导航定位要求也就不同。通常情况下，在大洋中航行的舰船,对定位精度要求不是很高。一般 2 ~ 3n mile① 就能满足航行安全保障需求;近岸海洋测量定位精度要求在 10m 以内;通过狭窄水道定位精度要求一般为 100m 左右或小于水道可航宽度 1/4;障碍物较多的复杂海区或进出港等,对导航定位的精度要求一般为几米至几十米;打捞和救助船只,除了要求一般的导航定位外,还要求能够迅速、准确地测定出遇难船只的方位和距离,以便及时搜寻、救助。

1.1 舰船导航历史与发展

1.1.1 舰船导航技术发展简要回顾

舰船导航的发展大致可分为地文导航、天文导航、仪表导航、电子导航(无线电导航、惯性导航和卫星导航)和综合导航几个阶段。

在与船舶相伴生的导航定位技术中,地文导航定位技术历史最悠久、最古老,它利用对山头、岛礁等陆上标志的观测确定船位和方位。而天文导航定位则是古人航海技术积累到相当程度后才发展起来的。

在我国古代航海史上,航海技术可粗略地分为船舶导航定位技术与船舶操纵技术,4000 多年前,我们祖先就已经懂得利用天然目标引导船只航行,600 多年前,“过洋牵星图”陪伴着郑和船队创下了七下西洋的伟大壮举。

大约在 12 世纪,中国发明的指南针开始在航海中应用,继而产生罗经。罗经导航标志着航海技术取得重大突破。1730 年发明了航海六分仪,1767 年天文钟在船上使用,开始了对天体进行观测确定舰船方位的天文导航。

人类社会进入 20 世纪以来,无线电技术的发明和广泛应用于导航,推动导航技术进入了崭新的时代。无线电导航定位方法经过了无线电测向仪(1921 年)、雷达(1935 年)、罗兰 A(1943 年)、台卡(1944 年)、罗兰 C(1958 年)、卫星导航系统(1964 年)、全球定位系统(1993 年)的发展历程,进入高精度卫星导航定位时代。第一次世界大战无线电指向标的应用,突破了目视导航受天气影响和作用距离的局限;第二次世界大战罗兰技术的应用,为船舶和武器装备系统提供了精度更高、作用距离更远和使用更为便捷的导航保障手段;第二次世界大战以来,罗兰系统的逐步完善、奥米伽系统的应用、卫星导航和惯性导航技术的发展,推动着时代的进步,产生巨大的军事和经济效益。1935 年发明雷达,随即于 1937 年开始用于船舶探测目标、定位、导航与避碰;1957 年发射第一颗人造地球卫星,1964 年就研制出卫星导航系统。美国开发的全球定位系统(GPS)可在全球范围内全天候为海上、陆上、空中和空间用户提供连续的、高精度的三维定位、速度和时间信息,使船舶、飞机和汽车等运载工具的导航与定位发生了划时代的变革。采取差分技术的 GPS 技术可把定位精度提高到米级。GPS 现已普遍装在船上,成为最主要、最常用、最简便、最准确的导航定位手段。而为了摆脱对美国 GPS 的依赖,俄罗斯开发了 GLONASS 卫星导航系统,中国开发了北斗卫星定位系统,欧盟开发了 GALILEO 卫星导航定位系统。

惯性导航技术是舰船最重要的导航技术手段,可以自主、连续、实时、准确地向舰船提

① 1n mile = 1852m。

供航向、航速、航程、航位、航路点、偏航以及到达目的地的时间、方位及距离等,保证舰船安全地出航、进港,准确地沿着预定的航线,快速驶往目的海域;惯性导航系统还作为武器系统的基准信息源,提供准确、可靠的航向、纵横摇、速度与位置信息。但是,惯性导航的缺点是其误差随时间积累,需要借助于其他能够提供位置信息和速度信息的技术装备进行重调或修正。

惯性导航技术的发展经历了较漫长的曲折道路。1687 年建立的牛顿力学定律奠定了惯性导航理论基础;1851 年发现的傅科理论奠定了陀螺理论基础;1908 年发现的舒勒周期奠定了平台罗经和稳定平台理论基础;1946 年发明计算机技术及随后的晶体管式数字计算机的出现,促使了第一台惯性导航系统在 1950 年诞生;1962 年卡尔曼和布西发明的最优线性递推滤波(线性、无偏、方差最小的实时滤波)为惯性导航系统和综合导航系统提供了数据处理手段;随着计算机技术的发展,四元数法在计算机上的应用,构成了数学平台,为捷联式系统的实现打下了基础;1988 年 N. A. Carson 提出的联合滤波理论为两个以上的导航传感器的信息融合奠定了理论基础。

从基于惯性原理的液浮陀螺仪、静电陀螺仪和动调陀螺仪,发展到基于萨格纳(Sagnac)效应的光学陀螺仪,再到基于物质波和原子光学的原子干涉仪式陀螺仪,陀螺仪在原理和技术上均取得了重大突破。利用干涉仪式原子陀螺仪实现的纯惯性导航系统定位精度可达 5m/h,具有广泛的应用前景。

纳米技术也成为惯性导航技术向微型化发展的一条重要途径。由于微电子技术的进步,集成电路芯片的特征尺寸越来越小,将突破 0.1μm 的物理极限。当电子数减少到几十个的时候,经典物理学的普遍定律不再适用,量子功能电子学和纳米技术应运而生,发展潜力巨大。它的出现标志着人类从微米层次深入到原子、分子级的纳米层次,使人类最终能够按照自己的意愿操纵单个原子和分子,以实现对微观世界的有效控制。虽然目前纳米技术尚达不到完全成熟的水平,但已经进入到人们日常生活中,并被誉为最具革命性的新科学,引起了世界各国科学家、政府和军队的高度重视。

舰船导航技术的发展过程,是适应舰船装备要求,并伴随着科学技术尤其是自动控制、电子技术、计算机技术和现代工艺技术的发展而不断提高的。20 世纪 60 年代初出现了组合导航,20 世纪 70 年代初出现了综合舰桥系统,20 世纪 80 年代出现了组合导航控制系统,20 世纪 90 年代出现了导航、控制、监视和通信一体化系统,导航自动化程度越来越高。由此可以看出,导航已经从单纯提供导航数据向导航、制导和控制等多功能的方向发展。集成化、自动化是各种导航技术发展的结果,也将是 21 世纪导航技术发展的重要方向。

1.1.2　舰船导航发展基本方向

伴随着现代导航技术的发展,导航信息精度和实时性得到了空前的提高,导航概念的内涵和外延也悄然发生了变化。舰船导航的发展不仅仅是技术的发展,如核心器件制造技术的提高、灵敏度的提高及促进单项导航装备的精度和可靠性,而更在于舰船导航不但在航海安全保障中继续发挥着重要作用,而且成为舰船操纵与控制、作战与指挥系统、导弹制导系统、武器系统及观通系统、海洋环境系统等不可分割的重要组成部分,并成为现代海战的关键技术。

1. 更加适应航海安全性要求

由于海洋气象和海况千变万化，致使舰船航行环境复杂，加之舰船自身条件，海难事故时有发生，如碰撞、浪损、触礁、搁浅、火灾、爆炸、沉没、失踪等，造成生命和财产损失。例如：1912 年 4 月 15 日英国泰坦尼克号豪华客轮在北大西洋撞上冰山后沉没，导致 1500 多人遇难；同年 9 月 28 日，日本踢球者号客轮在日本沿岸遭遇风暴沉没，造成 1000 多人遇难；1987 年 12 月 20 日菲律宾多纳·帕兹号渡轮因台风在马林杜克岛附近与维克托山号油轮相撞爆炸起火，20min 后两船均沉没，4386 人遇难。因此，作为舰船大海航行的重要技术手段之一，导航技术装备必须为航海安全提供保障，降低航海风险。

2. 更加适应海洋物理环境要求

研究表明，海洋风、流、声、磁、温度、盐度、深度和密度等诸多因素对舰船导航影响很大。例如：区域磁场异常，会使罗经的方向产生偏差，影响导航的精度；舰船机动，会产生涡流，使电磁计程仪产生误差；舰船迴转，会使陀螺罗经、平台罗经产生航向效应；海水温度、深度和盐度会使水中声速产生变化，海底地形变化会产生更复杂的发射和折射，海洋环境噪声产生背景噪声，这些均会使导航声纳和多普勒计程仪产生误差；天气变化会影响天文观测，电离层和电磁干扰会影响无线电信号的传输；等等。因此，需利用或克服这些海洋物理特性和有害限制，提高导航信息精度，从而促进导航技术的不断发展。

3. 更加适应海战场环境要求

现代战争不断在表明和证明导航与作战间的关联度，理论研究和实践均已经说明导航是现代战争的重要关键技术。网络中心战、信息化、数字化、武器制导化、战争立体化、作战远程化和作战无人化等成为海上作战的新特征。作为现代战争基础技术的导航技术必须适应将来的海战场环境要求，这要求导航系统必须向自主化、无源化、综合化、信息化、智能化和自动化方向发展。

4. 更加适应作战要求

现代舰船与导航系统之间的关系，主要体现在舰船导航、指挥控制、武器制导、舰载飞行器与武器导航系统的对准等方面。现代海上作战平台将向速度快、功能多、隐蔽性强的方向发展，而海战必将是水下、水面、空中和外层空间的立体战争，这就要求精确掌握目标位置、姿态和运动方向等信息，完成态势估计、武器瞄准和打击，直接增强人控和非人控制导武器的投射精度和杀伤力。因此，作为舰船时空基准的导航系统，必须适应现代作战的要求。

1.1.3 发展中的现代舰船系统

现代舰船对操纵性、安全性、可靠性及航行成本都提出了很高的要求，适应于现代条件下立体化海战的航海技术与装备需适应舰艇编队快速机动，及与其他军种、兵种联合作战的要求。舰船航海导航必须与舰艇信息获取、作战指挥和武器控制等采用联机处理技术，实现综合定位导航、自动机动绘算、自动显示敌我运动态势和舰艇作战指挥自动化。因此，发达的海上贸易运输和军事需求，必然导致舰船导航技术装备向着高效、精准的方向发展，并由此要求高精度导航用传感器、导航系统和综合舰桥技术的发展。

惯性导航系统发展和技术进步呈现出的主要特点为，在无法接收卫星导航信号或需要高度导航可靠性的应用场合，高性能的自主式惯性导航系统仍具有不可替代的作用。

惯性导航系统的设计和发展必须要考虑权衡的主要因素是满足应用需求,其中导航性能和价格成本是首要的两个特性指标。其中,导航性能主要是指导航系统的精确性、连续性、完整性和易用性等,价格成本包含系统自身成本、维护成本和使用寿命。

卫星导航系统技术的快速发展和进步,将取代部分惯性导航系统应用。但惯性导航系统与其他多种导航手段的组合,一直受到越来越多的关注,如惯性导航系统首先与卫星导航组合,然后再结合声纳、图像等其他导航手段组成舰船一体化组合导航系统,是最受关注的研究热点和发展方向。

舰船综合导航系统,由于该舰船任务和使命、舰船上导航设备配置以及舱室环境与技术工艺等因素制约,其具体组成与结构不尽相同。但可将综合导航系统的发展趋势归结为:高精度、高可靠性和高自动化要求不断提高;数字化和智能化水平日益提高;信息源趋向于多样化;导航、通信及主机控制趋于集成化。

综合舰桥系统是继综合导航系统之后,提出的一种集海上导航、通信、雷达、航行控制、监控于一体的集成系统。智能化、小型化、多功能、多模式、高精度、高可靠性的综合舰桥系统将成为民用和军用舰艇的配套设备,即智能化综合舰桥系统。采用系统设计的方法,将舰船上的各种信息源、操作控制和避碰等设备有机地组合,利用计算机、现代控制、信息处理等技术自动完成作战和训练时舰船各种信息获取和控制。系统的主要特点是具有完善的综合导航、自动操舰、自动避碰、电子海图、通信和航行管理控制自动化等多种功能。系统的主要使命是实现舰艇机动高度自动化,提高舰船的作战能力和航行的安全性、经济性、有效性。可以说,综合舰桥系统已成为21世纪舰船导航技术的发展趋势。

1.2 舰船导航系统分类

舰船导航系统和设备的主要功能是保障舰船的航行安全及为武器装备提供基准。它所提供的导航信息主要有时间、航向、方位、姿态(横摇和纵摇)、地理位置、推算艇位、速度、下潜深度和航程等。能够获取这些信息的导航设备主要有惯性类导航设备、无线电类导航设备、测天类导航设备、重磁类导航设备、测速类导航设备、测深类导航设备及其他类导航设备。

对于舰船导航系统的分类,不同的学者持有不同的观点。有以导航原理进行分类的,有以导航系统进行分类的等不一而足,如地球重力场导航、地磁场导航、天文导航、陆基无线电导航、卫星导航和惯性导航等,并由此而产生一些导航系统,如罗兰C导航系统、卫星导航系统和惯性导航系统等。随着现代数据处理技术的不断进步,对装备于舰船上的各类型导航设备或系统所输出的导航信息进行融合处理,使原先单一、分散的导航设备聚连成一种全新的导航系统,极大地提高了导航信息的可靠性和有用性,产生了综合导航系统。

本书依据导航原理将舰船导航系统分为惯性类导航系统、无线电类导航系统、测天类导航系统、重磁类导航系统、测速和测深类导航系统以及综合导航系统。

1.2.1 惯性类导航系统

惯性类导航系统,简称惯性导航系统,是现代大型舰船最常用的导航系统之一。惯性导航系统在工作时既不依靠外界如卫星、岸台和天体等物标，又不向外辐射任何如光、电、声和热等能量。只是根据安装在舰船内的惯性元件——加速度计和陀螺仪，来测量运载体本身线运动和角运动信息，经积分和运算求出运载体的运动速度、航程、航向、纵摇、横摇和位置，从而实现定位导航。因此，惯性导航系统是一种自主式和多用途的导航系统，是当代军事领域特别是核潜艇、航空母舰、跟踪测量船、导弹、航空和航天技术中不可缺少的导航系统。除军事领域使用外，惯性导航系统在民用领域也得到广泛使用，如卫星、民用航空和航海等。

惯性导航系统的主要优点：不受外界干扰，隐蔽性好，生命力强；不受天候、时间、区域限制，能在全球长时间地提供多种导航数据；应用场合广，在航天、航空和航海均可适用，特别是对在水下长期隐蔽活动的核潜艇更是不可缺少的装备；定位精度高，如舰用惯性导航系统工作一昼夜后的定位精度可在1n mile左右。惯性导航系统主要缺点：要有一定的启动和准备时间；定位误差随时间积累，在海上长期连续导航后，积累误差将会较大，需重调校正；结构精密，调整使用较复杂；成本昂贵，技术难度大。

惯性导航设备或系统，其主要特征为以惯性器件陀螺仪构成惯性坐标系或单纯为舰船指示航向。由此又可将其分为三类，即单纯提供航向信息的系统，同时能提供航向和姿态信息的系统，同时能提供航向、姿态和位置信息的系统。依据系统机械编排的形式不同，通常又可分为捷联式和平台式惯性导航系统两类。

单纯提供航向信息的系统，主要是指装备于舰船上各型电罗经，主要用于指示、记录舰船真航向，并提供精确的航向数据给观通、武器装备及其他导航设备。绝大部分电罗经通常只能在NS60°范围内正常工作，个别型号的电罗经可在大于NS60°范围内工作。

依据陀螺罗经控制指北的方式，可将罗经分为重力控制和电磁控制两大类，分别称为摆式罗经和电控罗经。摆式罗经是通过将陀螺球的重心下移，对陀螺施加水平力矩，实现自动找北和稳定跟踪的；电控罗经则是通过对垂直和水平力矩线圈施加合适的电磁控制力矩，完成自动找北和稳定跟踪的。

陀螺罗经的指向精度会因为航行纬度变化、舰船的运动、惯性冲击和安装精度等方面的因素而改变。因此，在使用陀螺罗经时，必须及时调整相关的修正纬度、速度等参数或采取控制阻尼、改变状态等措施，以保证向各应用战位提供的航向精度。

陀螺罗经基本上不受外磁场的影响，对突然振动的敏感度小，具有较高的准确性和稳定性，并且能够依靠同步或数字传动，将航向信号传递到舰船上有关战位和设备中。但与磁罗经相比，存在结构复杂，需要专门的技术人员维护、保养等问题。

同时能提供航向和姿态信息的系统主要为平台罗经。平台罗经是一种高精度陀螺罗经，它既能指示真北方向，又能指示水平平面。平台罗经不仅能为舰船提供精确的航向信息，还能提供纵横摇信息，供导航、观通和武器装备系统使用。当平台罗经工作于短期惯性导航状态时，除了提供姿态角信息之外，还能给出舰船速度（北向速度和东向速度）及经纬度位置信息，进行导航定位。平台罗经按陀螺仪结构形式分，主要有两种类型：用2个二自由度陀螺仪组成的平台罗经和用3个单自由度陀螺仪组成的平台罗经。

同时能提供航向、姿态和位置信息的系统，主要指的是惯性导航系统。惯性导航系统是一种完全自主式的导航系统，不依赖于外界任何信息，不受敌方干扰，也不受变化莫测的天候影响，具有隐蔽性、全天候和全球导航能力的特点，在军事上具有十分重要的意义。惯性导航系统的不足之处是定位误差随时间的增长而积累，为提高惯性导航精度，仍然需要定期采用其他导航手段来获取基准信息，对航向和位置信息进行校正，并对引起系统误差的主要误差源——陀螺漂移——进行测定与补偿。

1.2.2　无线电类导航系统

无线电导航是利用无线电波进行定位，并引导航行体沿着预定航线航行的技术。它是根据无线电波的传播特性，测量地面或空间导航台发射的无线电波参数（频率、振幅、时间和相位），求得舰船相对于导航台的方位、距离、距离差或距离和等，从而实现定位与导航。无线电导航不受时间和气候的影响，作用距离远，自动化程度高，定位迅速且精度高；但易受自然环境的影响和人为干扰以及发射台的制约。

无线电类导航系统，简称无线电导航系统。目前，舰船无线电导航系统主要分为陆基无线电导航系统和卫星导航系统两种。通常对无线电导航系统的主要要求为作用距离、工作容量、可靠性、精确度、隐蔽性和抗干扰性等。作用距离是指在满足其他技术指标条件下的系统最大工作距离。工作容量是指一个导航系统能够同时提供服务的用户数量，它分为有限工作容量和无限工作容量两种。

罗兰C导航系统是陆基无线电导航系统中的一种重要导航系统，该系统是一种低频双曲线远程导航系统，岸台发射载波为100kHz脉冲信号，用户设备利用脉冲及载波两个导航信息，测量两导航台信号的时差值实现距离差测量，得到距离差位置线（面），用距离差位置线（面）来确定船位和引导航行。罗兰C导航系统采用载波频率为100kHz低频波，主要以地波定位为主，作用距离约1200n mile，其地波传播更为稳定、衰减小、作用距离远。利用脉冲信号包络信号进行粗测，用载波相位进行精测，因此测量时差的精度较高，地波定位精度可达0.2～0.5n mile。导航台发射的脉冲信号，采用了相位编码技术，提高了接收机抑制干扰的能力，并且可实现自动识别主、副台信号。

卫星导航是利用人造地球卫星引导舰船按预定的要求进行航行的导航系统，不仅可以实现全球或区域性的高精度导航，在测量、授时和通信等军事和民用方面也得到了广泛应用。世界上第一个实用的卫星导航系统，是美国研制的子午仪卫星导航系统，它于1964年正式投入使用。20世纪70年代苏联也建成类似的系统，称为CICADA卫星导航系统。

1973年，美国开始研制第二代卫星导航系统——导航星全球定位系统，简称GPS系统。苏联也从1978年开始研制与GPS类似的系统，即GLONASS卫星导航系统。欧洲空间局于1982年提出建议，通过国际合作，研制满足海空导航、搜索、营救、进出港、民航机着陆等要求的民用卫星导航系统——Galileo卫星导航系统。GPS系统于1994年3月24颗工作卫星进入预定轨道，系统投入全面运行。GLONASS系统于1996年1月18日全部组网投入使用。国际海事组织和国际民航组织也筹备建立民用全球导航卫星系统，即GNSS系统。我国的北斗二代卫星从2007年开始建设，截至目前已经在亚太地区形成完全运行能力。

除上述导航系统外，还有区域性的卫星导航系统，如我国的北斗一代卫星导航系统等。

1.2.3　测天类导航系统

测天类导航系统（主要指天文导航）是一种观测天球上具有一定运动规律的天体，如太阳、月亮、星星的方位和高度,求出舰船位置的导航方法。这种导航方法是采用星体作为导航基准,完全是一种被动式测量的自主导航,并能同时实时给出船位和航向,而且其定位误差和航向误差不随时间的延长而增大,也不会因航行距离的增长而变化;不怕外界电磁波的干扰和敌方破坏;全球导航应用范围大。天文导航在航海、航空和航天领域得到广泛应用,尤其对于远洋航海、深空探测和载人航天而言是必不可少的关键技术,同时也是卫星、远程导弹、运载火箭、高空远程侦察机等空间载体的重要辅助导航手段。将导航技术建立在恒星参考系基础之上,具有最直接、最自然、最可靠、最精确的优点。天文导航的优点可以概括为被动式测量加自主式导航。天文导航以天体为导航信标,不依赖于其他外部信息,也不向外部辐射能量,被动接收天体自身辐射或反射光信号获取导航信息,是一种完全自主的导航方式,工作安全、隐蔽;导航精度较高、无误差积累,虽然与其他导航方法相比精度并不是最高,短时间内的导航精度低于惯性导航的精度,但其误差不随时间积累,这一特点对于长期运行的载体说来非常重要;抗干扰能力强、可靠性高,天体的空间运动规律不受人为干扰,从根本上保证了以天体为导航信标的天文导航信息的完备性和可靠性;适用范围广,不受地域、空域和时域限制;导航信息完备,可同时提供位置和姿态信息;天文导航不需要设立陆基台站,更不必向空中发射轨道运行体。天文导航的缺点是受天气影响,连续定位困难。

天文导航系统跟踪的天体主要是亮度较强的恒星或其他天体。将星体跟踪器中的望远镜轴线方向自动对准天体方向,可以测出舰船前进方向与天体方向间的夹角,即航向角。而天体在任一瞬间相对于南北子午线间的天体方位角是已知的,从天体方位角中减去航向角就得到舰船的真航向。通过测量天体相对于舰船参考面的高度就可以确定飞行器的位置。

天文导航所用仪器有自动星体跟踪器、天文罗盘和六分仪等。自动星体跟踪器(星敏感器)是天文导航系统的主要设备,一般由光学望远镜系统、星体扫描装置、星体辐射探测器、星体跟踪器信号处理电路和驱动机构等组成,能从天空背景中搜索、识别和跟踪星体,并测出跟踪器瞄准线相对参考坐标系的角度。天文罗盘通过测量太阳或星体方向来指示舰船航向。六分仪通过对恒星或行星的测量指示出舰船位置和距离。比较典型的军用天文导航系统主要有装备于美国导弹核潜艇上的 11 型天文导航潜望镜、法国弹道导弹核潜艇上的 M92 型光电六分仪和 NAS - 27 型天文导航单元等。

1.2.4 重磁类导航系统

利用地球重力场和磁场进行导航,是地球物理场导航技术研究的重要内容。海洋磁场和重力场要素作为海战场建设的一项重要内容,早已引起西方发达国家的普遍关注,相继投入巨资开展海洋磁场、重力场探测及相关军事应用研究工作。目前美国、英国、法国、加拿大和澳大利亚等国都完成了本国管辖海域和全球重要海域的磁场和重力场测量工作。

利用地球磁场获取舰船航向信息的主要设备包括磁罗经、磁通门和固态敏感器件,其原理是根据磁针受地磁吸引而指北。磁罗经与方位圈配合,能够连续读取舰船的航向和对目标的方位、舷角进行观测,具有构造简单、生命力强、维护简便、随时可用的特点,因此成为现代舰船必备的航海设备。磁罗经主要由罗盆、罗经柜和自差校正器三部分组成,其中:罗盆包括罗盘、罗盆液体、轴针、罗盆本体和空气膨胀室等;罗经柜内外分别装有自差校正器、永平环、倾斜仪和照明设备等;自差校正器包括纵磁棒、横磁棒、垂直磁棒、软铁片(软铁球)和佛式铁等。磁通门现象是一种普遍存在的电磁感应现象,通过磁通门探头的变压器效应作为对被测磁场进行调制的手段,用于感测环境磁场在其轴向的分量。固态磁敏器件包括霍耳器件和磁阻器件。霍耳效应是磁电效应的一种,是霍耳(A. H. Hall,1855—1938)于1879年在研究金属的导电机构时发现的;磁阻效应是指许多金属、合金及金属化合物材料处于磁场中时,传导电子受到强烈磁散射作用,使材料的电阻显著增大的现象。利用这两种效应均可以感测环境磁场。

利用地球重力场为舰船导航,主要为修正惯性导航系统中的重力加速度值和重力匹配。地球重力场分布是地球自身特性的一种反映和描述。重力场强度取决于地下岩石分布、密度和地形等诸多因素。重力场参量是重力位的空间一阶和二阶导数,可描述为一种一维或三维图形,海洋上(水下)每一处的重力场强度都各不相同,而且是连续变化的。导航重力图形匹配技术通过测量重力场参量作为惯性导航系统的外部信息源,构成重力传感器与惯性导航的组合系统,可实现对惯性导航系统的重调校正,起到抑制惯性导航累积误差、提高导航精度的作用。

重力场匹配导航是指将预先确定的舰船航行区域重力场的某种特征值,制成重力场背景分布图,并储存在潜艇海洋环境信息综合保障系统中。当舰船航行到这些地区时,舰船装载的传感器实时地测定重力场的有关特征值,并构成重力场实时分布图。实时分布图与预存的背景分布图在计算机中进行相关匹配,确定实时分布图在背景分布图中的最相似点,即匹配点,从而计算出舰船的实时位置,达到精确导航的目的。制作重力场背景分布图需要以预先实测的重力场数据为基础,因此,必须坚持长期开展海洋重力场探测工作。由于重力图形匹配系统获取重力场信息时对外无能量辐射,是一种自主式惯性导航组合方式。

利用重力图形匹配技术改善惯性导航系统性能的新概念是20世纪90年代初才提出来的。当时,美国贝尔实验室、洛克希德·马丁公司等机构对此项技术进行了专项研究,并取得了预期成果。贝尔实验室研发了重力梯度仪导航系统(GGNS)和重力辅助惯性导航系统(GAINS),并实际应用于美国海军潜艇。GGNS通过将重力梯度仪实时观测量与已知的重力梯度分布图进行匹配后得到定位信息,对惯性导航系统进行校正。GAINS综合利用重力敏感器系统、静电陀螺导航仪(ESGN)和测深仪等多种观测信息,通过重力匹配提供潜艇位置坐标,以无源方式实现惯性导航系统误差修正。洛克希德·马丁公司研制的通用重力模块(UGM)包括两种类型的重力传感器:一个重力仪和三个重力梯度仪。UGM利用重力仪和重力梯度仪的观测数据可实现两种计算功能:一是重力无源导航;二是地形估计,即估计载体附近的地形变化。美国海军于1998年和1999年分别在水面舰船和潜艇上对UGM进行了演示验证。演示时使用的重力分布图来源于卫星测高和海面船测数据。试验结果表明,采用重力图形匹配技术,可将导航系统的定位误差降低至导航系统标称误差的10%。

同理,也可进行地磁场匹配导航。地磁场匹配导航首先把预先测量好的地磁信息存储在计算机上,构成数字地磁基准图。当舰船航行至特定匹配区域时,由专用磁传感器测量所处位置的磁场特征,经舰船运动一段时间后,测量得到一系列实时磁场特征值,简称测量序列。把测量序列与基准图进行相应的匹配,找出基准图中与测量序列最相匹配的位置序列,以此作为舰船的位置估计信息。

地磁图和地磁场模型是地磁导航定位的技术基础,各发达国家都在积极研制全球或感兴趣区域的地磁场模型和地磁图,美国、英国和苏联通常每隔 3 ~5 年更换一次本国地磁图和地磁场模型,5 年定期更新绘制世界地磁图和全球地磁场模型。美国、英国联合研制世界地磁场模型的主要目的在于实现空间和海洋磁自主导航,为本国国防部和北大西洋公约组织(NAID)的导航和定姿、定向参考系统提供标准模型。

1.2.5 测速和测深类导航系统

测速类导航系统主要指装备于舰船上的各类计程仪,而测深类导航系统则主要指测深仪。计程仪是测量舰船航速和累积里程的航海仪器。现代舰船上装配的计程仪除了向航海人员提供舰船航速、航程,进行航海作业外,还可向 ARPA(自动雷达标绘仪)、卫星导航仪和组合导航系统等现代导航仪器提供准确的航速信息,以实现船舶的自动定位,便于船舶的安全操纵和避让;向各武器装备系统的指挥仪提供所需的航速信息,确保武器的命中率。

计程仪共包含两大类,即相对计程仪和绝对计程仪。相对计程仪是测量舰船相对于水的速度和航程。目前多数舰船仍使用相对计程仪,如在航海中应用较早的计程仪是拖曳式计程仪,20 世纪初出现的水压计程仪,20 世纪 60 年代出现的电磁计程仪等。由于相对计程仪本身无法消除海流对测速和计程的影响,利用其提供的航速、航程进行舰位推算或作其他仪器的原始数据时,必须认真修正海流的影响,方能确保结果的准确性。20 世纪 70 年代开始,出现了多普勒和声相关等绝对计程仪。多普勒计程仪的测速机理为多普勒效应,即声源与接收器存在相对径向运动时,接收器接收的信号频率会不同于声源发出的信号频率,而频率的变化与相对运动速度直接关联。基于这一原理,由接收频率的变化可推算出载体的矢量速度。这种测速声纳的优点是可在很低的速度下仍有较高的测速精度。其缺点是在要求的海底跟踪深度较大时,须采用较低频率,导致基阵尺寸过大。近年来,已经研制出基于相控阵的多普勒计程仪。这种设备的基阵与常规多普勒计程仪相比要小得多,其最突出的优点是无须考虑声速补偿。相控阵多普勒计程仪已成为当今多普勒计程仪的主流。声相关计程仪,或称为相关测速声纳,这种测速声纳的特点是载体上的发射换能器波束较宽,且向正下方发射信号。接收时采用多个水听器接收海底回波,通过各接收器接收信号的相关特性推算载体速度。这种测速声纳的主要优点是基阵尺寸较小,甚至在低频率时基阵尺寸也不大。缺点是浅水、低速情况下测速效果一般不佳,误差甚大。绝对计程仪的优点是不受海流的影响,准确度较高,但在水深超过一定值时,绝对计程仪只能测量舰船相对某水层的速度。此外,国内还致力于其他类型绝对计程仪的研究,如地磁计程仪和激光计程仪等。

舰船在海上航行或执行任务时,常常需要知道水深情况。例如:浅水区或狭水道航行时,必须掌握水深及变化情况,防止舰船搁浅或触礁;抛锚时要根据舰船所在处的水深情况确定抛出锚链的长度;潜艇潜坐海底前,必须了解艇底水深的变化情况。在某些特定海域,还可根据水深及水深的变化情况来辨认舰位。航海上,用来测量舰船所在处海水深度的仪器,称为测深仪。1922 年测深仪刚问世时,它只是一种采用敲击船壳或采用水下爆炸方式产生声波，然后用人耳监听回波信号，靠秒表测定声波从发射到接收的往返时间，从而帮助人们计算出海水深度的简单设备。而随着科学技术的发展，其解算机构经历了由机械式到机电式、电子式及至计算机的演变过程，内部电路也由电子管发展到晶体管乃至较大规模集成电路。现代测深仪的发射、接收、显示等都应用了现代电子技术，因而，它的测量范围、精度、灵敏度及抗干扰能力等都有很大的提高。测量深度通常可达1500～2000m；精度在±2%左右；最小量程1m以内。

由于声波在海水介质中的传播性能是电磁波和光波无法比拟的，它能传播较远的距离，且传播的速度基本上是一个常数。因此，现代舰船基本采用回声测深原理测量海水的深度，这种测深仪被称为回声测深仪。

1.2.6　综合导航系统

综合导航系统，有时也称为组合导航系统，是将两种或两种以上的导航设备有机地结合在一起，利用信息处理技术对各种导航信息进行综合处理，以获得整体性能优于单一导航设备的系统。

综合导航系统既是导航信息处理中心，可提供精确可靠的导航参数和各种导航辅助决策，又是导航设备的控制中心，可对挂接的设备进行故障监测和集中控制。综合导航系统与单一信息导航系统相比，其优点非常突出，主要包括以下内容：

(1) 能提高导航的精度。在综合导航系统中，各子系统提供的导航信息既有冗余性又有互补性，利用滤波及信息融合技术进行综合优化处理后，系统精度明显提高。国内外资料表明，综合导航系统导航参数的精度能比参与综合的单一分系统精度提高30%以上，且系统的精度比较稳定。

(2) 能提高导航的可靠性。利用冗余信息与容错技术可提高综合导航系统的可靠性，常用方法是采用最佳综合模式系统，即根据各子系统的设备完好情况及信息可靠程度，自动切换综合模式。例如，当某一设备故障、破损或信息受干扰时，系统能自动选用其他信息，选用新的最佳综合模式。这就保证了系统在各种复杂环境下都可正常工作，提高了系统的可靠性。

(3) 能提高系统的自动化程度。综合导航系统是一种具有多种功能的自动化系统。它在不同程度上可代替航海人员的手工作业，避免人为差错。除了提供导航信息外，还可与自动操舵系统、避碰系统结合，实现舰艇的自动航行。若与舰艇操控系统结合，则有利于实现舰艇的作战指挥自动化。

在20世纪五六十年代，由于世界航运事业迅速发展，海上交通密度增大，船舶的吨位越来越大，碰撞、触礁的事故逐年上升，特别是超级油轮出现后又提出了一个问题——如何节省燃料、降低营运费用。为此，各国的科学家和航运专家开始把原先用于航天的组合导航技术引入到舰船的导航中。20世纪50年代初，计算机技术首先应用到军舰的火控系统中，出现了各种单个武器的控制系统。20世纪50年代后期，形成了舰船作战指挥控制系统。20世纪60年代末，美国在以反潜为主要使命的7000TDD－963型导弹驱逐舰上首先装备了组合导航系统，采用7个状态的卡尔曼滤波器对来自平台罗经、电磁计程仪、奥米伽接收机和NNSS(海军卫星导航系统)接收机的信息进行最佳数据处理与综合。自20世纪70年代，美国、英国、日本、德国、法国、俄罗斯等工业技术先进国家，在微机和电子集成化技术的推动下，竞相发展各种用途的综合导航系统，如装在美国拉菲特级导弹核潜艇的综合导航系统、法国海军用的以惯性导航为主的 SAGEM 综合导航系统、德国 NACDS20 和 NACDS25 综合导航系统和 F－122 护卫舰用的 INA 综合导航系统以及加拿大国防研究院为加拿大海军研制的 17 维状态扩展卡尔曼滤波的廉价综合导航系统等，这些应用于舰船领域的综合导航系统已有几百种型号。

在相当长的时间里，各种导航仪表和航海设备大都安装在舰桥上，由于早期舰桥上的仪表和设备独立安装、分别显示，增加了操舰人员的工作负担并容易出错。即航海设备的增加，不但没减少事故，反而增加了事故的发生概率。因此，提出了合理、集中布置舰桥设备，特别是从功能上实现综合的理念。随着自动化技术的发展，为实现航行管理控制自动化，减少舰桥操纵人员，减轻航海人员的劳动强度，促使人们开始研究具有综合性能的综合舰桥系统。

综合舰桥系统是继综合导航系统之后，提出的一种全新的集海上导航、通信、雷达、航行控制和监控于一体的集成系统。它采用系统设计的方法，将舰船上的各种信息源、操作控制和避碰等设备有机地组合，利用计算机、现代控制和信息处理等技术自动完成舰船各种信息的获取和控制。综合舰桥系统的主要特点是具有完善的综合导航、自动操舰、自动避碰、电子海图、通信和航行管理控制自动化等多种功能，系统的主要使命是实现舰船机动高度自动化，提高舰船航行安全性、经济性及有效性。

综合舰桥系统通过显控台对导航、驾驶、机动航行、航行管理、航线计划、避让、轮机监控、自动监测及自动报警等功能实施控制，以减少人为因素对设备使用和操作的影响，在最佳航线上实现自动化安全航行，综合舰桥系统的特点和优点，使它成为 20 世纪 90 年代最富活力的船舶自动化技术。

初期的综合舰桥系统是以数字化为基础的，又称数据桥。最早的数据桥是挪威 Norcontrol 公司于 1969 年在船上试装计算机控制避碰综合航行系统。该系统采用计算机对不同导航仪表设备的信息进行综合处理，使各种信息相互关联，从而向操船人员提供精确的船位和清楚的船舶航迹航线图，这大大提高了航行的安全性和经济性。该系统是世界上第一套综合舰桥系统，经过 30 多年的发展，各国已推出了第二代、第三代和第四代数据桥。

综合舰桥系统作为舰船航行自动化的一个重要组成部分，正在逐步装备各种民用船舶和舰艇。美国、欧洲等很早就重视对综合舰桥系统的研究，目前已装备到最新型的舰艇上。如美国利顿公司为美国海军硫磺岛号最新两栖攻击舰生产了一套智能型综合驾驶系统，该系统集导航、操纵和控制于一身，可在预编程序控制下实现自动驾驶，其核心是一套计算机航行管理系统，可以通过以太光纤网从全球定位系统、导航雷达、测深仪、计程仪及其他系统获得综合数据，实时提供舰船航行位置、舰船运动图像和电子海图图像及周围水面舰艇的雷达图像。美国海军尼米兹级航空母舰——杜鲁门号，也装备了该公司生产的综合舰桥系统。与其他尼米兹级航空母舰相比，安装了综合舰桥系统的杜鲁门号航空母舰将原来的 11 名驾驶值班人员减少到了 5 名，并能够实现无人自动驾驶操作。

1.2.7 其他类导航设备

在此主要指的是气象导航、雷达导航和水声导航系统（或设备）。

气象导航是一门古老而又年轻的导航技术。古代的航海家，都要根据长期航海积累的经验来选择航行的季节和航线，为了航行的安全性和快速性，他们要选择晴好的天气，避开风暴、雪、雾等恶劣气候。在以蒸汽为动力的轮船发明以前，风是航海的唯一动力，因此航海对天气的依赖性特别大。气象科学的发展，特别是通信技术、空间技术、海洋开发和计算机技术的发展，为气象资料的搜集和综合分析创造了极为有利的条件，气象为航海服务，已形成了一门专门的科学，即气象导航。气象导航是通过研究海洋的自然条件，如风速风向、气温水温、能见度、波浪、海流、雨、霜、雾、冰、湿度、气压以及风暴等来指导船舶在海上航行的技术。气象导航的主要优点是安全和经济。气象导航不仅可以缩短航行时间、减少费用，而且有利于保证船舶以预定的计划时间到达目的港，据美国航行部门统计，凡按气象导航机构推荐航线航行的船舶有93%是提前或按时到达港口的，而没有用气象导航的船舶约有38%迟于计划时间到达。资料统计表明，气象导航具有巨大的社会效益和经济效益，而每艘船用于气象导航服务的费用却十分低廉，一个航次的费用一般低于船舶1~2h的航行费用。

一切利用水下声波进行定位的技术都应列为水声定位与导航技术这一范畴。因此，如目标的探测定位声纳（包括主动、被动声纳）、水下成像声纳等都是应当研究的内容。水声定位系统主要指的是可用于局部区域精确定位导航的系统。长基线系统、短基线系统和超短基线系统，这些定位系统都有多个基元（接收器或应答器），基元间的连线称为基线。一般用基线的长度来判断属于哪类系统。各类水声定位系统都有其自身的优点和缺点。长基线系统因其基线较长，因而定位精度高。缺点是在深水使用时，位置数据更新率较低，达到分钟的量级。另一缺点是布放、校准和回收需要较长时间，且这些作业过程较为复杂。另外，基于声波的多普勒效应可以实现多普勒测速，基于“波形不变性”原理可以实现声相关测速。这两类计程仪都可归属测速和测深类导航系统。

雷达导航是利用航海雷达探测本船周围的海面情况，测定目标的方位、距离，计算目标相对于本船的运动速度及方向，实现避碰以保障其航行安全的技术。舰艇航海雷达，又称导航雷达，通常工作在X波段（8~12GHz），恶劣气象条件下，可选用S波段（2~4GHz），一般采用波导缝隙天线，发射功率较小，作用距离较近，主要以脉冲信号方式工作，脉冲宽度较窄（0.08~0.8μs），盲区小，距离、方位测量精度和分辨率较高。雷达导航有相对运动显示和真运动显示两种显示方式。相对运动显示为常用显示方式，包括航向相对运动显示和指北相对运动显示，特点是代表本船位置的扫描线起始点，一般在荧光屏中心固定不动，屏幕上所显示目标的位置变化，对应本船相对运动的位移。真运动显示是反映舰艇运动真实状况的显示，其特点是代表本船位置的扫描起始点即本船真实舰位，相应本船的航向和航速在屏幕上移动，固定目标在屏幕上固定不动，活动目标则按其航向和航速在屏幕上做相应位移。真运动显示便于观察多个运动目标的真实动向，有利避碰。中、大型舰艇的航海雷达除显示目标的距离和方位外，还增加了航行避碰计算装置，称为自动雷达标绘仪（ARPA），可求取目标的航迹、运动矢量、最接近点（CPA）和到达最接近点的时间（TCPA）等，并能自动报警，以协助采取回避动作，按正确航线行驶。

第2章

舰船导航基础

2.1 坐标、方向和距离

2.1.1 地球的形状

人类认识地球的形状经历了漫长的岁月和艰难的历程。地球是球形这一判断最先是公元前五六世纪的古希腊哲学家毕达哥拉斯提出的，不过这种观点仅是因为他觉得圆球在所有几何形体中最完美，而不是根据任何客观事实得出的。以后，亚里士多德根据月食时月面出现的阴影是圆形的，给出了地球是球形的第一个科学证据。公元前3世纪，古希腊天文学家埃拉托斯特尼根据正午阳光射向不同地点的木杆阴影长度不同和两观测地的距离，第一次算出地球的周长。公元726年我国唐代天文学家张遂（僧一行）主持了全国天文大地测量，利用北极高度和夏日日长计算出了子午线一度之长和地球的周长。1622年葡萄牙航海家麦哲仑的环球航行证实了地球确实是球形的。17世纪末，牛顿研究了地球自转对地球形态的影响，认为地球应是一个赤道略微隆起，两极略微扁平的椭球体。1733年巴黎天文台派出两个考察队，分别前往南纬2°的秘鲁和北纬66°的芬兰拉普兰德进行大地测量，结果证实了牛顿的推测。随着人造地球卫星技术发展和现代空间大地测量学的建立，人类目前正迈向前所未有的数字地球新阶段。

地球是一个不规则的几何体，它的自然表面形状非常复杂，有陆地、有海洋，有高达8844.43m的珠穆朗玛峰，有深达11034m的马里亚纳海沟，两者相差近20km。在这种自然表面上建立坐标、研究和解算有关测量、制图和导航等方面的问题是非常困难的，甚至是不可能的，必须由一个数学表面来代替地球的自然表面才能够定量地研究航海问题。

地球半径约为6370km，珠穆朗玛峰虽高，也仅约为地球半径的千分之一。可见，尽管地球自然表面高低不平，但这些局部起伏与地球半径相比是微不足道的。同时，占地球表面积71%的是海洋，可以想象一个处于静止平衡状态的、与平均海面相吻合的水准面（地面附近处处与重力方向垂直的连续曲面称为水准面），把它延伸至陆地部分，在延伸中始终保持此面处处与当地的铅垂线正交,这样形成的一个连续的、光滑的、封闭的不规则曲面,称作大地水准面,如图 2-1 所示。大地水准面是描述地球形状最重要的一个水准面,也是海拔高程系统的起算面。被大地水准面所包围的球体称为大地球体,用它代表地球的自然形状和大小。大地球体非常接近地球的真实形状,并且具有长期的稳定性和唯一性,因此,航海学上采用大地球体来表征地球是合理可行的。

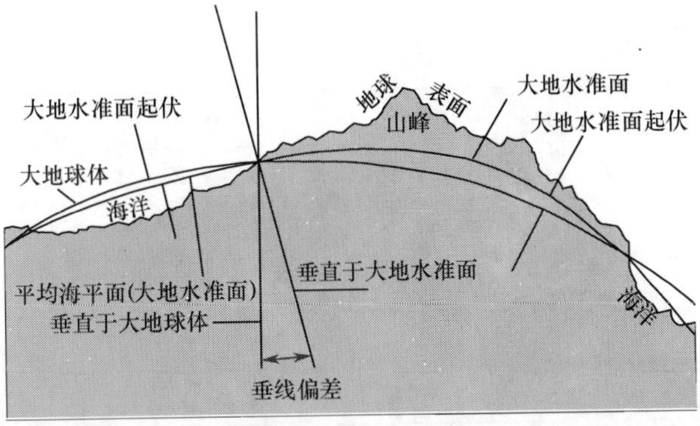

图 2-1　大地水准面、大地球体、地球表面以及垂线偏差示意图

由于地球内部物质构造分布不均匀及地球表面起伏的影响,水准面各处重力线方向是不规则的,大地球体依然是一个起伏变化的不规则几何体,大地水准面依然不是一个简单的数学曲面。为了便于测量、制图和导航,一般选择圆球体或椭球体来近似大地球体。在一般工程技术应用中,以半径为 R 的地球圆球体来近似大地球体的,称为第一近似;在大地测量、海图学和需要较为精确的导航计算中,以旋转椭球体来近似大地球体的,称为第二近似,该旋转椭球体也称作地球椭球体;如果考虑与赤道平行的各纬度圈也是椭圆,即用地球椭球体来近似大地球体的,称为第三近似。由于各纬度圈椭圆的扁率极小,约为 1/32000,因此在航海实际应用中,一般不采用第三近似。

根据国际大地测量与地球物理联合会(IUGG)1980 年公布的测量结果,描述地球椭球体的形状、大小和转动的参数推荐如下:

长半轴(也称为赤道半径):$a = 6378137.00000$ m。

短半轴(也称为极轴半径):$b = 6356752.31414$ m。

扁率:$f = (a - b)/a = 0.00335281068118$。

扁率倒数:$1/f = 298.257222101$。

第一偏心率 e:$e^2 = (a^2 - b^2)/a^2 = 0.00669438002290$。

第二偏心率 e':$e'^2 = (a^2 - b^2)/b^2 = 0.00673949677548$。

地球自转角速度:$\omega = 7.2921158 \times 10^{-5}$ rad/s。

地心引力常数:$GM = 3986005 \times 10^8$ m^3/s^2。

重力场二阶带谐系数:$J_2 = 108263 \times 10^{-8}$。

地球平均半径:$R = (2a + b)/3 = 6371008.7714$ m。

地球椭球体参数是根据大地测量结果确定的,由于各国所处地区和测量年代不同,所采用的测量仪器、数据质量及计算方法不同,因此所测得的地球椭球体的参数也不完全一致,表2-1所列是近200年来几个较为著名的地球椭球体参数。

表2-1　部分地球椭球体参数

椭球体名称	年份	长半轴/m	扁率倒数(1/f)	主要使用地区及说明
贝塞尔(Bessel)	1841	6377397.155	299.1528	欧洲、日本
克拉克(Clarke)	1866	6378206.4	294.9786982	北美
海福特(Hayford)	1910	6378388.0	297.0	美国
克拉索夫斯基(Krasovsky)	1940	6378245.0	298.2997381	苏联、东欧、中国
南美(South American)	1969	6378160.0	298.25	南美
WGS-72	1972	6378135.0	298.26	美国/DoD
GRS 1975	1975	6378140.0	298.257	16届IUGG推荐
GRS 1980	1979	6378137.0	298.257222101	17届IUGG推荐
NAD	1983	6378137.0	298.257024899	北美
WGS-84	1984	6378137.0	298.257223563	GPS全球定位系统
IERS	2003	6378136.6	298.25642	Global ITRS

我国最早采用的是海福特参考椭球体,1952年选用贝塞尔地球椭球体参数,1954年改用克拉索夫斯基地球椭球体参数,1980年采用了IUGG(1975)推荐的地球椭球体参数,2008年启用的国家大地坐标系CGCS 2000更新为GRS 1980地球椭球体参数。

2.1.2　地理坐标

众所周知,地球环绕太阳运动,同时绕轴自转。地球的自转轴称作地轴,或称极轴。地轴通过地心,与大地球体表面有两个交点,分别称作北极 P_N 和南极 P_S。通过地心的平面与地球表面相截的交线,称为大圆。通过南北极的大圆称为子午圈,其中由北极到南极的半个椭圆,称作子午线或经线,通过英国格林尼治天文台的子午线称作格林(尼治)子午线,也称为本初子午线,它把地球分成了东、西两个半球。与地轴垂直的大圆是赤道,它把地球分为南、北两个半球,含北极的半球称为北半球,含南极的半球称为南半球。和赤道平面平行的平面与地球椭球体表面的交线是小圆,称为纬度圈,如图2-2所示。在第二近似中,地球赤道和纬度圈都是正圆,而所有子午圈都是椭圆。

1. 经度和纬度

地球椭球体表面任意一点的位置,可以用地理坐标来描述。地理坐标的原点是赤道与格林子午线的交点,经线和纬度圈构成坐标线图网。地理坐标是建立在地球椭球体上的,用纬度和经度来表示。

1）经度

地球上某点所在子午面与格林子午面在赤道上所夹的劣弧长,或该劣弧所对应的球心角,称为该点的地理经度,简称经度,用符号 λ 或Long表示。可见,经度是一种两面角,起始面是本初子午面,终止面是本地子午面。经度一般在赤道上自地理坐标原点向东、西两个方向度量:本初子午线以东称作东经(以字母E表示),本初子午线以西称作西经(以字母W表示),各从0°到180°计算。

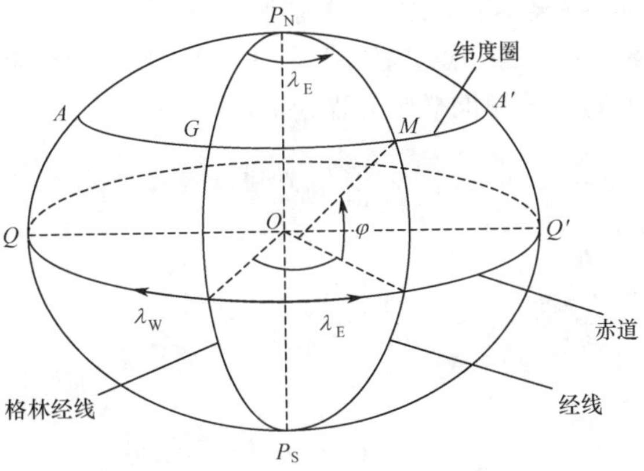

图2－2　地理坐标

2）纬度

采用第一近似时，大地球体近似为半径为 R 的正圆球体，纬度定义为地球表面上一点与地心连线和赤道平面的夹角，该夹角就是该点垂线方向与赤道平面的夹角。可见，纬度是一种线面角，即直线同平面的交角。纬度在本地经线上量度，赤道面是起始面，所在地是终止点。由于赤道把地球分为南、北两个半球，以赤道为基准(0°)，分别向北和向南计算到90°，赤道以北的称为北纬（以字母 N 表示），赤道以南的称为南纬（以字母 S 表示）。人们通常以南北纬30°和60°为界，把纬度分成低纬度、中纬度和高纬度三部分。北纬66°33′39″的纬线以北称为北极圈，南纬66°33′39″的纬线以南称为南极圈。人们把夏至日和冬至日太阳垂直于地球海平面的光线达到的地球纬圈回归线的纬度等于黄赤交角，其值在北纬23.5°±1°的范围内变化，1976 年第 16 届国际天文学联合会决定将 2000 年的回归线位置定为23°26′21.448″。

当采用地球椭球体近似大地球体时，如图2－3 所示，纬度的定义有两种方法。

(1) 地理纬度。地球椭球体表面上某点的法线与赤道平面的交角，称作该点的地理纬度，简称纬度，用符号 φ 或 Lat 表示。

(2) 地心纬度。地球椭球体表面上某点的向径（该点和地心的连线）与赤道平面的交角，称为该点的地心纬度，用符号 φ'表示。

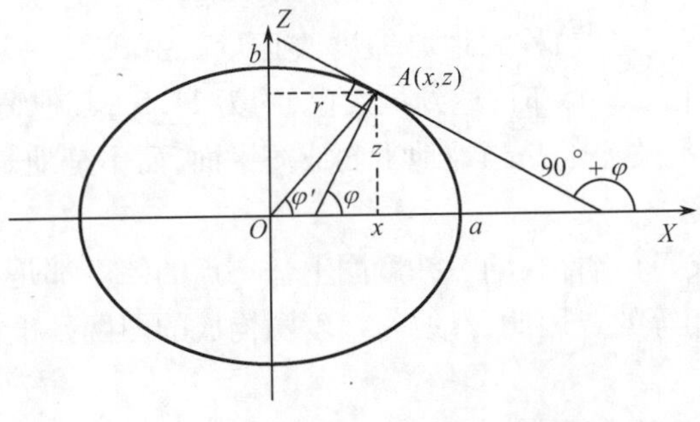

图2－3　地心纬度与地理纬度的关系

在地球椭球体上，除了在赤道和两极的点上法线通过椭球中心外，其他位置的地理纬

度 φ 和地心纬度 φ' 都不相等，两者之间的关系如下：

设在地球椭球体表面上有一点 A，如图 2－3 所示，过 A 点的椭圆子午圈中心为 O，A 点的笛卡儿坐标为 (x,z)。子午圈椭圆方程为

$$\frac{x^2}{a^2}+\frac{z^2}{b^2}=1 \tag{2-1}$$

等式两边对 x 求导，得

$$\frac{2x}{a^2}+\frac{2z}{b^2}\cdot\frac{\mathrm{d}z}{\mathrm{d}x}=0$$

因为

$$\frac{\mathrm{d}z}{\mathrm{d}x}=-\cot(90^\circ+\varphi)=-\cot\varphi \tag{2-2}$$

所以

$$\cot\varphi=\left(\frac{b}{a}\right)^2\cdot\frac{x}{z} \tag{2-3}$$

又因为

$$\frac{x}{z}=\cot\varphi'$$

$$\cot\varphi=\left(\frac{b}{a}\right)^2\cdot\cot\varphi'=(1-e^2)\cdot\cot\varphi'$$

$$\tan\varphi'=(1-e^2)\cdot\tan\varphi$$

$$\tan\varphi'-\tan\varphi=e^2\cdot\tan\varphi$$

$$\tan(\varphi-\varphi')=\frac{\tan\varphi-\tan\varphi'}{1+\tan\varphi\cdot\tan\varphi'}=e^2\cdot\frac{\tan\varphi}{1+\tan\varphi\cdot\tan\varphi'}$$

由于 φ 和 φ' 相差很小，所以 $\tan(\varphi-\varphi')\approx\varphi-\varphi'$，$\tan\varphi'\cdot\tan\varphi\approx\tan^2\varphi$，则得

$$\varphi-\varphi'\approx e^2\frac{\tan\varphi}{1+\tan^2\varphi}=e^2\sin\varphi\cos\varphi=\frac{1}{2}e^2\sin(2\varphi)$$

$$\varphi-\varphi'=\frac{1}{2}e^2\times\sin(2\varphi) \tag{2-4}$$

如果 $\varphi-\varphi'$ 以角秒为单位，并将 IUGG(1980) 推荐椭球参数代入上式，得

$$\varphi-\varphi'=690.4''\times\sin2\varphi \tag{2-5}$$

地理纬度与地心纬度之差，称为地心纬度改正量。由式(2－5)可知：地心纬度改正量在赤道和两极为零；在 $\varphi=45^\circ$ 时，达到最大值，约为 11.5′；其他情况下，$\varphi>\varphi'$。

在航海过程中，人们关心的是当地地平面或海平面，而不是地心所在方向，因此，一般情况下都使用地理纬度。

根据经纬度的定义可以看出，同一纬度圈上任一点的纬度都是相等的，同一经线上任意一点的经度也都是相等的。因此，经线与纬度圈构成的图网是坐标的等值线图网，即坐标线图网。

2. 经度差、纬度差和东西距

经度和纬度确定了地面上任意点的位置，而地面上两个点 $A(\varphi_1,\lambda_1)$ 和 $B(\varphi_2,\lambda_2)$ 之间的位置关系，或者载体从 A 运动至 B 的位置变化，航海上常用经度差和纬度差来表示。

（1）经度差是两地之间经度的代数差，用符号 $D\lambda$ 表示，即

$$D\lambda = \lambda_2 - \lambda_1 \tag{2-6}$$

经度差有方向性，符号确定的原则是，以起始点的经度为基准：到达点在起始点的东面时称为东经差，用 E 表示；到达点在起始点的西面时称为西经差，用 W 表示。运算中规定东经差为"+"，西经差为"-"。当 $D\lambda=0$ 时，表示载体沿子午线南北向航行。经度差不能大于 180°，当计算结果大于 180°时，则用下式计算，即

$$D\lambda = \begin{cases} \lambda_2 - \lambda_1, & |D\lambda| \leqslant 180^\circ \\ \lambda_2 - \lambda_1 + 360^\circ, & D\lambda < -180^\circ \\ \lambda_2 - \lambda_1 - 360^\circ, & D\lambda > 180^\circ \end{cases} \tag{2-7}$$

（2）纬度差是两地之间纬度的代数差，用符号 $D\varphi$ 表示，即

$$D\varphi = \varphi_2 - \varphi_1 \tag{2-8}$$

纬度差也有方向性，其确定的原则是：以起始点的纬度为基准，到达点在起始点的北面时称为北纬差，用 N 表示；到达点在起始点的南面时称为南纬差，用 S 表示。运算中规定北纬差为"+"，南纬差为"-"。当 $D\varphi=0$ 时，表示载体沿纬度圈做等纬度航行。

（3）东西距。地球上任意两点（A 和 B）的经度线在某一纬度圈上所夹的劣弧长，称为该纬度圈的东西距，用符号 Dep 表示，如图 2-4 所示。由于经度线是向两极收敛的，因而两条经度线在不同纬度上所夹的弧长是不等的，即当经度差一定时，不同纬度圈的东西距是不等的。东西距与经度差之间的关系式为

$$D\lambda = \mathrm{Dep} \cdot \sec\varphi \tag{2-9}$$

设地球为一圆球体，$\overset{\frown}{FH}$为经度差，$\overset{\frown}{CD}$为东西距。由几何定理可知，在不等圆中相同圆心角所对应弧长之比等于其半径之比，即

$$\frac{\overset{\frown}{FH}}{\overset{\frown}{CD}} = \frac{D\lambda}{\mathrm{Dep}} = \frac{R}{r}$$

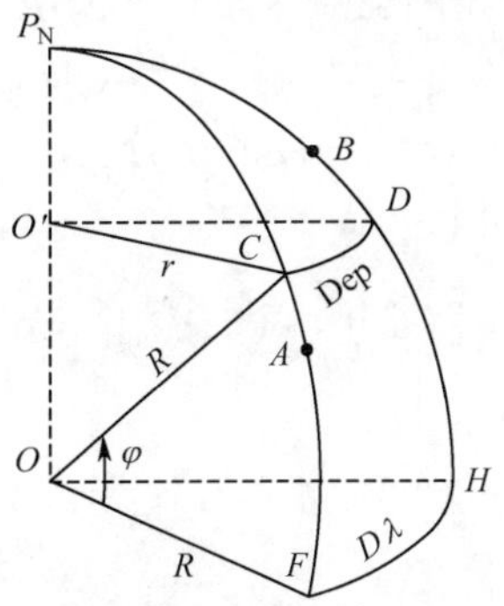

图 2-4　东西距与经度差

在直角三角形 $OO'C$ 中，有

$$\frac{R}{r} = \sec\varphi$$

因此得到式（2-9）所示的东西距与经度差的关系式。

3. 纬度圈半径和主曲率半径

把大地球体近似为旋转椭球体，赤道和各纬度圈均是正圆，纬度圈半径随纬度增加而变小；子午圈是一个扁平的椭圆，在数学上描述曲线弯曲变化程度的参量是曲率和曲率半径，子午圈上曲率半径随纬度变化而不同。子午圈曲率半径和卯酉圈曲率半径，统称为地球主曲率半径，它们在解算基于地球椭球体的导航和制图问题中发挥着重要作用，是不可缺少的基本要素。

1）纬度圈半径 r

设地球椭球体长半轴为 a，短半轴为 b，则赤道的半径就是椭球体长半轴 a，其他纬度

圈半径的推导如下：

如图 2－3 所示建立的以地心为原点的笛卡儿坐标系中，纬度圈半径 r 即是点 A 的横坐标 x。由式(2－3)可知

$$z=\left(\frac{b}{a}\right)^2\cdot\tan\varphi\cdot x$$

代入椭圆方程式(2－1)中，得

$$\frac{x^2}{a^2}+\frac{b^2}{a^4}\tan^2\varphi\cdot x^2=1$$

整理得

$$x^2+\left(\frac{b}{a}\right)^2\tan^2\varphi\cdot x^2=a^2$$

$$x^2(1-e^2\sin^2\varphi)=a^2\cos^2\varphi$$

所以

$$r=x=\frac{a\cos\varphi}{(1-e^2\sin^2\varphi)^{1/2}} \tag{2-10}$$

2）子午圈曲率半径 R_M

如图 2－5 所示，地球表面点 A 的地理纬度为 φ，该点处的子午圈曲率半径记为 R_M。在子午圈上点 A 附近取弧微分 ds，则

$$ds=R_M d\varphi$$

式中：$d\varphi$ 为纬度的微分。

因为

$$ds=[(dx)^2+(dz)^2]^{1/2}=dx\left[1+\left(\frac{dz}{dx}\right)^2\right]^{1/2} \tag{2-11}$$

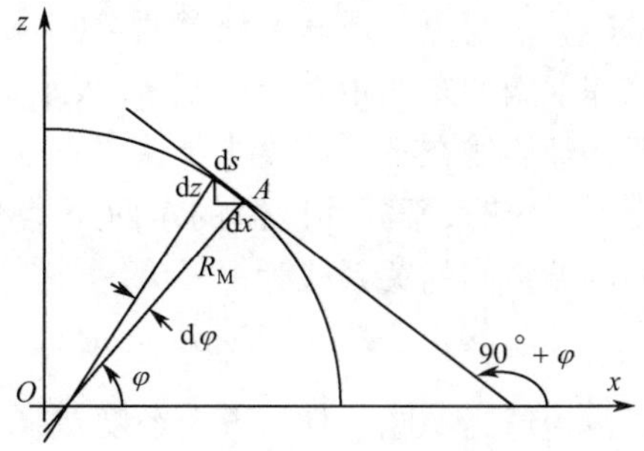

图 2－5　子午圈曲率半径

由式(2－2)知

$$\frac{dz}{dx}=-\cot\varphi$$

代入式(2－11)，得

$$ds=dx(1+\cot^2\varphi)^{1/2}=\csc\varphi\cdot dx$$

所以

$$R_M d\varphi=\csc\varphi\cdot dx$$

$$R_M=\csc\varphi\frac{dx}{d\varphi} \tag{2-12}$$

式中：$\frac{dx}{d\varphi}$ 为纬度圈半径 r 对纬度的导数。

对式(2－10)求导并经整理得

$$\frac{dx}{d\varphi}=\frac{-a(1-e^2)\sin\varphi}{(1-e^2\sin^2\varphi)^{3/2}}$$

代入式(2－12)，考虑到 R_M 是子午圈曲率半径，故不考虑其符号，得到

$$R_{\mathrm{M}}=\frac{a(1-e^{2})}{(1-e^{2}\sin^{2}\varphi)^{3/2}} \tag{2-13}$$

由式(2－13)可以看出，R_{M} 是随纬度而变化的。当 $\varphi=0°$ 时，有

$$R_{\mathrm{M0}}=a(1-e^{2})=b\cdot\frac{b}{a}<b \tag{2-14}$$

当纬度 $\varphi=90°$ 时，有

$$R_{\mathrm{M90}}=\frac{a}{(1-e^{2})^{1/2}}=a\cdot\frac{a}{b}>a \tag{2-15}$$

可见，子午圈曲率半径 R_{M} 随纬度增加而增大。在赤道处，子午圈弯曲程度最大，曲率半径最小，R_{M0} 小于地球短半轴 b；在极点处，子午圈弯曲程度最小，曲率半径最大，R_{M90} 大于地球长半轴 a。

3）卯酉圈曲率半径 R_{N}

在地球椭球体上，包含点 A 的法线且与该点子午面垂直的平面，与地球椭球体表面的交线，也是一个椭圆，称为卯酉圈，如图 2－6 所示。卯酉圈的曲率半径用 R_{N} 表示。显然，除了在极点处以外，地球表面某点 A 的子午圈曲率半径和卯酉圈曲率半径是不相等的。数学上可以证明，卯酉圈曲率半径的端点必然落在地球椭球体的短轴上。卯酉圈曲率半径（$R_{\mathrm{N}}=An$）与纬度圈半径 r 的关系为

$$r=R_{\mathrm{N}}\cos\varphi \tag{2-16}$$

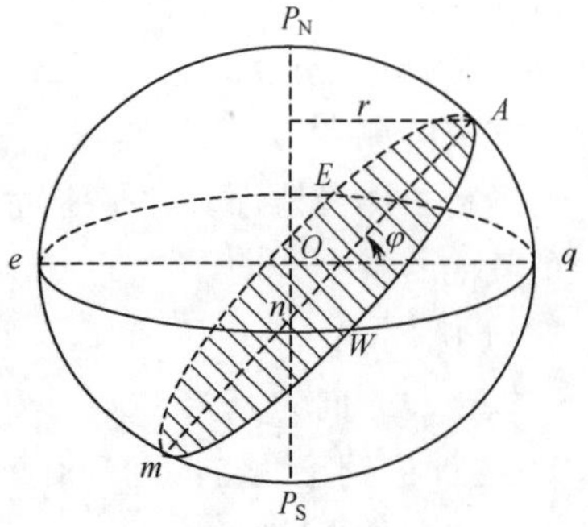

图 2－6　卯酉圈曲率半径

把纬度圈半径 r（式(2－10)）代入，得

$$R_{\mathrm{N}}=\frac{a}{(1-e^{2}\sin^{2}\varphi)^{1/2}} \tag{2-17}$$

由式(2－17)可知：当 $\varphi=0°$ 时，$R_{\mathrm{N0}}=a$，即在赤道平面内，卯酉圈曲率半径 R_{N0} 等于地球椭球体长半轴 a；当 $\varphi=90°$ 时，$R_{\mathrm{N90}}=a\cdot a/b=R_{\mathrm{M90}}$，即在极点处，$R_{\mathrm{N90}}$ 达到最大，且与子午圈曲率半径 R_{M90} 相等。

比较式(2－13)和式(2－17)可得

$$\frac{R_{\mathrm{N}}}{R_{\mathrm{M}}}=\frac{\dfrac{a}{(1-e^{2}\sin^{2}\varphi)^{1/2}}}{\dfrac{a(1-e^{2})}{(1-e^{2}\sin^{2}\varphi)^{3/2}}}=\frac{1-e^{2}\sin^{2}\varphi}{1-e^{2}}=1+\frac{e^{2}\cos^{2}\varphi}{1-e^{2}} \tag{2-18}$$

由式(2－18)可以看出，除了在 $\varphi=90°$ 处 $R_{\mathrm{N}}=R_{\mathrm{M}}$ 外，在其他任何纬度上，$R_{\mathrm{N}}>R_{\mathrm{M}}$。

2.1.3　航向与方位

1. 方向的确定和表示

通过测者眼睛，并与该点重力方向重合的直线称作测者铅垂，凡与测者铅垂线相垂直的平面，称为测者地平平面。地平平面有无数个，其中通过地心的地平平面称作测者真地平平面或天文地平平面。通过测者眼睛的地平平面，称作测者地面真地平平面。测者真地平平面是一个不可见面，在天文定位中有具体应用，而测者地面真地平平面是一个可见

的有真实表象的平面,即船舶正浮状态时的罗经平面。前已述及,包含测者铅垂线,并与测者子午圈平面相垂直的平面,称作卯酉圈平面(也称为东西圈平面)。

航海上,测者周围的方向是建立在测者地面真地平平面之上的。如图2-7所示,$A'O$为测者A的铅垂线,测者地面真地平平面$WSEN$与测者子午圈平面P_NAQP_SQ'相交的直线SN称为测者的方向基准线——南北线,其中,靠近地理北极P_N的一方是测者的正北方向,靠近地理南极P_S的一方是测者的正南方向。测者地面真地平平面与测者卯酉圈平面相交的直线WE称为测者的东西线,当测者面北背南时,测者东西线的右手方向为正东方向,左手方向为正西方向。位于地球上不同地点的测者,由于具有不同的测者铅垂线和真地平平面,其方向基准各不相同。位于两极的测者无法确定其方向基准,因为对于南极的测者,其任意方向都是正北方向,而位于北极的测者,其任意方向都是正南方向。

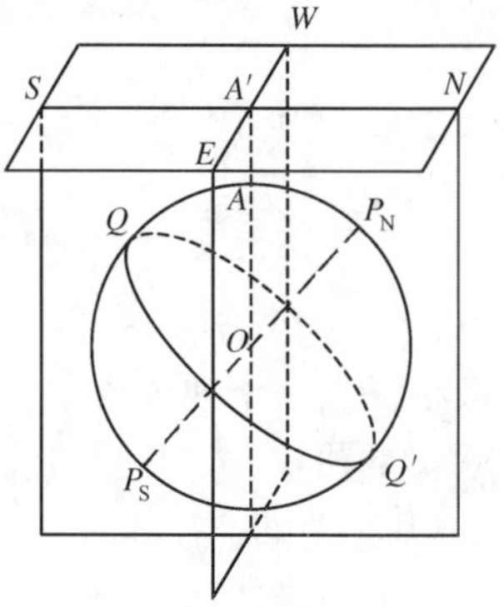

图2-7 方向的确定

确定了测者地面真地平平面上的4个基本方向以后,可以采用以下3种方法划分和表征其他的各个方向。

1) 圆周法

以正北方向为基准000°,按顺时针方向计量到正东为090°,正南为180°,正西为270°,再计量到正北方向为360°或000°。圆周法始终用3位数字表示,是航海上最常用的表示方向的方法。

2) 半圆法

以正北(或正南)为方向基准,分别向东或向西计量到正南(或正北),计量范围为000°~180°。半圆法表示方向时,除度数外,还必须标明起算点和计量方向,如030°NE与150°SE、045°SW与135°NW分别表示的是同一点。度数后缀的两个字母,前者表示该方向是由北点(N)还是由南点(S)起算的,而后者则表示该方向是向东(E)还是向西(W)计算的。可见,任何一个地平平面方向都可以用两种半圆法表示。在天文航海中,常用半圆法来表示天体的方位。

3) 罗经点法

如图2-8所示,罗经点法以正北(N)、正东(E)、正南(S)、正西(W)4个基本方向为基点;将相邻基点之间的角平分线方向称为隅点,即东北(NE)、东南(SE)、西南(SW)和西北(NW)4个方向;将相邻基点和隅点之间的角平分线方向称为三字点,其表示法由基点名称后加上隅点名称两部分组成,即北北东(NNE)、东北东(ENE)、东南东(ESE)和南南东(SSE)等共8个方向;再将平分相邻基点或隅点与三字点之间的16个方向称为偏点,其表示法由基点名称或隅点名称之后加上偏向的方向组成,如北偏东(N/E)、东北偏北(NE/N)、东偏北(E/N)等。

这样,4个基点、4个隅点、8个三字点和16个偏点,共计32个方向点,称作32个罗经点。过去,由于测向精度较低,罗经点法曾在航海领域得到过广泛使用,目前仅用来表示风、流等大概方向。

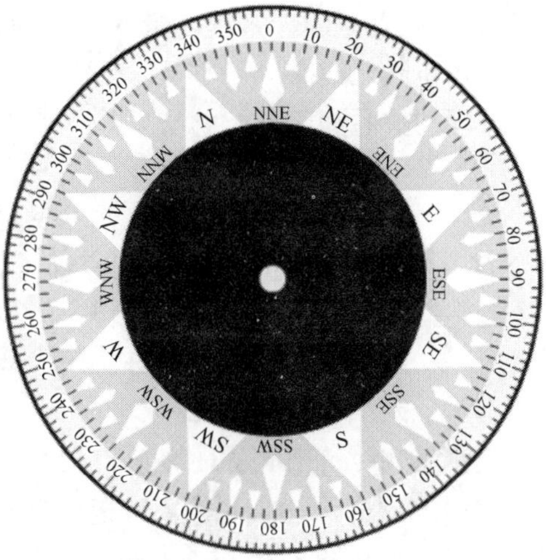

图2-8 罗经点方向

2. 航向和方位

在地平平面上以真北为基准按圆周法计算的船舶航行方向(称为航向)和目标方向(称为方位),统称为向位。如图2-9所示,与向位有关的几个定义如下:

(1) 航向线。当船舶正浮无横倾时,船舶首尾方向的连线在测者地面真地平平面上的投影,称作船首尾线。船首尾线向船首方向的延长线,称作航向线,记作CL。

(2) 真航向。船舶航行时,在测者地面真地平平面上,从真北方向顺时针计算到航向线的角度称作船舶的真航向,按000°~360°计算,记作TC。

(3) 船首向。指在任何情况下,船舶某一瞬间的船首方向,记作Hdg。

(4) 方位线。在地球表面连接测者与物标的大圆称作物标的方位圈。物标的方位圈平面与测者地面真地平平面的交线称为物标方位线,记作BL。在图2-9中,*AM*为物标*M*的方位圈,*A′M′*为物标*M*的方位线。

(5) 真方位。在测者地面真地平平面上,从真北方向顺时针计算到物标方位线的角度,称作物标的真方位,按000°~360°计算,记作TB。物标的真方位是以真北线为基准度量的,与船舶的航向变化无关,也就是说,当船舶位置不变时,即使船舶转向,物标的真方位仍保持不变。

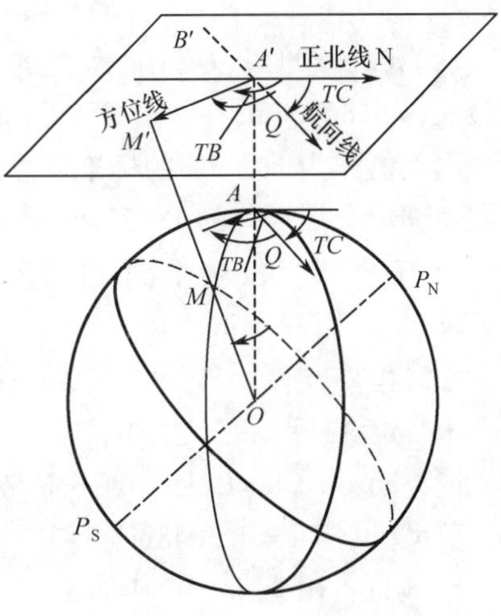

图2-9 航向、方位和舷角

(6) 舷角。在测者地面真地平平面上,以航向线为基准,从航向线到方位线之间的夹角,称作物标舷角或相对方位,记作Q。它是以船首方向为000°,按顺时针方向由000°~360°计量,计算到物标方位线,用3位数字表示;或者以船首方向为000°,向右或向左各由000°~180°计量,计算到物标方位线,它们分别称作物标的右舷角$Q_{右}$或左舷角$Q_{左}$。当舷角$Q=090°$时,称作物标的右正横;当舷角$Q=270°$时,称作物标的左正横。

两者统称为正横。物标舷角是以船首尾线为基准度量的，因此即使船舶位置和物标位置均不变但船舶航向改变后，舷角也随之改变。

真航向、真方位与舷角之间的关系为

$$TB = TC + Q$$

或

$$TB = TC + Q \quad (Q_{右}为正(+),Q_{左}为负(-))$$

2.1.4 速度与距离

1. 海上长度

航海上最常用的距离单位是海里(可用 n mile 表示)，它等于地球椭圆子午线上纬度 1 角分所对应的弧长，海里习惯用"′"表示，如 2n mile 可记作 2′。

设子午线上纬度 1′的弧长为 S'，从图 2－5 并根据式(2－13)可知

$$S' = R_{M} \times \text{arc}1' = \frac{a(1-e^2)}{(1-e^2\sin^2\phi)^{3/2}} \times \text{arc}1' \qquad (2-19)$$

将 $(1-e^2\sin^2\varphi)^{-3/2}$ 按牛顿二项式展开，有

$$(1-e^2\sin^2\varphi)^{-3/2} = 1 + \frac{3}{2}e^2\sin^2\varphi + \frac{15}{8}e^4\sin^4\varphi + \cdots$$

略去 e^4、$\sin^4\varphi$ 和更高次项，整理得

$$\begin{aligned} S' &= a \cdot \text{arc}1'\left(1 - e^2 + \frac{3}{2}e^2\sin^2\varphi\right) \\ &= a \cdot \text{arc}1'\left(1 - e^2 + \frac{3}{4}e^2(1-\cos(2\varphi))\right) \\ &= a \cdot \text{arc}1'\left(1 - \frac{1}{4}e^2 - \frac{3}{4}e^2\cos(2\varphi)\right) \end{aligned}$$

将 IUGG 推荐的椭球参数 a、e^2 和 arc1′之值代入上式，得

$$S' = 1852.25 - 9.31\cos(2\varphi)\,(\text{m}) \qquad (2-20)$$

从式(2－20)可以看出，海里的长度是个变量。它在赤道最短，为 1843.0m；而在两极最长，为 1861.6m；在纬度 45°处，则为 1852.3m。为了航海上实际应用的需要，必须用一个固定值作为 1n mile 的标准长度。目前，我国和世界上许多国家均采用 1929 年国际水文地理学会议推荐的 1852m 作为 1n mlie 的标准长度值。采用 1852m 作为标准海里的国家还有德国、法国、瑞典和俄罗斯，美国采用 1853.25m，英国、日本等国则采用 1853.18m 作为 1n mile。

除海里外，航海上还可能用到下列一些长度单位：

米(m)：国际标准长度单位。

链(cab)：1cab = 0.1n mile ≈ 185m。

英尺(ft)：1ft = 0.3048m。

码(yd)：1yd = 3ft = 0.9144m。

拓(fm)：1fm = 6ft = 1.8288m。

航海上，常使用海里和链作为度量距离的单位；米(m)在航海上常作高程和水深的单位；在某些较早出版的英版拓制海图资料中，高程和海深的单位也有用拓(fm)和英尺(ft)标注的。

2. 船舶航速

船速是船舶在无风流情况下单位时间内航行的距离，它的方向与真航向一致。航行中的船舶一般是利用计程仪测定航行速度的，因此它测量的是船舶受到环境影响后的航速。航海上，将船舶在风流影响后的相对于海底的航行速度称作实际航速，将在航迹推算中考虑风流影响或预配风流压后的航速，称作推算航速或计划航速。

国际上通用的航海速度单位是节，用 kn 表示，1kn = 1n mile/h，也可以用来度量风速和流速。其他可能用到的速度单位还有 km/h 和 m/s。

船舶是由主机带动推进器螺旋桨推水的反作用力使船舶前进的，因此推进器的转速，即每分钟的转数也可以表征船舶的运行速度，称为主机转速或艉轴转速。

3. 视距和物标地理能见距

1）测者能见地平距离(D_e)

在船舶航行中，具有一定眼高 e 的测者，向远处眺望，所能够看到的最远处应为水天相汇处，称为水天线，或称为测者能见地平、视地平，测者到水天线的距离为测者能见地平距离。如图 2－10 所示，测者位于地球 B 点，其眼高为 $AB = e$。若在真空中，其能够观测到的点为 C'，即 BC'为测者到水天线的距离，称为理论视距 d。

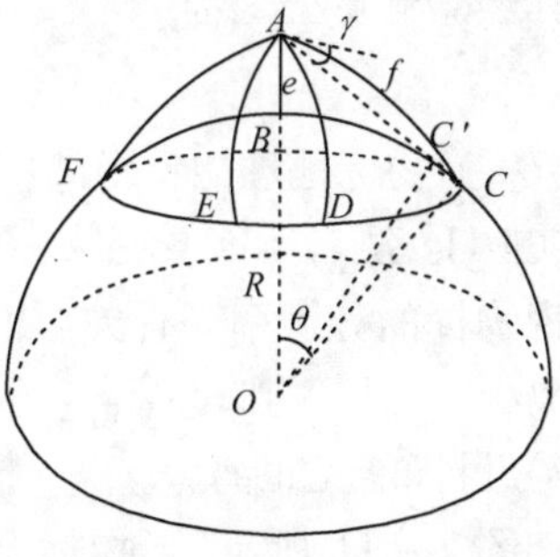

图 2－10　大气折光对视距的影响

因眼高 e 与地球半径 R 相比要小得多，则有 $BC' \approx AC' = d$，$\triangle AOC'$为直角三角形，则有

$$AC'^2 = AO^2 - OC'^2$$

即

$$d^2 = (R+e)^2 - R^2 = 2R \cdot e\left(1 + \frac{e}{2R \cdot e}\right) \approx 2R \cdot e$$

由于大气折射的影响，实际视距要比 d 大，且地球表面的大气密度随高度增加逐渐减小。由图 2－10可知，测者实际沿曲线 AfC 观测到 C 点。C 点的视方向 AC'与其真方向 AC'间的夹角 γ 称为地面蒙气差或折光差。显然，蒙气差 γ 越大，则视距越大，有

$$\gamma = \frac{1}{2}KD$$

式中：K 为蒙气差系数；D 为测者与物标间的距离。

由于 BC 相对地球球心的夹角 θ 很小，有

$$\begin{cases} \tan\left(\dfrac{\theta}{2} - \gamma\right) = \dfrac{e}{D_e} \Rightarrow \dfrac{\theta}{2} - \gamma = \dfrac{e}{D_e}, \theta = \dfrac{D_e}{R} \\ D = \dfrac{D_e}{R} \end{cases}$$

于是，有

$$D_e = \sqrt{\frac{2R \cdot e}{1-K}}$$

地球半径取 $R = 6371110\text{m}$。在我国，常取 $K = 0.16$，则视距经验计算公式为

$$D_e = 2.08\sqrt{e} \tag{2-21}$$

式中：D_e 的单位为 n mile；e 的单位为 m。

2）物标能见地平距离（D_h）

假如将测者眼睛放在物标的顶端，此时测者的能见地平距离就称为物标能见地平距离，用 D_h 表示。它也等于当测者眼高为零时，在能见度良好的情况下，理论上测者能够看到物标的最大距离。

与测者能见地平距离一样，物标能见地平距离可由下式求得，即

$$D_h = 2.08\sqrt{H} \tag{2-22}$$

式中：D_h 为物标能见地平距离（n mile）；H 为物标顶端距海平面的高度（m）。

3）物标地理能见距离（D_0）

实际上，观测者总是有一定的眼高的，因此观测者理论上能够看到物标的最大距离，要比物标能见地平距离大。当能见度良好时，由于地球曲率和地面蒙气差的影响，测者理论上所能看到物标的最大距离称作物标地理能见距离，用 D_0 表示。其计算方法为

$$D_0 = D_e + D_h = \sqrt{\frac{2R \cdot e}{1-K}} + \sqrt{\frac{2R \cdot H}{1-K}}$$

其经验计算公式为

$$D_0 = 2.08(\sqrt{e} + \sqrt{H}) \tag{2-23}$$

式中：D_0 为物标地理能见距离（n mile）；H 为物标高度（m）；e 为测者眼高（m）。

实际上，测者所能看见物标的最远距离还与当时的能见度，即大气透明度和人们眼睛能发现物标的分辨率等有关。因此，白天发现物标的最远距离往往要小于物标的地理能见距离。

4）目标能见距离（D）

如图 2－11 所示，当物标全部呈现时目标能见距离可由观测目标垂直角求距离获得，为

$$D = \frac{H}{\tan\alpha} \tag{2-24}$$

式中：D 为测者到物标的距离；H 为目标高度；α 为目标垂直角。

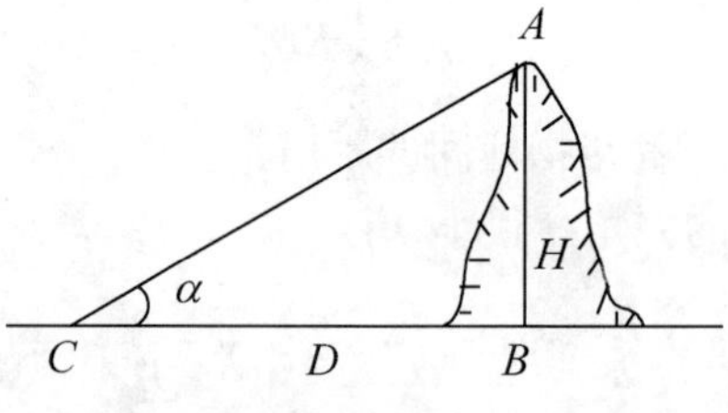

图 2－11　物标垂直角与距离关系

如果物标高度 H 的单位为 m，距离 D 的单位为 n mile，则式（2－24）可写为

$$D = \frac{H}{1852\tan\alpha} \tag{2-25}$$

如果目标垂直角 α 很小（5°以内），以弧度表示 α 角的正切值近似等于其值，现将 α 值的单位定为分，则有

$$D=1.86\frac{H}{\alpha} \tag{2-26}$$

如果目标部分呈现，通常采用球心角解算法和根据视距、目标能见距原理计算距离两种方法。

如图2-12所示，设O为地心，观测者位于A点，眼高为e，物标高度为H，物标部分呈现的垂直角为α，AB为观测者到物标的距离，当视地球半径为R的圆球体时，由前述关于海里的定义，则球心角1′所对应的弧长即为1n mile，故以“分”为单位的球心角D即为要求距离的海里数，因此目标部分呈现求距离公式为

$$D=\sqrt{\left(\frac{\tan\beta_0}{0.000245}\right)^2+\frac{H-e}{0.22679}}-\frac{\tan\beta_0}{0.000245} \tag{2-27}$$

式中：H为目标高度(m)；e为眼高(m)；β_0为经修正的垂直角，且有

$$\beta_0=\alpha-n=\beta+\gamma \tag{2-28}$$

其中：α为观测目标部分呈现的垂直角；n为海地平俯角；γ为地面蒙气差。

如图2-13所示，e和H分别为测者眼高和目标高度，D_e为测者视距，D_1为按目标全部呈现计算的距离，ΔH为隐匿在视地平以下部分的目标高度，D为目标部分呈现时测者至目标的距离。则物标能见距和目标部分呈现求距离计算方法为

$$\begin{cases}D=D_e+D_{\Delta H}\\ \dfrac{D}{D_1}=\dfrac{KF}{H}=\dfrac{H-\Delta H}{H}\end{cases}$$

其经验公式为

$$D=D_e-2.1632\frac{H}{D_1}+2.08\sqrt{\frac{H}{D_1}\left(D_1+1.0816\frac{H}{D_1}-D_e\right)} \tag{2-29}$$

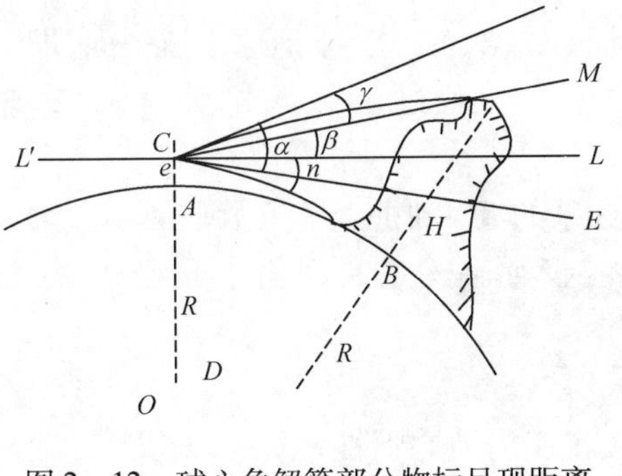

图2-12 球心角解算部分物标呈现距离

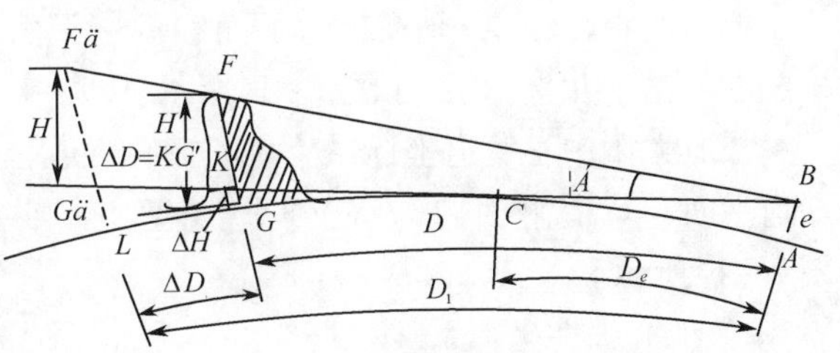

图2-13 由视距、目标能见距原理计算距离

2.2 坐标系及其转换

物体的运动都是相对某个参考系而言的。导航的任务就是确定载体的运动参数，即确定载体在某坐标系的位置和/或位置变化率及姿态，所以在研究导航问题时，首先要确定坐标系。

坐标系的分类方法有很多种：按坐标系相对惯性空间运动与否，坐标系可以分为惯性坐标系和非惯性坐标系；按选取的坐标原点位置不同，坐标系可以分为银心坐标系(以银

河系的中心为原点)、日心坐标系(以太阳中心为原点)、地心坐标系(以地球质心为原点)、站心坐标系(以地面上测站为原点)等;按坐标系是否与地球自转运动,坐标系可以分为地固坐标系和非地固坐标系;按照坐标系表征参数不同,坐标系可以分为空间笛卡儿坐标系和空间大地坐标系等;按照地球参考椭球体定位方法的不同,坐标系可以分为参心坐标系和地心坐标系。当然,按照不同的地球参考椭球体可以将坐标系种类分得更多。

必须注意的是,在导航和测绘两个领域,个别坐标系的命名和定义出现了歧义甚至是冲突的现象。例如,在导航领域,地理坐标系意味着原点在运载体质心,三轴分别指向当地东北天或北西天的坐标系;而在测绘领域,地理坐标系指的却是采用经度、纬度、高度描述的由特定椭球和地图投影构成的坐标系。再如,地心坐标系,导航领域仅仅是为了和日心坐标系相区分,而测绘领域却是和参心坐标系相对应。本节在介绍这些坐标系时,以航海传统为主,兼顾测绘领域的技术术语。读者在阅读本书和其他有关文献时,应该注意加以区分。

2.2.1 惯性坐标系

把在空间静止或匀速直线运动的参考坐标系称为惯性坐标系;把坐标原点取在太阳质心的称为太阳中心惯性坐标系(简记为 s),而把坐标原点取在地球质心的称为地心惯性坐标系(简记为 i)。

1) 太阳中心惯性坐标系

太阳中心惯性坐标系根据坐标轴的取向不同,又可以分为太阳中心赤道坐标系和太阳中心黄道坐标系。恒星周日视运动可以定义地球的自转轴,从而决定赤道;同样,由太阳周年视运动可以定义黄道。赤道和黄道有两个交点,其中太阳从南向北穿过赤道的一点称为春分点。

(1) 太阳中心赤道坐标系。太阳中心赤道坐标系的 Z_s 轴垂直于地球赤道平面,即平行于地球的自转轴,X_s 轴在赤道平面和黄道平面的交线且经过春分点,Y_s 轴与 X_s、Z_s 轴构成右手笛卡儿坐标系,如图 2-14所示。

(2) 太阳中心黄道坐标系。太阳中心黄道坐标系的 Z'_s 轴垂直于黄道平面,X'_s 轴在赤道平面和黄道平面内与 X_s 轴重合,Y'_s 轴与 X'_s、Z'_s 轴构成右手笛卡儿坐标系,如图 2-14所示。

2) 地心惯性坐标系

把太阳中心赤道坐标系的原点移到地球质心,就变为地心惯性坐标系,亦即 Z_i 轴与地球自转轴一致,X_i、Y_i 轴在赤道平面内,构成右手笛卡儿坐标系,如图 2-15 所示。地心惯性坐标系不随地球的自转运动,即其 3 根坐标轴在惯性空间的方向保持不变,但原点位置随地球绕太阳公转而移动。忽略地球的公转角速度时,可将它近似看成是一个惯性坐标系,这对所涉及的导航问题是完全适用的。

应当指出,地球围绕太阳公转,太阳绕银河系中心运动,它们都不是固定不动或做匀速直线运动的。坐标轴的指向也难以固定在惯性空间某一方向上,所有的恒星和其他星系也都在转动。所以严格地说,以地心或日心作坐标原点的坐标系并不是惯性坐标系,换句话说,理想的惯性坐标系并不存在。在实际应用中只要坐标原点和参照物的移动、转动远远小于惯性测量对参数要求的精确度,就可以将其近似地看作惯性坐标系。

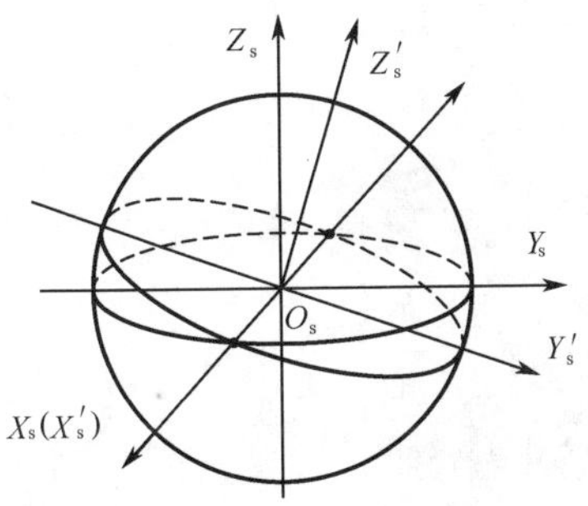

图2－14 太阳中心惯性坐标系

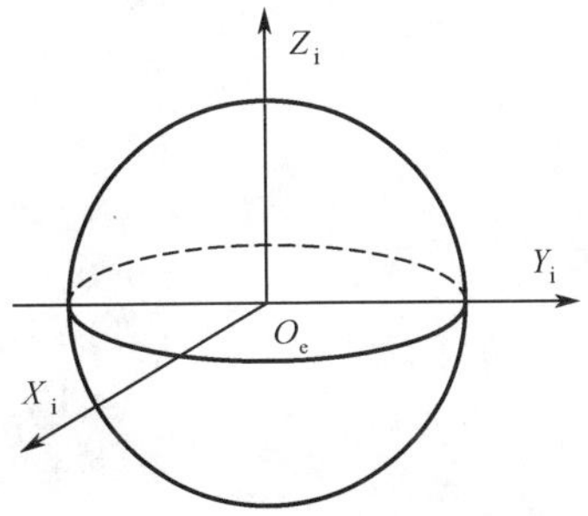

图2－15 地心惯性坐标系

2.2.2 地球坐标系

在航海上，地球坐标系以地球质心为坐标原点，Z_e 轴与地球自转轴方向一致，X_e、Y_e 轴在地球赤道平面内，X_e 轴与格林尼治子午面和赤道平面的交线重合，Y_e 轴与 X_e、Z_e 轴构成右手笛卡儿坐标系。地球坐标系与地球固连一起转动，故也称为地心地固（Earth Centered Earth Fixed，ECEF）坐标系，坐标轴指向如图2－16所示。

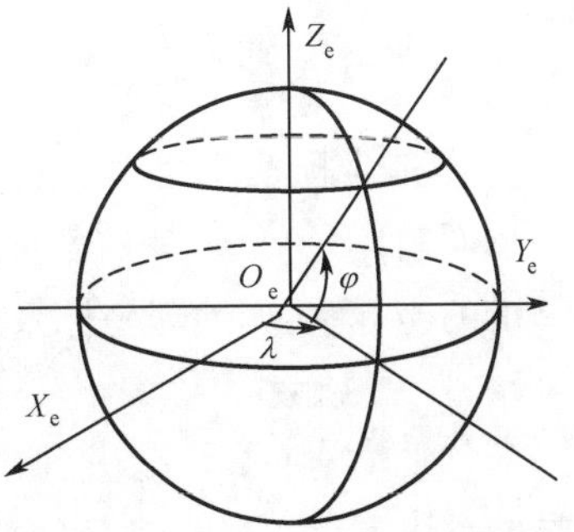

图2－16 地球坐标系

2.2.3 地理坐标系

地理坐标系是载体水平和方位的基准，它的原点位于载体质量中心在地球表面的投影点，Z_t 轴沿地心与坐标系原点的连线并指向天顶，垂直于当地水平面，X_t、Y_t 轴在当地水平面内，分别指东和指北，三轴构成右手笛卡儿坐标系。地理坐标系不仅随地球自转相对惯性空间运动，而且还随载体的运动而发生变化，其原点位置由纬度角 φ 和经度角 λ 确定。上述定义的地理坐标系也可以称为东北天坐标系（ENU）。在航空、航天领域应用时，地理坐标系三轴的指向也常常选作北西天或北东地，它们相应地称为北西天坐标系（NWU）或北东地坐标系（NED）。在有的文献上，它们也称为导航坐标系，如图2－17所示。

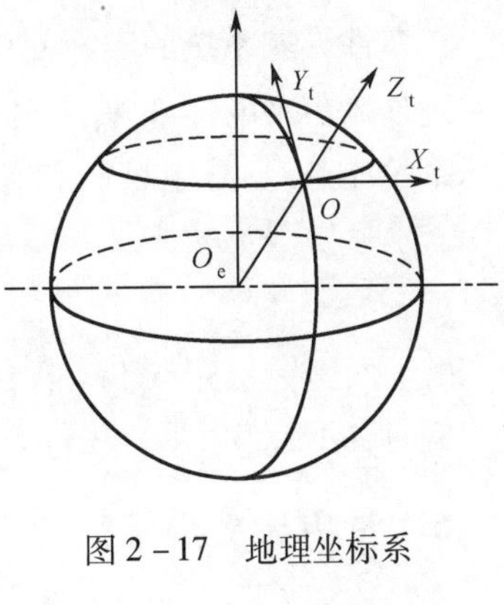

图2－17 地理坐标系

2.2.4 舰船坐标系

舰船坐标系 $OX_bY_bZ_b$ 是一组与舰船甲板相固连的右手笛卡儿坐标系。如图2－18所示，OZ_b 轴垂直于船体甲板平面指向上方，OX_b 轴指向船体右舷，OY_b 轴指向船首。该坐标系随船体一起运动，其与地理坐标系之间的夹角，描述了舰船的姿态角，即纵摇角、横摇角和航向角。

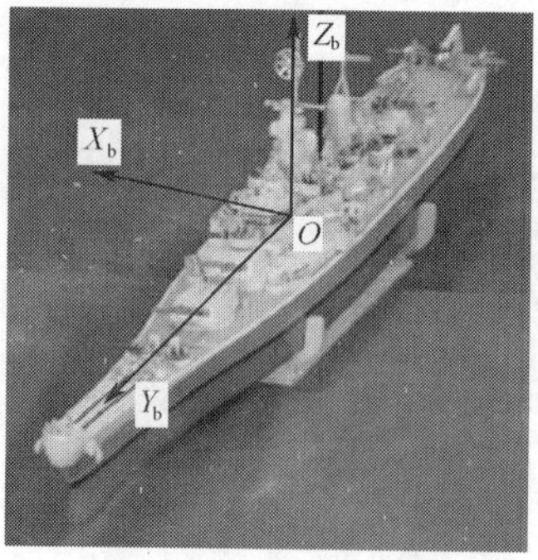

图 2－18　舰船坐标系

2.2.5　常用惯性导航坐标系

1. 导航坐标系

用 $OX_nY_nZ_n$ 表示，导航坐标系是在导航时根据导航系统工作的需要而选取的作为导航基准的坐标系，如地理坐标系、惯性坐标系是惯性导航系统较常用的导航坐标系。

2. 平台坐标系

平台坐标系 $OX_pY_pZ_p$ 是用惯性导航系统来复现导航坐标时所获得的坐标系。当惯性导航系统不存在误差时，平台坐标系与导航坐标系相重合；当惯性导航系统出现误差时，平台坐标系相对导航坐标系就会出现偏差。对于平台式惯性导航系统，平台坐标系指的是惯性平台坐标系，对于捷联式惯性导航系统，平台坐标系是通过存储在计算机中的方向余弦矩阵（捷联矩阵）来实现的，又称为"数学平台"。

3. 计算机坐标系

在惯性导航系统的实际使用中，人为建立一组计算机坐标系 $OX_cY_cZ_c$，是根据惯性导航系统计算出来的经度 λ_c 和纬度 φ_c 作为坐标原点而建立的地理坐标系。显然，计算机坐标系的原点 O_c 与舰船真实地理位置 O 点可能不完全一致，两者之间的误差为

$$\begin{cases}\Delta\varphi = \varphi_c - \varphi \\ \Delta\lambda = \lambda_c - \lambda\end{cases}$$

由于两坐标系原点不一致，计算机坐标系各坐标轴与地理坐标系各坐标轴在惯性空间的指向也不一致。

2.2.6　常用天文坐标系

仰望天空，罩在头顶上的巨大的空心半球，称为天球，而地球是位于天球的球心。根据这种直观的感觉，建立了天球的概念，并将其作为研究天体的直观位置和视运动的一种辅助工具。天球是以地球的中心为球心，以无限大为半径的假想球体。

1. 天球与地球联系的基本点、线和圆

天球上的基准点、线和圆如图 2－19 所示。

1）天轴和天极

将地轴向两端无限延伸与天球球面相交所得到的天球直径 P_NP_S，称为天轴。天轴的

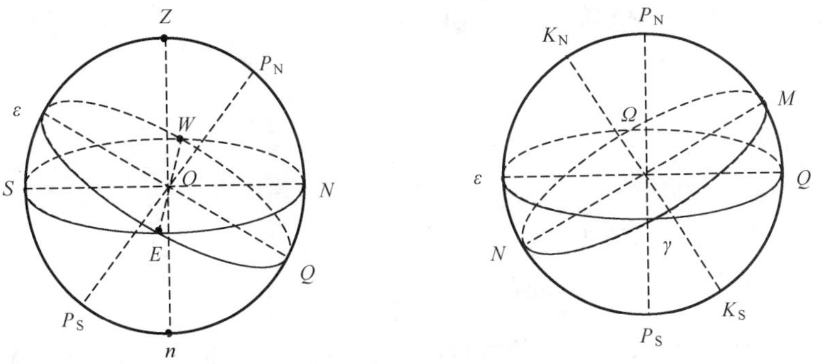

图2-19　天球及其基准点、线和圆

两端点称作天极，与地球北极对应的那一极称为北天极 P_N，另一极称为南天极 P_S。

2）天赤道

将地球赤道平面无限扩大，与天球球面相交所得的大圆叫天赤道（εQ）。

3）测者垂直线、天顶和天底

地球上的测者铅垂线无限延伸与天球球面相交所得的天球直径 Zn，称作测者垂直线。测者垂直线的两端点在测者头顶方向的一点 Z 叫天顶点，在测者正下方的一点 n 叫天底。当测者位于格林尼治子午线上时，得到的天顶、天底分别称为格林天顶和格林天底。

4）测者子午圆

通过天极和天顶、天底的大圆称为测者子午圆。天轴将测者子午圆分为两个半圆，包含天顶的半圆称为测者午半圆，包含天底的半圆称为测者子半圆。天文定位中常用的格林子午圆午半圆，是地球上格林尼治天文台及0°经度线在天球上的投影。

5）黄道和黄极

将地球的公转轨道面扩展与天球相交所得的大圆称为黄道。天球上与黄道面距离相等，且连线通过地心垂直于黄道面的两点称为黄极。靠近北天极的一极称为北黄极 K_N，另一极称为南黄极 K_S。

6）春分点和秋分点

黄道与天赤道交于两点，太阳从南天半球进入北天半球的一点，称为春分点 γ，另一点称为秋分点 Ω。

7）测者真地平圈

通过地心垂直于测者铅垂线的平面，与天球球面相截的大圆称为测者真地平圈。测者真地平圈上有东、南、西、北4个方向点。

测者子午圈与测者真地平圈相交两点，其中靠近北天极的交点为正北点 N（North），靠近天南极方向的点称为正南点 S（South）。测者真地平圈与天赤道交于两点，测者面向北，左手方向的点为西点 W（West），右手方向的点为东点 E（East）。

天球上与测者相联系的基本点、线和圆都与测者地理位置有关，测者地理位置不同，则测者天顶点、测者天底点、测者子午圆及测者真地平圈也不同。

2. 赤道坐标系

以天赤道为基准大圆的坐标系称作赤道坐标系。由于所选的坐标原点不同，赤道坐标系可以分为第一赤道坐标系和第二赤道坐标系。

1）第一赤道坐标系

坐标系构成如下：

基准大圆:天赤道。

基准半圆:测者午圈。

坐标原点:天赤道与午半圆交点 ε。

辅助圆:天体时圆和天体赤纬圈。

如图 2－20 所示,在天赤道上得到的弧距$\widehat{\varepsilon F}$为天体 B 的横坐标,叫天体地方时角 t,在天体时圆上得到的弧距$\widehat{FB}$为天体 B 的纵坐标,叫天体赤纬 δ。

2）第二赤道笛卡儿坐标系

坐标系构成如下：

基准大圆:天赤道。

基准半圆:春分点时圆。

坐标原点:春分点。

辅助圆:天体时圆和天体赤纬圈。

天体 B 的坐标用天体赤经 α 和天体赤纬 δ 表示。天体赤经是指天体时圆与春分点时圆在天赤道上所夹的弧距,从天北极上看,从春分点起逆时针向东为正,共轭赤经 $\tilde{\alpha}=360°-\alpha$。天体赤纬的定义与第一赤道坐标系相同,如图 2－21 所示。

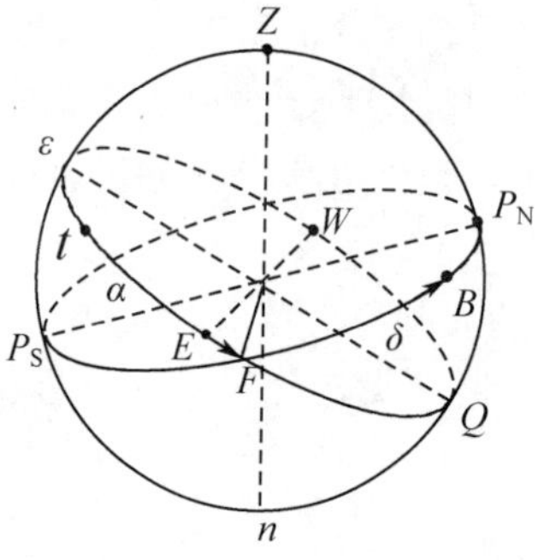

图 2－20　第一赤道坐标系

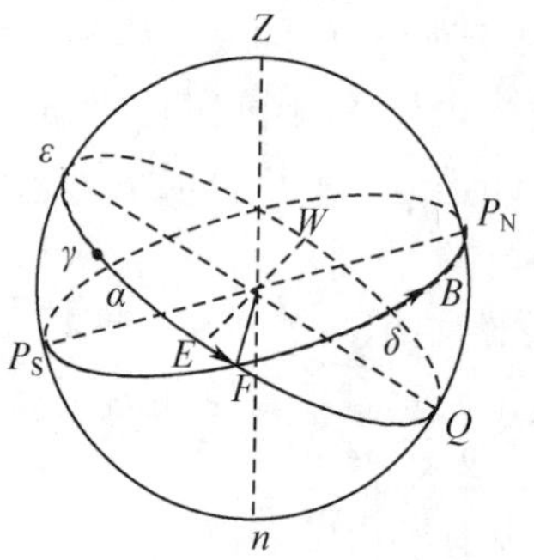

图 2－21　第二赤道坐标系

3. 地平笛卡儿坐标系

坐标系构成如下：

基准大圆:测者真地平圈。

基准半圆:北方位圈或南方位圈。

坐标原点:正北点 N 或正南点 S。

辅助圆:天体方位圆和天体高度圆。

通过测者天顶和天底的半个大圆,叫天体方位圆。天体 B 的坐标用天体方位 A 和天体高度 h 表示。天体方位是指天体方位圆和测者方位圆在测者真地平圈上所夹的弧距,从原点起顺时针(从天顶上看)计量。天体顶距是从天顶起,沿天体方位圈度量到天体中心的弧距。天体高度是指天体中心到测者地平圈的角距,在地平圈以上为正,如图 2－22 所示。

4. 黄道坐标系

坐标系构成如下：

基准大圆：黄道。

基准半圆：春分点黄经圈。

坐标原点：春分点。

辅助圆：天体黄经圈和天体黄纬圈。

天体 B 的坐标用天体黄经 l 和天体黄纬 b 表示。天体黄经是指春分点到天体黄经圈的角距，由春分点起逆时针（从北黄极上看）计量；天体黄纬是指天体中心与黄道在天体黄经圈上所夹的弧距，自黄道算起，向北黄极方向为正，如图 2－23 所示。

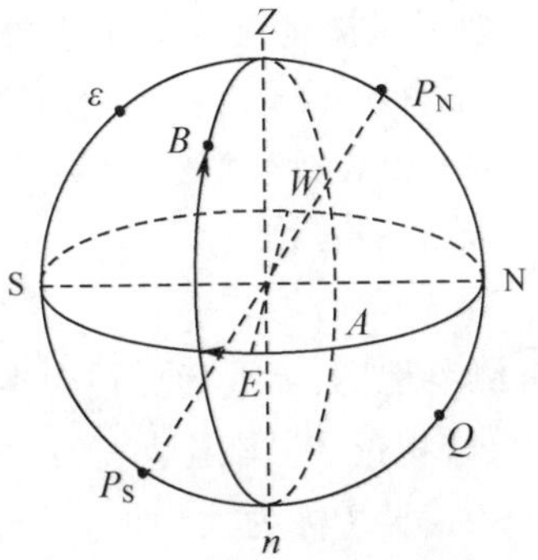

图 2－22　地平笛卡儿坐标系

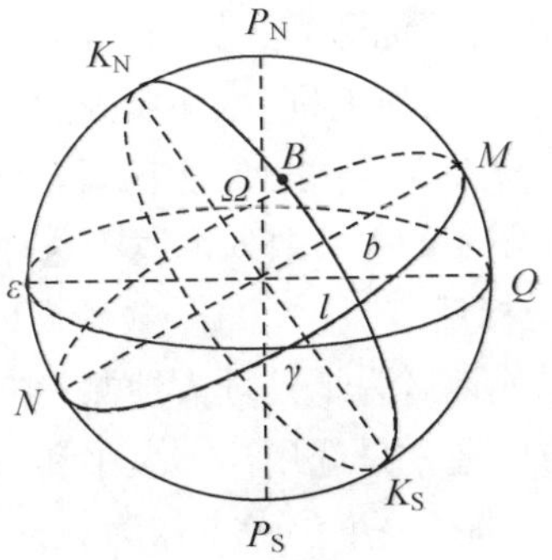

图 2－23　黄道坐标系

2.2.7　地心坐标系和参心坐标系

大地坐标系是建立在一定大地基准上的用于表达地球表面空间位置及其相对关系的数学参照系，这里所说的大地基准指的是能够最佳拟合地球形状的地球椭球体参数及其定位定向。椭圆体定位指的是确定椭球体中心的位置，可分为两类，即局部定位和地心定位。局部定位要求在一定范围内椭球体面与大地水准面有最佳的吻合，而对椭球体中心位置无特殊要求。地心定位则要求在全球范围内椭球体面与大地水准面有最佳的吻合，而且要求椭球体中心与地球质心重合。椭球体定向指的是确定椭球体旋转轴的方向，不论是局部定位还是地心定位，椭圆体短轴都须平行于地球自转轴。具有确定参数（长半轴和扁率），经过局部定位和定向，同某一地区大地水准面最佳拟合的地球椭球体称作参考椭球体。除了满足地心定位和平行条件外，在确定椭球体参数时能使它在全球范围内与大地体最密合的地球椭球体，称作总地球椭球体。以参考椭球体为基准的坐标系，称作参心坐标系；以总地球椭球体为基准的坐标系称作地心坐标系。

1. 地心坐标系

地心坐标系通常采用协议地极（Conventional Terrestrial Pole，CTP）和经度零点[①]（Bureau International de I' Heure，BIH）来定义，从理论上说，协议地心坐标系是一个全球统一的坐标系，它对航天技术、远程武器发射和地球科学研究等具有十分重要的作用。

① 经度零点是 1968 年由国际时间局确定的，采用通过国际协议原点和格林尼治天文台的子午线作为起始子午线，该子午线与协议赤道面的交点作为经度零点。

虽然协议地心坐标系的定义是唯一的,但要精确地建立这样一个坐标系却需要全球实测数据,并满足以下3个条件:

(1) 确定地球椭球体。这个椭球的大小要同地球体最佳吻合,同时它又具有能代表地球质量 M 和引力常数 G 的物理特性,而且椭球扁率 f 等价于地球二阶带谐系数 J_2,椭球旋转角速度等于地球旋转角速度 ω。

(2) 地心定位与定向。坐标系原点应建立于地球质心,X 轴指向经度零点,Z 轴同国际协议地极 CTP 的极轴重合。

(3) 尺度。采用标准的国际单位制 m 作为测量长度的基本单位。

进行这样精确的测量,在人造地球卫星发射成功以前是很困难的。随着空间技术的发展,各国都在进行洲际间天文大地网联测和各种卫星测地工作。由于各国的测量方法不同,测量精度也有所差别,因而实际建立的坐标系有所不同。目前应用较广泛的有美国的世界大地坐标系 WGS 系列,法、德联合研究组的 GRIM 系列等,我国从 20 世纪 70 年代后期先后公布使用的 DX 系列也属于这种地心坐标系。

2. 参心坐标系

各个国家或地区为了处理大地测量的结果、测绘地图,需要建立适合本国的大地坐标系。建立的方法通常是选用一个大小和形状与地球相近、与本国地表最为接近的椭球作为基本参考面,选择一个参考点作为大地测量的参考点(称为大地原点),按椭球体短轴与地球自转轴相平行、椭球面与本地区的大地水准面充分密合的条件,将椭球体在地球内部的位置和方向确定下来。显然,这样建立的坐标系是以椭球中心为坐标原点,一般不会与地球质心相重合,故称为参心坐标系。

目前,世界上100多个国家和地区已建立了200多个参心坐标系。这些坐标系所选用的参考椭球参数不同,椭球的定位和定向不同,坐标原点也不相同,因而它不是全球统一的坐标系。参心坐标系只适合于本地区使用,故又称为局部大地坐标系。

2.2.8 坐标系转换

在分析导航系统时,将用到多种坐标系,这些坐标系之间并不是相互孤立的,空间任意两坐标系可用坐标变换联系起来,也就是说,通过坐标变换可以完成空间任意两坐标系之间的转换。

1. 大地坐标系与笛卡儿坐标系的变换

根据坐标系所选参数不同,坐标系有两种表示方法,即笛卡儿坐标系和大地坐标系,如图2-24所示。

显然,任意一点 P 在笛卡儿坐标系和大地坐标系可分别表示为 (X, Y, Z) 和 $(\varphi、\lambda、h)$,二者是等价的。它们之间的转换关系可通过下面的公式表示。

(1) 大地坐标系转换到笛卡儿坐标系,即

$$\begin{cases} X = (R_N + h)\cos\varphi\cos\lambda \\ Y = (R_N + h)\cos\varphi\sin\lambda \\ Z = [R_N(1 - e^2) + h]\sin\varphi \end{cases} \tag{2-30}$$

(2) 笛卡儿坐标系转换到大地坐标系,即

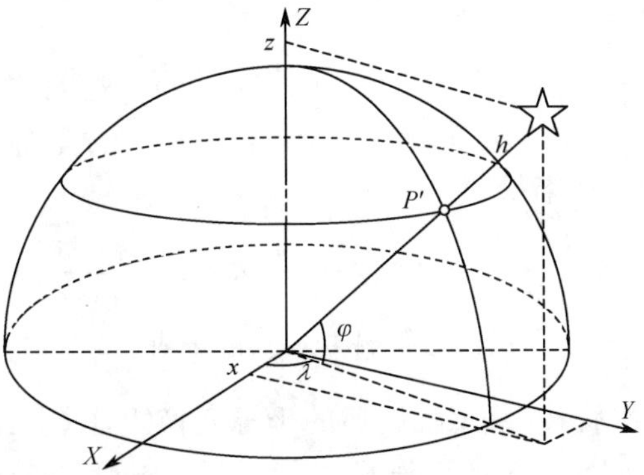

图 2-24　地球坐标系的两种表示方法

$$\begin{cases} \varphi = \arctan\left[\dfrac{Z}{\sqrt{X^2+Y^2}}\left(1+\dfrac{ae^2}{Z}\cdot\dfrac{\sin\varphi}{(1-e^2\sin^2\varphi)^{1/2}}\right)\right] \\ \lambda = \arctan\left(\dfrac{Y}{X}\right) \\ h = \dfrac{\sqrt{X^2+Y^2}}{\cos\varphi} - R_N \end{cases} \tag{2-31}$$

式中：R_N 为地球椭球体卯酉圈曲率半径；e 为地球椭球体第一偏心率；a 为地球长半轴。

2. 大地坐标系的转换

由于不同国家和地区选定的地球椭球体的形状、大小和定位不同，形成了各自独立的大地坐标系统。同一地面点，在不同的坐标系中对应着不同的坐标值。也就是说，在两组不同的大地坐标系中同一位置点的经纬度不同，需进行变换才可以在不同的大地坐标系中使用。

设某一点位置在第一个大地坐标系中的坐标是$(\lambda_1, \varphi_1, h_1)$，该坐标选取的椭球体参数及坐标原点位置为$(e_1, a_1)$和$(X_{01}, Y_{01}, Z_{01})$。同时已知在第二个大地坐标系的参数为$(e_2, a_2)$和$(X_{02}, Y_{02}, Z_{02})$，此时，大地坐标系的转换问题转化为如何求取该点在第二个大地坐标系中的位置坐标$(\lambda_2, \varphi_2, h_2)$。

为计算该位置点在第二个大地坐标系中的位置坐标，可首先将该点在第一个大地坐标系中的位置参数转化为地球平坐标系中的笛卡儿坐标，即

$$\boldsymbol{R}_i = \begin{bmatrix} X \\ Y \\ Z \end{bmatrix}_{A\cdot T} = \begin{bmatrix} X_{01} \\ Y_{01} \\ Z_{01} \end{bmatrix} + \begin{bmatrix} (R_{N1}+h_1)\cos\varphi_1\cos\lambda_1 \\ (R_{N1}+h_1)\cos\varphi_1\sin\lambda_1 \\ (R_{N1}b_1^2/a_1^2+h_1)\sin\varphi_1 \end{bmatrix} \tag{2-32}$$

假设位置坐标$(\lambda_2, \varphi_2, h_2)$已知，此时可按照式(2-32)进行转化，即

$$\boldsymbol{R}_i = \begin{bmatrix} X \\ Y \\ Z \end{bmatrix}_{A\cdot T} = \begin{bmatrix} X_{02} \\ Y_{02} \\ Z_{02} \end{bmatrix} + \begin{bmatrix} (R_{N2}+h_2)\cos\varphi_2\cos\lambda_2 \\ (R_{N2}+h_2)\cos\varphi_2\sin\lambda_2 \\ (R_{N2}b_2^2/a_2^2+h_2)\sin\varphi_2 \end{bmatrix} \tag{2-33}$$

利用式(2-32)和式(2-33)相等的约束条件，便可以求出该位置点在第二个大地坐标系的位置坐标。具体计算方法可参考相关的专业书籍。

3. 坐标系轴向的变换

空间两正交坐标系由于坐标系轴向指向不同,可通过坐标轴的旋转实现坐标变换。如图2-25所示的空间两笛卡儿坐标系 $Oxyz$ 和 $Ox_0y_0z_0$,坐标系 $Oxyz$ 可以是坐标系 $Ox_0y_0z_0$ 绕坐标轴的3次旋转来得到。

$$Ox_0y_0z_0 \xrightarrow[\psi]{\text{绕}z_0\text{轴}} Ox_1y_1z_0 \xrightarrow[\theta]{\text{绕}x_1\text{轴}} Ox_1yz_1 \xrightarrow[\varphi]{\text{绕}y\text{轴}} Oxyz$$

图2-25 坐标系旋转示意图

对应图2-25的3次旋转(绕 z_0 轴旋转的坐标变换矩阵 $\boldsymbol{C}_0$,绕 x_1 轴旋转的坐标变换矩阵 $\boldsymbol{C}_1$ 以及绕 y 轴旋转的坐标变换矩阵 $\boldsymbol{C}_2$),设空间一矢量 $\boldsymbol{r}$ 在 $Oxyz$ 和 $Ox_0y_0z_0$ 坐标轴上的分量分别为 r_x、r_y、r_z,r_{x0}、r_{y0}、r_{z0},则矢量 $\boldsymbol{r}$ 在两坐标系坐标轴的分量可用坐标变换矩阵($\boldsymbol{C}_2\boldsymbol{C}_1\boldsymbol{C}_0$)描述,即

$$\begin{bmatrix} r_x \\ r_y \\ r_z \end{bmatrix} = \begin{bmatrix} \cos\varphi\cos\psi - \sin\varphi\sin\theta\sin\psi & \cos\varphi\sin\psi + \sin\varphi\sin\theta\cos\psi & -\sin\varphi\cos\theta \\ -\cos\theta\sin\psi & \cos\theta\cos\psi & \sin\theta \\ \sin\varphi\cos\psi + \cos\varphi\sin\theta\sin\psi & \sin\varphi\sin\psi - \cos\varphi\sin\theta\cos\psi & \cos\varphi\cos\theta \end{bmatrix} \begin{bmatrix} r_{x0} \\ r_{y0} \\ r_{z0} \end{bmatrix} \tag{2-34}$$

由式(2-34)可知,只要知道了空间两笛卡儿正交坐标系的变换矩阵,便可以实现两坐标系的转化。例如,在捷联式惯性导航系统中,需要将加速度计测量的沿载体坐标系的加速度投影至地理坐标系,只要知道了载体的姿态角,便可代入式(2-34)所示的坐标变换矩阵完成投影变换。

2.2.9 几种常用的坐标系

1. WGS-84坐标系

WGS-84坐标系是美国国防部研制确定的全球性大地坐标系,其坐标系的几何定义是:坐标原点在地球质心,Z 轴指向BIH1984.0定义的协议地极方向,X 轴指向BIH1984.0的零子午面和CTP赤道的交点,Y 轴与 X 轴、Z 轴构成右手笛卡儿坐标系。对应于WGS-84坐标系的地球椭球体基本常数如下。

长半轴:$a=(6378137\pm2)$m。

椭球扁率倒数:$1/f=298.257223563$。

椭球第一偏心率:$e^2=0.00669437999013$。

地球(含大气层)引力常数:$GM=(3986005\pm0.6)\times10^8\text{m}^3/\text{s}^2$。

2. 1980年国家大地坐标系C80

我国的1980年国家大地坐标系(简称C80)也称为西安80坐标系,是为了进行全国天文大地网平差而建立的。其大地原点在陕西省泾阳县永乐镇,位于西安市西北方向约60km处,基准面采用青岛大港验潮站1952—1979年确定的黄海平均海平面(即1985国家高程基准)。该坐标系是参心坐标系,在我国境内椭球面和大地水准面最佳密合。地球椭球体参数选用IUGG-75参数。

长半轴:$a=(6378140\pm2)$m。

椭球扁率倒数:$1/f=298.257$。

地球(含大气层)引力常数:$GM=(3986005\pm3)\times10^8\text{m}^3/\text{s}^2$。

二阶带谐系数：$J_2 = (108263 \pm 1) \times 10^{8}$。

地球自转角速度：$\omega = 7.292115 \times 10^{-5}$ rad/s。

3. 1954 年北京坐标系 P54

该坐标系是通过与苏联 1942 年坐标系联测而建立的，是参心坐标系。大地原点在苏联的普尔科沃采用克拉索夫斯基椭球作为参考椭球，通过联网的大地坐标计算，推算出北京点的坐标，并定名为 1954 年北京坐标系，习惯上称为旧北京 54 坐标系。该坐标系参考椭球仅有两个参数，椭球基准轴定向不明确，椭球面与我国大地水准面吻合不够理想且点位坐标的精度不均匀。

P54 坐标系参考椭球的几何参数如下：

长半轴：$a = 6378245$ m。

椭球扁率倒数：$1/f = 298.3$。

1980 年国家大地坐标系整体平差完成后，理论上应该使用该平差结果，但考虑到实用中许多部门和单位有大量测绘成果是原 P54 的，因此将 C80 内的空间笛卡儿坐标系经 3 个平移参数变换至克拉索夫斯基椭球中心，从而得到新 P54 坐标系。该坐标系是旧 P54 到 C80 坐标系的过渡。

4. PZ－90 坐标系

PZ－90 坐标系是俄罗斯进行地面网与空间网联合平差后建立的坐标系，其 Z 轴指向由国际天文联合会和国际大地测量协会测定的平北极，X 轴位于地球赤道平面上，并取经度零点位置，Y 轴与 Z、X 轴构成右手笛卡儿坐标系。对应于 PZ－90 坐标系的 PZ－90 椭球的基本常数如下：

长半轴：$a = 6378136$ m。

椭球扁率倒数：$1/f = 298.257839303$。

地心引力常数：$GM = 3986004.4 \times 10^{8}\ m^3/s^2$。

二阶带谐系数：$J_2 = 108263 \times 10^{-8}$。

地球自转角速度：$\omega = 7.292115 \times 10^{-5}$ rad/s。

5. 2000 国家大地坐标系 CGCS2000

国家大地坐标系 CGCS2000 是和国际通用大地测量参考系一致的现代化大地测量坐标系，2008 年 7 月 1 日由中国政府颁布实施。CGCS2000 是地心坐标系，原点、坐标尺度、坐标轴定向的定义和国际通用地球参考系的定义原则上保持一致，其参考椭球体的定义常数和 GRS80 基本一致，但考虑到空间技术的新成就，对 GM 作出一些调整，同时在保持椭球体扁率不变的前提下，对 J_2 值进行了一些改变。

长半轴：$a = 6378137.0$ m。

椭球扁率倒数：$1/f = 298.257222101$。

地球自转角速度：$\omega = 7.292115 \times 10^{-5}$ rad/s。

地心引力常数：$GM = 3986004.418 \times 10^{8}\ m^3/s^2$。

二阶带谐系数：$J_2 = 108262.9832226 \times 10^{-8}$。

2.3 时间系统

时间系统已成为现代科学技术的一个重要组成部分。在天文学和空间科学技术中，时间系统是精确描述天体和航天器运行位置及其相互关系的重要基准,也是人们开发利用卫星进行导航、定位和通信的重要基准。在卫星导航和卫星测量中,时间系统是最重要、最基本的物理量之一。首先,卫星的所有信号都是由高精度的原子钟提供的。其次,卫星导航定位系统(如 GPS 和 GLONASS)的测距实际上是通过精确测定信号传播时间来实现的。因此,了解有关时间系统的基本知识是十分必要的。

时间系统与其他坐标系统一样,其定义应具有原点(起始历元)和测量尺度(时间的单位)。一般来说,任何一个周期运动,只要具备下列条件,都可以作为确定时间的基准:① 运动的周期具有充分的稳定性,即在不同时期该基准所表征的运动周期必须一致;② 周期运动必须具有复现性,即要求在任何地方、任何时间,该基准所表征的运动周期在试验中或观测中予以复现,提供使用。

物质的周期运动可以满足上述定义时间和测量时间的要求。到目前为止,在实践中用以定义和测量时间的周期运动可以分为三大类。

1)转动体的自由旋转

人们很早就利用地球自转运动来进行时间测量。一般在天球上选取两个参考点,即春分点和平太阳,借助测站子午圈相对于这些参考点的运动来度量,用天文学方法测定地球自转而分别导出了恒星时和世界时。

2)开普勒运动

地球自转速率的不均匀,动摇了世界时作为时间测量系统的地位。作为时间测量基准,理论上应要求严格均匀,这就迫使人们寻求另外的周期运动。美国天文学家纽康根据地球绕太阳公转运动,定义了新的时间度量系统的基准,编制了太阳历表,从而建立了历书时。

3)谐波振荡

由于历书时的观测误差太大,人们根据现代科学的发现选用谐波振荡周期作为时间测量系统的基准,绝大多数机械钟和电子钟的振荡都属于这一类,其中原子钟最为精确,于是导出了原子时。

无论采用哪种运动周期来建立时间系统,均匀性都是一个重要的技术指标。均匀性就是指时间尺度上各间隔要保持相等。当然,均匀性同其他任何物理参数一样,不可能是绝对的,它总是针对一定精度要求而言。在时间测量中,人们总是根据一定历史阶段内科学技术所能达到的最高水平来选择不同的时间测量基准,从而建立最佳的时间系统。

2.3.1 世界时

人类建立的第一个科学时间系统是以地球自转运动为基础的世界时系统。根据观察地球自转运动时所选的空间参考点不同,世界时系统又分为以下几种。

恒星时以春分点为参考点,由春分点周日视运动确定恒星日。显然,恒星时是地方时,在同一瞬间各地的恒星时不同。由于岁差和章动的影响,同一瞬间有瞬时真春分点和瞬时平春分点之分,因此,相应的恒星时也分为真恒星时和平恒星时。

恒星时与地球自转的角度有一定的对应关系,这虽然符合以地球自转为基准的时间测量标准的要求,但它不能满足科学技术的需要。于是人们又选用了以真太阳周日视运动的平均速度为基准的平太阳时，这样可以避免因地球公转的轨道为椭圆而造成的真太阳周日视运动不均匀的问题。纽康引进了一个假想的参考点——平太阳，它在天球赤道上做匀速运动，其速度与真太阳的平均速度相等。由此定义的时间系统称为平太阳时。

平太阳时的基本单位是平太阳日，一个平太阳日包含24个平太阳小时。以平子夜作为零时的格林尼治平太阳时，称为世界时。为了实用方便，将地球按子午线划分为24个时区，每个时区以中央子午线的平太阳时为该区的区时。于是，零时区的平太阳时即为世界时。

由于极移现象，地球自转轴在地球内部的位置是不固定的，而且地球自转速度也是不均匀的，它不仅包含有长期的减缓趋势，还含有短周期的变化、季节性的变化以及不规则的变化。为了解决这个问题，国际上从1956年开始，在世界时中引进极移改正 $\Delta\lambda$ 和自转速率季节性变化改正 ΔTs。未经改正的世界时一般以UT0表示，改正后的世界时分别称为UT1和UT2。它们之间的关系为

$$\begin{cases} \mathrm{UT1} = \mathrm{UT0} + \Delta\lambda \\ \mathrm{UT2} = \mathrm{UT1} + \Delta Ts = \mathrm{UT0} + \Delta\lambda + \Delta Ts \end{cases}$$

尽管世界时系统和地球自转有着密切的关系，在天文学、大地测量学和空间技术中有着广泛的应用，但应该注意到，即使是经过修正后的UT2仍然包含有地球自转速率的长期变化和不规则的影响，所以还不是一个严格均匀的时间系统。

2.3.2 历书时

描述天体运动方程式中采用的时间系统或天体星历表中应用的时间，称为历书时。

地球公转运动周期能满足作为时间测量基准的两个要求，目前尚未发现它有不均匀的现象，所以采用地球公转周期来取代自转周期，以地球公转运动作为定义时间测量的基准，于是产生了历书时。实际上，这样定义的历书时等于理想化了平太阳时，即没有地球自转速率不均匀的影响。

2.3.3 原子时

现代科学技术的发展对时间系统的准确度和稳定度提出了越来越高的要求。从20世纪50年代起，人们建立了以物质内部原子运动的特征为基础的原子时系统。因为物质内部的原子跃迁所辐射和吸收的电磁波频率具有极高的稳定性和复现性，所以由此而建立的原子时，便成为当代最理想的时间系统。

1. 原子时定义

1967年10月，第13届国际度量衡会议通过了新的国际制秒的时间单位——原子时秒长。其定义为：位于海平面上的铯^{133}原子基态两个超精细能级在零磁场中跃迁辐射的电磁振荡9192631770周所持续的时间，为1原子秒。

2. 原子时起点

为保证与世界时的衔接，国际时间局将原子时起点选定在1958年1月1日世界时零时的瞬间，此后由原子钟连续运行，独立地累计原子时。由于技术上的原因，事后发现这

一定义没有达到,实际原子时的原点为

$$TA = UT2 - 0.0039(s)$$

这一差值作为历史事实被保留下来,国际计量委员会后来对此时间起点予以确认。

3. 国际原子时

原子时是用高精度原子钟来保持的,任何原子钟在确定起始历元后,都可以提供原子时,由各个实验室中大型标准铯原子钟导出的原子时称为地方原子时。目前国际上约有100台原子钟通过各种方法互相进行比对,并由国际时间局进行数据处理,推算出全世界统一的原子时,称为国际原子时。

2.3.4 协调世界时

原子时建立后,由于原子时秒非常稳定,这对于那些要求时间间隔非常均匀的使用部门来说是很重要的。然而,原子时的时刻却没有实际的物理意义。对于大地测量、天文、导航等与地球自转有关的应用来说,很需要世界时。因为世界时的时刻反映着地球自转的位置,与人们的日常生活息息相关。因此,世界时并不因原子时的建立而失去它的特有作用。

由于地球自转的不均匀性,世界时 UT1 比原子时一年大约要慢 1s,随着时间的推移,两者的差别将越来越大。为了兼顾这两种性质不同的要求,国际天文学会和国际无线电咨询委员会决定采用一种新的时间标准,即以原子时秒长为基础,在时刻上尽量接近于世界时的一种时间测量基准。这种时间是在原子时和世界时之间加以人为协调的结果,因此称为协调世界时,用 UTC 表示。

协调世界时采用原子时秒长,而时刻则要求和世界时之差保持在 ±0.9s 之内。当超过时,采用跳秒(也称闰秒)的办法加以调整。增加 1s 称作正跳秒,反之去掉 1s 称作负跳秒。跳秒一般规定在 6 月 30 日或 12 月 31 日最后 1s 调整,具体日期由国际时间局在两个月前通知各国授时台。目前,世界各国发播的时号均以 UTC 为基准。

第3章

传统舰船导航方法

3.1 船位推算

船位推算是舰船在航行中求取船位最基本的方法。船位推算是指航行舰船，以起航点或观测船位作为推算开始点，根据航向、计程仪航程或航速及时间并计算风、流等影响，对航迹和船位进行推算的方法和过程。推算船位也是陆标定位、天文定位和无线电导航定位的基础。

虽然可以用船位推算的方法随时获得船位，但由于存在多种因素的影响使得推算的船位与实际船位不一致，并且推算船位误差往往是积累的。

3.1.1 无风流情况下的船位推算

根据舰船航行时的航向、航程和风、流要素，在海图上直接作图画出推算航迹和船位，或者是在海图上根据计划航线，预配风流压差，作图画出应采取的真航向和推算船位，称为航迹绘算。此法简便、直观，是目前舰船常用的航迹绘算方法。

航迹计算又称计算航法，它是根据推算起始点的位置(φ_1,λ_1)和航向 C、航程 S，通过解析计算求到达点位置(φ_2,λ_2)的一种方法。也可以根据起始点和到达点的位置，反求航向和航程。在舰船导航自动化中，这种方法起到了重要作用。航迹计算不太直观，计算结果仍需画到海图上指导舰船航行。为了研究问题的简便，图 3－1 所示为按地球圆球体绘制的墨卡托海图的一部分。舰船自点 $A(\varphi_1,\lambda_1)$ 出发，沿真航向 TC 航行 S 到达点 $B(\varphi_2,\lambda_2)$，则有

$$\begin{cases}\varphi_2=\varphi_1+D\varphi\\ \lambda_2=\lambda_1+D\lambda\end{cases}\tag{3-1}$$

航迹计算的核心是根据已知条件求出纬度差 $D\varphi$ 和经度差 $D\lambda$。由于其仅研究恒向线航线的航迹计算问题，故又称其为恒向线航线算法。

由图 3－1 可知，在直角三角形 ABD 中，设 AB 为航程 S，则通过解直角三角形 ABD 可

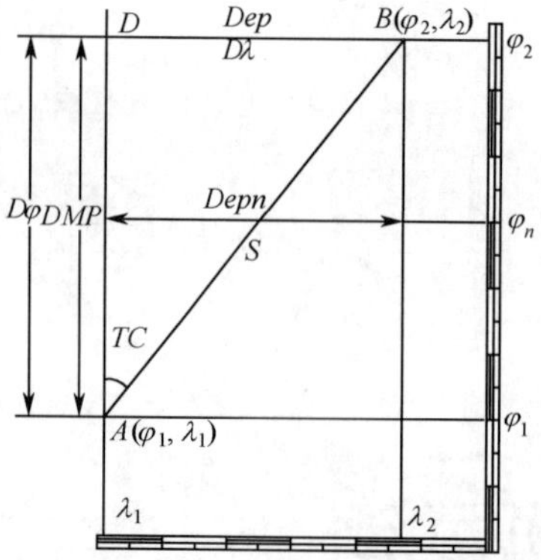

图 3 - 1　墨卡托海图上航迹计算原理

求得纬度差 $D\varphi$ 和经度差 $D\lambda$。由第 2 章可知，纬度渐长在 0° ~ 90°之间是连续单调变化的，现在 φ_1 和 φ_2 间找唯一一个纬度，并以该纬度 1°长度为单位度量 AB 和 AD，所得之值与实际的航程 S 和纬度差 $D\varphi$ 相等，则该纬度称为中分纬度，用符号 φ_n 表示。用中分纬度 1′为单位度量 DB，所得之值称为中分东西距，用符号 $Depn$ 表示，则有

$$\begin{cases} D\varphi = S\cos TC \\ Depn = S\sin TC \end{cases} \tag{3-2}$$

经度差 $D\lambda$ 与东西距 $Depn$ 的关系为

$$D\lambda = Depn\ \sec\varphi_n \tag{3-3}$$

设地球为圆球体，墨卡托投影公式为

$$R\int_{\varphi_1}^{\varphi_2}\sec\varphi \mathrm{d}\varphi = R\ln\left[\tan\left(\frac{\pi}{4}+\frac{\varphi_2}{2}\right)\right] - R\ln\left[\tan\left(\frac{\pi}{4}+\frac{\varphi_1}{2}\right)\right] = MP_2 - MP_1 = DMP \tag{3-4}$$

式中：MP_1、MP_2 分别为 φ_1 和 φ_2 的纬度渐长率；DMP 为纬度渐长率差。

函数 $\sec\varphi$ 在 $(-2/\pi,0)$ 区间上连续，在 $(-2/\pi,0)$、$[0,2/\pi]$ 区间为单调变化，依积分中值定理，在单调区间中，φ_1 与 φ_2 之间一定存在唯一的一点 φ_n，使得

$$R\int_{\varphi_1}^{\varphi_2}\sec\varphi \mathrm{d}\varphi = R\sec\varphi_n(\varphi_2-\varphi_1) \tag{3-5}$$

式中，使 $\varphi_2-\varphi_1$ 的单位为 rad，则 $R(\varphi_2-\varphi_1)$ 的单位为°。有

$$R\int_{\varphi_1}^{\varphi_2}\sec\varphi \mathrm{d}\varphi = D\varphi\sec\varphi_n \tag{3-6}$$

由式(3 - 4)和式(3 - 6)可得

$$\sec\varphi_n = \frac{DMP}{D\varphi} \tag{3-7}$$

在使用式(3 - 7)计算出中分纬度 φ_n 时，其仅适用于圆球体。若用椭球体的纬度渐长率来代入计算，则在低纬度地区计算中分纬度时将会出现较大的误差，甚至无法求解。计算椭球体中分纬度公式的推导方法与上述方法相同，但公式形式截然不同。由于地球的扁率很小，椭球体的中分纬度与圆球体的中分纬度相差甚微。计算表明，在高纬地区纬差为 40°时，两者中分纬度也只有 0.3′。因此，完全可以用圆球体的中分纬度来近似代替椭球体的中分纬度。

在平均纬度不太高和航程不太大时，中分纬度 φ_n 与起航点和到达点之间的平均纬度 φ_m 相差不大。可以用平均纬度 φ_m 代替中分纬度 φ_n 求经度差 $D\lambda$。则式(3-3)可写为

$$D\lambda = S\sin TC\sec\varphi_m \tag{3-8}$$

在地球圆球体模型上用平均纬度与在地球椭球体模型上用中分纬度 φ_n 计算经度差 $D\lambda$ 相比，所引起的误差在一定范围内是很小的。表3-1给出了经度差1′产生的误差值 Δ。如果所求的经度差的误差容许在5‰以内，根据表3-1，可给出式(3-8)适用的范围。由表3-1可知：当航行海域的纬度差不超过一定范围，如低纬 $\varphi_m \leq 20°$ 且纬度差不超过20°，高纬 $\varphi_m = 60°$ 且纬度差不超过10°，计算经度差的误差最大不超过4.6‰；当航程不超过600.0′，其最大误差不超过4.6‰。

表3-1　经度差1′产生的误差值Δ

$D\varphi$/(°) \ φ_m/(°)	4	8	10	12	14	16	20
10	-0.0017	-0.0011	-0.0006	0.0000	0.0006	0.0014	0.0031
20	-0.0019	-0.0012	-0.0006	0.0001	0.0009	0.0019	0.0041
30	-0.0023	-0.0013	-0.0005	0.0004	0.0015	0.0027	0.0057
40	-0.0027	-0.0013	-0.0002	0.0012	0.0025	0.0046	0.0090
50	-0.0030	-0.0007	0.0011	0.0032	0.0058	0.0087	0.0158
60	-0.0029	-0.0014	0.0046	0.0085	0.0132	0.0187	0.0391

一般情况下采用平均纬度计算经度差可以满足精度的要求，这种利用中分纬度 φ_n(平均纬度 φ_m)计算经度差的方法，亦称为中分纬度算法，该方法仅适用于在赤道的一侧航行。但当航行海域南北跨度(即纬度差)较大，或跨赤道航行，或对计算经度差的精度要求较高时，可利用纬度渐长率来计算经度差，即墨卡托算法，则有

$$D\lambda = DMP\tan TC \tag{3-9}$$

若纬度渐长率 MP 是按椭球体计算的，则式(3-9)为椭球体上计算经度差的精确解，且不必求中分纬度，这是利用纬度渐长率计算经度差的优点。但当航向为90°或270°时，该方法不适用。

3.1.2　风、流中航行船位推算

舰船在海上航行，不可避免地受到风、流等因素的影响，使舰船偏离计划航线并改变预定航速。为了能比较准确地按计划航线航行并随时求得本船的推算船位，必须研究风、流对舰船航行的影响及风、流中航行的绘算问题。

1. 风对舰船航行的影响

如图3-2所示，舰船在风影响下航行时，除按真航向 TC 以主机航速 $\boldsymbol{v}_E$ 向前航行外，风还会使舰船向下风漂移。舰船在风的作用下，产生漂移运动矢量 $\boldsymbol{R}$。由于舰船在水中运动所受到水的阻力很大，加上舰船的干舷及上部构造受风力的作用比较复杂，所以舰船受风漂移速度远远小于风速，而且漂移方向也不一定正好与风向平行，因此舰船漂移速度矢量 $\boldsymbol{R}$ 很难确切知道。

舰船实际移动的航迹方向 PA 为主机航速矢量 $\boldsymbol{v}_E$ 和漂移矢量 $\boldsymbol{R}$ 的合成，称为风中航

迹线，移动的速度称为风中航速 $\boldsymbol{v}_{\alpha}$。舰船虽然是沿风中航迹线航行，但因操纵的航向未变，因而船首所指方向仍保持不变。舰船以某一航向在风中航行时，航迹线的平均方向为风中航迹线。如图 3-3 所示，真北线和风中航迹线之间的夹角称为风中航迹向 CG_{α}。真航向与风中航迹向之差称为风压差 α。真航向 TC、风压差 α 与风中航迹向 CG_{α} 之间的关系为

$$\alpha = CG_{\alpha} - TC \tag{3-10}$$

$CG_{\alpha} > TC$，则 α 为正，左舷受风；$CG_{\alpha} < TC$，则 α 为负，右舷受风。

影响风压差大小的主要因素：风速大，则风压差大，反之风压差小；横风时，则风压差较大，顶、顺风时风压差较小；主机航速大，则风压差小，反之风压差大；干舷高、受风面积大、吃水浅和平底舰船，则风压差大，反之则小。

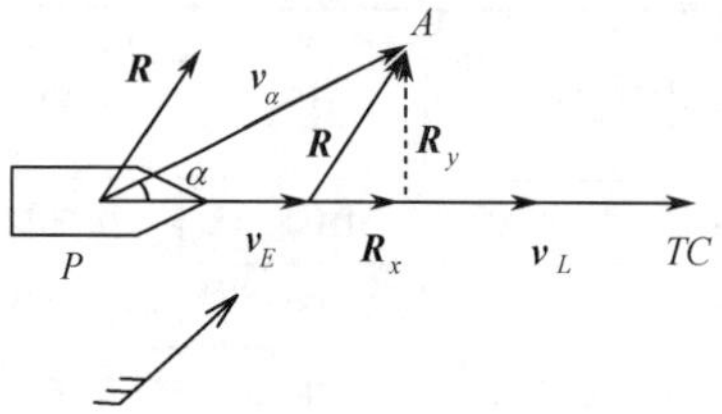

图 3-2 风对舰船航行的影响

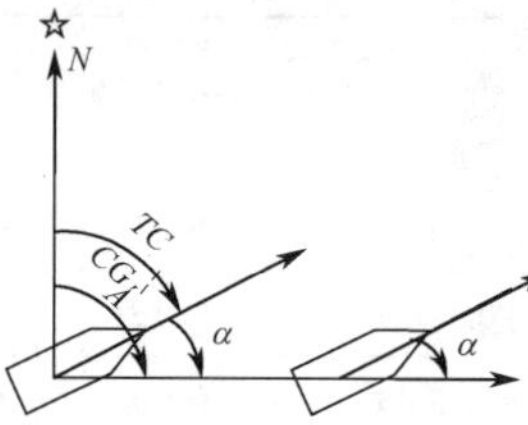

图 3-3 风中航迹线

如图 3-2 所示，将漂移速度矢量 $\boldsymbol{R}$ 沿船首 x 和左正横 y 方向分解为 $\boldsymbol{R}_x$ 和 $\boldsymbol{R}_y$，则在航向线上的船速矢量为计程仪航速矢量 $\boldsymbol{v}_L$，风中航迹线上的风中航速矢量为 $\boldsymbol{v}_{\alpha}$，其相互间的关系为

$$\boldsymbol{v}_L = \boldsymbol{v}_E + \boldsymbol{R}_x \tag{3-11}$$

$$\boldsymbol{v}_{\alpha} = \boldsymbol{v}_L + \boldsymbol{R}_y \tag{3-12}$$

因舰船漂移速度矢量 $\boldsymbol{R}$ 很难确切知道，按式(3-11)和式(3-12)无法求出 $\boldsymbol{v}_L$、$\boldsymbol{v}_{\alpha}$。但由于计程仪航速 $\boldsymbol{v}_L$ 可由计程仪直接获得，则风中航速为

$$\boldsymbol{v} = \boldsymbol{v}_L \cdot \sec\alpha \tag{3-13}$$

由于风压差角 α 一般不是太大，通常可认为风中航速 $\boldsymbol{v}_{\alpha}$ 近似等于计程仪航速 $\boldsymbol{v}_L$。风对舰船航行速度有影响，在风浪较小的情况下，顶风航行使舰船实际航速降低，顺风航行使实际航速略有增加。但当风浪较大时，由于波浪对舰船航行的阻力增大，即使顺风航行，也会使舰船实际航速降低。

风浪使瞬时船首向在预定航向两侧出现左右摆动的现象称为偏荡。如果向两侧偏离的角度和时间都相等，则称为对称偏荡，但通常情况下偏荡都是不对称的。由于一舷来风，使船首偏离预定航向。由于舵的作用，使船回到航向上来的速度，要比风浪使船从航向上偏开的速度慢得多。多次这样的重复使舰船的平均航迹线(偏荡航迹线)偏离了预定航线，出现了偏航，偏荡航迹线与航向线之间的夹角称为偏航角。

如图 3-4 所示，如当舰船在偏顺浪的情况下航行时，PC 是航向线。船在位置Ⅰ时，由于船尾被波浪抬起，船首下沉，风浪将船尾推向下风，使船偏开了航向，如图中位置Ⅱ所示。此后用舵使舰船回到原航向，如图中位置Ⅲ所示。接着船尾又受波浪的影响，又使船偏开了航向，如图中位置Ⅳ所示。如此反复进行，船首不断地在航向附近摆动，最终使偏荡后的航迹线偏在航向线的上风方向，舰船实际是沿着航迹线 PK 航行。

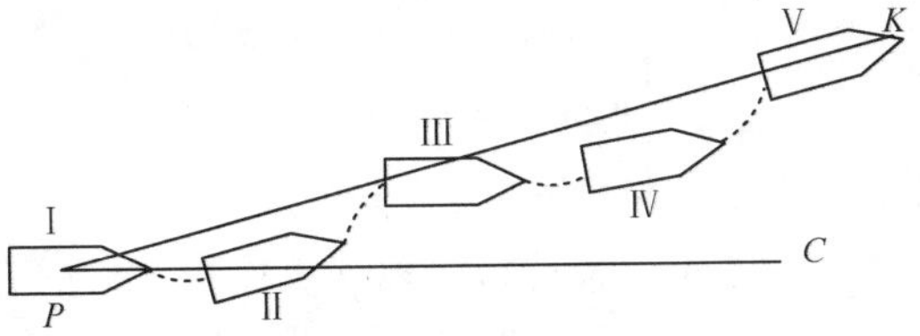

图3－4 风浪中的偏荡

2. 流对舰船航行的影响

海流是大规模海水沿一定方向的水平流动现象。海流要素包括流向和流速。流向是海水流动的方向,以圆周法或罗经点法表示。流向与风向表达的方式恰好相反,如流向135°是指海水向135°方向流去,而风向135°则是指风从135°方向吹来。流速是海水在单位时间内流动的距离。一般以节(kn)或m/s为单位表示。航海上,通常按对航海的影响将海流分为潮流、定海流和风生流3种。

如图3－5所示,当舰船航行在有海流的海域内,舰船除了以主机航速$\boldsymbol{v}_E$沿航向线PA航行(对水的相对运动)外,舰船在航行中还受海流的影响,同时沿着流向PC以流速$\boldsymbol{v}_C$做漂移运动。

在这两种运动的同时作用下,舰船实际上是在这两个运动矢量的合成方向PB上,其对海底的实际航速为$\boldsymbol{v}_\beta$。PB即为舰船对地的速度矢量,其方向和大小即为流中航迹向CG_β和流中航速$\boldsymbol{v}_\beta$。舰船虽然是沿着合矢量的PB方向运动,但船首仍然始终保持原来的真航向方向。

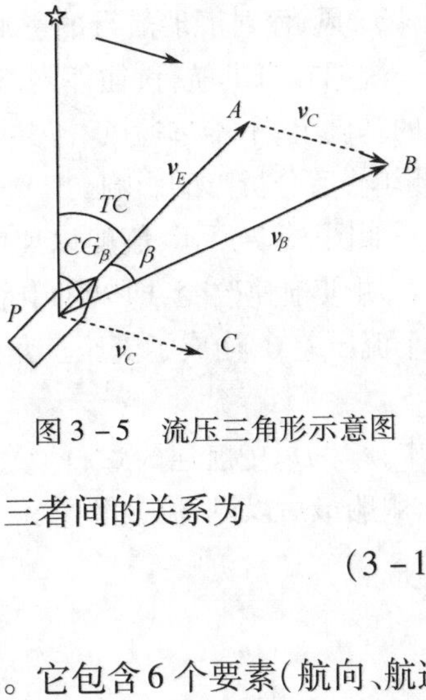

图3－5 流压三角形示意图

由主机航速矢量$\boldsymbol{v}_E$、流速矢量$\boldsymbol{v}_C$和流中航速矢量$\boldsymbol{v}_\beta$构成的$\triangle PAB$,称为流压三角形。流中航迹向CG_β为在海流影响下舰船运动的推算航迹向或计划航迹向,真航向TC与流中航迹向CG_β之间的夹角称为流压差β。三者间的关系为

$$CG_\beta = TC + \beta \tag{3-14}$$

式中:左舷受流,则β为正;右舷受流,则β为负。

流压三角形的3个边是速度矢量,故又称速度三角形。它包含6个要素(航向、航速、流向、流速、流中航迹向和流中航速),用矢量关系来表达可写为

$$\boldsymbol{v}_\beta = \boldsymbol{v}_E + \boldsymbol{v}_C \tag{3-15}$$

只要知道其中任意4个要素,即可求得另外两个要素。

舰船在流中航行时,航迹绘算工作主要是解决两类问题:已知真航向和主机航速、流向和流速,求舰船相对于海底的推算航迹向和推算航速,即流中航迹向CG_β和流中航速$\boldsymbol{v}_\beta$;已知计划航迹向和主机航速、流向和流速,求预配流压差β时舰船应该采用的真航向和推算航速。

流中航行船位推算是解决上述第一类问题。如图3－6所示,$\triangle P_0AB$为流压三角形。从流速矢量的两个端点A、B,分别作$AC \perp P_0B$和$BD \perp P_0A$(D点交在P_0A的延长线上)。设流速矢量与航向线的交角为q,与流中航迹线的交角为p。有以下关系,即

$$\begin{cases} \boldsymbol{v}_{\beta}\cos\beta = \boldsymbol{v}_E + \boldsymbol{v}_C\cos q \\ \boldsymbol{v}_{\beta}\sin\beta = \boldsymbol{v}_C\sin q \\ \boldsymbol{v}_E\sin\beta = \boldsymbol{v}_C\sin p \end{cases} \tag{3-16}$$

将式(3-16)分别除以 $\boldsymbol{v}_E$,并设 $m = \boldsymbol{v}_C/\boldsymbol{v}_E, K = \boldsymbol{v}_{\beta}/\boldsymbol{v}_E$,有

$$\begin{cases} K\cos\beta = 1 + m\cos q \\ K\sin\beta = m\sin q \\ \sin\beta = m\sin p \end{cases} \tag{3-17}$$

则有

$$\begin{cases} \tan\beta = \dfrac{m\sin q}{1 + m\cos q} \\ K = \sqrt{1 + 2m\cos q + m^2} \end{cases} \tag{3-18}$$

根据式(3-17)和式(3-18),可求得流压差 β 和速度系数 K,进而可求得流中航迹向 $CG_{\beta} = TC + \beta$ 及流中航速 $\boldsymbol{v}_{\beta} = K \cdot \boldsymbol{v}_E$。

为了克服流压的影响,使舰船保持在计划航线上航行,求出舰船应采取的执行航向,称为预配流压(或修正流压),这是流中航行要解算的上述第二类问题。

3. 风、流对舰船航行的影响

舰船在海上航行,往往同时受到风和流的影响。在前面单独分析风、流对舰船航行影响的基础上,不难掌握风、流共同对舰船航行的综合影响。其分析步骤,一般是先分析风的影响,后分析流的影响。

如图 3-7 所示,舰船以速度 $\boldsymbol{v}_E$ 和航向 TC 航行。在风的影响下舰船偏离了一个风压差 α,并使航速改变,即以风中航速 $\boldsymbol{v}_{\alpha}$ 沿风中航迹线移动;在流的影响下,舰船又偏离了一个流压差 β,构成了流压三角形 PAB。其矢量关系为

$$\boldsymbol{v}_{\gamma} = \boldsymbol{v}_{\alpha} + \boldsymbol{v}_C \tag{3-19}$$

式中:$\boldsymbol{v}_{\alpha}$ 为风中航速矢量;$\boldsymbol{v}_C$ 为海流速度矢量;$\boldsymbol{v}_{\gamma}$ 为风、流中航速矢量。受风、流综合影响,舰船最后以风、流中航速 $\boldsymbol{v}_{\gamma}$ 沿风、流中航迹线 PB 航行。

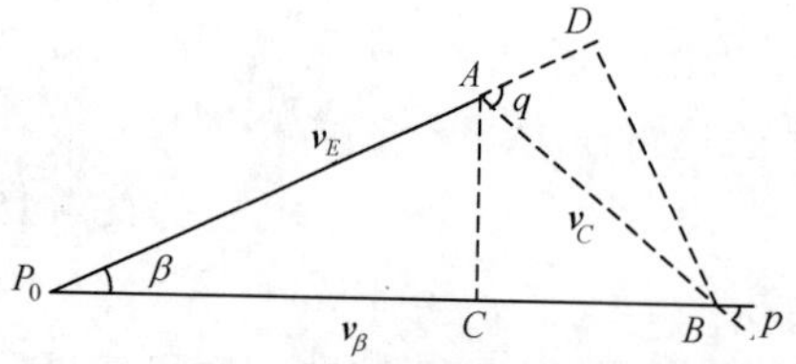

图 3-6 计算流压三角形

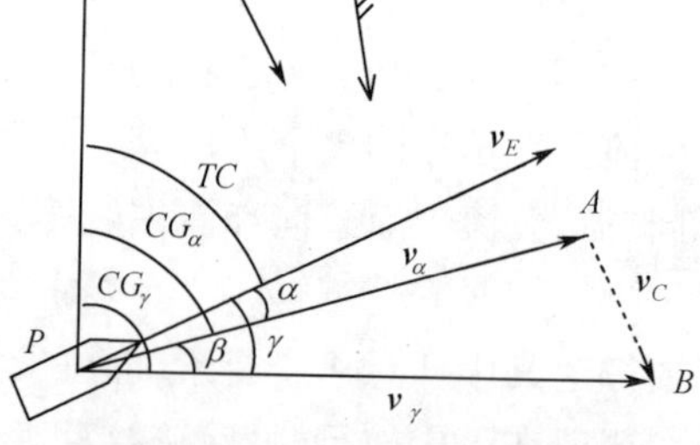

图 3-7 风、流对舰船的综合影响

真北线与风、流中航迹线之间的夹角称为风、流中航迹向 CG_{γ}。真航向与风、流中航迹向之差称为风、流压差 γ。计算风、流压差以航向线为基准,当风、流中航迹线偏在航向线右边,风、流压差为正,反之为负,即

$$\gamma = CG_{\gamma} - TC \tag{3-20}$$

$CG_{\gamma} > TC, \gamma$ 为正;$CG_{\gamma} < TC, \gamma$ 为负。

从图 3 –7 可以看出，风、流压差 γ 是风压差 α 和流压差 β 的代数和，即

$$\gamma = \alpha + \beta \tag{3-21}$$

需要指出的是，舰船在同时受风、流影响时，虽然沿风、流中航迹线运动，但船首方向仍指向原来航向线的方向。

4. 风、流压差的测定

舰船在风、流综合影响下航行时，会产生风、流压差，准确掌握风、流压差对提高航迹推算精度至关重要。只要条件允许，应尽量通过实际观测求取风、流压差，从而提高推算精度。

舰船一般是在有风流影响的情况下航行，此时将产生风流合压差 γ。如果舰船航行在有风无流的水域，则该差值就是风压差 α；而当舰船在有流无风的水域航行时，该差值就是流压差 β。航海上通常实测航迹向来确定风流压差，常用的测量方法有以下几种：连续观测定位法；叠标导航法；雷达观测法；最小距离方位与正横方位法；单标三方位求航迹向法。

3.1.3 船位推算误差分析

如果两次求取推算船位的时间间隔很小，相应的航程也很短，则可采用下述方法求推算船位，即

$$\begin{cases} \varphi = \varphi_0 + \dfrac{v_N \Delta t}{R_M} \\ \lambda = \lambda_0 + \dfrac{v_E \Delta t}{R_N \cos\varphi_0} \end{cases} \tag{3-22}$$

式中：φ、λ 为推算船位；φ_0、λ_0 为初始船位；v_N、v_E 分别为舰船的实际航行速度在纬圈和子午线方向上的分量；Δt 为时间间隔；R_M 为纬度处的子午圈曲率半径；R_N 为纬度处的卯酉圈曲率半径。

式(3 –22)中，v_N、v_E 分别应为考虑了风流因素后的实际航速，在使用相对计程仪时，有

$$\begin{cases} v_N = v_L \cos(K + \alpha) + v_C \cos K_C \\ v_E = v_L \sin(K + \alpha) + v_C \sin K_C \end{cases} \tag{3-23}$$

式中：v_L 为计程仪航速；K 为真航向；v_C 为流速；K_C 为流向；α 为风压角。

当使用绝对计程仪时，v_N、v_E 的计算则为

$$\begin{cases} v_N = v_x \cos K - v_y \cos K \\ v_E = v_x \sin K + v_y \sin K \end{cases} \tag{3-24}$$

式中：v_x、v_y 分别为船速的纵向和横向分量。

无论使用何种计程仪，实际航速 v_g 和航迹向 K_g 按下式计算，即

$$\begin{cases} v_g = \sqrt{v_N^2 + v_E^2} \\ K_g = \arcsin \dfrac{v_E}{v_g} = \arccos \dfrac{v_N}{v_g} \end{cases} \tag{3-25}$$

根据航向、航程和风流资料，推算舰船在风流中航行的航迹和位置，是在任何情况下、

任何时刻都能求得船位的最基本方法。由于导航仪器的改正率存在误差,风、流资料不够准确,使推算船位产生误差,这种误差随着航行时间会变得相当可观。

1. 影响航迹精度的误差源分析

在风流中推算舰船航迹向的准确性主要取决于真航向、实际航程中风压角和流压角的准确性。由船位推算不准而引起的推算船位在垂直于航迹方向上的偏移量,通常称为左右误差。

罗经差误差会使推算船位产生左右误差。由罗经差误差产生的左右误差,与航程 S 成正比,即

$$E_{CG_1} = \frac{\sigma_{\Delta C}}{57.3^\circ} S \tag{3-26}$$

式中:$\sigma_{\Delta C}$为罗经均方差(°);E_{CG_1}为左右误差的均方差;S 为航程。

风压差误差会使舰船水面航行时的推算位置产生左右偏差。通常可认为单位时间内风向风速是稳定的,设风压差的均方差为 σ_α,航速为 v_E,则单位时间内风压差引起的左右误差,即均方差 E_{CG_2}为

$$E_{CG_2} = \frac{\sigma_\alpha}{57.3^\circ} v_E \tag{3-27}$$

由于风向风速不稳定,风压差误差的大小和符号会发生变化;同时认为各单位时间内风压差误差引起的左右偏差是相互独立的,则航行 T 时间风压差误差引起的左右误差,即均方差 E_{CG_2}为

$$E_{CG_2} = \frac{\sigma_\alpha}{57.3^\circ} v_E \sqrt{T} \tag{3-28}$$

式中:v_E 的单位为节(kn);T 的单位为 h;E_{CG_2}的单位为 n mile。

流压差误差是由海流数据不准而引起的,流向和流速误差均会引起流压差的误差。

对于定海流,流向误差使推算船位在与流向垂直方向上产生误差,其均方差 $E_{\beta 1}$与流速 v_C、时间 T 和流向均方差 $\sigma_{\beta 1}$的关系为

$$E_{\beta 1} = \frac{\sigma_{\beta 1}}{57.3^\circ} v_C \sqrt{T} \tag{3-29}$$

由于潮流每小时的流数据均不同,理论上应计算每小时产生的误差。为计算方便,取平均流速 $\bar{v}_C$代替各个流速。由此,流向均方差 $\sigma_{\beta 1}$在与平均流向垂直方向上的均方差 $E_{\beta 1}$的关系可表示为

$$E_{\beta 1} = \frac{\sigma_{\beta 1}}{57.3^\circ} \bar{v}_C \sqrt{T} \tag{3-30}$$

2. 影响航程精度的误差源分析

由航程计算不准而引起的推算船位沿航迹方向的误差,通常称为前后误差,主要由计程仪改正率误差或航速误差以及计算风流压在航迹向上产生的误差引起。

计程仪改正率误差会使推算船位产生前后误差,舰船直航向航行时,计程仪改正率误差产生的前后误差为

$$E_{S1} = \sigma_{\Delta L} S \tag{3-31}$$

式中:$\alpha_{\Delta L}$为计程仪改正率均方差;E_{S1} 为前后误差均方差。

由于在测速场测定的舰船主机航速时一般有误差,且在使用过程中,航速的误差还会

有较大的变化。直航向航行时，主机航速误差产生的前后误差为

$$E_{S1}=\sigma_v S \tag{3-32}$$

式中：E_{S1} 为前后误差的均方差；σ_v 为主机航速均方差。

风会引起舰船航速的变化，使用计程仪推算时，计程仪已计算了风的影响，故可不考虑风压差误差的影响。用主机航速进行推算时，航速会产生误差。风浪较小时，一般风中航速误差较小，大风浪中航行可能很大。设风中航速的均方差为 $\sigma_{v\alpha}$，则 T 小时内风压差误差引起的推算船位前后误差为

$$E_{S2}=\sigma_{v\alpha}v_E\sqrt{T} \tag{3-33}$$

式中：E_{S2} 为前后误差的均方差；$\sigma_{v\alpha}$为航速均方差；v_E 为航速。

海流数据误差会使流压差产生误差。流速误差会使推算船位在流向方向上产生误差。流速误差引起推算船位在流向方向上产生的误差为

$$E_{\beta2}=\sigma_{\beta2}\sqrt{T} \tag{3-34}$$

式中：$E_{\beta2}$为推算船位在流向方向上的均方差；$\sigma_{\beta2}$为航速均方差。

风浪较大时，风力和浪涌的作用对舰船产生偏转力，使舰船偏离预定航向而产生偏荡。其偏航角的大小与风力、风舷角、浪涌大小及操舵者的水平和习惯有关。

由于在某些情况下，偏荡使风压差增大，而在某些情况下，偏荡又使风压差减小。因此，偏航角引起推算船位产生左右误差，合并到风压差误差中去讨论，即把偏航角包含于风压差误差中，一般不再单独计算。

3. 推算船位误差分析

1）风中航行推算误差

在无风流影响情况下，推算船位精度取决于在海图上绘画航线的精度，及在航线上截取推算航程的精度。绘画航线的精度，又与航向精度、罗经差精度、操舵在航向上产生的误差及在海图上绘画航线的精度等有关。根据误差传播定律，有

$$\sigma_{TC}=\pm\sqrt{\sigma_0^2+\sigma_{\Delta C}^2+\sigma_K^2+\sigma_D^2} \tag{3-35}$$

式中：σ_{TC}为在海图上绘画航迹线的均方误差；σ_0 为航向均方误差；$\sigma_{\Delta C}$为罗经差的均方误差；σ_K 为因操舵不稳产生的均方误差；σ_D 为在海图上画航线时的作图均方误差。

无风流影响时推算航程的精度，与计程仪误差、计程仪改正率误差和在海图上量取航程误差有关，即

$$bB=Be=\sigma_S=\pm\sqrt{2\sigma_L^2+(S_L\sigma_{\Delta L})^2+\sigma'^2_D} \tag{3-36}$$

式中：σ_S 为无风流情况下推算航程的均方误差；σ_L 为读取计程仪读数的均方误差；$\sigma_{\Delta L}$为计程仪改正；σ'_D 为在海图上量取航程的均方误差；S_L 为计程仪航程。

综合推算航向误差 σ_{TC}和推算航程误差 σ_S 影响，推算船位均方差圆半径为[①]

$$M=\sqrt{\left(\frac{\sigma^{\circ}{}_{TC}\cdot S_L}{57.3^{\circ}}\right)^2+(S_L\cdot\sigma_{\Delta L})^2} \tag{3-37}$$

在多航向航行中，如若航行条件大致相同，可以采用较简单方法评定推算船位精度。即将每一条航线上的推算船位均方差 $M_i(i=1,2,\cdots,n)$ 看成一个独立的量，然后按求多个独

① $57.3^{\circ}\approx180^{\circ}/\pi$。

立因素综合均方差的方法求得总推算船位均方差 M_{total}。

$$M_{\text{total}} = \pm\sqrt{M_1^2 + M_2^2 + \cdots + M_n^2} \tag{3-38}$$

由此可见,在船位推算过程中,真正船位并不一定在推算船位点上,而应认为船位在以推算船位为圆心,以 M 为半径所画的船位误差圆内。

2）流中航行推算船位误差

舰船在有流无风影响的海区航行时,推算船位的精度除与推算航向误差 σ_{TC} 和推算航程误差 σ_S 有关外,主要还取决于估计海流要素的精度。设流向均方差为 $\sigma_{\beta1}$,流速均方差为 $\sigma_{\beta2}$。根据图 3－7,可近似推得

$$CG_\beta = TC + \beta = TC + 57.3^\circ\frac{v_C}{v_E}\sin p \tag{3-39}$$

$$S = V_\beta \cdot T = T(v_E + v_C\cos p) \tag{3-40}$$

式中:T 为推算航程 S 的航行时间。

对式(3－39)、式(3－40)进行微分运算,并求其均方差,可得

$$\sigma_{CG_\beta} = \pm\sqrt{\sigma_{TC}^2 + \left(\frac{57.3^\circ}{v_E}\right)^2\left[v_C^2\cos^2 p\left(\frac{\sigma_{\beta1}}{57.3^\circ}\right)^2 + \sin^2 p\,\sigma_{\beta2}^2\right]}$$

$$\sigma_S = \pm T\sqrt{\sigma_{v_E}^2 + v_C^2\sin^2 p\left(\frac{\sigma_{\beta1}}{57.3^\circ}\right)^2 + \cos^2 p\,\sigma_{\beta2}^2}$$

因此,流中推算船位均方误差圆半径为

$$M_\beta = \sqrt{\left(\frac{\sigma_{CG_\beta}}{57.3^\circ}S\right)^2 + \sigma_S^2}$$

$$= \sqrt{\left(\frac{\sigma_{TC}}{57.3^\circ}S\right)^2 + \left(\frac{S}{v_E}\right)^2\left[v_C^2\cos^2 p\left(\frac{\sigma_{\beta1}}{57.3^\circ}\right)^2 + \sin^2 p\,\sigma_{\beta2}^2\right] + T^2\left[\sigma_{v_E}^2 + v_C^2\sin^2 p\left(\frac{\sigma_{\beta1}}{57.3^\circ}\right)^2 + \cos^2 p\,\sigma_{\beta2}^2\right]}$$

由于 $S \approx S_L$、$\sigma_{v_E} \approx \sigma_{v_L} = v_L \cdot \sigma_{\Delta L}$,所以,有

$$M_\beta = \sqrt{M^2 + M_C^2} \tag{3-41}$$

式中:$M = S_L\sqrt{\left(\frac{\sigma_{TC}}{57.3^\circ}\right)^2 + \sigma_{\Delta L}^2}$,$M$ 为风流推算船位的均方误差圆半径;$M_C = T\sqrt{v_C^2\left(\frac{\sigma_{\beta1}}{57.3^\circ}\right)^2 + \sigma_{\beta2}^2}$,$M_C$ 为舰船停车后随海流漂移时,由于流要素不准而引起的推算船位均方误差圆半径。

由此可见,M_C 与舰船在有海流影响海区的航行时间成正比。在海流资料还不够准确的情况下,为确保舰船航行安全,应尽量缩短船位推算时间。为此,应不失时机地利用各种测位手段,经常测定准确船位,以便不断缩小推算误差。

3）风流中航行推算船位误差

已知在风中的推算船位均方误差圆半径如式(3－37)所示,流数据不准而引起的推算船位均方误差圆半径为 M_C,则风流中航行推算船位误差圆半径 M_γ 可表示为

$$M_\gamma = \sqrt{\left(\frac{\sigma_{CG_\alpha}}{57.3^\circ}S_L\right)^2 + (\sigma_{\Delta L}S_L)^2 + T^2\left[v_C^2\left(\frac{\sigma_{\beta1}}{57.3^\circ}\right)^2 + \sigma_{\beta2}^2\right]} \tag{3-42}$$

3.2 地文导航

地文导航,又称为陆标定位,是一种古老而有效的导航定位技术。地文导航通过观测陆标与舰船之间的某种相互位置关系进行定位。陆标是指海图上标有准确位置可供目视或雷达观测,用以导航或定位的山头、岛屿、岬角、灯塔、立标及其他显著固定物标的统称。地文导航主要是利用罗经、测距仪和六分仪等观测仪器测定陆标的方位、距离和水平角,并按一定法则确定船位。根据所观测船位线的性质不同,地文导航可分为方位定位、距离定位、方位距离定位和移线定位。

3.2.1 船位线

在航海定位中,观测者对物标的观测值为常值的点的几何轨迹,称为观测者的位置线(船位线或舰位线)。对于航行中的舰船,位置线具有时间性和绝对性的特点。时间性说明在观测时刻舰船一定位于位置线上的某一点上;绝对性说明在观测时刻位置线上的所有点都必须符合观测值,而符合观测值的所有点都必定在该位置线上。位置实质上应都是球面曲线,它不可能十分准确地画在墨卡托海图上,同时也没有必要画出位置线的全部。实际应用中,取观测时刻靠近推算船位的一小段位置线,或这一小段位置线的切线,并将其称为位置线。常用的位置线形式有方位位置线、距离位置线、水平角位置线和距离差位置线等。

1. 方位位置线

方位位置线主要包括平面方位位置线和球面方位位置线两种。如图3-8所示,观测者测得岸上一已知坐标的物标 M 的真方位 TB,而观测值等于真方位 TB 的等值线在地球表面上应是一条复杂的曲线,在海图上很难画出。如果忽略地球曲率的影响,将地球上观测附近小范围内的地面视为平面。在海图上画出方位为 $TB \pm 180°$ 的射线 MP,则在 MP 线上任一点观测物标 M 的真方位均为 TB,而舰船观测者观测物标真方位为 TB 时一定位于 MP 某一点上。射线 MP 就是方位为 TB 的平面方位位置线。

如图3-9所示,如果不忽略地球曲率的影响,沿地球表面两点间最短距离的路径应为大圆弧。即位于岸上 M 点的观测者观测航行的舰船 P,方位位置线是由观测者 M 画出与测者子午线 MP_N 相交成大圆方位 GCB 的大圆弧 MP。

当船测岸时,即航行舰船上的观测者 P 观测岸上物标 M,方位位置线是通过近地点 P_N、船位 P 和物标 M 所连的恒位线。在恒位线上的每一点,观测物标 M 的大圆方位 GCB 均相等。

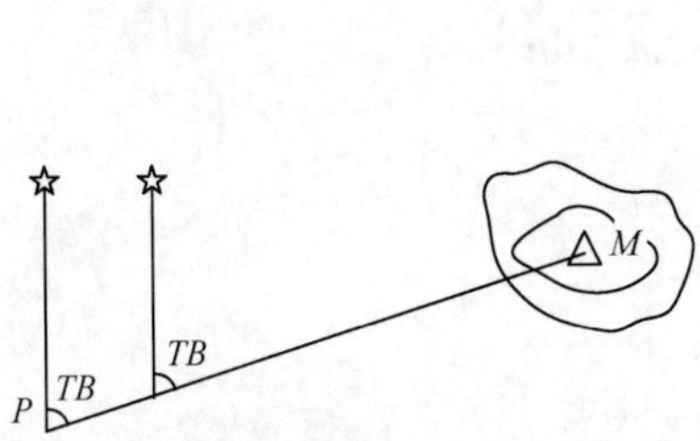

图3-8　平面方位位置线

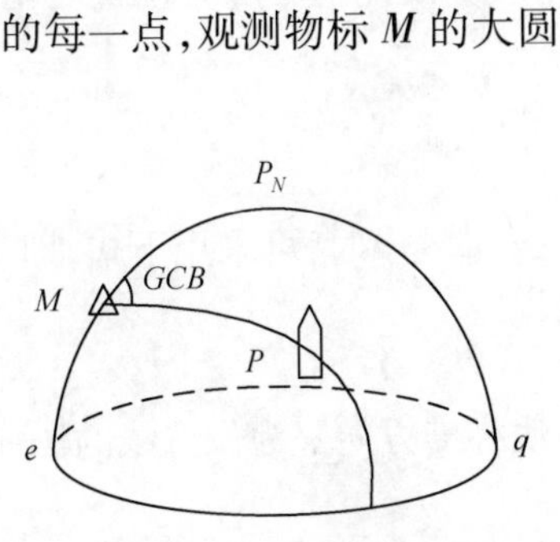

图3-9　球面方位位置线

2. 距离位置线

如图 3 - 10 所示,观测者测得物标 M、经修正后的距离 D。在海图上以 M 为中心、D 为半径作圆,则圆上任一点到物标 M 的距离均为 D,称此圆为距离为 D 的位置线。当物标距离较远,不忽略地球曲率的影响时,则球面上到物标 M 的距离相等点的轨迹为球面圆,即以物标 M 为极、D 为极距的小圆,并称其为球面距离位置线。

3. 水平角位置线

如图 3 - 11 所示,观测者测得两个物标 M_1、M_2 的水平夹角 α,即两物标的方位差,所得位置线为船与两物标所成三角形外接圆的一部分圆弧,该圆弧就是对该两物标水平夹角为 α 的平面水平夹角位置线,也称为方位差位置线。如果测得的是球面夹角,则球面夹角为两物标大圆方位差,也称为球面方位差位置线。它是一条通过两个物标和船并保持对两个物标球面夹角为常数的球面曲线。

4. 距离差位置线

如图 3 - 12 所示,在空间与两个物标距离差为常数的点的轨迹则是以两个物标为焦点的双曲面,该双曲面与地球相截为球面双曲面。

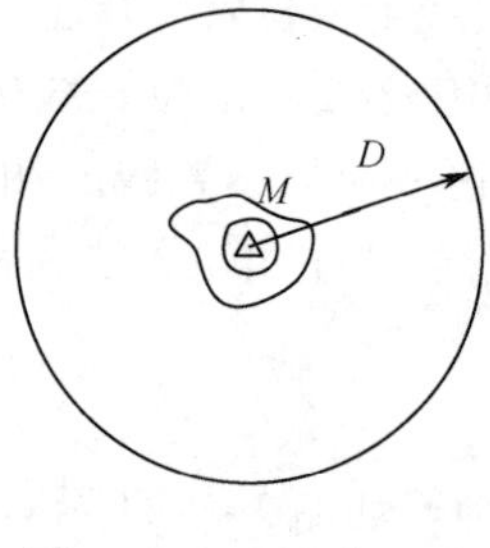

图 3 - 10 距离位置线

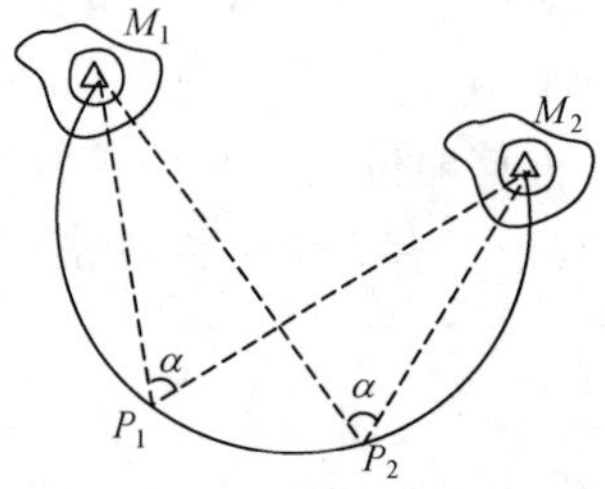

图 3 - 11 水平角位置线

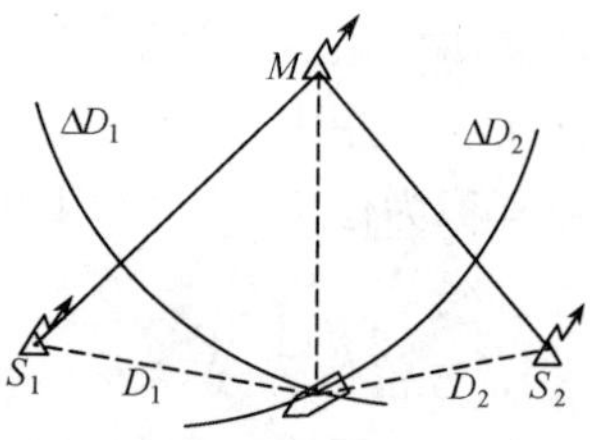

图 3 - 12 距离差位置线

3.2.2 位置线梯度及误差

对物标进行观测得到一个观测值,即可在海图上得到一条与之相对应的位置线。当观测值发生变化时,会引起位置线的位置有一定的位移。这时可用位置线梯度来表示观测值变化量与其位置线位移量间比值的向量。如图 3 - 13 所示,设观测值 l 所对应的位置线为 AA',当观测值改变为 Δl 时,位置线在船位附近的位移量为 Δn,位置线梯度以 $\boldsymbol{g}$ 表示,在观测值发生变化时,观测值变化量 Δl 与位置线变化的位移量 Δn 量之比为位置线梯度,其方向为观测值增加时位置变化的方向。位置线梯度 $\boldsymbol{g}$ 为观测值在位置线法线上的导数,即

$$g = \lim_{\Delta n \to \infty} \frac{\Delta l}{\Delta n} = \frac{dl}{dn} \tag{3-43}$$

若 Δl 和 Δn 都较小时,可采用下式,即

$$g = \frac{\Delta l}{\Delta n} \tag{3-44}$$

位置线梯度方向 τ 为位置线的法线方向,有

$$\tau = \alpha + 90^\circ \tag{3-45}$$

式中:α 为位置线方向。

位置线梯度表示了位置线疏密的程度。在观测误差为一定值时，梯度越大则位置线误差越小。在一定条件下，位置线梯度为一个常数。由于观测中不可避免出现误差，观测误差 Δl 必导致位置线产生位移 Δn，并将其称为位置线误差。位置线的均方差为

$$E=\frac{\sigma}{g} \tag{3-46}$$

式中：σ 为观测值均方差。

1. 方位位置线梯度

如图3-14所示，船测物标 M 的真方位为 TB，舰船到物标的距离为 D，当方位改变为 ΔB 时，则方位位置线在船位附近产生的位移量 Δn 为

$$\Delta n = PP_1 = D\cdot\Delta B$$

式中：ΔB 为方位观测值增量(rad)。

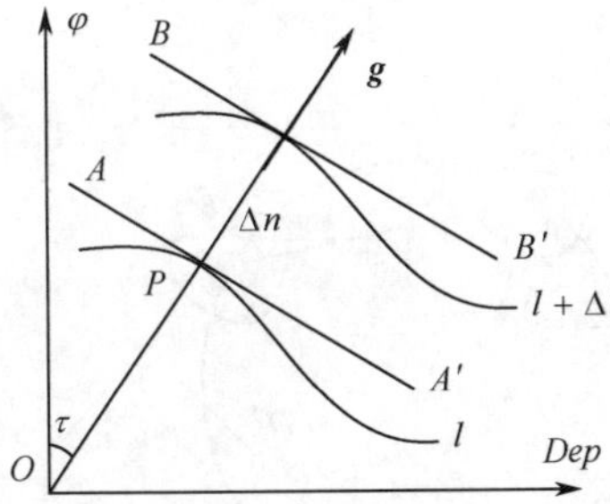

图3-13 位置线梯度 **g** 的定义

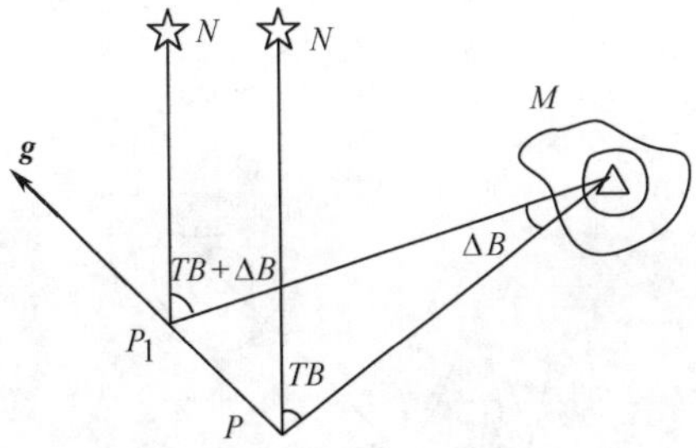

图3-14 方位位置线梯度

方位位置线梯度及其方向为

$$\begin{cases} g_B=\dfrac{\Delta l}{\Delta n}=\dfrac{\Delta B}{\Delta B\cdot D}=\dfrac{1}{D} \\ \tau = TB-90^\circ \end{cases} \tag{3-47}$$

方位位置线均方差为

$$E_B=\frac{\sigma}{57.3^\circ}D \tag{3-48}$$

2. 距离位置线梯度

如图3-15所示，由船位点 P 观测距离为 D 的物标 M 时，其距离位置线是以 M 为圆心、观测距离 D 为半径的圆。

当观测值改变 ΔD 时，位置线的位移量 Δn 为观测值的改变量 ΔD，即

$$\Delta n = \Delta D$$

则距离位置线梯度及其方向为

$$\begin{cases} g_B=\dfrac{\Delta D}{\Delta n}=1 \\ \tau = TB+180^\circ \end{cases} \tag{3-49}$$

由式(3-49)可知，距离位置线梯度恒为1，方向为背向物标方向。距离位置线均方差为

$$E_D=\sigma_D \tag{3-50}$$

3. 水平夹角位置线梯度

如图 3 – 16 所示，设水平夹角 α 为两物标 A、B 的方位之差，有 $\alpha = TB_B - TB_A$。设 $\boldsymbol{g}_\alpha$ 为两个方位位置线梯度的差，有

$$\boldsymbol{g}_\alpha = \boldsymbol{g}_B - \boldsymbol{g}_A$$

在由矢量 $\boldsymbol{g}_A$、$\boldsymbol{g}_B$、$\boldsymbol{g}_\alpha$ 构成的三角形中，有

$$g_A = \frac{1}{D_A}, \quad g_B = \frac{1}{D_B}$$

则有

$$g_\alpha = \sqrt{g_A^2 + g_B^2 - 2g_A g_B \cos\alpha} = \frac{D_{AB}}{D_A \cdot D_B} \tag{3-51}$$

水平夹角位置线均方差为

$$E_B = \frac{\sigma}{57.3^\circ} \frac{D_A \cdot D_B}{D_{AB}} \tag{3-52}$$

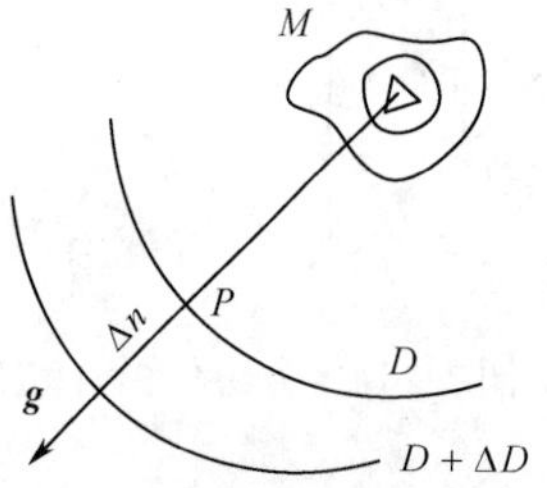

图 3 – 15 距离位置线梯度

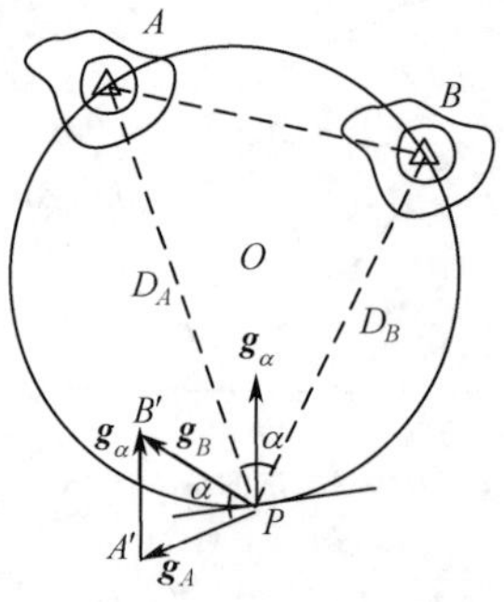

图 3 – 16 水平夹角位置线梯度

4. 距离差位置线梯度

如图 3 – 17 所示，距离差位置线是以 M_1、M_2 为焦点，距离差 ΔD 为常数的双曲线。且有

$$\Delta D = D_2 - D_1 = \text{常数}$$

距离差位置线梯度应为两个距离位置线梯度的几何差，即

$$\boldsymbol{g}_{\Delta D} = \boldsymbol{g}_2 - \boldsymbol{g}_1$$

在由矢量 $\boldsymbol{g}_1$、$\boldsymbol{g}_2$、$\boldsymbol{g}_{\Delta D}$ 构成的三角形中，有

$$\boldsymbol{g}_D = \boldsymbol{g}_2 = \boldsymbol{g}_1 = 1$$

则距离差位置线梯度及其方向为

$$\begin{cases} g_{\Delta D} = 2\sin\dfrac{\alpha}{2} \\ \tau = \dfrac{1}{2}(TB_2 + TB_1) \pm 90^\circ \text{（背离基线中垂线向 } \Delta D \text{ 增大的方向）} \end{cases} \tag{3-53}$$

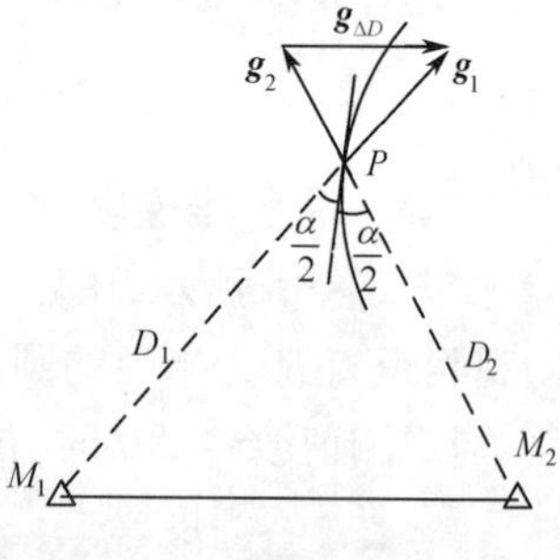

图 3 – 17 距离差位置线梯度

距离差位置线均方差为

$$E_{\Delta D} = \frac{\sigma_{\Delta D}}{2\sin\dfrac{\alpha}{2}} \tag{3-54}$$

3.2.3 陆测船位解算

可用解析法求解陆测船位，解析法又分为直接方法和间接方法。使用直接方法确定船位(φ_0,λ_0)时，必须测量不少于两个航行参数(如距离、方位、距离差等)U_1 和 U_2，即

$$\begin{cases} U_1 = f_1(\varphi_0,\lambda_0) \\ U_2 = f_2(\varphi_0,\lambda_0) \end{cases} \tag{3-55}$$

解此方程组后可得

$$\begin{cases} \varphi_0 = F_1(U_1,U_2) \\ \lambda_0 = F_2(U_1,U_2) \end{cases} \tag{3-56}$$

直接方法的主要优点是，不需要预先知道观测船位的近似值(即推算船位)，而且 φ_0、λ_0 的精度较高。其主要缺点是：多于两次观测时，必须对每对观测值求解方程组(3-55)，然后求平均值；当观测不同的航行参数时，此方程组的形式和复杂程度不一，难以获得统一的求解；方程组(3-55)一般会有几个解存在，为了选择正确解，还需要分析补充条件。

间接方法是基于位置线的方法，其要求预先知道推算船位(φ_c,λ_c)。若航行参数为

$$U = f(\varphi,\lambda)$$

位置线方程为

$$A\Delta\varphi + B\Delta\omega + C = V \tag{3-57}$$

式中：$A = g\cos\tau = (\partial U/\partial\varphi)_c$，$g$ 为位置线梯度；τ 为梯度方位；$B = g\sin\tau = (\partial U/\partial\omega)_c$；$C = U_c - U_M$，$U_c = f(\varphi_c,\lambda_c)$，$U_M$ 为航行参数观测值；V 为航行参数观测值改正量(即误差)；$\Delta\varphi$、$\Delta\omega$ 分别为推算船位和观测船位间的纬差和东西距。

设进行了 n 次观测，可列出以下方程组，即

$$\begin{cases} A_1\Delta\varphi + B_1\Delta\omega + C_1 = V_1 \\ A_2\Delta\varphi + B_2\Delta\omega + C_2 = V_2 \\ \qquad\vdots \\ A_n\Delta\varphi + B_n\Delta\omega + C_n = V_n \end{cases}$$

用最小二乘法求解上式，得法方程为

$$\begin{cases} [AA]\Delta\varphi + [AB]\Delta\omega + [AC] = 0 \\ [AB]\Delta\varphi + [BB]\Delta\omega + [BC] = 0 \end{cases} \tag{3-58}$$

解上述法方程，可得 $\Delta\varphi$、$\Delta\omega$。则观测船位是

$$\begin{cases} \varphi = \varphi_c + \Delta\varphi \\ \lambda = \lambda_c + \Delta\omega\sec\varphi_m \end{cases} \tag{3-59}$$

式中：φ_m 为平均纬度，$\varphi_m = (\varphi_c + \varphi)/2$。

如果推算船位 φ_c、λ_c 误差较大，则需要进行迭代计算，即将求得的 φ_c、λ_c 代入式(3-59)中，重新计算一遍，如此反复直到满足下式为止，即

$$\begin{cases} |\Delta\varphi_{i+1}| - |\Delta\varphi_i| \leqslant \varepsilon \\ |\Delta\omega_{i+1}| - |\Delta\omega_i| \leqslant \varepsilon \end{cases}$$

式中：ε 为给定精度。

1. 方位定位法

同一时刻观测两个物标的方位确定船位的方法称为两标方位法。由于定位方法仅得

到两条同一时刻的方位位置线，则其交点只能被认为是观测时刻的最佳概率船位。

两标方位位置线线性方程组为

$$\begin{cases}\dfrac{57.3}{D_1}\cos(TB_1-90°)\Delta\varphi+\dfrac{57.3}{D_1}\sin(TB_1-90°)\Delta\omega+TB_{C1}-TB_1=0\\ \dfrac{57.3}{D_2}\cos(TB_2-90°)\Delta\varphi+\dfrac{57.3}{D_2}\sin(TB_2-90°)\Delta\omega+TB_{C2}-TB_2=0\end{cases}\tag{3-60}$$

式中：D_1、D_2 分别为推算船位到两陆标的距离；TB_{C1}、TB_{C2}分别为到两陆标的方位。

式(3-60)中，$g=57.3/D$((°)/n mile)为方位线梯度，$\tau=TB-90°$为梯度方位，并有

$$\tan TB_C=\frac{\Delta\lambda}{\Delta\varphi}\cos\varphi_m$$

$$D=\begin{cases}\Delta\varphi\sec TB_C\ (TB_C\ \text{接近}\ 0°\text{或}\ 180°\text{时})\\ \Delta\lambda\csc TB_C\cos\varphi_m\ (TB_C\ \text{接近}\ 90°\text{或}\ 270°\text{时})\end{cases}$$

$$\varphi_m=\frac{\varphi_1+\varphi_2}{2}$$

直接解方程组(3-60)，求出 $\Delta\varphi$ 和 $\Delta\omega$，即可求得观测船位。如果是三方位或更多条方位位置线定位，则可采用最小二乘法求解。

2. 距离定位法

位置距离线梯度 $g=1$，梯度方位 $\tau=TB+180°$，如果测得了舰船与两个陆标的距离 D_1 和 D_2，则可列出以下方程组，即

$$\begin{cases}\cos(TB_1+180°)\Delta\varphi+\sin(TB_1+180°)\Delta\omega+D_{C1}-D_1=0\\ \cos(TB_2+180°)\Delta\varphi+\sin(TB_2+180°)\Delta\omega+D_{C2}-D_2=0\end{cases}\tag{3-61}$$

式中：D_C 为推算船位至陆标的距离；TB 为推算船位至陆标的真方位。

解上述方程，可得 $\Delta\varphi$、$\Delta\omega$，进而求得观测船位。如果是多条距离位置线定位，则可采用最小二乘法求解。

3. 三标两夹角法

角位置线梯度为水平，有

$$\begin{cases}g_1=3437.7\dfrac{D_{AB}}{D_AD_B}((')/\text{n mile})\\ g_2=3437.7\dfrac{D_{BC}}{D_CD_B}((')/\text{n mile})\end{cases}$$

水平角位置线梯度方位为

$$\begin{cases}\tau_1=TB_A+(90°-B)\\ \tau_2=TB_B+(90°-C)\end{cases}$$

以上两式中：TB_A、TB_B 分别为推算船位对两陆标 A、B 的方位；D_A、D_B、D_C 分别为推算船位至陆标 A、B、C 的距离；D_{AB}、D_{BC}分别为陆标 A 至 B、B 至 C 的距离。

设推算船位与三标的水平角为 α_C、β_C，观测水平角为 α、β，则可列出下述方程组，即

$$\begin{cases}3437.7\dfrac{D_{AB}}{D_AD_B}\cos[TB_A+(90°-B)]\Delta\varphi+437.7\dfrac{D_{AB}}{D_AD_B}\sin[TB_A+(90°-B)]\Delta\omega+\alpha_C-\alpha=0\\ 3437.7\dfrac{D_{BC}}{D_CD_B}\cos[TB_B+(90°-C)]\Delta\varphi+437.7\dfrac{D_{BCB}}{D_CD_B}\sin[TB_A+(90°-C)]\Delta\omega+\beta_C-\beta=0\end{cases}\tag{3-62}$$

解上述方程,可得 $\Delta\varphi$、$\Delta\omega$,进而求得观测船位。

3.3 天文导航

3.3.1 天文三角形及天文船位线

1. 天文三角形

如图 3-18 所示,在天球球面上,由观测者午半圆、天体时圈和天体方位圆所构成的球面三角形 $\triangle P_N ZB$ 称为天文球面三角形,3 个顶角分别为天顶 Z、高极 P_N 或 P_S 和天体 B,3 条边分别为 $ZP_N = 90° - \varphi$、$BP_N = 90° - \delta\varphi$、$ZB = 90° - h$,其中 φ 为观测者纬度,δ 为天体赤纬,h 为天体高度。天文三角形的 3 个角分别为 $\angle P_N ZB = A$、$\angle ZP_N B = t_M$、$\angle ZBP_N = q$,其中 A 为天体半圆方位,t_M 为天体半圆时角,q 为天体位置角。

天文三角形的边、角都在 0°~180°的范围内,因此天文三角形只在半个天球之内,即东半天球或西半天球。在天文三角形的 6 个边、角要素中,含有赤道坐标(α,δ)、地平坐标(A,h)和测者地理坐标($\varphi, t_M = t_G \pm \lambda_W^E$),因此天文三角形边、角各要素实际上反映了这些坐标之间的关系,即

$$\begin{cases}\cos(90° - h) = \cos(90° - \varphi)\cos(90° - \delta) + \sin(90° - \varphi)\sin(90° - \delta)\cos t_M \\ \cot A \sin t_M = \cot(90° - \delta)\sin(90° - \varphi) - \cos(90° - \varphi)\cos t_M\end{cases} \tag{3-63}$$

或

$$\begin{cases}\sin h = \sin\varphi\sin\delta + \cos\varphi\cos\delta\cos t_M \\ \cot A = \tan\delta\cos\varphi\csc t_M - \sin\varphi_c \tan t_M\end{cases} \tag{3-64}$$

由球面三角形的正弦定理公式,有

$$\frac{\sin A}{\sin(90° - \delta)} = \frac{\sin t_M}{\sin(90° - h)} \tag{3-65}$$

2. 位置角和距离

如图 3-19 所示,设有两个天体 B_1、B_2,其距离 $d = \overset{\frown}{B_1B_2}$ 为两个天体之间沿着通过它们的大圆测量的角距离。方位角 p,即位置角,为通过天体 B_1 和北天极 P_N 的大圆与确定 d 的大圆之间的夹角,其测量方向由北向东。由球面三角形公式,有

$$\begin{cases}\sin d\cos p = \cos\delta\sin\Delta - \sin\delta\cos\Delta\cos(\alpha - A) \\ \sin d\sin p = -\cos\Delta\sin(\alpha - A) \\ \cos d = \sin\delta\sin\Delta + \cos\delta\cos\Delta\cos(\alpha - A)\end{cases} \tag{3-66}$$

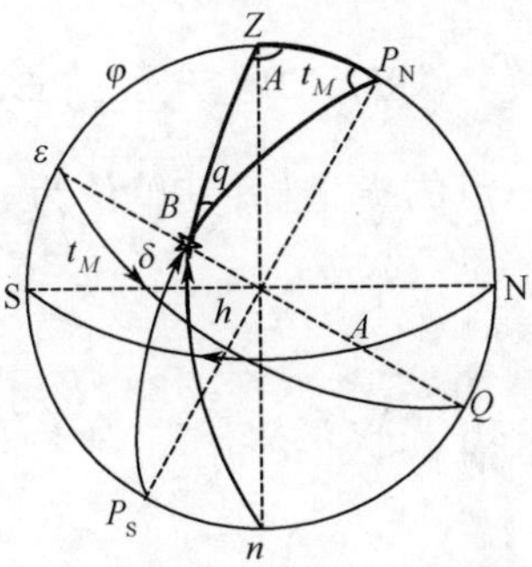

图 3-18　天文三角形

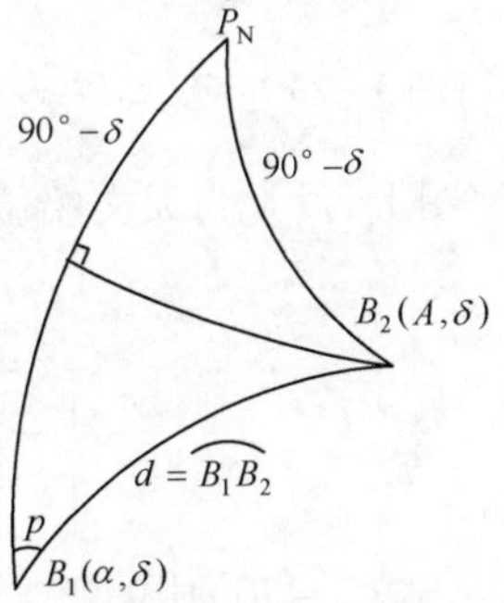

图 3-19　天体角距关系

若 $|\alpha - A|$、$|\delta - \Delta|$ 为小量，则球面三角形近似为平面三角形，则式(3-66)可简化为

$$\begin{cases} d\cos p = \Delta - \delta \\ d\sin p = (A - \alpha)\cos\delta \end{cases} \tag{3-67}$$

3. 天文船位线

如图 3-20 所示，在天球球面上，Z_G 为格林顶点，$P_N Z_G P_S$ 为格林子午圈的午半圆。B 为所测天体，$P_N B P_S$ 为此天体的时半圆，其位置由格林时角 t_G 和赤纬 δ 确定。

在天球球面上，以顶点距为球面半径作一小圆 $Z_1 Z_2 Z_3$，则测者的顶点就一定在这个小圆上，此小圆被称为天顶位置圆。将天顶位置圆投影到地球表面上，即为天文船位圆。显然，天体 B 在地球表面上的投影点 b(又称星下点)的纬度 φ_b 与天体 B 的赤纬 δ、投影点 b 的经度 λ_b 和天体 B 的格林半圆时角 t_G^B 的关系为

$$\begin{cases} \varphi_b = \delta_B \\ \lambda_b = t_G^B \end{cases} \tag{3-68}$$

天文船位圆的半径是天顶位置圆的半径，即为天体顶点距的投影，其对应的是同一球心角。故天文船位圆的半径是天体的顶距，有

$$z = 90° - h \tag{3-69}$$

在测得天体的高度后，即可求得天文船位圆半径。如图 3-21 所示，在天文三角形 $\triangle P_N ZB$ 中，$P_N Z = 90° - \varphi$，$P_N B = 90° - \lambda$，$ZB = 90° - h$，$\angle ZP_N B = t_M$，$\angle P_N ZB = A$。由球面三角形的边的余弦公式，有

$$\begin{cases} \sin h = \sin\varphi\sin\delta + \cos\varphi\cos\delta\cos(t_G \pm \lambda_W^E) \\ t_M = t_G \pm \lambda_W^E \end{cases} \tag{3-70}$$

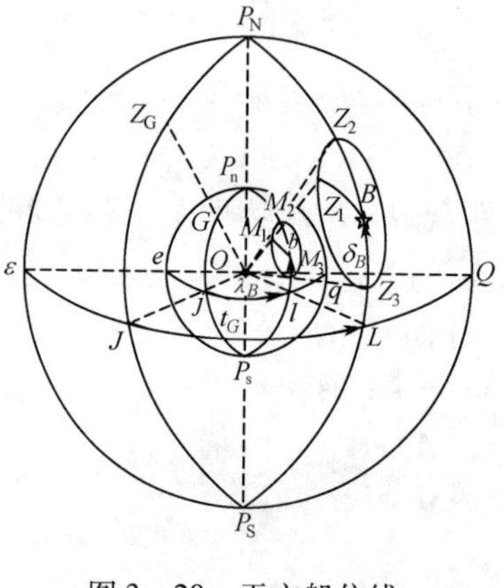

图 3-20 天文船位线

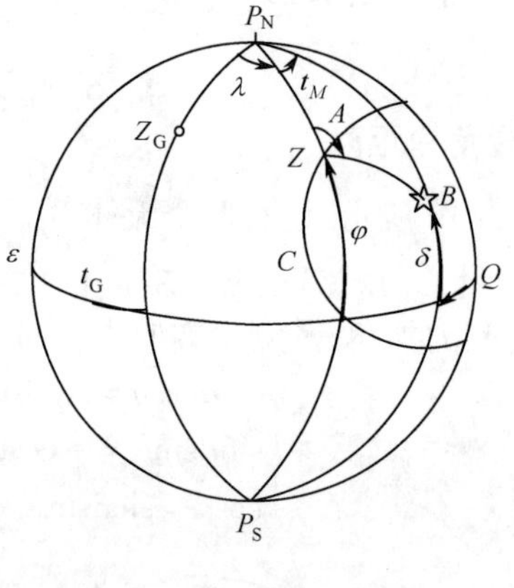

图 3-21 天文三角形

在墨卡托海图上，设 x 为天文船位圆上任一点的横坐标，其单位为 rad，y 为纵坐标，即有

$$\begin{cases} x = \lambda \\ y = \ln\tan\left(45° + \dfrac{\varphi}{2}\right) \end{cases} \tag{3-71}$$

将式(3-71)代入式(3-70)中的第 1 式，有

$$2\cos t = e^{y}(\sin h\sec\delta - \tan\delta) + e^{-y}(\sin h\sec\delta + \tan\delta) \tag{3-72}$$

在地球表面上，天体 B 的地方时角等于天体投影点经度 λ_b，其与测者经度之差，即

$$t = \lambda_b - \lambda \tag{3-73}$$

用不同的 h、δ、λ 代入上式，求出求(3 -72)中的 y 值，则为墨卡托海图上的船位圆曲线为环形曲线。

3.3.2　恒星视位置预报

1. 天体格林时角

如图 3 -22 所示，中心为天北极，圆周为天赤道。Z_G 为格林天顶，则 $P_N Z_G$ 为格林午半圈，$P_N Q$ 为格林子半圈。天体 B 的时圈为 $P_N B$。$\angle \varepsilon P_N B$ 为天体 B 自格林午半圆起算的地方时角 t_G，即格林时角。

若测者在东经，Z_1 为其天顶，λ_E 为其经度，$P_N Z_1$ 为其午半圆，则天体 B 的地方西行时角 t_{M1} 与格林西行时角的关系为

$$t_{M1} = t_G + \lambda_E$$

若测者在西经，Z_2 为其天顶，λ_W 为其经度，$P_N Z_2$ 为其午半圆，则天体 B 的地方西行时角 t_{M2} 与格林西行时角的关系为

$$t_{M2} = t_G - \lambda_W$$

由此，天体地方时角与格林时角的关系为

$$t_M = t_G \pm \lambda_W^E \tag{3-74}$$

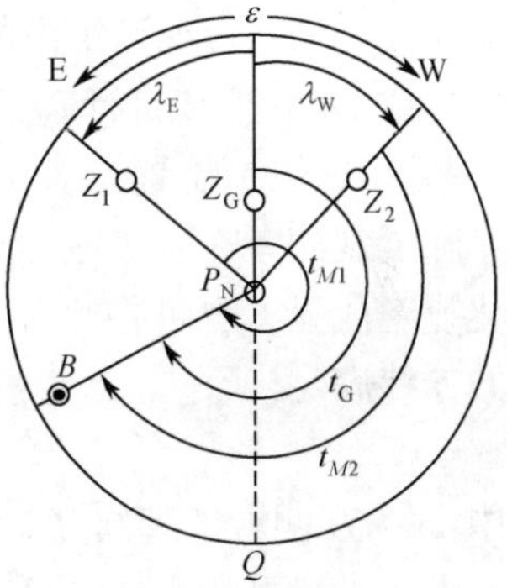

图 3 -22　天体时角

2. 恒星平位置预报

处于地面上的观测者对天体所观测到的位置，由于受到大气折射、天体周日视差、周年视差、光行差、岁差、章动和恒星自行等因素的影响，能够观测到的天体位置和天体的真实位置有所不同。即需对所得到的观测天体位置进行修正，以期得到天体的真位置。同一恒星的上述各种位置之间的关系为

$$\text{观测位置} = \text{视位置} + \text{大气折射} + \text{周日光行差} + \text{周日视差} \tag{3-75}$$

$$\text{视位置} = \text{真位置} + \text{周年光行差} + \text{周年视差} + \text{光线引力弯曲} \tag{3-76}$$

$$\text{真位置} = \text{观测瞬间平位置} + \text{章动} \tag{3-77}$$

$$\text{观测瞬间平位置} = \text{年首平位置} + \text{岁差} + \text{自行} \tag{3-78}$$

1）观测年中的恒星平位置

由基准年(2000 年)年中的恒星平位置(平赤经、平赤纬)进行逐年修正至观测年份，即可得到观测年份年中的恒星平位置，即

$$\begin{cases} \alpha_{i+1} = \alpha_i + \Delta\alpha \\ \delta_{i+1} = \delta_i + \Delta\delta \\ \Delta\alpha = n\sin\alpha_i \tan\delta_i + m \\ \Delta\delta = n\cos\alpha_i \end{cases} \tag{3-79}$$

式中：i 为 $0 \sim N-1$，N 为观测年份至基准年份的年差数；α_i、δ_i 为恒星平位置，当 $i=0$ 时，α_0、δ_0 为基准年(2000 年)年中的恒星平位置；$\Delta\alpha$、$\Delta\delta$ 分别为恒星平位置的赤经、赤纬的

后变量；m 为赤经总岁差，即平春分点在赤道上的运动速度；n 为赤纬总岁差，即平极绕黄极运动的线速度。

m、n 的计算方法为

$$\begin{pmatrix} m \\ n \end{pmatrix} = \begin{pmatrix} 46''.1243625 & 0''.0279312 & 0''.000002775 \\ 20''.043109 & 0''.0085330 & 0''.00000217 \end{pmatrix} \begin{pmatrix} 1 \\ T \\ T^2 \end{pmatrix} \tag{3-80}$$

式中：T 为从 J2000.00 起算的儒略世纪数。

根据前述，依据式(3－81)可得到恒星的视位置(α,δ)，即

$$\begin{cases} \alpha = \alpha_{i+1} + \Delta\alpha_1 + \Delta\alpha_2 + \Delta\alpha_3 + \Delta\alpha_4 \\ \delta = \delta_{i+1} + \Delta\delta_1 + \Delta\delta_2 + \Delta\delta_3 + \Delta\delta_4 \end{cases} \tag{3-81}$$

式中：α_{i+1}、δ_{i+1} 为观测年份的年中恒星平位置；$\Delta\alpha_i$、$\Delta\delta_i$($i=1\sim4$)分别为岁差修正、章动修正、光行差修正和自行修正等。

2）特殊恒星位置

除了观测者在两极或赤道，可将恒星分为 3 组，一组永不落、一组永不升、一组随季节变化或隐或显。也可将此 3 组星依次称为北天拱极星、南天拱极星和赤道星。北天拱极星的赤纬满足

$$\delta \geqslant 90° - \varphi \tag{3-82}$$

式中：φ 为观测者地理纬度。

南天拱极星的赤纬满足

$$\delta \leqslant \varphi - 90° \tag{3-83}$$

赤道星的赤纬满足

$$90° - \varphi > \delta > \varphi - 90° \tag{3-84}$$

当天顶距 $z=90°$时，其高度 $h=0°$，这时天体处于升起或降落位置，此时对此天体的地方时角有下述关系式，即

$$\cos t_M = -\tan\varphi\tan\delta \tag{3-85}$$

由式(3－85)解得的时角 t_M 有两值，正值对应于天体降落，负值对应于天体升起。而在天体处于升起或降落位置时，其方位角为

$$\cos A = \frac{\sin\delta}{\cos\varphi} \tag{3-86}$$

由式(3－86)解得的方位角 A 有两值，正值对应于天体升起，负值对应于天体降落。当恒星过测者子午圈时，即为恒星中天，则必须区分恒星的上中天或下中天。上中天能发生在天顶以北或天顶以南，主要由 φ 和 δ 决定。

$\varphi>\delta$，上中天在天顶以北，有

$$\begin{cases} z = \delta - \varphi \\ A = 180° \\ t_M = 0 \end{cases} \tag{3-87}$$

$\varphi<\delta$，上中天在天顶以南，有

$$\begin{cases} z = 180° - (\delta + \varphi) \\ A = 0° \\ t_M = \pm 12^{\mathrm{h}} \end{cases} \tag{3-88}$$

3.3.3 天体真高度

1. 天体视差修正计算

由于地面观测者所处空间位置的不同，对同一天体的观测有所差异，即为视差。地面观测者的空间位置不同，主要是由于地球自转和公转引起的。如图3－23所示，O、O'为观测者在空间观测天体σ的两个位置，其距离为l，此两点距天体的空间距离分别为Δ、Δ'，观测者对天体的观测线由$O\sigma S$转变为$O'\sigma S'$，其方向差为

$$\angle AO'S' - \angle AOS = p$$

即p为视差，并且有

$$\sin p = \frac{l}{\Delta}\sin\angle AO'S' = \frac{l}{\Delta'}\sin\angle AOS \tag{3-89}$$

确定天球上天体的位置时需要一归算参考点，依据不同的归算参考点，即地心坐标系或日心坐标系，将视差通常分为周日视差和周年视差。

1）观测坐标与视差

就地球自转而言，其地心无周日运动，就地球公转而言，日心（质心）无周年运动，因此，地心和日心为周日视差和周年视差的归算点。

地心坐标系的原点为地心，研究周日视差时，不考虑垂线偏差的影响，测者在空间观测天体σ的两个位置，地心与地面两点距天体的空间距离分别为Δ_e、Δ'。

如图3－24所示，M为观测者，且M点的向径为ρ，φ为测地纬度，φ'为地心纬度，OMZ'为地心天顶方向，QMZ为测地天顶方向，S、S'分别为由地心O和观测地M所见天体在天球上的投影，有

$$\angle ZMZ' = \varphi - \varphi'$$

则视差为

$$\sin p = \frac{\rho}{\Delta_e}\sin\angle Z'MS' \tag{3-90}$$

式中：Δ_e为地心距天体的距离。

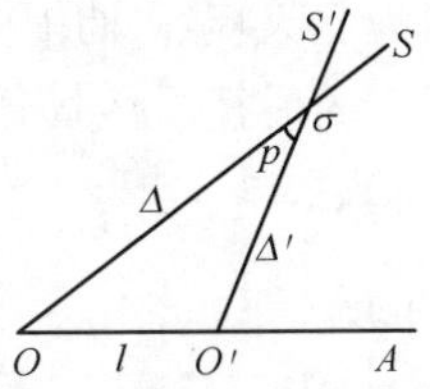

图3－23 视差原理

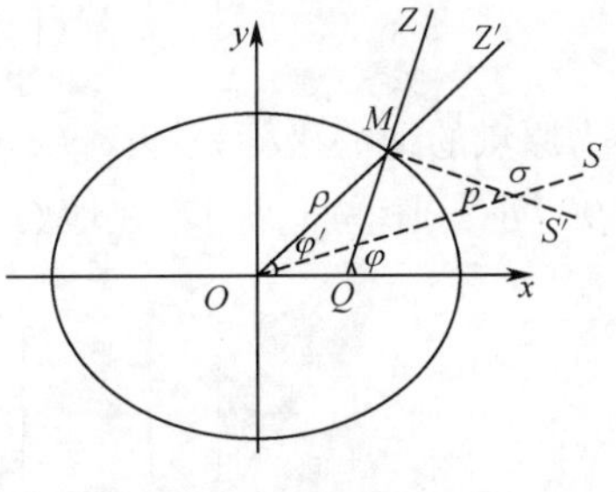

图3－24 周日视差原理

由视差定义可知，地心天顶Z'、S和S'应在同一个大圆弧上，并且有$\angle Z'MS' = Z'S'$。若观测地的天体方位角$\angle Z'ZS' = A$，天顶距$ZS' = z$，则在球面三角形$\triangle ZZ'S'$中，有

$$\cos Z'S' = \cos z\cos(\varphi - \varphi') + \sin z\sin(\varphi - \varphi')\cos A \tag{3-91}$$

如若天体σ处于真地平面，此时所形成的视差为地平视差p_0，即

$$\sin p_0 = \frac{a_e}{\Delta_e} \tag{3-92}$$

式中:a_e 为地球参考椭球体长半轴。

周日视差为天体地面坐标与地心坐标之差,主要由于对太阳系内天体进行观测时的视差计算。而对于恒星而言,由于其距地球非常遥远,其周日视差常常可忽略不计,只计及周年视差。

如图 3-25 所示,设 O 为地球绕日运动椭圆轨道的一个焦点(太阳位置),r 为地球太阳距离,a_s 为地球绕日运动椭圆轨道半长轴,Δ_s 为恒星距日心距离。由视差定义可知,周年视差的定义为

$$\sin p = \frac{r}{\Delta_s}\sin\angle S'EO \tag{3-93}$$

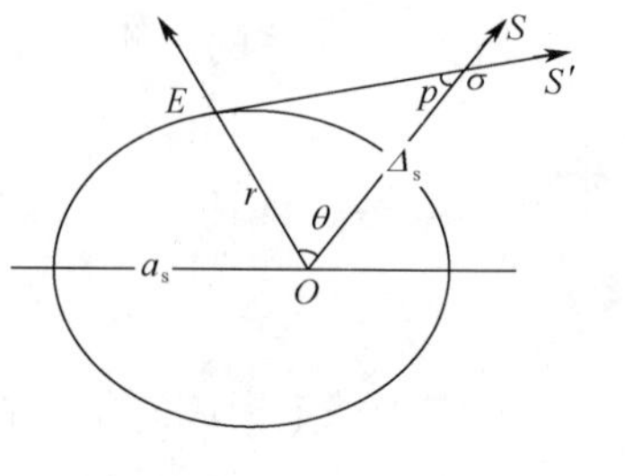

图 3-25　周年视差原理

由地球绕日运动轨道理论可知,当 $r = a_s$ 时,$\angle S'EO = 90°$,此时的周年视差有最大值 π,此值称为恒星的周年视差,即

$$\sin\pi = \frac{a_s}{\Delta_s}$$

计算和测定恒星的周年视差具有非常重要的意义,在知道了恒星的周年视差后,即可计算出恒星距日心的距离。

2) 视差对天体坐标的影响

为讨论视差对天体坐标的影响,需建立 3 个笛卡儿坐标系,即日心坐标系、地心坐标系和观测者地面坐标系。

以日心为原点组成日心坐标系 $O_s xyz$,z 轴正向为北天极、x 轴正向为春分点 r,y 轴为 x 轴右向旋转 90°处。则地球在日心坐标系中的坐标为(α_e,α_e),其矢径为

$$\boldsymbol{r}_e = \begin{pmatrix} x \\ y \\ z \end{pmatrix}_{\alpha_e\delta_e} = \begin{pmatrix} r\cos\delta_e\cos\alpha_e \\ r\cos\delta_e\sin\alpha_e \\ r\sin\delta_e \end{pmatrix} \tag{3-94}$$

建立以地心为原点的地心坐标系 $O_e xyz$,z 轴正向为北天极、x 轴正向为春分点 r,y 轴为 x 轴右向旋转 90°处。则地面观测者在地心坐标系中的矢径为

$$\boldsymbol{r}_M = \begin{pmatrix} x \\ y \\ z \end{pmatrix}_{\alpha_M\delta_M} = \begin{pmatrix} \rho\cos\varphi'\cos S \\ \rho\cos\varphi'\sin S \\ \rho\sin\varphi' \end{pmatrix} \tag{3-95}$$

式中:S 为观测瞬间春分点时角。

恒星相对于地心和地面的赤道坐标分别为(α,δ)和(α',δ'),其矢径分别为

$$\boldsymbol{r}_\sigma = \begin{pmatrix} x \\ y \\ z \end{pmatrix}_{\alpha_\sigma\delta_\sigma} = \begin{pmatrix} \Delta_e\cos\delta\cos\alpha \\ \Delta_e\cos\delta\sin\alpha \\ \Delta_e\sin\delta \end{pmatrix} \tag{3-96}$$

$$\boldsymbol{r}'_\sigma = \begin{pmatrix} x \\ y \\ z \end{pmatrix}_{\alpha'_\sigma\delta'_\sigma} = \begin{pmatrix} \Delta'\cos\delta'\cos\alpha' \\ \Delta'\cos\delta'\sin\alpha' \\ \Delta'\sin\delta' \end{pmatrix} \tag{3-97}$$

依据矢量运算法则，在地心坐标系中，由于视差引起的天体坐标变换为

$$\boldsymbol{r}_\sigma = \boldsymbol{r}_{\mathrm{M}} + \boldsymbol{r}'_\sigma \tag{3-98}$$

在日心坐标系中，由于视差引起的天体坐标变换为

$$\boldsymbol{r} = \boldsymbol{r}_{\mathrm{e}} + \boldsymbol{r}_\sigma \tag{3-99}$$

2. 天体半径差的修正计算

在观测太阳、月亮时，通常是观测它们的上边缘或下边缘的高度，这与所要求的天体真高度相差一个视半径 R。若天体的真半径为 R_{m}，与地心的距离为 Δ_{e}，如图 3－26 所示，有

$$\rho = \sum_{i=1}^{\infty} \Delta\rho_i = \int_K^M \mathrm{d}\rho \tag{3-100}$$

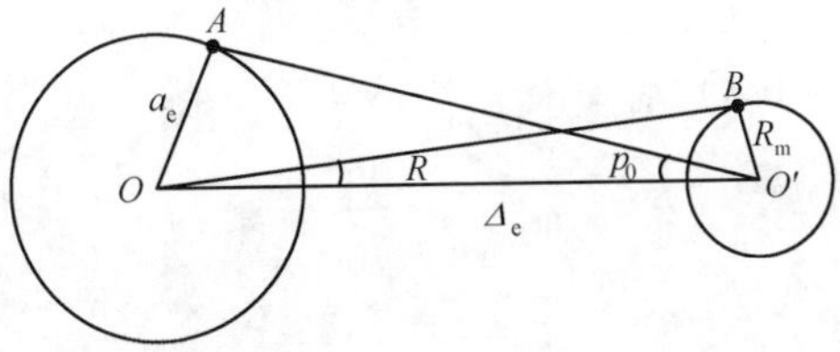

图 3－26　观测天体半径差原理

半径与地平视差的关系为

$$\sin p_0 = \frac{a_{\mathrm{e}}}{\dfrac{R_{\mathrm{m}}}{\sin R}} = \frac{a_{\mathrm{e}}}{R_{\mathrm{m}}}\sin R \tag{3-101}$$

如图 3－27 所示，地球上的观测者 M 观测天体 σ，MZ 为观测者天顶方向。当天体光波由 K 点进入大气层以后，由于大气折射效应，其传播路径为一条曲线，即沿着曲线 MK 的切线 $M\sigma'$ 方向观测到天体。$M\sigma$ 与 $M\sigma'$ 之差就是折光差 ρ，即

$$\rho = \angle\sigma' M\sigma \tag{3-102}$$

现假设大气层是由无穷多个密度不等的同心大气球层组成，同心大气球层的中心是地球中心。第 i 个同心大气球层的折射率为 μ_i，显然，若光波在各层边界上发生的折射或折光差分别为 $\Delta\rho_i$，则大气层总的折光差为

$$\rho = \sum_{i=1}^{\infty} \Delta\rho_i = \int_K^M \mathrm{d}\rho \tag{3-103}$$

首先分析相邻同心大气层对光波的折光差计算。如图 3－28 所示，弧 CD 为相邻两同心大气层的边界（或折射面），两侧大气折射率分别为 μ_{i-1} 和 μ_i，NN' 为折射面的法线，α_i、f_i 分别为入射角和折射角，光波沿 AB 方向在 B 点发生折射后沿 BG 方向传播，并在 G 点发生折射。B 点至地球中心的距离为 r_i。相应地，G 点至地球中心的距离为 r_{i+1}，则有

$$f_i = \alpha_i - \mathrm{d}\rho \tag{3-104}$$

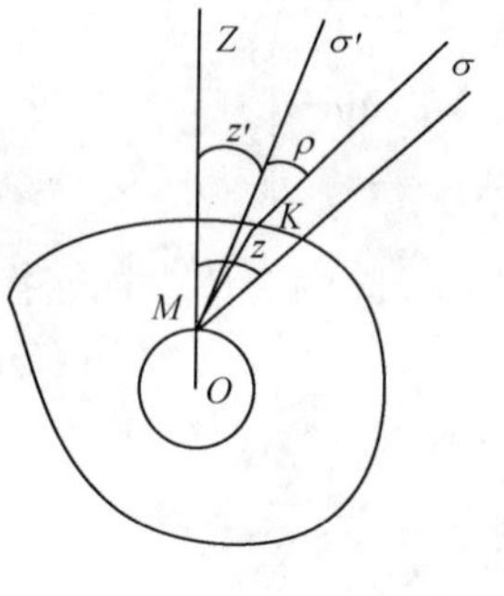

图 3－27　地球大气折射

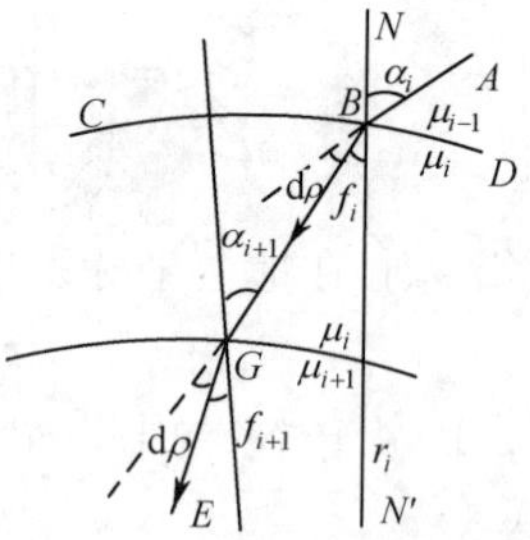

图 3－28　相邻球层的折射

现设 $\mu_i = \mu_{i-1} + \mathrm{d}\mu$，依折射定律有

$$\mu_{i-1}\sin\alpha_i = \mu_i \sin f_i = (\mu_{i-1} + \mathrm{d}\mu)\sin(\alpha_i - \mathrm{d}\rho) \tag{3-105}$$

由于 $\mathrm{d}\rho$、$\mathrm{d}\mu$ 均为小量，略去二阶小量并去掉下标后，式(3－105)可表述为

$$\mathrm{d}\rho = \frac{\mathrm{d}\mu}{\mu}\tan\alpha \tag{3-106}$$

将式(3－106)代入式(3－103)，有

$$\rho_0 = \int_K^M \frac{\mathrm{d}\mu}{\mu}\tan\alpha \tag{3-107}$$

由三角形正弦定理得

$$r_i \sin f_i = r_{i+1}\sin\alpha_{i+1} \tag{3-108}$$

在 G 点处，由折射定律同样有

$$\mu_i \sin\alpha_{i+1} = \mu_{i+1}\sin f_{i+1} \tag{3-109}$$

将式(3－108)与式(3－105)相乘，有

$$r_i \mu_{i-1}\sin\alpha_i = r_{i+1}\mu_i \sin\alpha_{i+1} \tag{3-110}$$

式(3－110)表明在大气层中的任意层中，r_i、μ_i 和 $\sin\alpha_i$ 等3项乘积为常量。设近地面大气层的折射率为 μ_0，地球半径为 R_0，则天体光波入射角即为视天顶距 z'。依式(3－110)有

$$r_i \mu_i \sin\alpha_i = R_0 \mu_0 \sin z' \tag{3-111}$$

考虑到任意大气层，有

$$\tan\alpha = \frac{\mu_0 R_0 \sin z'}{\mu r\sqrt{1 - \left(\frac{\mu_0 R_0 \sin z'}{\mu r}\right)^2}} \tag{3-112}$$

将式(3－112)代入式(3－107)，得大气对光波的折光差为

$$\rho_0 = \int_1^{\mu_0} \frac{\mu_0 R_0 \sin z'}{\mu r\sqrt{1 - \left(\frac{\mu_0 R_0 \sin z'}{\mu r}\right)^2}}\frac{\mathrm{d}\mu}{\mu} \tag{3-113}$$

通常情况下，取 $r/R_0 = 1.001098$。大气折射率在不同的大气条件下，其计算方法和数值有所不同，气压为 P、温度为 t、大气水蒸气压为 e 的近地大气对光波群速的折射率修正计算方法为

$$\mu_0 = 1 + \frac{n_0 - 1}{1 + \alpha t}\frac{P}{760} - \frac{5.5\times10^{-8}e}{1 + \alpha t} \tag{3-114}$$

式中：n_0 为群速的折射率；α 为空气膨胀系数，$\alpha = 1/273.3$。

在利用天体进行导航、定位时，所使用的诸数学模型均计及天体的真位置，因此天体真位置的计算十分重要。在前述几节中，给出了天体视位置的计算数学模型，但在地球表面对天体（恒星、行星）进行观测时，应计及本节中所涉及的各种修正，即天体视差修正、天体半径修正和大气折光差修正，即

$$\text{真位置} = \text{视位置} - (\text{周年光行差} + \text{周年视差} + \text{光线引力弯曲})$$

3.3.4 船位定位计算方法

1. 天文位置线方程

如图3-29所示，C 为观测时刻的推算船位，CK 方向为天体方向，LL 为高度差法位置线，$CK = \Delta h = h_0 - h_c$。横坐标轴为东西距 Dep，纵坐标轴为纬差 $D\varphi$。

经计算可知，A 点的坐标为 $(0, \Delta h/\cos A)$，B 点的坐标为 $(\Delta h/\sin A, 0)$，直线 LL 的斜率为 $\tan(180° - A)$，由斜截式方程可求直线 LL 的方程为

$$\cos A \cdot D\varphi + \sin A \cdot Dep - \Delta h = 0 \quad (3-115)$$

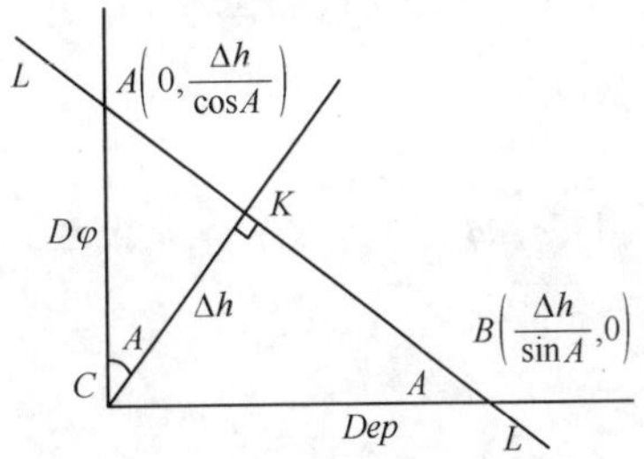

图3-29 天文位置线计算示意图

2. 计算观测船位的经纬度

1）两线定位

只有两条天文位置线时，两位置线的交点即为观测船位。设经计算求得的两位置线要素分别是 A_1、Δh_1 和 A_2、Δh_2，则两位置线方程为

$$\begin{cases} \cos A_1 \cdot D\varphi + \sin A_1 \cdot Dep - \Delta h_1 = 0 \\ \cos A_2 \cdot D\varphi + \sin A_2 \cdot Dep - \Delta h_2 = 0 \end{cases} \quad (3-116)$$

解此方程组，得

$$\begin{cases} D\varphi = \dfrac{\Delta h_1 \sin A_2 - \Delta h_2 \sin A_1}{\sin A_2 \cos A_1 - \sin A_1 \cos A_2} \\ Dep = \dfrac{\Delta h_2 \cos A_1 - \Delta h_1 \cos A_2}{\sin A_2 \cos A_1 - \sin A_1 \cos A_2} \end{cases} \quad (3-117)$$

观测船位经纬度为

$$\begin{cases} \varphi = \varphi_c + D\varphi \\ \lambda = \lambda_c + Dep \cdot \sec\varphi_c \end{cases} \quad (3-118)$$

式中：λ_c、φ_c 分别为推算船位经、纬度。

2）多线定位

观测时如位置线数量在3条以上，应采用平差的方法，求解最或然船位。设观测的几条位置线方程为

$$\begin{cases} \cos A_1 D\varphi + \sin A_1 Dep - \Delta h_1 = 0 \\ \cos A_2 D\varphi + \sin A_2 Dep - \Delta h_2 = 0 \\ \qquad \vdots \\ \cos A_n D\varphi + \sin A_n Dep - \Delta h_n = 0 \end{cases} \quad (3-119)$$

则法方程为

$$\begin{cases}[\cos^2 A]\cdot D\varphi+[\sin A\cos A]\cdot Dep-[\cos A\cdot\Delta h]=0\\ [\sin A\cos A]\cdot D\varphi+[\sin^2 A]\cdot Dep-[\sin A\cdot\Delta h]=0\end{cases}\tag{3-120}$$

式中：$[\cos^2 A]=\sum_{i=1}^{n}\cos^2 A_i$；$[\sin A\cos A]=\sum_{i=1}^{n}\sin A_i\cos A_i$；$[\sin^2 A]=\sum_{i=1}^{n}\sin^2 A_i$；$[\cos A\cdot\Delta h]=\sum_{i=1}^{n}\cos A_i\cdot\Delta h_i$；$[\sin A\cdot\Delta h]=\sum_{i=1}^{n}\sin A_i\cdot\Delta h_i$。

解上述法方程组，得

$$\begin{cases}D\gamma=\dfrac{[\Delta h\cos A][\sin^2 A]-[\Delta h\sin A][\sin A\cos A]}{[\cos^2 A][\sin^2 A]-[\sin A\cos A]^2}\\ Dep=\dfrac{[\Delta h\sin A][\cos^2 A]-[\Delta h\cos A][\sin A\cos A]}{[\cos^2 A][\sin^2 A]-[\sin A\cos A]^2}\end{cases}\tag{3-121}$$

则经 n 次观测后，船位为

$$\begin{cases}\varphi=\varphi_c+D\varphi\\ \lambda=\lambda_c+Dep\cdot\sec\varphi_c\end{cases}\tag{3-122}$$

式中：λ_c、φ_c 分别为推算船位经、纬度。

第4章 惯性导航

牛顿运动定律的出现,奠定了惯性导航的理论基础。它首先告诉我们,任何有质量的物体都是有惯性的;其次,牛顿运动定律简洁而直接地描述了物体受力与运动状态间的关系($\boldsymbol{F}=m\boldsymbol{a}$)。加速度计的工作原理正是基于牛顿运动定律,测量物体相对惯性空间的加速度,而陀螺仪的出现,解决了加速度测量的指向性问题。最后,通过不同陀螺仪与加速度计的巧妙搭配和组合,实现了各种各样的惯性导航系统。

由此可知,惯性导航系统(有时简称惯性导航)是通过惯性器件(陀螺仪和加速度计)测量运动载体相对惯性空间的角运动和线运动参数,在给定初始运动条件下,通过积分运算,获得运动载体速度、位置和姿态信息的自主式推算导航系统。

惯性导航系统依赖自身惯性器件的测量信息实现导航定位,因而具有良好的自主性;由于工作时无须接收外部信息,因而不受外界气候等条件的干扰;由于工作时不向外辐射能量,因而使载体具有隐蔽性;在确定载体位置的同时,还能输出高精度的姿态角。由于惯性导航的诸多优点,其在军事和民用的众多领域有着不可替代的作用,可用于潜艇、舰船、飞机的导航,导弹、火箭、宇宙航行体的制导等军事领域,以及海洋开发、大地测量、石油钻井、机器人控制、现代化医疗器械等诸多民用领域。尤其在舰船导航领域,惯性导航系统已成为潜艇、大中型水面舰艇和舰载武器系统的核心导航系统。

4.1 惯性器件

陀螺仪和加速度计是舰船惯性导航系统的两个必备且关键的核心器件。首先,陀螺仪敏感运动载体相对惯性空间的角速度,通过角速率补偿和积分运算,为加速度计提供测量基准;其次,加速度计敏感运动载体相对惯性空间的线运动信息,通过有害加速度补偿和积分运算得到载体的速度和位置。另外,陀螺仪和加速度计精度决定了导航系统的姿态精度、速度精度和位置精度,尤其是陀螺仪,影响了惯性导航系统的方位、速度和位置精度。也就是说,高精度的惯性导航系统必须有高精度惯性器件作为支撑,这也正是为什么从1817年第一只陀螺仪诞生,到1954年N6A型惯性导航装备美国海军鹦鹉螺号潜艇,前后经历了100多年时间的重要原因。因此,在介绍惯性导航系统之前,首先介绍陀螺仪和加速度计的基本原理,考虑到篇幅的限制,只介绍几种最常用、最重要的惯性器件。

4.1.1 机械陀螺仪

陀螺仪是一种既古老又很有生命力的仪器,人们从儿童玩的地陀螺中发现,高速旋转的陀螺可以竖直不倒而保持与地面垂直。1758年,俄国著名数学家和物理学家欧拉发表了《刚体绕定点运动理论》,导出刚体绕定点运动的动力学方程,为陀螺仪理论奠定了基础。1817年德国测量学的先驱博耐伯格研制了世界上第一只陀螺仪。法国科学家傅科试图利用陀螺仪的定轴性验证地球的旋转,在1852年发明了实用的陀螺仪,配上简单的修正装置和阻尼装置后,制成了世界上第一台试验用陀螺罗经,他用希腊文gyros(意即旋转)和skopein(意即观察)两个词命名了"陀螺仪"(Gyroscope),意为"用以观测地球旋转的装置"。

机械陀螺仪是最早出现的陀螺仪,到目前为止已经出现了各种各样的机械陀螺仪,如液浮陀螺仪、三浮陀螺仪、静电陀螺仪和动力调谐陀螺仪等。这些陀螺仪现已达到精密仪表领域内的高技术水平,20世纪70年代中期,三浮陀螺仪精度已达1.5×10^{-5}°/h(1σ);1984年,美国空心球静电陀螺仪已高达1.5×10^{-5}°/h,基于铍材浮子的液浮陀螺仪精度可达5.0×10^{-4}°/h,动力调谐陀仪螺精度已达1.0×10^{-3}°/h。在20世纪90年代以前,由这些机械陀螺仪构成的平台式惯性导航系统,大量装备了各类海军舰船。

通常,机械陀螺仪采用一个高速旋转的机械转子,实现陀螺仪的两大基本功能,即定轴性和进动性。图4-1所示的二自由度机械转子陀螺仪,采用万向支架(顾名思义就是可以提供指向任何方向的支架)支撑机械转子,支架由外环和内环构成,且外环轴线Oz与内环轴线Oy相互垂直并相交于O点,内环轴线Oy与转子主轴轴线Ox相互垂直相交于O点。

1. 机械转子陀螺仪的稳定性

陀螺仪的稳定性(也称为定轴性)表现在陀螺转子高速旋转时,陀螺仪主轴Ox将在惯性空间保持初始方位不变,即使底座发生转动。这是因为,万向支架为陀螺转子相对惯性空间的3个自由度;其次,高速旋转的陀螺转子受到瞬时脉冲力矩时,主轴Ox将在原来位置附近做高频微幅振荡(也称为陀螺仪的章动),主轴相对初始位置只有微小的偏离。也就是说,陀螺仪的定轴性还表现在它能抵抗外界的冲击干扰,这也就是为什么由陀螺仪稳定的三轴惯性平台能隔离运动载体的角运动且不受载体角运动影响的原因。

2. 机械转子陀螺仪的进动性

陀螺仪的进动性表现在有外力矩作用下,陀螺仪主轴转动方向与外力矩方向不一致,而是与外力矩矢量垂直,并使或力图使主轴以最短途径向外力矩矢量靠拢的特性。如图4-2所示,当陀螺转子高速旋转时,陀螺仪沿Ox轴具有角动量$\boldsymbol{H}$,如沿陀螺仪外环轴Oz上作用一个常值力矩$\boldsymbol{M}_z$,欲使陀螺仪绕Oz轴转动。但实际上,陀螺仪并不是绕Oz轴转动,而是以角速度ω_y绕与Oz轴相垂直的陀螺仪内环轴Oy转动,转动方向如图4-2所示,使主轴Ox以最短的途径向外力矩矢量$\boldsymbol{M}_z$靠拢。在工程设计中,一般只考虑描述进动

的简化解析表达式，即

$$\omega \times \boldsymbol{H} = \boldsymbol{M}$$

式中：ω 为转动角速度；$\boldsymbol{H}$ 为沿陀螺仪自转轴的角动量；$\boldsymbol{M}$ 为外力矩。

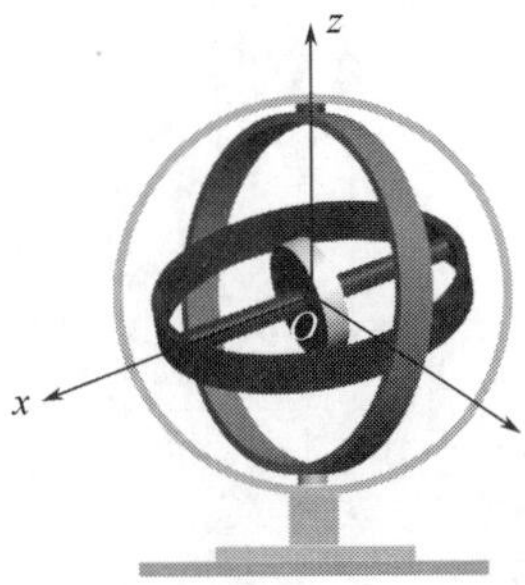

图 4－1　二自由度机械转子陀螺仪

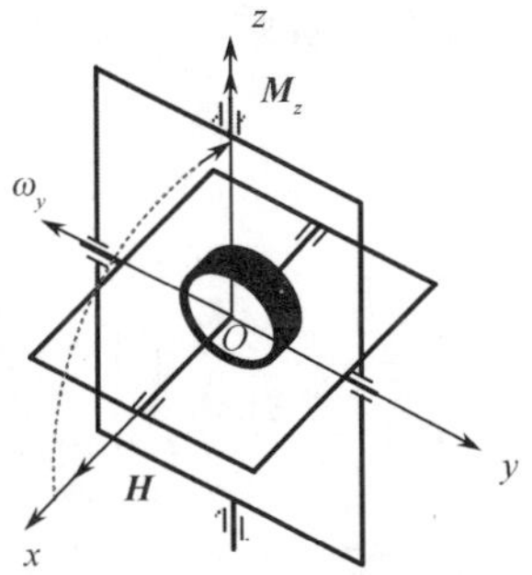

图 4－2　陀螺绕内环轴进动

4.1.2　光学陀螺仪

激光陀螺仪和光纤陀螺仪是最具代表性的光学陀螺仪，与机械陀螺仪相比，光学陀螺仪具有动态范围宽、能测量的角速率大、受加速度与振动冲击的影响小、启动时间段和工作寿命长等优点。因此，以光学陀螺仪构建的捷联式惯性导航系统正在各个领域逐步取代传统的平台式惯导系统。

激光陀螺仪是最早出现的光学陀螺仪。1913 年，法国物理学家萨格奈克（Sagnac）发现了 Sagnac 效应，即通过检测光程差可求得角速度 ω。1961 年，美国人迈斯克提出了用环形激光器测量转速的理论，为光学陀螺仪发展奠定了理论基础。目前，比较有代表性的如霍尼韦尔公司研制的 GG 系列激光陀螺仪。其中，用于 AN/WSN－7B 单轴旋转惯性导航系统的 GG1320 陀螺、用于 MK49 双轴旋转惯性导航系统的 GG1342 陀螺仪，其零偏稳定性均达到了 0.0035°/h。

环形激光器是激光陀螺仪的基本元件，由三角形或正方形石英制成的闭合光路组成。在闭合光路中，由同一光源发出的沿顺时针方向和逆时针方向传输的两束光将产生光干涉，利用检测相位差或干涉条纹的变化，可以测出闭合光路旋转角速度，最后通过光电探测器和电路输出与角度成比例的数字信号。

1976 年，世界上第一个光纤陀螺仪在美国诞生后，标志着第二代光学陀螺仪——光纤陀螺仪——的诞生。与激光陀螺仪相比，光纤陀螺仪具有成本低、尺寸小和牢固性好等优点。

光纤陀螺仪也是采用 Sagnac 干涉原理，利用光纤绕成环形光路，构成 Sagnac 效应的敏感环，检测出随转动而产生的相向传播的两路激光束之间的相位差，计算出旋转角速度。不同的是，光纤陀螺仪是将 200～2000m 的光纤绕成直径为 10～60cm 的圆形光纤环，加长了激光束的检测光路，使检测灵敏度和分辨力比激光陀螺仪提高了几个数量级，有效地克服了激光陀螺仪因闭锁产生的影响。

4.1.3　微机电陀螺仪

20 世纪 80 年代，美国 Draper 实验室首先提出了微机电陀螺仪的概念，接着英国、法国、德国、日本、俄罗斯等国竞相开展研究，目前已经研制出零偏稳定性为 1～10°/h 的微机电陀螺仪，并在汽车、消费电子品、医疗和生物技术等领域有着广泛的应用。

微机电陀螺仪基于振动质量的哥氏力效应实现角速率敏感，因此也称为振动陀螺仪。图 4－3 所示为二自由度弹簧—质量—阻尼系统所描述的振动角速率传感器模型。

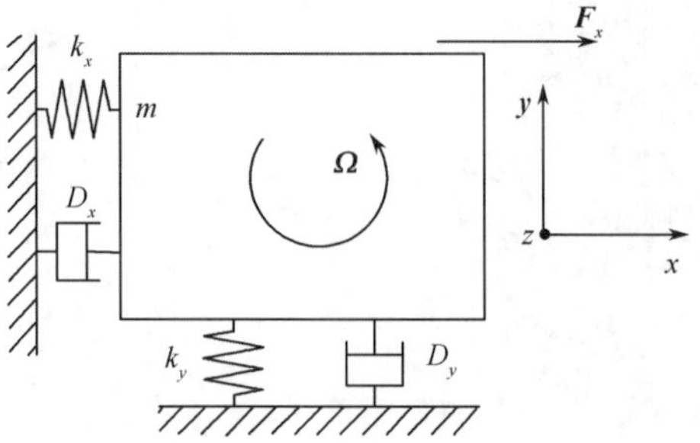

图 4－3　转动参考系中二自由度弹簧—质量—阻尼系统

在图 4－3 中，质量 m 可以沿 Ox 轴和 Oy 轴运动，$\boldsymbol{\Omega}$ 指向 z 轴。沿 Ox 轴方向的振荡称为驱动模式（或主振模式），由该方向上的力 $\boldsymbol{F}_x$ 引起。沿 Oy 轴方向的振荡称为敏感模式（或次级振荡模式），是由系统绕 Oz 轴的转动引起。二自由度系统的运动方程可写成

$$\begin{cases} m\dfrac{\mathrm{d}^2x}{\mathrm{d}t^2}+D_x\dfrac{\mathrm{d}x}{\mathrm{d}t}+k_xx-2\boldsymbol{\Omega}m\dfrac{\mathrm{d}y}{\mathrm{d}t}=\boldsymbol{F}_x \\ m\dfrac{\mathrm{d}^2y}{\mathrm{d}t^2}+D_y\dfrac{\mathrm{d}y}{\mathrm{d}t}+k_yy+2\boldsymbol{\Omega}m\dfrac{\mathrm{d}x}{\mathrm{d}t}=0 \end{cases} \tag{4-1}$$

式中：$\boldsymbol{\Omega}$ 为参考系旋转角速度的模；D_x、D_y 分别为 x 轴和 y 轴向的阻尼系数；k_x、k_y 分别为 x 轴和 y 轴向的弹簧常数。

求解方程（4－1），可得

$$y(t)=-\frac{2a_x\Omega\omega_x}{\sqrt{(\omega_x^2-\omega_y^2)^2+\omega_x^2\omega_y^2/Q_y^2}}\cos(\omega_xt+\phi_y) \tag{4-2}$$

式中：a_x 为主振模式的振幅；ω_x 为主振荡器的谐振频率，$\omega_x=\sqrt{k_x/m}$；ω_y 为次级振荡器的谐振频率，$\omega_y=\sqrt{k_y/m}$；Q_y 为敏感模式的品质因数，$Q_y=\sqrt{mk_y}/D_y$。

式（4－2）表明，敏感模式的幅值与角速率 $\boldsymbol{\Omega}$ 成比例。而且，通过测量 y 轴向的振荡幅值，可以很容易地估计出二自由度振荡角速率传感器的角速度。

微机电陀螺仪由于精度较低，目前仅在军事领域的导弹、制导炮弹等武器系统得到应用，但随着其精度性能的不断提升，相信在未来将逐步进入舰船导航领域。

4.1.4　加速度计

力平衡式加速度计、机械摆式加速度计、石英振梁加速度计和单晶硅微加速度计是当前惯性导航领域最常应用的加速度计。力平衡式加速度计精度已达到 $0.1\times10^{-6}g$，机械摆式加速度计精度达到了 $5\times10^{-6}g$，石英振梁式加速度计精度达到了 $100\times10^{-6}g$；单晶硅微加速度计精度虽然较低，但也可达到 $10^{-3}g$ 的精度。

舰船惯性导航系统采用加速度计测量加速度，再通过积分运算得到速度和位置。但通常，加速度计的测量信息不能直接进行积分运算得到舰船相对地球的速度和位置。这

是因为，加速度计的工作原理是基于牛顿力学定律，其输出信息是相对惯性坐标系的加速度。为此，需要首先了解加速度计的基本测量原理。

图4-4所示的加速度计力学模型，敏感质量（质量设为 m）借助弹簧（刚度设为 k）被约束在仪表壳体内，并且通过阻尼器与仪表壳体相连。

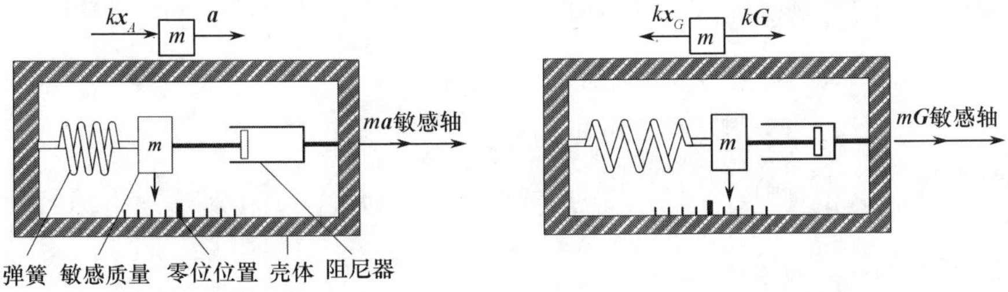

（a）受外力作用下的变形　　（b）受引力作用下的变形

图4-4　加速度计测量原理

如图4-4所示，引起加速度计敏感质量 m 相对零位发生变化的原因主要有两个。

1. 沿敏感轴方向的运动加速度 $\boldsymbol{a}$

当安装加速度计的运动载体沿敏感轴方向以加速度 $\boldsymbol{a}$ 相对惯性空间运动时，如图4-4（a）所示，壳体也随之做加速运动，但质量块由于保持原来的惯性，故它朝着与加速度相反的方向相对壳体位移而压缩（或拉伸）弹簧。当相对位移量达一定值时，弹簧受压（或受拉）变形给出的弹簧力 $k\boldsymbol{x}_A$（$\boldsymbol{x}_A$ 为位移量），使质量块以同一加速度 $\boldsymbol{a}$ 相对惯性空间运动。在此稳态情况，有 $k\boldsymbol{x}_A = m\boldsymbol{a}$。

2. 沿敏感轴方向的引力加速度 $\boldsymbol{G}$

然而，敏感质量 m 不可避免地会受到地球、月球、太阳和其他天体的引力。在不考虑运动载体加速度的情况下，设加速度计的质量块受到沿敏感轴方向的引力 $m\boldsymbol{G}$（$\boldsymbol{G}$ 为引力加速度）的作用，如图4-4（b）所示。质量块将沿着引力方向相对壳体位移而拉伸（或压缩）弹簧。当其相对位移量达到一定值时，弹簧受拉（或受压）所给出的弹簧力 $k\boldsymbol{x}_G$（$\boldsymbol{x}_G$ 为位移量）恰与引力 $m\boldsymbol{G}$ 相平衡，在此稳态情况，有 $k\boldsymbol{x}_G = m\boldsymbol{G}$。

对照图4-4可知，沿同一轴向的 $\boldsymbol{a}$ 矢量和 $\boldsymbol{G}$ 矢量所引起的质量块位移方向正好相反。在同时考虑运动载体加速度和引力加速度的情况下，稳态时质量块的相对位移量为

$$\boldsymbol{x} = \boldsymbol{x}_A - \boldsymbol{x}_G = \frac{m}{k}(\boldsymbol{a} - \boldsymbol{G}) \tag{4-3}$$

可以看出，稳态时质量块的相对位移量 x 与 $a - G$ 成正比，所以加速度计的输出与 $a - G$成正比。由此可知，在使用加速度计的测量信息进行积分运算时，必须对其进行合理补偿，才能得到运动载体相对地球的运动加速度。

4.2　惯性导航原理

陀螺仪和加速度计虽然解决了角运动和线运动测量问题，但是其测量信息是相对惯性坐标系的。对于舰船惯性导航系统，由于在地球表面或近水面运动，更需要得到的是相对地球的速度、位置和姿态信息。因此，如何将惯性器件测量的相对惯性空间的线运动和

角运动信息转化为相对某一导航坐标系的信息便是惯性导航系统首先要解决的问题，而哥氏定理正好解决了这个问题。

定义 在固定坐标系中，某一矢量函数对时间的变化率（绝对变化率）等于同一矢量在动坐标系中对时间的变化率（相对变化率）与动坐标系对固定坐标系的旋转角速度矢量和该矢量本身的矢量积进行矢量相加。

即

$$\left.\frac{\mathrm{d}\boldsymbol{r}}{\mathrm{d}t}\right|_{i}=\left.\frac{\mathrm{d}\boldsymbol{r}}{\mathrm{d}t}\right|_{o}+\boldsymbol{\omega}\times\boldsymbol{r} \tag{4-4}$$

式中：$\left.\frac{\mathrm{d}\boldsymbol{r}}{\mathrm{d}t}\right|_{i}$为矢量 $\boldsymbol{r}$ 相对固定坐标系 i 的变化率；$\left.\frac{\mathrm{d}\boldsymbol{r}}{\mathrm{d}t}\right|_{o}$为矢量 $\boldsymbol{r}$ 相对运动坐标系 o 的变化率；$\boldsymbol{\omega}$ 为 o 系相对 i 系的角速度。

根据牛顿第二运动定律、加速度计的测量原理和哥氏定理可以得到惯性导航系统导航定位的基本方程为

$$\dot{\boldsymbol{v}}_{ep}=\boldsymbol{f}-(2\boldsymbol{\omega}_{ie}+\boldsymbol{\omega}_{ep})\times\boldsymbol{v}_{ep}+\boldsymbol{g} \tag{4-5}$$

式中：$\boldsymbol{v}_{ep}$为运动载体相对地球的速度；$\boldsymbol{\omega}_{ep}$为导航坐标系（或平台坐标系）相对地球坐标系的旋转角速度。

舰船惯性导航系统大都选定地理坐标系作为导航坐标系，将式(4－5)中平台坐标系用地理坐标系代入，得

$$\dot{\boldsymbol{v}}^{t}=\boldsymbol{f}^{t}-(2\boldsymbol{\omega}_{ie}^{t}+\boldsymbol{\omega}_{et}^{t})\times\boldsymbol{v}^{t}+\boldsymbol{g}^{t} \tag{4-6}$$

将式(4－6)写成分量形式，可得

$$\begin{cases}\dot{v}_{x}^{t}=f_{x}^{t}+\left(2\omega_{ie}\sin\varphi+\dfrac{v_{x}^{t}}{R_{\mathrm{N}}}\tan\varphi\right)v_{y}^{t}-\left(2\omega_{ie}\cos\varphi+\dfrac{v_{x}^{t}}{R_{\mathrm{N}}}\right)v_{z}^{t}\\ \dot{v}_{y}^{t}=f_{y}^{t}-\left(2\omega_{ie}\sin\varphi+\dfrac{v_{x}^{t}}{R_{\mathrm{N}}}\tan\varphi\right)v_{x}^{t}-\dfrac{v_{y}^{t}}{R_{M}}v_{z}^{t}\\ \dot{v}_{z}^{t}=f_{z}^{t}+\left(2\omega_{ie}\cos\varphi+\dfrac{v_{x}^{t}}{R_{\mathrm{N}}}\right)v_{x}^{t}+\dfrac{v_{y}^{t}}{R_{M}}v_{y}^{t}-g\end{cases} \tag{4-7}$$

式中：v_{x}^{t}、v_{y}^{t}、v_{z}^{t}分别为沿地理系轴向的舰船速度；f_{x}^{t}、f_{y}^{t}、f_{z}^{t}分别为沿地理系轴向的加速度计测量信息。

舰船惯性导航系统在实现过程中，需要采用合适的方法提供加速度计的测量基准，即如何保证加速度计的敏感轴能沿地理坐标系轴向。这就涉及两种主要的舰船惯性导航系统类型——平台式惯性导航系统和捷联式惯性导航系统。

图4－5所示为舰船惯性导航系统的第一大类——平台式惯性导航系统，该类系统将惯性器件放置在惯性稳定平台（也称为物理平台）上，通过陀螺仪稳定惯性平台，准确地保持加速度计在空间的角位置，为速度和位置计算提供基准。而由于惯性稳定平台准确跟踪了当地地理坐标系，三环框架正好描述了载体坐标系与地理坐标系间的空间角位置关系。因此，通过三环框架的角位置拾取信息可得到载体姿态信息。

图4－6所示为舰船惯性导航系统的第二大类——捷联式惯性导航系统，该类系统将陀螺仪和加速度计直接安装在载体上，通过对陀螺仪测量信息的处理和运算，实现“数学平台”，将加速度计测量信息变换为沿导航坐标系的加速度，经积分运算得到载体的速度和位置。由于“数学平台”与惯性稳定平台的作用相同，因此捷联式惯性导航系统通过

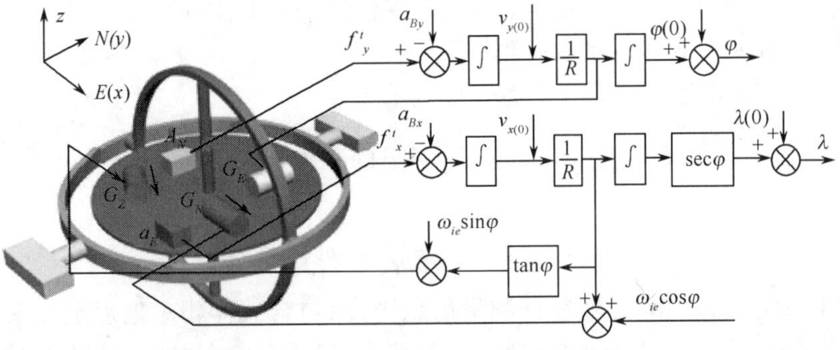

图4－5　平台式惯性导航系统简化原理

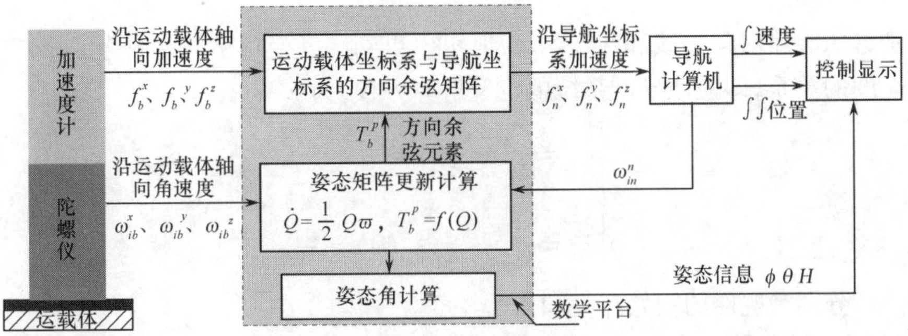

图4－6　捷联式惯性导航系统原理

“数学平台”求取载体的姿态信息。

无论是采用“物理平台”还是“数学平台”，舰船在运动过程中不可避免会存在机动运动，从而会对“平台”的指向产生影响，进而产生惯性器件的测量误差。舒勒调整条件是保证惯性导航系统不受舰船加速度影响，连续跟踪当地水平的重要条件。

对于在地球表面航行的舰船，如果惯性导航系统水平回路无阻尼振荡周期 T 满足下列条件，即

$$T=2\pi\sqrt{\frac{R}{g}} \tag{4-8}$$

那么，无论舰船做何种形式的机动运动，导航系统的惯性平台能始终跟踪当地水平。当取 $R=6371008\text{m}$，$g=9.78049\text{m/s}^2$ 时，无阻尼振荡周期 T 约为84.4min。

1908年，德国人赫曼·安修茨按84.4min无阻尼振荡周期设计的单转子液浮陀螺罗经，被德国海军应用于潜艇和装甲艇。目前，舰船、航空和航天用的大量惯性导航系统，均按照84.4min无阻尼振荡周期设计系统水平回路。

4.2.1　平台式惯性导航系统

1. 速度解算

当采用地理坐标系作为导航坐标系时，平台式惯性导航系统通过物理平台稳定保证加速度计的测量基准沿地理坐标系，加速度计的测量信息可直接用于速度解算。通常，舰船垂直方向的速度较小，大多数舰船惯性导航系统只考虑水平方向的运动。同时，实际的

惯性导航系统在测量加速度时,加速度计安装在惯性平台上,测量信息是沿平台坐标系方向的,因此只能用沿平台坐标系轴向测得的加速度f_{mx}、f_{my}来代替,且速度、位置信息都是由加速度信息计算得出,因此速度方程一般表示为

$$\begin{cases}\dot{v}_x^{c}=f_{mx}^{c}+\left(2\omega_{ie}\sin\varphi_c+\dfrac{v_x^{c}}{R_N}\tan\varphi_c\right)v_y^{c}=f_{mx}^{c}+a_{Bx}\\ \dot{v}_y^{c}=f_{my}^{c}-\left(2\omega_{ie}\sin\varphi_c+\dfrac{v_x^{c}}{R_N}\tan\varphi_c\right)v_x^{c}=f_{my}^{c}+a_{By}\end{cases}\tag{4-9}$$

从式(4-9)可以看出,加速度计测量信息中,除包含载体相对地理坐标系运动的真实速度变化量($\dot{v}_x^{c}$、$\dot{v}_y^{c}$)外,还包括a_{Bx}和a_{By},称为有害加速度,在惯性导航系统速度解算过程中,必须设法予以补偿。

2. 位置解算

分别考虑舰船沿子午线和纬度圈运动,可以得到纬度变化率与北向速度、经度变化率与东向速度的关系,即惯性导航系统的位置解算方程,为

$$\begin{cases}\dot{\varphi}_c=\dfrac{v_y^{c}}{R_M},\varphi_c(0)=\varphi_0\\ \dot{\lambda}_c=\dfrac{v_x^{c}}{R_N\cos\varphi_c},\lambda_c(0)=\lambda_0\end{cases}\tag{4-10}$$

式中:φ_0、λ_0分别为舰船的初始纬度和初始经度。

3. 陀螺控制方程

要使用陀螺仪将物理平台稳定在当地地理坐标系指向,必须给陀螺仪施加与当地地理坐标系相同的角速度。地理坐标系相对惯性空间的旋转主要是由两部分引起的:一是地球相对惯性空间的角速度ω_{ie};二是由于舰船在地球表面运动引起的角速率ω_{et}。

如果惯性导航系统通过初始对准将惯性平台与地理坐标系取齐,那么只要施加给陀螺仪一个与地理坐标相对惯性空间旋转的相同角速率,就能保证惯性平台始终跟踪地理坐标系。此时,施加给陀螺仪的控制量为

$$\begin{cases}\omega_{cx}=-\dfrac{v_y^{c}}{R_M}\\ \omega_{cy}=\omega_{ie}\cos\varphi_c+\dfrac{v_x^{c}}{R_N}\\ \omega_{cz}=\omega_{ie}\sin\varphi_c+\dfrac{v_x^{c}}{R_N}\tan\varphi_c\end{cases}\tag{4-11}$$

实际上,平台惯性导航系统采用地理坐标系作为导航坐标系具有一定的局限性。表现在这类惯性导航系统通常只能在南北纬70°范围内工作,当纬度较高时,为了使惯性平台指北,需要给方位陀螺很大的施矩信息,尤其是在极区附近时,这类系统将无法工作。此时,系统将工作在自由方位或游移方位状态。

4.2.2 捷联式惯性导航系统

捷联式惯性导航系统由于将惯性器件直接安装在舰船上,即使惯性导航系统采用地理坐标系作为导航坐标系,也无法保证加速度计的测量基准。此时,数学平台(也称为姿

态矩阵)能够将沿载体系的加速度计测量信息投影至地理坐标系。因此,获取正确的姿态矩阵,是实现捷联惯性导航系统正确解算的前提。

1. 姿态矩阵更新

欧拉角法、方向余弦法和四元数法是捷联式惯性导航系统常用的姿态更新方法。其中,四元数法不仅解算方程个数少、运算简单,而且能保证更新过程中引起的姿态矩阵歪斜误差为零,因此成为最常采用的姿态矩阵更新方法。

在捷联式惯性导航系统完成初始对准后,首先能获取较为准确的初始姿态矩阵 $\boldsymbol{T}_b^p$,利用该信息,可以对陀螺仪的测量信息 ω_{ib}^b 进行变换,得到载体系相对地理系并且沿载体系方向的角速率 ω_{pb}^b,其变换关系为

$$\omega_{pb}^b = \omega_{ib}^b - \omega_{ip}^b = \omega_{ib}^b - (\boldsymbol{T}_b^p)^{-1}(\omega_{ie}^p + \omega_{ep}^p) \tag{4-12}$$

设载体坐标系相对平台坐标系的转动四元数为

$$Q = q_0 + q_1 i_b + q_2 j_b + q_3 k_b \tag{4-13}$$

Q 的即时修正可通过求解下面的四元数微分方程来实现,即

$$\begin{bmatrix} \dot{q}_0 \\ \dot{q}_1 \\ \dot{q}_2 \\ \dot{q}_3 \end{bmatrix} = \frac{1}{2}\begin{bmatrix} 0 & -\omega_{pbx}^b & -\omega_{pby}^b & -\omega_{pbz}^b \\ \omega_{pbx}^b & 0 & \omega_{pbz}^b & -\omega_{pby}^b \\ \omega_{pby}^b & -\omega_{pbz}^b & 0 & \omega_{pbx}^b \\ \omega_{pbz}^b & \omega_{pby}^b & -\omega_{pbx}^b & 0 \end{bmatrix}\begin{bmatrix} q_0 \\ q_1 \\ q_2 \\ q_3 \end{bmatrix} \tag{4-14}$$

在更新过程中,许多数会使捷联矩阵 $\boldsymbol{T}_b^p$ 变成不正交矩阵,从而产生系统误差。因此需要对捷联矩阵进行正交化处理,以消除引起不正交的算法误差源的影响。式(4-15)给出了以欧几里得范数最小为指标的四元数最佳归一化,即

$$\begin{cases} \hat{Q} = \hat{q}_0 + \hat{q}_1 i_b + \hat{q}_2 j_b + \hat{q}_3 k_b \\ \mathring{Q} = \dfrac{1}{\sqrt{\hat{q}_0^2 + \hat{q}_1^2 + \hat{q}_2^2 + \hat{q}_3^2}}\hat{Q} \end{cases} \tag{4-15}$$

2. 姿态角的计算

由于转动四元数与转动方向余弦矩阵有着对应的关系,当四元数更新后,可以根据下式唯一地确定方向余弦矩阵 $\boldsymbol{T}_b^p$,同时 $\boldsymbol{T}_b^p$ 又是姿态角 ϕ、θ、H 的函数,由姿态矩阵可唯一单值确定姿态。

$$\boldsymbol{T} = \begin{bmatrix} T_{11} & T_{12} & T_{13} \\ T_{21} & T_{22} & T_{23} \\ T_{31} & T_{32} & T_{33} \end{bmatrix} = \begin{bmatrix} q_0^2 + q_1^2 - q_2^2 - q_3^2 & 2(q_1q_2 - q_0q_3) & 2(q_1q_3 + q_0q_2) \\ 2(q_1q_2 + q_0q_3) & q_0^2 - q_1^2 + q_2^2 - q_3^2 & 2(q_2q_3 - q_0q_1) \\ 2(q_1q_3 - q_0q_2) & 2(q_2q_3 + q_0q_1) & q_0^2 - q_1^2 - q_2^2 + q_3^2 \end{bmatrix} \tag{4-16}$$

$$\boldsymbol{T}_b^p = \begin{bmatrix} \cos\theta\cos H - \sin\theta\sin\phi\sin H & -\cos\phi\sin H & \sin\theta\cos H + \cos\theta\sin\phi\sin H \\ \cos\theta\sin H + \sin\theta\sin\phi\cos H & \cos\phi\cos H & \sin\theta\sin H - \cos\theta\sin\phi\cos H \\ -\sin\theta\cos\phi & \sin\phi & \cos\theta\cos\phi \end{bmatrix} \tag{4-17}$$

根据舰船航向、纵横摇的定义范围,并对照式(4-16)和式(4-17),可确定姿态角为

$$\phi = \phi_{主}, \theta = \theta_{主}, H = \begin{cases} H_{主}, & T_{22} > 0, \phi_{主} > 0 \\ H_{主} + 360°, & T_{22} > 0, \phi_{主} < 0 \\ H_{主} + 180°, & T_{22} < 0 \end{cases} \tag{4-18}$$

式中：$\phi_{主} = \arcsin T_{32}$；$\theta_{主} = \arctan(-T_{31}/T_{33})$；$H_{主} = \arctan(-T_{12}/T_{22})$。

3. 速度与位置更新

捷联式惯性导航系统完成姿态矩阵更新后，可以利用姿态矩阵将沿载体坐标系三轴方向的加速度计测量数据投影至地理坐标系上，得到了与平台式惯性导航系统相同的输入信息，如下：

$$\begin{bmatrix} f_x^p \\ f_y^p \\ f_z^p \end{bmatrix} = \begin{bmatrix} T_{11} & T_{12} & T_{13} \\ T_{21} & T_{22} & T_{23} \\ T_{31} & T_{32} & T_{33} \end{bmatrix} \begin{bmatrix} f_x^b \\ f_y^b \\ f_z^b \end{bmatrix} \tag{4-19}$$

式中：f_x^p、f_y^p、f_z^p分别为舰船相对于惯性坐标系的加速度沿地理坐标系三轴的投影。

由于式(4-19)所示的比力信息与平台式惯性导航系统的输入信息相同，因此可分别采用式(4-9)和式(4-10)完成捷联式惯性导航系统的速度和位置更新。

4.3 惯性导航系统误差

4.3.1 惯性导航系统的误差源

惯性器件误差、安装误差、初始值误差、原理及方法误差和干扰误差是惯性导航系统常见的误差源。其中，惯性器件误差、安装误差和初始值误差是惯性导航系统最主要的误差源。

1. 惯性器件误差

对于不同的惯性器件，其产生误差的原因也是不同的。例如：机械转子陀螺仪受到干扰力矩 M_D的作用，会产生漂移 $\omega_D = M_D/H$；激光陀螺仪由于朗缪尔流动效应、磁场干扰、多模耦合效应等干扰会产生漂移。但对于惯性导航系统定位及数据处理，更关注惯性器件的误差形式，如系统误差的长周期分量、短周期分量和随机误差的形式等。

根据误差的特性，惯性器件误差主要包括系统误差和随机误差两部分。系统误差包括惯性器件的标度系数误差、常值漂移等。随机误差包括量化噪声、白噪声、零偏不稳定性、随机游走和斜坡误差等。

惯性器件的系统误差虽然可以利用转台通过多位置试验和速率试验进行预先标定，而后写入导航计算机中完成误差补偿。但受到惯性器件自身系统误差不稳定性、随机误差及转台误差的影响，惯性导航系统是无法实现惯性器件系统误差的完全补偿。而且，标定后的器件系统误差会随时间的增长发生变化。

陀螺仪系统误差绝大部分通过建模标定予以补偿后，随机误差对惯性导航系统精度影响就凸显出来，成为惯性导航系统重要的误差源。而对于随机误差，由于其慢时变和弱非线性的特性，很难建立确定的数学模型予以描述，只能用大量统计规律来描述，在组合导航中通常使用统计滤波方法来实现补偿。

2. 安装误差

理想的惯性导航系统，期望 3 个惯性器件的敏感轴是相互正交的，但在实际装配过程中，不可能保证 3 个惯性器件的敏感轴是理想正交的，进而产生了惯性器件的安装误差。例如，考虑图 4－7 所示的非正交陀螺坐标系 $Ox_gy_gz_g$，$Ox_by_bz_b$ 为正交甲板坐标系，Ox' 为 Ox_g 在 Ox_bz_b 平面的投影，Oy' 为 Oy_g 在 Ox_by_b 平面的投影，Oz' 为 Oz_g 在 Oy_bz_b 的投影。

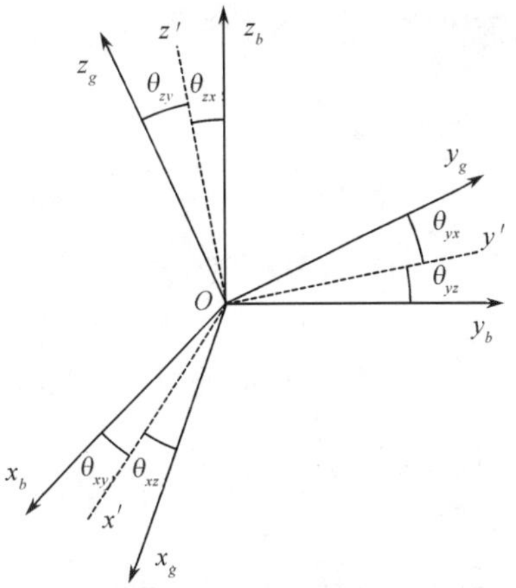

图 4－7　陀螺仪安装误差示意图

通过 θ_{xy}、θ_{xz}、θ_{yx}、θ_{yz}、θ_{zx}、θ_{zy} 3 组 6 个参数可以描述两坐标系的关系。在 $Ox_by_bz_b$ 中取矢量 $\boldsymbol{r}=x_b\boldsymbol{i}_1+y_b\boldsymbol{i}_2+z_b\boldsymbol{i}_3$，将其投影至 $Ox_gy_gz_g$ 的结果为

$$\begin{bmatrix} x_g \\ y_g \\ z_g \end{bmatrix}=\begin{bmatrix} 1 & \sin\theta_{xz} & -\sin\theta_{xy}\cdot\cos\theta_{xz} \\ -\sin\theta_{yz}\cdot\cos\theta_{yx} & -\cos\theta_{yz}\cdot\cos\theta_{yx} & \sin\theta_{yx} \\ \sin\theta_{zy} & -\sin\theta_{zx}\cdot\cos\theta_{zy} & \cos\theta_{zx}\cdot\cos\theta_{zy} \end{bmatrix}\begin{bmatrix} x_b \\ y_b \\ z_b \end{bmatrix}=C_b^g\begin{bmatrix} x_b \\ y_b \\ z_b \end{bmatrix} \tag{4-20}$$

考虑小角度情况，当陀螺仪有输入角速度时，由于安装误差激励的角速度误差为

$$\boldsymbol{\varepsilon}_g=\boldsymbol{\omega}_{ig}^g-\boldsymbol{\omega}_{ib}^b=\begin{bmatrix} 0 & \theta_{xz} & -\theta_{xy} \\ -\theta_{yz} & 0 & \theta_{yx} \\ \theta_{zy} & -\theta_{zx} & 0 \end{bmatrix}\begin{bmatrix} \omega_{ibx}^b \\ \omega_{iby}^b \\ \omega_{ibz}^b \end{bmatrix} \tag{4-21}$$

通常，惯性器件的安装误差可通过标定的方式进行测量和补偿，进而将非正交系的敏感量转化为正交坐标系的测量输入。

3. 初始值误差

惯性导航系统作为一种自主式推算导航系统，需要给定初始速度信息和位置信息，这些初始信息必然存在偏差，进而作为误差量被引入惯性导航系统。同时，由前述平台式惯性导航系统和捷联式惯性导航系统的原理描述可知，两类系统必须保证初始时刻与地理坐标系取齐。通常，取齐工作是通过初始对准完成的，当初始对准存在误差时，初始姿态误差会作为误差量被引入惯性导航系统。

4.3.2　惯性导航系统的导航参数误差

受到惯性器件误差、初始对准偏差的影响，惯性导航系统输出的位置、速度和姿态共 7 个导航参数，将与舰船的真实运动状态产生偏差，即产生了惯性导航系统导航参数误差。

用 $\boldsymbol{\phi}=[\phi_x\quad\phi_y\quad\phi_z]^{\mathrm{T}}$ 描述平台坐标系（p 系）与地理坐标系（t 系）间的不对准角，用

δv 描述惯性导航系统速度误差，用 $\delta\varphi$、$\delta\lambda$ 描述惯性导航系统位置误差，则

$$\begin{cases}\delta v = v^p - v^t \\ \delta\varphi = \varphi_c - \varphi \\ \delta\lambda = \lambda_c - \lambda\end{cases} \tag{4-22}$$

式中：v^p 为惯性导航系统输出速度；v^t 为舰船真实速度；φ_c 为惯性导航系统输出纬度；φ 为舰船真实纬度；λ_c 为惯性导航系统输出经度；λ 为舰船真实经度。

在引入误差源的情况下，可推得惯性导航系统误差方程为

$$\begin{cases}\delta\dot{v}_x = \left(2\omega_{ie}\cos\varphi_c v_y^c + \dfrac{v_x^c v_y^c}{R_N}\sec^2\varphi_c\right)\delta\varphi + \dfrac{v_x^c}{R_N}\tan\varphi_c\delta v_x + \\ \qquad \left(2\omega_{ie}\sin\varphi_c + \dfrac{v_x^c}{R_N}\tan\varphi_c\right)\delta v_y - g\phi_y + f_y^t\phi_z + \nabla_x^t \\ \delta\dot{v}_y = -\left(2\omega_{ie}\cos\varphi_c v_x^c + \dfrac{v_x^c v_x^c}{R_N}\sec^2\varphi_c\right)\delta\varphi - \left(2\omega_{ie}\sin\varphi_c + \dfrac{v_x^c}{R_N}\tan\varphi_c\right)\delta v_x + g\phi_x - f_x^t\phi_z + \nabla_y^t \\ \dot{\phi}_x = -\dfrac{\delta v_y}{R_M} + \left(\omega_{ie}\sin\varphi_c + \dfrac{v_x^c}{R_N}\tan\varphi_c\right)\phi_y - \left(\omega_{ie}\cos\varphi_c + \dfrac{v_x^c}{R_N}\right)\phi_z + \varepsilon_x^t \\ \dot{\phi}_y = -\omega_{ie}\sin\varphi_c\delta\varphi + \dfrac{\delta v_x}{R_N} - \left(\omega_{ie}\sin\varphi_c + \dfrac{v_x^c}{R_N}\tan\varphi_c\right)\phi_x - \dfrac{v_y^c}{R_M}\phi_z + \varepsilon_y^t \\ \dot{\phi}_z = \left(\omega_{ie}\cos\varphi_c + \dfrac{v_x^c}{R_N}\sec^2\varphi_c\right)\delta\varphi + \dfrac{\delta v_x}{R_N}\tan\varphi_c + \left(\omega_{ie}\cos\varphi_c + \dfrac{v_x^c}{R_N}\right)\phi_x + \dfrac{v_y^c}{R_M}\phi_y + \varepsilon_z^t \\ \delta\dot{\varphi} = \dfrac{\delta v_y}{R} \\ \delta\dot{\lambda} = \dfrac{\delta v_x}{R}\sec\varphi_c + \dfrac{v_x}{R}\tan\varphi_c\sec\varphi_c\delta\varphi\end{cases} \tag{4-23}$$

将其列写为矩阵形式，得到

$$\begin{bmatrix}\delta\dot{v}_x \\ \delta\dot{v}_y \\ \dot{\phi}_x \\ \dot{\phi}_y \\ \dot{\phi}_z \\ \delta\dot{\varphi} \\ \delta\dot{\lambda}\end{bmatrix} = \begin{bmatrix}\boldsymbol{F}_1(t) & \boldsymbol{F}_2(t) & \boldsymbol{F}_3(t) & \boldsymbol{0}_{2\times1} \\ \boldsymbol{F}_4(t) & \boldsymbol{F}_5(t) & \boldsymbol{F}_6(t) & \boldsymbol{0}_{3\times1} \\ \boldsymbol{F}_7(t) & \boldsymbol{0}_{2\times2} & \boldsymbol{F}_8(t) & \boldsymbol{0}_{2\times1}\end{bmatrix}\begin{bmatrix}\delta v_x \\ \delta v_y \\ \phi_x \\ \phi_y \\ \phi_z \\ \delta\varphi \\ \delta\lambda\end{bmatrix} + \begin{bmatrix}\boldsymbol{I}_{5\times5} \\ \boldsymbol{0}_{2\times5}\end{bmatrix}\begin{bmatrix}\nabla_x^t \\ \nabla_y^t \\ \varepsilon_x^t \\ \varepsilon_y^t \\ \varepsilon_z^t\end{bmatrix} \tag{4-24}$$

式中：∇_x^t、∇_y^t为等效至地理坐标系轴向的加速度计零偏；ε_x^t、ε_y^t、ε_z^t为等效至地理系的陀螺漂移。

惯性导航系统的误差方程对于分析和研究惯性导航系统是非常重要的。首先，通过求解误差方程，能得到惯性导航系统导航参数的解析表达式，进而从理论上分析各导航参数的误差传播特性。另外，惯性导航系统的误差方程可用于描述各导航参数误差的实时

状态，即可采用误差方程构建状态方程，在获取外部观测信息后，可通过信号估计的方式，对误差进行估计和补偿。

4.3.3 惯性导航系统误差分析

开展惯性导航系统误差分析有助于深入了解惯性导航系统的误差传播特性，以便设计相应的技术措施来抑制导航参数误差。惯性导航系统导航参数分析通常有两种方法：一是对误差方程进行合理化简，求取各导航参数的解析表达式；二是以惯性导航系统的数学模型为基础，通过计算机仿真的方法，实时求得各导航参数误差。

1. 理论分析法

由于动基座条件的惯性导航系统较为复杂，通常只能分析静基座条件的惯性导航系统误差传播特性。在假定舰船为静止状态时，由于真实速度为零，真实经纬度为常值，再加上忽略某些二阶小量，可以得到简化的静基座惯性导航系统误差方程。

对误差方程求解，得到惯性导航系统各导航参数的时域解析表达式，可以直观地观察和分析陀螺漂移、加速度计零偏和初始导航参数误差对惯性导航系统误差的影响。虽然惯性器件的标度系数误差和惯性器件敏感轴间的非正交误差也会激励惯性导航系统误差，但其对系统的影响通常可等效为惯性器件的偏值误差。

1）陀螺漂移对惯性导航系统误差的影响

陀螺漂移能激励惯性导航系统产生舒勒、傅科和地球3种周期性振荡误差，其中舒勒和傅科周期振荡相调制，各周期振荡误差的振荡周期分别如下。

舒勒周期振荡，有

$$T_s = 2\pi\sqrt{\frac{R}{g}} = \frac{2\pi}{\omega_s} \approx 84.4\text{min}$$

傅科周期振荡，有

$$T_c = \frac{2\pi}{\omega_{ie}\sin\varphi}$$

地球周期振荡，有

$$T_e = \frac{2\pi}{\omega_{ie}} = 24\text{h}$$

在激励惯性导航系统周期性振荡误差的同时，陀螺漂移还激励惯性导航系统的稳态误差。例如，假定存在沿地理系轴向的常值陀螺漂移 ε_x^t、ε_y^t、ε_z^t，由其激励的惯性导航系统稳态误差为

$$\begin{cases} \delta v_{xs} = -R\cos^2\varphi\varepsilon_y^t - R\sin\varphi\cos\varphi\varepsilon_z^t, & \delta v_{ys} = 0 \\ \delta\varphi_s = \dfrac{1}{\omega_{ie}}(\sin\varphi\varepsilon_y^t - \cos\varphi\varepsilon_z^t), & \delta\lambda_s = \dfrac{\tan\varphi}{\omega_{ie}}\varepsilon_x^t - \cos\varphi\varepsilon_y^t\cdot t - \sin\varphi\varepsilon_z^t\cdot t \\ \phi_{xs} = 0, & \phi_{ys} = 0 \\ \phi_{zs} = \dfrac{\varepsilon_x^t}{\omega_{ie}\cos\varphi} \end{cases} \tag{4-25}$$

由式(4-25)的求解结果可知，常值陀螺漂移会激励常值东向速度误差、方位误差和纬度误差，最严重的是激励了随时间累积的经度误差。之所以说惯性导航系统的误差是累积的，就是受陀螺漂移激励而产生的。

2）加速度计零偏对惯性导航系统的影响

加速度计零偏能激励惯性导航系统产生舒勒和傅科周期振荡误差，但不会激励地球周期振荡。同时，加速度计零偏还能激励惯性导航系统的稳态误差。例如，假定存在沿地理系轴向的常值加速度计误差 ∇_x^t、∇_y^t，由其激励的惯性导航系统稳态误差为

$$\begin{cases}\delta v_{xs}=0, & \delta v_{ys}=0 \\ \delta\varphi_s=\dfrac{\nabla_y^t}{R\omega_s^2}, & \delta\lambda_s=\dfrac{\sec\varphi}{R\omega_s^2}\nabla_x^t \\ \phi_{xs}=-\dfrac{\nabla_y^t}{R\omega_s^2}, \quad \phi_{ys}=\dfrac{\nabla_x^t}{R\omega_s^2}, & \phi_{zs}=\dfrac{\tan\varphi}{R\omega_s^2}\nabla_x^t\end{cases} \tag{4-26}$$

由式(4-26)所示的稳态误差求解结果可知，常值加速度计误差会激励常值纬度误差、经度误差和姿态误差。但实际上，与陀螺漂移相比，加速度计零偏激励的纬度误差、经度误差和方位误差要小得多。其对惯性导航系统的影响，主要表现在水平姿态误差。

3）初始导航参数误差对惯性导航系统的影响

初始导航参数误差中，初始速度误差仅激励惯性导航系统的舒勒和傅科周期振荡，初始位置误差和初始姿态误差将激励舒勒、傅科和地球周期振荡。同时，在所有的初始导航参数误差中，仅有初始东向平台误差角 ϕ_{y0} 和初始方位误差角 ϕ_{z0} 会激励常值经度误差，即

$$\delta\lambda=-\phi_{y0}\cos\varphi-\phi_{z0}\sin\varphi \tag{4-27}$$

从上述的分析可知，初始导航参数误差对惯性导航系统的影响不大。但实际上，较大的初始导航参数误差将会激励较大的振荡误差。例如，惯性导航系统初始对准结束后，对准后的剩余姿态误差将在系统中以舒勒周期振荡的形式传播。也就是说，惯性导航系统的导航精度不可能优于对准误差所限定的精度。因此，即初始对准的精度对导航系统来说也是非常重要的。

理论分析方法对于学习和研究惯性导航系统的各种误差传播特性具有重要的实际意义。

2. 仿真分析法

通过对惯性导航系统的各个环节进行数学描述，如惯性器件模型、“物理”或“数学”平台模型等，可以建立基于数学角度描述的惯性导航系统模型。该模型可用于建立惯性导航系统的仿真模型，实现对惯性导航系统误差传播特性的模拟仿真。

1）陀螺漂移激励惯性导航系统误差的模拟仿真

给定 $\varepsilon_x^t=\varepsilon_y^t=0.002°/\mathrm{h}$，$\varepsilon_z^t=0$；$\nabla_x^t=\nabla_y^t=0$；$\phi_{x0}=\phi_{y0}=\phi_{z0}=0$；$\varphi_0=30.00°$，$\lambda_0=126.00°$。对惯性导航系统进行静基座条件的仿真分析，得到图4-8～图4-13所示的仿真结果。

由仿真结果可知，陀螺漂移对惯性导航系统水平通道激励出明显的舒勒周期振荡和傅科周期振荡误差，而且舒勒与傅科周期振荡相调制。方位和纬度误差表现出明显的地球周期振荡，且与舒勒周期振荡相叠加。最严重的是，经度误差出现了随时间累积的现象，这与式(4-25)的描述是相符的。

通过常值陀螺漂移对惯性导航系统误差的影响可以看出，要想实现高精度捷联式惯性导航系统，必须尽量减小系统中存在的陀螺常值漂移，这一工作应从器件自身设计、环境条件保障及系统估算补偿等角度努力。

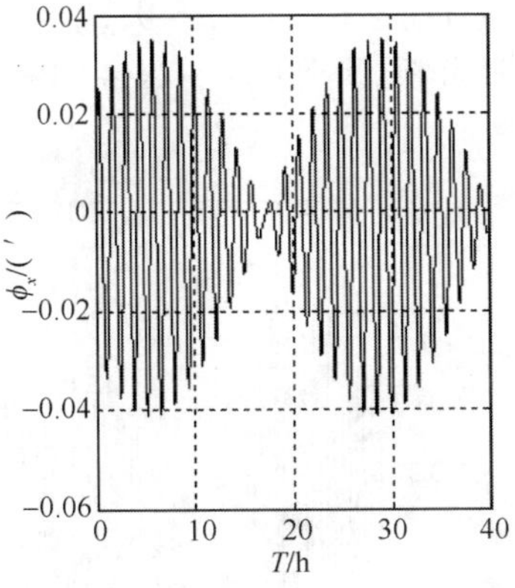

图 4－8　北向水平误差角

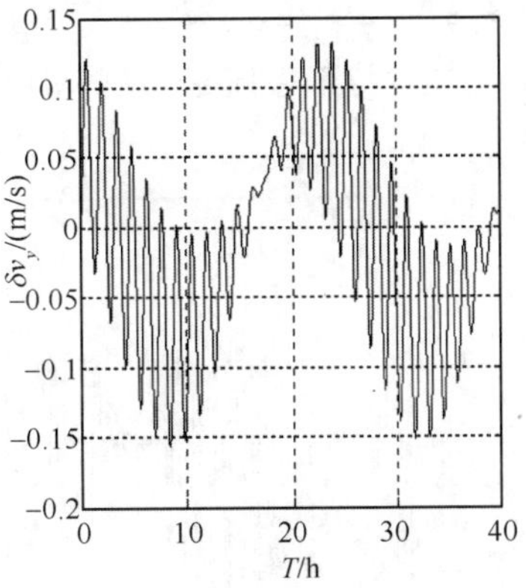

图 4－9　北向速度误差

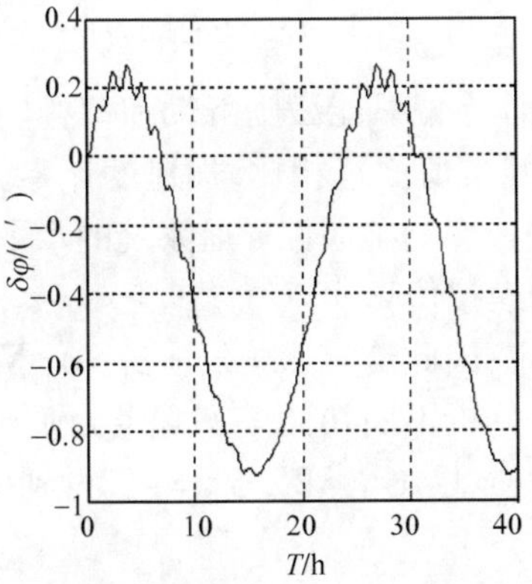

图 4－10　纬度误差

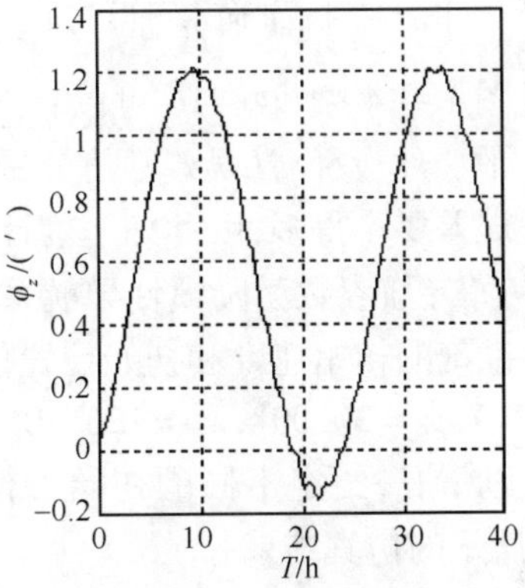

图 4－11　方位误差角

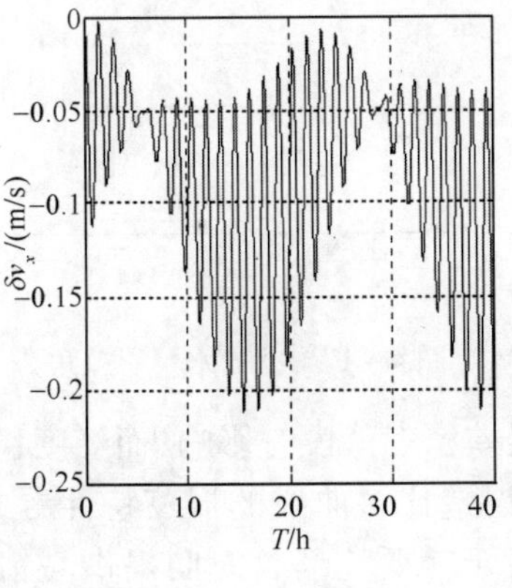

图 4－12　东向速度误差

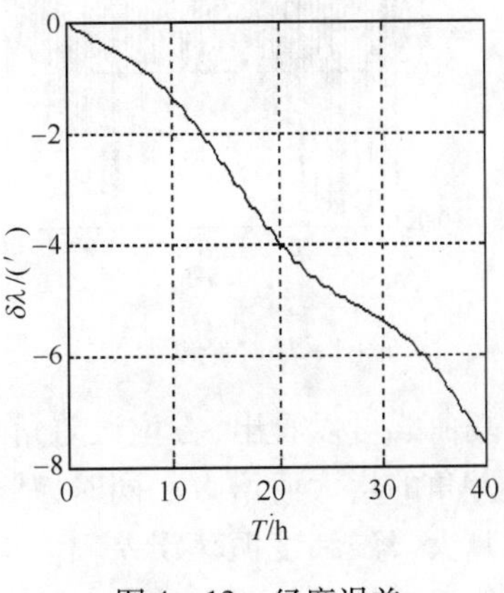

图 4－13　经度误差

2）加速度计零偏激励惯性导航系统误差的模拟仿真

给定 $\varepsilon_x^t=\varepsilon_y^t=\varepsilon_z^t=0$；$\nabla_x^t=\nabla_y^t=1.0\times10^{-5}g$；$\phi_{x0}=\phi_{y0}=\phi_{z0}=0$；$\varphi_0=30.00°$，$\lambda_0=126.00°$。对惯性导航系统进行静基座条件的仿真分析，得到图 4－14～图 4－16 所示的仿真结果。

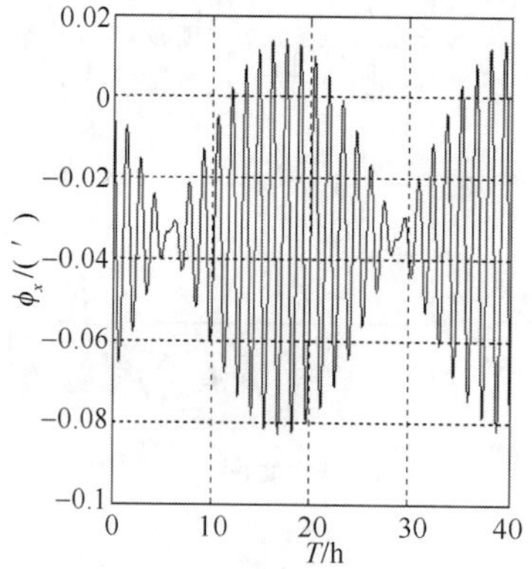

图 4－14　北向水平误差角

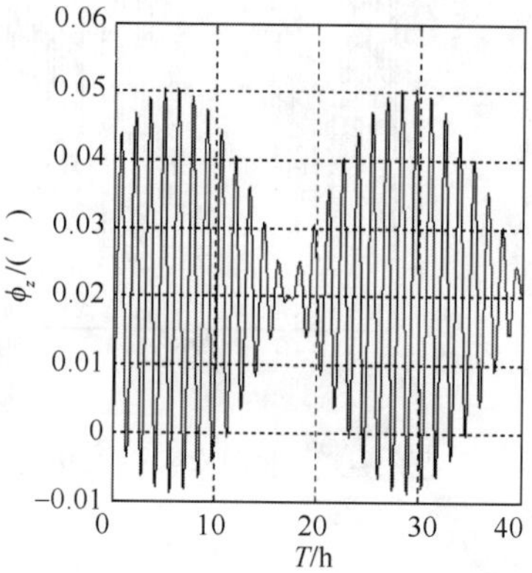

图 4－15　方位误差角

通过图 4－14～图 4－16 可以看出，加速度计零偏只能激励舒勒和傅科周期振荡，且能产生水平、方位及位置误差常值分量，但同陀螺常值漂移相比，加速度计零偏产生的方位和位置误差要小得多，因此加速度计零偏最主要影响了惯性导航系统的水平精度。

3）初始导航参数激励惯性导航系统误差的模拟仿真

由于准确的初始速度和初始位置信息可给定，因此给定 $\varepsilon_x^t=\varepsilon_y^t=\varepsilon_z^t=0$；$\nabla_x^t=\nabla_y^t=0$；$\phi_{x0}=\phi_{y0}=0$，$\varphi_0=30.00°$，$\lambda_0=126.00°$。同时为分析不同初始姿态偏差对惯性导航系统误差的激励情况，给定不同的初始方位误差：$\phi_{z0}=1'$，$\phi_{z0}=2'$，$\phi_{z0}=4'$，得到图 4－17～图 4－19所示的仿真结果。

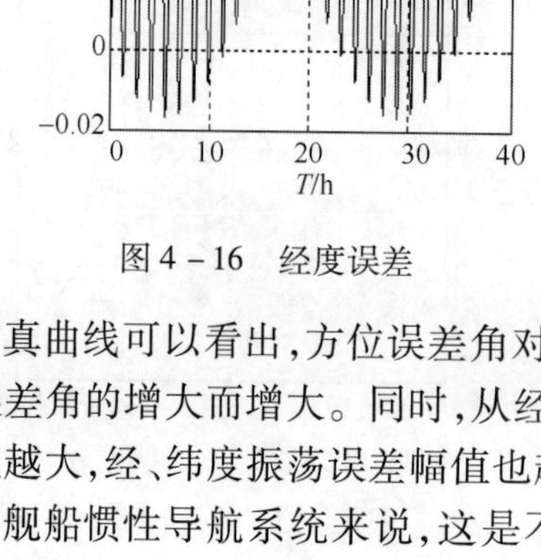

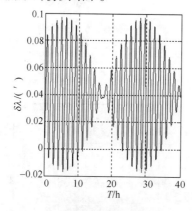

图 4－16　经度误差

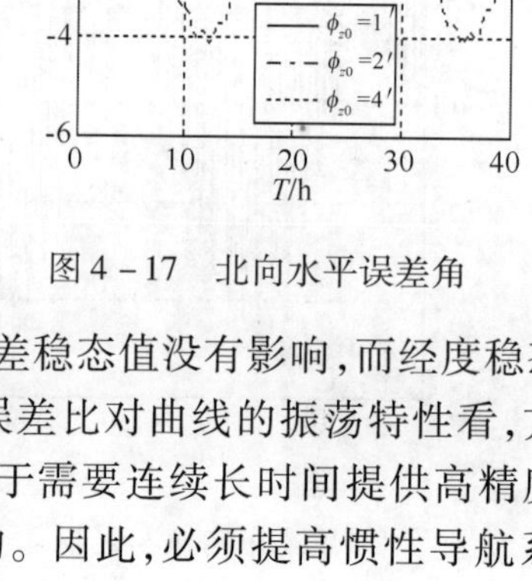

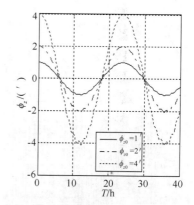

图 4－17　北向水平误差角

从仿真曲线可以看出，方位误差角对纬度误差稳态值没有影响，而经度稳态误差则随方位误差角的增大而增大。同时，从经、纬度误差比对曲线的振荡特性看，方位误差角初始值越大，经、纬度振荡误差幅值也越大，对于需要连续长时间提供高精度导航定位信息的舰船惯性导航系统来说，这是不允许的。因此，必须提高惯性导航系统的初始对准精度。

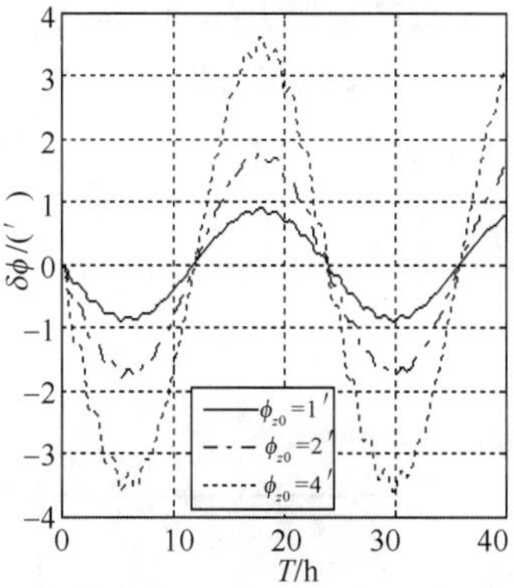

图4-18　方位误差角

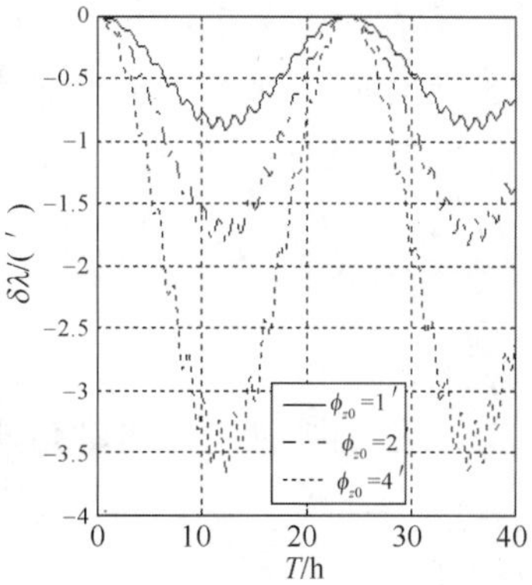

图4-19　经度误差

4.4　惯性导航系统初始对准

初始对准无论是对平台式还是捷联式惯性导航系统都是必需的，因为要完成正确的导航定位解算，必须得到正确的比例信息。平台式惯性导航系统是将加速度计安装至惯性平台，而捷联式惯性导航系统通过姿态矩阵对加速度测量信息进行转换。因此，二者均无法离开初始对准这一步骤。由于初始对准的时间决定了惯性导航系统的启动时间，而初始对准的精度直接影响了惯性导航系统的精度。因此，初始对准一直是惯性导航系统的关键系统技术之一。

初始对准的分类是复杂多样的。例如：按照对准阶段可分为粗对准（特点是速度快，但精度较低）和精对准（特点是速度慢，但精度较高）；按照基座的运动状态可分为静基座（通常指码头系泊）对准和动基座（海上锚泊和运动基座下对准）对准；按照对准时对外信息的需求可分为自主对准（只需要初始位置信息）和非自主对准（需连续获取外部导航信息，如组合式对准和传递对准）。为了系统、清晰地了解惯性导航系统的对准技术，下面将按照自主对准、组合对准和传递对准3种方式介绍，其中穿插介绍前两种分类方法的内容。

4.4.1　自主对准

顾名思义，自主对准是指惯性导航系统在对准时不依靠其他外部信息，自主完成初始对准。惯导系统自主对准是依靠重力矢量和地球速率矢量在地球表面上某点是已知且不同向这一原理来实现的。自主对准方式通常是舰船主惯性导航系统最常采用的对准方法，虽然以经典控制理论设计的对准算法很难解决对准快速性和对准精度的矛盾，但由于舰船主惯性导航备航时间较长，因此在对准时间要求不是很严格的情况下，自主对准可获得很高的对准效果，通常水平精度可达到10″，方位精度可达到1′~2′。

由于惯性导航系统启动时的初始姿态是未知的，因此通常先采用粗对准在较短的时间（几分钟）里，对惯性平台（或数学平台）进行粗略对准，而后采用精对准，以加速度输出为敏感量，设计合理的控制网络，对惯性平台进行精确对准，从而完成初始对准。

惯性导航系统在粗对准过程中，通常在水平通道内引入增益较大的比例负反馈环节（图4-20(a)），用以保证系统水平姿态具有快速的收敛速度。其缺点是系统抗干扰特性较差，在舰船存在摇摆或短周期线运动误差干扰下，可以产生较大的动态误差。对于航向粗对准，可以罗经航向 K_d 为参考基准，对惯性导航方位进行快速修正（图 4－20(b)），也可以在水平粗对准进入稳定状态后，通过记录水平轴陀螺角速率修正信息的方式求出方位误差角，即

$$\phi_z = \arctan\left(\frac{\int_0^T \omega_x^p \mathrm{d}t}{\int_0^T \omega_y^p \mathrm{d}t}\right) \tag{4-28}$$

式中：ω_x^p、ω_x^p 分别为东向、北向水平轴角速率修正信息。

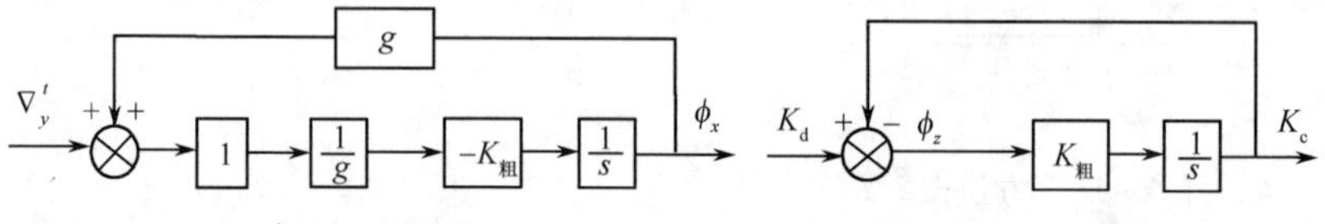

图 4－20 粗对准原理

经过粗对准修正后，惯性导航系统的水平误差一般小于 30′，方位误差一般小于 1°。能够保证惯性导航系统完成精对准所必需的初始条件。

与粗对准不同，精对准是以对准精度为首要指标，其次考虑对准时间。因此，需合理设计控制网络，使系统具有小的稳态误差和较好的抗干扰特性。

图 4－21 是一种实用的精对准回路，北向水平回路和方位回路通过耦合项 $\phi_z\omega_{ie}\cos\varphi$ 构成罗经回路，实现北向水平精对准和方位精对准。东向水平回路通过引入单独的控制网络，完成水平精对准。图中，引入负反馈环节 K_1、K_4 使系统得到阻尼收敛，引入顺馈环节 K_2、K_5 提高系统振荡频率，引入 K_6 消除由陀螺漂移引起的姿态稳态误差。为提高系统抗干扰特性，通常 $K(s)$ 设计成惯性环节，加强方位回路滤波作用，改善系统性能，即

$$K(s) = \frac{K_z}{R\omega_{ie}\cos\varphi(s+K_3)}$$

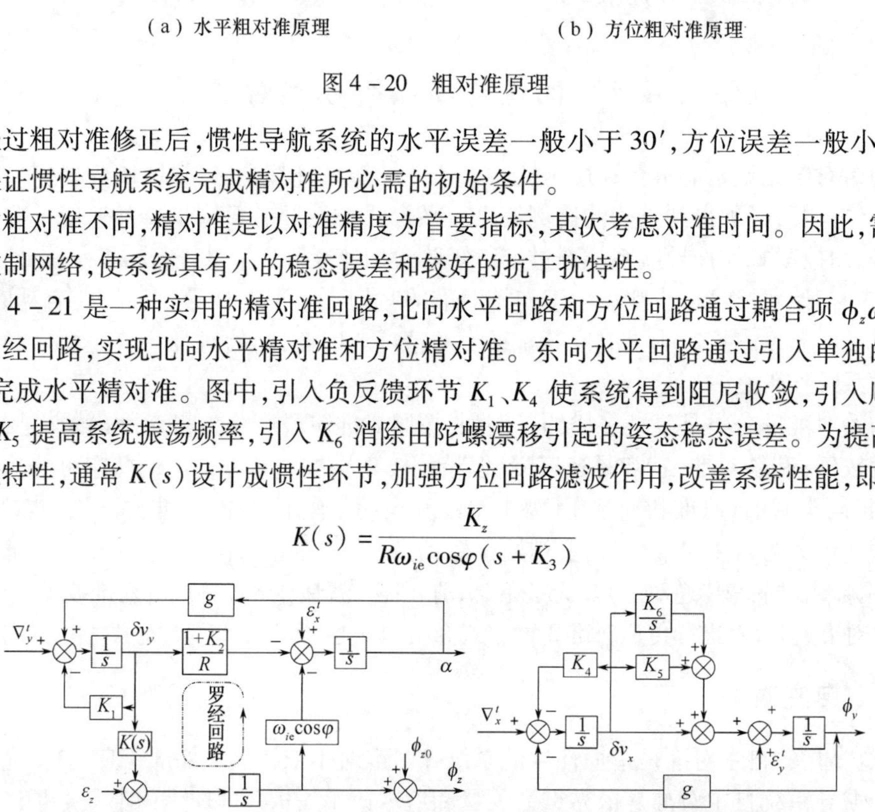

图 4－21 精对准原理

在实现给定惯性导航系统器件特性、对准时间和对准精度等指标要求后，可通过时域或频域的方法设计出符合要求的控制网络参数。例如，假定粗对准结束后 $\phi_{x0}=\phi_{y0}=30'$，$\phi_{z0}=1°$，东向陀螺漂移 $\varepsilon_x^t=0.005°/\mathrm{h}$，加速度计零偏为 $(1\sim3)\times10^{-5}g$，要求在 15min 时间内，水平精度优于 12″，方位精度优于 2′。若选择阻尼系数 $\xi=0.8$，可得到精对准各控制网络参数为

$$K_1=K_3=1.688\times10^{-2}\mathrm{s}^{-1},\ K_2=143.7,\ K_z=8.504\times10^{-3}\mathrm{s}^{-1}$$

$$K_4=0.02301\mathrm{s}^{-1},\quad K_5=135.2,\quad K_6=0.4583\mathrm{s}^{-1}$$

给定初始误差源：$\phi_{x0}=\phi_{y0}=0.005°$，$\phi_{z0}=1.0°$；$\varepsilon_x^t=\varepsilon_y^t=\varepsilon_z^t=0$；$\varphi_0=42.3°$，$\nabla_x^t=\nabla_y^t=1.0\times10^{-4}g$。将上述的初始误差加到系统中进行仿真，所得姿态误差角模拟曲线如图4-22和图4-23所示。

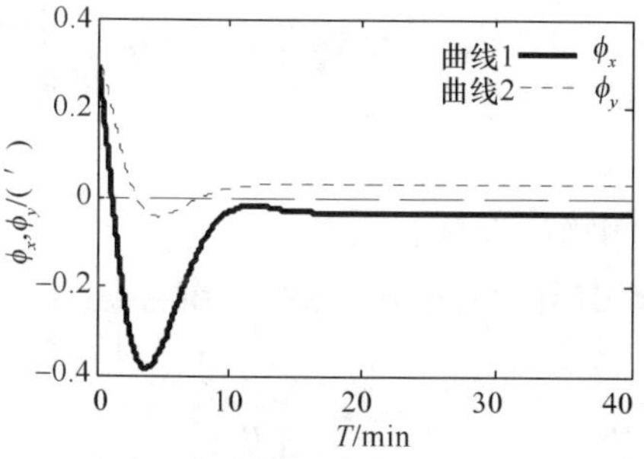

图4-22 水平误差角仿真曲线

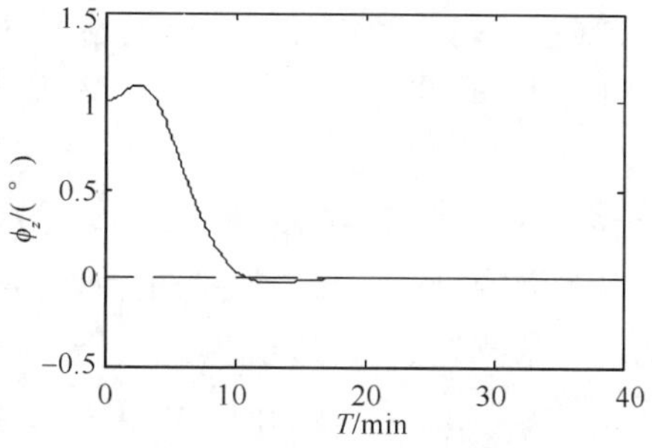

图4-23 方位误差角仿真曲线

外部环境的干扰，如舰船的航向变化、短周期的线运动等以及惯性器件的误差是影响自主式对准精度最重要的误差源。因此，在选用高精度惯性器件的同时，设计具有强干扰能力的初始对准回路也是保证惯性导航系统正常工作的关键。例如，基于惯性坐标系变换缓慢的思想，许多学者开展了基于惯性系的初始对准方法设计等。

4.4.2 组合对准

运动基座下的惯性导航系统，很难通过自主对准获取较高的初始对准精度，这是因为很难消除运动基座下的舰船线运动干扰。此时，舰船惯性导航系统需借助GPS的位置（速度）或计程仪的精确速度信息，进行组合对准。不同于自主对准只依靠自身器件和物理特性完成对准，非自主对准以惯性导航系统的误差方程为基础建立状态方程，将外部参考信息引入惯性导航系统，在建立观测信息与惯性导航系统状态变量的关系后，通过得到的观测信息，估计或修正初始对准所需的导航参数。

在惯性导航系统组合对准过程中，通常用卡尔曼滤波完成姿态误差角的最优估计。考虑到加速度计误差和陀螺漂移不是白噪声的情况下，可将其扩充为状态变量，得到惯性导航系统动基座对准误差方程。例如，将陀螺漂移和加速度计零偏扩充为状态变量，即

$$\begin{bmatrix}\delta\dot{v}_x\\\delta\dot{v}_y\\\dot{\phi}_x\\\dot{\phi}_y\\\dot{\phi}_z\\\dot{\nabla}_x\\\dot{\nabla}_y\\\dot{\varepsilon}_x\\\dot{\varepsilon}_y\\\dot{\varepsilon}_z\end{bmatrix}=\left[\begin{array}{c:c:c:c}\boldsymbol{F}_1(t)&\boldsymbol{F}_2(t)&\boldsymbol{F}_3(t)&\boldsymbol{0}_{2\times1}\\\hdashline\boldsymbol{F}_4(t)&\boldsymbol{F}_5(t)&\boldsymbol{F}_6(t)&\boldsymbol{0}_{3\times1}\\\hdashline\boldsymbol{0}_{2\times2}&\boldsymbol{0}_{2\times3}&\boldsymbol{0}_{2\times2}&\boldsymbol{0}_{2\times3}\\\hdashline\boldsymbol{0}_{3\times2}&\boldsymbol{0}_{3\times3}&\boldsymbol{0}_{3\times2}&\boldsymbol{0}_{3\times3}\end{array}\right]\begin{bmatrix}\delta v_x\\\delta v_y\\\phi_x\\\phi_y\\\phi_z\\\nabla_x\\\nabla_y\\\varepsilon_x\\\varepsilon_y\\\varepsilon_z\end{bmatrix}$$

表示成矩阵形式,即

$$\dot{\boldsymbol{X}}=\boldsymbol{A}(t)\boldsymbol{X}+\boldsymbol{W} \tag{4-29}$$

式中:$\boldsymbol{X}=[\delta v_x \quad \delta v_y \quad \phi_x \quad \phi_y \quad \phi_z \quad \nabla_x \quad \nabla_y \quad \varepsilon_x \quad \varepsilon_y \quad \varepsilon_z]^{\mathrm{T}}$。

式(4-29)为惯性导航系统初始对准卡尔曼滤波模型的系统方程,要实现对状态变量 $\boldsymbol{X}$ 的估计,还需建立系统观测方程,其观测方程可写为

$$\boldsymbol{Z}=\boldsymbol{H}\boldsymbol{X}+\boldsymbol{\eta} \tag{4-30}$$

式中:$\boldsymbol{Z}$ 为观测矢量;$\boldsymbol{H}$ 为观测矩阵;$\boldsymbol{\eta}$ 为系统观测噪声矢量。

观测矩阵决定于观测矢量的选取。例如,采用速度误差$[\delta v_x \quad \delta v_y]^{\mathrm{T}}$作为观测量,则相应的系统观测方程可写为

$$\begin{bmatrix}\delta \dot{v}_x\\ \delta \dot{v}_y\end{bmatrix}=\left[\begin{array}{ccccc:ccccc}1&0&0&0&0&0&0&0&0&0\\0&1&0&0&0&0&0&0&0&0\end{array}\right]\cdot\boldsymbol{X}+\begin{bmatrix}\eta_x\\ \eta_y\end{bmatrix} \tag{4-31}$$

基于系统状态方程和观测方程,在获取有效外部基准信息的情况下,可采用合适的信号估计方法,对状态方程中的状态变量进行估计。例如,采用卡尔曼滤波器的信号估计方式能大大提高姿态误差估计的收敛速度,在传统自对准方法需要十几分钟的情况下,采用卡尔曼滤波器的组合对准方式只需几分钟甚至几十秒钟即可完成快速对准,如图 4-24 所示。

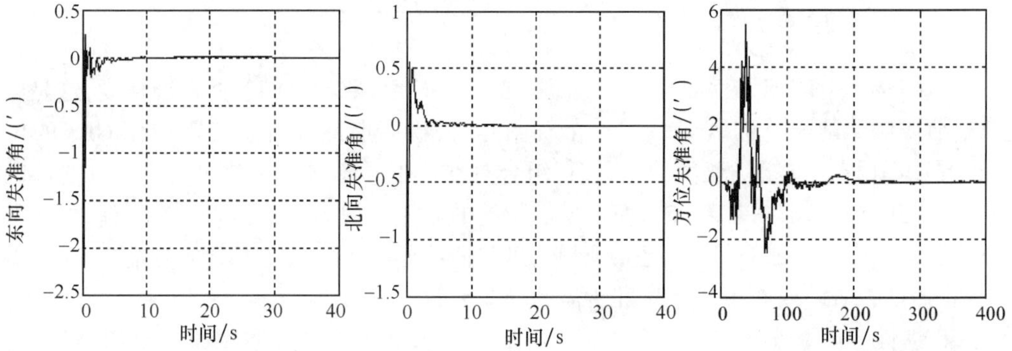

(a) 东向水平失准角　(b) 北向水平失准角　(c) 方位失准角

图 4-24　基于速度误差观测的组合对准仿真

现代控制理论虽能解决对准时间和对准精度的矛盾,但对象模型的不准确及噪声模型的不确定会对组合对准结果有很大影响,严重的会导致滤波器发散,无法完成对准。近 30 年来,国内外学者对初始对准的理论与技术开展了一系列卓有成效的研究工作,使初始对准技术有了长足的进步。随着现代控制理论、计算机和现代信号处理技术的发展,一些新的思路,如自适应卡尔曼滤波器(Adaptive Kalman Filter)、H_∞ 滤波器、神经网络技术等都被引入初始对准系统的设计中。

4.4.3 传递对准

随着科学技术的发展,舰载机、各类战略战术导弹、鱼雷、水雷等均已装备或拟装备捷联式惯性导航系统,以摆脱对外部导航信息的依赖性,实现自主导航定位功能。而又由于现代战争对舰载武器装备在快速反应能力的苛刻要求,提出了对惯性导航系统初始对准

的快速性要求。对于舰载武器系统最有利的条件，就是舰船、潜艇上均已装备有高精度的惯性导航系统，且能连续长时间输出高精度位置、速度、姿态、加速度（及角速度）信息，这些信息的存在为武器系统完成快速的初始对准提供了极其便利的条件，传递对准方法便由此产生。

传递对准是利用舰船自身的高精度惯性导航系统（简称主惯性导航系统）的输出信息与武器系统惯性导航系统（简称子惯性导航系统）相应的导航参数进行匹配，估计子惯性导航相对主惯性导航的失准角，建立子惯性导航数学平台并对子惯性导航系统导航参数进行初始化的过程。由于武器系统惯性导航系统依赖主惯性导航系统完成传递对准，不仅大大缩短了对准时间，而且降低了对自身惯性器件的精度要求。

通常来说，可以采用主、子惯性导航系统的所有输出信息进行匹配，如采用加速度、角速度之差的测量参数匹配以及采用速度、位置、姿态信息之差的计算参数匹配。测量参数匹配的对准速度要优于计算参数匹配法，但易受外部干扰影响。在匹配信息的数量上，可以采用单一参数的匹配法，也可以同时通过主、子惯性导航间的多个参数匹配的方式，完成子惯性导航初始对准。图 4 - 25 分别给出了基于角速率、姿态和速度信息匹配的传递对准原理框图。

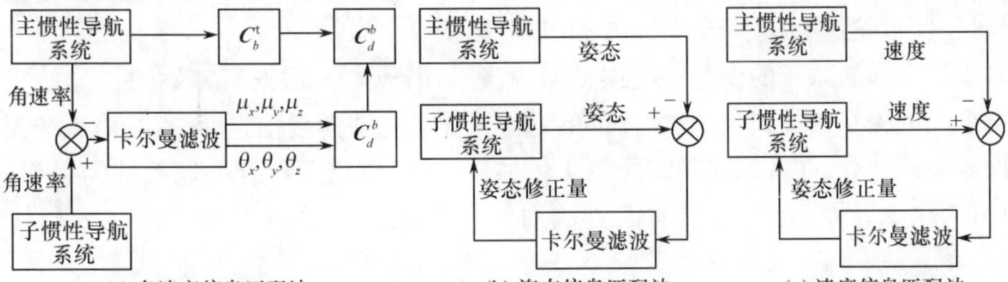

(a) 角速率信息匹配法　　(b) 姿态信息匹配法　　(c) 速度信息匹配法

图 4 - 25　传递对准原理框图

图 4 - 25（a）所示的角速率信息匹配法中，基于主、子惯性导航的角速率偏差，可估计主、子惯导的初始安装失调角 θ_x、θ_y、θ_z，以及子惯性导航安装位置的甲板变形角 μ_x、μ_y、μ_z。通过初始安装失调角和甲板变形角，可计算主、子惯性导航安装位置间的空间变换矩阵 C_d^b。在主惯性导航姿态矩阵 C_b^t 已知的情况下，通过矩阵相乘运算，即可得到子惯性导航正确的姿态矩阵 C_d^t，即 $C_d^t = C_b^t C_d^b$。基于主、子惯性导航观测量进行匹配的传递对准方法，其优点是匹配速度快，缺点是易受干扰，如振动、挠曲等。

图 4 - 25（b）、（c）所示的姿态信息与速度信息匹配法中，子惯性导航系统首先基于陀螺仪和加速度计的测量信息进行导航解算，输出子惯性导航所处位置的姿态和速度信息。在子惯性导航系统未正确完成初始对准前，可分别基于主、子惯性导航间的姿态偏差或速度偏差，通过信号估计的方式，对状态方程中的子惯性导航姿态误差进行估计和修正，进而完成子惯性导航传递对准。

基于主、子惯性导航单一观测量进行舰载武器惯性导航传递对准的效果并不理想。例如，基于速度法匹配时，通常在舰船做较大幅度的线机动时，子惯性导航容易获得较好的传递对准效果。1989 年，Kain 和 Cloutier 首次提出具有里程碑意义的“速度 + 姿态”组合匹配快速对准方法，使舰载武器在低机动条件下进行传递对准提供了可能。因此，基于复合观测量的传递对准方法,如“速度+姿态”、“速度+角速度”等,是目前研究和应用最为广泛的传递对准方法。

与传统的自主式对准方法相比,传递对准具有对准速度快且对自身惯性器件精度要求低的优点,但安装误差、杆臂效应和舰艇弹性形变等因素的存在影响了传递对准的性能。因此,研究传递对准的干扰因素抑制(或补偿)技术、信号估计方法的性能提升技术以及新的观测量匹配方法,都是提升传递对准性能的有效方法。

4.5 惯性导航系统综合校正

由惯性导航系统的误差传播特性分析可知,在误差源的激励下,惯性导航系统误差存在累积性。这一点很容易从惯性导航系统的性能指标角度得知,即在描述惯性导航系统的定位精度时,通常会明确时间信息,如1n mile/8h、2n mile/24h 等。但舰船在遂行作战任务过程中,很难严格按照惯性导航系统的精度指标要求去使用惯性导航系统。也就是说,随着工作时间的增长,惯性导航系统的误差可能会累积到无法使用的状态。因此,对于需连续长时间工作的舰船惯性导航系统,要设法不断地对惯性导航系统的误差进行重调,同时还要对陀螺漂移进行估计,并加以补偿。

由于惯性导航系统的误差是受误差源的激励而产生的,因此可建立惯性导航系统误差与误差源的关系表达式,在获取外部的基准位置信息或速度信息后,直接由系统误差实现对误差源的计算,如常值误差综合校正。另外,还可以借鉴组合导航系统的思想,获取外部位置、速度观测信息,通过滤波方法对惯性导航系统的误差和误差源进行估计和补偿。

4.5.1 常值误差综合校正

常值误差综合校正是以一定的时间间隔,从外部获得舰船准确的位置信息和方位信息,对惯导系统输出的位置信息进行重调,并估计陀螺仪漂移进行校正。常值漂移校正分为2种:一种是利用外界位置和方位信息的校正方法,如两点校便是相隔一定的时间间隔,连续2次从外部获得精确的位置和方位信息,从而估计出陀螺漂移,进行校正;另一种是只利用外界位置信息的校正方法,像三点校和点点校,连续3次取得外部定位信息,对陀螺漂移进行估计并校正,点点校法是三点校的推广,它可以连续对系统的位置和漂移进行重调和校正。

综合校准在惯性导航系统工作于水平阻尼状态下,通过建立位置(方位)与陀螺漂移的关系,实现对陀螺漂移的估算。例如,两点校连续2次(t_n、t_{n+1})获取外部位置信息后,可以得到陀螺漂移的估算结果为

$$\begin{bmatrix} \varepsilon_x^t \\ \varepsilon_y^t \\ \varepsilon_z^t \end{bmatrix} = \begin{bmatrix} D & 0 & \frac{1}{2}\cos\varphi \\ \frac{1}{2}\sin\varphi & -\frac{1}{a_n}\cos\varphi & \left(\frac{1}{a_n}-D\right)\sin\varphi\cos\varphi \\ -\frac{1}{2}\cos\varphi & -\frac{1}{a_n}\sin\varphi & \frac{1}{a_n}\sin^2\varphi + D\cos^2\varphi \end{bmatrix} \begin{bmatrix} \delta\varphi(t_{n+1}) \\ \delta\lambda(t_{n+1}) \\ \delta K(t_{n+1}) \end{bmatrix} \tag{4-32}$$

式中：$a_n=\Omega(t_{n+1}-t_n)$；$D=\sin a_n/(2-2\cos a_n)$。

设初始误差源 $\phi_{x0}=\phi_{y0}=2''$，$\phi_{z0}=1.2'$，$\varepsilon_x^t=\varepsilon_y^t=\varepsilon_z^t=0.005°/\mathrm{h}$，$\varphi_0=42.3°$，$\lambda_0=121°$，按时间间隔 $\Delta t=4\mathrm{h}$ 进行1次两点校，得到图4-26所示的结果。

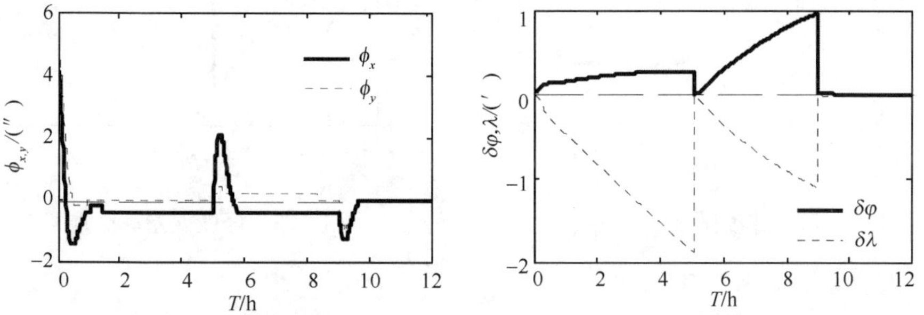

（a）水平误差角模拟输出　（b）位置误差模拟输出

图4-26　两点校模拟仿真输出

对陀螺漂移的计算结果为

$$\varepsilon_{x1}^t=0.004995°/\mathrm{h},\varepsilon_{y1}^t=0.004996°/\mathrm{h},\varepsilon_{z1}^t=0.004986°/\mathrm{h}$$

由此可知，通过位置误差和方位误差能较为精确地计算出陀螺漂移，在对陀螺漂移进行校正后，系统的位置误差有了大幅度的收敛。

但在利用外信息对惯性导航系统进行校正时，精确的位置信息（如卫星导航、陆基无线电导航、声学导航等）容易获得，而精确的航向信息不容易获得，此时可以用三点校代替两点校进行常值漂移校正。三点校是以一定的时间间隔，连续3次（t_1、t_2、t_3）从外界获得精确的位置信息，在 t_1、t_2时刻取得位置信息后对系统进行重调，在 t_3时刻取得位置信息后对系统进行重调并估算陀螺漂移。

可以求出地理坐标系下的陀螺漂移为

$$\begin{bmatrix}\varepsilon_x^{t*}\\ \varepsilon_y^t\\ \varepsilon_z^t\end{bmatrix}=\begin{bmatrix}1 & 0 & 0\\ 0 & \cos\varphi & -\sin\varphi\\ 0 & \sin\varphi & \cos\varphi\end{bmatrix}\begin{bmatrix}c_{11} & c_{12} & c_{13}\\ c_{21} & c_{22} & c_{23}\\ c_{31} & c_{32} & c_{33}\end{bmatrix}^{-1}\begin{bmatrix}\delta\varphi(t_2)+\omega\delta\lambda(t_2)\\ \delta\varphi(t_3)\\ \delta\lambda(t_3)\end{bmatrix} \tag{4-33}$$

式中：$c_{11}=-\sin a_{n1}+\omega\tan\varphi(\cos a_{n1}-1)$；$c_{12}=-\omega a_{n1}$；$c_{13}=\cos a_{n1}-1+\omega\tan\varphi\sin a_{n1}$；$c_{21}=-\sin a_{n2}\cos a_{n1}$；$c_{22}=0$；$c_{23}=-\sin a_{n1}\sin a_{n2}+\cos a_{n1}-1$；$c_{31}=\tan\varphi\cos a_{n1}(\cos a_{n2}-1)$；$c_{32}=-a_{n2}$；$c_{33}=\tan\varphi(\sin a_{n2}-\sin a_{n1}+\sin a_{n1}\cos a_{n2})$。

三点校需要3次定位才能估算陀螺漂移，而第2次校正只能从 t_3开始，这样系统只能间隔一点才能进行。点点校克服了三点校的缺点，能实现连续重调和校正。事实上，系统在 t_1时刻的陀螺漂移量，一部分是在 t_2时刻系统定位误差中反映出来的，另一部分在 t_3时刻中反映出来。点点校的原理是在 t_3时刻计算部分 t_1时刻的漂移量，把它外推到 t_3时刻进行补偿。这样既摆脱了对外界航向基准的依赖，又实现了陀螺漂移的连续校正。

设初始误差源 $\phi_{x0}=\phi_{y0}=2''$，$\phi_{z0}=1.2'$，$\varepsilon_x^t=\varepsilon_y^t=\varepsilon_z^t=0.005°/\mathrm{h}$，$\varphi_0=42.3°$，$\lambda_0=121°$，按时间间隔 $\Delta t=4\mathrm{h}$ 分别进行三点校和点点校仿真，得到图4-27和图4-28所示的仿真结果。

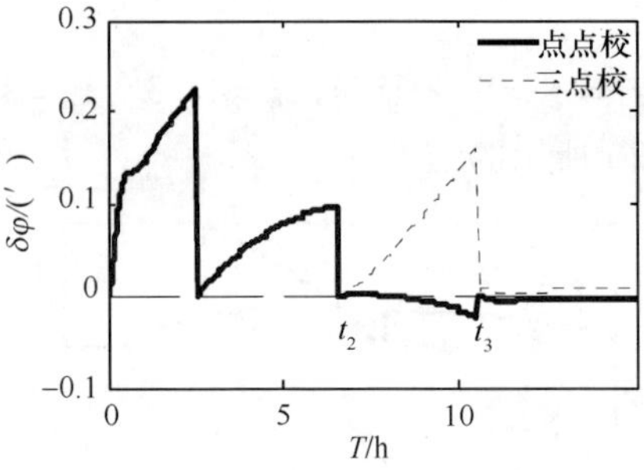

图 4-27 纬度误差输出曲线

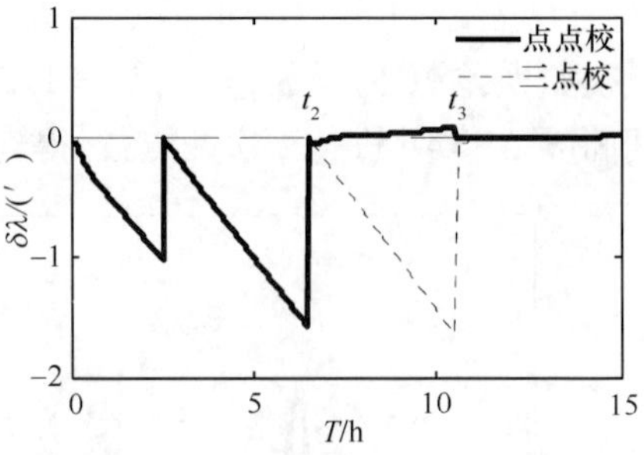

图 4-28 经度误差输出曲线

三点校的漂移计算结果为

$$\varepsilon_{y1}^{t}=0.005007°/\text{h},\varepsilon_{z1}^{t}=0.004982°/\text{h}$$

点点校的漂移计算结果为

$$\varepsilon_{y1}^{t}=\varepsilon_{y2}^{t}+\varepsilon_{y3}^{t}=(0.005068-0.000056)°/\text{h}=0.005012°/\text{h}$$

$$\varepsilon_{z1}^{t}=\varepsilon_{z2}^{t}+\varepsilon_{z3}^{t}=(0.006008-0.00095)°/\text{h}=0.005013°/\text{h}$$

式中：ε_{y2}^{t}、ε_{z2}^{t}、ε_{y3}^{t}、ε_{z3}^{t}分别为 t_2时刻、t_3时刻估计的陀螺漂移量。

由此可见，在一个循环中，点点校可以取得与三点校相同的校正结果。而且，比较图 4-27和图 4-28 可以发现，经过修正后的位置误差特性基本相同。但点点校的优势就是可以将 t_2时刻作为下一次校正过程的第一点，而不需像三点校需要从 t_3时刻后才能开始。而且，由经纬度误差输出看出，在 $t_2\sim t_3$时刻，由于点点校对陀螺漂移进行部分补偿，惯性导航系统的位置误差有了很明显的收敛，因此，点点校较三点校更有实际应用价值。

4.5.2 采用组合导航方法的综合校正

在进行常值误差综合校正时，惯性导航系统假设陀螺漂移为常值。然而实际上的陀螺漂移并不是常值，外部测量信息也含有随机噪声。基于组合导航的思想，利用卡尔曼滤波理论，对具有随机干扰的系统设计一最优滤波器，利用带有随机噪声的测量信息为系统的状态变量提供最佳估计。

采用组合导航的方法进行综合校正时，常用的方法之一是采用“位置 + 速度”的方法。其中，位置可由卫星导航或陆基无线电导航方法获得，速度则可由计程仪获得。

1. 状态方程的建立

基于组合导航思想进行惯性导航系统综合校正时，其状态方程仍以惯性导航系统的误差方程为基础，如式(4-24)所示。由于综合校正需要估计惯性器件误差，因此需要将陀螺漂移和加速度计零偏扩充至状态变量中。

设惯性导航系统的陀螺漂移均由一阶马尔柯夫过程和白噪声两部分组成，即

$$\begin{cases}\dot{\varepsilon}_i(t)=\dot{\varepsilon}_{mi}(t)+w_{gi}(t), & i=x,y,z\\ \dot{\varepsilon}_{mi}(t)=-\dfrac{1}{T_g}\varepsilon_{mi}+w_{mi}, & i=x,y,z\end{cases}\tag{4-34}$$

加速度计误差 ∇_x、∇_y主要包括零位偏置 ∇_{xm}、∇_{ym}和白噪声 w_{Ax}、w_{Ay}，即

$$\begin{cases} \nabla_x = \nabla_{xm} + w_{Ax} \\ \nabla_y = \nabla_{ym} + w_{Ay} \end{cases} \tag{4-35}$$

且有

$$\begin{cases} \dot{\nabla}_{xm} = 0 \\ \dot{\nabla}_{ym} = 0 \end{cases} \tag{4-36}$$

定义状态矢量 $\boldsymbol{X}$ 含有 14 个状态量，即

$$\boldsymbol{X} = [\delta v_x, \delta v_y, \phi_x, \phi_y, \phi_z, \delta\varphi, \delta\lambda, \varepsilon_x, \varepsilon_y, \varepsilon_z, \nabla_x, \nabla_y, \delta v_{rx}, vv_{ry}]^{\mathrm{T}}$$

根据惯性导航系统的误差方程、惯性器件误差模型以及状态变量 $\boldsymbol{X}$，可写出滤波器的状态方程为

$$\dot{\boldsymbol{X}}(t) = \boldsymbol{F}(t)\boldsymbol{X}(t) + \boldsymbol{W}(t) \tag{4-37}$$

式中：$\boldsymbol{W}(t)$ 为噪声矢量，且有

$$\boldsymbol{W} = [W_{\delta v_x}, W_{\delta v_y}, W_{\phi_x}, W_{\phi_y}, W_{\phi_z}, 0, 0, W_{\varepsilon_x}, W_{\varepsilon_y}, W_{\varepsilon_z}, 0, 0, W_{\delta v_{rx}}, W_{\delta v_{ry}}]^{\mathrm{T}}$$

其强度可用方差强度矩阵 $\boldsymbol{Q}(t)$ 加以描述，即

$$E[\boldsymbol{W}(t)\boldsymbol{W}^{\mathrm{T}}(t)] = \boldsymbol{Q}(t)\delta(t-\tau) \tag{4-38}$$

式(4-37)中的系数矩阵 $\boldsymbol{F}$ 为

$$\boldsymbol{F} = \begin{bmatrix} \boldsymbol{F}_{E(7\times7)} & \boldsymbol{F}_{S(7\times7)} \\ \boldsymbol{0}_{(7\times7)} & \boldsymbol{F}_{I(7\times7)} \end{bmatrix}_{(14\times14)} \tag{4-39}$$

式(4-39)中的 $\boldsymbol{F}_{E(7\times7)}$ 为由惯性导航系统误差方程系数确定的矩阵，$\boldsymbol{F}_{S(7\times7)}$、$\boldsymbol{F}_{I(7\times7)}$ 分别为

$$\boldsymbol{F}_{S(7\times7)} = \begin{bmatrix} \boldsymbol{I}_{(5\times7)} \\ \boldsymbol{0}_{(2\times7)} \end{bmatrix}_{(7\times7)} \tag{4-40}$$

$$\boldsymbol{F}_{I(7\times7)} = \mathrm{diag}\left[-\frac{1}{T_{gX}} \quad -\frac{1}{T_{gY}} \quad -\frac{1}{T_{gZ}} \quad 0 \quad 0 \quad 0 \quad 0\right] \tag{4-41}$$

2. 量测方程的建立

设舰船真位置为 φ_{t}、λ_{t}，惯性导航系统的输出位置信息为

$$\begin{cases} \varphi_I = \varphi_{\mathrm{t}} + \delta\varphi \\ \lambda_I = \lambda_{\mathrm{t}} + \delta\lambda \end{cases} \tag{4-42}$$

无线电导航系统或卫星导航的位置信息为

$$\begin{cases} \varphi_R = \varphi_{\mathrm{t}} + \dfrac{N_{\mathrm{N}}}{R} \\ \lambda_R = \lambda_{\mathrm{t}} + \dfrac{N_{\mathrm{E}}}{R} \end{cases} \tag{4-43}$$

式中：N_{E}、N_{N} 为经度方向和纬度方向上距离误差，并认为其为白噪声。

同理，惯性导航系统的输出速度信息可表示为

$$\begin{cases} v_{XI} = v_{X\mathrm{t}} + \delta v_X \\ v_{YI} = v_{Y\mathrm{t}} + \delta v_Y \end{cases} \tag{4-44}$$

计程仪的速度信息为

$$\begin{cases}v_{XL}=v_{Xt}+N_{vX}\\v_{YL}=v_{Yt}+N_{vY}\end{cases}\tag{4-45}$$

式中：N_{vX}、N_{vY}为东向和北向的速度误差，并认为是白噪声。

由此，可写出量测向量为

$$\boldsymbol{Z}=\begin{bmatrix}v_{XI}-v_{XL}\\v_{YI}-v_{YL}\\(\varphi_I-\varphi_R)R\\(\lambda_I-\lambda_R)R\cos\varphi\end{bmatrix}=\begin{bmatrix}\delta v_X\\\delta v_Y\\R\delta\varphi\\R\cos\varphi\delta\lambda\end{bmatrix}+\begin{bmatrix}N_{vX}\\N_{vY}\\N_{N}\\N_{E}\end{bmatrix}\tag{4-46}$$

即量测方程为

$$\boldsymbol{Z}(t)=\boldsymbol{H}(t)\boldsymbol{X}(t)+\boldsymbol{v}(t)\tag{4-47}$$

式中：$\boldsymbol{H}=[1\ 0\ 1\ 0\ \vdots\ \boldsymbol{0}_{2\times 3}\ \vdots\ \mathrm{diag}\{R,R\cos\varphi\}\ \vdots\ \boldsymbol{0}_{2\times 5}]$；$\boldsymbol{v}=[N_{vX},N_{vY},N_{N},N_{E}]^{T}$。

式(4－37)、式(4－47)均为连续型，通过离散化处理，即可变成适合于计算机运算的离散形式。离散化后的系统方程为

$$\begin{cases}\boldsymbol{X}_k=\boldsymbol{\Phi}_{k,k-1}\boldsymbol{X}_{k-1}+\boldsymbol{W}_k\\\boldsymbol{Z}_k=\boldsymbol{H}\boldsymbol{X}_k+\boldsymbol{v}_k\end{cases}\tag{4-48}$$

$$\boldsymbol{\Phi}_{k,k-1}=\mathrm{e}^{\boldsymbol{F}T}\big|_{t=(k-1)T}\approx\left\{\boldsymbol{I}+\boldsymbol{F}T+\frac{\boldsymbol{F}^2T^2}{2!}+\frac{\boldsymbol{F}^3T^3}{3!}+\cdots+\frac{\boldsymbol{F}^nT^n}{n!}\right\}\bigg|_{t=(k-1)T}\tag{4-49}$$

式中：T为滤波周期。

且有

$$\begin{cases}E[\boldsymbol{W}_k]=0, & E[\boldsymbol{W}_k\boldsymbol{W}_j^{T}]=\boldsymbol{Q}_k\delta_{kj}\\E[\boldsymbol{v}_k]=0, & E[\boldsymbol{v}_k\boldsymbol{v}_j^{T}]=R_k\delta_{kj}\end{cases}\tag{4-50}$$

4.6 惯性导航系统中的旋转调制

相比较引入组合导航破坏了惯性导航系统自主性问题，旋转调制是一种能够大幅提高舰船惯性导航系统精度，并且不改变惯性导航系统自主性的一种有效方法。该方法引入了单轴或多轴旋转机构，通过旋转机构的旋转运动，将惯性器件误差调制为周期振荡的形式，进而实现提高惯性导航系统精度的目的。

之所以旋转调制能大幅提高舰船惯性导航系统的精度，这是由惯性导航系统基本特性决定的。对于具有舒勒、傅科和地球周期振荡特性的惯性导航系统，周期最短的舒勒振荡周期为84.4min，傅科振荡虽然与地理纬度有关，但其最短的振荡周期也为24h(在纬度$\varphi=90°$)。也就是说，惯性导航系统的舒勒、傅科和地球回路均是低频回路，当陀螺漂移及加速度计零偏为常值或是低频(相对于3种周期振荡)量时，会产生速度、位置和姿态误差。但是，当陀螺漂移及加速度计零偏为高频量时，这种具有较高频率的周期干扰作用在具有低通特性的惯性导航系统时，其影响将受到抑制，所造成的误差将大为减小。例如，对图4－10和图4－13对应的仿真条件进行修改，将东向和北向陀螺漂移修改为$\varepsilon_x^t=\varepsilon_y^t=0.002\sin(2\pi/600)(°/h)$，其他条件不变。得到图4－29和图4－30所示的仿真结果。

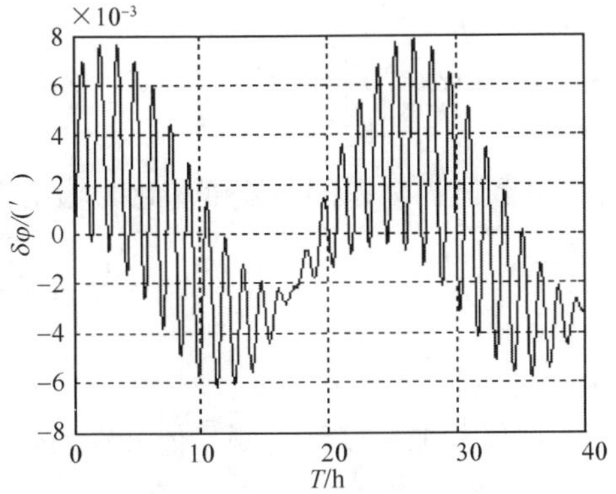

图4－29 纬度误差仿真曲线

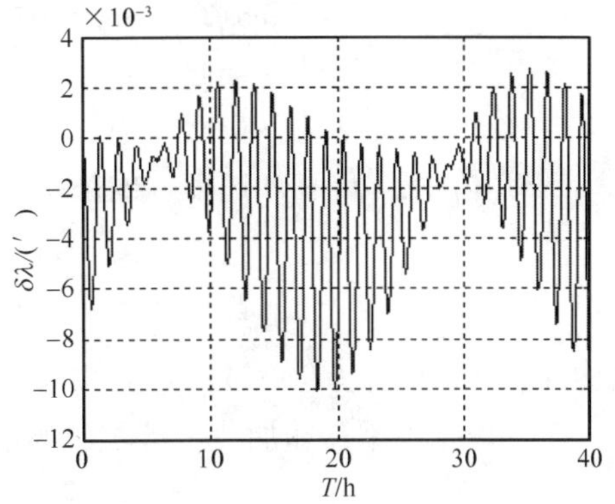

图4－30 经度误差仿真曲线

将图4－30与图4－13所示的仿真结果进行比较可知,当陀螺漂移变为周期振荡行驶后,其激励的惯导系统误差大大减小。也就是说,只要调制后的惯性器件振荡周期小于舒勒振荡周期,其激励的惯性导航系统误差就会减小。

旋转调制技术在平台式惯性导航系统和捷联式惯性导航系统都得到了成功的应用。平台惯性导航系统如美国MK3 MOD系列船用液浮平台式惯性导航系统、法国MCV4挠性陀螺平台式惯性导航系统等,其常用的方法有陀螺壳体旋转法、平台旋转法、陀螺反转法、附加监控陀螺法、H调制法和应用静电陀螺监控器法,以及在同一舰船上同时安装多套惯性导航系统的互相监控法等。捷联惯性导航系统,如美国MK39、MK49旋转调制捷联式惯性导航系统等,其常用的方法包括单轴四位置、双轴依次旋转等方法。由于平台式惯性导航系统相关研究较为成熟,因此主要介绍捷联式惯性导航系统的旋转调制方法。

4.6.1 单轴旋转调制

单轴旋转方式的捷联惯性导航系统,其惯性测量单元(Inertial Measurement Unit, IMU)仅由旋转机构提供一个转轴用于抵消惯性器件的漂移误差,如SPERRY公司的MK39Mod3C和AN/WSN－7B等均采用了单轴旋转方式。其旋转轴均安装在竖直方向上。在旋转方式上,IMU框架绕转轴可做单向连续旋转、间断性旋转或往复旋转。

捷联式惯性导航系统引入旋转调制后,能够降低惯性器件常值偏差对导航系统的影响。但是,由于旋转运动的引入,惯性器件标度系数误差和安装误差激励的导航系统误差将可能会增加。因此,旋转调制方案设计的核心在于如何尽可能抑制常值误差,并尽可能减小标度系数和安装误差激励的导航误差增幅。

由于旋转机构的引入,IMU不再与舰船直接固连,因此需引入一新的坐标系——IMU框架坐标系(r坐标系,$Ox_ry_rz_r$)。r的坐标原点位于IMU的重心,其x_r轴与IMU框架安装的x陀螺敏感轴一致,y_r轴与y陀螺敏感轴一致,Oz_r轴与Ox_r、Oy_r构成右手笛卡儿坐标系。

1. 单轴旋转对常值偏差的调制

设初始时刻的载体坐标系、地理坐标系和框架坐标系重合。而后,框架坐标绕Oz_r轴相对载体坐标系以角速率ω旋转,在t时刻,两坐标系x轴的夹角为$\beta=\omega t$。根据β及坐标系旋转轴的选取,可得框架坐标系与载体坐标系的坐标变换矩阵为

$$\boldsymbol{T}_b^r=\begin{bmatrix}\cos\beta & \sin\beta & 0\\ -\sin\beta & \cos\beta & 0\\ 0 & 0 & 1\end{bmatrix}=\begin{bmatrix}\cos\omega t & \sin\omega t & 0\\ -\sin\omega t & \cos\omega t & 0\\ 0 & 0 & 1\end{bmatrix}=(\boldsymbol{T}_r^b)^{\mathrm{T}} \tag{4-51}$$

根据 $\boldsymbol{T}_b^r$、陀螺仪和加速度计的敏感量,可得到沿载体坐标系的角速度和比力输出为

$$\begin{cases}\boldsymbol{\omega}_{ib}^b=\boldsymbol{\omega}_{ir}^b-\boldsymbol{\omega}_{rb}^b=\boldsymbol{T}_r^b\boldsymbol{\omega}_{ir}^r-\boldsymbol{\omega}_{rb}^b\\ \boldsymbol{f}_{ib}^b=\boldsymbol{T}_r^b\boldsymbol{f}_{ir}^r\end{cases} \tag{4-52}$$

式中:$\boldsymbol{\omega}_{rb}^b=-\boldsymbol{T}_r^b\omega_{br}^r=[0\quad 0\quad -\omega]^{\mathrm{T}}$。

在考虑陀螺漂移和加速度计零偏的情况下,陀螺仪和加速度计的测量值分别为

$$\begin{cases}\boldsymbol{\omega}_{ir}^r=\boldsymbol{\omega}_{ird}^r+\boldsymbol{\varepsilon}\\ \boldsymbol{f}_{ir}^r=\boldsymbol{f}_{ird}^r+\boldsymbol{\nabla}\end{cases} \tag{4-53}$$

式中:$\boldsymbol{\varepsilon}$ 为陀螺漂移,$\boldsymbol{\varepsilon}=[\boldsymbol{\varepsilon}_x\quad \boldsymbol{\varepsilon}_y\quad \boldsymbol{\varepsilon}_z]^{\mathrm{T}}$;$\boldsymbol{\nabla}$为加速度计零偏,$\boldsymbol{\nabla}=[\nabla_x\quad \nabla_y\quad \nabla_z]^{\mathrm{T}}$。二者均沿框架坐标系轴向。

将其代入式(4-52),可得到等效至地理坐标系(假设静止状态下的载体系与地理系重合)的陀螺漂移和加速度计零偏分别为

$$\begin{cases}\varepsilon_x^t=\varepsilon_x\cos(\omega t)-\varepsilon_y\sin(\omega t), & \boldsymbol{\nabla}_x^t=\boldsymbol{\nabla}_x\cos(\omega t)-\boldsymbol{\nabla}_y\sin(\omega t)\\ \varepsilon_y^t=\varepsilon_x\sin(\omega t)+\varepsilon_y\cos(\omega t), & \boldsymbol{\nabla}_y^t=\boldsymbol{\nabla}_x\sin(\omega t)+\boldsymbol{\nabla}_y\cos(\omega t)\\ \varepsilon_y^t=\varepsilon_z, & \boldsymbol{\nabla}_z^t=\boldsymbol{\nabla}_z\end{cases} \tag{4-54}$$

从式(4-54)可以看出,等效至地理坐标系 x、y 轴的陀螺漂移和加速度计零偏已被调制为周期性的变化信号,而等效至 z 轴的误差没有发生变化。由此可知,通过绕 Oz_r 的旋转,可以同时调制沿 Ox_r 和 Oy_r 轴向的惯性器件误差。

当绕 Ox_r 轴旋转时,等效至地理坐标系的陀螺漂移和加速度计零偏分别为

$$\begin{cases}\varepsilon_x^t=\varepsilon_x, & \boldsymbol{\nabla}_x^t=\boldsymbol{\nabla}_x\\ \varepsilon_y^t=\varepsilon_y\cos(\omega t)-\varepsilon_z\sin(\omega t), & \boldsymbol{\nabla}_y^t=\boldsymbol{\nabla}_y\cos(\omega t)+\boldsymbol{\nabla}_z\cos(\omega t)\\ \varepsilon_z^t=\varepsilon_y\sin(\omega t)-\varepsilon_z\cos(\omega t), & \boldsymbol{\nabla}_z^t=\boldsymbol{\nabla}_y\sin(\omega t)-\boldsymbol{\nabla}_z\cos(\omega t)\end{cases} \tag{4-55}$$

通过上述分析可知,单轴旋转无法调制沿旋转轴方向的陀螺漂移,但可以在一个旋转周期内调制另外两个轴的惯性器件常值误差。由于两个轴的器件误差被调制,其激励的惯性导航系统误差将大为减小,即惯性导航系统的精度大大提高了。

2. 单轴旋转对标度系数误差的调制

当 IMU 框架绕 Oz_r 轴旋转时,在不考虑安装误差的情况下,由于标度系数误差引起的误差可表示为

$$\delta\omega_{ir}^r=\delta\boldsymbol{K}_g\cdot\boldsymbol{\omega}_{ir}^r \tag{4-56}$$

式中:$\delta\boldsymbol{K}_g$ 为标度系数误差阵,有

$$\delta\boldsymbol{K}_g=\begin{bmatrix}\delta K_{gx}^{+}+\delta K_{gx}^{-}\mathrm{sign}(\omega_x) & 0 & 0\\ 0 & \delta K_{gy}^{+}+\delta K_{gy}^{-}\mathrm{sign}(\omega_y) & 0\\ 0 & 0 & \delta K_{gz}^{+}+\delta K_{gz}^{-}\mathrm{sign}(\omega_z)\end{bmatrix}$$

且,δK_g^{+} 为陀螺仪对称性标度系数误差,δK_g^{-} 为陀螺仪非对称性标度系数误差。

基于式(4-56)的表达式,可以得到静基座下,由标度系数误差激励的角速率测量误差为

$$\begin{cases}\delta\omega_{ibx}^{b}=[\delta K_{gx}^{+}+\delta K_{gx}^{-}\mathrm{sign}(\omega_{x})-\delta K_{gy}^{+}-\delta K_{gy}^{-}\mathrm{sign}(\omega_{y})]\sin\omega t\cos\omega t\omega_{ie}\cos\varphi\\ \delta\omega_{iby}^{b}=[\delta K_{gx}^{+}+\delta K_{gx}^{-}\mathrm{sign}(\omega_{x})]\cos^{2}(\omega t)\omega_{ie}\cos\varphi+[\delta K_{gy}^{+}+\delta K_{gy}^{-}\mathrm{sign}(\omega_{y})]\sin^{2}(\omega t)\omega_{ie}\cos\varphi\\ \delta\omega_{ibz}^{b}=[\delta K_{gz}^{+}+\delta K_{gz}^{-}\mathrm{sign}(\omega_{z})](\omega_{ie}\sin\varphi+\omega)\end{cases} \tag{4-57}$$

由式(4-57)可知,在陀螺仪存在标度系数误差时,旋转机构绕 Oz_r 轴的旋转角速度 ω 引入了额外的方位轴角速率测量误差,这可能会激励额外的惯性导航系统误差。可以通过正、反转的方式,对速度 ω 引入的测量误差进行一定抑制,即在绕 Oz_r 正向旋转后,再以 ω 角速度反向旋转。在反向旋转过程中,按照前述的推导方式,可以得到

$$\delta\omega_{ibz}^{b}=[\delta K_{gz}^{+}+\delta K_{gz}^{-}\mathrm{sign}(\omega_{z})](\omega_{ie}\sin\varphi-\omega) \tag{4-58}$$

对式(4-57)中的角速率测量误差在正、反转过程中进行积分运算可知,正、反转可以有效抑制方位陀螺标度系数误差的影响。同时,旋转调制方案设计过程中,也会以式(4-57)为基础,考虑如何最大程度地抑制标度系数误差对惯性导航系统的影响。

3. 单轴旋转对安装误差偏差的调制

仍然考虑 IMU 框架绕 Oz_r 轴旋转的情况,在不考虑标度系数误差和零偏误差的情况下,由于安装误差偏差引起的误差可表示为

$$\delta\boldsymbol{\omega}_{ir}^{r}=\begin{bmatrix}0&\delta E_{gxz}&\delta E_{gxy}\\ \delta E_{gyz}&0&\delta E_{gyx}\\ \delta E_{gzy}&\delta E_{gzx}&0\end{bmatrix}\boldsymbol{\omega}_{ir}^{r}=\delta\boldsymbol{E}_{g}\cdot\boldsymbol{\omega}_{ir}^{r} \tag{4-59}$$

式中:矩阵 $\delta\boldsymbol{E}_g$ 的非对角线元素为安装误差偏差,通常为小角度。

基于式(4-59)的表达式,可以得到静基座下,由安装误差偏差激励的角速率测量误差为

$$\delta\omega_{ib}^{b}=\begin{bmatrix}-(\delta E_{gxz}+\delta E_{gyz})\sin(\omega t)\cos(\omega t)&\delta E_{gxz}\cos^{2}(\omega t)-\delta E_{gyz}\sin^{2}(\omega t)&\delta E_{gxy}\cos(\omega t)-\delta E_{gyx}\sin(\omega t)\\ -\delta E_{gxz}\sin^{2}(\omega t)+\delta E_{gyz}\cos^{2}(\omega t)&(\delta E_{gxz}+\delta E_{gyz})\sin(\omega t)\cos(\omega t)&\delta E_{gxy}\sin(\omega t)+\delta E_{gyx}\cos(\omega t)\\ \delta E_{gzy}\cos(\omega t)-\delta E_{gzx}\sin(\omega t)&\delta E_{gzy}\sin(\omega t)-\delta E_{gzx}\cos(\omega t)&0\end{bmatrix}\begin{bmatrix}\omega_{irx}^{b}\\ \omega_{iry}^{b}\\ \omega_{irz}^{b}\end{bmatrix} \tag{4-60}$$

旋转调制方案设计过程中,会以式(4-60)为基础,考虑如何最大程度地抑制安装误差偏差对惯性导航系统的影响。

4.6.2 双轴旋转调制

双轴旋转方式捷联惯性导航系统,其 IMU 框架由旋转机构提供两个旋转轴用于抵消惯性器件的漂移误差,如 SPERRY 公司的 MK49、WSN-7A 及霍尼韦尔的 SLN 等。虽然结构复杂、成本高,但是能避免单轴旋转方式无法抵消沿转轴方向陀螺漂移的问题。因此,双轴旋转惯性导航系统较单轴旋转惯性导航系统在精度性能上有了更大幅度的提升,具备了从根本上抑制惯性导航系统误差随时间累积的能力。

在旋转方式上,IMU 框架可绕转轴同时转动或绕双轴依次转动。在双轴同时旋转

时，并不能达到同时调制3个轴常值漂移的效果。因此，双轴依次转动方案是双轴旋转调制更为常用的转动方案，如双轴8位置、双轴16位置、双轴32位置依次转动方案等。

图4－31所示为双轴8位置依次转动方案，通过对每个转动次序过程中的等效激励误差分析可知，按照图4－31所示的转位方式，可以完全抑制常值惯性器件误差对惯性导航系统的影响，而且在一定程度上还能减小安装误差偏差及标度系数偏差对惯性导航系统的影响。

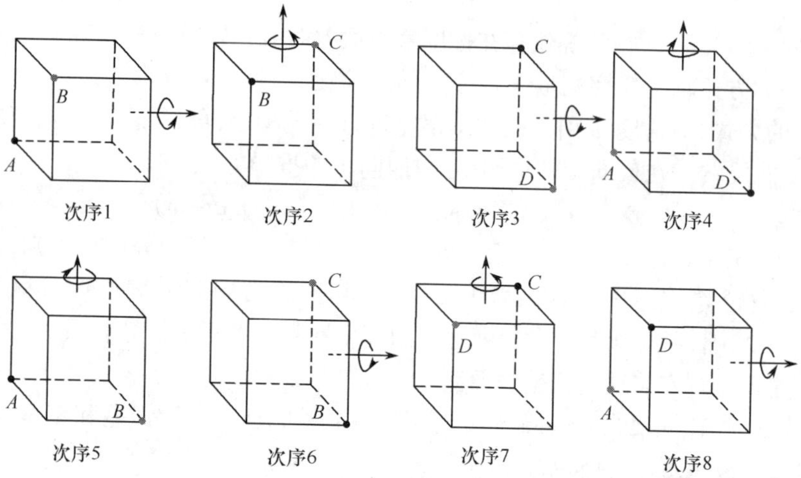

图4－31 绕 Ox_r 和 Oz_r 的双轴1～8旋转效果

除单轴、双轴旋转调制方案外，还出现了关于三轴旋转调制方案的报道。例如，美国宾夕法尼亚州立大学、海军研究实验室、波音公司等联合研制的高精度光纤陀螺捷联式惯性导航系统，采用了三轴连续旋转方案，理论上可使光纤陀螺的标度系数、安装轴的不稳定性以及静态漂移在长时间使用中得到很大程度的抵消。

4.7 惯性导航系统标定

无论是常规的惯性导航系统还是旋转式惯性导航系统，惯性器件的常值误差、标度系数误差和安装误差都是激励惯性导航系统误差的核心误差源。舰船惯性导航系统与其他应用领域不同：首先，长导航周期必然对常值偏差、标度系数误差和安装误差提出了较其他领域更高的要求；其次，舰用惯性导航系统寿命要求长，由于惯性器件的常值误差和标度系数误差不可避免会随着工作时间、工作环境等因素发生变化，如不及时进行测试和补偿，惯性导航系统的导航性能会下降，进而影响使用。因此，对惯性导航系统的核心误差源进行测试和补偿技术，也一直是惯性导航系统的重要系统技术之一。

通常，可以采用两种方法实现惯性器件误差的测试和补偿。第一种是基于实验室的转台标定法，即利用三轴精密转台在角速率、角位置等方面的精度优势，为陀螺仪和加速度计测试提供必需的基准。采用该方法能完成所有惯性器件的常值、标度系数和安装误差测试。第二种方法是基于外部精确位置和速度信息，通过对舰船惯性导航系统位置误差和速度误差的观测来完成标定。通常，这种方法需要惯性导航系统具备双轴转位功能，如双轴旋转调制惯性导航系统。因此，实验室标定法仍然是目前最常用、最成熟的惯性器件标定测试方法。

4.7.1 陀螺仪误差参数标定

陀螺仪的误差参数包括陀螺漂移、标度系数和安装误差，其数学模型可由下式进行描述，即

$$\begin{cases}\dfrac{N_{gx}}{K_{gx}}=\omega_x+E_{gxz}\omega_y+E_{gxy}\omega_z+D_{x0}\\ \dfrac{N_{gy}}{K_{gy}}=\omega_y+E_{gyz}\omega_x+E_{gyx}\omega_z+D_{y0}\\ \dfrac{N_{gz}}{K_{gz}}=\omega_z+E_{gzy}\omega_x+E_{gzx}\omega_y+D_{z0}\end{cases} \tag{4-61}$$

式中：N_{gx}、N_{gy}、N_{gz}分别为 X、Y、Z 轴 3 个陀螺仪的输出值；K_{gx}、K_{gy}、K_{gz}分别为 3 个轴陀螺的标度因数；E_{gxz}、E_{gxy}分别为敏感 ω_y、ω_z的安装误差角，E_{gyz}、E_{gyx}分别为敏感 ω_x、ω_z的安装误差角，E_{gzy}、E_{gzx}分别为敏感 ω_x、ω_y安装误差角；D_{x0}、D_{y0}、D_{z0}分别为 3 个陀螺的零偏误差。

通过速率试验，可以求得陀螺仪的标度系数和安装误差。其标定流程如下：

(1) 将惯性导航系统安装在三轴精密转台上，其 X、Y、Z 轴陀螺的主轴分别与转台的内、中、外框的自转轴平行。

(2) 将转台设置于定位状态，其 X、Y、Z 轴分别指向北、西、天向。

(3) 控制转台绕外框按照顺时针和逆时针方向绕地垂线转动，并记录顺时针和逆时针转动过程中的陀螺输出值 $N_{gx1}(t)+$、$N_{gy1}(t)+$、$N_{gz1}(t)+$、$N_{gx1}(t)-$、$N_{gy1}(t)-$、$N_{gz1}(t)-$。

(4) 对顺时针和逆时针的转动，按整数圈进行计数求和。以 X 轴陀螺为例，有

$$\begin{cases}\sum \dfrac{N_{gx1}(t)+}{K_{gx1}}=[E_{gxy}(\omega+\omega_{ie}\sin\varphi)+D_{x0}]N\\ \sum \dfrac{N_{gx1}(t)-}{K_{gx1}}=[E_{gxy}(-\omega+\omega_{ie}\sin\varphi)+D_{x0}]N\end{cases} \tag{4-62}$$

(5) 对 3 个陀螺在顺时针和逆时针转动的计数求和做差，得到

$$\Delta N_{gx1}=2\omega NK_{gx}E_{gxy},\Delta N_{gy1}=2\omega NK_{gy}E_{gyx},\Delta N_{gz1}=2\omega NK_{gz} \tag{4-63}$$

(6) 令 X、Y、Z 轴分别指向西、天、北，以及天、北、西向，并按照步骤(3)～(5)进行转动和计算，可得到

$$\begin{cases}\Delta N_{gx2}=2\omega NK_{gx}E_{gxz},\Delta N_{gy2}=2\omega NK_{gy},\Delta N_{gz2}=2\omega NK_{gz}E_{gzx}\\ \Delta N_{gx3}=2\omega NK_{gx},\Delta N_{gy3}=2\omega NK_{gy}E_{gyz},\Delta N_{gz3}=2\omega NK_{gz}E_{gzy}\end{cases} \tag{4-64}$$

基于式(4-62)～式(4-64)，便可以计算陀螺仪的标度系数和安装误差。

通过多位置试验，可以求得陀螺仪的常值零偏。其具体流程如下：

(1) 将惯性导航系统安装在转台的基座上，其 X、Y、Z 轴陀螺的主轴分别与转台的内、中、外框的自转轴平行。

(2) 按照图 4-32(a)所示，控制 X、Y、Z 轴陀螺的主轴指向北、西、天方向。

(3) 控制转台，绕北向轴按逆时针方向依次转动 45°，连续转动 7 次。在每次转动停止时，记录陀螺仪的输出值。

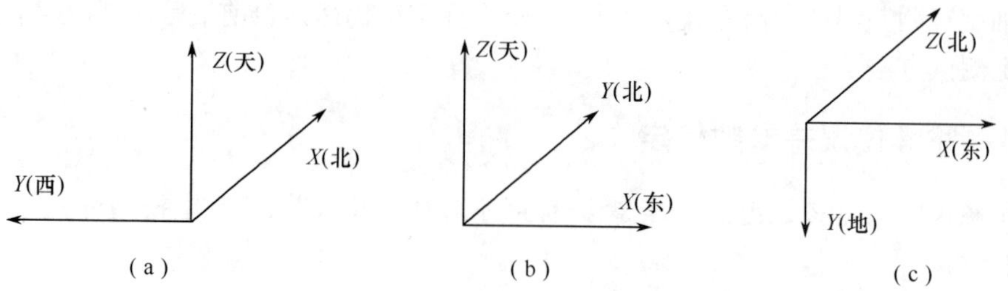

图 4-32 位置试验陀螺仪、加速度计初始方位

(4) 按图 4-32(b)所示，分别控制 X、Y、Z 轴陀螺，并按照步骤(3)进行转位，同时记录每次转动停止时的陀螺仪输出值。

(5) 将步骤(2)~(4)获取的 24 组陀螺仪数据代入式(4-61)，可列写方程为

$$\begin{bmatrix} \dfrac{N_{gx}(1)}{K_{gx}} \\ \dfrac{N_{gx}(2)}{K_{gx}} \\ \vdots \\ \dfrac{N_{gx}(24)}{K_{gx}} \end{bmatrix} = \begin{bmatrix} \omega_x(1) & \omega_y(1) & \omega_z(1) \\ \omega_x(2) & \omega_x(2) & \omega_x(2) \\ \vdots & \vdots & \vdots \\ \omega_x(24) & \omega_y(24) & \omega_z(24) \end{bmatrix} \begin{bmatrix} 1 \\ E_{gxz} \\ E_{gxy} \end{bmatrix} + \begin{bmatrix} 1 \\ 1 \\ \vdots \\ 1 \end{bmatrix} D_{x0} + \begin{bmatrix} V(1) \\ V(2) \\ \vdots \\ V(24) \end{bmatrix} \tag{4-65}$$

式中：$N_{gx}(i)(i=1,2,\cdots,24)$为陀螺在上述 24 个位置的输出信号；$\omega_x(i)$、$\omega_y(i)$、$\omega_z(i)$ $(i=1,2,\cdots,24)$为转台转动停止时的基准值，由于转台的姿态已经过精密校准，因此基准值为已知量；K_{gx}、E_{gxz}、E_{gxy}由速率试验求得；$V(i)(i=1,2,\cdots,24)$为测量噪声；D_{x0}为待求的零偏误差。

由此可得到陀螺仪的常值零偏为

$$\begin{cases} D_{x0} = \dfrac{1}{24}\displaystyle\sum_{i=1}^{24}\left(\dfrac{N_{gx}(i)}{K_{gx}} - \omega_x(i) - \omega_y(i)E_{gxz} - \omega_z(i)E_{gxy}\right) \\ D_{y0} = \dfrac{1}{24}\displaystyle\sum_{i=1}^{24}\left(\dfrac{N_{gy}(i)}{K_{gy}} - \omega_x(i)E_{gyz} - \omega_y(i) - \omega_z(i)E_{gyx}\right) \\ D_{z0} = \dfrac{1}{24}\displaystyle\sum_{i=1}^{24}\left(\dfrac{N_{gz}(i)}{K_{gz}} - \omega_x(i)E_{gzy} - \omega_y(i)E_{gzx} - \omega_z(i)\right) \end{cases} \tag{4-66}$$

4.7.2 加速度计参数标定

加速度计误差包括加速度计零偏、标度系数和安装误差，其模型可描述如下：

$$\begin{cases} \dfrac{N_{ax}}{K_{ax}} = a_x + E_{axz}a_y + E_{axy}a_z + E_{x0} \\ \dfrac{N_{ay}}{K_{ay}} = a_y + E_{ayz}a_x + E_{ayx}a_z + E_{y0} \\ \dfrac{N_{az}}{K_{az}} = a_z + E_{azy}a_x + E_{azx}a_y + E_{z0} \end{cases} \tag{4-67}$$

式中：N_{ax}、N_{ay}、N_{az}分别为 X、Y、Z 轴 3 个加速度计的输出值；K_{ax}、K_{ay}、K_{az}分别为 3 个轴加速度计的标度因数；E_{axz}、E_{axy}分别为敏感 a_y、a_z的安装误差角；E_{ayz}、E_{ayx}分别为敏感 a_x、a_z的安装误差角；E_{azy}、E_{azx}分别为敏感 a_x、a_y安装误差角；E_{x0}、E_{y0}、E_{z0}分别为 3 个加速度计的零位误差。

加速度计零偏、标度系数和安装误差也是通过三轴精密转台的多位置试验获取。在图 4-32 所示的多位置试验过程中，同步记录加速度计输出，根据加速度计误差模型，以及加速度计在 24 个位置的输出值，构建求取加速度计误差参数的观测方程。以 X 轴加速度计为例，其误差模型可表述为矩阵形式，即

$$\begin{bmatrix} N_{ax}(1) \\ N_{ax}(2) \\ \vdots \\ N_{ax}(24) \end{bmatrix} = \begin{bmatrix} a_x(1) & a_y(1) & a_z(1) & 1 \\ a_x(2) & a_y(2) & a_z(2) & 1 \\ \vdots & \vdots & \vdots & \vdots \\ a_x(24) & a_y(24) & a_z(24) & 1 \end{bmatrix} \begin{bmatrix} K_{ax} \\ K_{ax}E_{axz} \\ K_{ax}E_{axy} \\ K_{ax}E_{x0} \end{bmatrix} + \begin{bmatrix} V(1) \\ V(2) \\ \vdots \\ V(24) \end{bmatrix} \tag{4-68}$$

式中：$N_{ax}(i)$为 X 轴加速度计在上述 24 个位置的输出信号平均值；$a_x(i)$、$a_y(i)$和 $a_z(i)$是转动停止时的基准值，为已知量。

式(4-68)可以化简为 $\boldsymbol{Z}=\boldsymbol{AX}+\boldsymbol{V}$ 的形式，根据最小二乘原理，待求量的估计值为 $\hat{\boldsymbol{X}}=[\boldsymbol{A}^t\boldsymbol{A}]^{-1}\boldsymbol{A}^t\boldsymbol{Z}$，其中 $\hat{\boldsymbol{X}}$ 为误差系数$[K_{ax},K_{ax}E_{axz},K_{ax}E_{axy},K_{ax}E_{x0}]$。

同理，可以建立 Y、Z 轴加速度计误差模型矩阵形式，然后求出误差系数，包括零偏、标度系数和安装误差。

第5章 舰船无线电导航

无线电导航是利用无线电波的基本传播特性,通过接收陆地或卫星发射台发射的无线电波,实现测向、测距和测量距离差,进而完成舰船导航的一门无线电应用技术。无线电波传播有3个主要特性:直线传播、恒速和反射特性。利用直线传播特性可测定辐射电波的目标方向,而恒速特性可测定目标的距离。利用反射特性可以实现雷达导航。

从1902年美国数学家、发明家斯通发明了第一个无线电导航系统(无线电测向系统)至今,共出现了100多种不同类型、不同原理的无线电导航系统。经过100多年的发展,无线电导航系统已从陆基发展到空基,从单一功能发展到多功能,从区域覆盖到全球,精度也提升至厘米级,甚至毫米级。当今,以GPS、GLONASS、COMPASS和GALILEO为代表的全球卫星导航系统,能够全天时、全天候、连续、实时地提供高精度导航定位信息,不仅可以独立为舰船导航服务,还可作为其他导航系统的校正基准,如定期对惯性导航系统速度、位置进行校正等。

无线电导航系统,尤其是卫星导航系统,对人类活动的影响极大,应用价值极高,一经推出便风靡全球,无论是航空、航天、陆地、海洋,还是交通、测绘、农业、旅游,各行各业都有极其广阔的应用前景。

5.1 无线电导航系统概述

5.1.1 无线电导航系统分类

无线电导航系统类型繁多,原理各式各样,通常可按照位置线、作用距离和信号形式等对其进行分类。

按照位置线形式,无线电导航系统可分为测向系统、测距系统、测距差系统、测距和系统及混合系统。测向系统又称角/角定位系统,通过测量无线电指向标的方位,确定舰船所处的位置线,从而实现舰船定位,如伏尔、康索尔旋转指示。测距系统又称圆/圆定位系统,通过测定舰船与无线电发射台的距离,确定舰船曲线定位系统,根据舰船与两个无线电发射台的距离之差，确定舰船所处的位置线，从而实现舰船定位，如“长河”二号、台卡系统、罗兰系族。测距和系统又称椭圆系统，根据舰船与两个无线电发射台的距离之和，确定舰船所处的位置线，从而实现舰船定位。混合系统通常指测距或测向系统的组合，如测向—测距系统、测距—双曲线系统、测距和—双曲线系统等。

按照作用距离，无线电导航系统可分为近程、中程、远程和超远程无线电导航系统。近程是指作用距离为 100 ~ 500km 的无线电导航系统，如台卡、伏尔、测距器、塔康系统。中程是指作用距离为 500 ~ 1000km 的无线电导航系统，如罗兰 A、罗兰 D 系统。远程是指作用距离在 1000 ~ 3000km 的无线电导航系统，如罗兰 C、台克垂亚。超远程是指作用距离在 10000km 以上的无线电导航系统，如奥米伽系统、GPS、GLONASS 和 COMPASS 系统。

按照测量电信号的不同参量，无线电导航系统可分为振幅式、频率式、脉冲式、相位式和混合式无线电导航系统。

根据无线电发射台的安装地点，无线电导航系统可分为陆基无线电导航系统和星基无线电导航系统，即分别以陆地或卫星上的导航台向飞机、船只、车辆或其他用户发射无线电信号，实现导航定位。

根据是否有地面设备，无线电导航系统可分为它备式导航系统和自备式导航系统两大类。其中，它备式导航系统的导航数据需要依赖外部的基准导航台获取。

5.1.2　无线电导航系统的基本测量方法

无线电导航系统主要通过 3 种基本测量方法实现舰船导航定位，分别是测量方位法、测量距离法和测量距离差法。

1. 测量方位法（测向法）

测向的目的是确定发射无线电波发射台的方向，方法有最小值测向法、最大值测向法和比较测向法 3 种。

最小值测向法利用环形天线方向性图的基本特点，以信号电平最小值来确定无线电波发射的方向。如图 5 - 1 所示，当电波方向与环形天线夹角 θ 为 90°或 270°时，接收设备感应电势最小。该方法具有结构简单、静角小、灵敏度高的优点，其主要缺点是信号易受影响，抗干扰能力差。

最大值测向法是以信号电平最大值确定无线电波的发射方向。如图 5 - 1 所示，当电波方向与环形天线夹角 θ 为 0°时，接收设备感应电势最大。该方法具有干扰特性高的优点，但由于最大值附近感应电势变化缓慢，测向精度低。

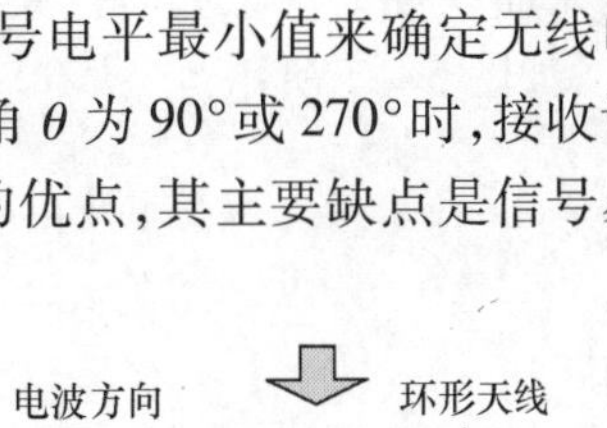

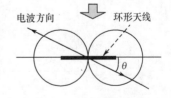

图 5 - 1　最小值和最大值测向法

比较测向法是利用两个相同特性的方向性图，比较接收信号的强度以确定无线电波发射方向，有振幅比较法和等强信号比较法两种。

2. 测量距离法

通常可采用多种方法实现距离测量，最常用的是通过测量两点间电波传播时间确定其距离。如图 5 - 2 所示，t_A时刻发出的脉冲信号，在时刻 t_B 到达接收点，由接收设备测出

电波传播时间 $t_{AB}=t_B-t_A$，根据电波恒速特性，可求得两点间距离 $r_{AB}=ct_{AB}$。

通过测量接收到的电波相位，也可测出距离，这是因为相位变化与传播时间有关，如图 5-3 所示。根据测量点相位与发射点相位的差值，当接收信号波长（频率）不变时，可求得两点距离为 $r_{AB}=\lambda(\phi_B-\phi_A)/(2\pi)$。

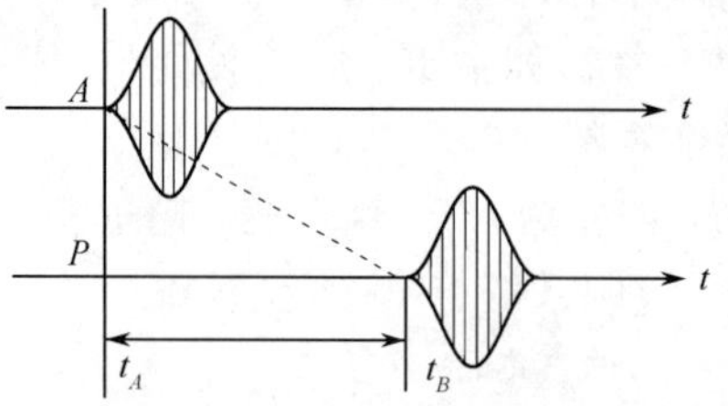

图 5-2　脉冲法测距原理

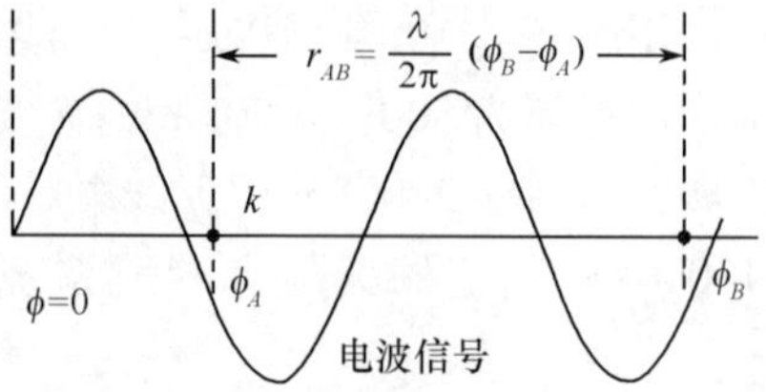

图 5-3　相位法测距原理

3. 测量距离差法

在许多实际应用中，并不需要直接测量距离，而是直接测量距离差。如图 5-4 所示，设有两发射台 A、B，它们无方向性地发射电波，并且在发射时间上精确同步，在点 C（舰船）安装接收机，用来接收 A、B 发出的信号。

从 A 发射台发出的无线电波经 t_{AC} 达到接收点，从 B 发射台发出的无线电波经 t_{BC} 到达接收点，通过测量脉冲信号时间差或连续波相位差，可求得接收机与发射台 A、B 的距离差为

$$r_A-r_B=c(t_{AC}-t_{BC})$$

或

$$r_A-r_B=\frac{\lambda}{2\pi}(\phi_A-\phi_B)$$

如果舰船接收信号时间差或相位差保持不变，那么舰船 C 在 $r_A-r_B=$ 常数的曲线上，这条曲线称为等距离差位置线。通过两条或两条以上的等距离差位置线，便可以定出舰位，如图 5-5 所示。

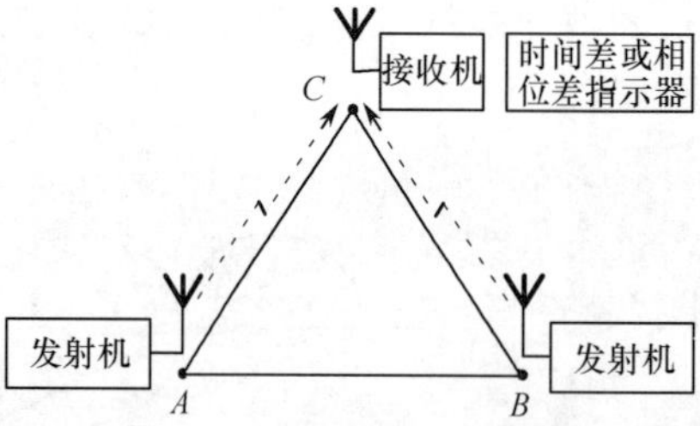

图 5-4　测量距离差原理

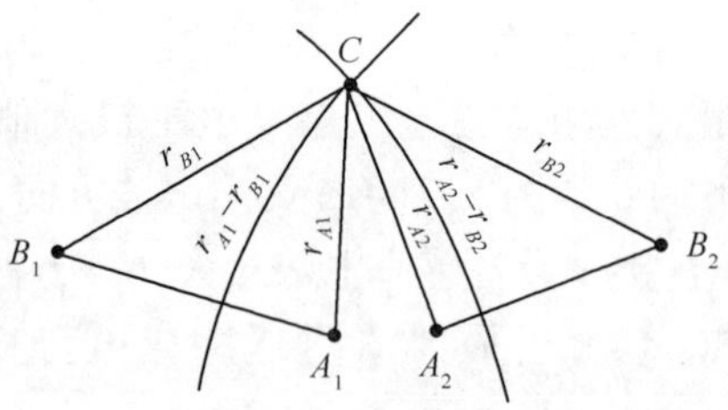

图 5-5　距离差法定船位

5.2　无线电传播基础

无线电导航是基于无线电技术发展起来的导航技术，其本身属于无线电系统。掌握无线电波的基本特性对于学习无线电导航系统是非常重要的。

5.2.1　无线电波基础知识

1. 无线电波定义及特性

一般来讲，把频率 1kHz（波长 3×10^{5}m）到 10^{9}kHz（波长 0.3mm）范围内的电磁波称为无线电波。

无线电波直线传播特性、恒定速度特性和反射特性提供了无线电导航的可能性，利用上述 3 种特性进行观测及组合，可建立起各种无线电导航系统。

在无线电信号传播中，不同频段无线电波传播的损耗有差异，在其他相同条件下的作用距离不同。因此，各频段无线电波在导航中的应用是不同的，表 5–1 列出了各频段无线电波的基本特性及在无线电导航中的应用。

表 5–1　无线电波频段划分

<table>
<tr><th>序号</th><th>名称</th><th>频率范围/kHz</th><th colspan="2">波长名称</th><th>导航上的应用</th></tr>
<tr><td>1</td><td>极低频</td><td>$3\times10^{-3}\sim3\times10^{-2}$</td><td colspan="2">极长波</td><td></td></tr>
<tr><td>2</td><td>超低频</td><td>$3\times10^{-2}\sim3\times10^{-1}$</td><td colspan="2">超长波</td><td></td></tr>
<tr><td>3</td><td>特低频</td><td>$3\times10^{-1}\sim3\times10^{0}$</td><td colspan="2">特长波</td><td></td></tr>
<tr><td>4</td><td>甚低频（VLF）</td><td>$3\times10^{0}\sim3\times10^{1}$</td><td colspan="2">甚长波</td><td>奥米伽系统</td></tr>
<tr><td>5</td><td>低频（LF）</td><td>$3\times10^{1}\sim3\times10^{2}$</td><td colspan="2">长波</td><td>罗兰 C，台卡</td></tr>
<tr><td>6</td><td>中频（MF）</td><td>$3\times10^{2}\sim3\times10^{3}$</td><td colspan="2">中波</td><td>罗兰 A，测向</td></tr>
<tr><td>7</td><td>高频（HF）</td><td>$3\times10^{3}\sim3\times10^{4}$</td><td colspan="2">短波</td><td></td></tr>
<tr><td>8</td><td>甚高频（VHF）</td><td>$3\times10^{4}\sim3\times10^{5}$</td><td colspan="2">超短波</td><td>卫星导航</td></tr>
<tr><td>9</td><td>超高频（UHF）</td><td>$3\times10^{5}-3\times10^{6}$</td><td>分米波</td><td rowspan="4">微波波段</td><td>卫星导航，雷达</td></tr>
<tr><td>10</td><td>特高频（SHF）</td><td>$3\times10^{6}\sim3\times10^{7}$</td><td>厘米波</td><td>船用雷达</td></tr>
<tr><td>11</td><td>极高频（EHF）</td><td>$3\times10^{7}\sim3\times10^{8}$</td><td>毫米波</td><td></td></tr>
<tr><td>12</td><td>超极高频</td><td>$3\times10^{8}\sim3\times10^{9}$</td><td>亚毫米波</td><td></td></tr>
</table>

2. 无线电波传播速度

真空中的无线电波传播速度与频率无关，其电波传播速度与光速相等，这是实际传播速度的依据。实际上，无线电波多在大气中传播，此时，传播速度随电波穿过的大气温度、湿度和气压而变化，同时也与其途经地表的介质电常数有密切关系，这些因素的相对效应随发射频率而变化。

近地面大气层电波传播速度可表示为

$$v_{a}=\frac{1}{\sqrt{\varepsilon\mu_{0}}}=\frac{1}{\sqrt{\varepsilon^{t}}\sqrt{\varepsilon_{0}\mu_{0}}} \tag{5-1}$$

式中：ε 为传播介质的介电系数；ε_{0} 为自由空间的介电系数；ε^{t} 为相对介电系数；μ_{0} 为自由空间的磁导率。

例如，将自由空间的参数 $\mu_{0}=4\pi\times10^{7}$H/m，$\varepsilon^{t}=1$，$\varepsilon_{0}=(4\pi\times8.9875)^{-1}\times10^{-9}$F/m 代入式（5–1），得 $v_{a}=299792$km/s，它与光速相等。这一计算值与实际测定的无线电波在真空中传播速度平均值（299792 ± 0.3）km/s 是非常接近的。

在标准状况下，无线电波在大气层中传播速度与在自由空间传播速度有一定的差别。

令 $n=1/\sqrt{\varepsilon^{t}}$,称为介质的折射系数,折射系数可通过计算或实际测定获得,其表达式为

$$n=1+\frac{77.6\times10^{-6}}{T}\left(P+\frac{4.81e}{T}\right) \tag{5-2}$$

式中:T 为热力学温度(K);P 为大气压力(mbar,1mbar = 100Pa);e 为水汽压力(mbar)。

标准状况 $T=15°=288\text{K}$,$P=1013\text{mbar}$,相对湿度为 70% 时的 $e=12\text{mbar}$。由式(5-2)得 $n=1.000326$。将这数值代入式(5-1)得传播速度为 299694km/s。可见,它比真空中传播速度 299792km/s 略小。

3. 相速和群速

陆地、海水、湖泊及其邻近的大气层和电离层都属于散射性介质。不同频率的电波,在散射性介质中的传播速度是不同的。在散射性介质中通常有相速和群速的区别。相速是无线电波的等相位面在介质中的传播速度。前述由波动方程得到的电波传播速度,严格地说应是相速。群速是无线电波能量传播的速度。

无线电波的发射,通常用低频包络调制高频信号,这有利于能量的传播。包络波形变化代表群速,用 v_g 表示。载波变化,即相位改变的速度,是相速,用 v_p 表示,如图 5-6 所示。

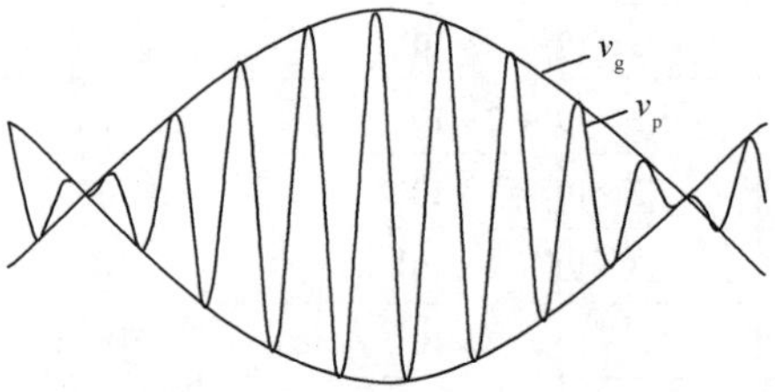

图 5-6 相速与群速关系

对于电离层来说,$v_p=c/n$,$v_g=cn$,其中 c 为光速,$n=\sqrt{1-81\cdot N/f^2}$。因此,电离层折射系数 n 总是小于 1 的(N 为电子密度)。这也说明电离层中,无线电波相速总比光速大,而群速总比光速小,即 $v_g\cdot v_p=c^2$。研究无线电波在电离层的屈折和波径时需用相速,研究无线电波在电离层中传播时间时,则要用群速的概念。

4. 无线电波传播方式

传播无线电信号的介质主要有地表、对流层和电离层等,这些介质的电特性对不同频段无线电波的传播有着不同影响。根据介质及不同介质分界面对电波传播产生的主要影响,可将电波传播的方式分为直射波、地面反射波、天波和地波 4 种传播方式。

地波传播是无线电波沿地球表面传播,其特点是信号质量好,传播比较稳定可靠,无多径效应,适宜于频率较低的中波、长波、超长波的远距离导航。

天波传播是由发射天线向高空辐射,在高空被电离层连续折射或散射而返回地面接收点的传播方式。电离层变化对天波传播有着重要的影响,当电离层变化时,会使得天波衰减严重,且天波存在延时,因此天波传播不宜做精确导航。

直射波传播,又称为视距传播,指电波由发射点直接到达接收点的传播,是一种直接的、对视的传播方式。大多数的视距传播路径会受到地面状态和对流层的影响,表现为反射、折射、散射和绕射。

地面反射波是指发射台发射的电波经地面反射传播到接收台的电波。

实际的无线电导航系统往往存在几种传播途径,通常取一种作为主要的传播途径。例如,陆基无线电导航系统虽然有天波和地波两种传播途径,但主要利用地波传播实现精确定位。

5.2.2　无线电波的调制与发射

利用无线电系统实现数据的传输和参数的测量,需要无线电台发射载有一定信息的无线电信号。发射机的功能就是将无线电信息进行适当的编码,通过振荡器的射频信号进行调制,然后经过功率放大,并馈送至天线,把已调制的射频信号发射出去。

在无线电通信系统中,为通过天线将信号传播到空间以实现远距离传输的目的,发射机把要发射的消息经过编码形成基带信号,基带信号的振幅对射频正弦波的参数进行调整,即将频率较低的基带信号转移到频率较高的载频上,且已调制波中就"载"有要传递的信息。信号调制方式包括连续波调制和脉冲调制两大类。连续波调制又分为线性调制、非线性调制和数字调制;脉冲调制包括脉冲模拟调制和脉冲数字调制。在一些实际系统中,还常采用复合调制方式,即用不同或相同的调制方式对载波信号进行多级(多次)调制,使载波的多个参数随基带信号或中间信号变化,达到进一步提高信号传输性能的目的。

5.2.3　无线电波的接收

到达接收机天线的无线电信号非常微弱,通常需要低噪声、高增益的高频放大器才能实现解调器的正常工作。受器件、工艺结构等因素的影响,直接完成高增益的高频信号放大有一定技术难度。直接采用多级级联的方式,实现难度较大。而采用超外差接收方式,在中低频上容易实现相对带宽较窄、矩形系数较高的中频滤波器,以提高接收机的选择性,而且增益可以从中频级获得,降低了射频级实现高增益的难度。

无线电接收机接收含有通信、导航等信息的射频信号时,在信号的调制、传输、放大、解调等过程中,其幅度、频率、相位等都将产生一些附加变化,如信号幅值的衰减、中心频率及相位的漂移等,这些变化将影响到信号的接收精度和系统性能。通常这些参量的变化速度比含有通信、导航信息的调制信号慢得多,因此在实际系统中可以将其分离出来作为控制信号,通过自动增益控制(AGC)、自动频率控制(AFC)、自动相位控制(APC)等附属控制电路来削弱这些变化因素对接收机性能的影响。

5.3　陆基无线电导航系统

5.3.1　陆基无线电测向

1. 无线电测向原理

陆基无线电测向系统是最早使用的无线电导航设备,它利用无线电系统天线的方向性图实现对方位角的测量。在无线电测向系统中,通常采用直立天线和环状天线构成的复合天线接收无线电信号进行测向。

直立天线是一种无方向性天线，其感应电势可表示为

$$v_1 = \sqrt{2}h \cdot E \cdot \sin(\omega t) \tag{5-3}$$

式中：h 为天线的有效高度；E 为电场强度有效值；ω 为无线电波的角频率。

环状天线是一种方向性天线，其外形可能是矩形、圆形或其他形状。以矩形天线为例，其感应电势可表示为

$$e = \sqrt{2}h_e E\sin\left(\omega + \frac{\pi}{2}\right)\cos\theta \tag{5-4}$$

式中：$h_e = 2\pi A/\lambda$，A 为矩形天线面积；θ 为来波方向与环面的夹角。

式(5-4)表明，矩形天线的感应电势输出与来波方向 θ 相关。但是，其方向性图在极坐标中是一个"∞"字形图。也就是说，θ 旋转一周的过程中有两个输出为零的位置，此时由于多值性无法确定来波方向，如图 5-7 所示。

为使环状天线具有单一的方向性，通常是引入直立天线，与环状天线组合成复合天线，消除环状天线"∞"字形方向性图的双值性，如图 5-8 所示。"环形 + 直立"天线的方向性图是心脏形图，有一个感应电势最小值和一个感应电势最大值，能够排除多值性，从原理上解决测向问题。

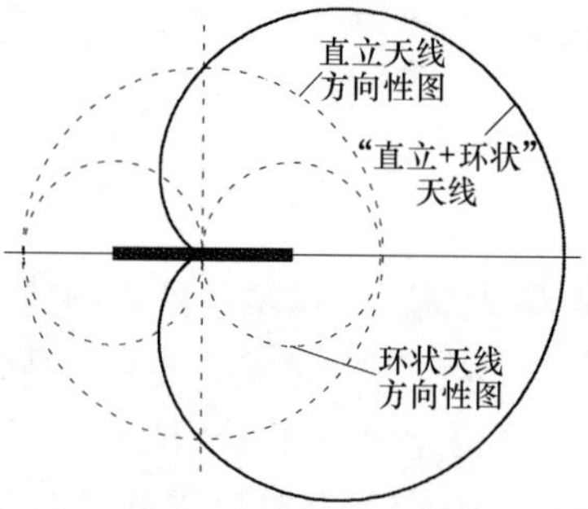

图 5-7　天线方向性图

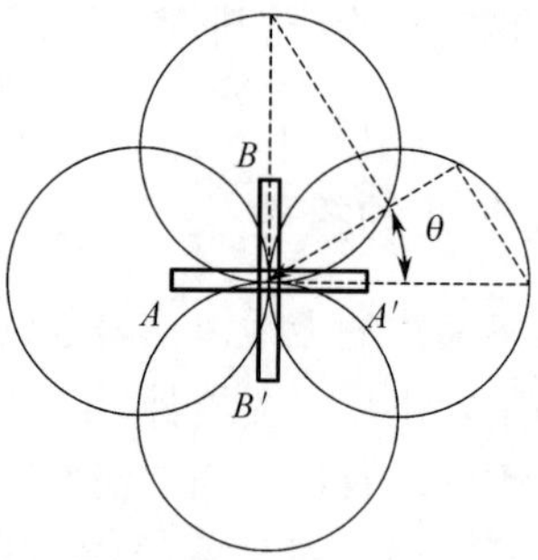

图 5-8　正交环形天线方向性图

2. 测角器

测角器由两个互相垂直的固定场线圈和一个可绕中心轴旋转的寻向线圈组成。两个固定场线圈分别与对应的环状天线相连接。当无线电波穿过环状天线时，环状天线输出电压将送至测角器的绕组，产生与环状天线中相同的磁场，磁场又在寻向线圈中感应出电压，其幅度值为

$$U = U_A\sin\varphi + U_B\cos\varphi \tag{5-5}$$

式中：U_A、U_B分别为环状天线 A、B 的感应电势，$U_A = U_0\sin\theta$，$U_B = U_0\cos\theta$，θ 为来波方向与环形天线 A 的夹角；φ 为寻向线圈的方向角。

根据 U_A和 U_B，可计算得到寻向天线的感应输出为

$$U = U_0\sin\theta\sin\varphi + U_0\cos\theta\cos\varphi = U_0\cos(\theta - \varphi) \tag{5-6}$$

由此可知，寻向线圈在 $\theta - \varphi$ 为 0°或 180°时，输出值最大，在 $\theta - \varphi$ 为 90°或 270°时输出值最小。同样，为解决测向多值性问题，测角器也需要与直立天线组合构成复合天线。此时，搜索线圈和直立天线的输出叠加，形成一个心脏形方向性图，即采用电的方法代替天线旋转，既能减小系统空间，又能提高机械稳定性。

3. 无线电测向系统误差

陆基无线电测向系统是 20 世纪 30 年代甚至是 40 年代主要的无线电导航系统,可以测定无线电发射台的方向,用于舰船救助、定位和导航。尽管其测向精度(一般为 ±(2°~5°))较其他方位测量仪器低,作用距离较近(白天为 100n mile,夜间为 50n mile),但无线电测向系统可测定任何无线电发射台的发射信号,通用性强、测向简单、使用方便、成本较低,对发射台无特殊要求,在世界各航区均可使用。尤为重要的是,无线电测向系统可以用于测定遇险舰船的方向,因此,国际海上人命安全公约(SOLAS 公约)规定 1600t 以上的船舶必须装备无线电测向系统。

角度测量的准确性是衡量无线电测向系统质量的主要指标,在利用无线电系统测向时,可能产生各种误差,主要包括设备误差、附近导体的干扰误差、电波传播误差和测定误差等。

5.3.2 罗兰 C 系统及其误差

双曲线导航系统是利用无线电发射台发射时间严格同步的无线电信号,通过在舰船上装备的无线电接收机接收这些信号,并根据测量信号的时间差或相位差,测定出舰船与两发射台之间的距离差,便可确定此时舰船的位置—定位于所测距离差对应的双曲线上,双曲线导航系统就是以此为基础建立并命名的。双曲线导航系统主要有相位测距差、脉冲测距差和脉冲—相位测距差三类。

1. 相位双曲线导航系统

相位双曲线导航系统通过测量两个无线电发射台所发射的在时间上严格保持同步,且具有固定相位关系的连续波到达舰船的相位差,进而求出两发射台距舰船距离差的导航系统。

如图 5-4 所示,A、B 是设置在地面上的两个发射台,它们发射角频率为 ω 无方向性等幅振荡信号,信号起始相位分别为 $\varphi_1=\omega t$ 和 $\varphi_2=\omega t+\theta$,$\theta$ 是常数。

当舰船位于 C 点时,可由接收信号的相位差表示 C 点距离 A、B 两点的距离差,即

$$\Delta r=r_B-r_A=\frac{c}{\omega}\varphi'=\frac{\lambda}{2\pi}\varphi' \tag{5-7}$$

式中:$\varphi'=\varphi-\theta$,φ 为接收信号相位差。

在相位双曲线导航系统中,单纯通过相位差很难单一确定距离差,这是由于相位多值性问题引起的。而由于存在相位读数的多值性,将影响到测量准确度与作用距离的提高。一种比较简单的方法是连续不断地计算完整相位循环次数,这种方法的缺点是可靠性差,一旦丢失信号或设备临时断电等,都会使相位巷道的序号记录丢失或产生混乱,产生更大定位偏差,另一种方法是周期性地加宽相位巷道。

奥米伽系统是相位双曲线系统的主要代表产品。系统工作在 10~14kHz 的甚低频段,发射台基线很长,传播距离远,仅用 8 个发射台就可覆盖全球,在长距离航行中能自动、连续地提供载体的当前位置及各种导航数据。系统优点是工作连续、覆盖范围广、可深入水下;缺点是绝对精度不高(白天为 1n mile,夜间为 2n mile),信号传播易受影响。但该系统是卫星导航进入实际应用之前,唯一覆盖全球且能连续定位的无线电导航系统,曾经获得了广泛应用。20 世纪末,由于卫星导航技术的发展,美国于 1997 年关闭了奥米

伽导航系统。

2. 脉冲双曲线导航系统

脉冲双曲线导航系统是由两个固定位置的发射台按一定的时间关系发射脉冲信号，根据脉冲到达接收点的时间差来确定双曲线位置线。

罗兰A系统是脉冲双曲线导航系统的典型代表，是美国在第二次世界大战中（1942年初）研制成功并投入使用的海用中程无线电导航系统。该系统曾遍及世界沿海国家和地区，有近百对台组。罗兰A的工作频段为1.6～1.95MHz，该信号频段在陆地传播的衰减速度很快，仅适用于海上工作，其作用距离也仅有500～700n mile。罗兰A系统发射单个脉冲而不是多脉冲，定位精度较低，为1～2n mile。随着无线电导航技术的不断发展，罗兰A系统现已被关闭，被更为先进的罗兰C系统所取代。

3. 脉冲—相位双曲线导航系统

双曲线导航系统除相位双曲线系统、脉冲双曲线系统外，还包括脉冲—相位双曲线导航系统，即同时基于脉冲和相位技术实现测距差的陆基无线电导航系统，该类系统能够同时兼备脉冲系统和相位系统的优点。

罗兰C是脉冲—相位双曲线导航系统的典型代表，是第二次世界大战末期在罗兰A系统的基础上研制开发的。1957年，美国海岸警卫队（USCG）建成了世界上第一个罗兰C台链。至1970年，罗兰C扩大到30个发射台，作用范围覆盖了北半球的广大地区。我国对罗兰C技术的研究起始于20世纪60年代，1979年正式批准在我国建立罗兰C系统，即"长河"二号工程，目前有"北海链"、"东海链"和"南海链"3个罗兰C台链，覆盖范围北至日本海，东至西太平洋，南达南沙诸岛。

1）罗兰C时差测定原理

设A、B分别为主、副台，P是接收点，d是主副台基线长度，R_A、R_B分别是A、B至P点的距离。设主台发射信号的表达式分别为

$$u(t)=U(t)\cos(\omega t) \tag{5-8}$$

式中：$U(t)$为脉冲包络函数；ω为载波频率。

副台发射的信号由主台同步，在收到主台脉冲后，延迟Δ时间发射与主台一样形状的脉冲信号，则接收点收到的主、副台信号分别为

$$\begin{cases}u_A=U(t-t_A)\cdot\cos(\omega(t-t_A))\\ u_A=U(t-t_B-t_{AB}-\Delta)\cos(\omega(t-t_B-t_{AB}-\Delta))\end{cases} \tag{5-9}$$

式中：$t_A=R_A/c$；$t_B=R_B/c$；$t_{AB}=d/c$。

由此，可计算收点P接收到的主、副台脉冲时间差和相位差分别为

$$\begin{cases}\Delta t=t_B-t_A+t_{AB}+\Delta=t_{AB}+\Delta+\dfrac{R_B-R_A}{c}\\ \Delta\varphi=\varphi_B-\varphi_A=\omega\Delta t=\dfrac{2\pi}{T}\Delta t\end{cases} \tag{5-10}$$

式中：T为载波的周期。

由于相位差仅在一个周期内具有单值性，因此时间差与相位差应写为

$$\Delta t=\frac{T}{2\pi}(2N+\Delta\varphi)=NT+\frac{T}{2\pi}\Delta\varphi=NT+t_\varphi \tag{5-11}$$

式中：N 为相位差中载波周期 T 的整数部分，测量时是未知数；t_φ 为不足整数周期的相位差。

脉冲—相位双曲线导航系统中，导航参数 Δt 采用按脉冲包络的脉冲法和载波振荡的相位法进行测量。接收机通过重合脉冲包络粗测时差（测量单位为 μs），测出时差值的前4位数值，即万、千、百、十位数值，实现粗测时间差，无多值性；通过比较载波相位精测时差（Fine TD），测出时差值的个位及小数点的数值，测得精测时间差。测量时差包括手动时差测定和自动时差测定两种方法。手动设备通过观察阴极射线管荧光屏显示的波形，手动进行包络重合和载波相位比较；自动设备按一定的流程自动进行信号的搜索、检测、跟踪及时差测定。

2）罗兰C系统误差

相比较罗兰A，罗兰C工作频率为100kHz的低频波段，不仅电波传播衰减少，作用距离更远，而且稳定性高、噪声小、工程上易于实现。而且，采用脉冲和相位相结合的测时差方法，可精确测量时间差，进而提高距离差测量精度。因此罗兰C作用范围可达1200 n mile，测量精度达到50～360m，性能大大超过罗兰A。

但是，与所有其他导航定位系统一样，罗兰C系统测取的载体测量位置是有误差的，其误差主要包括以下几类：

（1）测定时差的误差。其主要包括主、副台同步误差，地波传播误差，天波改正误差，周波误差和接收机误差。

（2）利用罗兰C海图或罗兰C表册的计算误差。由于接收机只能显示时差，还需罗兰C海图或罗兰表定位，因此定位精度将受到计算和作图误差的影响。

（3）舰船与罗兰C发射台相对位置的误差。罗兰C定位精度是测量点相对发射台位置关系的函数，与双曲线位置的散度和舰位相对于主、副台的张角有关，其关系式为

$$E = 0.0806 m_{\Delta t} / \sin\frac{\gamma}{2} \tag{5-12}$$

随着商用铯束频标、大规模集成电路、微型计算机和电子技术的发展，特别是固态大功率器件和低频大功率合成技术的飞跃，罗兰C技术和设备日臻完善，在系统信号可靠性和用户设备性能价格比这两个最重要的性能上有了突破性进展。但随着全球卫星导航系统的投入使用，罗兰C逐步被全球卫星导航系统所取代，如美国政府于1994年放弃了对设在境外的罗兰C管理权限，将设在远东、西北欧和地中海地区的罗兰C台站交付给驻在国管理。

5.4 卫星导航

陆基无线电导航系统，存在定位精度较低、无法全球覆盖等缺点。但1957年10月4日，苏联将第一颗人造地球卫星Sputnik送入了轨道，使得空间科学技术的发展迅速跨入了一个崭新的时代，也揭开了导航定位系统的新纪元。

美国海军首先了解利用卫星进行导航的可能性，并考虑到北极星核潜艇惯性导航重调需求，于是委托约翰·霍普金斯大学应用物理实验室开展第一代卫星导航系统——美国海军导航卫星系统（又称为子午仪导航系统，NNSS）——研究。子午仪系统由6颗工作

卫星构成，于1964年1月建成，首先为美国军方启用。该系统在1968年测定的精度为±70m，1976年提高到±30m。美国政府于1967年批准将该系统解密，并提供民用。在子午仪导航系统的启发下，苏联海军于1965年也开始建立了一个称为CICADA的卫星导航系统，它与NNSS相似，也是第一代卫星导航系统。第一代卫星导航系统存在着明显的缺陷，包括卫星数目少、运行高度低、从地面站观测到卫星的时间间隔长，导致系统无法提供连续实时的三维导航的要求。为了满足军事和民用部门对连续、实时、三维导航和定位的需求，第二代卫星导航系统便应运而生了。

鉴于子午仪导航系统存在的不足，美国于1973年经国防部批准由10个单位组成联合计划局，提出了全球定位系统GPS（全称为Navigation Satellite Timing And Ranging/Global Positioning System，简写为NAVSTAR GPS）的方案。在GPS的影响下，苏联独立研制了全球导航卫星系统GLONASS（Global NAvigation Satellite System）。GLONASS的建成和公开化，打破了美国对卫星导航独家经营的局面，既可为民间用户提供独立的导航服务，又可与GPS组合提供更好的几何观测位置。欧洲在看到GPS和GLONASS的巨大成功以后，提出了伽利略卫星导航系统计划（GALILEO）。该系统由欧洲空间局和欧盟发起并提供主要资金支持，实现完全非军方控制与管理，旨在建立一个由国际组织控制的、经济高效的民用导航及定位服务系统。除提供位置、速度、时间信息外，GALILEO系统还提供开放服务、商业服务、生命安全服务、公共特许服务和搜索救援服务等。我国于1994年正式批准了北斗卫星导航系统的研制，北斗一号基于主动式定位原理，采用地球同步卫星，能覆盖我国大陆和周边地区，定位精度在覆盖区内与GPS相当。2004年我国拥有完全自主知识产权的北斗二号（BEIDOU－2）卫星导航系统立项，北斗二号卫星导航系统将克服北斗一号系统存在的缺点，满足全球范围内用户对卫星导航系统的需求。

中国的北斗卫星导航系统、美国GPS、俄罗斯GLONASS和欧盟GALILEO系统并称为全球四大卫星导航系统。目前，联合国已将这4个系统一起确认为全球卫星导航系统核心供应商。

5.4.1 卫星定位基础

卫星定位导航系统是一种空基无线电导航定位系统，因此涉及卫星定轨、卫星通信、信号调制、卫星测距和导航解算等诸多技术。本节将介绍卫星的轨道运动、卫星信号调制及伪随机噪声码技术。

1. 卫星轨道及其运动

1）卫星轨道要素

国际电信联盟对于卫星轨道所作的定义是：由于受到自然力（主要是引力）的作用，卫星和其他空间物的质量中心遵循其相应参照系的路径运动，此路径称为轨道。描述卫星运动轨道有多种方法和不同参数，人们一般采用6个参数（习惯上称为轨道六要素）来表征卫星轨道，描述轨道的形状、大小、轨道面在空间的位置和卫星某一瞬时在轨道上的位置。如图5－9所示，这6个参数分别如下：

（1）升交点赤经Ω。升交点N是卫星轨道与地球赤道平面的交点，在赤道上以春分点r所在经度为基准，向东至升交点在赤道上的投影点N'的角距即为升交点赤经Ω，升交点赤经Ω在0°～360°之间变化。

(2) 轨道倾角 i。赤道平面和卫星轨道面之间的夹角,范围在0°~180°之间。$i=90°$时,卫星穿过地球的北极,称为极轨道(Polar Orbit);$i=0°$时,称为赤道轨道;$0°<i<90°$时称为顺斜轨道;$90°<i<180°$时称为逆斜轨道。

(3) 近地点张角 ω。在轨道平面上,由地心到升交点方向 ON 和由地心到近地点方向 OP 间的角距称为近地点张角,也称为近地点幅角,用以表示近地点的方向。

(4) 轨道长半轴 a。在轨道平面内,远地点至近地点距离的一半。

(5) 轨道偏心率 e。椭圆轨道两个焦点间距离的一半与长半轴之比,用以确定椭圆轨道的形状。

(6) 真近点角 M_f。卫星与地心连线 SO 和近地点与地心连线 PO 之间的夹角。

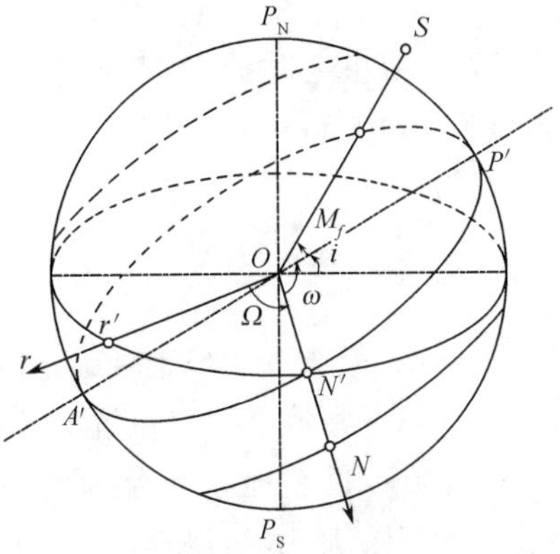

图5-9 卫星轨道要素

轨道六要素中:升交点赤经 Ω 和轨道倾角 i 确定轨道面在宇宙空间的位置;近地点张角 ω、长半轴 a 和偏心率 e 描述轨道的形状;真近点角 M_f 则确定了某一瞬时卫星在轨道上的位置。以上6个要素是相互独立的,它们可以完全决定卫星的瞬时位置。

2) 卫星的无摄运动

卫星做匀速圆周运动所需要的向心力是地球对它的引力,假设地球为匀质球体,在忽略摄动力影响的理想情况下,卫星在轨道上的运动称为无摄运动。根据牛顿万有引力定律和卫星匀速圆周运动的向心力,可得

$$\ddot{\boldsymbol{r}} = -\frac{GM}{r^2}\cdot\frac{\boldsymbol{r}}{r} \tag{5-13}$$

式中:M 为地球的质量,$M=5.98\times10^{24}$ kg;G 为万有引力常数,$G=6.67\times10^{-11}$ N·m/kg^2;$\boldsymbol{r}$ 为卫星的地心向径。

由式(5-13)可知,引力加速度 $\ddot{\boldsymbol{r}}$ 决定着卫星绕地球运动的基本规律,卫星在上述地球引力场中的无摄运动也称为开普勒运动,其规律可通过开普勒三定律来描述。

开普勒第一定律:卫星的运行轨道是一个椭圆,该椭圆的一个焦点与地球质心重合。轨道椭圆的大小和形状,取决于其长半轴 a 和偏心率 e。根据式(5-13)可解得卫星绕地球质心运动的轨道方程为

$$r=\frac{a(1-e^2)}{1+e\cos M_f} \tag{5-14}$$

开普勒第二定律:卫星的地心向径,即地球质心与卫星质心间的距离矢量,在相同的时间内所扫过的面积相等。这一定律可根据式(5-13)的能量积分而导出。根据能量守恒定理,卫星在运行过程中,其势能和动能的总和应保持不变,即

$$-\frac{GMm}{r}+\frac{mv^2}{2}=常量 \tag{5-15}$$

因此,卫星在椭圆轨道上的运行速度是不断变化的:在近地点 P 处动能最大,速度最高;而在远地点 A 处动能最小,速度最低。

开普勒第三定律:卫星运动周期的平方与轨道椭圆长半轴的立方之比为一常数,该常数等于地球引力常数 GM 的倒数。其数学表达式为

$$\frac{T^2}{a^3}=\frac{4\pi^2}{GM}d \tag{5-16}$$

式中:T 为卫星运动的周期,即卫星绕地球运行一周所需的时间;地球引力常数 $GM=3.986005\times10^{14}\mathrm{m}^3/\mathrm{s}^2$。

若设卫星运动的平均角速度为 n_0,则有 $n_0=2\pi/T$,代入至式(5-16),可得

$$n_0=\left(\frac{GM}{a^3}\right)^{1/2} \tag{5-17}$$

显然,当开普勒椭圆的长半轴确定后,卫星运行的平均角速度便随之确定,且运行周期保持不变。这一特性在卫星位置的计算中具有重要意义。

卫星在空间绕地球运行,还将受到太阳、月亮和其他天体引力的影响,以及地球非球性、太阳光压、大气阻力和地球潮汐力等因素的影响。受到其他天体扰动和大气物理现象影响的实际运行轨道称为摄动轨道。卫星实际的运动规律极其复杂,以至难以用简单而精确的数学模型加以描述。以 GPS 卫星为例,仅地球的非球性影响一项,在 3h 的弧段上就可能使卫星的位置偏差达 2km。因此,必须建立各种摄动力模型,对卫星轨道加以修正,以满足精密定轨的要求。

2. 卫星信号调制技术

卫星通信具有距离远、覆盖面积大、通信频带宽、传输容量大和通信线路稳定可靠的特点。选择工作频段对于卫星通信是个十分重要的问题。为减小电波传播衰减、加宽系统可用频带,并避开与其他无线电系统间的干扰,卫星通信工作频段选在了特高频或微波频段。

1) 载波调制技术

频率很低的电信号,不适宜直接在无线信道中传输,如 GPS 导航电文频率仅为 50Hz,该信号频率较低,其信道利用率非常低,而且很不经济。为了使卫星导航信号能够在无线信道中进行频带传输,同时也为了使信道的频带利用率高,就需要采用载波调制技术。载波调制分为模拟调制和数字调制:模拟调制是利用模拟基带信号对高频正弦波的幅度、频率或相位进行控制;数字调制是利用数字基带信号对载波的幅度、频率或相位进行控制,使载波的这些参量随数字基带信号的变化而变化。以 GPS 为例,它采用的载波调制方式是 BPSK(二进制相移键控)调制,高频载波信号分别是 L_1(1575.42MHz)和 L_2(1227.60MHz)。

2) 扩频调制

在 GPS 卫星通信中,为使多颗卫星发送的信号互不干扰,GPS 卫星导航系统采用了扩频调制技术,扩频调制也称为码分多址,不同的卫星采用不同的扩频码发射导航电文。

在卫星通信系统和移动卫星通信系统中,扩频通信都是重要的通信体制。GPS 采用直接序列方式,用一种伪随机的码序列将要发送信号的频谱扩展到一个很宽的频带上,然后再发射出去。在接收端,扩频接收机用与发射端相同的伪随机码对接收到的信号进行相关处理,将接收到的扩频信号恢复成窄带的数据信号。由于这种系统具有很强的抗干扰能力和保密性,而且比其他多址方式简单、灵活,因此在军用系统中得到广泛应用。

3) 伪随机噪声码

伪随机噪声码是一种可以预先确定并可以重复产生和复制,具有白噪声统计特性的

二进制码序列,简称为伪随机码或伪噪声码。简而言之,伪噪声码就是一列具有一定周期的取值为 0 或 1 的离散符号串,它具有类似于白噪声的自相关系数。GPS 的 C/A 码和 P 码都是伪随机码,这是噪声通信技术在卫星导航领域的成功实践。

移位寄存器由 r 个串接的双态存储器和一个移位时钟信号发生器组成。每个双态存储器(或寄存器)称为移位寄存器的级,每一级都只能有两个状态,分别用 0 和 1 表示。移位寄存器在控制脉冲的作用下工作:置“1”脉冲的作用是使各级存储单元的内容全处于“1”的状态;时钟脉冲能控制每个存储单元的内容都顺序地由一个单元移到下一个单元,而最后一个存储单元的内容便输出。

通过不同的抽头式反馈移位寄存器反馈方式,可以产生不同的二元序列,其中周期最长的序列就称为 m 序列。该序列具有周期性。例如,四级反馈移位寄存器序列,一个周期内码长为 15 个码元。由于四级移位寄存器最多有 $2^4=16$ 种不同状态,其中全 0 状态不允许出现(因为如果处于全 0 状态,则输出将持续地为 0),因此,最多有 15 个状态。对应于 r 级移位寄存器,其最多状态有 2^r-1 个。

m 序列具有与随机事件相似的统计特性。对其自相关特性进行分析,可得两个周期同为 T_p 的函数 $x_1(t)$ 和 $x_2(t)$,其互相关系数为

$$\rho(\tau)=\begin{cases}1, & \tau=0,\pm T_p,\pm 2T_p,\cdots,\pm nT_p\\ -\dfrac{1}{L_p}, & \tau\neq jT_p\quad (j=0,\pm1,\pm2,\cdots,\pm n)\end{cases}\tag{5-18}$$

式中:τ 为 $x_2(t)$ 相对 $x_1(t)$ 的时间延迟;L_p 为码长。

由式(5-18)可知:当 $\tau=0$ 时,$\rho(\tau)=1$ 为极大值;当 $\tau\neq0$ 时,$\rho(\tau)=-1/L_p$ 是极小值,如图 5-10 所示。

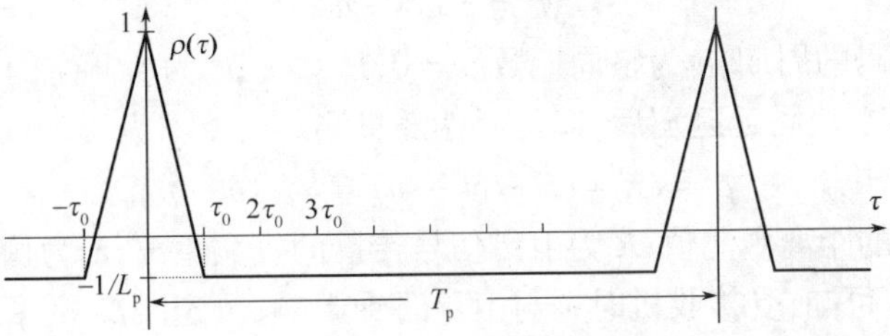

图 5-10　m 序列的自相关系数

m 序列的这种自相关特性具有重要的意义,它是伪随机码测距技术的理论基础。即通过接收到的卫星信号与本地复制码进行相关处理,本地码所移动的时间延迟值就是卫星信号传播时间 τ,乘上光速值 c 便可以得到卫星至用户接收机之间的距离。还需要指出的是,自相关系数 $\rho(\tau)$ 不仅在 $\tau=0$ 时为极大值,而且在 τ 等于整周期时也出现极大值,如图 5-10 所示。因此,这样就会产生多值性问题,在测距技术中称为不定度或模糊度(Ambiguity)问题,需采用其他方法解决。

5.4.2　卫星定位基本方法

卫星导航定位的方法多种多样,如伪距法、载波相位法和多普勒频移法。但不管用何种方法实现,都必须获取测站与卫星间的距离或距离差,从而求解用户的导航信息。如今

的卫星导航接收机广泛采用伪距定位或载波相位定位,多普勒法定位的实时性能较差,常用于测定用户的速度。由于 GPS、GALILEO、GLONASS 及北斗二号卫星导航系统的定位原理相似,本节介绍伪距定位和载波相位定位时如无特殊说明,均以 GPS 为例,读者可以方便地推广到其他卫星导航系统。

1. 卫星定位基本观测量

与陆基无线电导航系统相同,卫星导航系统也通过测定电磁波传播时间或相位的方法,获得发射端到接收端的距离观测量。

1)测码伪距观测量

GPS 所使用的伪随机码有良好的自相关和互相关特性,通过测量相关函数最大值的位置使本地信号与接收信号同步,从而实现测距。例如,由卫星时钟控制的伪随机码$x_s(t)$,从卫星天线发播,经传播延迟 τ 到达接收机,于 t 时刻接收到的卫星信号为 $x_s(t-\tau)$。由接收机时钟控制的本地码发生器产生一个与卫星伪随机码相同的本地码 $x(t+\delta t)$,其中 δt 为接收机时钟与卫星时钟的钟差。经码移位电路将本地码移位(延迟)τ' 得到 $x(t+\delta t-\tau')$,将其送至相关器与所接收到的卫星信号 $x_s(t-\tau)$ 进行相关运算,经积分器可得相关输出,即

$$R(\Delta\tau) = \int x_s(t-\tau)x(t+\delta t-\tau')\mathrm{d}t \tag{5-19}$$

式中:$\Delta\tau=(t+\delta t-\tau')-(t-\tau)$。

调整本地码延迟 τ',使相关输出达到最大值,根据伪随机码的自相关特性可知

$$R(\Delta\tau)=\max\Delta\tau=nT,\quad n=0,1,2,\cdots \tag{5-20}$$

则由 $\Delta\tau$ 表达式可得

$$\tau'=\tau+\delta t-nT \tag{5-21}$$

式中:T 为伪随机码的周期;n 为整周期数,$n=0,1,2,\cdots$;τ'为所测定的本地码延迟。

因此,当测得本地码延迟 τ'后,即可得伪随机测距的基本方程为

$$\rho'=c\tau'=c\tau+c\delta t-cnT=R+c\delta t-n\lambda \tag{5-22}$$

式中:ρ'为所测定的距离观测值;R 为卫星信号传播的真实距离;λ 为伪随机码波长。

由式(5-22)可知,受接收机时钟与卫星时钟影响,测定距离 ρ'并不等于卫星至接收机间的真实距离,因此将 ρ'称为伪距。实际上,卫星时钟钟差在导航电文中已给出,而接收机时钟钟差无法获得,只能在定位解算中将其作为一个待定参数求得。因此,观测伪距定位,需至少同步观测 4 颗 GPS 卫星的伪距才能求得用户的三维位置。

2)测相伪距观测量

除了利用伪随机码测定距离外,还可以通过测定载波信号提供的信息来得到伪距,即载波相位测量。载波信号量测精度优于波长的 1/100,载波波长 λ(L_1 = 19cm, L_2 = 24cm)比 C/A 码波长(C/A = 293m)短得多,所以采用载波相位观测值可以获得比伪距(C/A 码或 P 码)定位高得多的精度。

设卫星 S 在时刻 T_j发出载波信号时的相位为 $\varphi^j(T_j)$,信号到达接收机时的相位为 $\varphi_k(T_k)$,对应的时刻为 T_k。如果不考虑误差因素,则卫星 S 至接收机 k 的距离 R 可表示为

$$R=\lambda[\varphi^j(T_j)-\varphi_k(T_k)] \tag{5-23}$$

$\varphi_k(T_k)$可由接收机测量得到,而对于卫星发出信号时的载波相位 $\varphi^j(T_j)$,可通过在

接收机内重新获取纯净的载波，通常称为本地载波，来达到测量载波相位的目的。也就是说，使接收机本地振荡器产生一个频率和初相与卫星载波信号完全相同的基准信号，则任一时刻 T_i，载波在卫星 j 处的相位 $\varphi^j(T_i)$ 等于接收机基准信号相位 $\varphi_k(T_i)$，有

$$\varphi_k(T_i)=\varphi^j(T_i) \tag{5-24}$$

当该信号于 T_j 时刻到达接收机 k 处，此时接收机基准信号的相位为 $\varphi_k(T_j)$。使接收到的卫星信号与本机参考信号的相位求差，并考虑相位与伪距的关系，则卫星至接收机的距离可表示为

$$R=\lambda[\varphi_k(T_j)-\varphi_k(T_k)] \tag{5-25}$$

3）多普勒频移观测量

卫量在轨道上运动，以固定频率连续发射信号。由于卫星绕地球运动，它和地面测站间有一个相对速度，所以地面接收到的卫星信号频率相对于发射频率发生变化，从而产生多普勒效应。由物理学的多普勒效应得知，接收频率(f_R)是发射频率(f_T)、信号传播速度 c 和单位时间内的距离变化 ds/dt 的函数，即在不考虑相对论效应时，接收频率为

$$f_R=f_T\left(1-\frac{ds/dt}{c}\right) \tag{5-26}$$

式中：ds/dt 为单位时间内卫星与地面接收机间的距离变化，即卫星相对于测站的径向速度，记为 v。

相应的多普勒频移(或称多普勒频率，单位为周/s)为

$$f_D=f_R-f_T=-f_T\frac{v}{c} \tag{5-27}$$

利用卫星信号中的多普勒频移或多普勒计数值作为观测量，求得距离差，同样可以实现测站的定位。

2. 伪距定位

为了简便，假设电离层、对流层的大气延时已经得到修正，卫星时钟误差由导航电文提供的参数予以补偿，其他未补偿完全或由卫星星历、多径误差等造成的等效距离误差记为 ε_k，则式(5-22)可以扩展成

$$\rho_k^j=c\tau'+\varepsilon_k^j=c(\tau+\delta t_k)+\varepsilon_k^j=R_k^j+c\delta t_k+\varepsilon_k^j \tag{5-28}$$

式中：ρ_k^j 为接收机测定的用户 k 至卫星 j 的距离观测值，即伪距；τ 为信号自卫星发射到接收机的传播时间；R_k^j 为卫星 j 到接收机 k 的真实距离，$R_k^j=c\tau$；δt_k 为接收机相对于系统时的时钟误差；ε_k^j 为与测量误差等效的距离误差。

设(X^j,Y^j,Z^j)表示第 j 颗卫星在地心地固坐标系的位置，(x_k,y_k,z_k)为用户 k 在地心地固坐标系的位置，则卫星至接收机的真实距离 R_k^j 可表示为

$$R_k^j=\sqrt{(X^j-x_k)^2+(Y^j-y_k)^2+(Z^j-z_k)^2} \tag{5-29}$$

在式(5-28)中，为了求解用户的三维位置(x_k,y_k,z_k)和接收机时钟误差 δt_k 这4个未知数，至少需要同时观测4颗卫星，建立4个类型相同的观测方程组，即

$$\rho_k^j=R_k^j+c\delta t_k+\varepsilon_k^j=\sqrt{(X^j-x_k)^2+(Y^j-y_k)^2+(Z^j-z_k)^2}+c\delta t_k+\varepsilon_k^j \tag{5-30}$$

式中：$j=1,2,3,4$，分别表示4个不同的卫星编号。

由于式(5-30)是非线性方程，在解算用户位置时，如果近似地知道接收机的位置，

那么可以将真实位置(x_k, y_k, z_k)与近似位置$(\hat{x}_k, \hat{y}_k, \hat{z}_k)$之间的偏移用位移$(\Delta x_k, \Delta y_k, \Delta z_k)$来标记,则用户真实位置为

$$x_k = \hat{x}_k + \Delta x_k, y_k = \hat{y}_k + \Delta y_k, z_k = \hat{z}_k + \Delta z_k \tag{5-31a}$$

同时,选择用户接收机时钟误差的概略值$\delta\hat{t}_k$,一般假定为0,那么,有

$$\delta t_k = \delta\hat{t}_k + \Delta t_k \tag{5-31b}$$

式中:Δt_k为用户接收机时钟误差与所选概略值的偏移。

根据泰勒级数展开公式,有

$$f(x,y,z,t) = f(x_0,y_0,z_0,t_0) + \left.\frac{\partial f}{\partial x}\right|_{\substack{x=x_0\\y=y_0\\z=z_0\\t=t_0}} \Delta x + \left.\frac{\partial f}{\partial y}\right|_{\substack{x=x_0\\y=y_0\\z=z_0\\t=t_0}} \Delta y + \left.\frac{\partial f}{\partial z}\right|_{\substack{x=x_0\\y=y_0\\z=z_0\\t=t_0}} \Delta z + \left.\frac{\partial f}{\partial t}\right|_{\substack{x=x_0\\y=y_0\\z=z_0\\t=t_0}} \Delta t + \cdots$$

将式(5-30)在用户概略坐标$(\hat{x}_k, \hat{y}_k, \hat{z}_k)$和接收机时钟误差的概略值$\delta\hat{t}_k$处展开,并忽略二阶以上高次项,可以得到伪距测量线性化方程,即

$$\rho_k^j = \hat{r}_k^j + c\delta\hat{t}_k - a_x^j \Delta x_k - a_y^j \Delta y_k - a_z^j \Delta z_k + c\Delta t_k + \varepsilon_k^j \tag{5-32}$$

式中:$\hat{r}_k^j$为用户k到卫星j的距离近似值,$\hat{r}_k^j = \sqrt{(X^j - \hat{x}_k)^2 + (Y^j - \hat{y}_k)^2 + (Z^j - \hat{z}_k)^2}$。设$a_x^j = (X^j - \hat{x}_k)/\hat{r}_k^j$,$a_y^j = (Y^j - \hat{y}_k)/\hat{r}_k^j$,$a_z^j = (Z^j - \hat{z}_k)/\hat{r}_k^j$,$a_x^j$、$a_y^j$、$a_z^j$为由近似用户位置指向第$j$号卫星的单位矢量方向余弦。

令$\Delta\rho_k^j = \rho_k^j - \hat{r}_k^j - c\delta\hat{t}_k$,于是式(5-32)可以写为

$$\Delta\rho_k^j = -a_x^j \Delta x_k - a_y^j \Delta y_k - a_z^j \Delta z_k + c\Delta t_k + \varepsilon_k^j$$

当同时观测$n(n\geqslant 4)$颗卫星时,有如矩阵矢量的方程,即

$$\boldsymbol{L} = \begin{bmatrix} \Delta\rho_k^1 \\ \Delta\rho_k^2 \\ \Delta\rho_k^3 \\ \vdots \\ \Delta\rho_k^n \end{bmatrix} = \begin{bmatrix} -a_x^1 & -a_y^1 & -a_z^1 & 1 \\ -a_x^2 & -a_y^2 & -a_z^2 & 1 \\ -a_x^3 & -a_y^3 & -a_z^3 & 1 \\ \vdots & \vdots & \vdots & \vdots \\ -a_x^n & -a_y^n & -a_z^n & 1 \end{bmatrix} \begin{bmatrix} \Delta x_k \\ \Delta y_k \\ \Delta z_k \\ c\Delta t_k \end{bmatrix} + \begin{bmatrix} \varepsilon_k^1 \\ \varepsilon_k^2 \\ \varepsilon_k^3 \\ \vdots \\ \varepsilon_k^n \end{bmatrix} = \boldsymbol{GX} + \boldsymbol{V} \tag{5-33}$$

式(5-33)就是卫星导航伪距观测的测量方程。测量残差$\boldsymbol{V}$是指消除各种已知偏差后的残存误差,一般由一些缓慢变化的项及随机噪声组成,主要由接收机噪声和量化误差产生。

由于接收机观测的卫星数量不同,式(5-33)求解方法也有差异,具体包括以下内容:

(1) 当观测卫星数$n=4$时,$\boldsymbol{X} = \boldsymbol{G}^{-1}\boldsymbol{L}$。

(2) 当观测卫星数$n>4$时,根据最小二乘法求解,即$\boldsymbol{X} = (\boldsymbol{G}^{\mathrm{T}}\boldsymbol{G})^{-1}\boldsymbol{G}^{\mathrm{T}}\boldsymbol{L}$。

(3) 如果给每个观测值都指定一加权值$\boldsymbol{W}^{-1}$,则$\boldsymbol{X} = (\boldsymbol{G}^{\mathrm{T}}\boldsymbol{W}^{-1}\boldsymbol{G})^{-1}\boldsymbol{G}^{\mathrm{T}}\boldsymbol{W}^{-1}\boldsymbol{L}$。

解算出$\boldsymbol{X} = [\Delta x_k, \Delta y_k, \Delta z_k, c\Delta t_k]^{\mathrm{T}}$后,利用式(5-31)即可求得接收机位置。

当接收机位置未知时,通常会将概略坐标设置在地球的中心,对最小二乘求解过程进行多次迭代后,解算结果误差逐步缩小,将收敛于真实位置。

可以看出,上述最小二乘解的精度由两个因素决定,即测量精度和用户与卫星之间的几何关系。测量精度由测量误差的方差来描述;用户与卫星的几何关系由"$(\boldsymbol{G}^{\mathrm{T}}\boldsymbol{G})^{-1}$"矩阵描述,称为几何精度因子,它对测距误差起着"放大"的作用。把$(\boldsymbol{G}^{\mathrm{T}}\boldsymbol{G})^{-1}$写成矩阵形

式，即

$$(\boldsymbol{G}^{\mathrm{T}}\boldsymbol{G})^{-1}=\begin{bmatrix}\sigma_x^2 & \sigma_{xy} & \sigma_{xz} & \sigma_{xt}\\ \sigma_{yx} & \sigma_y^2 & \sigma_{yz} & \sigma_{yt}\\ \sigma_{zx} & \sigma_{yz} & \sigma_z^2 & \sigma_{zt}\\ \sigma_{tx} & \sigma_{ty} & \sigma_{tz} & \sigma_t^2\end{bmatrix} \tag{5-34}$$

在大多数情况下，主要关心的是对角阵元素，由此得到主要的几何精度因子，包括以下几个：

几何精度因子（GDOP）：$\mathrm{GDOP}=\sqrt{\mathrm{trace}(\boldsymbol{G}^{\mathrm{T}}\boldsymbol{G})^{-1}}=\sqrt{\sigma_x^2+\sigma_y^2+\sigma_z^2+\sigma_t^2}$。

三维位置几何精度因子（PDOP）：$\mathrm{PDOP}=\sqrt{\sigma_x^2+\sigma_y^2+\sigma_z^2}$。

平面位置几何精度因子（HDOP）：$\mathrm{HDOP}=\sqrt{\sigma_x^2+\sigma_y^2}$。

高程几何精度因子（VDOP）：$\mathrm{VDOP}=\sqrt{\sigma_z^2}$。

时间几何精度因子（TDOP）：$\mathrm{TDOP}=\sqrt{\sigma_t^2}$。

因此，总的位置误差值可用 $\sigma\times\mathrm{PDOP}$ 来估算，垂向位置误差可用 $\sigma\times\mathrm{VDOP}$ 估算，依此类推。卫星导航系统星座与用户构成的几何图形越好，GDOP 就越小，它对用户位置测定精度的损失就越小。研究表明，4 颗定位卫星与用户可以构成一个四面体，而 GDOP 与星座四面体的体积成反比。因此，优选卫星参与导航解算是获取高精度导航定位的有效方法之一。但是，由于我们的结论是基于所有卫星伪距测量值的误差非相关且具有相同的统计特性这样一个假定，所以这仅仅是一个近似值。典型的现代单一系统接收机能够同时跟踪 5 ~ 12 颗卫星，卫星数目增多，产生较好几何关系的概率就大，一般说来便可以生成更为精确的单点导航解。

3. 载波相位法定位

理想情况下，由式（5 - 23）可以实现由载波相位得到距离的解算，然而接收机实际进行载波相位测量时，只能测定不足一周的相位（差），而且在测量中必须连续跟踪卫星，所以实际相位差中还包含接收机首次测量时相位（差）的整周数。当接收机跟踪上信号，并在起始历元进行首次载波相位测量时，所测得的相位差应包含整周部分和不足一周的小数部分。

设在 T_1 时刻进行首次载波相位观测，此时接收机基准信号相位为 $\varphi_k(T_1)$，接收到来自卫星载波信号的相位为 $\varphi_k^j(T_1)$，相应的相位差观测值为

$$\phi_k^j(T_1)=\varphi_k(T_1)-\varphi_k^j(T_1)=N_k^j+\delta\varphi_k^j(T_1) \tag{5-35}$$

式中：$\phi_k^j(T_1)$ 为接收机需要测定的相位差；N_k^j 为载波相位整周部分，它是未知量；$\delta\varphi_k^j(T_1)$ 为载波相位中不足一周的小数部分，可由接收机测定。

在随后的相位测量中，相位是连续检测和计数的，因此，可以测定 T_1 至 T_i 时刻载波整周数的变化 $\Delta N_k^j(T_i)$ 和 T_i 时刻不足一周的小数相位 $\delta\varphi_k^j(T_i)$，则

$$\phi_k^j(T_i)=\varphi_k(T_i)-\varphi_k^j(T_i)=N_k^j+\Delta N_k^j(T_i)+\delta\varphi_k^j(T_i) \tag{5-36}$$

式中：$\Delta N_k^j(T_i)$ 为载波整周数在两次测量期间的变化量，由接收机计数器实现；$\delta\varphi_k^j(T_i)$ 为不足一周的相位，也由接收机测量得到。所以在 T_i 时测量的与载波相位有关的值为

$$\Delta\phi_k^j(T_i) = \Delta N_k^j(T_i) + \delta\varphi_k^j(T_i) \quad (5-37)$$

则第 i 次测量的相位差可表示为

$$\phi_k^j(T_i) = N_k^j + \Delta\phi_k^j(T_i) \quad (5-38)$$

由以上分析可知，首次测量的未知整周数 N_k^j 包含在随后的连续相位测量中，而且如果在测量过程中接收机不发生整周计数的丢失（即周跳），则 N_k^j 保持不变。

以上讨论是以标准的卫星导航系统时间 T 为基础的，当接收机有 δt_k 钟差时，有

$$\phi(T_i + \delta t_k) = \phi(T_i) + f\delta t_k \quad (5-39)$$

代入到式(5-36)，得到

$$\phi_k^j(t_i) = N_k^j + \Delta N_k^j(t_i) + \delta\phi_k^j(t_i) - f\delta t_k \quad (5-40)$$

将式(5-40)载波相位测量转化为伪距（$R_k^j(t_i) = \lambda\varphi_k^j(t_i)$），可得载波相位伪距观测方程为

$$\lambda\Delta\phi_k^j(t_i) = R_k^j(t_i) + c\delta t_k - \lambda N_k^j \quad (5-41)$$

式(5-41)所示的载波相位伪距观测方程中，当接收 n 颗卫星的数据构成 n 个观测方程时，方程中将有 $n+4$ 个未知数，因此需要先通过伪距法、经典方法、多普勒法（三差法）以及快速确定整周未知数法等确定 n 个初始整周模糊度 N_k^j。

载波相位法的最大优点是定位精度高。此外，载波相位法还可以实现无码测量，但计算需要知道卫星星历，需通过其他途径提供。

4. 多普勒法定位

多普勒频移为避免出现多普勒积分值的双值性问题，接收机不是直接测量接收频率与发射频率之差，而是测量接收频率 f_R 与本机基准频率 f_G 之差，求其多普勒频移积分值，由此求得距离差。

如图 5-11 所示，设：在 t_1 时刻，卫星在 S_1 处发射信号，此时与观测点 P 相距 D_1，电波以速度 c 传播，测者在 $t_1 = t_1 + D_1/c$ 时刻接收到信号；在 t_2 时刻，卫星在 S_2 处发射信号，此时卫星与观测点距离为 D_2，测者在 $t_2 = t_2 + D_2/c$ 时收到信号。

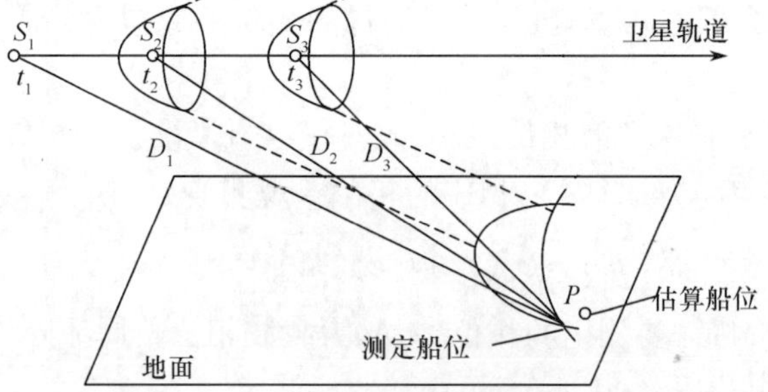

图 5-11　卫星多普勒频移定位原理

接收机接收卫星从 t_1 到 t_2 时刻发播的信号，可测量到多普勒积分值 N，它是距离差 $D_2 - D_1$ 函数。

$$N = \int_{t_1+D_1/c}^{t_2+D_2/c} (f_G - f_R)\,dt = \int_{t_1+D_1/c}^{t_2+D_2/c} f_G\,dt - \int_{t_1+D_1/c}^{t_2+D_2/c} f_R\,dt \quad (5-42)$$

式(5－42)右边第 2 部分代表接收机在$(t_1+D_1/c)\sim(t_2+D_2/c)$时间内，所收到的电波总周数，它等于卫星在 $t_1\sim t_2$之间发射的周波数，即

$$\int_{t_1+D_1/c}^{t_2+D_2/c} f_R \mathrm{d}t = \int_{t_1}^{t_2} f_T \mathrm{d}t \tag{5-43}$$

把式(5－43)代入式(5－42)，得

$$N = \int_{t_1+D_1/c}^{t_2+D_2/c} f_G \mathrm{d}t - \int_{t_1}^{t_2} f_T \mathrm{d}t \tag{5-44}$$

卫星发射频率 f_T 和本机振荡频率 f_G 都很稳定，在卫星通过测者上空期间可以认为是常数，于是式(5－44)可改写成

$$N = f_G[(t_2-t_1)+(D_2-D_1)/c] - f_T(t_2-t_1) = (f_G-f_T)(t_2-t_1)+(D_2-D_1)f_G/c \tag{5-45}$$

式中，如果f_G、f_T、c、t_2-t_1 都是已知值，那么只要测得多普勒频移积分值 N，就可求得 t_2 和 t_1 两时刻卫星与测者之间的距离差 ΔR。公式为

$$\Delta R = D_2 - D_1 = N\frac{c}{f_G} - (f_G-f_T)(t_2-t_1)\frac{c}{f_G} \tag{5-46}$$

接收机根据轨道参数，可以确定卫星位置；根据多普勒频移积分值，可以得出相应时间卫星和测者的距离差。这时与 S_1 和 S_2 空间两定点距离差为一定值的点的轨迹，是以这两个点为焦点的旋转双曲面，参见图 5－11。曲面与地球表面相交的曲线，就是通过测者的位置线。同时测得多条位置线时，这些位置线的交点即为观测点的位置，这就是子午仪导航系统的定位原理。

比较多普勒定位与伪距定位，可以知道：

(1) 用伪距法进行 GPS 定位，三维定位需跟踪 4 颗卫星，用多普勒法进行 GPS 定位，由于仅需跟踪用户视界内的 1 颗卫星，因此即使计划中的卫星尚未全部升空，也可确保定位的连续性。

(2) 在用伪距法定位时，用户可同时跟踪几颗卫星，测出伪距，实时性很强。但是，在用多普勒法定位时，由于必须以一定时序对某一颗被跟踪卫星进行多次积分多普勒计数才能定位，故实时性较差。

5.4.3　卫星定位误差

卫星导航的误差按性质可以分为系统误差和偶然误差两大类。偶然误差主要包括信号的多径效应和偶然测量误差；系统误差则主要包括卫星的星历误差、卫星时钟误差、大气折射及接收机时钟误差等。系统误差无论从误差的大小还是对定位结果的影响程度，都比偶然误差要大得多，它是卫星导航系统的主要误差源。但同时，系统误差有一定的规律可循，可采取一定的措施或方法加以消除或抑制。

卫星导航系统的误差从来源上可以分为 4 个部分，即与卫星有关的误差、与信号传播有关的误差、与接收机有关的误差，以及会对高精度定位造成影响的地球潮汐、负荷潮等误差。以 GPS 为例，表 5－2 中列出了这些误差的具体分类和对距离测量的影响程度。

表 5-2 GPS 测量误差分类及对测距的影响

误差来源		对测距的影响/m
与卫星有关的误差	星历误差	1.5~15.0
	时钟误差	
	相对论效应	
与信号传播有关的误差	电离层延迟	1.5~15.0
	对流层延迟	
	多径效应	
与接收机有关的误差	时钟误差	1.5~5.0
	位置误差	
	天线相位中心变化	
其他误差	地球潮汐	1.0
	负荷潮	

1. 与信号传播有关的误差

(1) 电离层折射。电离层的气体分子由于受到太阳等天体各种射线的辐射,产生强烈的电离形成大量的自由电子和正离子。当卫星信号通过电离层时,如同其他电磁波一样,信号的路径会发生弯曲,传播速度也会发生变化,这种偏差称为电离层折射误差。电离层折射对信号传播的影响与信号频率有关,而且伪距测量值与载波相位测量值的电离层折射误差大小相等、方向相反。基于此,目前广泛采用双频接收机、伪距/载波相位测量组合技术以及误差建模方法对电离层折射误差加以抑制。

(2) 对流层折射。对流层位于大气层的最底层,属于非电离大气层。地球表面的气象变化与对流层密切相关。对流层中的大气成分比较复杂,主要由氮(78.03%)和氧(20.99%)组成,还包含少量的水蒸气、氩、二氧化碳、氢等气体和某些不定量的混合物。对流层的折射与地面气候、大气压力、温度和湿度变化密切相关,这也使得对流层折射比电离层折射更复杂。观测卫星的高度角越小,对流层对 GPS 信号的影响越大。

(3) 磁暴的影响。高能质子沿地球磁场落到高纬度地区产生电子和强大的磁场反应,引发强大的电子密度和较大的切断效应,使得在高纬度地区工作的 GPS 接收机产生强大的振幅闪烁和相位闪烁,甚至改变 GPS 信号的传播路线。由电离层诱发的这种磁暴在高纬度地区可能要持续几小时到几天,在中、低纬度地区一般较少出现。

(4) 多径效应。如果测站周围的反射物所反射的卫星信号(反射波)进入接收机天线,它将和直接来自卫星的信号(直接波)产生干涉,从而产生"多径误差"。这种由于多径的信号传播所引起的干涉时延效应被称为多径效应。多径效应是卫星信号中一种重要的误差源,将严重损害卫星定位的精度,严重时还将引起信号的失锁。

2. 与卫星有关的误差

(1) 卫星星历误差。由于卫星在运行中要受到多种摄动力的复杂影响,而通过地面监测站又难以充分、可靠地测定这些作用力并掌握它们的作用规律,因此在星历预报时会产生较大的误差。在一个观测时间段内星历误差属系统误差,它将影响单点定位的精度,也是精密相对定位中的重要误差源。

（2）卫星时钟误差。包括由钟差、频偏、频漂等产生的误差，也包含时钟的随机误差。虽然导航卫星上均设有多台高精度的原子钟（铷钟和铯钟，甚至精度更高的氢原子钟），但与理想的卫星系统时之间仍存在着偏差或漂移。

（3）相对论效应。相对论效应是由于卫星钟和接收机钟所处的状态（运动速度和重力位）不同而引起两者之间产生相对钟误差的现象，所以严格地说，将其归入与卫星有关的误差不完全准确。但是由于相对论效应主要取决于卫星的运动速度（GPS 卫星的运行速度约为 3.9km/s）和重力位，并且卫星运行轨道是一个椭圆，卫星在轨道各点运行速度是不相同的，所以相对论效应频率补偿后仍会导致残留误差。

3. 与接收机有关的误差

（1）接收机钟误差。接收机一般采用高精度的石英钟，若接收机钟与卫星钟间的同步差为 1μs，则由此引起的等效距离误差约为 300m。

（2）接收机的位置误差。接收机天线相位中心相对测站中心位置的误差，称作接收机位置误差。这里包括天线的置平和对中误差以及量取天线高误差，如当天线高度为 1.6m、置平误差为 0.1°时，可能会产生对中误差 3mm。因此在精密定位时，必须仔细操作，以尽量减少这种误差的影响。

（3）天线相位中心位置的偏差。在卫星导航定位测量中，观测值都是以接收机天线的相位中心位置为准的，理论上天线的相位中心与其几何中心应保持一致。可实际上观测时相位中心的瞬时位置（一般称相位中心）与理论上的相位中心将有所不同，这种差别称作天线相位中心的位置偏差。这种偏差的影响，可达数毫米至数厘米。

4. 其他误差

（1）地球自转的影响。当卫星信号传播到观测站时，与地球固连的协议地球坐标系相对卫星的瞬时位置已产生了旋转（绕 Z 轴）。因此，信号到达时卫星的在轨位置已经不同于信号发送时的卫星位置。由旋转引起坐标系中的坐标变化（$\Delta X,\Delta Y,\Delta Z$）是

$$\begin{bmatrix}\Delta X\\ \Delta Y\\ \Delta Z\end{bmatrix}=\begin{bmatrix}0 & \Delta a & 0\\ -\Delta a & 0 & 0\\ 0 & 0 & 0\end{bmatrix}\begin{bmatrix}X^j\\ Y^j\\ Z^j\end{bmatrix} \tag{5-47}$$

式中：$\Delta a=\omega\Delta\tau_i^j$，$\omega$ 为地球自转角速度，$\Delta\tau_i^j$ 为卫星信号传播到观测站的时间延迟；（X^j,Y^j,Z^j）为卫星的瞬时坐标。

（2）地球潮汐改正。地球在太阳和月球的万有引力作用下，会产生周期性的弹性形变，称为固体潮。此外，在日、月引力的作用下，地球上的负荷也将发生周期性的变动，使地球产生周期的形变，称为负荷潮汐。固体潮和负荷潮引起的测站位移可达 80cm，使不同时间的测量结果互不一致。

需要指出，除上述各种误差外，卫星钟和接收机钟振荡器的随机误差、大气折射模型和卫星轨道摄动模型的误差等，也都会对卫星信号的观测量产生影响。随着对定位精度要求的不断提高，研究这些误差来源并确定它们的影响规律具有重要的意义。

5.4.4　差分定位技术

差分定位（DGPS）是利用在位置精确已知的点位上设置基准接收机和在移动站或运载体上设置动态接收机，通过求差方法消除公共误差，部分消除传播延迟误差，使定位精

度得到显著提高,显著改善卫星导航系统精度和完好性。

根据差分系统基准站发送的信息内容不同,差分定位系统可分为三类:位置差分、伪距差分和载波相位差分。这三类系统工作原理是相同的,不同的是发送改正数的具体内容不一样,其差分方式的技术难度、定位精度和作用范围也不同。

按照工作方式不同可分为单站差分、具有多个基准站的局域差分和广域差分 3 种类型。单站差分系统结构和算法简单,技术上较为成熟,主要用于小范围差分定位;对于较大范围区域,则可以应用局域差分;对一个国家或几个国家的广大区域应用广域差分技术。图 5－12 给出了上述几种差分 GPS 所能达到的精度。

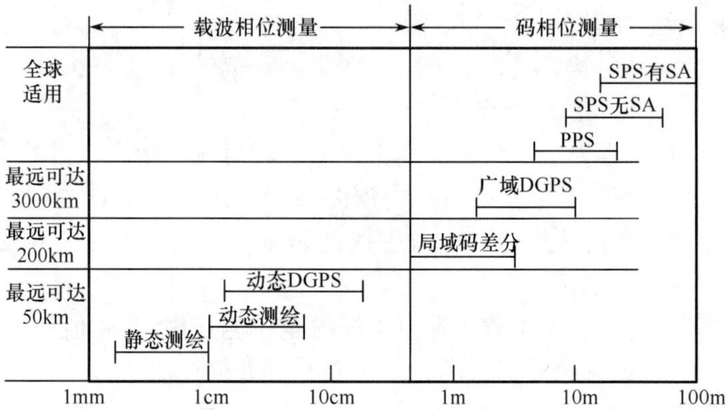

图 5－12　不同差分测量模式下 GPS 水平定位精度(1σ)

1. 差分定位原理

求差法是一种有效的差分定位手段,可以消除定位解算过程中的一些公共误差。与"参数约束"方式相比,不必对约束条件建立精确的模型,因而可在实际中得到广泛的使用。

测量数据可以在卫星间求差,也可以在接收机间求差,还可以在不同历元时刻间求差。将直接观测值(即载波相位测量的基本观测值)相减的过程称为求一次差或单差。在一次差的基础上继续求差,便可以得到二次差或称双差。二次差仍可以继续求差,称为三次差。求差的结果与先后次序无关,但在实际使用时采用的方法只有:在接收机间的一次差,在接收机和卫星间的二次差,在接收机、卫星和观测历元时刻之间的三次差,如图 5－13所示。

设图 5－13 中的 A 站为基准站,B 为用户站。考虑到信号传播及时钟等误差,A、B 站到第 j 颗卫星的伪距分别为

$$\begin{cases}\rho_a^j = R_a^j + c(\mathrm{d}\tau_a - \mathrm{d}\tau_s^j) + \mathrm{d}\rho_a^j + d\rho_{\mathrm{aion}}^j + \mathrm{d}\rho_{\mathrm{atrop}}^j + \mathrm{d}M_a^j + v_a^j \\ \rho_b^j = R_b^j + c(\mathrm{d}\tau_b - \mathrm{d}\tau_s^j) + \mathrm{d}\rho_b^j + \mathrm{d}\rho_{\mathrm{bion}}^j + \mathrm{d}\rho_{\mathrm{btrop}}^j + \mathrm{d}M_b^j + v_b^j\end{cases} \tag{5-48}$$

式中:R_b^j为基准站到第 j 颗卫星的真实距离,可由基准站坐标和卫星的星历求得;$\mathrm{d}\tau_b$为基准站接收机的时钟偏差;$\mathrm{d}\tau_s^j$ 为第 j 颗卫星的时钟偏差;$\mathrm{d}\rho_b^j$为第 j 颗卫星的星历误差引起的伪距差;$\mathrm{d}\rho_{\mathrm{bion}}^j$为电离层效应;$\mathrm{d}\rho_{\mathrm{btrop}}^j$ 为对流层效应;$\mathrm{d}M_b^j$ 为多路径效应;v_b^j 为基准站接收机噪声。

在接收机间求一次差,可以得到

$$\Delta\rho_{ab}^{j}=\rho_{a}^{j}-\rho_{b}^{j}=(R_{a}^{j}-R_{b}^{j})+c(\mathrm{d}\tau_{a}-\mathrm{d}\tau_{b})+(\mathrm{d}\rho_{a}^{j}-\mathrm{d}\rho_{b}^{j})+(\mathrm{d}\rho_{\mathrm{aion}}^{j}-\mathrm{d}\rho_{\mathrm{bion}}^{j})+(\mathrm{d}\rho_{\mathrm{atrop}}^{j}-\mathrm{d}\rho_{\mathrm{btrop}}^{j})+(\mathrm{d}M_{a}^{j}-\mathrm{d}M_{b}^{j})+(v_{a}^{j}-v_{b}^{j}) \quad (5-49)$$

当基准站与用户站相距较近时(小于100km),式(5-49)可以近似写为

$$\Delta\rho_{ab}^{j}=(R_{a}^{j}-R_{b}^{j})+c(\mathrm{d}\tau_{a}-\mathrm{d}\tau_{b})+(\mathrm{d}M_{a}^{j}-\mathrm{d}M_{b}^{j})+(v_{a}^{j}-v_{b}^{j}) \quad (5-50)$$

式(5-50)即为一次差的观测方程,可见在接收机间求一次差,可以消除卫星时钟误差的影响,大大削弱卫星星历误差、大气对流层、电离层折射的影响。但一次差无法消除接收机时钟误差和多路径误差的影响。

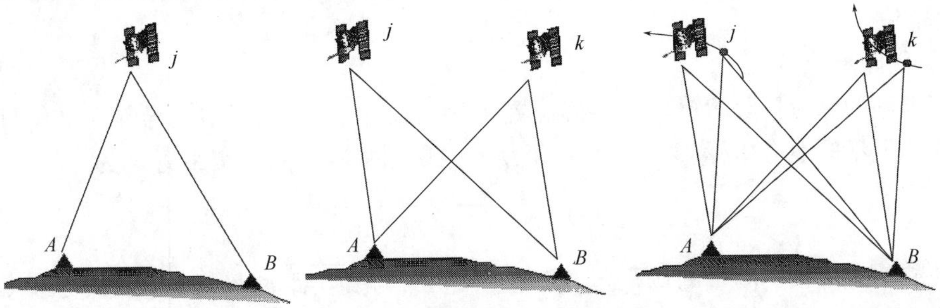

(a)求一次差 (b)求二次差 (c)求三次差

图5-13 不同差分定位方式

假设A、B两站还可同时观测另外一颗卫星k,同样可以得到式(5-50)的一次差观测方程,即

$$\Delta\rho_{ab}^{k}=(R_{a}^{k}-R_{b}^{k})+c(\mathrm{d}\tau_{a}-\mathrm{d}\tau_{b})+(\mathrm{d}M_{a}^{k}-\mathrm{d}M_{b}^{k})+(v_{a}^{k}-v_{b}^{k}) \quad (5-51)$$

在上述两个一次差观测方程的基础上,增加对卫星的二次求差,于是得到二次差观测方程为

$$\begin{aligned}\nabla\Delta\rho_{ab}^{jk}&=\Delta\rho_{ab}^{j}-\Delta\rho_{ab}^{k}\\&=(R_{a}^{j}-R_{b}^{j}-R_{a}^{k}+R_{b}^{k})+(\mathrm{d}M_{a}^{j}-\mathrm{d}M_{b}^{j}-\mathrm{d}M_{a}^{k}+\mathrm{d}M_{b}^{k})+(v_{a}^{j}-v_{b}^{j}-v_{a}^{k}+v_{b}^{k})\end{aligned} \quad (5-52)$$

因此,双差系统不仅消除了卫星时钟误差$\mathrm{d}\tau_{s}$,而且消除了接收机时钟误差$\mathrm{d}\tau_{a}$、$\mathrm{d}\tau_{b}$,避免了因为接收机采用石英钟而导致的建模困难,因而在实际中获得了广泛的应用。

当然在上述二次差的基础上,还可对不同历元时刻进一步求三次差。然而,三次差的计算较为复杂,而且实践证明三次差不会明显提高差分定位结果,因而使用的并不多。由于三次差不存在整周模糊度的问题,因而它可以用来作为初次解,以协助解决整周未知数和整周跳变等问题。

1) 位置差分

安装在基准站上的导航接收机观测4颗卫星后,便可以解算出基准站的坐标。但受到轨道误差、时钟误差等的影响,解算出的坐标(X^{*},Y^{*},Z^{*})与基准站的已知坐标(X_0,Y_0,Z_0)是不一样的,存在误差,即

$$\Delta X=X^{*}-X_{0},\quad \Delta Y=Y^{*}-Y_{0},\quad \Delta Z=Z^{*}-Z_{0} \quad (5-53)$$

式中:(ΔX,ΔY,ΔZ)为坐标改正数。

基准站利用数据链将此改正数发送出去,由用户站接收,并且对其解算的用户站坐标进行改正,即

$$X_u = X_u^* - \Delta X,\quad Y_u = Y_u^* - \Delta Y,\quad Z_u = Z_u^* - \Delta Z \tag{5-54}$$

式中：(X_u^*, Y_u^*, Z_u^*)为导航接收机实测的用户位置；(X_u, Y_u, Z_u)为差分定位结果。

改正后的用户坐标已消去了基准站和用户站的共同误差，如卫星轨道误差、SA 影响、大气影响等，提高了定位精度。

位置差分是一种最简单的差分方法，任何一种导航接收机均可采用这种差分系统，其优点是计算方法简单，适用范围较广。缺点是必须保证基准站和用户站观测的是同一组卫星，由于基准站和移动站之间的位置和观测条件不一致，很难保证同时采用同样的最佳4颗星定位。

2）伪距差分

基准站的导航接收机已知其精确位置坐标(X_b, Y_b, Z_b)，利用卫星导航电文解算出各个可观测卫星的地心坐标(X_i, Y_i, Z_i)，于是各卫星到基准站的真实距离R_i为

$$R_i = \sqrt{(X_i - X_b)^2 + (Y_i - Y_b)^2 + (Z_i - Z_b)^2}$$

基准站的接收机测量的伪距包含各种误差ρ_i，与真实距离R_i不同，因此可以求出伪距的改正数$\Delta\rho_i$和改正数的变化率$\Delta\dot{\rho}_i$为

$$\begin{cases}\Delta\rho_i = R_i - \rho_i \\ \Delta\dot{\rho}_i = \dfrac{\Delta\rho_i}{\Delta t}\end{cases} \tag{5-55}$$

基准站通过数据链将$\Delta\rho_i$和$\Delta\dot{\rho}_i$传送给用户台，用户台测量出用户至卫星的伪距$\rho_i(u)$后加上上述改正数，便可以得到经过差分修正的伪距$\hat{\rho}_i(u)$，即

$$\hat{\rho}_i(u) = \rho_i(u) + \Delta\rho_i + \Delta\dot{\rho}_i(t - t_0) \tag{5-56}$$

由于基准站和用户台间的距离在一定范围内，可以认为卫星信号传输的路径、大气层的延时及 SA 误差（仅对施加了 SA 误差的 GPS 而言）均相等或近似相等，那么利用消除了这些误差的伪距进行定位，势必会提高卫星导航的定位精度。伪距差分是目前用途最广的一种差分方法，几乎所有的商用差分 GPS 接收机均采用这种技术。

2. 区域差分 GPS 系统

单站差分的结构和算法相对比较简单，技术上也较为成熟，特别适合于小范围内的差分定位工作，在一些工程测量项目中得到了成功应用。但是，当基准站或信号发射系统出现故障时，系统中的所有用户便无法开展工作，当改正信号出现错误时，用户的定位结果就会出错，系统的可靠性较差。另一个问题是，单站差分是建立在用户的位置或距离误差与基准站的误差完全相同这一基础之上的，当用户与基准站之间的距离不断增大时，这种误差相关性将变得越来越弱，从而使用户定位精度迅速下降。

为解决此问题，产生了许多差分定位系统和差分定位技术，局域差分系统（LADGPS）和广域差分系统（WADGPS）就是其中较为成功的例子。局域和广域技术实质上是一种差分技术，用以提高导航精度。

1）局域差分系统

局域差分实时定位技术由基准站、数据通信链和用户组成，三者构成差分 GPS 网，每个基准站与用户之间均有无线电数据通信链，各站的信号应具有足够大的覆盖区域，以保证系统中的用户能同时收到多个基准站的改正信息。由于需要有较大的信号覆盖区域，

所以较多采用长波和中波无线电通信。

局域差分系统中,基准站接收机的位置必须是已精确测量的,若基准站和用户站同步观测同一颗卫星,且基准站和用户站间隔在一定距离内,一般不超过500km,则这两个站上的观测值相应于同一卫星的同一轨道弧段,它们之间存在强相关性,可利用基站的准确坐标和观测值为用户站提供定位修正信息达到提高精度的目的。

2) 广域差分系统

广域差分 GPS 的基本思想是对 GPS 观测量的误差源加以区分,并单独对每一种误差源分别加以"模型化",然后将计算出的每一误差源的数值,通过数据链传输给用户,以对用户定位的误差加以改正,达到削弱这些误差源、改善 GPS 定位精度的目的。具体而言,它集中表现在3个方面。

(1) 星历误差。广播星历是一种外推星历,精度不高,广域差分 GPS 依赖于区域精密定轨,确定精密星历,并以此取代广播星历。

(2) 大气延时误差(包括电离层延时和对流层延时)。常规差分 GPS 提供的综合改正值,包含参考站外的大气延时改正。广域差分 GPS 技术通过建立精确的区域大气延时模型,能够精确地计算出其作用区域内的大气延时量。

(3) 卫星钟差误差。精确改正上述两种误差后,残余误差中卫星钟差误差影响最大,常规差分 GPS 利用广播星历提供的卫星钟差改正数,这种改正数仅近似反映了卫星钟与标准 GPS 时间的物理差异。而广域差分可以计算出卫星钟各时刻的精确钟差值。

广域差分修正值的发射可以通过下面的任何一种方式实现:地球同步卫星广播、FM 副载波或其他任何合适的广播系统。

5.4.5 卫星导航增强方法

任何星基导航系统的应用,都与系统的完善性(由未诊断故障而引发的危险)、可靠性(服务的连续性)、时间可用性及精度息息相关。在 GPS 和 GLONASS 等卫星导航系统的早期应用中,很难满足一些高端用户,尤其是航空用户的使用需求。为此,相继出现了卫星导航系统增强技术。建设比较早也比较完善的是美国的局域增强系统(LAAS)和广域增强系统(WAAS),LAAS 又称地面增强系统(GBAS),WAAS 被国际民航组织(ICAO)称为星基增强系统(SBAS)。随后,欧盟、澳大利亚、日本和印度等国家分别建立了自己的星基增强系统,如欧洲地球静止卫星导航重叠服务(EGNOS)、日本的多功能卫星增强系统(MSAS)和印度的 GAGAN 等。

1. 局域增强系统

LAAS 是为满足民用航空用户在精密进近与着陆中的应用需求设计的一种 C/A 码 GPS 差分定位系统,它包含空间卫星系统、LAAS 用户系统、LAAS 地面站设备(含机场伪卫星系统)3个主要部分。LAAS 利用局域差分定位技术,支持民用航空的精密进近与着陆。LAAS 提供参考站和用户接收机共同误差的修正信息,利用甚高频无线电广播这些数据,覆盖距离为30n mile。尽管 LAAS 的作用距离远小于 WAAS,但它能为用户提供更高的定位精度,并在出现故障时在更短时间通知用户。

2. 广域增强系统

WAAS 设计目标就是要增强 GPS 的可用性,满足航空导航需求。WAAS 通过下述3

种服务来增强 GPS:附加测距信号,改善 GPS 可用性、连续性和可靠性;改善精度的广域差分 GPS 修正;改善安全性的完善性监测。WAAS 信号通过 GEO 卫星向用户广播完善性、修正信号及测距信号。一般广域增强系统实际上是广域差分技术、完善性监测和地球静止卫星测距三者的组合。

WAAS 主要由地球静止轨道卫星、广域参考站、广域主控站和用户接收机等部分组成。

(1) 广域参考站。广域增强系统在大范围内设置多个参考站,其布设密度主要与系统误差改正精度和实时性有关,WAAS 参考站坐标必须已知,一般其点位精度应不低于 0.2m。GPS 广域参考站能够覆盖北美和墨西哥周边地区,用于将其原始伪距观测数据、气象数据和当地电离层时间延迟改正等数据实时地或准实时地传输至主控站。

(2) 广域主控站。主控站是系统的数据处理中心,兼有参考站的功能,主要完成对参考站的数据进行收集处理,形成各种改正数信息,如电离层修正模型、卫星钟差改正模型、卫星轨道修正模型。同时,主控站还要计算这些差分改正信息的置信程度和误差情况,即完好性综合处理、增强信息发布及对参考站的状态监测与控制等。主控站将处理后的数据通过地球同步卫星播发给用户。

(3) 用户接收机。具有差分处理功能的用户接收机是系统的应用终端。其基本任务是同时接收卫星的观测数据、GEO 卫星广播的差分改正和完好性信息、用差分改正信息进行定位解算、完好性分析、导航处理以及其他的一些辅助工作,最终得到实时的差分定位结果和完好性信息。

3. 伪卫星技术

伪卫星(PL)概念的提出,最早可以追溯到 GPS 初期预研阶段,为了验证接收机而使用了 4 个地面发射机提供模拟 GPS 信号,它在 L_1 频率发送伪卫星所在地的固定坐标,这就是伪卫星的雏形。在 20 世纪 80 年代中期,海运无线电技术委员会(RTCM)对 GPS 伪卫星作了如下定义:可接收 GPS 信号、计算伪距和伪距率,并在 L_1 波段以 50b/s 发送修正信号,该信号既和 GPS 类似又要防止干扰 GPS 和其他设备。而对于卫星导航接收机来说,只需做小的改动便能同时接收伪卫星和导航卫星信号。它在导航卫星的系统测试、导航系统的区域增强、室内导航、空间探测和飞行器定位等方面的应用前景,使之成为导航定位领域中新的研究热点。

伪卫星能够更好地保证卫星导航系统在一些特定地区实现特殊用途定位的精确性和可靠性。以 GPS 为例,伪卫星能够提升整个系统的可用性、稳定性、可靠性及测量精度,甚至在室内、地下等无法接收到 GPS 卫星信号的场合下能完全替代 GPS 卫星。伪卫星信号通常都在 GPS 的工作频率上(L_1 或 L_2),所以 GPS 用户接收机可以同时接收 GPS 信号和伪卫星信号。伪卫星的观测量既可以是伪距也可以是其载波相位。由于伪卫星信号在 GPS 时间中是被精确确定的,用户接收机能从伪卫星获得一个附加的伪距测量。这样不仅增大了卫星覆盖面积,更有效地改善了几何图形结构,提高了垂直方向的定位精度。附加的伪距观测量还有利于增强 GPS 模糊度的解算,提高精度。

一般来讲,伪卫星观测方程与常规的 GPS 观测方程不同:首先,由于伪卫星一般放置在大气对流层以内,所以不需要进行电离层延迟改正;其次,伪卫星信号所传播的路径一般都是在对流层较低的高度进行,所以不能直接采用 GPS 观测常用的对流层改正模型,而必须采用特殊的对流层模型进行改正,也可以采用伪卫星自身的观测量进行改正。另外,由于伪卫星的钟差远大于 GPS 卫星钟差,因此在测量时必须进行修正。对于单频的伪卫星装置,可采用类似于传统 GPS 测量中的双差组合观测值的方式进行消除。

总体看来,伪卫星增强 GPS 主要体现在以下几个方面:

(1) 增加传统 GPS 定位的观测时段。由于卫星的升降以及地物遮挡的综合影响,往往会使作业区域上空可用卫星数过少,不能定位或者定位精度不佳。而采用伪卫星技术就可以根据实际需要真正做到全天候、长时段的定位。

(2) 对于定位精度的改善。在传统 GPS 测量中增加伪卫星装置后,会使伪卫星信号可以覆盖的整个区域的几何图形条件大大改善,不仅 HDOP 值会降低,而且由于伪卫星是处于较低高度角的信号源,因此 VDOP 值也会大大改善,从而提高传统 GPS 测量的高程观测精度。

(3) 定位完整性与可靠性的提高。在动态或实时定位应用中,常常会因为卫星遮挡或者复杂的观测环境造成某些时段的卫星失锁,或者可用卫星数目太少,采用伪卫星之后可以在出现上述情况的时候使系统仍能保证一定的定位精度,满足使用。这在 GPS 航空导航定位中有着非常重要的意义。

(4) 定位求解速度以及可靠性的提高。与 GPS 卫星相比,伪卫星距离接收机的距离通常较小,这样对于动态定位而言,不同观测时段历元之间的相关性降低,这就会加快载波相位测量整周模糊度的求解,有利于提高动态定位精度和可靠性。

伪卫星作为一种无线电信号发送设备,除了可以增强 GPS 系统的导航能力外,还可以和其他传感器一起形成独立的导航定位系统。

5.5 北斗卫星导航系统

北斗卫星导航系统是由我国独立自主建立的全球性卫星导航系统,其发展经历了北斗一代卫星导航试验系统和北斗二代卫星导航系统两个阶段。截至 2014 年,北斗二代卫星导航系统已经在亚太地区具有完全运行能力,预计到 2020 年左右将可完成全球覆盖并具备完全运行能力。目前在各种资料中所提到的北斗卫星导航系统,如无特殊说明均是指北斗二代全球卫星导航系统。

5.5.1 北斗一代卫星导航试验系统

北斗一代卫星导航试验系统(也称双星定位导航系统)工程代号取名为北斗一号。系统由两颗地球同步轨道(GEostationary Orbit, GEO)卫星(80°E 和 140°E)、一颗在轨备份卫星(110.50°E)、中心控制站和各类用户机等部分组成,其工作频率为 2491.75MHz,系统能容纳的用户数约为 540000 户/h。

北斗一代卫星导航试验系统的工作流程如图 5-14 所示。

在图 5-14 中,首先由中心控制站向卫星 GEO1 和 GEO2 发送询问信号,经卫星转发器向服务区内的用户广播。用户响应其中一颗卫星(GEO1)的询问信号,并同时向两颗卫星发送响应信号,经卫星转发回中心控制站。中心控制站接收并解调用户发来的信号,然后根据用户的申请服务内容进行相应的数据处理。对定位申请,中心控制站测量两个

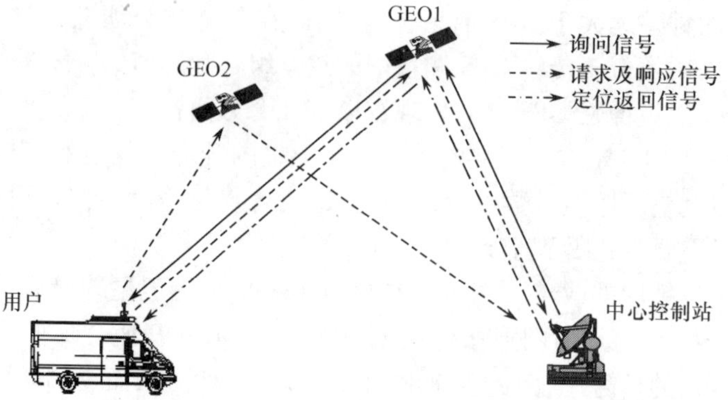

图 5 - 14　北斗一代卫星导航试验系统工作原理

时间延迟:第一个从中心控制站发出询问信号,经某一颗卫星(GEO1)转发到达用户,用户发出定位响应信号,经同一颗卫星(GEO1)转发回中心控制站的延迟;第二个从中心控制发出询问信号,经上述同一卫星(GEO1)到达用户,用户发出响应信号,经另一颗卫星(GEO2)转发回中心控制站的延迟。由于中心控制站和两颗卫星的位置均是精确已知的,因此由上面两个延迟量可以算出用户到第一颗卫星的距离以及用户到两颗卫星距离之和,从而知道用户处于以第一颗卫星为球心的一个球面,和以两颗卫星为焦点的椭球面之间的交线上。另外,中心控制站从存储在计算机内的数字化地形图查询到用户高程值,又可知道用户处于某一与地球基准椭球面平行的椭球面上。中心控制站从而计算出用户所在点的三维坐标,这个坐标加密后经由卫星转发给用户。

北斗一号是利用地球同步卫星提供无线电测定体制(Radio Determination Satellite System, RDSS),可以为用户提供快速定位、简短数字报文通信和授时服务。就性能来说,北斗一号虽然拥有 GPS 所不具备的双向数字报文通信能力,但是与 GPS 相比仍然差距较大。主要表现在:第一,仅初步具备了覆盖我国周边地区的定位能力;第二,定位精度低,经过标校站修正后定位精度可达到 20m,而 GPS 可以达到 10m 以内;第三,由于采用卫星无线电测定体制,用户终端机工作时要发送无线电信号,会被敌方无线电侦测设备发现,不适合军用;第四,无法在高速移动平台上使用,这限制了它在航空和陆地运输上的应用。但是,北斗一代卫星导航试验系统是我国独立自主建立的卫星导航系统,它的研制成功标志着我国打破了美、俄在此领域的垄断地位,解决了中国自主卫星导航系统的有无问题,并且能实现一定区域的导航定位与通信等多用途服务,可部分满足我国陆、海、空运输导航定位的需求。正是以北斗卫星导航试验系统为基础,我国开始逐步实施北斗卫星导航系统的建设,首先满足中国及其周边地区的导航定位需求,并进行系统的组网和测试,逐步扩展为全球卫星导航定位系统。

5.5.2　北斗二代卫星导航系统

北斗二代卫星导航系统(北斗卫星导航系统)从 2007 年开始建设,截至目前已经在亚太地区形成完全运行能力。下面将就区域性和全球性的北斗卫星导航系统的发展概况进行介绍。

1. 北斗区域卫星导航系统发展简况与应用特性

北斗卫星导航系统分两步进行建设。第一步:在2012年年底建成为中国及周边亚太大部分地区提供无源定位、导航和授时等服务的区域性北斗二代卫星导航系统(北斗区域卫星导航系统)。第二步:2013年后,在北斗二代卫星导航系统基础上持续扩展,2020年左右最终全面建成的北斗全球性卫星导航系统。截至2014年,北斗二代卫星导航系统16颗卫星发射情况如表5-3所列。

表5-3 北斗二代卫星发射情况一览表

序号	发射日期	所用运载火箭	卫星编号	运行轨道	目前工作状况
1	2007.04.14	长征三号甲	北斗-M1	MEO	故障,退出服务
2	2009.04.15	长征三号丙	北斗-G2	GEO E110.5°	脱离轨道,失效
3	2010.01.17	长征三号丙	北斗-G1	GEO E140°	正常
4	2010.06.02	长征三号丙	北斗-G3	GEO E80°	正常
5	2010.08.01	长征三号甲	北斗-I1	IGSO	正常
6	2010.11.01	长征三号丙	北斗-G4	GEO E160°	正常
7	2010.12.18	长征三号甲	北斗-I2	IGSO	正常
8	2011.04.10	长征三号甲	北斗-I3	IGSO	正常
9	2011.07.27	长征三号甲	北斗-I4	IGSO	正常
10	2011.12.02	长征三号甲	北斗-I5	IGSO	正常
11	2012.02.25	长征三号丙	北斗-G5	GEO E58.75°	正常
12	2012.04.30	长征三号乙Ⅰ型(一箭双星)	北斗-M1 北斗-M2	MEO	正常
13	2012.09.19	长征三号乙Ⅰ型(一箭双星)	北斗-M3 北斗-M4	MEO	正常
14	2012.10.25	长征三号丙	北斗-G2	GEO E110.5°	正常

由表5-3可知,截至2012年,我国共发射了16颗北斗导航卫星(其中2颗卫星因故障原因退出服务),建成了目前由14颗工作卫星——5颗地球静止轨道(GEO)卫星、5颗倾斜地球同步轨道(Inclined Geostationary Satellite Orbit, IGSO,其中2颗在轨备份)卫星和4颗中圆地球轨道(Medium Earth Orbit, MEO)卫星——构成的"5 GEO+5 IGSO+4 MEO"北斗卫星导航区域系统空间星座结构。

2012年12月27日上午10时,国务院新闻办公室举行新闻发布会,宣布北斗卫星导航系统从当日起正式提供区域服务,北斗系统在继续保留北斗卫星导航试验系统有源定位、双向授时和短报文通信服务基础上,开始正式向中国及周边亚太大部分地区提供连续无源定位、导航、授时等服务,并公布了系统的服务性能、标志图像、组织管理等详细情况,发布了《北斗卫星导航系统空间信号接口控制文件》(公开服务信号B1I 1.0版),为国内外企业参与北斗系统应用终端研发提供条件,推动北斗系统广泛应用。

北斗卫星导航区域系统的主要功能和性能指标如下:

- 主要功能。有源定位、无源定位,测速,单双向高精度授时,短报文通信。
- 服务区域。中国及周边亚太大部分地区。

➤ 定位精度。平面10m,高程10m。

➤ 测速精度。0.2m/s。

➤ 授时精度。单向50ns。

目前北斗区域卫星导航系统“5 GEO + 5 IGSO + 4 MEO”星座结构的具体服务区域为:一般服务区是南纬55°~北纬55°、东经55°~东经180°,重点服务区是北纬10°~北纬55°、东经75°~东经135°。

北斗区域卫星导航系统中,GEO、MEO、IGSO 3种轨道卫星在信号载荷上各有分工。GEO卫星的有效信号载荷主要有两种:一是RDSS(无线电定位服务)载荷,用于实现有源定位、双向授时和短报文通信服务;二是RNSS(无线电导航服务)载荷,用于实现无源定位、导航、授时服务。在5颗GEO卫星上实现了RDSS + RNSS两种体制。IGSO、MEO卫星的有效信号载荷仅为RNSS,用于实现无源定位、导航、授时服务。

2. 北斗全球卫星导航系统组成与性能指标

北斗卫星导航系统由空间星座、地面控制和用户终端三大部分组成。北斗全球系统建成后,空间星座部分将由5颗地球静止轨道卫星和30颗非地球静止轨道卫星组成。GEO卫星分别定点于58.75°E、80°E、110.5°E、140°E和160°E。非GEO卫星由27颗中圆地球轨道(MEO)卫星和3颗倾斜地球同步轨道(IGSO)卫星组成。其中,MEO卫星轨道高度21528 km,轨道倾角55°,均匀分布在3个轨道面上;IGSO卫星轨道高度35768km,均匀分布在3个倾斜同步轨道面上,轨道倾角55°,3颗IGSO卫星星下点轨迹重合,交叉点经度为东经118°,相位差120°。北斗卫星导航系统的空间星座简称为“5 GEO + 3 IGSO + 27 MEO”星座。地面控制部分由若干主控站、数据注入站和监测站组成。主控站主要任务是收集各个监测站的观测数据,进行数据处理,生成卫星导航电文、广域差分信息和完好性信息,完成任务规划与调度,实现系统运行控制与管理等;数据注入站主要任务是在主控站的统一调度下,完成卫星导航电文、广域差分信息和完好性信息注入以及有效载荷的控制管理;监测站对导航卫星进行连续跟踪监测,接收导航信号,发送给主控站,为卫星轨道确定和时间同步提供观测数据。用户终端部分由各类北斗用户终端,以及与其他卫星导航系统兼容的终端组成,以满足不同领域和行业的应用需求。

北斗卫星导航系统集成了卫星无线电测定业务(RDSS)和卫星无线电导航业务(Radio Navigation Satellite System, RNSS)两种业务体制,不但具有GPS等系统的RNSS功能,还具有短报文通信和位置报告服务功能。北斗卫星导航系统的无源定位原理与GPS系统是类似的。

按照北斗卫星导航系统的发展规划,到2020年左右,北斗卫星导航系统全面建成后,将为全球用户提供卫星定位、导航和授时服务,并为我国及周边地区用户提供定位精度1m的广域差分服务和短报文通信服务。

全面建成后的北斗卫星导航系统主要功能和性能指标设计如下:

➤ 主要功能:无源定位、测速、单双向授时、短报文通信。

➤ 服务区域:全球。

➤ 定位精度:优于10m。

➤ 测速精度:优于0.2m/s。

➤ 授时精度:20ns。

➢ 短报文通信容量:120 个汉字/次。

3. 北斗 RNSS 与 RDSS 信号

北斗卫星导航系统拥有两种服务:授权服务和开放服务。如表 5－4 所列,每一颗播发导航信号的卫星所支持的频点为 B1、B2 和 B3,载波调制方式为 QPSK,B1 频点上播发 B1I 和 B1Q 两路信号,B2 频点上播发 B2I 和 B2Q 两路信号,其中 B1I 和 B2I 信号是开放的,而 B1Q、B2Q 和 B3 信号均是授权信号。此外,北斗 RDSS 从卫星到用户段提供的频率为 S 波段,也可用于定位解算。

表 5－4　北斗信号频率

信号		频率/MHz	调制方式	码速率/Mcps	导航电文
RNSS	B1	1561.098	QPSK	2.046	MEO/IGSO：D1 GEO：D2
	B2	1207.14			
	B3	1268.52		未知	
RDSS	S	2491.75	未知		

对于开放信号来说,根据卫星播发的导航电文速率和结构不同,导航电文可以分为 D1 导航电文和 D2 导航电文。D1 导航电文的速率为 50b/s,内容包含基本导航信息(卫星的基本导航信息包括全部卫星历书信息、与其他系统时间同步信息)。D2 导航电文的速率为 500b/s,内容包含基本导航信息和增强服务信息(卫星本身相关误差修正信息、格网点电离层信息及完好性信息)。MEO/IGSO 卫星的 B1I 和 B2I 播发 D1 导航电文,GEO 卫星的 B1I 和 B2I 播发 D2 导航电文。

第6章

水声导航

6.1 水声导航概述

基于直接定位原理的舰船导航系统中，地文导航和天文导航系统利用光波的基本传播特性，实现了舰船导航定位，无线电导航和卫星导航系统利用电磁波的基本传播特性，为舰船导航定位。但是，光波和电磁波的传播也存在一定的局限性，如光波和电磁波进入海水后基本上呈“短路状态”。对于在水中航行（尤其是水下航行）的舰船，利用光学原理的地文导航和天文导航手段受气象等因素影响，经常是无法使用的。同时，在具有强传导率的海水中，电磁波能量随距离的传播损失约为 $1400f^{1/2}$ dB/km，这里 f 以 kHz 计。即在海水中仅 100m 的距离，对于频率为 2000Hz 的电磁波，能量损失高达 20000dB。即使是频率为 30kHz 极长波长的电磁波，其损失也高达 770dB。因此，目前获取水下信息最有效的传播载体仍然是声波。这是因为声波是唯一能在海水中远距离传播的信息载体，因此实现舰船导航定位任务不可避免地要使用水声导航系统。

18 世纪初，瑞士科学家 D. Colladon 和 C. Stum 在 Genfer 湖首次测量了水中声波的测量速度，开始了水声技术的研究。20 世纪 20 年代，法国物理学家 Paul Langevin 用压电效应激发的石英板，在水下成功地发射了声波，并接收到了海底的回声，研制出第一台水声设备——测深仪。第二次世界大战中，对水下目标的探测和测量受到了重视，并在战后得到了快速的发展，出现了舰载声纳。20 世纪 50 年代，基于水声技术对舰船和水中载体进行地理位置测定的研究逐渐发展起来。在 1958 年，美国华盛顿大学应用物理实验室在达波湾建成三维坐标跟踪水下武器靶场，在海底放置了 4 个间距严格测定的水听器，在近距离上对带有同步器声信标发射机的鱼雷提供距离和方位信息。目前，基于声学原理的水声导航技术已经在导航、水下测深、目标探测与识别、油气资源勘探等方面得到了十分广泛的应用。

从广义上说，一切利用水下声波进行导航定位的系统均属于水声导航系统，如目标的探测定位声纳、水下成像声纳等。但从既可以为载体进行定位又具有导航功能的角度理解,水声导航系统大体分为声学测速系统、水声定位系统和海底地形地貌测量系统三类。

1. 声学测速系统

基于声学原理的速度测量系统,是迄今为止舰船对地绝对速度的最佳测量手段。主要有多普勒计程仪和声相关计程仪。自20世纪70年代就有第一批多普勒和声相关测速产品。目前国内外已有很多著名生产公司,如Krupp、Atlas、Thomson、Simrad、Magnavovx、Sontech和RDI等公司均有产品。其中,RDI公司生产的WHN1200型计程仪,其测速精度已经达到±0.2%(航程)±0.1cm/s。

2. 水声定位系统

水声定位系统主要指可用于水下局部精确定位导航的系统。根据声基线的距离或激发的声学单元距离可分为长基线(Long Base Line,LBL)声学定位系统、短基线(Short BaseLine,SBL)水声定位系统和超短基线(Ultra/Super Short Base Line,USBL或SSBL)水声定位系统。

水声定位系统可提供高精度的相对或绝对定位信息,如Simrad公司的长基线定位系统Fusion 6G系统,不受任何深度限制,绝对精度达1~2cm,相对精度可达5cm。Oceano公司的超短基线定位系统Posidonia 6000作用距离为8000m,定位精度为0.5%~1.0%。

3. 海底地形地貌测量系统

用于测量海底地形地貌的声学测量系统,主要是对海深的测量。近年来提出的水下地形匹配导航新概念,其基本先验信息便是海底地形和地貌。用于海底地形地貌测量的主要设备有单波束回波测深仪、多波束回波测深仪和测视声纳。

水声导航系统在军事上的应用一直受到各国的重视,如在固定区域对潜艇、潜器进行精确定位,利用精确定位信息对惯性导航系统进行校准,利用多普勒计程仪对惯性导航进行阻尼,利用测深仪阻尼惯性导航系统高度通道发散等,从而提高潜艇的作战效能。

6.2 声波传播基础

声波传播是实现声学测速和定位的基础,因此首先要了解声波的基本特性。

6.2.1 声波的基本概念

声波是物体的振动状态在弹性介质或可变性介质中传播的一种物理现象。在声源发生振动后,传播介质中的质点就随着声源的振动而发生位移,导致介质的空间产生疏密的不同,进而形成了声波的传播。

声源和弹性介质是声波产生的两个必备因素,但需要注意的是,声波并非弹性介质的传播,而是能量的传播。这是因为,声波在传播时,是含有能量的,它包括介质的动能与势能,在传播时,经由介质的某一部分振动,传到次一部分,但介质本身并不随着声波的行进而做整体性运动。

6.2.2 声波的基本分类

通常,可按照频率和波阵面的几何特性对声波进行分类。

(1) 按照频率进行分类时,可将声波分为次声波、音频声波和超声波。其中,次声波是指频率在20kHz以下的声波，音频声波是指频率处在16Hz～20kHz之间的声波，超声波是指频率在20kHz以上的声波。水声导航仪器所采用的频段基本上都是超声波频段，这种声波与次声波类似，都无法被人类听觉系统识别。

（2）按照波阵面的几何特性分类时，可将声波分为平面声波、球面声波和柱面声波，分别指声波的波振面为平行平面、同心球面和同轴柱面。

6.2.3 声波的传播速度

声波在介质中的传播速度，是水声导航系统最常应用的一个基本测量参数。通过传播时间的测量，在已知传播速度的情况下，可以求取声波的传播时间，进而用于定位或测深。声波传播速度，是由介质的传播特性所决定的。介质性质不同，声波传播速度也不同。

介质的惯性和弹性系数，是决定声波传播速度的主要指标，通常惯性和弹性系数越大的介质，声波在其中的传播速度就越快，如声波在空气、水和铁3种介质中的代表性传播速度分别为343m/s（环境温度20℃）、1450m/s（环境温度15℃）和5130m/s（环境温度20℃）。也就是说，通常在固体中的传播速度较快，而在气体中的波速较慢。通过上述数据可知，声波在钢铁中的波速约为空气波速的16倍，这就是为什么当耳朵附于铁轨上可以听到很远的火车行进声，而再过一些时候又听到经由空气传播的火车声。

通过前述的数据可知，海水中的平均声速近似等于1500m/s，但由于海洋介质是非均匀的，海水中各处的声速随其温度（T）、盐度（S）和深度（Z）的不同而异。也就是说，声波在海水中的传播速度不是常数，是温度、盐度和静压力等参数的函数。

通常用海上声速测量总结获取的经验公式来表示，一个比较准确的经验公式是

$$c = 1449.22 + \Delta c_T + \Delta c_S + \Delta c_P + \Delta c_{STP} \tag{6-1}$$

式中：

$$\Delta c_T = 4.6233T - 5.5485\times10^{-2}T^2 + 2.822\times10^{-4}T^3 + 5.07\times10^{-7}T^4$$

$$\Delta c_S = 1.391(S-35) - 7.8\times10^{-2}(S-35)$$

$$\Delta c_P = 1.60518\times10^{-1}P + 1.0279\times10^{-5}P^2 + 3.451\times10^{-9}P^3 - 3.503\times10^{-12}P^4$$

$$\begin{aligned}\Delta c_{STP} = {} & (S-35)[-1.197\times10^{-3}T + 2.61\times10^{-4}P - 1.96\times10^{-1}P^2 - 2.09\times10^{-6}PT] + \\ & P[-2.796\times10^{-4}T + 1.330\times10^{-5}T^2 - 6.644\times10^{-8}T^3] + \\ & P^2[-2.39\times10^{-1}T + 9.286\times10^{-10}T^2 - 1.745\times10^{-10}P^3T]\end{aligned}$$

式（6－1）的适用范围是3℃ $< T <$ 30℃，33‰ $< S <$ 37‰，$1.013\times10^5\text{N/m}^2 < P < 980\times10^5\text{N/m}^2$。

精确的声速值对于理论研究和工程应用都有着十分重要的意义。通过声速测量仪，可以准确地获取声速值，其测量精度可达到0.1m/s。

采用经验公式（6－1）计算声速比较繁琐，下式给出了简化的声速表示形式，即

$$\begin{aligned}c = {} & 1492.9 + 3(T-10) - 0.006(T-10)^2 - 0.04(T-18)^2 + \\ & 1.2(S-35) - 0.01(S-35)(T-18) + Z/61\end{aligned} \tag{6-2}$$

式中：S为含盐度（‰）；T为温度（℃）；Z为深度（m）。

海水中声速的变化具有分层的形式，通常在同一深度上的T值几乎不变，但在不同深度上，T则取不同值。同时，盐度S、静压力P也具有水平分层和随深度变化的特性。因此可以把海洋中的声速随空间位置的变化表示为单一变量的函数。工程上，常将实测

的声速值进行“水平分层”，得到每一层中的声速—深度关系。

6.2.4 海洋声信道

海洋作为声音传播的介质信道，对水声导航系统的影响主要有两方面：一个是海洋中声音的传播方式和平均传播吸收；另一个是分层介质折射效应等确定性变换会导致接收波形发生畸变，散射混响等随机性变换会产生信息丢失。从通信角度分析，水声信道的主要物理效应包括多径效应、传播损失和起伏效应。

1. 多径效应

受到海水介质非均匀性、声速梯度的跃层结构、海底海面反射和海洋中各类发射体和散射体的影响，以及声波在水中较慢的传播速度，造成了声波传播的多途性，也称为多径效应。这种现象对水声通信系统的性能会产生巨大的影响，引起传输信号的幅度、相位及码间串扰。同时，多径传播会导致信号经过不同的路径到达接收点，致使各路信号到达接收点时刻不一致，引起脉冲信号展宽。这些因素给信号的时域检测和频域检测带来极大困难，因此抗多径效应是实现水声通信首先要解决的问题。

2. 传播损失

无论是海水还是海底介质，都对声波有吸收效应。对于海水介质来说，在低频段由于硼酸弛豫，在高频段由于硫酸镁弛豫，其声吸收系数比淡水的声吸收系数要大得多。吸收效应造成了传播损失，而且随着传播距离和信号频率的增加，传播损失越明显，直接影响了接收机的信噪比。

通常用吸收系数 α(dB/km)定量描述海水对声波的吸收，其经验公式为

$$\alpha=\frac{0.1f^2}{1+f^2}+\frac{0.017sf_Tf^2}{f_T^2+f^2}+0.0245\frac{f^2}{f_T^2} \tag{6-3}$$

式中：f 为声波频率；f_T为与温度有关的弛豫频率，$f_T=2.19\times10^{[6-1520/(T+273)]}$ kHz。

另外，近海很强的海洋环境噪声，如潮汐、湍流、风成噪声、海洋动力噪声和舰船航行噪声等，都会大大降低接收信号的信噪比。

3. 起伏效应

起伏效应是指由于海水介质的不均匀分布，海面呈现波浪或涟漪之类的不平整性，增加了声波的随机反射和漫反射成分，从而导致了海水介质中声信号的随机起伏和频率的展宽，干扰信号的正常接收。海水介质的随机起伏主要是指折射率的随机起伏，随着传播距离的增加，折射率起伏的影响是累积的。因此，声信号的起伏随距离的增加而增加。另外，水声信道的多普勒效应也会干扰信号的正常接收，使接收波形发生畸变。

6.3 声学测速

基于声学原理实现的测速系统主要有多普勒速度计程仪和声相关速度计程仪两大类。由于这两类计程仪能够输出舰船对地的绝对速度，且测量精度高，比水压计程仪和电磁计程仪具有更强的应用优势，因此成为了舰船最常采用的速度测量设备。

声学测速设备提供的信息对于舰船导航具有重要的作用。首先，推算船位系统需要速度信息进行船位推算。其次，惯性导航系统需要精确的速度信息进行阻尼、组合导航和

综合校正。

6.3.1 多普勒测速

多普勒计程仪是应用多普勒效应进行测速和累计航程的一种水声导航仪器,属于绝对计程仪。也就是说,多普勒计程仪在航行区域海水较浅时,其测量值为相对海底的绝对值,当航行区域水深很深时,由于发射能量不能到达海底,测量参考点只能选择浅水层,此时其测量精度将受水流影响。

1. 测速原理

多普勒效应是奥地利物理学家 C. J. Doppler 在 1842 年发现的一种物理现象:当声源与接收点存在相对运动时,接收点所收到的声波频率与声源频率不相同。当二者相互靠近时,接收到的频率将升高;当二者互相远离时,接收到的频率将降低。接收频率与声源频率的差值 Δf 称为多普勒频移,其大小与声源的频率 f_0、声波在介质中的传播速度 c 和声源与接收点之间的相对速度 $\boldsymbol{v}$ 有关,它们之间的关系可表示为

$$\Delta f = \frac{\boldsymbol{v}}{c} f_0 \tag{6-4}$$

根据式(6-4),在声源频率 f_0 和传播速度 c 为常数的条件下,若能测得接收信号与发射信号间的多普勒频移,便可测定舰船速度。如图 6-1 所示,在船底安装一个发射与接收兼用的换能器,换能器以 f_0 向海底发射超声波脉冲,声波束发射方向与舰船航行方向成 θ 角。

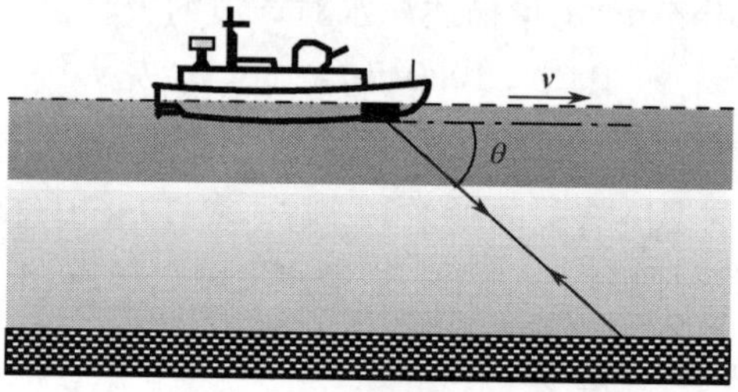

图 6-1 多普勒计程仪测速原理

当舰船以速度 $\boldsymbol{v}$ 向前航行,换能器发出的超声波经海底反射并被换能器接收,此时换能器接收到的反射回波经历了二次多普勒频移(海底可视为二次发射的声源)。因此所测得的多普勒频移 Δf 为

$$\Delta f = \frac{2 f_0 \boldsymbol{v} \cos\theta}{c} \tag{6-5}$$

由此可以得到舰船速度

$$\boldsymbol{v} = \frac{1}{2} \frac{c}{f_0 \cos\theta} \Delta f \tag{6-6}$$

这种仅有一个向前发射声波束的多普勒计程仪称为单波束多普勒计程仪。

在实际使用中,舰船受海浪的作用,会产生垂荡运动(此运动造成短周期变化的垂向速度 u),结果会造成在波束发射方向上的合成速度为 $v\cos\theta - u\sin\theta$,此时单波束多普勒频移公式变为

$$\Delta f=\frac{2f_0}{c}(v\cos\theta-u\sin\theta) \tag{6-7}$$

为消除舰船垂向速度所产生的测速误差，船用多普勒计程仪已普遍采用多波束系统，主要有3种类型：双波束系统、四波束系统和六波束系统，如图6-2所示。

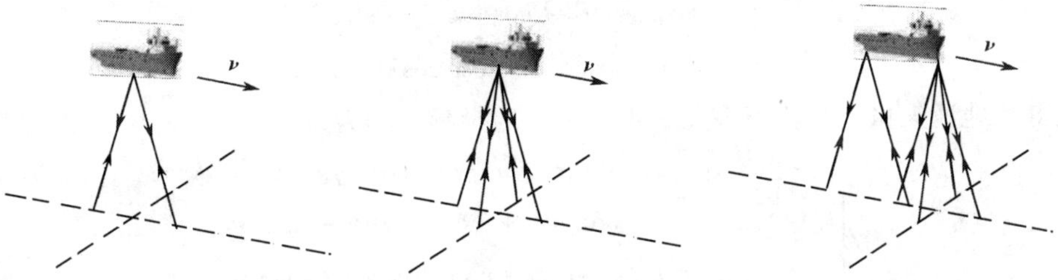

（a）双波束系统　（b）四波束系统　（c）六波束系统

图6-2　多波束系统测速原理

1）双波束系统

其又称一元多普勒计程仪，它以相同的发射俯角同时向舰首和舰尾发射前后对称的两个超声波束，可以测量舰船纵向速度并累计航程，完全消除由于舰船垂向运动引入的测量误差。

朝舰首向波束的多普勒频移为

$$\Delta f_1=\frac{2f_0}{c}(v\cos\theta-u\sin\theta)$$

朝舰尾向波束的多普勒频移为

$$\Delta f_2=\frac{2f_0}{c}(-v\cos\theta-u\sin\theta)$$

频移差为

$$\Delta f=\Delta f_1-\Delta f_2=\frac{4f_0}{c}v\cos\theta \tag{6-8}$$

由此可知，通过引入双波束，可以消除由于舰船垂直运动引入的速度测量误差。

2）四波束系统

换能器能向4个方向发射波束，又称二元多普勒计程仪，可以测量舰船纵向速度和横向速度。4个波束的取向可以有不同的配置方式，包括X形波束配置，以及图6-2(b)所示的十字形配置。在实际应用中，十字形配置对纵向速度分量较敏感，对横向速度分量不敏感，会导致在舰船横向速度较小时难以准确测量。而使用X形配置时，可测的纵向速度范围较十字形配置大，因此时常采用X形配置。

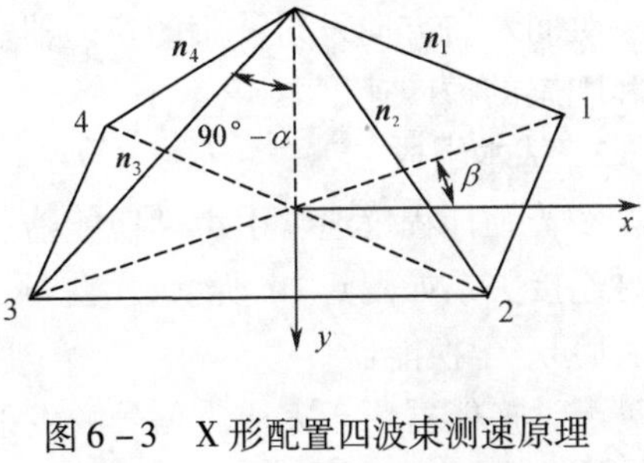

图6-3　X形配置四波束测速原理

图6-3所示的X形配置四波束系统。设4个波束相互对称，且相对于载体坐标系的水平偏角为β，水平倾角为α，则舰船的对地速度矢量可表示为

$$\boldsymbol{v} = v_x \boldsymbol{i} + v_y \boldsymbol{j} + v_z \boldsymbol{k} \tag{6-9}$$

根据图 6-3，可求得 4 个波束矢量为

$$\begin{cases} \boldsymbol{n}_1 = -\cos\alpha\sin\beta\boldsymbol{i} + \cos\alpha\cos\beta j - \sin\alpha\boldsymbol{k} \\ \boldsymbol{n}_2 = \cos\alpha\sin\beta\boldsymbol{i} + \cos\alpha\cos\beta\boldsymbol{j} - \sin\alpha\boldsymbol{k} \\ \boldsymbol{n}_3 = \cos\alpha\sin\beta\boldsymbol{i} - \cos\alpha\cos\beta\boldsymbol{j} - \sin\alpha\boldsymbol{k} \\ \boldsymbol{n}_4 = -\cos\alpha\sin\beta\boldsymbol{i} - \cos\alpha\cos\beta\boldsymbol{j} - \sin\alpha\boldsymbol{k} \end{cases} \tag{6-10}$$

由此得到地速矢量 $\boldsymbol{v}$ 在波束 1、2、3、4 方向上的投影分别为

$$\begin{cases} \boldsymbol{v}_1 = \boldsymbol{v} \cdot \boldsymbol{n}_1 = -v_x\cos\alpha\sin\beta\boldsymbol{i} + v_y\cos\alpha\cos\beta\boldsymbol{j} - v_z\sin\alpha\boldsymbol{k} \\ \boldsymbol{v}_2 = \boldsymbol{v} \cdot \boldsymbol{n}_2 = v_x\cos\alpha\sin\beta\boldsymbol{i} + v_y\cos\alpha\cos\beta\boldsymbol{j} - v_z\sin\alpha\boldsymbol{k} \\ \boldsymbol{v}_3 = \boldsymbol{v} \cdot \boldsymbol{n}_3 = v_x\cos\alpha\sin\beta\boldsymbol{i} - v_y\cos\alpha\cos\beta\boldsymbol{j} - v_z\sin\alpha\boldsymbol{k} \\ \boldsymbol{v}_4 = \boldsymbol{v} \cdot \boldsymbol{n}_4 = -v_x\cos\alpha\sin\beta\boldsymbol{i} - v_y\cos\alpha\cos\beta\boldsymbol{j} - v_z\sin\alpha\boldsymbol{k} \end{cases} \tag{6-11}$$

按多普勒频移原理，对 4 个波束求取其多普勒频移分别为

$$\begin{cases} f_{d1} = \dfrac{2}{\lambda_0}(-v_x\cos\alpha\sin\beta\boldsymbol{i} + v_y\cos\alpha\cos\beta\boldsymbol{j} - v_z\sin\alpha\boldsymbol{k}) \\ f_{d2} = \dfrac{2}{\lambda_0}(v_x\cos\alpha\sin\beta\boldsymbol{i} + v_y\cos\alpha\cos\beta\boldsymbol{j} - v_z\sin\alpha\boldsymbol{k}) \\ f_{d3} = \dfrac{2}{\lambda_0}(v_x\cos\alpha\sin\beta\boldsymbol{i} - v_y\cos\alpha\cos\beta\boldsymbol{j} - v_z\sin\alpha\boldsymbol{k}) \\ f_{d4} = \dfrac{2}{\lambda_0}(-v_x\cos\alpha\sin\beta\boldsymbol{i} - v_y\cos\alpha\cos\beta\boldsymbol{j} - v_z\sin\alpha\boldsymbol{k}) \end{cases} \tag{6-12}$$

由式(6-12)可得

$$\begin{cases} v_x = \dfrac{\lambda_0}{4\cos\alpha\sin\beta}(f_{d2} - f_{d1}) \\ v_y = \dfrac{\lambda_0}{4\cos\alpha\sin\beta}(f_{d2} - f_{d3}) \\ v_z = -\dfrac{\lambda_0}{4\sin\alpha}(f_{d1} + f_{d3}) \end{cases} \tag{6-13}$$

3）六波束系统

六波束系统又称三元多普勒计程仪，即在舰首配置四波束换能器基础上，在舰尾部增设一对向左右方向发射波束的换能器。六波束系统既能测量舰船纵向速度，又能测量舰首和舰尾的横向速度。

2. 基本组成

多普勒计程仪通常由声学换能器、声学信号处理单元和主机单元三部分组成，各部分信息连接关系如图 6-4 所示。

1）声学换能器

声学换能器用于完成声信号的发射、接收，由杆体、基阵和连接电缆组成。以二维平面相控阵 X 形配置型为例，通过大压电陶瓷片切割拼装，使多个振动粒子布于一个圆周之内，构成二维平面相控阵，形成前、后、左、右 4 个发射波束。

与电磁计程仪类似，声学换能器也通过船底阀伸出船外。船底阀由阀体、阀盖和球阀

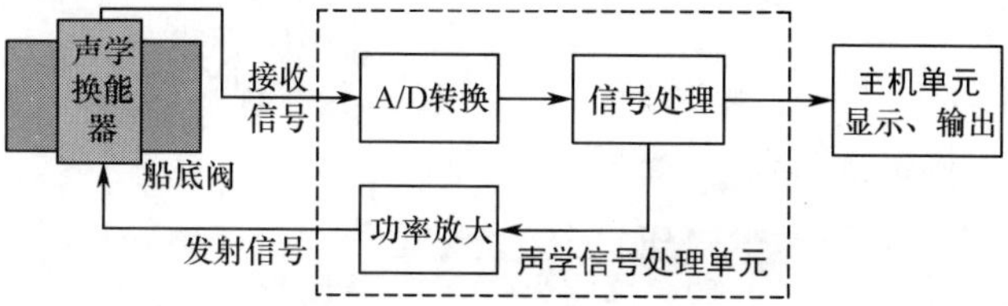

图6-4 多普勒计程仪工作原理框图

组成,通过球阀的开关,实现声学换能器的收放。

2)声学信号处理单元

声学信号处理单元完成声信号的预处理、信号分析、速度解算及声信号发射,由声信号预处理单元、声信号发射单元和数字信号处理单元构成。声信号预处理单元完成换能器输出信号的放大和波束形成,各波束信号经带通滤波、后级放大送给A/D输入端。声信号发射单元对来自信号处理机的发射激励信号进行功率放大后,通过网络匹配电路加到换能器上,完成发射。数字信号处理单元是整个计程仪的信号处理和控制中心,负责数字信号处理、控制管理和对外通信等。

3)主机单元

主机单元负责接收来自信号处理器发送来的声学多普勒速度信息;根据速度信息计算航程,将声学速度信息通过多种通用外部接口对外输出;具备单元模块故障自检测功能;配置有显示屏及操作键盘,用于完成信息显示和人机交互等功能。

3. 多普勒测速误差分析

多普勒测速技术是当今世界上最常用的水下测速测流手段,多普勒计程仪、多普勒海流剖面仪等已广泛应用于科学研究和工程应用中。但由于多普勒测速技术涉及的参数多、使用环境复杂等原因,导致其误差源较多,如声速变化、计算公式简化、舰船运动、波束指向性等干扰因素。因此,深入分析影响测速精度的误差源,进而采取措施抑制误差,对于提高多普勒测速精度,具有重要的实际意义。

1)声速变化

多普勒测速技术是基于超声波在海水中的传播速度为常值而实现的。但是,实际的超声波传播速度是随海水的温度、盐度和深度的变化而变化,其中温度和盐度的影响较大。如:海水温度每增加1℃,声速变化为+3.3m/s,引起的测量误差为0.2%;海水含盐量每增加1‰,声速变化为+1.5m/s,引起的测量误差为0.07%。因此实际中均采用经验公式对声速进行校正,但总会存在校正误差,进而会影响测速精度。

2)计算公式简化

当舰船有速度 v 时,超声波经海底反射后产生的多普勒频移实际为

$$\Delta f_{\mathrm{d}}=\frac{2f_0 v\cos\theta}{c-2v\cos\theta}$$

由此得到由计算公式简化引入的相对误差为

$$\frac{\Delta f-\Delta f_{\mathrm{d}}}{\Delta f_{\mathrm{d}}}\approx\frac{v\cos\theta}{c} \tag{6-14}$$

例如,当 $\theta=60°$,$v=30\mathrm{kn}$ 时,根据式(6-14)可计算出单波束由于计算公式简化引入

的相对误差为 0.5% 。

采用多波束系统可以有效减小计算公式简化引入的相对误差。例如，采用双波束系统时，由计算公式简化引入的相对误差为

$$\frac{\Delta f-\Delta f_{\mathrm{d}}}{\Delta f_{\mathrm{d}}}\approx\left(\frac{v\cos\theta}{c}\right)^{2} \tag{6-15}$$

按照式(6-15)，当 $\theta=60°$，$v=30\mathrm{kn}$ 时，双波束系统由于计算公式简化引入的相对误差为 0.0025% ，远远小于单波束系统的相对误差。

3）舰船运动的影响

舰船在航行过程中，不可避免会存在各种线运动和角运动。这些运动也会对计程仪的测速精度产生影响。考虑舰船有纵倾角 $\Delta\theta$ 和垂向速度 u 情况，如图 6-5 所示。

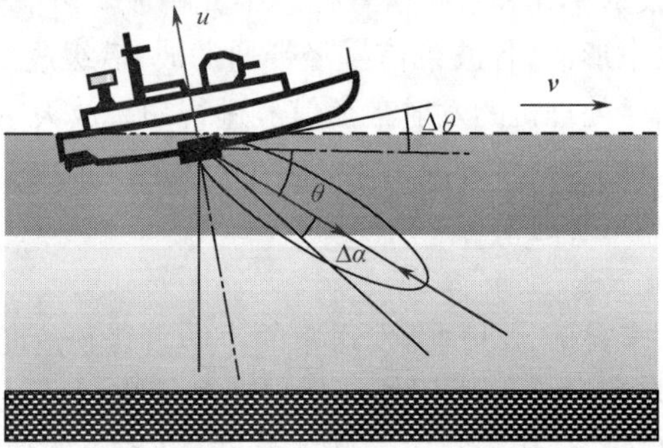

图 6-5　受舰船运动干扰情况下的多普勒测速示意图

对于单波束系统，受纵倾角和垂向速度影响后的多普勒频移测量值为

$$\Delta f_{\mathrm{d}}=\frac{2v}{c}f_0\cos(\theta-\Delta\theta)-\frac{2u}{c}f_0\sin(\theta-\Delta\theta) \tag{6-16}$$

将式(6-16)与式(6-5)作差，而由于纵倾角可通过基阵稳定装置或修正方式予以补偿，可认为 $\Delta\theta$ 为小角度，由此可得单波束系统受纵倾角和垂向速度影响引入的相对误差为

$$\frac{\Delta f-\Delta f_{\mathrm{d}}}{\Delta f_{\mathrm{d}}}\approx\frac{2vf_0\sin\theta\cdot\Delta\theta+2uf_0\cos\theta\cdot\Delta\theta-2uf_0\sin\theta}{2vf_0\cos\theta-2uf_0\sin\theta} \tag{6-17}$$

按照式(6-17)所示的相对误差计算方法，当 $\Delta\theta=0.5°$ 时，单波束系统的相对误差为 0.87% 。

采用多波束系统可以有效减小由舰船纵倾和垂向运动引入的测量误差。例如，采用前、后两个波束测量多普勒频移时，由纵倾角误差和垂向运动引入的多普勒频移误差为

$$\frac{\Delta f-\Delta f_{\mathrm{d}}}{\Delta f_{\mathrm{d}}}=\cos\Delta\theta+\frac{u}{v}\sin\theta-1 \tag{6-18}$$

当 $\Delta\theta=0.5°$ 时，双波束系统的相对误差仅为 0.004% ，远小于单波束系统的相对误差。

4）波束指向性的影响

多普勒计程仪所发射的超声波信号，是具有一定宽度的波束，其波束宽度由换能器的指向性决定。对于图 6-5，波束宽度为 $2\Delta\alpha$ 的超声波，波束沿 $\theta-\Delta\alpha$ 处的多普勒频移为

$$\Delta f'_{\mathrm{d}}=\frac{2vf_0}{c}\cos(\theta-\Delta\alpha) \tag{6-19}$$

波束沿 $\theta-\Delta\alpha$ 处的多普勒频移为

$$\Delta f_{\mathrm{d}}''=\frac{2vf_0}{c}\cos(\theta+\Delta\alpha) \tag{6-20}$$

由式(6-19)和式(6-20)可知,换能器接收到的多普勒频移非单频分量,而是具有一定的频带,其宽度为

$$\Delta f'=\Delta f_{\mathrm{d}}'-\Delta f_{\mathrm{d}}''=\frac{4vf_0}{c}\sin\theta\sin\Delta\alpha \tag{6-21}$$

由式(6-21)可得多普勒频移带宽与波束轴线上的频移之比为

$$\frac{\Delta f'}{\Delta f_{\mathrm{d}}}=2\tan\theta\sin\Delta\alpha \tag{6-22}$$

由式(6-22)可知,波束宽度越窄,测量就越接近波束轴向的多普勒频偏。

5）四波束系统测速误差方程

设舰船姿态角和航向角测量值分别为

$$\begin{cases}\psi_{\mathrm{c}}=\psi+\delta\psi\\ \theta_{\mathrm{c}}=\theta+\delta\theta\\ \gamma_{\mathrm{c}}=\gamma+\delta\gamma\end{cases} \tag{6-23}$$

式中:ψ、θ 和 γ 分别为舰船真实横摇角、纵摇角和航向角;$\delta\psi$、$\delta\theta$ 和 $\delta\gamma$ 分别为舰船的横摇角、纵摇角和航向角测量误差。

受到刻度系数误差的影响,实际多普勒计程仪测量输出的对地速度为

$$\begin{cases}v_{cx}=(1+\delta K_x)v_x\\ v_{cy}=(1+\delta K_y)v_y\\ v_{cz}=(1+\delta K_z)v_z\end{cases} \tag{6-24}$$

式中:v_x、v_y 和 v_z 分别为测得的对地速度的真实值;δK_x、δK_y 和 δK_z 分别为各方向上的刻度系数误差。

通过坐标变换矩阵,可将沿载体系的速度信息进行转化,得到多普勒测速仪输出的地理坐标系内速度:

$$\boldsymbol{v}_n=\boldsymbol{C}_b^n\boldsymbol{v}_b \tag{6-25}$$

将式(6-23)和式(6-24)代入式(6-25),可得

$$\begin{aligned}v_{cx}^n=&[\cos(\gamma+\delta\gamma)\cos(\psi+\delta\psi)+\sin(\gamma+\delta\gamma)\sin(\psi+\delta\psi)\sin(\theta+\delta\theta)]\cdot(1+\delta K_x)\cdot v_x+\\&[\sin(\psi+\delta\psi)\cos(\theta+\delta\theta)]\cdot(1+\delta K_y)\cdot v_y+\\&[\sin(\gamma+\delta\gamma)\cos(\psi+\delta\psi)-\cos(\gamma+\delta\gamma)\sin(\psi+\delta\psi)\sin(\theta+\delta\theta)]\cdot(1+\delta K_z)\cdot v_z\end{aligned} \tag{6-26}$$

$$\begin{aligned}v_{cy}^n=&[-\cos(\gamma+\delta\gamma)\sin(\psi+\delta\psi)+\sin(\gamma+\delta\gamma)\cos(\psi+\delta\psi)\sin(\theta+\delta\theta)]\cdot(1+\delta K_x)\cdot v_x+\\&\cos(\psi+\delta\psi)\cos(\theta+\delta\theta)\cdot(1+\delta K_y)\cdot v_y+\\&[-\sin(\gamma+\delta\gamma)\sin(\psi+\delta\psi)-\cos(\gamma+\delta\gamma)\cos(\psi+\delta\psi)\sin(\theta+\delta\theta)]\cdot(1+\delta K_z)\cdot v_z\end{aligned} \tag{6-27}$$

$$\begin{aligned}v_{cz}^n=&[\sin(\gamma+\delta\gamma)\cos(\theta+\delta\theta)]\cdot(1+\delta K_x)\cdot v_x-\sin(\theta+\delta\theta)\cdot(1+\delta K_y)\cdot v_y-\\&\cos(\gamma+\delta\gamma)\cos(\theta+\delta\theta)\cdot(1+\delta K_z)\cdot v_z\end{aligned} \tag{6-28}$$

对式(6－26)～式(6－28)展开,并只保留误差的一次项,可得沿地理系的四波束多普勒计程仪测速误差为

$$
\begin{aligned}
\delta v_x^n &= v_{cx}^n - v_x^n \\
&= \sin\psi\cos\theta \cdot \delta K_y \cdot v_y + \sin\psi\sin\theta\sin\gamma + \cos(\psi)\cos(\gamma) \cdot \delta K_x \cdot v_x - \\
&\quad (\sin\psi\sin\theta\cos\gamma - \cos\psi\sin\gamma) \cdot \delta K_z) \cdot v_z + \delta\psi \cdot [\cos\psi\cos\theta \cdot v_y + \\
&\quad (\cos\psi\sin\theta\sin\gamma + \sin\psi\cos\gamma) \cdot v_x - (\cos\psi\sin\theta\cos\gamma + \sin\psi\cos\gamma) \cdot v_z)] + \\
&\quad \delta\theta \cdot (-\sin\psi\sin\theta \cdot v_y + \sin\psi\cos\theta\sin\gamma \cdot v_x - \sin\psi\cos\theta\cos\gamma \cdot v_z) + \\
&\quad \delta\gamma \cdot [(\sin\psi\sin\theta\cos\gamma - \cos\psi\sin\gamma) \cdot v_x + (\sin\psi\sin\theta\sin(\gamma) - \cos\psi\cos\gamma \cdot v_z)]
\end{aligned}
\tag{6-29}
$$

$$
\begin{aligned}
\delta v_y^n &= v_{cy}^n - v_y^n \\
&= \cos\psi\cos\theta \cdot \delta K_y \cdot v_y + \cos\psi\sin\theta\sin\gamma + \sin\psi\cos\gamma \cdot \delta K_x \cdot v_x - \\
&\quad (\cos\psi\sin\theta\cos\gamma + \sin\psi\sin\gamma) \cdot \delta K_z \cdot v_z + \delta\psi \cdot [-\sin\psi\cos\theta \cdot v_y - \\
&\quad (\sin\psi\sin\theta\sin\gamma + \cos\psi\cos\gamma) \cdot v_x + (\sin\psi\sin\theta\cos\gamma - \sin\psi\sin\gamma) \cdot v_z)] + \\
&\quad \delta\theta \cdot (-\cos\psi\sin\theta \cdot v_y + \cos\psi\cos\theta\sin\gamma \cdot v_x - \cos\psi\cos\theta\cos\gamma \cdot v_z) + \\
&\quad \delta\gamma \cdot [(\sin\psi\sin\theta\cos\gamma - \sin\psi\sin\gamma) \cdot v_x + (\cos\psi\sin\theta\sin\gamma - \sin\psi\cos\gamma) \cdot v_z]
\end{aligned}
\tag{6-30}
$$

$$
\begin{aligned}
\delta v_z^n &= v_{cz}^n - v_z^n \\
&= -\sin\theta \cdot \delta K_y \cdot v_y + \cos\theta\sin\gamma \cdot \delta K_x \cdot v_x - \\
&\quad (\cos\theta\cos\gamma \cdot \delta K_z \cdot v_z + \delta\theta \cdot (-\cos\theta \cdot v_y - \sin\theta\sin\gamma \cdot v_x + \sin\theta\cos\gamma \cdot v_z) + \\
&\quad \delta\gamma \cdot (\cos\theta\cos\gamma \cdot v_x + \cos\theta\sin\gamma \cdot v_z]
\end{aligned}
\tag{6-31}
$$

通过式(6－29)～式(6－31),可以分析各种运动状态和倾角状态下的计程仪测速误差。

4. 惯性导航/多普勒计程仪组合导航中的应用设计

多普勒计程仪能够提供精确、稳定,且长时间有效的速度信息,因此可以利用其提供的精确速度信息与惯性导航系统进行组合,对惯性导航系统的输出进行修正,从而使得惯性导航系统的累积误差得到抑制,达到提高惯性导航系统精度的目的。

在第4章分析惯性导航系统时,已经建立其系统误差方程。此时可以误差方程为基础,将陀螺漂移和加速度计误差扩充至状态变量后,建立组合系统的状态方程,即

$$\dot{\boldsymbol{X}}_{\text{INS}} = \boldsymbol{F}_{\text{INS}}\boldsymbol{X}_{\text{INS}} + \boldsymbol{G}_{\text{INS}}\boldsymbol{W}_{\text{INS}} \tag{6-32}$$

式中:$\boldsymbol{X}_{\text{INS}}$为状态变量;$\boldsymbol{F}_{\text{INS}}$为状态转移矩阵;$\boldsymbol{W}_{\text{INS}}$为系统噪声;$\boldsymbol{G}_{\text{INS}}$为噪声矩阵。

由于多普勒计程仪也存在测速误差,因此在惯性导航/多普勒计程仪组合导航设计时,需要将多普勒计程仪的误差量扩充至状态变量。

1) 系统状态方程

取状态变量为

$$\boldsymbol{X}_{\text{DVL}} = [\delta v_x \quad \delta v_y \quad \delta K_x \quad \delta K_y]^{\text{T}}$$

多普勒测速仪的误差可近似为一阶马尔可夫过程,刻度系数误差近似为随机常数。由此可得系统状态方程为

$$\dot{\boldsymbol{X}}_{\mathrm{DVL}}=\boldsymbol{F}_{\mathrm{DVL}}\boldsymbol{X}_{\mathrm{DVL}}+\boldsymbol{W}_{\mathrm{DVL}} \tag{6-33}$$

$$\boldsymbol{F}_{\mathrm{DVL}}=\mathrm{diag}\left[-\frac{1}{\tau_x}\quad -\frac{1}{\tau_y}\quad 0\quad 0\right] \tag{6-34}$$

$$\boldsymbol{W}_{\mathrm{DVL}}=[w_{Dx}\quad w_{Dy}]^{\mathrm{T}} \tag{6-35}$$

2）量测方程

由于多普勒计程仪输出的速度是沿载体坐标系，为了解算方便，需要把载体系的速度转化至地理系下。通过惯性导航系统的捷联姿态矩阵 $\boldsymbol{C}_b^{n'}$ 可以实现这一转化，即

$$\boldsymbol{V}_{\mathrm{DVL}}=\boldsymbol{C}_n^{n'}\boldsymbol{C}_b^n(\boldsymbol{v}_b+\delta\boldsymbol{v}_{b\mathrm{DVL}})=\boldsymbol{C}_n^{n'}\boldsymbol{v}_n+\boldsymbol{C}_n^{n'}\boldsymbol{C}_b^n\begin{bmatrix}\delta v_{bx}+\delta K_x\cdot v_x\\ \delta v_{by}+\delta K_y\cdot v_y\\ \delta v_{bz}+\delta K_z\cdot v_z\end{bmatrix} \tag{6-36}$$

式中：$\boldsymbol{C}_b^n$ 为理想的姿态矩阵；$\boldsymbol{v}_b=[v_x\quad v_y\quad v_z]^{\mathrm{T}}$，由于捷联姿态矩阵存在姿态角误差 ϕ_x、ϕ_y、ϕ_z，因此转换矩阵 $\boldsymbol{C}_n^{n'}$ 为

$$\boldsymbol{C}_n^{n'}=\begin{bmatrix}1&\phi_z&-\phi_x\\-\phi_z&1&\phi_y\\\phi_x&-\phi_y&1\end{bmatrix}$$

略去误差的二阶耦合量，可得多普勒在地理坐标系下的速度输出为

$$v_{x\mathrm{DVL}}=v_x+\cos\psi\delta v_x-\sin\psi\delta v_y+\cos\psi\delta K_xv_x-\sin\psi\delta K_yv_y-(v_x\sin\psi+v_y\cos\psi)\times\gamma \tag{6-37}$$

$$v_{y\mathrm{DVL}}=v_y+\sin\psi\delta v_x+\cos\psi\delta v_y+\sin\psi\delta K_xv_x+\cos\psi\delta K_yv_ys+(v_x\cos\psi-v_y\sin\psi)\gamma \tag{6-38}$$

式中：ψ 为舰船航向。

取观测量为

$$\boldsymbol{Z}_{\mathrm{ID}}=\begin{bmatrix}v_{x\mathrm{INS}}-v_{x\mathrm{DVL}}\\v_{y\mathrm{INS}}-v_{y\mathrm{DVL}}\end{bmatrix}=\begin{bmatrix}\delta v_{x\mathrm{INS}}-\delta v_{x\mathrm{DVL}}+v_1\\\delta v_{y\mathrm{INS}}-\delta v_{y\mathrm{DVL}}+v_2\end{bmatrix} \tag{6-39}$$

即

$$\boldsymbol{Z}_{\mathrm{ID}}=[H_{\mathrm{INS}}\quad H_{\mathrm{DVL}}]\begin{bmatrix}X_{\mathrm{INS}}\\X_{\mathrm{DVL}}\end{bmatrix}+\boldsymbol{v}_{\mathrm{DVL}} \tag{6-40}$$

$$\boldsymbol{H}_{\mathrm{ID}}=\begin{bmatrix}0&0&1&0&0&0&-(v_x\sin\psi+v_y\cos\psi)&0_{1\times6}&\cos\psi&-\sin\psi&v_x\cos\psi&-v_y\sin\psi\\0&0&0&1&0&0&v_x\cos\psi-v_y\sin\psi&0_{1\times6}&\sin\psi&\cos\psi&v_x\sin\psi&v_y\cos\psi\end{bmatrix}$$

6.3.2 声相关测速

声相关计程仪是应用相关技术处理水声信息测量舰船航速并累计航程的一种水声导航仪器，与多普勒计程仪类似，声相关计程仪也属于绝对计程仪。但是，也只能在水深为一定范围内时输出对地绝对速度，当航行水深很深时，声相关计程仪的精度也将受到水流影响。声相关计程仪因其基阵小，在大深度跟踪海底测速时可取代需庞大基阵的多普勒计程仪。

国外从20世纪70年代末期开始声相关技术的理论研究工作，80年代陆续有商业化

产品问世，如瑞典 Jungner 公司的 Sal 系列声相关计程仪，其在 -8 ~ +30kn 范围内，测速精度优于 ±0.1kn。1996 年，RDI 公司先后生产出两台大深度 ACCP 样机装船使用，在深度为 1000m 时得到流层剖面和在 4000m 深处得到海底跟踪速度。

1. 声相关测速原理

声相关计程仪是基于“波形不变”原理实现舰船速度测量。其基本描述为：在一条运动的船上，用一个发射器发射两个信号，则对于两个分开接收器所接收的两个信号，除了产生时延外，没有其他差异。在已知接收器间隔和时延的情况下，可以求得舰船的速度。

声相关计程仪的接收器阵型配置主要有两种：接收—发射—接收（R - T - R）阵和接收—接收—发射（R - R - T）阵。考虑图 6 - 6 所示的一维情况，舰船以速度 v 向右运动，在船底装有一个发射器和两个接收换能器。其中，T 为发射器，R_1、R_2 为接收换能器，R_1 在前，R_2 在后，其间距为定值 S。发射器与接收器 R_1 的距离为 S'。

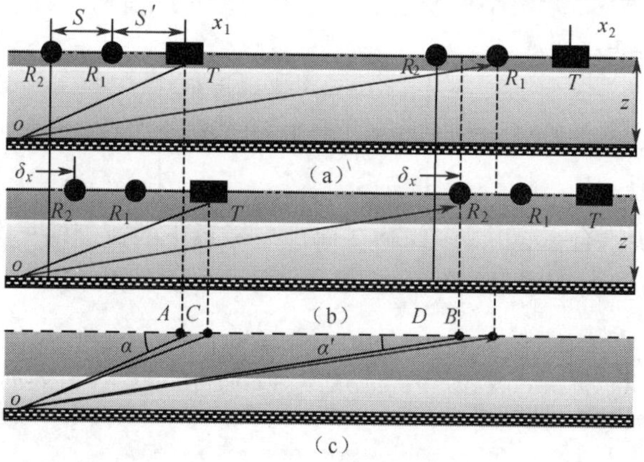

图 6 - 6　声相关计程仪测速原理

假设在 x_1 处，发射器 T 发射第一个脉冲超声波，在到达海底 o 散射点反射被 R_1 接收到时，发射器已随舰船运动到 x_2 处。发射器 T 在第一个脉冲发射后的 τ_0 时刻，发射第二个脉冲超声波，此时发射器 T 的位置是 $x_1+\delta_x$。当第二个脉冲反射波被接收器 R_2 接收时，发射器 T 已运动到 $x_2+\delta_x$ 位置。

通过图 6 - 6(c) 同时描述两条声线和收发换能器的位置，能够有一个条件，满足两条双程声线长度相等，即 $Ao+oB=Co+oD$，这样对于海底其他各散射点，也能使两条双程声线长度相等。此时，两个接收换能器 R_1 和 R_2 接收到的回波信号仅差一个时差 τ_0。

在图 6 - 6(c) 中，A、C、D 和 B 4 个点的位置分别是 x_1、$x_1+\delta_x$、$x_2+\delta_x-(S-S')$ 和 x_2-S'。假设有 $\delta_x \ll z$，$S-\delta_x \ll z$，则分别有

$$\begin{cases} Ao-Co=-\delta_x \sin\alpha \\ oB-oD=(S-\delta_x)\sin\alpha' \end{cases}$$

若两条双程声线长度相等，则有

$$\delta_x \sin\alpha=(S-\delta_x)\sin\alpha'$$

由于双程声波在水中的传播时间很短，因此舰船的位移较小，可认为 $\sin\alpha \approx \sin\alpha'$，所以有 $S=2\delta_x$。而由于 δ_x 是舰船在 τ_0 时间内的位移，即 $\delta_x=v\tau_0$，所以基于声相关技术测得

的舰船速度为

$$v = \frac{S}{2\tau_0} \tag{6-41}$$

由式(6－41)可知,在已知两个接收换能器间距 S 的条件下,只要能测得 R_1 和 R_2 收到的回波信号的时延 τ_0,就可以测量舰船速度。

通过相关器便可以完成其相关函数 $R_{1,2}(\tau)$ 的计算,进而得到时延 τ_0。例如,构建相关函数 $R_{1,2}(\tau)$,即

$$R_{1,2}(\tau) = \frac{1}{T}\int_0^T U_1(t)U_2(t-\tau)\mathrm{d}t \tag{6-42}$$

式中:当 $R_{1,2}(\tau)$ 达到最大值时,$\tau = \tau_0$。因此根据式(6－41),应用相关技术测量得到时间间隔 τ 后,就可以求得舰船速度 $v = S/(2\tau)$。

声相关计程仪受舰船速度、积分时间长度、采样频率等误差源影响,测速精度一般为0.2%左右。但从其测速原理看,声相关计程仪的测速精度与声速无关,这样就能去掉多普勒测速中一些测量声速的措施,使得换能器结构简单化。

需要注意的是,实际应用中式(6－42)对海底各散射点处处成立是不可能的,一般只要限制两个声线的双程差在1/4波长内,便可以获得两接收信号的良好相关性。

2. 基本组成

声相关计程仪通常由声学换能器、声学信号处理单元和主机单元三部分组成,各部分信息连接关系如图6－7所示。

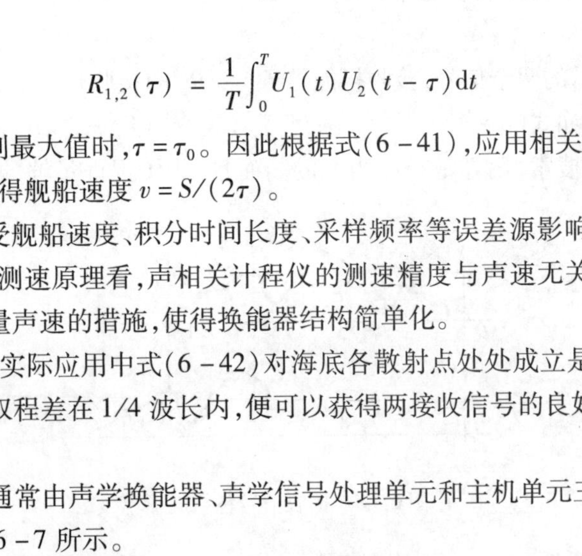

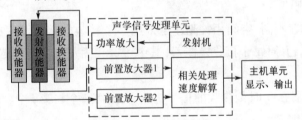

图6－7 声相关计程仪工作原理框图

1) 声学换能器

声学换能器用于完成声信号的发射和接收,由图6－7可以看出,声相关计程仪的声学换能器包括发射换能器 T 和接收换能器 R_f、R_a,对于某些特殊类型的声相关计程仪,会采用多个收、发换能器,构成换能器阵,用以提高测速精度。

2) 声学信号处理单元

声学信号处理单元完成声信号的相关处理。发射系统产生具有较大功率的电信号推动发射换能器工作;前置放大器1和前置放大器2分别放大来自两个接收换能器的回波信号;相关处理器对经放大后的两路回波信号进行延时、乘法、积分等相关运算处理,解算出航速信息。

3) 主机单元

主机单元负责接收来自信号处理器发送来的声学测速信息;根据速度信息计算航程,将声学速度信息通过多种通用外部接口对外输出;具备单元模块故障自检测功能;配置有

显示屏及操作键盘,用于完成信息显示和人机交互等功能。

3. 声相关测速方案

由声相关计程仪的测速原理可知,计算 τ_0 是实现声相关测速的前提。目前常用的声相关测速方案为时间相关测速、空间相关测速和基于模型匹配的时空相关测速。

1) 时间相关测速

时间相关测速是指接收换能器 R_1 和 R_2 的间距 S 确定后,寻找使两个接收器接收信号相关值最大的时延 τ_0。

如图 6-8 所示的两个信号,接收换能器 R_1 和 R_2 的接收信号分别用 $U_1(t)$ 和 $U_2(t)$ 表示。其相关函数如式(6-42)所示。通过逐点改变时延 τ,当 $R_{1,2}(\tau)$ 达到最大值时,$\tau=\tau_0$。这种对 τ 的搜索,运算量是相当大的。而且,为了保证足够的测速精度,必须对 τ 量化得足够精细。

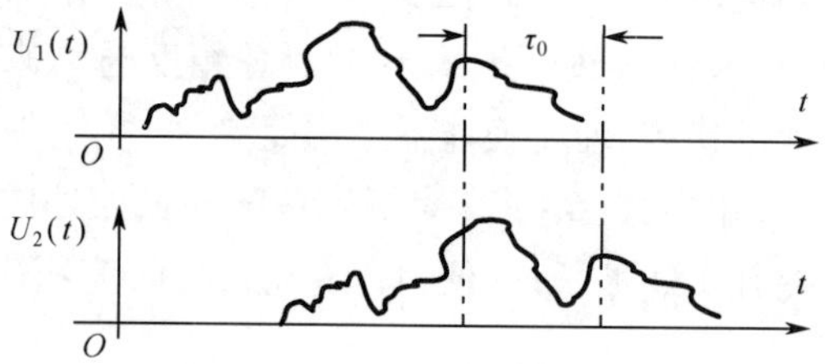

图 6-8　接收信号包络波形

2) 空间相关测速

与时间相关测速不同,空间相关测速是采用多个接收器接收海底回波信号。首先给定一个固定时延 τ_0,并对每个接收换能器(其中可选一固定参考接收器)的信号求取空间相关系数。

设第 i 个接收器在 n 时刻接收的信号为 $x_{i,n}$,则第 i 个与第 j 个($i\neq j$)接收换能器信号的空间相关系数定义为

$$\rho_{i,j}=\frac{\sum_{n=1}^{N}(x_{i,n-h}-m_i)(x_{j,n}-m_j)}{\left(\sum_{n=1}^{N}(x_{i,n-h}-m_i)^2\sum_{n=1}^{N}(x_{j,n}-m_j)^2\right)^{\frac{1}{2}}} \tag{6-43}$$

式中:h 为固定时延,其选取的原则是使 $S/2<2h\cdot t_s v<S$ 成立,t_s 为采样间隔;m_i 和 m_j 分别为第 i 与第 j 个接收信号的 N 个样本的平均值。

寻找在这一 τ_0 值下,使互相关系数达到最大时,两个接收器的间距 S,同样可以利用式(6-41)计算舰船速度 v。

3) 基于模型匹配的时空相关测速

近代声相关计程仪多采用基于时空相关函数匹配的信号处理方法,进行舰船速度解算。其计算流程是首先建立理论模型,基于水滴和水团混响理论,分别求得底混响和流混响的理论时空相关函数;其次基于信号处理方法,将理论时空相关函数和数据时空相关函数进行匹配寻优,最终得到物理参数和速度的估计值。

6.4 水声定位

水声定位系统的基本原理是利用多个阵元接收的信号,通过测量水下目标所辐射的声信号从发射到接收所经历的时延,来确定声源到各接收点的距离,求解定位方程解得目标的位置信息,从而实现对目标的定位。迄今为止,基于几何原理的水声定位系统仍然是水下目标定位跟踪的一种重要技术手段。

通常,根据声基线的距离或激发声学单元的距离,水声定位系统可分为超短基线水声定位系统、短基线水声定位系统和长基线水声定位系统。各类系统的声基线长度和工作方式如表6-1所列。

表6-1 水声定位系统分类

系统类型	声基线长度	系统工作方式
超短基线(SSBL/USBL)	<10cm	距离和角度测量
短基线(SBL)	20~50m	距离测量
长基线(LBL)	100~6000m	距离测量

在水声定位系统中,根据系统实施的原理和测量手段不同,又可将其分为"方位—方位"、"方位—距离"和"距离—距离"3种测量系统。其中,大部分的长基线、短基线系统都属于距离测量系统。

6.4.1 长基线水声定位

长基线水声定位系统一般在海底放置3个以上的水声应答器,构成具有一定几何形状的应答器阵,应答器阵的基线长度通常为几千米。

长基线系统的优点是:独立于水深值,具有较高的定位精度;多余观测值增加,对于大面积的调查区域,可以得到非常高的相对定位精度;换能器非常小,易于安装。缺点是:系统复杂,操作繁琐;数量巨大的声基阵,造成费用昂贵;需要长时间布设和收回海底声基阵;需要详细对海底声基阵校准测量;等等。

短基线和超短基线系统的水听器安装在舰船上,所要确定的目标是海底信标或应答器,得到的是信标或应答器相对于舰船中心参考点的位置坐标。

而与短基线和超短基线不同,长基线系统利用海底应答器阵来确定载体的位置,定出的位置坐标是相对于海底应答器阵的相对坐标,在已知海底应答器阵的绝对地理位置后,即可得到载体在大地坐标系中的绝对位置。因此,可在局部海域对水下或水面载体进行精确导航定位(可提供亚米级的定位精度)。目前,长基线水声定位系统在海洋开发诸如水下施工、海底电缆铺设、海上石油勘探和水下载体定位方面有着广泛的应用,还可以与GPS、INS组合,提供高精度、功能强大的导航和定位。军事上,长基线水声定位系统可以为潜艇校正提供准确的位置信息。

1. 定位原理

从原理上讲,长基线水声定位系统只需要2个海底应答器就可以实现导航定位功能。但这会产生目标的偏离模糊问题,另外不能测量目标的水深,所以至少需要3个海底应答器才能得到目标的三维坐标。实际应用中，需要接收4个以上海底应答器的信号，产生多余观测，提高测量精度，如图6-9所示，在海底布设4个水听器 $T_1(x_1,y_1,z_1)$、$T_2(x_2,y_2,z_2)$、$T_3(x_3,y_3,z_3)$、$T_4(x_4,y_4,z_4)$，各应答器本身的坐标位置在经过测量校准后，其坐标位置均为已知量。

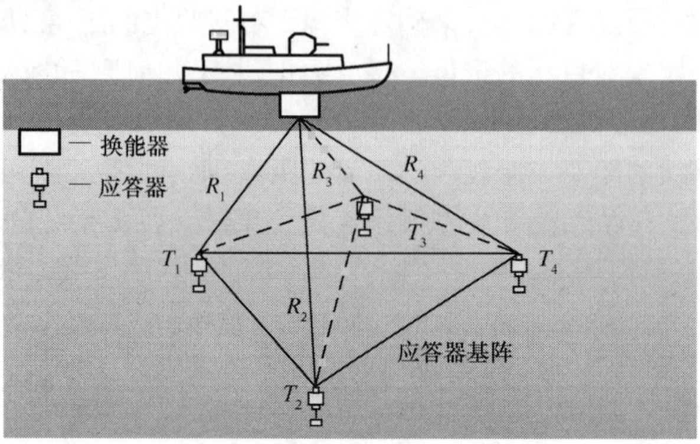

图6-9 长基线水声定位系统原理

设舰船的位置坐标为 (x,y,z)，通过测量超声波从换能器发射，到应答器接收再转发至换能器接收的信号传播时间，可以测得各应答器的目标斜距 R_1、R_2、R_3、R_4。基于空间几何原理，可得到定位方程为

$$\begin{cases}(x-x_1)^2+(y-y_1)^2+(z-z_1)^2=R_1^2\\(x-x_2)^2+(y-y_2)^2+(z-z_2)^2=R_2^2\\(x-x_3)^2+(y-y_3)^2+(z-z_3)^2=R_3^2\\(x-x_4)^2+(y-y_4)^2+(z-z_4)^2=R_4^2\end{cases}\tag{6-44}$$

通过对式(6-44)进行两两相减处理，可消去二次项，得到

$$\begin{cases}-2(x_1-x_2)x-2(y_1-y_2)y-2(z_1-z_2)z=(R_1^2-R_2^2)+(x_1^2-x_2^2)+(y_1^2-y_2^2)+(z_1^2-z_2^2)\\-2(x_2-x_3)x-2(y_2-y_3)y-2(z_2-z_3)z=(R_2^2-R_3^2)+(x_2^2-x_3^2)+(y_2^2-y_3^2)+(z_2^2-z_3^2)\\-2(x_1-x_3)x-2(y_1-y_3)y-2(z_1-z_3)z=(R_1^2-R_3^2)+(x_1^2-x_3^2)+(y_1^2-y_3^2)+(z_1^2-z_3^2)\\-2(x_1-x_4)x-2(y_1-y_4)y-2(z_1-z_4)z=(R_1^2-R_4^2)+(x_1^2-x_4^2)+(y_1^2-y_4^2)+(z_1^2-z_4^2)\end{cases}\tag{6-45}$$

根据方程式(6-45)的特点，可将其写成

$$\begin{cases}a_{11}x+a_{12}y+a_{13}z=b_1\\a_{21}x+a_{22}y+a_{23}z=b_2\\a_{31}x+a_{32}y+a_{33}z=b_3\\a_{41}x+a_{42}y+a_{43}z=b_4\end{cases}\tag{6-46}$$

将式(6-46)列写为矩阵形式，得到

$$\boldsymbol{AX}=\boldsymbol{B}$$

式中：$\boldsymbol{A}=(a)_{4\times3}$；$\boldsymbol{B}=(b)_{1\times3}$；$\boldsymbol{X}=(x\quad y\quad z)^{\mathrm{T}}$。

根据最小二乘法可得到最佳解为

$$X=(A^{T}A)^{-1}(A^{T}B) \tag{6-47}$$

2. 长基线水声定位误差分析

由式(6－44)可以看出,长基线水声定位误差与各水听器的坐标位置误差、水中声速误差、信号传输时间测量误差有关。

由于长基线水声定位系统要分别测量目标至各水听器的斜距才能解算目标位置坐标,因此各水听器的坐标位置必须精确已知,由于风、流的影响,在将应答器放入水后测得的应答器地理坐标位置与其在海底的真实位置之间并不完全符合。通常,采用测量船在不同位置发射询问脉冲,并接收应答信号的方法,实现对水下基阵的坐标位置进行精确的标校,测量误差可以达到0.05%左右。

虽然声速的测量值可达到0.05%的精度,但由于长基线水声定位系统的作用距离一般都在几千米甚至几十千米的量级,此时声速 c 将受到海区海水的深度、盐度、温度的影响会发生变化,因此需要按照式(6－2)的经验公式进行校正。

同时,由于声速的变化,会导致入射声波在通过具有不同声速的水层区域时,由于声波在传播途径上各点的声速不同,声波经过的路径(声线)要发生弯曲。因此,必须根据实际情况对声线进行校正,减少其对定位精度的影响。工程上可采用经验公式法和根据射线声学理论进行计算两种方法完成声线修正。

换能器在接收信号的同时,会受到噪声的干扰,即对声信号在水中传播时间的测量,要受到信号的信噪比的影响。根据信号检测和估计理论得到的结论,时间的测量误差可表示为

$$\Delta t=\frac{1}{B\sqrt{S/N}}$$

式中:Δt 为声信号传播时间测量误差(s);B 为接收信号带宽(Hz);S/N 为功率信噪比(倍)。在高信噪比条件下,采用CW脉冲一般时间测量误差可以做到小于0.1ms。

6.4.2 短基线水声定位

与长基线水声定位系统不同,短基线水声定位系统的定位基点通常布置在船底,由3个以上的基点呈笛卡儿坐标配置构成基线阵,基线长度通常在几米量级上。通过测量声波在应答器与基点(接收器)之间的传输延时或时延差来确定斜距值。而后结合外部传感器观测值,如GPS、罗经系统的船位、姿态和航向等,通过基阵相对载体坐标系的关系,可以解算出目标位置的大地坐标。

短基线水声定位可以是距离测量方式定位、测向方式定位,也可以是按测向—测距的混合方式定位。

1. 定位原理

短基线水声定位系统得到的是信标或应答器相对于载体中心点的位置坐标。如图6－10所示,基于4个定位基点的短基线水声定位系统,声基阵由4个位于边长为 $2a$、$2b$ 矩形顶点的水听器构成,安装于船底。声基阵中心还有一用以发射询问信号的换能器 T,设应答器的坐标为 (x,y,z),在不考虑声线弯曲的情况下,根据几何关系可得到定位方程为

$$\begin{cases}(x-a)^2+(y+b)^2+z^2=R_1^2\\(x-a)^2+(y-b)^2+z^2=R_2^2\\(x+a)^2+(y+b)^2+z^2=R_3^2\\(x+a)^2+(y-b)^2+z^2=R_4^2\end{cases}\tag{6-48}$$

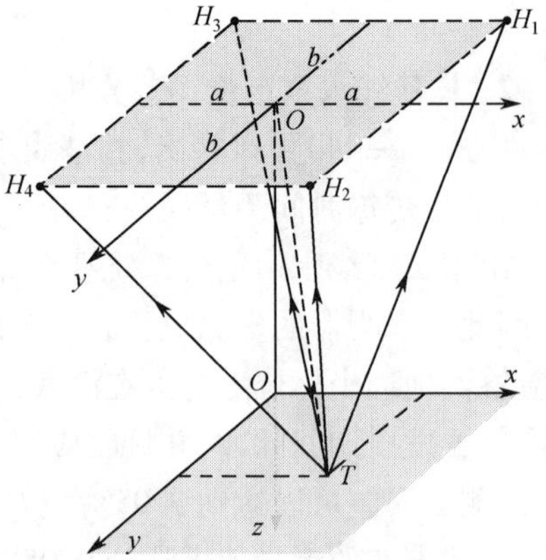

图 6-10　短基线水声定位系统原理

通过对式(6-48)的两两相减运算,减消去 z,得到

$$\begin{cases}R_3^2-R_1^2=4ax,\quad R_4^2-R_2^2=4ax\\R_1^2-R_2^2=4by,\quad R_3^2-R_4^2=4by\end{cases}\tag{6-49}$$

于是得到应答器的水平坐标 (x,y) 为

$$\begin{cases}x=\dfrac{(R_3^2-R_1^2)+(R_4^2-R_2^2)}{8a}\\y=\dfrac{(R_1^2-R_2^2)+(R_3^2-R_4^2)}{8b}\end{cases}\tag{6-50}$$

根据式(6-49)中的任一方程可求出 4 个可能的 z 值,即

$$\begin{cases}z_1=\sqrt{R_1^2-(x-a)^2+(y+b)^2}\\z_2=\sqrt{R_2^2-(x-a)^2+(y+b)^2}\\z_3=\sqrt{R_3^2-(x-a)^2+(y+b)^2}\\z_4=\sqrt{R_4^2-(x-a)^2+(y+b)^2}\end{cases}\tag{6-51}$$

利用 4 个值的平均可得到深度的均值,即

$$z=\frac{z_1+z_2+z_3+z_4}{4}\tag{6-52}$$

根据短基线水声定位系统的原理,要得到应答器的位置 (x,y,z),首先要确定应答器至各水听器的距离 R。

设中心问答器与应答器的信号往返时间为 T_0,问答器到应答器再回到各水听器的信号传输时间为 t_i,则应答器与各水听器间的距离为

$$R_i=ct_i-c\frac{T_0}{2}=c\left(t_i-\frac{T_0}{2}\right)\tag{6-53}$$

当使用非同步信标时,由于信标发射信号的时刻未知,只能利用两两接收器接收信号间的时差进行测向,再进行定位。

对于船舷悬挂的短基线水声定位系统,由于舰船的摇摆等角运动,会造成基阵有转动和倾斜。在这种情况下,系统必须配备测量姿态的传感器,以便对测量数据进行姿态修正。

设 (ψ,θ,γ) 为基阵相对地理坐标系的转动角,根据不同坐标系间的坐标变换方程,可得到坐标变换方程为

$$\begin{bmatrix}x_i\\y_i\\z_i\end{bmatrix}=\begin{bmatrix}\cos\gamma&-\sin\gamma&0\\\sin\gamma&\cos\gamma&0\\0&0&1\end{bmatrix}\cdot\begin{bmatrix}\cos\psi&0&\sin\psi\\0&1&0\\-\sin\psi&0&\cos\psi\end{bmatrix}\cdot\begin{bmatrix}1&0&0\\0&\cos\theta&-\sin\theta\\0&\sin\theta&\cos\theta\end{bmatrix}\begin{bmatrix}x'_i\\y'_i\\z'_i\end{bmatrix}\tag{6-54}$$

式中：(x'_i, y'_i, z'_i)为第 i 号水听器在基阵坐标系中的位置坐标；(x_i, y_i, z_i)为第 i 号水听器在地理坐标系中的位置坐标。

短基线水声定位系统的优点是：集成系统的价格低廉、操作简便容易；换能器体积小，易于安装；等等。缺点是：深水测量要达到高精度，基线长度一般需要大于40m；系统安装时，水听器的位置即声基阵需严格校准。

2. 定位误差分析

考虑图6-10中(H_1, H_2, H_3, H_4)不同面情况下的定位斜距方程为

$$(x - x_i)^2 + (y - y_i)^2 + (z - z_i)^2 = c^2 t_i^2 \tag{6-55}$$

对式(6-55)求微分，得到

$$(x - x_i)\mathrm{d}x + (y - y_i)\mathrm{d}y + (z - z_i)\mathrm{d}z = t_i^2 c\mathrm{d}c + c^2 t_i \mathrm{d}t_i + (x - x_i)\mathrm{d}x_i + (y - y_i)\mathrm{d}y_i + (z - z_i)\mathrm{d}z_i \tag{6-56}$$

式中：$\mathrm{d}x$、$\mathrm{d}y$、$\mathrm{d}z$ 为目标在该坐标系中的位置误差；$\mathrm{d}x_i$、$\mathrm{d}y_i$、$\mathrm{d}z_i$ 为第 i 号水听器在该坐标系中的位置误差；$\mathrm{d}c$ 为水中声速误差；$\mathrm{d}t_i$ 为应答信号传输时间测量误差。

由式(6-56)可以看出，短基线水声定位误差与各水听器的坐标位置误差、水中声速误差和信号传输时间测量误差有关。另外，从式(6-54)可以看出，水听器阵的转动角(ψ, θ, γ)大小及摇摆角的测量误差也会对定位结果产生影响。以六元阵为例，其坐标测量误差可表示为

$$\begin{cases} \mathrm{d}x_i = a_{11}\mathrm{d}\gamma + a_{12}\mathrm{d}\alpha + a_{13}\mathrm{d}\beta + a_{14}\mathrm{d}x'_i + a_{15}\mathrm{d}y'_i + a_{16}\mathrm{d}z'_i \\ \mathrm{d}y_i = a_{21}\mathrm{d}\gamma + a_{22}\mathrm{d}\alpha + a_{23}\mathrm{d}\beta + a_{24}\mathrm{d}x'_i + a_{25}\mathrm{d}y'_i + a_{26}\mathrm{d}z'_i \\ \mathrm{d}z_i = a_{31}\mathrm{d}\gamma + a_{32}\mathrm{d}\alpha + a_{33}\mathrm{d}\beta + a_{34}\mathrm{d}x'_i + a_{35}\mathrm{d}y'_i + a_{36}\mathrm{d}z'_i \end{cases} \tag{6-57}$$

式中，$a_{11} \sim a_{36}$共18个系数，可通过对式(6-57)求微分得到。

由于短基线水声定位系统的作用距离比较短(一般只有几百米)，因此由声线弯曲带来的测距误差可以忽略不计。但由于基阵尺度小，各个基元位置的测量误差对整个定位精度的影响很大，也就是说，在短基线水下定位测量系统中，接收基元的位置坐标(x'_i, y'_i, z'_i)是一个至关重要的参数。为提高对目标定位的精度，应对接收基阵进行标校，确定出各基元的实际位置，并将其存入计算机供定位计算用。

传播时间误差 $\mathrm{d}t_i$ 由两方面原因产生：一是发射端、接收端的同步过程中并非真正同步所造成的时间基准误差；二是接收机对信号到达时间测量不准带来的误差。

6.4.3 超短基线水声定位

超短基线水声定位系统与短基线水声定位系统一样，其定位基线是布置在船底。可以说，超短基线水声定位系统是短基线水声系统的一种变种，它采用尺寸更小的声基阵。不同于短基线水声系统中各声基阵基元由独立的水听器组成，超短基线水声系统将3个或3个以上的声基元集中安装在一个换能器中，组成声基阵，声单元之间的相互位置精确测量，组成声基阵坐标系。

超短基线水声定位系统的工作方式通常是距离和角度测量。定位原理如下：

由于超短基线系统水听器基阵的尺寸很小，只能通过测量两个水听器之间的相位差，如图6-11所示，而不是测量时间差(可在短基线系统中应用，如图6-12所示)，图中 $D \gg d$。

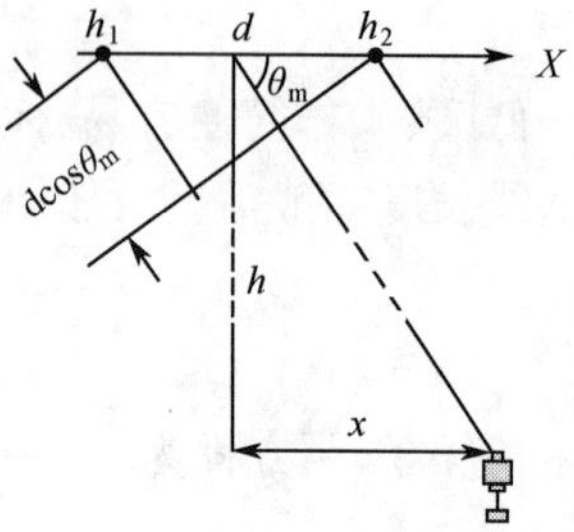

图 6－11　超短基线系统测相位差

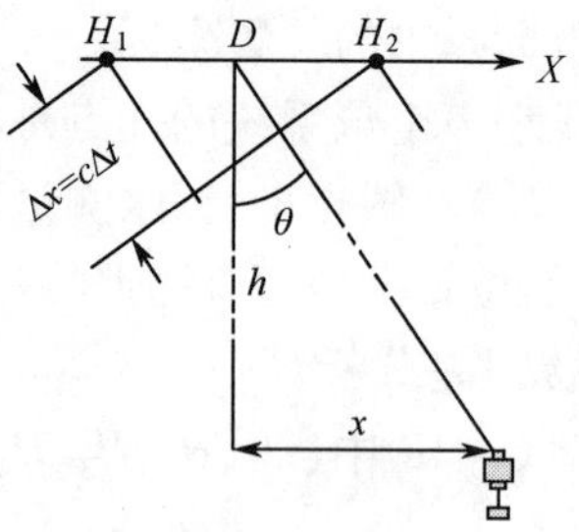

图 6－12　短基线系统测距离差原理

由于基阵尺寸甚小，可认为是远场接收的情况，即入射线到所有基元的声线平行。对于短基线系统，基元 H_1、H_2 到应答器的距离差用声波速度与接收时间差描述，即

$$x = r\sin\theta = rc\frac{\Delta t}{D} \tag{6-58}$$

对于超短基线系统，很多情况下 $D \gg d$，此时只能用两个水听器的相位差 ϕ 来测量，即

$$\cos\theta_{\mathrm{m}} = \frac{\phi\lambda}{2\pi d} \tag{6-59}$$

对于图 6－13 所示的超短基线定位系统，3 个水听器位于两个互相垂直的基线上（即在 x 和 y 轴上），应答器 $T(x_{\mathrm{a}}, y_{\mathrm{a}}, z_{\mathrm{a}})$ 发出的信号到基阵原点的声线与 x 和 y 轴的夹角分别为 $\theta_{x\mathrm{m}}$ 和 $\theta_{y\mathrm{m}}$。

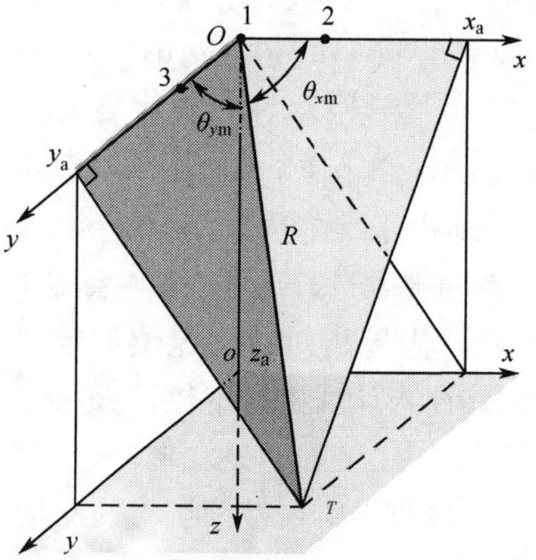

图 6－13　超短基线水声定位系统定位原理

首先，可得到 1 号水听器的斜距 $\theta_{x\mathrm{m}}$ 与应答器的坐标关系为

$$R^2 = x_{\mathrm{a}}^2 + y_{\mathrm{a}}^2 + z_{\mathrm{a}}^2 \tag{6-60}$$

而由图 6－13 可知

$$\begin{cases} x_{\mathrm{a}}^2 = R^2\cos^2\theta_{x\mathrm{m}} \\ y_{\mathrm{a}}^2 = R^2\cos^2\theta_{y\mathrm{m}} \end{cases} \tag{6-61}$$

对于使用应答器的超短基线系统，斜距 R 可通过询问和应答往返时间 $T_{\mathrm{T,R}}$ 获得，$\theta_{x\mathrm{m}}$ 和 $\theta_{y\mathrm{m}}$ 可跟根据式（6－59）由相位差测量得到。

于是根据式（6－60）和式（6－61），可求得应答器的三维坐标为

$$\begin{cases} x_a = R\cos\theta_{xm} \\ y_a = R\cos\theta_{ym} \\ z_a = R\sqrt{1-\cos^2\theta_{xm}-\cos^2\theta_{ym}} \end{cases} \tag{6-62}$$

超短基线的优点:低价的集成系统、操作简便容易;只需一个换能器,安装方便;高精度的测距精度。超短基线的缺点:系统安装后的校准需要非常准确,而这往往难以达到;测量目标的绝对位置精度依赖于外围设备(罗经、姿态传感器和深度传感器)精度,如法国 IXSEA GAPS 系统,采用超短基线水声定位系统和光纤陀螺惯性导航系统结合的全球声学惯性导航定位系统,通过内置一套 PHINS 惯性导航系统,换能器的姿态信息均能以高刷新速率输出,无论 GAPS 的换能器姿态如何,系统均能解算出高精度的水下目标位置,定位精度可达 0.2% 斜距。

6.4.4 组合定位系统

除长基线、短基线和超短基线水声定位系统外,国外的一些研究人员已经尝试研制出一些组合式的水声定位系统,如图 6-14 所示。组合的方式有多种形式,主要是 3 种水声定位系统的不同组合,如长基线/超短基线、长基线/短基线、短基线/超短基线、长基线/短基线/超短基线等。

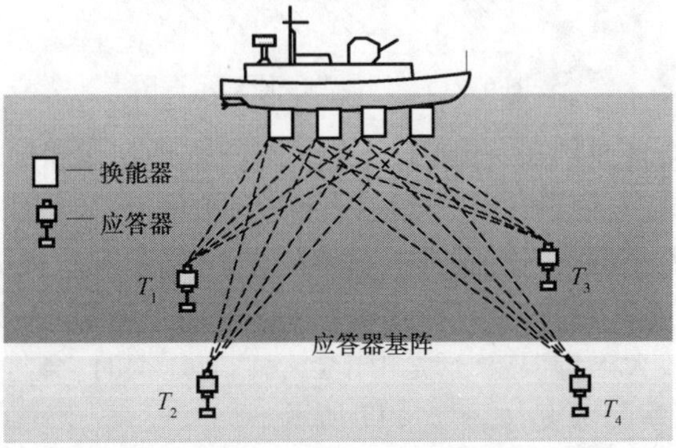

图 6-14 组合式水声定位系统示意图

组合定位系统的最大优点是能够选取不同系统的优势,提高定位精度、扩大应用范围。但组合定位系统的设备组成和操作也变得更为复杂,一般是应用户的特殊需要定制。系统的工作方式是距离测量或距离角度测量。

6.5 声学测深

水深的测量最初主要为了满足舰船航行的需要,随着海洋开发事业和军事的需要,水深数据已成为不可或缺的资料,如海底电缆的架铺、水下潜艇潜器安全航行、海底障碍物的定位、海底施工以及海底资源的开发等均需要海底深度分布的详细资料。

海底地形和地貌的测量均是基于海深的测量,回波测深仪是应用声波在水中传播所具有的直线传播、传播速度恒定以及反射特性等物理特性来测量水深的水声导航仪器。

回波测深原理如图 6－15 所示，在船底装有发射换能器 A 和接收换能器 B，两个换能器中心距离为 S，称为基线。发射换能器 A 以间歇脉冲方式垂直向下发射超声波，声波经海底反射，一部分被接收换能器 B 接收，通过测量声波往返海底的时间 t，便可以求出水深为

$$H = h + D = \sqrt{\left(\frac{ct}{2}\right)^2 - \left(\frac{S}{2}\right)^2} \tag{6-63}$$

式中：D 为水面至换能器的距离；h 为换能器至海底的距离；c 为声速；S 为基线长度。

图 6－15 所示为单波束回波测深仪的基本工作原理，这种单波束垂直测深仪有很大的局限性。

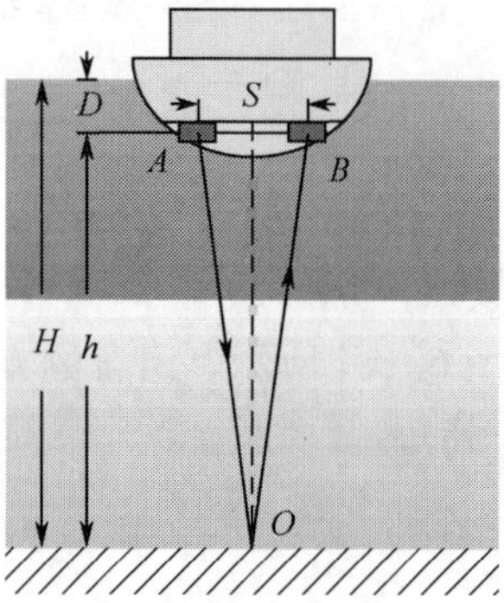

图 6－15　回波测深原理示意图

（1）数据质量差，精度不高。主要是受到海底有斜坡存在和舰船摇摆的影响，会产生较大测量误差。当海底较平坦时声波的波谐面将先接触海底，利用前沿测量信号往返时间，不会带来大的误差。但是当海底有斜坡存在时，将会带来较大的测深误差，倘若使用一个较窄的波束向下发射声波，可以部分地解决深度误差问题，如图 6－16所示。当舰船有摇摆时，又会引入较大测量误差，这是由于当舰船有摇摆时，会将声波达到 B 点的往返时间用来计算 A 点的实际深度，如图 6－17 所示。

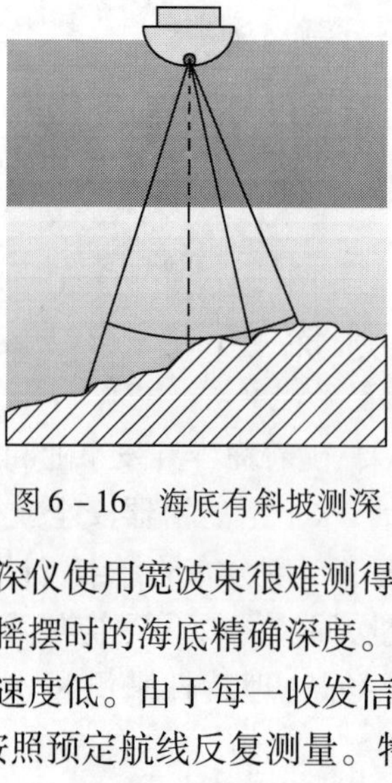

图 6－16　海底有斜坡测深

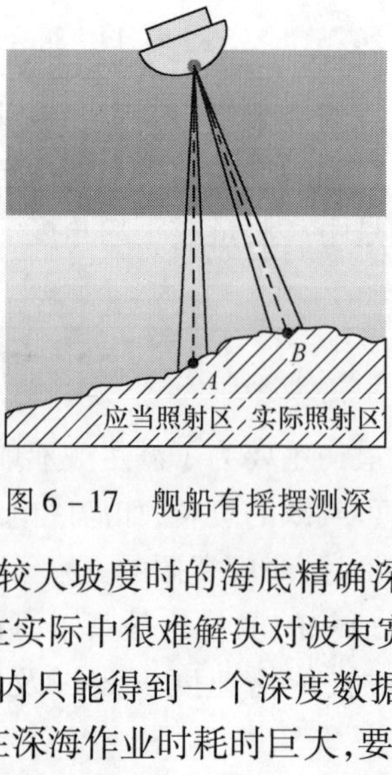

图 6－17　舰船有摇摆测深

单波束测深仪使用宽波束很难测得海底有较大坡度时的海底精确深度，而窄波束很难测得舰船有摇摆时的海底精确深度。因此，在实际中很难解决对波束宽度要求的矛盾。

（2）测量速度低。由于每一收发信号周期内只能得到一个深度数据，当进行大面积测量时，必须按照预定航线反复测量。特别是在深海作业时耗时巨大，要消耗大量人力和

物力。而要减小消耗，只能增大测量点的间隔，这又无法得到高分辨率的海底地形图。

20世纪60年代，多波束测深技术的应用，很好地克服了单波束测深的弊端。利用多波束测深，可以在一个收发周期内测量多个海底点的深度数据，且具有比单波束测深仪高的分辨率。如图6-18所示，多波束测深通过在一次信号发射中测绘一个连续（或间隔很小的）海底区域，通常是横向的一些点条，该区域称为条带。利用与发射阵相垂直布设的接收阵接收回波。此时被发射阵照射的海底条带将被接收阵观察的条带截取，截取的小面积对应于发射束宽和接收束宽。此时尽管整个被照射区均产生回波，但只有发射阵和接收阵观察到的一小部分海底的回波可被接收到，从而可测出这一交叉面积的深度。

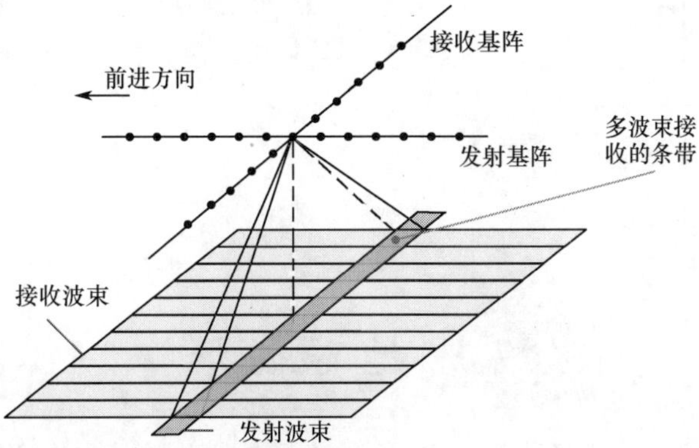

图6-18 多波束回波测深原理

虽然多波束测深系统比单波束系统复杂得多，造价也高，但与长期用船的代价比，还是节省得多，特别是在深海环境下这种节省更为显著。

第7章 地磁导航

7.1 地球磁场

地球周围空间存在的磁场称为地磁场,地磁场是地球的基本物理场,处在地球近地空间内任意一点都具有磁场强度,且其强度和方向会因经度、纬度和高度的不同而不同。地磁场有着丰富的参数信息,如地磁总场、地磁三要素、磁倾角、磁偏角和地磁场梯度等,这些参数为地磁导航提供了充足的信息。

地磁场的强弱用磁感应强度或磁场强度表示。磁感应强度的 SI 单位制为特斯拉,用 T 表示,CGSM 单位制中为高斯,用 Gs 表示,$1T = 10^{-4}Gs$,还有更小的单位纳特,用 nT 表示,$1nT = 10^{-9}T$;磁场强度的 SI 单位制为 A/m,CGSM 单位制中为奥斯特,用 Oe 表示,$1A/m = 4\pi \times 10^{-3}Oe$。

地磁总场、磁倾角和磁偏角这 3 个物理量称为地磁三要素。地磁场的磁子午线与地理子午线间的夹角叫磁偏角(在研究地磁导航时,又称为磁差),地球上某处地磁场方向与地面水平方向间的夹角叫磁倾角。在地球邻近的两个地方,地磁要素的变化一般都十分微小。

在描述地磁场时,一种观点将地球磁场简化为磁偶极子模型,即近似于把一个磁铁棒放到地球中心,使其 N 极大体上对着南极而产生的磁场形状。其实,地球中心并没有磁铁棒,而是通过电流在导电液体核中流动的发电机效应产生磁场。地磁场强度很弱,这是地磁场的另一特性,在最强的两极其强度不到 $10^{-4}T$,平均强度约为 $0.6 \times 10^{-4}T$,而它随地点或时间的变化就更小,常用 nT(纳特)表示。

7.1.1 地磁要素与地磁图

通常利用地磁场强度 $\boldsymbol{T}$ 和它的分量来描述地磁场特征。如图 7-1 所示,在观测点建立坐标系 $OXYZ$,并设观测点为原点 O,原点处磁场值 $\boldsymbol{T}$ 所在的垂面为磁子午面,X 轴沿地理子午线向北为正,Y 轴沿纬度方向向东为正,Z 轴垂直向下为正。

$\boldsymbol{T}$在X轴上的投影x，称为北向强度。$\boldsymbol{T}$在Y轴上的投影y，称为东向强度。$\boldsymbol{T}$在Z轴上的投影z，称为垂直强度。$\boldsymbol{T}$在水平面OXY上的投影$\boldsymbol{H}$，称为水平强度。磁子午面与地理子午面的夹角D，称为磁偏角，并规定$\boldsymbol{H}$向东偏为正，向西偏为负。$\boldsymbol{T}$与水平面的夹角I，称为磁倾角。在北半球，$\boldsymbol{T}$指向地平线之下，I角为正，在南半球，$\boldsymbol{T}$向上，I为负。$\boldsymbol{T}$、$\boldsymbol{H}$、z、x、y、I和D这7个量统称为地磁要素，其相互关系为

$$\begin{cases}H = T\cos I, z = T\sin I, I = \arctan(z/H)\\ x = H\cos D, y = H\sin D, D = \arctan(y/x)\\ T^2 = H^2 + z^2 = x^2 + y^2 + z^2\end{cases} \tag{7-1}$$

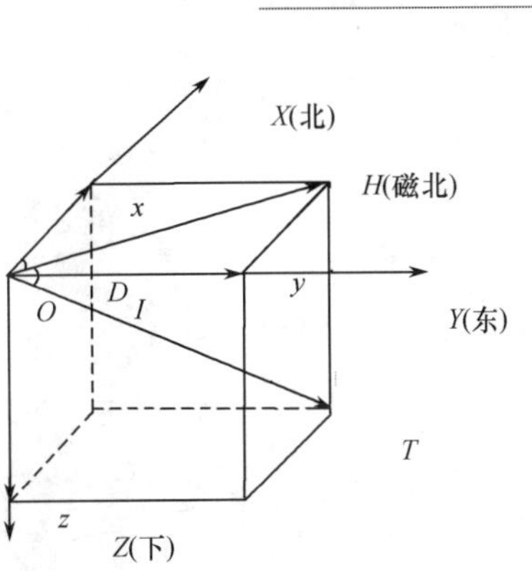

图7-1 地磁要素图

为清晰地描述地磁场分布规律，一般将地磁要素测定结果绘成等值线图，即在地图上将某种地磁要素具有相同数值的各点连成的曲线而成的图。

磁偏角数值相同的曲线为等倾角线，水平强度相同的曲线为水平等力线或$\boldsymbol{H}$等值线，垂直强度相同的曲线为垂直等力线或z等值线等。这种地磁图可以把整个地球或一定区域的地磁场情况从数量上以及特征上清晰地显示出来。图7-2～图7-4所示为世界地磁等偏角线图、等倾角线图和等强度线图。

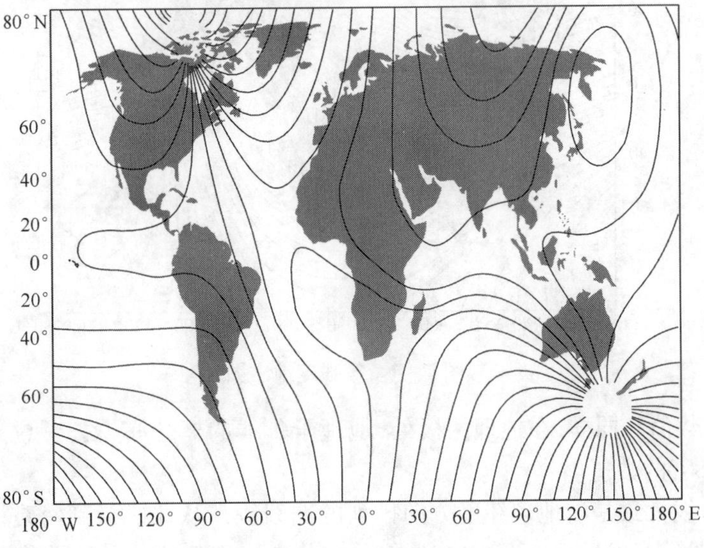

图7-2 等偏角地磁图

由图7-2可知，地磁等偏角线图是从一点出发汇聚于另一点的曲线簇。它有两点$D=0°$的等偏角线把磁偏角分为正、负两个区域。负等值线表示偏角值小于零($D<0$，磁针西偏)，正等值线表示偏角值大于零($D>0$，磁针东偏)。

等偏角线在南、北两半球上汇聚于4个点，两个是磁极，两个是地极。在南、北磁极处，水平强度为0，倾角为90°，在水平面内能自由转动的磁针在此处可停止在任意位置，水平强度$\boldsymbol{H}$的指向(即磁子午线的方向)在此处已失去意义。因此，该处的磁偏角可以有

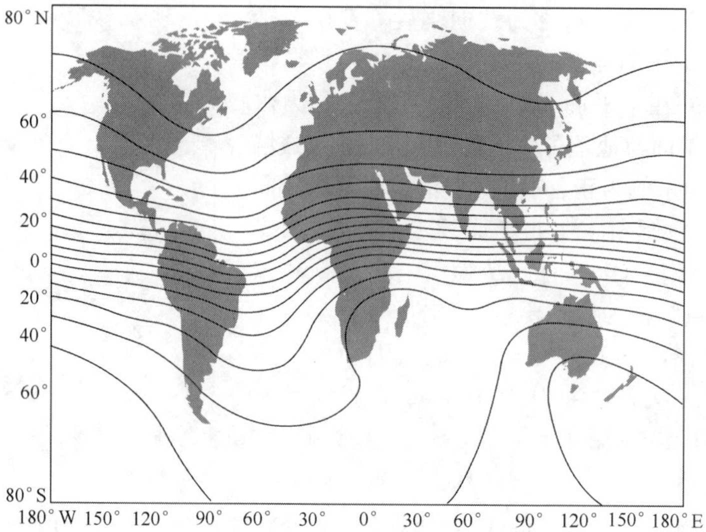

图 7－3　等倾角地磁图

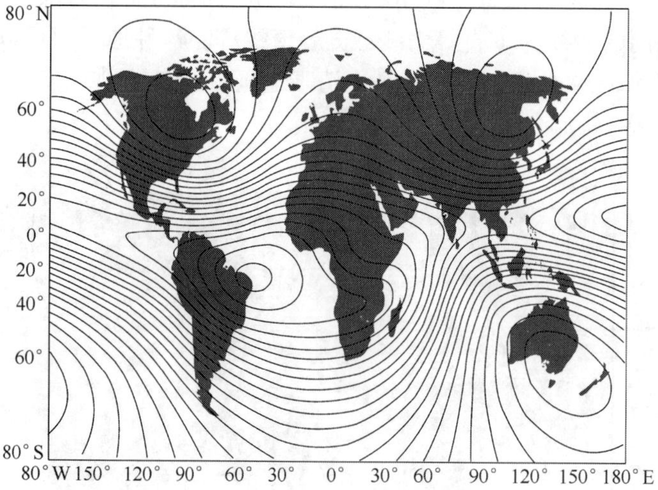

图 7－4　等强度地磁图

0°～±180°的数值。同样，在地理两极处，地理子午线的概念亦失去了意义，磁偏角也可以有 0°～±180°的数值。

水平等力线大致是沿地理纬度方向排列的曲线簇。从北磁极到南磁极，其数值先由零逐渐增加到最大，然后再逐渐减小到零，最大值在赤道附近。在不同子午线上最大值有差别，最大磁场强度为 0.4Oe，位于巽他群岛附近。

等倾角线图也是大致沿纬度圈分布的一系列平行曲线，形态更为匀称和规则。零值等倾角线称为地磁赤道。由赤道至两极，倾角由 0°逐渐增加到 90°。磁赤道以北，磁针 N 极下倾，倾角为正，磁赤道以南，磁针 N 极上仰，倾角为负。

等强度线图也是大致沿纬度方向排列的曲线簇，它在南、北两极处最大，为 0.6～0.7Oe，而在赤道附近为零。如图 7－5 所示，地磁北极与地理北极并不重合，且每年向西漂移。地磁场的西向漂移一般是指长期变化的西向漂移和非偶极子磁场的西向漂移。平均而言,长期变化的漂移速度为0.3(°)/年,非偶极子磁场漂移的速度为0.2(°)/年。

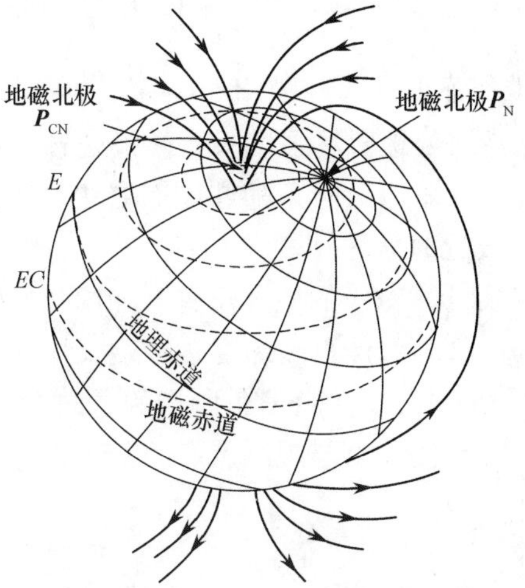

图7－5　地磁北极、地理北极与地磁场示意图

7.1.2　地磁场组成及其解析模式

1. 地磁场的一级近似表示

一般可将地球磁场看成为一个均匀磁化球体或地心偶极子的磁场。实际测量结果也表明,地磁场与地心偶极子磁场近似。物理学中,偶极子磁场与均匀磁化球体磁场等同,因此可以通过分析均匀磁化球体磁场的解析式来了解地磁场的一般规律。如图7－6所示,设地球为一均匀磁化的球体,则球面任一点P的磁位可表示为

$$u=\frac{\mu_0 M}{4\pi R}\sin\varphi \tag{7-2}$$

式中:φ为磁纬度;R为地球半径;M为地球磁场磁矩;μ_0为真空磁导率常数。

由于磁场是磁位的负梯度,所以P点的磁场强度可写成

$$\boldsymbol{T}=-\mathrm{grad}u \tag{7-3}$$

以P为原点建立笛卡儿坐标系,取X轴向北,Y轴向东,Z轴指向地心,则$\boldsymbol{T}$的3个分量分别为

$$x=-\frac{\partial u}{\partial x},y=-\frac{\partial u}{\partial y},z=-\frac{\partial u}{\partial z} \tag{7-4}$$

按照$\mathrm{d}x=R\mathrm{d}\varphi$,$\mathrm{d}y=R\cos\varphi\mathrm{d}\lambda$和$\mathrm{d}z=-\mathrm{d}R$的关系($\lambda$为$P$点经度)。若不考虑磁轴与地球自转轴的偏离问题,则$P$点的磁位与经度无关,由式(7－4),$\boldsymbol{T}$的各分量可写为

$$\begin{cases}H=x=-\dfrac{1}{R}\dfrac{\partial u}{\partial\varphi}=\dfrac{\mu_0 M}{4\pi R_e^3}\cos\varphi\\ y=0\\ z=\dfrac{\partial u}{\partial R}=\dfrac{2\mu_0 M}{4\pi R_e^3}\sin\varphi\end{cases} \tag{7-5}$$

由此可得总磁场强度$\boldsymbol{T}$的表达式为

$$T=\sqrt{z^2+H^2}=\sqrt{\left(\frac{\mu_0 M}{4\pi R_e^3}\right)^2(1+3\sin^2\varphi)} \tag{7-6}$$

由式(7-6)可知：在地磁赤道处，$\varphi=0°$，有 $H=M/R_e^3=T$，$z=0$；在两磁极处，$\varphi=90°$，$H=0$，$z=2M/R_e^3=T$。可见赤道处地磁场强度只有两极处磁场强度的一半。由式(7-1)及式(7-5)，得 $\tan I=2\tan\varphi$，可知地磁倾角随纬度而变化。用均匀磁化球体的磁场来描述地球磁场，是可以作为一级近似值的。

地磁学研究中，经常需要计算磁极的地理位置。如图7-7所示，在地面任一点测定 $\boldsymbol{H}$ 和 z，由 $\tan I=z/H=2\tan\varphi=2\cot\theta$，计算磁纬度 φ 或磁余纬度 $\theta(\theta=90°-\varphi)$。根据该点的磁偏角 D，可定出地磁极的位置，即在磁偏角所指的方向上，也就是在磁偏角方向和地心所限定的大圆弧上找出一点，使此点与观测点 S 的角距离为 θ，则 S 点就是地磁北极。

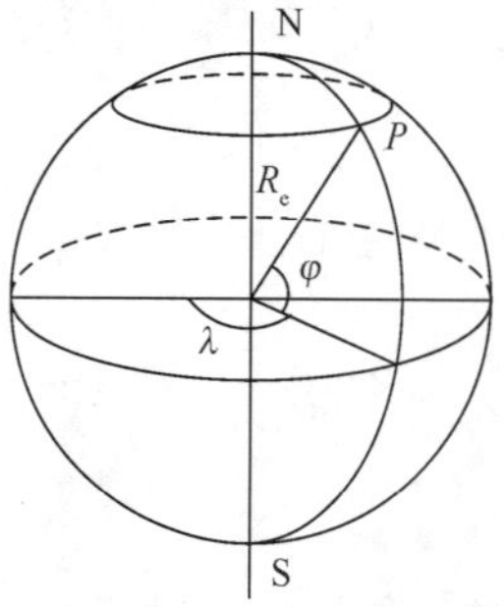

图7-6 均匀磁化球体

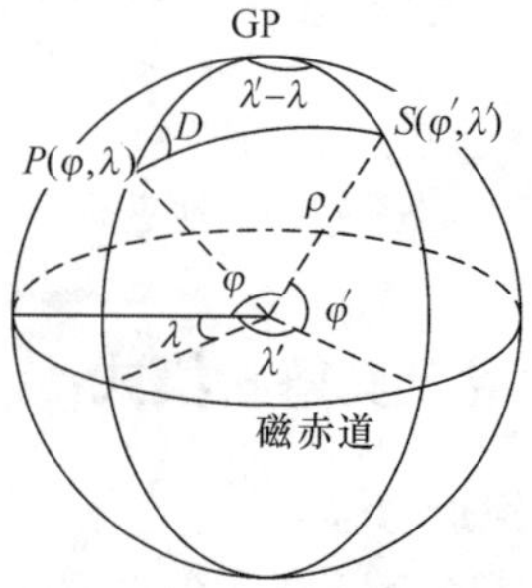

图7-7 虚地磁极计算示意图

与此点对称的地球另一边是地磁南极，这样确定的磁极称为虚地磁极。虚地磁极的地理经纬度也可用公式计算。在图7-7中，观测点 $P(\varphi,\lambda)$ 与虚磁极 $S(\varphi',\lambda')$ 及地理北极3点组成一个球面三角形。根据余弦定理和正弦定理，虚磁极 S 的地理纬度由下述方程组决定，即

$$\begin{cases}\theta=\arctan\left(\dfrac{2}{\tan I}\right)\\ \sin\varphi=\sin\varphi\sin\theta+\cos\varphi\sin\theta\cos D\\ \sin(\lambda'-\lambda)=\dfrac{\sin\theta\sin D}{\cos\varphi'}\end{cases} \tag{7-7}$$

2. 地磁场的球谐模式

显然，仅使用式(7-5)和式(7-6)对地磁场做精确讨论是远远不够的。1968年10月，在华盛顿召开的关于“地球磁场的描述”座谈会上正式提出了1965.0国际地磁参考场(the Reference Field)。IGRF 1965.0是一个折中的模式，其基本磁场模式是由4个模式合成的。

表示地球磁场磁位的球谐函数为

$$V=a\sum_{n=1}^{\infty}\sum_{m=0}^{n}\left(\frac{a}{r}\right)^{n+1}(g_n^m\cos(m\lambda)+h_n^m\sin(m\lambda))P_n^m(\cos\theta) \tag{7-8}$$

式中：a 为参考球体半径，取地球平均半径6371.2km；r 为自参考球体中心至球表面或表面以上空间中的计算点的距离，$r=a+h$，h 为离开球面的距离；θ 为自北极起算的余纬，有

$\theta=90°-\varphi$,φ 为磁纬度;λ 为自格林尼治向东起算的经度;g_n^m 和 h_n^m 为施密特的标准化球谐系数,也称高斯系数,其中 n 为截止阶,当 $n=m=8$ 时,系数总数为 80 个;$P_n^m(\cos\theta)$ 为施密特准归一化 n 次 m 阶勒让德函数。

施密特准归一化 n 次 m 阶勒让德函数定义为

$$\begin{cases} P_n^m(\cos\theta)=\dfrac{1}{2^n n!}\sqrt{\dfrac{C_m(n-m)!\ (1-\cos^2\theta)^m}{(n+m)!}}\dfrac{d^{n+m}(\cos^2\theta-1)^n}{d\cos\theta^{n+m}} \\ C_m=\begin{cases}1, & m=0\\ 2, & m\leqslant 1\end{cases}\end{cases} \tag{7-9}$$

根据位场转换理论,地磁场各个分量的表达式可写成

$$\begin{cases} x=\dfrac{1}{r}\dfrac{\partial V}{\partial\theta}=\sum\limits_{n=1}^{\infty}\sum\limits_{m=0}^{n}\left(\dfrac{a}{r}\right)^{n+2}(g_n^m\cos(m\lambda)+h_n^m\sin(m\lambda))\dfrac{\mathrm{d}}{\mathrm{d}\theta}P_n^m(\cos\theta) \\ y=\dfrac{1}{r\sin\theta}\dfrac{\partial V}{\partial\theta}=\sum\limits_{n=1}^{\infty}\sum\limits_{m=0}^{n}\left(\dfrac{a}{r}\right)^{n+2}\left(\dfrac{m}{\sin\theta}\right)(g_n^m\sin(m\lambda)-h_n^m\cos(m\lambda))P_n^m(\cos\theta) \\ z=\dfrac{\partial V}{\partial r}=\sum\limits_{n=1}^{\infty}\sum\limits_{m=0}^{n}\left(\dfrac{a}{r}\right)^{n+2}(-n-1)(g_n^m\cos(m\lambda)+h_n^m\sin(m\lambda))P_n^m(\cos\theta)\end{cases} \tag{7-10}$$

由于只讨论内源场,可取无穷远处边界条件为 $U|_{r\to\infty}=0$。这样,利用地球表面3个分量观测值中任何一个,可以确定高斯系数。同样,对于离散测点的地磁资料,如果截断到 n 阶,则共有 $n(n+2)$ 个高斯系数,由于一个测点有3个观测值,可以提供3个方程,则至少需要 $[n(n+2)]/3$ 个测点的资料才能求得所有高斯系数。需要注意的是,所用的数据应是消除变化场以后的数值,同时还需将所有数据归化到同一时刻。由此计算地磁场总强度为

$$T=\sqrt{x^2+y^2+z^2} \tag{7-11}$$

在计算地球基本磁场时,若参考年代 t_0 确定,球谐系数的初始值 $g_n^m(t_0)$ 即可确定,其他年代 t 的球谐系数 $g_n^m(t)$ 可由下式求出,即

$$g_n^m(t)=g_n^m(t_0)+g_n^m(t-t_0) \tag{7-12}$$

球谐系数是由准球面平均半径计算获得的,但也可通过相关文献查得。在进行计算时,如果将地球考虑为椭球体,则应采用国际天文协会(IAU)的国际天体椭球坐标系。在此坐标系中,地球长半轴为6378.14000000m,扁率为1/298.257。

3. 地磁场的偶极子模式

偶极子模式也称径向偶极子模式,指用一个放置于地球中心并与地轴斜交的中心偶极子和若干个位于离地心距离相同的径向偶极子联合产生的磁场来表示地磁场分布,并用这些偶极子参数的变化来表示地磁场长期变化的方法。

霍维兹在1960年给出了偶极子位的一种表达方式,即

$$V=K_pR_e\left(\cos\phi-\frac{r_p}{R_e}\right)D_p^3d \tag{7-13}$$

式中:$K_p=M_p/{r_p}^3$,r_p 为偶极子离开地心的距离,M_p 为偶极子磁矩,方向指向地面;d 为偶极子到地面任一点(r,θ,λ)的距离;ϕ 为 d 所对应的中心角;R_e 为地球半径;$D_p=d/R_e$。

令 $R_p = r_p/R_e$，设 θ_p 和 λ_p 为偶极子的余纬和经度。根据式(7-13)可得偶极子在地球表面上产生的磁场表达式，即

$$\begin{cases} x_p = -\dfrac{K_p}{D_p^3}\left[1 + \dfrac{3R_p(\cos\phi - R_p)}{D_p^2}\right][\cos\theta_p\cos\theta - \sin\theta_p\cos\theta\cos(\lambda - \lambda_p)] \\ y_p = \dfrac{K_p}{D_p^3}\left[1 + \dfrac{3R_p(\cos\phi - R_p)}{D_p^2}\right]\sin\theta_p\cos\theta\cos(\lambda - \lambda_p) \\ y_p = \dfrac{K_p}{D_p^3}\left[\cos\phi - \dfrac{3(\cos\phi - R_p)(1 - R_p\cos\phi)}{D_p^2}\right] \end{cases}$$

设地面上任一点(r,θ,λ)地磁观测值为 x_i、y_i、z_i，则 p 个偶极子在该点产生的磁场为

$$\sum_{p=1}^{p} x_p = x_i + u_{xi}, \sum_{p=1}^{p} y_p = y_i + u_{yi}, \sum_{p=1}^{p} z_p = z_i + u_{zi} \tag{7-14}$$

式中：u_{xi}、u_{yi}、u_{zi} 分别为各个分量的剩余值，即理论值与实测值之差。

用泰勒级数展开并线性化后，有

$$\begin{cases} \sum_{p=1}^{p}\left(\dfrac{\partial x_p}{\partial K_p}\Delta K_p + \dfrac{\partial x_p}{\partial \theta_p}\Delta\theta_p + \dfrac{\partial x_p}{\partial \lambda_p}\Delta\lambda_p + \dfrac{\partial x_p}{\partial R_p}\Delta R_p\right) = x_i + \sum_{p=1}^{p} x_p \\ \sum_{p=1}^{p}\left(\dfrac{\partial y_p}{\partial K_p}\Delta K_p + \dfrac{\partial y_p}{\partial \theta_p}\Delta\theta_p + \dfrac{\partial y_p}{\partial \lambda_p}\Delta\lambda_p + \dfrac{\partial y_p}{\partial R_p}\Delta R_p\right) = y_i + \sum_{p=1}^{p} y_p \\ \sum_{p=1}^{p}\left(\dfrac{\partial z_p}{\partial K_p}\Delta K_p + \dfrac{\partial z_p}{\partial \theta_p}\Delta\theta_p + \dfrac{\partial z_p}{\partial \lambda_p}\Delta\lambda_p + \dfrac{\partial z_p}{\partial R_p}\Delta R_p\right) = z_i + \sum_{p=1}^{p} z_p \end{cases}$$

根据选定的各偶极子初始参数 K_p、θ_p、λ_p 和 R_p，计算 x_p、y_p、z_p 以及它的一阶导数。由观测值，利用最小二乘法确定各个偶极子参数的修正值 ΔK_p、$\Delta\theta_p$、$\Delta\lambda_p$、ΔR_p，经过多次迭代，则可求得比较满意的参数。

不管是径向偶极子模式，还是非径向偶极子模式，偶极子均位于地核界面的里面，其与地磁场来源于地核内的说法相一致。因此，偶极子模式有助于阐明地磁场的起源，也是偶极子模式比球谐模式优越的地方。

7.2 地磁敏感方法

地磁敏感器件是各类地磁导航系统的核心部件，在目前已知的地磁导航方法中，地磁敏感器件主要有磁罗盘、磁通门和各种固态磁传感器。以磁罗盘为核心的地磁导航系统称为磁罗经系统，其主罗经采用磁罗盘直接指示航向；以磁通门和各种固态磁敏感器件直接敏感地磁实现地磁导航的系统称为直感式地磁导航系统。在本书中将这两种主要的地磁导航技术分别称为磁罗经技术和直感式地磁导航技术。如果不加区分的话，可以将凡是能够利用地磁指示舰船航向的设备或装置统称为磁罗经。

7.2.1 磁罗经技术

磁罗经主要由罗盆、罗经柜和自差校正器三部分构成。其中：罗盆包括罗盆本体、罗盆液体、轴针和空气膨胀室等；罗经柜内外分别装有自差校正器、永平环、倾斜仪和照明设备等；自差校正器包括纵磁棒、横磁棒、垂直磁棒、软铁片（软铁球）和佛氏铁等。

罗经柜结构如图7－8所示，主要用来放置罗盆和自差校正器。罗经柜除校正器外均由非磁性材料（如木料、铜或铝）制成。

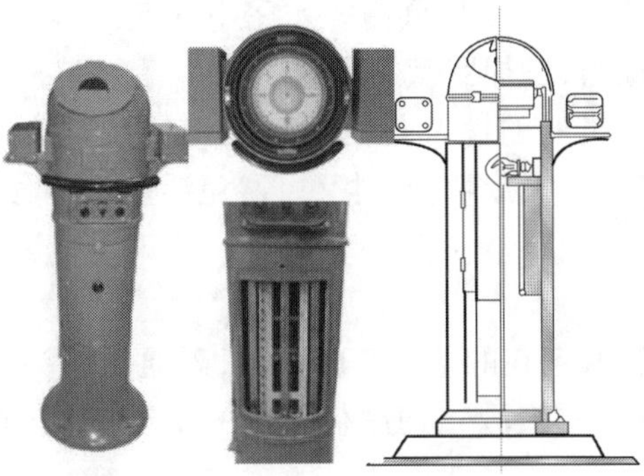

图7－8　罗经柜结构

如图7－9所示，罗盆由黄铜制成，一般有相互贯通的上、下两室，上室是容纳罗盘活动的地方，并有轴针和基线，上室与下室之间的隔板呈凸圆孤形，可以储存罗盆内少量的气泡。下室的底部与波纹管紧接，皱片的作用是调节盆内混合液体因冷热引起的胀缩。

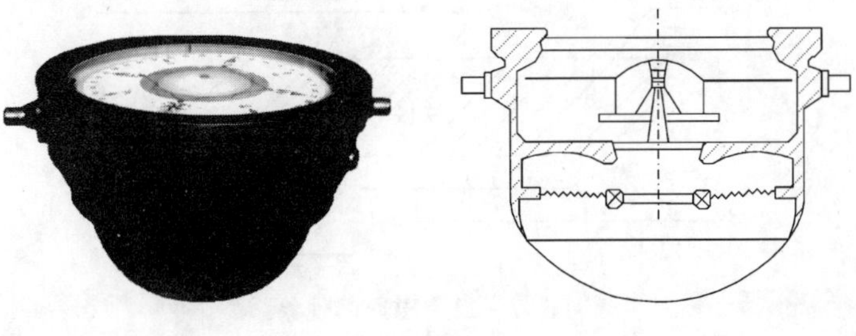

图7－9　罗盆本体

在罗盆内，前后方均装有罗经基线，位于船首方向的称为艏基线。当艏基线位于船首船尾面内时，所指示的罗盘刻度即为本船的航向。

罗盘是罗经的最主要部分，是指示方向的灵敏部件。现代液体磁罗经的罗盘均由刻度盘、浮室、磁针及轴帽组成，如图7－10所示。

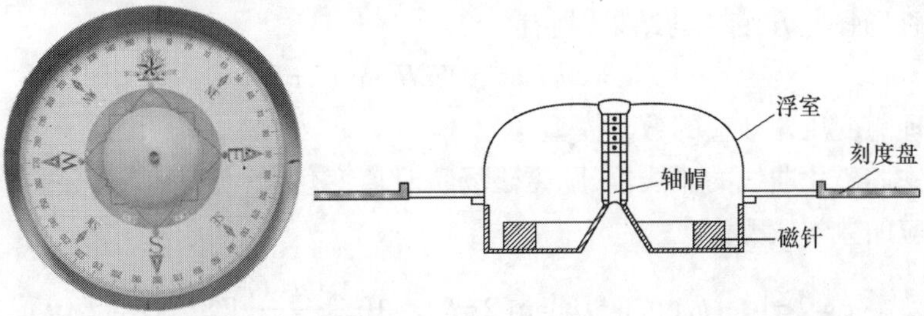

图7－10　磁罗经罗盘

罗盘的磁针目前有条形和环形两种，均焊牢在浮室上。罗盘的关键在于磁针的合理结构。在木船上，罗经只受地磁场的作用。但在钢铁舰船上，磁针除受地磁场作用外，还受船磁场和各种校正器磁场的影响,由于它们距磁针很近,在磁针两端产生了不均匀磁场。

刻度盘一般用云母片制成,上刻有 0°~360°的度数。在 8 个等向点上有 N、NE、E、SE、S、SW、W、NW 明显记号。罗盘中间有一水密空气室,用以增加罗盘在液体中的浮力,减轻罗盘对磁针间的摩擦力,增加罗盘的灵敏度。

浮室中心轴处为上下贯通的螺钉孔,孔底部装宝石制成的轴帽,浮室下部为一圆锥形,限制磁针的尖端只能与轴帽接触,同时又可避免浮室的其他部分与磁针接触。

7.2.2 磁通门技术

磁通门现象是一种普遍存在的电磁感应现象,磁通门探头是一种稍加改造的变压器式器件,其变压器效应作为对被测磁场进行调制的手段,用于感测环境磁场在其轴向的分量。

如图 7-11 所示,在一块铁芯上缠绕励磁线圈和感应线圈,铁芯由软磁材料制作,其横截面面积为 S,磁导率为 μ,感应线圈的有效匝数为 W,则载流励磁线圈在铁芯上建立的励磁磁场强度 H 为

$$H = H_{\mathrm{m}}\cos(2\pi ft) \tag{7-15}$$

式中:H_{m} 为励磁磁场强度幅值;f 为励磁电源频率。

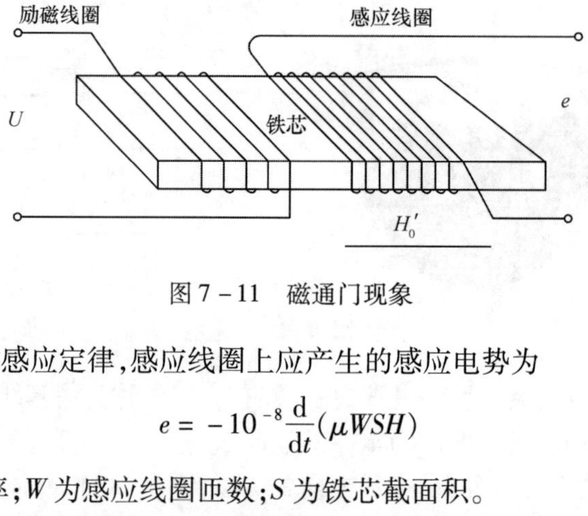

图 7-11 磁通门现象

根据法拉第电磁感应定律,感应线圈上应产生的感应电势为

$$e = -10^{-8}\frac{\mathrm{d}}{\mathrm{d}t}(\mu WSH) \tag{7-16}$$

式中:μ 为铁芯磁导率;W 为感应线圈匝数;S 为铁芯截面积。

如果 S 和 W 不变,铁芯远离饱和工作状态,其磁导率 μ 近似为常数,感应电势 e 将仅仅是励磁磁场强度 H 变化的结果,则有

$$e = 2\pi 10^{-8} f\mu WSH_{\mathrm{m}}\sin(2\pi ft) \tag{7-17}$$

上式即为理想变压器效应的数学模型。

由于铁芯磁化曲线的非线性,励磁磁场瞬时值变化会引起铁芯磁导率 μ 变化。实际变压器效应的数学模型为

$$e = 2\pi 10^{-8} f\mu(t) WSH_{\mathrm{m}}\sin(2\pi ft) - 10^{-8}\frac{\mathrm{d}\mu(t)}{\mathrm{d}t}WSH_{\mathrm{m}}\cos(2\pi ft) \tag{7-18}$$

励磁磁场瞬时值方向呈周期性变化,随之而变的铁芯磁导率 $\mu(t)$ 却无正负之分,因此,$\mu(t)$ 是偶函数,将其进行傅里叶级数展开为

$$\mu(t) = \mu_{0\mathrm{m}} + \mu_{2\mathrm{m}}\cos(4\pi ft) + \mu_{4\mathrm{m}}\cos(8\pi ft) + \mu_{6\mathrm{m}}\cos(12\pi ft) + \cdots \tag{7-19}$$

式中：μ_{0m} 为 $\mu(t)$ 常值分量；μ_{2m}、μ_{4m}、μ_{6m} 为 $\mu(t)$ 的各偶次谐波分量幅值。

将式(7－19)代入式(7－18)，得

$$e=2\pi fWSH_m\left[\left(\mu_{0m}+\frac{1}{2}\mu_{2m}\right)\sin(2\pi ft)+\frac{3}{2}(\mu_{2m}+\mu_{4m})\sin(6\pi ft)+\frac{5}{2}(\mu_{4m}+\mu_{6m})\sin(10ft)+\cdots\right] \quad (7-20)$$

式(7－20)即是铁芯磁导率 $\mu(t)$ 随励磁磁场 $H_m\cos(2ft)$ 变化的变压器效应数学模型。在考虑铁芯磁导率 μ 的变化后，感应电势 e 将出现奇次谐波分量。

处于环境磁场中的变压器，其铁芯的外加磁场除了励磁磁场以外，还有环境磁场。设环境磁场 H_0 施加在铁芯轴向的分量为 H_0'，式(7－18)变为

$$e=2\pi10^{-8}f\mu(t)WSH_m\sin(2\pi ft)-10^{-8}\frac{d\mu(t)}{dt}WSH_m\cos(2\pi ft)-10^{-8}\frac{d\mu(t)}{dt}WSH'_0 \quad (7-21)$$

当 H'_0 比铁芯饱和磁场强度 H_s 和励磁磁场强度幅值 H_m 都小得多时，它对铁芯磁导率 $\mu(t)$ 的影响可以忽略。式(7－21)的末项为 H'_0 引起的感应电势 e 的增量，即

$$e(H'_0)=-2\pi fWSH_0(2\mu_{2m}\sin(4\pi ft)+4\mu_{4m}\sin(8\pi ft)+\cdots) \quad (7-22)$$

式(7－22)说明，铁芯磁导率 μ 随励磁磁场强度变化，感应电势中会出现随环境磁场强度变化的偶次谐波增量 $e(H'_0)$。当铁芯处于周期性过饱和工作状态时，$e(H'_0)$ 将显著增大，利用这种物理现象可以测量环境磁场。依据上述物理模型研制的器件称为磁通门探头，它能将环境磁场调制成偶次谐波感应电势，此时由环境磁场产生的感应电势 $e(H'_0)$ 称为磁通门信号。

磁通门传感器一般采用双铁芯磁通门探头，它相当于感应线圈成差分输出的变压器。图7－12所示为一种双铁芯探头，探头的两根铁芯彼此平行，同处在外磁场强度为 H_0 的被测磁场中。两块铁芯一端缠绕的励磁线圈反向串联，所以励磁磁场在两铁芯中任一瞬间的空间方向皆相反。但是外磁场在两块铁芯中的轴向分量是同向的，另一端缠绕的感应线圈是两铁芯公用的。在形状尺寸和电磁参数完全对称的条件下，励磁磁场在公共感应线圈中建立的感应电势互相抵消，从而仅起调制铁芯磁导率 μ 的作用，外磁场在铁芯轴向的分量 H'_0 在感应线圈中产生的感应电势则互相叠加。

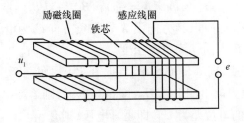

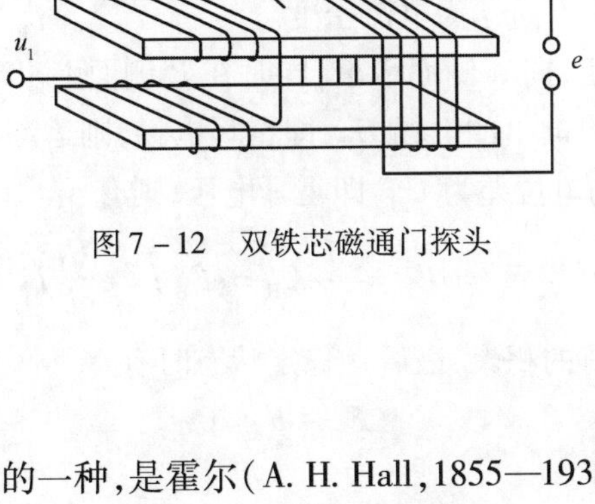

图7－12 双铁芯磁通门探头

7.2.3 固态器件技术

1. 霍尔器件

霍尔效应是磁电效应的一种，是霍尔(A. H. Hall，1855—1938)于1879年在研究金属

的导电机构时发现的。霍尔器件为四端器件，有两个电流控制端和两个输出端。如图7－13所示，分别表示了n型和p型半导体材料。沿半导体Z方向加一磁场$\boldsymbol{B}$，沿X方向通以工作电流I，则半导体材料中的载流子受到磁场洛伦兹力的作用而向垂直于电流和磁场的某一侧偏转，随着载流子的积累，则在Y方向上材料的两端产生出电动势V_H，这种现象称为霍尔效应，同时在两侧面间建立了一个电场，称为霍尔电场E_H，其相应的电势能称为霍尔电动势U_H。

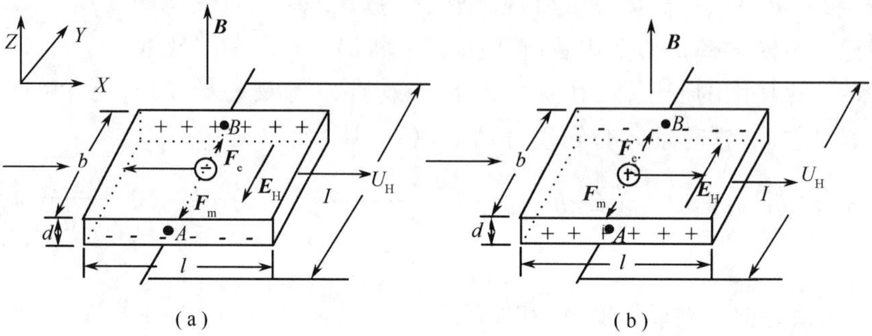

图7－13　霍尔效应原理

试验表明，在磁场不太强时，电位差U_H与电流强度I和磁感应强度$\boldsymbol{B}$成正比，与板的厚度d成反比，即

$$\boldsymbol{U}_H = R_H \frac{IB}{d} \tag{7-23}$$

或

$$V_H = K_H IB \tag{7-24}$$

以上两式中：R_H、K_H分别为霍尔系数和霍尔元件的乘积灵敏度。

产生霍尔效应的原因是，做定向运动的带电粒子，即载流子（n型半导体中的载流子是带负电荷的电子，p型半导体中的载流子是带正电荷的空穴）在磁场中受到洛伦兹力的作用而产生。

如图7－13（a）所示，一块长为l、宽为b、厚为d的n型单晶薄片，置于沿Z轴方向的磁场$\boldsymbol{B}$中，在X轴方向通以电流I，则其中的载流子（即电子）所受到的洛伦兹力为

$$\boldsymbol{F}_m = q\boldsymbol{v} \times \boldsymbol{B} = -e\boldsymbol{v} \times \boldsymbol{B} = -eUB\boldsymbol{j} \tag{7-25}$$

式中：$\boldsymbol{v}$为电子的漂移运动速度，其方向沿X轴的负方向；e为电子的电荷量，$e = 1.602 \times 10^{-19}$C；$\boldsymbol{F}_m$指向$Y$轴的负方向；$\boldsymbol{j}$为电流密度。

自由电子受力偏转后，向A侧面积聚，同时在B侧面上出现同数量的正电荷，由此在两侧面间形成沿Y轴负方向上的电场$\boldsymbol{E}_H$，即霍耳电场，则运动电子受到沿Y轴正方向的电场力$\boldsymbol{F}_e$，A、B面之间的电位差为U_H，即霍耳电压，则有

$$\boldsymbol{F}_e = q\boldsymbol{E}_H = -e\boldsymbol{E}_H = eE_H\boldsymbol{j} = e\frac{U_H}{b}\boldsymbol{j} \tag{7-26}$$

霍尔电场将阻碍电荷的积聚，最后达稳定状态时有

$$\boldsymbol{F}_m + \boldsymbol{F}_e = 0$$

即有

$$eUB = e\frac{U_{\mathrm{H}}}{b}$$

得

$$U_{\mathrm{H}} = UBb \tag{7-27}$$

此时 B 端电位高于 A 端电位。

若 n 型单晶中的电子浓度为 n，则流过样片横截面的电流为

$$I = nebdU$$

得

$$U = \frac{I}{nebd} \tag{7-28}$$

将式(7－28)代入式(7－27)，有

$$U_{\mathrm{H}} = \frac{1}{ned}IB = R_{\mathrm{H}}\frac{IB}{d} = K_{\mathrm{H}}IB \tag{7-29}$$

式中：R_{H} 为霍尔系数，$R_{\mathrm{H}} = 1/ne(\mathrm{m}^3/\mathrm{C})$，它表示材料产生霍尔效应的能力大小；$K_{\mathrm{H}}$ 为霍尔元件的乘积灵敏度，$K_{\mathrm{H}} = 1/ned$，一般地说，K_{H} 越大越好，以便获得较大的霍尔电压 U_{H}。

2. 磁阻器件

材料的电阻会因为外加磁场的变化而增加或减少，此时电阻的变化称为磁阻 MR。许多金属、合金及金属化合物材料处于磁场中时，传导电子受到强烈磁散射作用，使材料的电阻显著增大，称这种现象为磁阻效应。通常以电阻率的相对改变量来表示磁阻，即

$$MR = \frac{\Delta\rho}{\rho} = \frac{\rho_B - \rho_0}{\rho_0} = 0.27\mu^2 B^2 \tag{7-30}$$

式中：ρ_B、ρ_0分别为有磁场和无磁场时的电阻率；μ 为载流子迁移率；B 为磁感应强度。

同霍尔效应一样，磁阻效应也是由于载流子在磁场中受到洛伦兹力而产生的。在达到稳态时，某一速度的载流子所受电场力与洛伦兹力相等，载流子在两端聚集产生霍尔电场，比该速度慢的载流子将向电场力方向偏转，比该速度快的载流子则向洛伦兹力方向偏转，这种偏转导致载流子的漂移路径增加。若外加磁场与外加电场垂直，称为横向磁阻效应；若外加磁场与外加电场平行，称为纵向磁阻效应。一般情况下，载流子有效质量的弛豫时间与方向无关，则纵向磁感强度不引起载流子偏移，因而无纵向磁阻效应。

磁阻材料电阻的变化，可以是材料电学性质改变引起的，或是材料几何尺寸引起的。

7.2.4 直感式地磁导航系统的一般结构

最直接的磁场探测方式是利用各类磁敏传感器，将磁感应强度等物理量转换成电信号并以此获得磁场信息。利用磁场传感器直接测量地磁场，经过信号处理、采集和计算后，获得舰船的航向和姿态等导航信息，由此构成了直感式地磁导航系统。可直接用于探测地磁信号的磁传感器主要有磁通门传感器、磁阻传感器、霍耳器件或其他磁感应传感器等。

直感式地磁导航系统主要由主罗经、控制器、复示器和电源构成。主罗经用来敏感地磁，输出与地磁场相应的电信号；控制器用来对主罗经输出的电信号进行采集、计算导航信号和自差校正；复示器用来复示导航信息。通常情况下，依据主罗经中敏感地磁场的方

法不同，可将直感式地磁导航系统简单地分为平台式地磁导航系统和捷联式地磁导航系统。

平台式地磁导航系统，其磁场传感器安放于两轴能自由活动的平台上，平台的平面始终与当地水平面平行，并在平台上以地磁传感器为中心构成坐标系。由于平台平面始终与当地水平面平行，在主罗经中只需要两个能够敏感地磁水平分量的磁场传感器就可以了。捷联式地磁导航系统，其三维磁场传感器直接与舰船相固连，在主罗经中没有活动部件。为了能够建立导航坐标系和计算出导航信息，必须加装二维或三维加速度计。在构成的数学平台中，可获得舰船导航信息。图 7－14 给出了平台式和捷联式地磁导航系统构成框图。

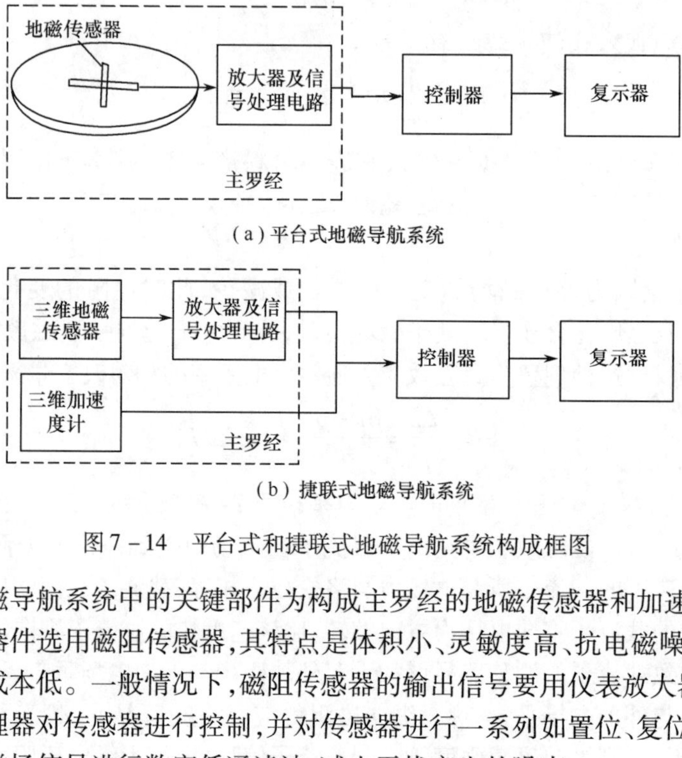

图 7－14　平台式和捷联式地磁导航系统构成框图

直感式地磁导航系统中的关键部件为构成主罗经的地磁传感器和加速度计。用于直感地磁的三维器件选用磁阻传感器，其特点是体积小、灵敏度高、抗电磁噪声干扰的能力强、可靠性高、成本低。一般情况下，磁阻传感器的输出信号要用仪表放大器进行放大，同时还要用微处理器对传感器进行控制，并对传感器进行一系列如置位、复位等的操作。微处理器还可对磁场信号进行数字低通滤波，减少干扰产生的噪声。

7.3　船磁与自差分析

以磁罗盘为指向器件的磁罗经，其指向力来自于地磁力和船磁。对于此种类型的磁罗经分析通常基于力的概念，对磁罗经的自差分析同样也就借助于力的分析方法。而对于由直感式磁传感器为主要敏感器件构成的地磁导航仪器，其指向主要由敏感地磁场和船磁场的磁感应强度量所决定，则对其自差的分析方法通常借助于场的分析方法。

7.3.1　船磁产生的力与自差

现代舰船多为钢铁构件，在受地磁场磁化后所具有的磁性，即为船磁。舰船钢铁按导磁特性可分两类：一类是硬铁，受地磁磁化后具有的磁性，也叫硬磁性，为永久船磁；另一类是软铁,受地磁磁化后具有的磁性为感应船磁或称为软磁性。这两种船磁对罗经的作用力统称为船磁力。在船磁力作用下罗经偏离磁北 N_m 所指的方向叫罗北 N_C。磁北 N_m 与罗北 N_C 之间的夹角叫磁罗经自差 δ。罗北 N_C 偏在磁北 N_m 之东,自差为"+",或叫东自差,罗北 N_C 偏在磁北 N_m 之西,自差为"-",或叫西自差。

磁罗经在岸上只受地磁力的作用而指向磁北 N_m。而装备在舰船上的磁罗经除受地磁力作用外,还受船磁力的作用因而产生自差。讨论磁罗经自差原理,必须从地磁力、硬铁力和软铁力三者对磁罗经的作用角度分别进行分析。

船上磁罗经通常安装在舰船的船首、船尾线上。为讨论问题方便,如图7-15所示,在舰船上磁罗经处建立空间笛卡儿坐标系。现将罗盘中心磁针系统作为坐标原点,船首、船尾方向为 X 轴,船首方向为正;左右舷方向为 Y 轴,也称横轴,右舷方向为正;垂直甲板的方向为 Z 轴,也称垂直轴,向下方向为正。

1. 地磁力

磁针N极指向地磁场的方向称为磁北 N_m。地球各地的磁场方向并不和地理北极方向一致,磁北与真北之间的夹角称为磁差 V_{ar},磁差 V_{ar} 具有年变化量。若将地球磁场强度简称为地磁力 T,而地磁力 T 与水平面之间的夹角则称为地磁倾角 θ。地磁倾角相等的点连成的曲线称为磁纬度 φ_m,地球上地磁倾角为零的点所连接成的不规则曲线为磁赤道(在地理赤道附近)。在磁赤道以北地区的地磁力 T 是向下俯的,而在磁赤道以南地区的地磁力 T 是向上仰的。由此可知,在磁北纬地磁力使磁针N极低于水平面,在磁南纬地磁力则使磁针高于水平面。将地磁力 T 分解为水平分力 H 和垂直分力 Z,即

$$\begin{cases} H = T\cos\varphi_m \\ Z = T\sin\varphi_m \end{cases}$$

式中:φ_m 为当地地磁纬度。

由上分析可知,地磁水平分力 H 是使磁针N极指向磁北的力,简称磁北力。并且在磁赤道上,即在 $\varphi_m = 0°$ 的地区,水平分力最强,亦使磁针指磁北的力最强。在磁极上,即 $\varphi_m = 90°$ 的地区,水平分力为零。因此,磁罗经在磁极附近不能应用。地磁垂直分力 Z 是使磁针N极下俯或上仰的力,对磁针指向不起作用。

为以后讨论问题方便,把地磁水平分力 H 沿舰艏艉方向和左右舷方向分解为纵向和横向两个分量,如图7-16所示。

$$\begin{cases} X = H\cos\alpha = H\cos(360° - MC) = H\cos MC \\ Y = H\sin\alpha = H\sin(360° - MC) = -H\sin MC \end{cases} \tag{7-31}$$

式中:MC 为磁航向。

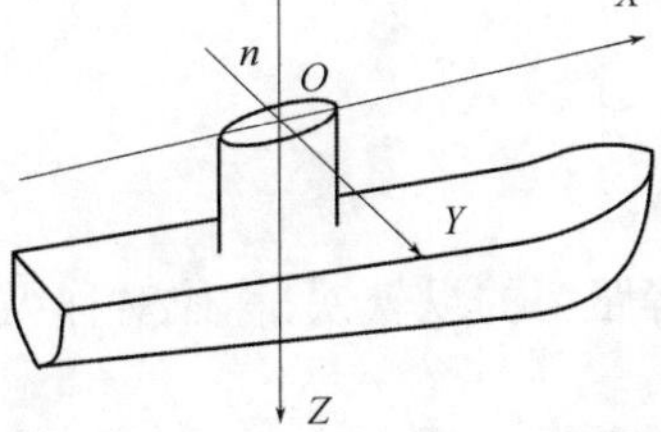

图7-15　磁罗经空间笛卡儿坐标系

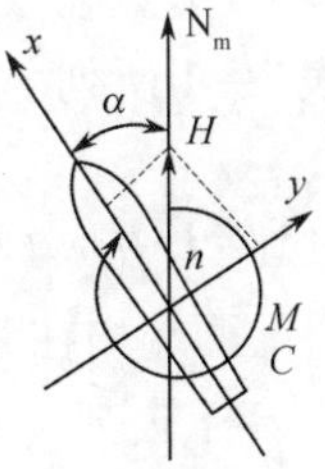

图7-16　地磁水平分量分解

由式(7－31)可知,纵、横向水平分力 X 和 Y 会随磁纬度 φ_m 和磁航向 MC 变化。

2. 硬铁力

舰船硬铁磁性的产生主要是船体钢铁在船坞中长期处于某方向受地磁力不断磁化,或船体钢铁不断地受到敲打而获得的。船体硬铁磁性的大小和极性是和造船地点的磁纬度 φ_m、船首方向、舰船上钢铁的数量、质量以及造船的技术有关。硬铁获得磁性以后,即使舰船下水而改变了方向,硬铁磁性也不变,故称永久船磁,也叫固定船磁。永久船磁对磁罗经的作用力叫硬铁力。一般舰船上硬铁数量很多,硬铁力很大。

舰船上硬铁可看成由纵、横、垂直 3 个方向的硬铁组成,各自受相应方向地磁分力的磁化,对磁罗经的作用产生 3 个方向的硬铁力。

X 轴向的硬铁受地磁纵向分力 X 磁化后对罗经的作用力叫纵向硬铁力,用符号 P 表示,作用在舰首或舰尾方向,如图 7－17 所示。

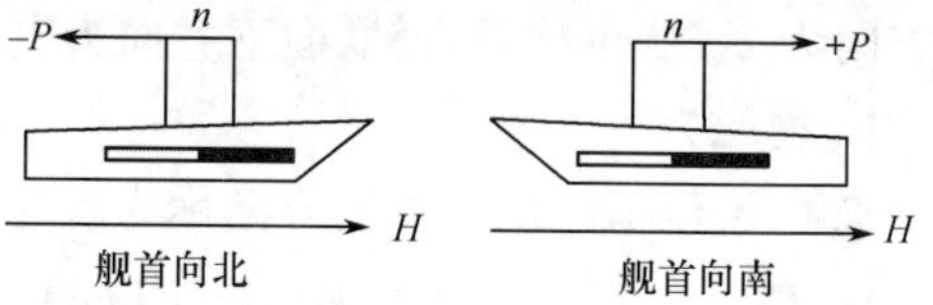

图 7－17　纵向硬铁力

Y 轴向的硬铁受地磁横向分力 Y 磁化后对罗经的作用力叫横向硬铁力,用符号 Q 表示。作用在左舷或右舷方向,如图 7－18 所示。

Z 轴向的硬铁受地磁垂直力 Z 磁化后对罗经的作用力叫垂直硬铁力,用符号 R 表示,作用在甲板的垂直方向,如图 7－19 所示。

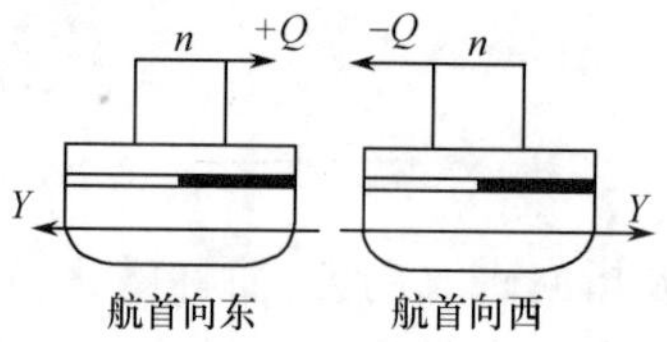

图 7－18　横向硬铁力

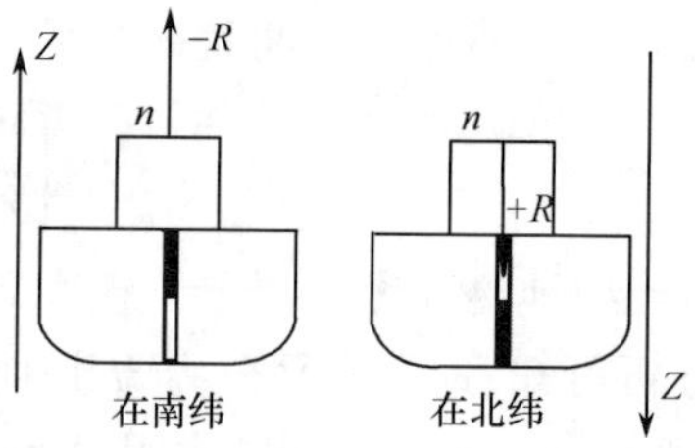

图 7－19　垂直硬铁力

3. 软铁力

船体软铁在受地磁磁化后获得磁性,其极性和强弱随舰船所在地的磁纬度 φ_m 和舰船的航向而变化,故称其为感应船磁。感应船磁对磁罗经的作用力叫软铁力。舰船上软铁数量较少,由此引起的软铁力也较小。

舰船上的软铁可看作是由纵、横、垂直 3 个方向软铁组成的,其对罗经的作用也就是这 3 个方向上的软铁力。软铁力的大小与地磁分力、软铁的数量、质量和软铁与罗经的相对位置有关,如表 7－1 所列。

1) 纵向软铁

受地磁水平纵分力 $H\cos(MC)$ 的磁化。

对称纵软铁杆:两端均在 X 轴或两端距罗经等距离的纵软铁,称作对称纵软铁杆,用符号 a 表示,简称 a 杆软铁。

上下不对称纵软铁杆:一端在 Z 轴上的纵软铁,用符号 g 表示,简称 g 杆软铁。

左右不对称纵软铁杆:一端在 Y 轴上的纵软铁,用符号 d 表示,简称 d 杆软铁。

表7-1 软铁的9种特殊位置

系数	纵软铁	横软铁	垂直软铁
纵向系数	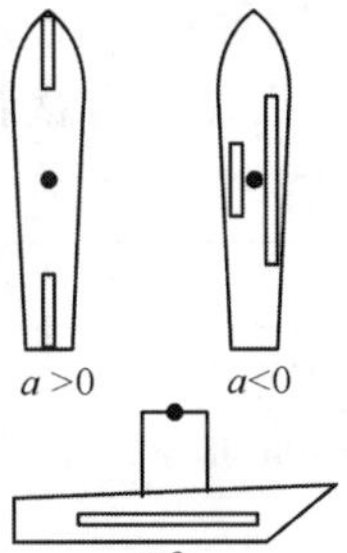 $a>0$ $a<0$ $a<0$	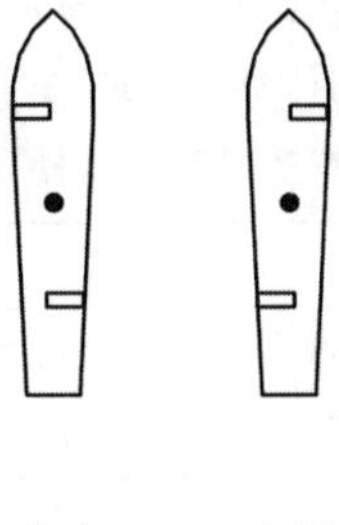 $b>0$ $b<0$	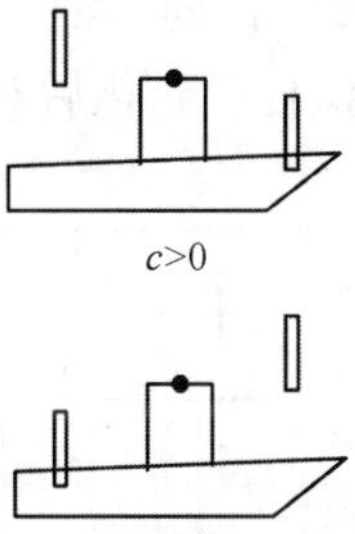 $c>0$ $c<0$
横向系数	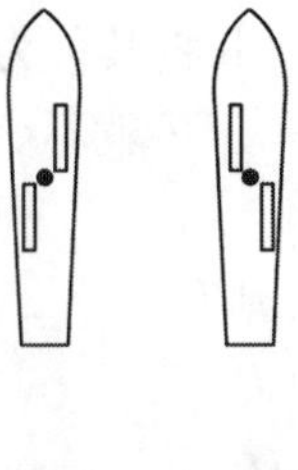 $d>0$ $d<0$	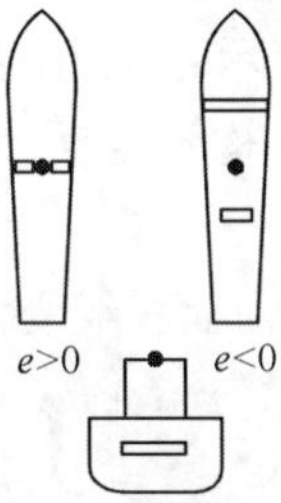 $e>0$ $e<0$ $e<0$	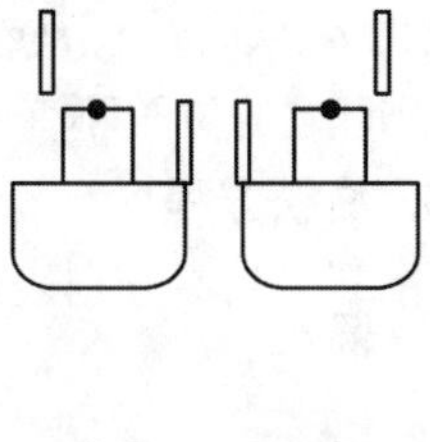 $f>0$ $f<0$
垂直系数	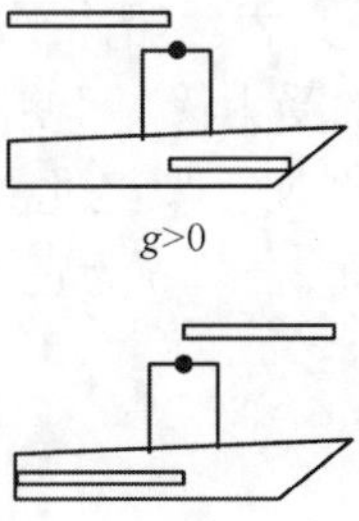 $g>0$ $c<0$	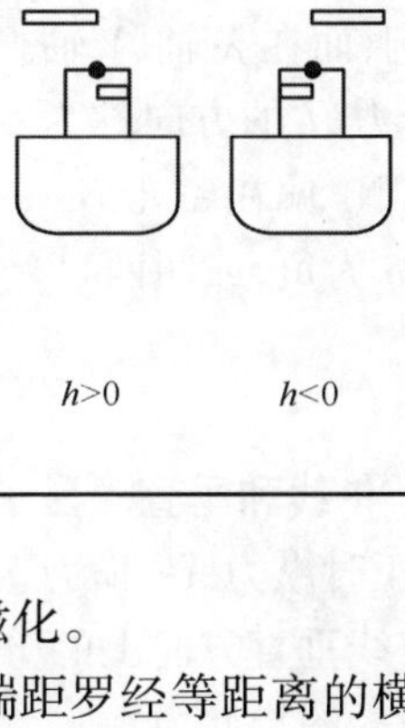 $h>0$ $h<0$	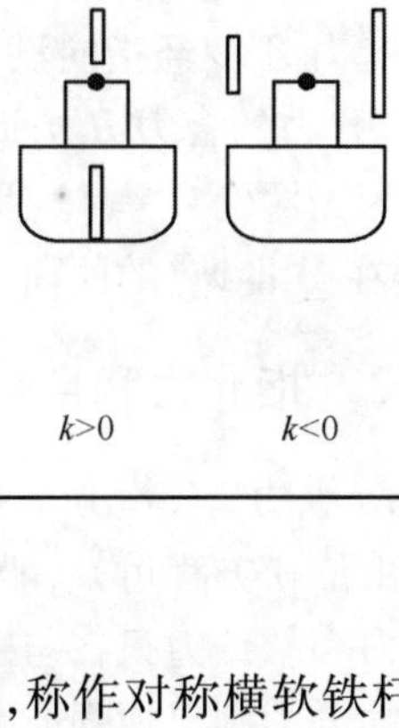 $k>0$ $k<0$

2）横向软铁

受地磁水平横分力 $-H\sin(MC)$ 的磁化。

对称横软铁杆：两端都在 Y 轴或两端距罗经等距离的横软铁，称作对称横软铁杆，用符号 e 表示，简称 e 杆软铁。

上下不对称横软铁杆：一端在 Z 轴上的横软铁，用符号 h 表示，简称 h 杆软铁。

左右不对称横软铁杆：一端在 X 轴上的横软铁，用符号 b 表示，简称 b 杆软铁。

3）垂直向软铁

受地磁垂直分力 Z 的磁化。

对标垂直软铁杆：两端都在 Z 轴或两端距罗经等距离的垂直软铁，称作对称横软铁杆，用符号 k 表示，简称 k 杆软铁。

上下不对称垂直软铁：一端在 X 轴上的垂直软铁，用符号 c 表示，简称 c 杆软铁。

左右不对称垂直软铁：一端在 Y 轴上的垂直软铁，用符号 f 表示，简称 f 杆软铁。

对上述9种位置的软铁杆讨论感应船磁对罗经的作用时，通常认为到罗经等距离的两端对罗经均起作用，到罗经不等距离的两端，只讨论近端的作用，而远端就略而不计。

4. 软铁力和软铁系数

在表7-1中,9种不同位置的软铁杆分别用a、b、c、d、e、f、g、h、k表示,每种软铁杆均有正负之分,同一种正、负软铁杆受同一磁场磁化后对罗经产生作用力的方向是相反的。9种软铁杆受磁化后对罗经的作用力F_a、F_b、F_c、F_d、F_f、F_g、F_h、F_k的计算见表7-2。

表7-2 软铁力计算方法

	纵软铁	横软铁	垂直软铁
纵力	$F_a=aX=aH\cos(MC)$	$F_b=bX=-bH\sin(MC)$	$F_c=cZ=cT\sin\varphi_m$
横力	$F_d=dX=dH\cos(MC)$	$F_e=eX=-eH\sin(MC)$	$F_f=fZ=fT\sin\varphi_m$
垂直力	$F_g=gX=gH\cos(MC)$	$F_h=hX=-hH\sin(MC)$	$F_k=kZ=kT\sin\varphi_m$

各种软铁杆在磁场中磁化后所产生的磁力大小和磁化它的磁化力成正比。为方便起见,仍用a、b、c、d、e、f、g、h、k来表示磁化力的比例系数,并将其称为软铁系数。只要磁罗经在舰船上的位置不变动,舰船结构不变动,软铁系数和正负就不变。

5. 泊松方程

用X'、Y'、Z'分别表示各坐标轴上罗经受力的总和,则有

$$\begin{cases}X'=X+aX+bY+cZ+P\\Y'=Y+dX+eY+fZ+Q\\Z'=Z+gX+hY+kZ+R\end{cases}\tag{7-32}$$

上式是由法国数学物理学家泊松提出的,故称为泊松方程。船体平正时,罗经在Z轴方向的受力Z'罗经指向没有影响,而在X轴、Y轴方向的受力X'、Y'使罗经偏离磁北N_m,指向X'、Y'力的合力H'方向。合力H'的方向称为罗经北N_c。罗经北N_c与磁北N_m之间的夹角为磁罗经自差δ。罗经北N_c偏在磁北N_m的东面,自差δ为正,或叫东自差;罗经北N_c偏在磁北N_m的西面,自差δ为负,或叫西自差。

7.3.2 指北力和自差力

1. 纵力X'、横力Y'在磁子午线和垂直于磁子午线方向的分力

由泊松方程可知,船体平正时纵力X'、横力Y'对罗经的作用使其偏离磁北产生自差。硬铁力和软铁力只在与磁子午线垂直方向上的分力对罗经作用产生自差,而在磁子午线方向的分力则只加强或减弱罗经的指北力。

1) 纵力X'、横力Y'在磁子午线方向的合力F_{N-S}

纵力X'、横力Y'在磁子午线方向的分力分别为

$$\begin{cases}F_{X'}=X'\cos(MC)\\F_{Y'}=Y'\sin(MC)\end{cases}\tag{7-33}$$

式中:$X'=X+P+aX+bY+cZ$;$Y'=Y+Q+dX+eY+fZ$。

由泊松方程可知,纵力X'、横力Y'在磁子午线方向的分力和为

$$F_{N-S}=F_{X'}-F_{Y'}=\lambda H+(P+cZ)\cos(MC)-(Q+fZ)\sin(MC)+\frac{a-e}{2}H\cos2(MC)-\frac{d+b}{2}H\sin2(MC)\tag{7-34}$$

式中:$\lambda=1+\dfrac{a+e}{2}$。

2）纵力 X'、横力 Y' 在与磁子午线垂直方向的合力 F_{E-W}

纵力 X'、横力 Y' 在与磁子午线垂直方向的分力分别为

$$\begin{cases} F_{X''} = X'\sin(MC) \\ F_{Y''} = Y'\cos(MC) \end{cases} \tag{7-35}$$

纵力 X'、横力 Y' 在与磁子午线垂直方向的分力和为

$$F_{E-W} = F_{X''} - F_{Y''} = \frac{d-b}{2}H + (P + cZ)\sin(MC) + (Q + fZ)\cos(MC) + \frac{a-e}{2}H\sin(2MC) + \frac{d+b}{2}H\cos(2MC) \tag{7-36}$$

2. 指北力和自差

在式(7-34)、式(7-36)中，令

$$\begin{cases} F_A = \dfrac{d-b}{2}H, F_B = P + cZ, F_C = Q + fZ \\ F_D = \dfrac{a-e}{2}H, F_E = \dfrac{d+b}{2}H \end{cases} \tag{7-37}$$

得

$$\begin{cases} F_{N-S} = \lambda H + F_B\cos(MC) - F_C\sin(MC) + F_D\cos(2MC) - F_E\sin(2MC) \\ F_{E-W} = F_A + F_B\sin(MC) + F_C\cos(MC) + F_D\sin(2MC) + F_E\cos(2MC) \end{cases} \tag{7-38}$$

1）指北力 λH

由于力 λH 作用在磁子午线方向上，即磁北方向，它不产生自差，故将其称为罗经指北力。其表达式为

$$\lambda H = \left(1 + \frac{a+e}{2}\right)H \tag{7-39}$$

由其表达式中可以看出，λ 为一常数，而其中的软铁系数 a、e 均为负值，且有 $|e| > |a|$，则有

$$0 < \lambda < 1, \quad \lambda H < H$$

上式说明，舰船上罗经的指北力比岸上罗经的指北力要小，并且 λ 值大，罗经指北力强，罗经工作条件好；λ 值小，罗经指北力弱，罗经工作条件差。通常，将 λ 又称为罗经系数。

舰船航行在磁纬度 $\varphi_m > 60°$ 海区时，由于地磁水平分力 H 小，引起指北力 λH 弱，导致磁罗经指向不稳定；而舰船航行在低纬度海区时，地磁水平分力 λH 强，罗经指向稳定。

2）自差力 $\boldsymbol{F_B}$ 产生的半圆自差 $\boldsymbol{B}$

由式(7-37)，纵硬铁力 P 和纵向垂直软铁力 cZ 对罗经作用在舰船的艏艉方向，力 P 是固定不变的作用力，力 cZ 随磁纬度变化。当磁纬度不变时，力 cZ 也是不变的。在力 λH 和力 $\boldsymbol{F_B}$ 的作用下，罗经磁针指向合力 H' 方向产生自差 δ_B。如图7-20所示，有

$$\frac{F_B}{\sin\delta_B} = \frac{\lambda H}{\sin(CC)} \tag{7-40}$$

当 δ_B 较小，并设 $B = F_B/(\lambda H)$，则

$$\delta_B = B\sin(CC)$$

上式说明，力 F_B 产生的自差随罗航向 CC 的正弦函数变化，当航向改变360°时，自差符号改变两次，即每半个圆改变一次，因此称为半圆自差 B。

由于

$$B=\frac{F_B}{\lambda H}=\frac{P+cZ}{\lambda H}$$

H 和 Z 随磁纬度 φ_m 变化,则力 F_B 产生的自差随磁纬度变化。同时,$P/(\lambda H)$ 部分是由硬铁力 P 产生的,将其称为硬半圆自差;$cZ/(\lambda H)$ 部分是由软铁力 cZ 产生的,将其称为软半圆自差。

作用在磁子午线方向的力 $F_B\cos(MC)$ 和作用在磁东西方向的力 $F_B\sin(MC)$,实际是力 F_B 在两个方向上的分力。力 F_B 作用在磁航向 MC 的方向,即作用在舰船艏艉方向。自差力 F_B 由硬铁力 P 和软铁力 cZ 构成,一般情况下,自差力 F_B 很大,且作用方向不定,可能作用在舰船艏方向,也可能作用在舰船艉方向。F_B 在东西航向上产生最大的自差角 B,这两个角大小相等,符号相反;在南北航向上不产生自差,也将 B 称为半圆自差系数。结合式(7-37),自差力 F_B 产生的半圆自差 B 跟随磁航向 CC 和磁纬度 φ_m 变化。

3) 自差力 $\boldsymbol{F_C}$ 产生的半圆自差 $\boldsymbol{C}$

由式(7-37),横硬铁力 Q 和横向垂直软铁力 fZ 作用方向为左右舷,与上相似,$F_C=Q+fZ$ 作用在右舷方向,与力 F_B 相差 90°,产生的自差与力 F_B 产生的自差相似。如图 7-21所示,有

$$\frac{F_C}{\sin\delta_C}=\frac{\lambda H}{\sin(90^\circ+CC)}$$

当 δ_C 较小,且设 $C=F_C\lambda H$,则

$$\delta_C=C\cos(CC) \tag{7-41}$$

同样,力 F_C 产生的自差也是每半个圆改变一次符号,为半圆自差。

由于

$$C=\frac{F_C}{\lambda H}=\frac{Q+fZ}{\lambda H}$$

H 和 Z 随磁纬度 φ_m 变化,则力 F_C 产生的自差随磁纬度变化。同时,$Q/(\lambda H)$ 部分是由硬铁力 Q 产生的,将其称为硬半圆自差;$fZ/(\lambda H)$ 部分是由软铁力 fZ 产生的,将其称为软半圆自差。

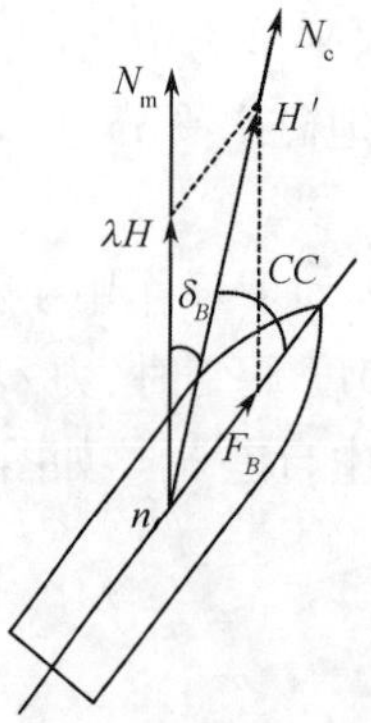

图 7-20　半圆自差 B

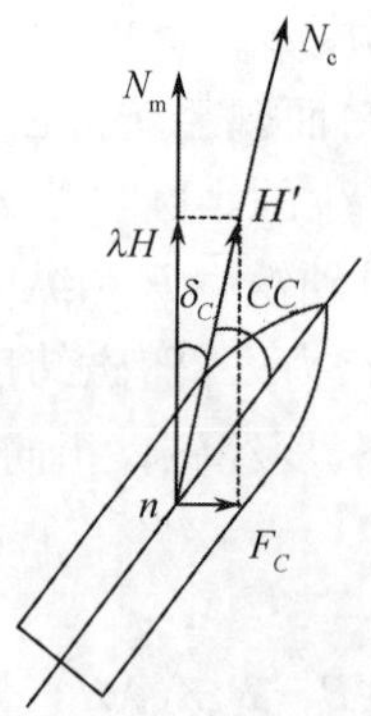

图 7-21　半圆自差 C

作用在磁子午线相反方向的力 $F_C\sin(MC)$ 和作用在磁东方向的力 $F_C\cos(MC)$,实际

是力 F_C 在两个方向上的分力。力 F_C 作用在磁航向 $MC+90°$ 的方向，即沿左右舷方向产生自差。自差力 F_C 由硬铁力 Q 和软铁力 fZ 构成，一般情况下较大，作用方向不定，既可能作用在左舷方向，也可能作用在右舷方向。F_C 在南北航向上产生最大自差 C，这两个角大小相等，符号相反；在东西航向不产生自差，也将 C 称为半圆自差系数。结合式(7-37)，自差力 F_C 产生的半圆自差 C 跟随磁航向 CC 和磁纬度 φ_m 变化。

4）自差力 $\boldsymbol{F}_D$ 产生的象限自差 δ_D

自差力 F_D 是由纵软铁力 $F_a=aH/2$ 和横软铁力 $F_e=-eH/2$ 组成。纵软铁力 F_a 为 a 杆受地磁水平纵分力 X 磁化后产生，作用方向为舰船的艏艉。设舰船向北东方向航行为例进行分析，此时磁化力 X 的正方向为船首向，$-a$ 杆被磁化后，指向船首端为N极，船尾端为S极，对罗经的作用力 F_a 指向船尾；在作用力 F_a 和磁北力 λH 的同时作用下，产生负自差 δ_{Da}。如图7-22所示，有

$$\frac{F_a}{\sin\delta_{D_a}}=\frac{\lambda H}{\sin(180°-CC)} \tag{7-42}$$

因有，$F_a=aH\cos(MC)$，且当 δ_{D_a} 较小，$MC=CC$ 时，有

$$\delta_{D_a}=\frac{a}{\lambda}\cos(2CC) \tag{7-43}$$

设 $D_a=a/(2\lambda)$，则

$$\delta_{D_a}=D_a\sin(2CC),\quad D_a<0 \tag{7-44}$$

式(7-44)说明，力 F_a 产生的自差 δ_{D_a} 随着舰船两倍罗航向 CC 的正弦函数变化：在0°、90°、180°、270° 4个主点航向上，自差为零；在45°、135°、225°、315° 4个隅点航向上，自差最大为 D_a。即自差符号改变4次，每个象限改变1次，因此称为象限自差。由于 D_a 中 a 是比例系数，λ 为罗经系数，均为定值，力 F_a 产生的自差不随磁纬度 φ_m 变化。

横软铁力 F_e 为 e 杆受地磁水平纵分力 Y 磁化后产生，作用方向为左右舷。

设舰船向北东方向航行为例进行分析，此时磁化力 Y 向左舷，$-e$ 杆被磁化后，船左舷端为N极，右舷端为S极，对罗经的作用力 F_e 指向艇右舷；在作用力 F_e 和磁北力 λH 的同时作用下，产生正自差 δ_{D_e}。如图7-23所示，有

$$\frac{F_e}{\sin\delta_{D_e}}=\frac{\lambda H}{\sin(90°+CC)} \tag{7-45}$$

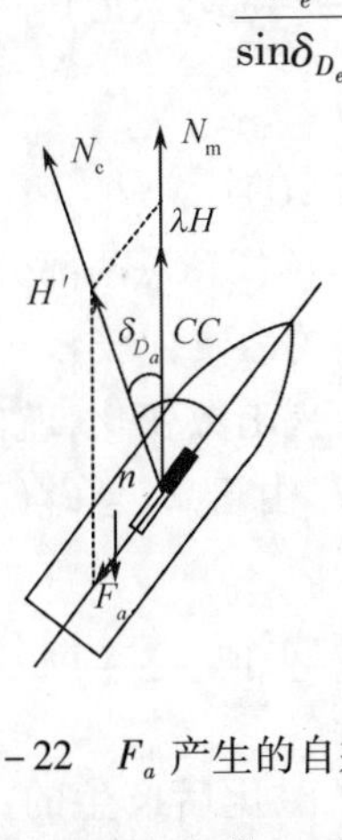

图7-22 F_a 产生的自差

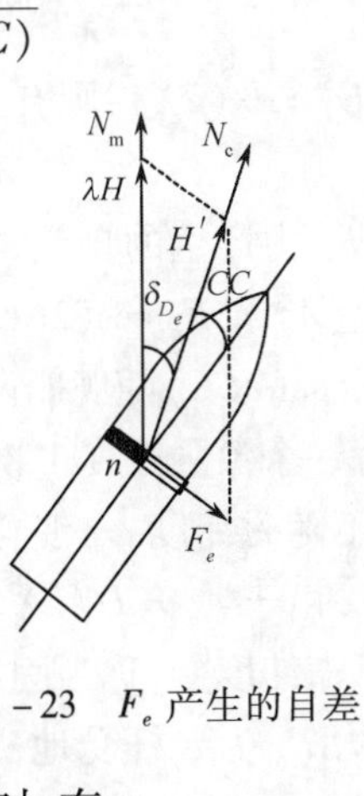

图7-23 F_e 产生的自差

已知，$F_e=-eH\sin(MC)$，且当 δ_{D_e} 较小，$MC=CC$ 时，有

$$\delta_{D_e} = -\frac{e}{\lambda}\sin(CC)\cos(CC) \qquad (7-46)$$

设 $D_e = -e/(2\lambda)$，则

$$\delta_{D_e} = D_E\sin(2CC), D_e > 0 \qquad (7-47)$$

式(7－47)说明，力 F_e 产生的自差 δ_{D_e} 随舰船两倍罗航向 CC 的正弦函数变化，产生的自差在每一个象限改变1次符号，也称为象限自差。力 F_e 产生的自差也是不随磁纬度 φ_m 改变的。

纵、横软铁力 F_a、F_e 均产生随 $\sin(2CC)$ 变化的象限自差，但自差符号是相反的。总象限自差 δ_D 应为 F_a、F_e 力产生象限自差的代数和，即

$$\delta_D = \delta_{D_a} + \delta_{D_e} = D_a\sin(2CC) + D_e\sin(2CC) = (D_a + D_e)\sin(2CC) \qquad (7-48)$$

将 $D_a = a/(2\lambda)$、$D_e = -e/(2\lambda)$ 代入式(7－48)，并让 $D = (a-e)/(2\lambda)$，有

$$\delta_D = D\sin(2CC) \quad D = (D_a + D_e) > 0 \qquad (7-49)$$

根据前面对舰船软铁系数的分析，得知软铁系数 a 和 e 都是负值，且 $|e| > |a|$，所以 D 为正值，即 $D = (D_a + D_e) > 0$，为最大自差角且是较大的。F_D 所产生的自差在相反航向中，其大小符号均相同。在 NE、SW、SE、NW 4 个航向上最大的自差为 D，而在 E、S、W、N 4 个航向无此自差。结合式(7－37)，自差力 F_D 产生的象限自差 D 只跟随磁航向 CC 变化，与磁纬度 φ_m 变化无关。

5）F_E 产生的象限自差和固定自差

自差力 F_E 由横向纵软铁力 $F_d = dH/2$ 和纵向横软铁力 $F_b = bH/2$ 组成。横向纵软铁力 F_d 为 d 杆受地磁水平纵分力 X 磁化后产生，作用方向为左右舷。以舰船向北东方向航行为例进行分析，磁化力 X 指向船首，$+d$ 杆被磁化后，船首端为 N 极，船尾端为 S 极，对罗经的作用力 F_d 指向右舷。在作用力 F_d 和磁北力 λH 的同时作用下，产生正自差 δ_d。如图 7－24 所示，有

$$\frac{F_d}{\sin\delta_d} = \frac{\lambda H}{\sin(90^\circ + CC)} \qquad (7-50)$$

已知，$F_d = dH\cos(MC)$，当 δ_d 较小，$MC = CC$ 时，有

$$\delta_d = \frac{d}{\lambda}\cos(CC)\cos(CC) = \frac{d}{\lambda}\cos(2CC)$$

设 $A_d = d/(2\lambda)$，$E_d = d/(2\lambda)$，则有

$$\delta_D = A_d + E_d\cos(2CC) \qquad (7-51)$$

式(7－51)说明，F_d 力产生的自差 δ_d 包含 A_d 和 $E_d\cos(2CC)$ 两部分。

下面分别讨论 A_d 和 $E_d\cos(2CC)$ 这两部分自差的性质，设 $\delta_{Ad} = A_d$，$\delta_{Ed} = E_d\cos(2CC)$。

自差 $\delta_{Ed} = E_d\cos(2CC)$ 随舰船两倍罗航向的余弦函数变化，航向改变 360°，自差符号也改变 4 次，即每一个象限改变 1 次，为象限自差。由于 $E_d = d/(2\lambda)$，式中 d、λ 均为定值，所以自差 δ_{Ed} 不随磁纬度 φ_m 变化。

对于 $\delta_{Ad} = A_d$，由于 $A_d = d/(2\lambda)$，式中 d、λ 均为定值，故这部分自差的大小和符号既不随航向变，也不随纬度变，称为固定自差。

纵向横软铁力 F_b 为 b 杆受地磁水平横分力 Y 磁化后产生的，对罗经作用在船艏艉方向。

以舰船向北东方向航行为例进行分析，这时磁化力 Y 的作用方向为左舷。$+b$ 杆被磁化后，左舷端为N极，右舷端为S极。在 F_b 力和 λH 力的同时作用下，产生负自差 δ_b。如图7-25所示，有

$$\frac{F_b}{\sin\delta_b}=\frac{\lambda H}{\sin(180^\circ-CC)} \tag{7-52}$$

已知 $F_b=-bH\sin(MC)$，且当 δ_b 较小，$MC\approx CC$ 时，有

$$\delta_b=\frac{-b}{\lambda}\sin(CC)\sin(CC)=\frac{-b}{\lambda}\sin^2(CC) \tag{7-53}$$

设 $A_b=-b/(2\lambda)$，$E_b=b/(2\lambda)$，有

$$\delta_b=A_b+E_b\cos(2CC) \tag{7-54}$$

式(7-54)说明，F_b 力产生的自差 δ_b 包含 A_b 和 $E_b\cos(2CC)$ 两部分。

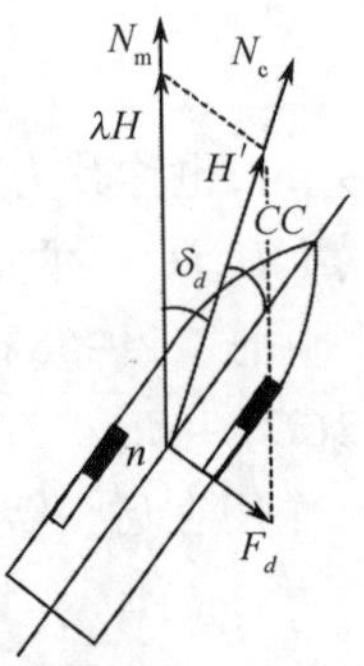

图7-24 F_d 产生的自差

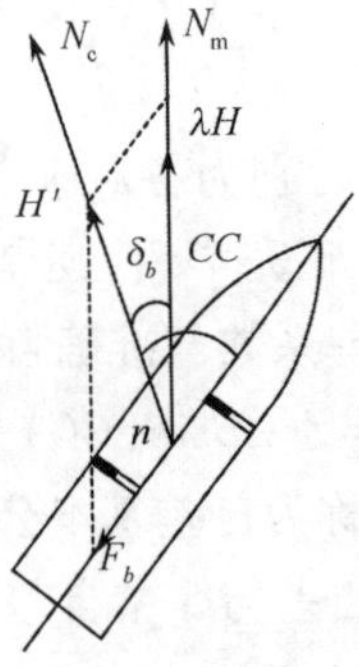

图7-25 F_b 产生的自差

设 $\delta_{Ab}=A_b$，$\delta_{Eb}=E_b\cos(2CC)$。自差 $\delta_{Eb}=E_b\cos(2CC)$ 随舰船两倍罗航向的余弦函数变化，为象限自差，由于 $E_b=b/(2\lambda)$（式中 b、λ 均为定值），所以 δ_{Eb} 不随磁纬度 φ_m 变化。同样，自差 $\delta_{Ab}=A_b$ 的大小和符号不随航向和磁纬度变化，为固定自差。

力 F_d、F_b 均产生随 $\cos(2CC)$ 变化的象限自差、与磁纬度 φ_m 变化无关和不随航向、磁纬度变化的固定自差。总的象限自差 δ_E 应为 F_d、F_b 力产生的象限自差的代数和，总的固定自差 δ_A 应为 F_d、F_b 力产生的固定自差的代数和，即

$$\delta_E=E_d\cos(2CC)+E_b\cos(2CC)=\left(\frac{d}{2\lambda}+\frac{b}{2\lambda}\right)\cos(2CC)=E\cos(2CC) \tag{7-55}$$

$$\delta_A=\delta_{Ad}+\delta_{Ab}=A_d+A_b=\frac{d}{2\lambda}+\frac{-b}{2\lambda}=A \tag{7-56}$$

7.3.3 自差公式

船体平正时，罗经偏离磁北 N_m，其指向为 F_{N-S} 与 F_{E-W} 的合力方向，即罗北 N_c。如图7-26所示，由式(7-38)得

$$\frac{\cos\delta}{\sin\delta}=\frac{\lambda H+F_B\cos(MC)-F_C\sin(MC)+F_D\cos(2MC)-F_E\sin(2MC)}{F_A+F_B\cos(MC)+F_C\sin(MC)+F_D\cos(2MC)+F_E\sin2(MC)} \tag{7-57}$$

整理简化后，有

$$\begin{aligned}\sin\delta=&A'\cos\delta+B'\sin(MC-\delta)+C'\cos(MC-\delta)+\\&D'\sin(2MC-\delta)+E'\cos(2MC-\delta)\end{aligned} \tag{7-58}$$

式中：$A'=\frac{F_A}{\lambda H}=\frac{d-b}{2\lambda}$，$B'=\frac{F_B}{\lambda H}=\frac{P+cZ}{\lambda H}$，$C'=\frac{F_C}{\lambda H}=\frac{Q+fZ}{\lambda H}$，$D'=\frac{F_D}{\lambda H}=\frac{a-e}{2\lambda}$，$E'=\frac{F_E}{\lambda H}=\frac{d+b}{2\lambda}$，分别称为准确自差系数。

将 $MC=CC+\delta$ 代入式(7-58)中，并设 δ 很小，则有

$$\delta=A'+B'\sin(CC)+C'\cos(CC)+D'\sin(2CC)+E'\cos(2CC) \tag{7-59}$$

依前述讨论，有

$$\tan A=\frac{A'\lambda H}{\lambda H}=A',\quad \sin B=\frac{B'\lambda H}{\lambda H}=B'$$
$$\sin C=\frac{C'\lambda H}{\lambda H}=C',\quad \sin D=\frac{D'\lambda H}{\lambda H}=D' \tag{7-60}$$
$$\sin E=\frac{E'\lambda H}{\lambda H}=E'$$

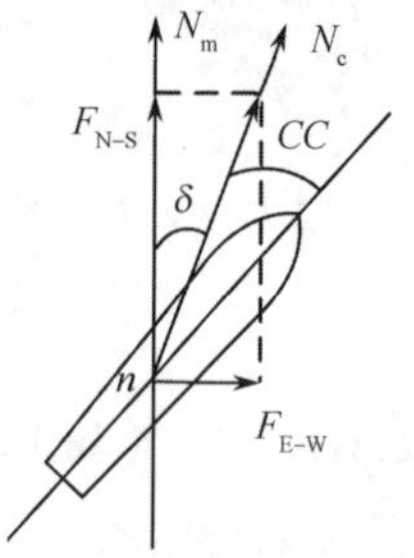

图7-26　自差力关系

式中：A、B、C、D、E 分别为各对应自差力产生的最大自差角，也称其为近似自差系数(°)。

当罗经自差校正完毕后，其剩余自差就不大了，A、B、C、D、E 都很小，对小角度用 rad 为单位时，近似自差系数与准确自差系数可认为相等，则由式(7-58)，有自差基本公式

$$\delta=A+B\sin(CC)+C\cos(CC)+D\sin(2CC)+E\cos(2CC) \tag{7-61}$$

式(7-61)也称为自差基本公式，是舰船在平正时作用在磁罗经上所产生的自差表达式，式中的5项自差与5个自差力相对应，即

$$\begin{cases} F_A:\delta_A=A,\quad F_B:\delta_B=B\sin CC,\quad F_C:\delta_C=B\cos CC \\ F_D:\delta_D=B\sin 2CC,\qquad\qquad F_E:\delta_E=B\cos 2CC \end{cases} \tag{7-62}$$

7.3.4 倾斜自差

当船有横倾或纵倾时，对于罗盘式磁罗经，由于其罗盘仍浮于液体中并保持水平状态，故舰船倾斜后的罗盘坐标相对于空间是不变的，地磁力在坐标轴上的3个分力 X、Y、Z 也不变，而软铁则发生了变化。因此，船倾斜后的自差与船平正时的自差是不同的。对于横向倾斜差和纵向倾斜差，由于其产生自差和消除方法是一样的，且消除了横倾斜自差以后，因此纵倾斜自差也就基本上不会产生了。倾斜自差 $\Delta\chi_i$ 就是指船倾斜后的的自差 χ_i 与船正平时的自差 χ 的差值，即有

$$\Delta\chi_i=\chi_i-\chi \tag{7-63}$$

对于装在艏艉面的罗经，软铁系数 b、d、f、h 几乎等于零，泊松方程式可近似写为

$$\begin{cases} X'=X+aX+cZ+P \\ Y'=Y+eY+Q \\ Z'=Z+gX+kZ+R \end{cases} \tag{7-64}$$

船体平正时，可视 $gX+hY\approx 0$，则罗盘在 Z 轴上的受力为

$$Z'=Z+R+kZ=(1+kZ)+R \tag{7-65}$$

船体倾斜时产生的横倾自差力为

$$F_{Zi}=-[R+(k-e)Z]I \tag{7-66}$$

式中：i 为横倾角。

在 F_{Zi} 力作用下,罗经磁针偏离磁北产生倾斜自差。由于 F_{Zi} 力对罗经作用在左右舷方向,与横向硬铁力 Q 的作用方向相同,所以也是产生半圆性质的自差。

如讨论横倾自差,若舰船单纯发生纵倾时,横向力不发生变化,纵倾斜自差为

$$F_{Zi} = -[R + (k - a)Z]I \tag{7-67}$$

由此可知,在船体平正时,如能使硬铁力 $R = 0$,软铁系数 $k = e$,则船体倾斜后自差力 $F_{Zi} = 0$,则不产生倾斜自差。校正倾斜自差的关键是在船体平正时,使 $R = 0$、$k = e$。罗盘在 Z 轴上的受力为

$$Z = (l + e)Z \tag{7-68}$$

由指北力和自差力的分析,可知

$$\begin{cases} \lambda = 1 + \dfrac{a + e}{2} \\ D = \dfrac{a - e}{2\lambda} \end{cases} \tag{7-69}$$

式中:λ 为罗经系数。则有

$$\lambda(1 - D) = 1 + e \tag{7-70}$$

将上式代入式(7-68),得

$$Z' = \lambda(1 - D)Z \tag{7-71}$$

校正象限自差 D 后,可视自差系数 $D = 0$,故有

$$Z' = \lambda Z \tag{7-72}$$

式(7-72)说明,在船体平正时,校正象限自差 D 后,罗盘在 Z 轴上的受力为 λZ,则倾斜自差 $\chi = 0$。力 λZ 实际上是舰船上地磁力在 Z 轴方向对磁罗经的作用力,有

$$0 < \lambda Z < Z \tag{7-73}$$

式(7-73)说明,船上罗经 Z 轴方向的地磁垂直分力 Z 比岸上地磁垂直分力 Z 要小。罗经在 Z 轴方向的受力为

$$Z' = \lambda Z + F_Z \tag{7-74}$$

当航行的磁纬度不变时,F_Z 的大小和方向不变。因此,在罗盆下方放置垂直磁铁棒产生人为磁力 f_Z,调整垂直磁铁棒到罗盘的距离,就可改变 f_Z 力的大小,直至抵消力 F_Z,这时作用在 Z 轴上对罗经的作用力只剩 λZ 了,从而校正了倾斜自差。

由纵横倾自差公式可以看出,当倾角 i 固定不变时,倾斜自差与航向的关系为:横倾时,罗经航向为南、北时,横倾自差最大,而在东、西航向上,横倾自差为零;纵倾时,罗经航向为南、北时,纵倾自差为零,而在东、西航向上,纵倾自差最大。

在倾斜自差力的表达式中,均含有随磁纬度变化的地磁力 H 和 Z,即当罗经航向和倾斜角相同的情况下,船所在的磁纬度不同时,倾斜自差是不同的。

倾斜自差的大小与倾斜角 i 成正比,当倾斜角为正值即船向右舷或向船首倾斜时,倾斜自差公式的右边将带有一个负号。通常当船向右舷倾斜时,罗盘向左舷偏转;船向船首倾斜,罗盘向船尾偏转。由于舰船的摇摆,罗盘左右摇摆不定,倾斜自差一般不用东或西来表示,而用偏向哪一舷来表示。通常在北半球建造的舰船,其倾斜自差系数为正值。舰船倾斜时,罗盘总偏向高舷。即垂直硬铁力 R 和垂直软铁力 kZ 在舰船倾斜时产生大小、正负随倾斜角 i、航向 CC 和磁纬度 φ_m 变化的倾斜自差 χ。

7.3.5 自差随磁纬度的变化

安装在现代钢铁舰船上的磁罗经，由于船磁的影响而产生自差，在经自差校正后，其剩余自差并非固定不变。随着时间的推移、舰船磁性的变化以及航行时磁纬度变化等诸多原因，剩余自差也将发生变化。

形成半圆自差的硬铁力有 P 和 Q，若在校正半圆自差时没有完全消除，罗经自差将会随磁纬度的变化而发生变化。如舰船在 A 磁纬度上校正半圆自差时，没有完全将 P 抵消，剩余量为 ΔP。由式(7－37)，ΔP 产生的自差为

$$\delta_A = \Delta P/(\lambda H_A) \tag{7-75}$$

式中：λH_A 为 A 磁纬度处的指北力。

当舰船航行到 B 磁纬度时，ΔP 并没有发生变化，指北力由 λH_A 变为 λH_B。则在 B 磁纬度处由 ΔP 产生的自差为

$$\delta_B = \Delta P/(\lambda H_B) \tag{7-76}$$

舰船向高纬度航行，由于 $\lambda H_A > \lambda H_B$，则 $\delta_A < \delta_B$。虽然 ΔP 没有变化，但指北力发生了变化，引起罗经自差发生变化。即在同一个航向上，向高纬度航行时，自差逐渐变大。同样分析可行，舰船向低纬度航行时，在同一个航向上，其自差则逐渐变小。

倾斜自差是指舰船倾斜时，罗经所产生的总自差与舰船正平时自差的差值。倾斜自差由舰船硬铁力 R 和软铁力 keZ 在水平面上的投影力产生。根据自差的校正原理，尽管在 A 磁纬度对倾斜自差完全消除，但到了 B 磁纬度后，由于地磁力的垂直分量发生了变化，由此产生新的倾斜自差。

舰船向高纬度航行，由于 $Z_A < Z_B$，则 $\chi_A < \chi_B$。即在同一个航向上，向高纬度航行时，倾斜自差逐渐变大。同样分析可知，舰船向低纬度航行时，在同一个航向上，其倾斜自差则逐渐变小。

7.4 地磁组合与匹配导航技术

7.4.1 GPS/地磁组合导航技术

GPS 与磁罗经组合导航可以提供一种低价可靠的导航方案，但其有两个方面的难题需要解决：首先是 GPS 系统与磁罗经组合算法确定；其次是组合系统必须提供连续的航向信息。

在 GPS/地磁组合导航系统中，地磁导航和 GPS 系统均包含有两个性能互补的导航传感器，可在一定程度上起到优势互补的效果。GPS 误差是无偏不累积的，但有间断性的误差；地磁导航系统信号连续性好，却在受到干扰时有较大偏移误差。GPS 的输出用来监控低频地磁导航系统偏移并对其建模；校正后的地磁导航系统的输出用来确定 GPS 模糊度解的整数值，并在 GPS 系统的数据很差或不可用时，给舰船控制系统输出连续的方位信息。

系统组成结构如图 7－27 所示，地磁导航系统和 GPS 构成了组合导航系统的信息源。地磁导航系统为捷联式电子罗盘，能够实时、准确地输出载体的俯仰、横滚和航向。

这里采用的 GPS 系统由接收机和两个天线组成,接收机接收并处理两个天线的送入信息进行载波测量得到描述两天线之间向量的相关基线和方位。

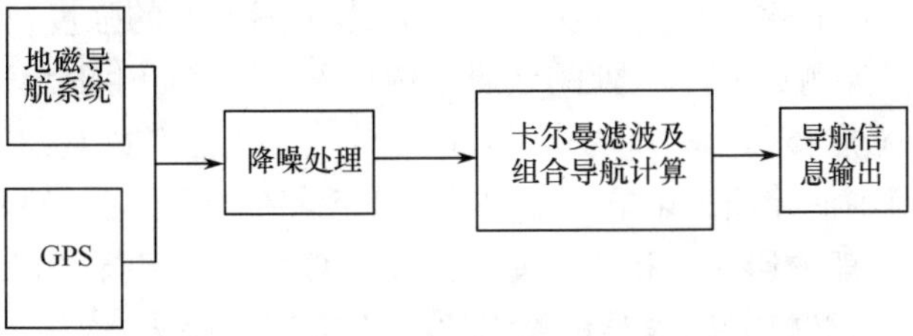

图 7－27　GPS/地磁组合导航构成原理框图

由于 GPS 信号会受遮挡和干扰而不连续,为解决这一难题,在 GPS 的输出解算质量好时,系统可确定地磁导航系统的误差补偿模型,GPS 输出间断时,利用已经得到的误差补偿模型系数对地磁导航系统进行补偿后得到最优航向。

7.4.2　水下地磁匹配导航技术

1. 水下地磁匹配导航相关技术分析

在进行水下地磁匹配过程中,必须要有用于匹配的特征量,地磁特征除了有地磁场总强度外,还有东西、南北、垂直方向的地磁三分量以及磁偏角、磁倾角和水平分量共 7 个要素,为匹配带来很大的灵活性。地磁匹配,即实时测量值与基准图匹配获得当时位置,这就需要有一定精度的用于海洋地磁测量的传感器和地磁图。

海洋磁测技术的迅速发展,使得海洋磁力仪在性能上得到很大提高。目前应用较多的质子旋进式磁力仪的灵敏度可达 0.1nT,绝对精度小于 1nT,采样频率可以达到 3Hz;欧弗豪塞磁力仪的灵敏度可达 0.01nT,绝对精度为 0.2nT,采样频率可达 4Hz;光泵磁力仪灵敏度可达 0.01nT 或更高,绝对精度为 2nT,采样频率可达 10Hz 或更高。使用地磁总梯度测量技术,可以消除海洋磁场随时间的变化分量,又能探测低幅微值和短波长的结构特征,能准确对水下磁性目标进行识别和分析。

地磁基准图的获取有 3 种方式:一是全球地磁场模型,表示地球主磁场、长期变化和部分磁异常时空分布规律的数学表达式,IAGA(国际地磁与高空物理学协会)的有关小组每 5 年给出一个 IGRF(国际地磁参考场),到目前为止,已有 22 个 IGRF(1900—2005 年)资料供研究使用;二是中国地磁模型,由我国地质部门和中国科学院地球物理研究所建立,从 1950—2000 年每 10 年绘制出版一次中国地磁图,这期间,中国科学院地球物理研究所在中国共完成 2982 点次三分量地磁测量,为了推算出高质量的长期变化模型,我国每 5 年(而不是每 10 年)建立一个长期变化模型;三是实测航行海域的地磁场实时图,用地磁测量仪对应用海域进行磁场要素测量,根据测量数据和测点位置绘制航行海域地磁图,精度高于全球地磁模型和中国地磁模型,是用于地磁匹配的最理想的基准图。现有地磁测量仪器和地磁图给海洋地磁匹配提供了有力的技术支持和保障,保证了地磁匹配技术的可行性。

2. 实现水下地磁匹配导航的一般方法

测量地磁数据中除了有正常磁场外,还有地磁异常的影响和来源于地球外部的短期

变化磁场。磁场强度 B_i 可用以下公式分解表示，即

$$B_i = g(x_i, y_i, t) + e + f(t) + \Delta_i \tag{7-77}$$

式中：B_i 为磁力仪测得的磁场强度；e 为环境磁场影响测量值的强度，如载体的钢铁结构产生的磁场影响；Δ_i 为测点 (x_i, y_i) 处的地质结构和人为因素产生的地磁异常；$f(t)$ 为 t 时刻的快速变化磁场强度；$g(x_i, y_i, t)$ 为点 (x_i, y_i) 处 t 时刻的正常磁场。

可见，从测量值中消除船磁影响、地磁异常和变化磁场后的值，地磁量可与地磁模型匹配实现载体定位。船磁影响 e 和快速变化磁场 $f(t)$ 可用一定技术和公式消除。对于未知的地质结构和水下钢铁构件，很难计算出地质异常 Δ_i 并除去。

有两个途径解决以上问题：一个是利用小波变换消除测量值中的地磁异常，提取有用信号与地磁图匹配导航；另一个是利用地磁异常，将测得地磁异常反演出一定特征，将这些特征作为定位标准，采用同时定位和构图的方法实现载体定位。

随着测量高度的加大，磁性体磁场强度按一定规律衰减。从另一个角度看，向上延拓增加高度可以大大削弱局部异常，使异常变得平滑，能突出深部场的基本特征。而实际水下观测高度是一定的，因此，需要用一定算法模拟观测面向上延伸，从而将局部磁异常从测量值中分离。引入小波变换在精确地磁测量数据中消除船磁和日变后，稳定磁场可表示成各种波长的最优解，即

$$B = B_{\mathrm{GM}} + B_{\mathrm{Lf}} + B_{\mathrm{Hf}} \tag{7-78}$$

式中：B_{GM} 为国际地磁模型；B_{Lf} 为区域磁异常，表现为长距离低频异常；B_{Hf} 为局部磁异常，表现为短距离高频异常。

在水下地磁导航中，由于地磁易受环境因素干扰和地磁变化的无规律性，使得事先获取载体工作环境的精确地磁图很困难，甚至是不可能的，并且在航行中，载体本身缺乏精确的位置信息，需要地磁匹配定位。这就向研究者们提出一个问题：有没有可能让载体在自身位置不确定的条件下，在未知环境中探测地磁异常信号，反演出相应的地磁特征，根据特征和测量值创建地图，同时利用地图进行自主定位和导航，这就是水下载体基于地磁信号的同时定位与构图问题。

地磁匹配导航系统构成的基本原理框图如图 7-28 所示，导航系统主要由测量模块、匹配运算模块和输出模块组成。其实现匹配导航的过程有以下几个部分：

（1）在载体活动区域建立地磁场数学模型，并绘制出数字网格形式的地磁基准参考图。

（2）地磁传感器实时地测量地磁场数据，经载体航行一段时间后，测量得到地磁特征值序列，构成实时图。

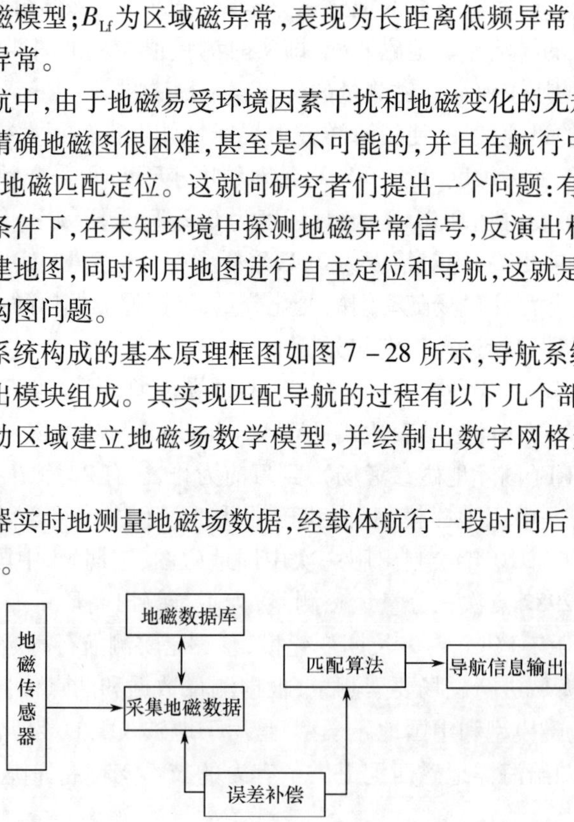

图 7-28　地磁匹配导航原理框图

(3) 由运用相关匹配算法，将测量的地磁数据序列信息与数据库中的地磁图进行比较，按一定的准则判断实时图在地磁数据库中的最佳匹配位置。

(4) 输出载体导航信息。

3. 地磁匹配导航算法

地磁匹配导航的算法实质就是数字地图的匹配。载体在航行过程中，将实时测量的地磁特征信息序列构成实时图，利用各种信息处理方法，将实时图与地磁数据库中存储的基准图数据进行比较，依一定的准则判断两者的拟合度，确定实时图与基准图中的最相似点，即最佳匹配点。地磁匹配导航的匹配点并不是完全匹配的，只是实时图与基准图最大程度地相似，匹配算法是决定匹配精度，同时进一步决定导航精度的核心因素。目前，关于地磁匹配算法主要有两类，即相关度量技术和递推滤波技术。

(1) 相关度量技术的特点是原理简单，可以断续使用。其对初始误差要求低，无误差积累，具有较高的匹配精度和捕获概率，是一种较方便、灵活的匹配方式。相关度量技术的传统算法主要分两类：一类强调它们之间的相似程度，如互相关算法和相关系数法；另一类强调它们之间的差别程度，如平均绝对差算法、均方差算法。在求最佳匹配点时，前一类算法应求极大值，后一类应取极小值。

(2) 递推滤波技术的特点是，需要载体在较长一段时间内连续递推滤波导航定位，对初始误差要求较高，滤波的各种误差统计模型不易获取，且滤波的发散也不易控制。目前应用较多的主要为卡尔曼滤波技术。

各种匹配算法均有各自的特点，并取得了一定的发展。不同的航行载体还需要根据自身的特点合理选用匹配方式，对于水下载体、船舶、车辆等无规律运动的载体适宜采用相关度量匹配方法，对于空间飞行器等沿固定轨道有规律航行的载体，则选用递推滤波的方法比较合适。随着小波理论、神经网络技术的日益成熟和完善以及各种现代优化计算方法的广泛应用，有必要尝试新的匹配算法的研究，增强地磁匹配导航的精确性和鲁棒性。

第8章 重力导航

8.1 重力场导航概述

重力导航是基于重力场图的导航方法,其前提条件是要有相当精度的重力图。重力图主要依靠重力仪实现实测测量,而重力测量获得的重力图不能直接用于导航,这是因为重力场的特性和重力仪测量精度不能保证重力异常值与位置的严格单值对应关系,而且测量点间隔也很大。因此,根据导航重力仪和导航精度要求的具体情况,寻求能够保证导航定位精度的重力图构建和优化方法是实现重力导航的重要步骤。

重力导航是在研究重力扰动及垂线偏差对惯性导航系统精度影响的基础上发展起来的。随着卫星大地测量技术的发展,特别是数字地球概念的提出,占地球表面71%的海洋重力详细情况已经引起各发达国家的重视。与陆地重力测量相比,海洋重力测量存在诸多困难,构建海洋重力异常图的算法就显得格外重要。目前较多采用的有两类推值方法:一类是解析推值算法,具有代表性的有线性内插、几何图形内插、加权中数法、最小二乘推估法和从应用数学引进的函数插值和逼近法等;另一类是利用重力异常的统计特性来推估未测点上的重力异常值,即统计推值算法,该方法主要是利用重力异常的协方差函数,根据有限的重力异常测量数据来推求未测点的重力异常值。解析推值和统计推值的计算模型在形式上完全相同。例如,可以认为协方差函数是解析推值法中基函数的一种取法,最小二乘推估公式是函数插值模型的一种表现形式。但统计推值和解析推值本质上还是有区别的,协方差函数不同于一般的基函数,它代表着不同点重力异常的相关程度,理论上必须具有对称性、规则性和正定性,同时在地球外部必须是调和函数,所以基函数的选择余地要大于协方差函数。

重力导航算法目前主要有两种。一种是基于刚性变换(旋转和平移)的反复接近最近等值线点迭代算法(ICCP算法),这种算法将重力测量点变换到与之最近的等值线点,利用这些点构成估计航迹,进而校正惯性导航误差。该算法对重力图上缺乏明显图形特征的情况比较适用,而重力仪的最小感量、重力图的网格间距和数据密度对导航定位精度具有较大的影响。另一种方法是基于扩展卡尔曼滤波的算法,即在原惯性导航量测方程的基础上，增加载体真实位置重力异常值与惯性导航给出位置重力异常值的差值，作为新的观测量。前者是由重力仪获得，后者是在重力图上获得。因此，必须对所使用的重力仪和重力图的误差模型进行深入分析，而且还涉及求取重力梯度的问题。一般情况下，重力仪的误差模型容易建立，而重力图由于获取方式不同，误差建模较为困难。重力仪的误差变化规律、重力图的数据密度及其精度是影响组合导航精度的主要因素。此外，由于重力场只是在某些位置测量的，全球重力场的精细结构还处于研究阶段，因此全球范围内的重力组合导航还不现实。

除采用重力仪和惯性导航系统组合进行自主导航外，利用重力梯度仪辅助惯性导航系统的自主导航方式也是一项研究热点。利用重力梯度仪辅助导航的主要优点：重力梯度是重力矢量的导数，含有更高频率的成分，重力梯度能够反映场源体的细节信息，具有比重力本身更高的分辨率；重力仪不能够区分重力矢量和载体加速度矢量，易受有害的运动加速度影响，而梯度仪可在动基座下进行测量，不受载体运动加速度的影响；常规重力仪只能测量重力场的1个分量（铅垂分量），而重力梯度仪能够测量9个重力场梯度张量分量中的5个，因此能够获取更多的地理信息。利用重力梯度仪进行辅助导航的主要误差源有重力梯度仪噪声误差、由于导航位置不确定性等造成的环境误差、系统附近物体造成的梯度补偿误差、地球重力场频域中存在频率高于采样半波长频率而造成的混淆误差、由于地球重力场长波信息并没有进行测量而造成低频信号的丢失等。但公开文献中，关于重力梯度图形匹配的研究并不多。

重力场匹配导航应用于实际，需要解决一些具体问题。例如，海洋高分辨率和高精度重力异常、重力梯度分布图，高精度动态重力、重力梯度测量系统，各种精密地形校正计算、海面地形计算、向下延拓计算、海底地形反演等各种系统误差的校正理论与算法。获取地球重力场数据的方式，目前主要有海洋重力直接测量、卫星重力测量和航空重力测量3种。研究多源海洋重力数据构建高精度的海洋重力图成为了研究无源重力导航的关键技术之一，卫星测量数据与航空重力数据在测量精度与测量范围上都是船测重力数据的有力补充，但是它们也不是万能的，有其特定的适应范围。卫星测高数据反映的是低频重力信息，而且在近海岸地区精度差；航空重力数据描述的是中高频重力信息，受地形影响严重；船测数据代表高频的重力信息，但是测量范围有限。因此，只有各种数据的最佳组合才能更精确地描述海洋重力场，所以数据融合方法的研究就显得尤为重要。

8.2　地球重力场

8.2.1　重力加速度

重力加速度是地球物理研究中的一个基本矢量，也是对一般力学系统进行力学分析时需要考虑的一个重要参数。在对精度要求不是很高的情况下，将其作为常量处理所带来的误差较小时，重力异常可以忽略不计，并可在一定程度上减少计算量。在精度要求较高的系统中，重力加速度往往不能再看作常量，必须精确考虑重力的变化。

地球表面的重力加速度随着纬度的变化而变化。由于受地球自转的影响，地球表面的物体随地球做圆周运动，物体所受的重力 $\boldsymbol{F}_g$ 是万有引力 $\boldsymbol{F}_G$ 的一个分力，维持物体随

地球自转的向心力 $\boldsymbol{F}_X$ 是万有引力 $\boldsymbol{F}_G$ 的另一个分力，设 $\boldsymbol{F}_G$ 和 $\boldsymbol{F}_X$ 之间的夹角为 θ，则由几何关系得到

$$\boldsymbol{F}_G=\boldsymbol{F}_g+\boldsymbol{F}_X \tag{8-1}$$

现设地球的质量为 M，半径为 R，自转角速度为 Ω，地球表面的重力加速度为 g，物体的质量为 m，绕地轴做匀速圆周运动的半径为 r，则

$$F_X=mr\Omega^2,\quad r=R\cos\theta,\quad F_g=mg$$

且有

$$F_G=G\frac{Mm}{R^2}$$

由以上 4 式得

$$g=\sqrt{G^2\frac{M^2}{R^4}+R\Omega^2\cos^2\theta\left(R\Omega^2-2G\frac{M}{R^2}\right)} \tag{8-2}$$

由式(8－2)可知，地球表面的重力加速度与物体的质量无关，由 M、R、Ω、θ 共同决定，且重力加速度的大小随纬度变化。

非赤道上的物体随地球自转做匀速圆周运动，所需向心力小于万有引力。并且纬度越高，θ 角越大；$\cos\theta$ 越小，g 越大。

在地球的南北极处，$\theta=90°$，$\cos\theta=0$，得

$$g=G\frac{M}{R^2} \tag{8-3}$$

此时物体所受的万有引力即为重力，重力加速度最大。

在赤道上，$\theta=0°$，$\cos\theta=1$，可知此时的重力加速度最小，其值为

$$g=G\frac{M}{R^2}-R\omega^2 \tag{8-4}$$

重力加速度的方向除了在地球的两极和赤道上指向地心外，在地球表面的其他地方均不指向地心。

由于地球并非是一个理想的旋转椭球体，且密度不均匀，大地水准面上一点 t 处的实际重力 $\boldsymbol{g}$ 与该点在平均椭球面上对应点 t_0 处的正常重力 $\boldsymbol{g}_0$ 间存在着差异，这种差异不仅表现在数值上，而且表现在方向上。实际重力相对正常重力在数值上的偏差称为重力异常，记为 $\Delta\boldsymbol{g}$(一般用毫伽(mGal)表示，$1\text{mGal}=0.001\text{cm/s}^2$)。实际重力相对正常重力在方向上的偏差，称为垂线偏差(一般为几或几十个角秒)。

重力异常是由引起大地水准面偏离参考椭球面的质量分布产生的，这种异常包括大地水准面和椭球面之间高差的影响，但这种高程差影响比较小。当大地水准面处于椭球面之外时，这种高程差影响约等于自由空气改正。对于不在大地水准面上的点，计算重力异常必须将该点的重力值归算到大地水准面上。

重力异常的表达式为

$$\Delta\boldsymbol{g}=\boldsymbol{g}-\boldsymbol{g}_0 \tag{8-5}$$

计算垂线偏差的球面积分公式，即 Vening－Meinesz 公式为

$$\begin{cases}\xi = \dfrac{1}{4\pi\gamma}\iint_{\sigma}\Delta g\,\dfrac{\partial}{\partial\psi}S(\psi)\cos A\mathrm{d}\sigma \\ \eta = -\dfrac{1}{4\pi\gamma}\iint_{\sigma}\Delta g\,\dfrac{\partial}{\partial\psi}S(\psi)\sin A\mathrm{d}\sigma\end{cases} \tag{8-6}$$

式中:ξ 为垂线偏差向南的分量;η 为垂线偏差向西的分量;γ 为正常重力值;$S(\psi)$ 为Stokes 函数。

重力位 W 是描述地球重力场的基础,它表示单位质量被从无穷远处移动到位于以地心为原点的坐标系中某一点时重力所做的功。设 W 为重力位,则

$$W(x,y,z) = \text{常数}$$

设重力 g 的反方向为 h,则由物理学知

$$-g = \mathrm{d}W/\mathrm{d}h$$

式中:$\mathrm{d}W$ 为两个无限接近的水准面之间的位差,即这两个水准面之间的距离。上式表明,水准面之间距离与 g 成反比。由于在地球重力场中,同一水准面上的点,靠近赤道的重力小,靠近两极的重力大,即重力变化的总趋势是随纬度增大而增大。

由于地球重力场和地球内部密度变化,水准面的变化形态特别是 $W = W_0$(对应于大地水准面)是不可能精确测定的。为研究复杂的地球重力场,需要引入一个与地球重力场十分接近且易于计算的"正常重力场",并可将其作为实际地球重力场的基准。近代多用"水准椭球"来定义正常重力场,其优点是可使物理基准与几何基准得到较好的统一,并且水准椭球对应的正常重力场可以精确表示,而非近似的级数展开式。

设地球椭球坐标系中空间某点(u,θ),θ 为椭球归化纬度的余角,并记

$$q(u) = \frac{1}{2}\left[\left(1+3\frac{u^2}{E^2}\right)\arctan\frac{E}{u} - 3\frac{u}{E}\right]$$

式中:E 为焦距。

水准椭球正常位 U 为

$$U(u,\theta) = \frac{GM}{E}\arctan\frac{E}{u} + \frac{1}{2}\omega^2 a^2\frac{q(u)}{q(b)}\left(\cos^2\theta - \frac{1}{3}\right) + \frac{1}{2}\omega^2(u^2+E^2)\sin^2\theta$$

正常重力为

$$g_0 = \frac{b\gamma_p\sin^2\varphi + a\gamma_a\cos^2\varphi}{\sqrt{a^2\cos^2\varphi + b^2\sin^2\varphi}}$$

式中:γ_a 为赤道处正常重力值;γ_p 为极点处正常重力值。

由于上式计算比较复杂,在工程上,重力加速度随纬度 φ 变化的规律可近似表述为

$$g(\varphi) = 978.049(1 + 0.0052884\sin^2\varphi - 0.0000059\sin^2(2\varphi)) \tag{8-7}$$

在 WGS-84 坐标系中,重力加速度的计算可表述为

$$g(\varphi) = 978.032677\frac{1 + 0.00193185138639\sin^2\varphi}{\sqrt{1 - 0.00669437999013\sin^2(2\varphi)}}$$

在上两式中,重力加速度值的单位为 $\mathrm{cm/s^2}$。

8.2.2 重力梯度

重力位是地球质量引力位和离心力位之和,即有

$$W = V + \Phi = G\iiint_{\text{地球}} \frac{\rho_Q}{l} \mathrm{d}V_Q + \frac{1}{2}\omega^2 p^2 \tag{8-8}$$

重力是重力位的一阶导数，数学上可表示为

$$g \equiv \nabla W = [g_N \quad g_E \quad g_D]^{\mathrm{T}} \tag{8-9}$$

物理上，重力加速度是引力加速度和离心力加速度的和，即

$$\boldsymbol{g} = \boldsymbol{F} + \boldsymbol{P} \tag{8-10}$$

式中：$\boldsymbol{F}$ 为地球质量产生的引力；$\boldsymbol{P}$ 为地球瞬时角速度产生的离心力。

重力梯度定义为重力矢量 $\boldsymbol{g}$ 的梯度，即重力位的二阶导数，表征重力矢量空间变化率。重力梯度场直接反映地球表面形状和地质密度的分布状况，重力梯度测量能显示出地质结构的微小差异，它对重力的高频短波分量十分敏感。重力梯度张量共有 3×3 个分量，其可表示为

$$\boldsymbol{\Gamma} = \mathrm{grad}(\mathrm{grad}\boldsymbol{W}) = \frac{\mathrm{d}\boldsymbol{g}}{\mathrm{d}\boldsymbol{e}} = \begin{bmatrix} \frac{\partial g_x}{\partial x} & \frac{\partial g_x}{\partial y} & \frac{\partial g_x}{\partial z} \\ \frac{\partial g_y}{\partial x} & \frac{\partial g_y}{\partial y} & \frac{\partial g_y}{\partial z} \\ \frac{\partial g_z}{\partial x} & \frac{\partial g_z}{\partial y} & \frac{\partial g_z}{\partial z} \end{bmatrix} = \begin{bmatrix} \Gamma_{xx} & \Gamma_{xy} & \Gamma_{xz} \\ \Gamma_{yx} & \Gamma_{yy} & \Gamma_{yz} \\ \Gamma_{zx} & \Gamma_{zy} & \Gamma_{zz} \end{bmatrix} \tag{8-11}$$

式中：$\boldsymbol{e}$ 为坐标轴 x、y、z 的位置矢量；$\Gamma_{ij}(i,j=x,y,z)$ 为梯度张量的分量，表示重力分量 g_i 在 j 方向上的斜率。

重力梯度的迹满足拉普拉斯等式，即

$$\Gamma_{xx} + \Gamma_{yy} + \Gamma_{zz} = -4\pi G\rho(r) \tag{8-12}$$

式中：$\rho(r)$ 为质点所在位置的密度。

由于地球密度远大于空气密度，通常忽略空气吸引力的影响，则拉普拉斯等式变为

$$\Gamma_{xx} + \Gamma_{yy} + \Gamma_{zz} = 0 \tag{8-13}$$

由此可以看出，重力梯度的 9 个张量中有 5 个量是独立分量，这 5 个独立分量包含地球所有地区的独特特征。

拉普拉斯方程(8-13)的解为球谐模型。在极坐标系中，其表达式为

$$V(r,\varphi,\lambda) = \frac{GM}{r}\sum_{n=0}^{\infty}\left(\frac{a_{\mathrm{e}}}{r}\right)\sum_{m=0}^{n}(\bar{C}_{nm}\cos(m\lambda) + \bar{S}_{nm}\sin(m\lambda))\bar{P}_{nm}(\sin\varphi)$$

式中：n、m 为系数阶数；$\bar{P}_{nm}(\sin\varphi)$ 为完全正常化的伴随勒让德多项式；GM 为万有引力常数；a_{e} 为地球椭球的长半轴；$\bar{C}_{nm}$ 和 $\bar{S}_{nm}$ 为完全正常化位系数。

重力梯度测量是在地理坐标系中进行的，为了考察重力梯度在地理坐标系下的变化，必须将极坐标系转换到地理坐标系。以参考点(r,φ,λ)为原点的地理坐标系与极坐标系的变换关系为

$$\begin{cases} x = r\Delta\varphi \\ y = r\cos\varphi\Delta\lambda \\ z = \Delta r \end{cases} \tag{8-14}$$

重力及重力梯度从极坐标系到地理坐标系转换为

$$
\begin{cases}
V_x = \dfrac{1}{r}V_\varphi \\
V_y = -\dfrac{1}{r\cos\varphi}V_\lambda \\
V_z = V_r
\end{cases},
\begin{cases}
V_{xx} = \dfrac{1}{r}V_r + \dfrac{1}{r^2}V_{\varphi\varphi} \\
V_{yy} = \dfrac{1}{r}V_r - \dfrac{\tan\varphi}{r^2}V_\varphi + \dfrac{1}{r^2\cos^2\varphi}V_{\lambda\lambda} \\
V_{zz} = V_{rr} \\
V_{xy} = -\dfrac{1}{r^2\cos^2\varphi}V_{\varphi\lambda} - \dfrac{\sin\varphi}{r^2\cos^2\varphi}V_\lambda \\
V_{xz} = -\dfrac{1}{r^2}V_r + \dfrac{1}{r}V_{\lambda\varphi} \\
V_{yz} = \dfrac{1}{r^2\cos\varphi}V_\lambda - \dfrac{1}{r\cos\varphi}V_{r\lambda}
\end{cases}
\tag{8-15}
$$

利用上述公式可得引力位对(r,φ,λ)的一阶和二阶导数为

$$
\begin{cases}
V_r = -\dfrac{GM}{R^2}\sum\limits_{n=0}^{\infty}(n+1)\left(\dfrac{R}{r}\right)^{n+2}\sum\limits_{m=0}^{n}(\bar{C}_{nm}\cos(m\lambda) + \bar{S}\sin(m\lambda))\bar{P}_{nm}(\sin\varphi) \\
V_\varphi = -\dfrac{GM}{R^2}\sum\limits_{n=0}^{\infty}\left(\dfrac{R}{r}\right)^{n+1}\sum\limits_{m=0}^{n}(\bar{C}_{nm}\cos(m\lambda) + \bar{S}\sin(m\lambda))\bar{P}_{nm}(\sin\varphi)\cos\varphi \\
V_\lambda = \dfrac{GM}{R}\sum\limits_{n=0}^{\infty}\left(\dfrac{R}{r}\right)^{n+1}\sum\limits_{m=0}^{n}(-\bar{C}_{nm}\sin(m\lambda) + \bar{S}\cos(m\lambda))\bar{P}_{nm}(\sin\varphi)
\end{cases}
\tag{8-16}
$$

$$
\begin{cases}
V_{rr} = \dfrac{GM}{R^3}\sum\limits_{n=0}^{\infty}(n+1)(n+2)\left(\dfrac{R}{r}\right)^{n+3}\sum\limits_{m=0}^{n}(\bar{C}_{nm}\cos(m\lambda) + \bar{S}_{nm}\sin(m\lambda))\bar{P}_{nm}(\sin\varphi) \\
V_{r\varphi} = \dfrac{GM}{R^2}\sum\limits_{n=0}^{\infty}(n+1)\left(\dfrac{R}{r}\right)^{n+2}\sum\limits_{m=0}^{n}(\bar{C}_{nm}\cos(m\lambda) + \bar{S}_{nm}\sin(m\lambda))\bar{P}'_{nm}(\sin\varphi)\cos\varphi \\
V_{r\lambda} = \dfrac{GM}{R^2}\sum\limits_{n=0}^{\infty}(n+1)\left(\dfrac{R}{r}\right)^{n+2}\sum\limits_{m=0}^{n}m(\bar{C}_{nm}\sin(m\lambda) - \bar{S}_{nm}\cos(m\lambda))\bar{P}_{nm}(\sin\varphi) \\
V_{\varphi\varphi} = \dfrac{GM}{R^2}\sum\limits_{n=0}^{\infty}\left(\dfrac{R}{r}\right)^{n+1}\sum\limits_{m=0}^{n}(\bar{C}_{nm}\cos(m\lambda) + \bar{S}_{nm}\sin(m\lambda)) \times (\bar{P}'_{nm}(\sin\varphi)\cos^2\varphi - \\
\qquad \bar{P}'_{nm}(\sin\varphi)\sin\varphi) \\
V_{\varphi\lambda} = \dfrac{GM}{R}\sum\limits_{n=0}^{\infty}\left(\dfrac{R}{r}\right)^{n+1}\sum\limits_{m=0}^{n}m(\bar{C}_{nm}\sin(m\lambda) + \bar{S}_{nm}\cos m\lambda)\bar{P}'_{nm}(\sin\varphi)\cos\varphi \\
V_{\lambda\lambda} = -\dfrac{GM}{R}\sum\limits_{n=0}^{\infty}\left(\dfrac{R}{r}\right)^{n+1}\sum\limits_{m=0}^{n}m^2(\bar{C}_{nm}\cos(m\lambda) - \bar{S}_{nm}\sin(m\lambda))\bar{P}_{nm}(\sin\varphi)
\end{cases}
\tag{8-17}
$$

利用上述公式通过球谐模型计算重力梯度比较直观，但是伴随勒让德多项式的计算比较困难。通过3个对角线重力梯度可以看出，对角线梯度中Γ_{zz}变化幅值最大，之所以造成这种状况可以用式(8-13)解释，即

$$\Gamma_{zz} = -(\Gamma_{xx} + \Gamma_{yy}) \tag{8-18}$$

通过3个非对角线重力梯度比较发现，Γ_{xy}幅值最小，而Γ_{yz}和Γ_{xz}幅值较大。其原因在于Γ_{xz}和Γ_{yz}是垂直重力g_z的导数，而Γ_{xy}则是水平重力g_x、g_y的导数。而水平重力要远远小于垂直重力。随着高度的增加，重力梯度明显减小，这将造成重力梯度辅助导航系统的实用性降低。

从地球重力位球谐模型和梯度张量的定义可以看出，重力位与载体和吸引质量之间的距离成反比例关系，而重力梯度是重力位的二次导数，因此重力梯度与载体和吸引质量之间的距离的3次方成反比例关系，即从数学上看，有

$$W \approx \frac{GM}{r} \rightarrow \frac{\partial^2 W}{\partial r^2} = \Gamma_{DD} \approx \frac{2GM}{r^3} \tag{8-19}$$

因此，随着载体与吸引质量距离的增大，重力梯度逐渐减小。当载体处于一定高度航行时，在给定重力梯度仪的噪声水平情况下，地形因素造成的重力梯度可以忽略不计；反之，当载体在低空运行时，由于地形因素造成的信噪比足够大，此时在重力图中必须考虑地形因素的影响。

8.3 重力场测量

8.3.1 卫星测高反演

在介绍卫星测高原理之前，先给出一些卫星测高的基本定义，如图8-1所示。设h_R是卫星的质心与瞬时海平面(ISS)的距离，h_{orb}是卫星质心到参考球体表面的垂直距离，即卫星的轨道高度，h_{SSH}是瞬时海平面与参考球体表面间的距离，称为瞬时海平面高。

卫星测高仪是一种星载的微波雷达，它通常由发射机、接收机、时间测量系统和数据采集系统组成。发射机通过天线以一定的脉冲重复频率向地球表面发射调制后的压缩脉冲，经海面反射后，由接收机收到返回的脉冲，并测量出发射脉冲与接收脉冲的时间差，根据此时间差及返回的波形，可以测量出卫星到海面的距离h_R，即取这个时间差的一半与脉冲在空气中传播速度的乘积。

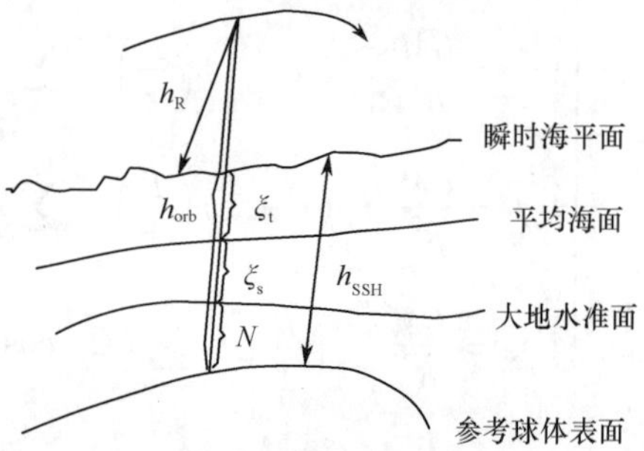

图8-1 卫星测高原理

瞬时海平面高h_{SSH}是间接观测量，其计算公式为

$$h_{SSH} = h_{orb} - h_R \tag{8-20}$$

对于这些测量量和估计量，必然存在误差，则式(8-20)又可表述为

$$h_{SSH} = (h_{orb}^c - \Delta h_{orb}) - (h_R^m + \Delta\alpha) \tag{8-21}$$

式中：Δh_{orb}为卫星轨道的确定误差；h_{orb}^c为计算的卫星轨道；h_R^m为高度测量的真值；Δa为高度测量误差。

测高误差包括仪器误差以及在空气中的传播引起的误差，Δa 误差等式可表示为

$$\Delta\alpha = \alpha_{\text{instr}} + \alpha_{\text{prop}} + \alpha_{\text{n}} = \alpha_{\text{instr}}^{c} + \alpha_{\text{iono}}^{c} + \alpha_{\text{trop}}^{c} + \Delta\alpha_{\text{instr}}^{c} + \Delta\alpha_{\text{iono}}^{c} + \Delta\alpha_{\text{trop}}^{c} + \alpha_{\text{n}} \quad (8-22)$$

式中：α_{instr} 为测高误差；$\alpha_{\text{instr}}^{c}$ 为测高误差的估计值；$\Delta\alpha_{\text{instr}}^{c}$ 为测高误差的残差；α_{prop} 为传播误差，包括电离层和对流层的传播误差 α_{iono}、α_{trop}；$\Delta\alpha_{\text{iono}}^{c}$ 和 $\Delta\alpha_{\text{trop}}^{c}$ 分别为电离层和对流层的传播误差的残差；α_{n} 为高度测量噪声。

所有的这些改正都包含在卫星测量数据记录中，每个卫星都有各自的计算模型及方法。经过改正之后，测高系统中剩下的误差 ξ_a 就只有测量噪声和所有的估计误差，即

$$\xi_a = \Delta\alpha - C_{\text{a}}^{c} = \Delta C_{\text{a}}^{c} + \alpha_{\text{n}} \quad (8-23)$$

式中：C_{a}^{c} 为所有仪器和物理观测误差；ΔC_{a}^{c} 为这些误差项的估计误差。

结合式(8-21)和式(8-23)得出

$$h_{\text{SSH}} = (h_{\text{orb}}^{c} - \Delta h_{\text{orb}}) - (h_{\text{R}}^{c} + \xi_{\alpha}) = h_{\text{SSH}}^{c} + \Delta h_{\text{orb}} - \xi_{\alpha} \quad (8-24)$$

式中：$h_{\text{R}}^{c} = h_{\text{R}}^{m} + C_{\text{a}}^{c}$，是改正后的高度。

瞬时海平面高的另一个表现形式为

$$h_{\text{SSH}} = N + \zeta_s + \zeta_t \quad (8-25)$$

式中：ζ_s 为平均海平面与水准面间的偏差，称为海面地形的稳态部分；ζ_t 为瞬时海平面与平均海平面间的距离，称为海面地形的动态部分，是由潮汐、海流等现象引起的。其中：

$$\zeta_t = T_o + T_e + T_l + T_{ib} + T_w = T_o^c + T_e^c + T_l^c + T_{ib}^c + \Delta T_o^c + \Delta T_e^c + \Delta T_l^c + \Delta T_{ib}^c + \Delta T_w \quad (8-26)$$

式中：T_o 为海洋潮汐中的变化量；T_e 为海洋潮汐中的不变量；T_l 为潮汐引起的洋底变化；T_{ib} 为气压变化量；T_w 为海洋平面高度的时变量（洋流等）；T_i^c 为各种情况的估计量；ΔT_i^c 为各量的残差量。

综上，有

$$\begin{aligned} N &= h_{\text{SSH}}^{c} + \Delta h_{\text{orb}} - \zeta_a - \zeta_c - \zeta_t = h_{\text{SSH}}^{c} + \Delta h_{\text{orb}} - \zeta_a - (T_o + T_e + T_l + T_{ib} + T_w) - \zeta_s \\ &= h_{\text{SSH}}^{c} + \Delta h_{\text{orb}} - \zeta_a - (T_o^c + T_e^c + T_l^c + T_{ib}^c + \Delta T_o^c + \Delta T_e^c + \Delta T_l^c + \Delta T_{ib}^c + \Delta T_w) - \zeta_s \end{aligned}$$

上式中的 ζ_s 一般忽略，因为在多数情况下，均假设静止海平面与水准面是重合的。尽管卫星测高的原理比较简单，但是实现起来比较困难。人造卫星并不是在真空中飘浮，而是受到引力的作用，包括太阳和月亮的引力影响，卫星的轨道会产生许多误差，另外，地球的椭球形状也是卫星测量的主要误差源。现在，由于使用了跟踪和定位方法，使轨道误差减少到很小的量，完全可以通过建模和交叉调整方法改正。

测高数据在反演重力异常之前还要经过一些数据处理。斯托克斯数值反解方法是用于卫星测量数据反演重力异常的方法，该算法的计算精度随计算区域的纬度增高而降低，而且受重力场的变化剧烈程度高低而变化，在重力变化平缓的地区，可获得较高的反演精度。边缘效应对斯托克斯数值反解方法的计算结果的影响显著，如果不消除这种影响，其计算结果将失去其应用价值。斯托克斯解析反解方法的输入量也是水准面高，但是对比于斯托克斯数值反解方法可明显改善边缘效应的影响。

设已知重力异常 Δg 来计算大地水准面高，即

$$N = \frac{R}{4\pi r}\iint \Delta g S(\psi)\,\mathrm{d}\sigma \tag{8-27}$$

式中：r 为正常椭球面上正常重力的平均值；R 为参考球平均半径，通常取 $R=\sqrt[3]{a^2 b}$，a 为参考椭球的长半径，b 为短半径；ψ 为空间角距；$S(\psi)$ 为斯托克斯函数，即

$$S(\psi) = 1 + \frac{1}{\sin\frac{\psi}{2}} - 6\sin\frac{\psi}{2} - 5\cos\psi - 3\cos\psi\ln\left(\sin\frac{\psi}{2} + \sin^2\frac{\psi}{2}\right) \tag{8-28}$$

$S(\psi)$ 的平面近似表达式为

$$S(\psi) = \frac{2}{\psi} \tag{8-29}$$

因为 $\psi = 1/R$，所以得

$$S(\psi) = \frac{2R}{l} \tag{8-30}$$

式中：l 为计算点 P 和流动点 Q 的空间距离，$l^2 = (x_P - x_Q)^2 + (y_P - y_Q)^2$。

将式(8-30)和 $R^2\mathrm{d}\sigma = \mathrm{d}x\mathrm{d}y$ 代入式(8-27)得

$$N(x_P, y_P) = \frac{1}{2\pi r}\iint \Delta g(x_Q, y_Q)\frac{1}{[(x_P - x_Q)^2 + (y_P - y_Q)^2]^{1/2}}\mathrm{d}x_Q\mathrm{d}y_Q \tag{8-31}$$

式(8-31)符合卷积运算定义，可以改写成

$$N(x,y) = \frac{1}{2\pi r}\left[\Delta g(x,y) * \left(\frac{1}{l}\right)\right] \tag{8-32}$$

令 F 和 F^{-1} 分别表示二维傅里叶正逆变换算子，则式(8-32)改写为

$$F[N(x,y)] = \frac{1}{2\pi r}F\left[\Delta g(x,y) * \left(\frac{1}{l}\right)\right] \tag{8-33}$$

即

$$g(x,y) = 2\pi r F^{-1}\left\{\frac{F[N(x,y)]}{F(1/l)}\right\} \tag{8-34}$$

式(8-34)是根据已知的大地水准面高 $N(x,y)$，通过二维快速傅里叶变换算法计算重力异常的平面近似公式。

为了克服平面近似可能带来的精度影响，Strang vanHees 研究并给出了其球面形式，将积分核函数改写为坐标差 $\varphi_P - \varphi_Q$ 和 $\lambda_P - \lambda_Q$ 的函数。令 $s = \sin(\psi/2)$，式(8-28)可改写为

$$S(\psi) = \frac{1}{s} - 4 - 6s + 10s^2 - (3 - 6s^2)\ln(s + s^2) \tag{8-35}$$

根据以下关系式，即

$$\cos\psi = \sin\varphi_P\sin\varphi_Q + \cos\varphi_P\cos\varphi_Q\cos(\lambda_P - \lambda_Q)$$

$$\cos(\lambda_P - \lambda_Q) = 1 - 2\sin^2\left(\frac{1}{2}(\lambda_P - \lambda_Q)\right)$$

$$1-\cos(\varphi_P-\varphi_Q)=2\sin^2\left(\frac{1}{2}(\varphi_P-\varphi_Q)\right)$$

$$\cos\varphi_P\cos\varphi_Q=\cos^2\left(\frac{1}{2}(\varphi_P+\varphi_Q)\right)-\sin^2\left(\frac{1}{2}(\varphi_P-\varphi_Q)\right)$$

得

$$\sin^2\frac{\psi}{2}=\sin^2\frac{1}{2}(\varphi_P-\varphi_Q)+\sin^2\left(\frac{1}{2}(\lambda_P-\lambda_Q)\right)\left[\cos^2\varphi_M-\sin^2\left(\frac{1}{2}(\varphi_P-\varphi_Q)\right)\right]$$

式中:$\varphi_M=(\varphi_P+\varphi_Q)/2$,在实际应用中,$\varphi_M$ 可近似用积分区域的平均纬度来代替。此时,$S(\psi)$就变换成只是坐标差 $\varphi_P-\varphi_Q$ 和 $\lambda_P-\lambda_Q$ 的函数,即

$$S(\psi)=S(\varphi_P-\varphi_Q,\lambda_P-\lambda_Q) \tag{8-36}$$

代入式(8-31)得

$$N(\varphi,\lambda)=\frac{R}{4\pi r}\iint[\Delta g(\varphi_Q,\lambda_Q)\cos\varphi_Q]S(\varphi_P-\varphi_Q,\lambda_P-\lambda_Q)\mathrm{d}\varphi_Q\mathrm{d}\lambda_Q \tag{8-37}$$

其卷积形式为

$$N(\varphi,\lambda)=\frac{R}{4\pi r}[\Delta g\cos\varphi]*[S(\varphi,\lambda)]$$

相应的傅里叶变换为

$$F[N(\varphi,\lambda)]=\frac{R}{4\pi r}F[\Delta g\cos\varphi]*F[S(\varphi,\lambda)] \tag{8-38}$$

当已知大地水准面高时,求重力异常的二维球面近似公式为

$$\Delta g(\varphi,\lambda)=\frac{4\pi r}{R\cos\varphi}F^{-1}\left\{\frac{F[N(\varphi,\lambda)}{F[S(\varphi,\lambda)}\right\} \tag{8-39}$$

由前述可知,大地水准面上任意一点 P 的扰动位 T 和重力异常 Δg 之间满足下列边值条件,即

$$\frac{\partial T_P}{\partial h}+\Delta g_P-\frac{1}{r_0}\frac{\partial r}{\partial h}T_P=0 \tag{8-40}$$

以矢径 $\boldsymbol{r}$ 的方向近似代替 h 的方向,进行球近似处理,并将布隆斯公式代入得

$$\Delta g_P=-r\frac{\partial T_P}{\partial r}-\frac{2r}{R}N_P \tag{8-41}$$

根据球谐函数理论,大地水准面的径向导数可以表示为

$$\frac{\partial N_P}{\partial r}=-\frac{N_P}{R}+\frac{R^2}{2\pi}\iint\frac{N_Q-N_P}{l_{PQ}^3}\mathrm{d}\sigma \tag{8-42}$$

式中:l_{PQ}为计算点 P 到流动点 Q 的空间距离,且有 $l=2R\sin(\psi/2)$。

将式(8-42)代入式(8-41),得

$$\Delta g_P=-\frac{rN_P}{R}-\frac{r}{16\pi R}\iint\frac{N_Q-N_P}{\sin^3(\psi/2)}\mathrm{d}\sigma \tag{8-43}$$

式(8-43)就是斯托克斯解析反解公式。与式(8-33)类似,在平面近似的条件下,

式(8-43)也可写成卷积形式

$$\Delta g_P = -\frac{rN_P}{R} - \frac{r}{2\pi}\{[N(x,y) * d(x,y)] - N(x_p,y_p)[(1) * d(x,y)]\} \tag{8-44}$$

式中：$d(x,y) = (x^2 + y^2)^{-3/2}$。

类似可推导出其球面近似计算式为

$$\Delta g_P = -\frac{rN_P}{R} - \frac{r}{4\pi R}\{F^{-1}\{F[N(\varphi,\lambda)\cos\varphi]F[Z(\varphi,\lambda)]\} - N_P F^{-1}\{F[\cos\varphi]F[Z(\varphi,\lambda)]\}\} \tag{8-45}$$

8.3.2 航空测量延拓

根据牛顿第二定律，运动质点在惯性参考坐标系(i 系)下的运动方程为

$$\ddot{\boldsymbol{r}}^i = \boldsymbol{f}^i + \boldsymbol{g}^i \tag{8-46}$$

式中：$\boldsymbol{r}^i$ 为质点在惯性坐标系中的位置矢量；$\ddot{\boldsymbol{r}}^i$ 为位置矢量关于时间的二阶导数；$\boldsymbol{f}^i$ 为比力矢量，即加速度计的观测量；$\boldsymbol{g}^i$ 为运动质点引力加速度矢量。

设质点在惯性坐标系和地固坐标系(e 系)中的位置矢量分别为 $\boldsymbol{r}^i$ 和 $\boldsymbol{r}^e$，则

$$\boldsymbol{r}^e = \boldsymbol{R}_i^e \boldsymbol{r}^i \tag{8-47}$$

式中：$\boldsymbol{R}_i^e$ 为惯性系至地固坐标系的变换矩阵。

将式(8-47)对时间求导，得

$$\dot{\boldsymbol{r}}^e = \boldsymbol{R}_i^e \dot{\boldsymbol{r}}^i + \dot{\boldsymbol{R}}_i^e \boldsymbol{r}^i = \boldsymbol{R}_i^e(\dot{\boldsymbol{r}}^i + \boldsymbol{\Omega}_{ei}^i \boldsymbol{r}^i) \tag{8-48}$$

式中：$\boldsymbol{\Omega}_{ei}^i$ 为 e 系相对于 i 系的运动角速度。

设 $\boldsymbol{v}^e$ 为载体相对于地球的速度，即

$$\boldsymbol{v}^e = \dot{\boldsymbol{r}}^e \tag{8-49}$$

$\boldsymbol{v}^e$ 在当地水平坐标系(l 系)中为

$$\boldsymbol{v}^l = \boldsymbol{R}_e^l \boldsymbol{v}^e \tag{8-50}$$

将式(8-48)代入式(8-50)，得

$$\boldsymbol{v}^l = \boldsymbol{R}_e^l \boldsymbol{R}_i^e(\dot{\boldsymbol{r}}^i + \boldsymbol{\Omega}_{ei}^i \boldsymbol{r}^i) = \boldsymbol{R}_i^l(\dot{\boldsymbol{r}}^i - \boldsymbol{\Omega}_{ei}^i \boldsymbol{r}^i) \tag{8-51}$$

解式(8-51)得 $\dot{\boldsymbol{r}}^i$，即有

$$\dot{\boldsymbol{r}}^i = \boldsymbol{R}_l^i \boldsymbol{v}^l + \boldsymbol{\Omega}_{ie}^i \boldsymbol{r}^i \tag{8-52}$$

对式(8-52)求导，得

$$\ddot{\boldsymbol{r}}^i = \boldsymbol{R}_l^i(\dot{\boldsymbol{v}}^l + \boldsymbol{\Omega}_{il}^l \boldsymbol{v}^l) + \boldsymbol{\Omega}_{ie}^i \dot{\boldsymbol{r}}^i \tag{8-53}$$

因为 $\boldsymbol{\Omega}_{ie}^i$ 量级很小，式(8-53)中可略去 $\boldsymbol{\Omega}_{ie}^i \dot{\boldsymbol{r}}^i$ 项。

f 在 l 系中的表达式为

$$\boldsymbol{f}^l = \boldsymbol{R}_i^l \boldsymbol{f}^i = \boldsymbol{R}_i^l(\ddot{\boldsymbol{r}}^i - \boldsymbol{g}^i) \tag{8-54}$$

将式(8-53)代入式(8-54)，得

$$\begin{aligned} \boldsymbol{f}^l &= \boldsymbol{R}_i^l \boldsymbol{f}^i = \boldsymbol{R}_i^l(\boldsymbol{R}_l^i(\dot{\boldsymbol{v}}^l + \boldsymbol{\Omega}_{il}^l \boldsymbol{v}^l) + \boldsymbol{\Omega}_{ie}^i \dot{\boldsymbol{r}}^i - \boldsymbol{g}^i) \\ &= \dot{\boldsymbol{v}}^l + \boldsymbol{\Omega}_{il}^l \boldsymbol{v}^l + \boldsymbol{R}_i^l \boldsymbol{\Omega}_{ie}^i \dot{\boldsymbol{r}} - \boldsymbol{R}_i^l \boldsymbol{g}^i \\ &= \dot{\boldsymbol{v}}^l + (\boldsymbol{\Omega}_{ie}^l + \boldsymbol{\Omega}_{el}^l)\boldsymbol{v}^l + \boldsymbol{R}_i^l \boldsymbol{\Omega}_{ie}^i \dot{\boldsymbol{r}}^i - \boldsymbol{R}_i^l \boldsymbol{g}^i \end{aligned} \tag{8-55}$$

将式(8-49)代入式(8-55)得

$$\begin{aligned} \boldsymbol{f}^l &= \dot{\boldsymbol{v}}^l + (\boldsymbol{\Omega}_{ie}^l + \boldsymbol{\Omega}_{el}^l)\boldsymbol{v}^l + \boldsymbol{R}_i^l \boldsymbol{\Omega}_{ie}^i(\boldsymbol{R}_l^i \boldsymbol{v}^l + \boldsymbol{\Omega}_{ie}^i \boldsymbol{r}^i) - \boldsymbol{R}_i^l \boldsymbol{g}^i \\ &= \dot{\boldsymbol{v}}^l + (\boldsymbol{\Omega}_{ie}^l + \boldsymbol{\Omega}_{el}^l)\boldsymbol{v}^l + \boldsymbol{\Omega}_{ie}^l \boldsymbol{v}^l + \boldsymbol{R}_i^l \Omega_{ie}^i \boldsymbol{\Omega}_{ie}^i \boldsymbol{r}^i - \boldsymbol{R}_i^l \boldsymbol{g}^i \\ &= \dot{\boldsymbol{v}}^l + (2\boldsymbol{\Omega}_{ie}^l + \boldsymbol{\Omega}_{el}^l)\boldsymbol{v}^l - \boldsymbol{g}^l \end{aligned} \tag{8-56}$$

由式(8-56)得

$$\boldsymbol{g}^l = \dot{\boldsymbol{v}}^l - \boldsymbol{f}^l + (2\Omega_{ie}^l + \Omega_{el}^l)\boldsymbol{v}^l \tag{8-57}$$

式中:$\boldsymbol{g}^l$ 为重力加速度矢量;$\dot{\boldsymbol{v}}^l$ 为飞机的动态加速度,且 $\boldsymbol{v}^l = (v_{\mathrm{e}}, v_{\mathrm{n}}, v_{\mathrm{u}})^{\mathrm{T}}$ 是速度矢量,下标 e、n、u 为当地水平坐标系的东、北、天方向。动态加速度 $\dot{\boldsymbol{v}}^l$ 和速度 $\boldsymbol{v}^l$ 及飞机的位置由全球定位系统(GPS)确定,$\boldsymbol{f}^l$ 比力由惯性系统的 3 个加速度计测量。

严格地说,式(8-57)适用于当地水平稳定平台系统,所有的观测量可以在 l 系中直接获得。对于捷联式惯性系统来说,加速度计和陀螺的观测量是在载体坐标系(b 系)中获得,$\boldsymbol{f}^l$ 在载体坐标系中的表达式为

$$\boldsymbol{f}^l = (f_{\mathrm{e}}, f_{\mathrm{n}}, f_{\mathrm{u}})^{\mathrm{T}} = \boldsymbol{R}_b^l \boldsymbol{f}^b \tag{8-58}$$

式中:$\boldsymbol{f}^b = (f_x^b, f_y^b, f_z^b)^{\mathrm{T}}$,则捷联式惯性系统的重力矢量测量模型为

$$\boldsymbol{g}^l = \dot{\boldsymbol{v}}^l - \boldsymbol{R}_b^l \boldsymbol{f}^b + (2\boldsymbol{\Omega}_{ie}^l + \boldsymbol{\Omega}_{el}^l)\boldsymbol{v}^l \tag{8-59}$$

$\boldsymbol{R}_b^l$ 是载体坐标系到当地水平坐标系的旋转矩阵,由载体的 3 个姿态角确定,其表达式为

$$\boldsymbol{R}_b^l = \begin{bmatrix} \cos\psi\cos\phi - \sin\psi\sin\theta\sin\phi & -\sin\psi\cos\theta & \cos\psi\sin\phi + \sin\psi\sin\theta\cos\phi \\ \sin\psi\cos\varphi + \cos\psi\sin\theta\sin\phi & \cos\psi\cos\theta & \sin\psi\sin\phi - \cos\psi\sin\theta\cos\phi \\ -\cos\theta\sin\phi & \sin\theta & \cos\theta\cos\phi \end{bmatrix} \tag{8-60}$$

式中:ϕ、θ、ψ 分别为载体的横滚角、俯仰角和航向角。

$\boldsymbol{\Omega}_{ie}^l$、$\boldsymbol{\Omega}_{el}^l$ 分别是相对于 i 系的地球(e 系)旋转角速度 $\boldsymbol{\omega}_{ie}^l$ 和相对于 e 系的当地水平坐标系的旋转角速度 $\boldsymbol{\omega}_{el}^l$ 的斜对称矩阵。$\boldsymbol{\omega}_{ie}^l$ 和 $\boldsymbol{\omega}_{el}^l$ 的表达式为

$$\boldsymbol{\omega}_{ie}^l = [0, \omega_e\cos\varphi, \omega_e\sin\varphi]^{\mathrm{T}} \tag{8-61}$$

$$\boldsymbol{\omega}_{el}^l = (-\dot{\varphi}, \dot{\lambda}\cos\varphi, \dot{\lambda}\sin\varphi)^{\mathrm{T}} = \left(-\frac{v_n}{R_{\mathrm{M}} + h}, \frac{v_e}{R_{\mathrm{N}} + h}, \frac{v_e\tan\varphi}{R_{\mathrm{N}} + h}\right)^{\mathrm{T}} \tag{8-62}$$

$$\boldsymbol{\Omega}_{ie}^l = \begin{bmatrix} 0 & -\omega\sin\varphi & \omega\cos\varphi \\ \omega\sin\varphi & 0 & 0 \\ \omega\cos\varphi & 0 & 0 \end{bmatrix}, \boldsymbol{\Omega}_{el}^l = \begin{bmatrix} 0 & -\dot{\lambda}\sin\varphi & \dot{\lambda}\cos\varphi \\ \dot{\lambda}\sin\varphi & 0 & 0 \\ -\dot{\lambda}\cos\varphi & -\dot{\varphi} & 0 \end{bmatrix} \tag{8-63}$$

式中:φ 为地理纬度;λ 为地理经度;R_{M}、R_{N} 分别为卯酉圈和子午圈曲率半径;h 为测量高

度;ω_e 为地球的自转角频率。

通常情况下,重力矢量 $\boldsymbol{g}^l$ 表示成正常重力 $\boldsymbol{r}^l$ 和重力扰动 $\delta \boldsymbol{g}^l$ 之和。$\boldsymbol{r}^l$ 是位置的函数,可由正常重力公式计算或者由全球重力场模型(Heiskanen,Moritz,1967)近似。因此,航空重力测量可由其重力扰动描述为

$$\delta \boldsymbol{g}^l = \dot{\boldsymbol{v}}^l - \boldsymbol{f}^l + (2\boldsymbol{\Omega}_{ie}^l + \boldsymbol{\Omega}_{el}^l)\boldsymbol{v}^l - \boldsymbol{r}^l \tag{8-64}$$

航空重力扰动矢量的3个分量为

$$\delta g_{\mathrm{e}} = \dot{v}_{\mathrm{e}} - f_{\mathrm{e}} + \left(\frac{v_{\mathrm{e}}}{R_{\mathrm{N}} + h} + 2\omega_{ie}\cos\varphi\right)(v_{\mathrm{n}} - v_{\mathrm{n}}\tan\varphi) - r_{\mathrm{e}} \tag{8-65a}$$

$$\delta g_{\mathrm{n}} = \dot{v}_{\mathrm{n}} - f_{\mathrm{n}} + \left(\frac{v_{\mathrm{e}}}{R_{\mathrm{N}} + h} + 2\omega_{ie}\cos\varphi\right)v_{\mathrm{e}}\tan\varphi + \frac{v_{\mathrm{n}}v_{\mathrm{u}}}{R_M + h} - r_{\mathrm{n}} \tag{8-65b}$$

$$\delta g_{\mathrm{u}} = \dot{v}_{\mathrm{u}} - f_{\mathrm{n}} + \left(\frac{v_{\mathrm{e}}}{R_{\mathrm{N}} + h} + 2\omega_{ie}\cos\varphi\right)v_{\mathrm{e}} - \frac{v_{\mathrm{n}}^2}{R_M + h} - r_{\mathrm{n}} \tag{8-65c}$$

式(8-65)的3个表达式即为航空矢量重力测量的数学模型。标量重力测量系统只获得重力矢量中的垂直分量。航空重力测量的是沿飞行轨道的重力信息,而在获得海洋重力信息应用中,不需要飞行高度处的重力值,而是海面的重力值。因此,有必要利用延拓技术推导出不同高度水平处的重力信息。延拓技术包括两个过程,即向上延拓和向下延拓。向上延拓常采用泊松积分利用参考球体上重力场信息,如重力异常、垂线偏差、重力扰动来计算地球表面一定高度处的重力场信息。可以用来评价航空重力测量的精度。向下延拓是相反的过程,即已知某一飞行高度处的重力异常或重力扰动计算地面或海面上的重力信息,是泊松积分的逆运算。由航空重力数据获得海面重力数据即是通过向下延拓过程利用航迹上的重力信息推导海面重力异常。泊松积分式,即重力异常从半径 R 到 p 的向上延拓为

$$\Delta g(\rho,\varphi,\lambda) = \frac{R}{4\pi r}\int_w K(\rho,\varphi,R)\Delta g(R,\varphi',\lambda')\mathrm{d}w \tag{8-66}$$

式中:R 为参考球体的平均半径度;w 为半径为 R 的球面;$\rho = R + h$,h 为测量高度;$K(\rho,\varphi,R)$ 为积分核函数,其表达式为

$$K(\rho,\varphi,R) = \sum_{l=0}^{\infty}(2l+1)\left(\frac{R}{\rho}\right)^{l+1}P_l(P,Q) = R\frac{\rho^2 - R^2}{(\rho^2 + R^2 - 2R\rho\cos\psi)^{2/3}} \tag{8-67}$$

理论上,式(8-66)是在全球范围内积分,但是实际应用中积分计算只需在一定的范围内进行(航空重力测量的有效范围)。则式(8-67)改写成

$$\Delta g(\rho,\varphi,\lambda) = \frac{R}{4\pi r}\int_{w_c} K(\rho,\varphi,R)\Delta g(R,\varphi',\lambda')\mathrm{d}w + \Delta g_{w-w_c}(\rho,\varphi,\lambda) \tag{8-68}$$

式中:w_c 为航空重力测量范围,即球面积分区域;$\Delta g_{w-w_c}(\rho,\varphi,\lambda)$ 为远区影响,可由重力场模型近似。式(8-68)又可写成矩阵矢量的形式,即

$$\boldsymbol{g}(\rho) - g_{w-w_c}(\rho) = \boldsymbol{A}\boldsymbol{g}(R) \tag{8-69}$$

因为航空重力异常是离散值,所以将式(8-69)进行离散化,写成以下形式的观测方

程,即

$$\boldsymbol{g}^h - \boldsymbol{A}_w \boldsymbol{x}_w = \boldsymbol{A}\boldsymbol{x} \tag{8-70}$$

式中:$\boldsymbol{g}^h$ 为航空重力异常;$\boldsymbol{x}$、$\boldsymbol{x}_w$ 分别为 w_c、$w - w_c$ 区域内的海平面的重力异常;$\boldsymbol{A}$、$\boldsymbol{A}_w$ 为相应的系数矩阵。$\boldsymbol{A}$ 的非对角线元素为

$$A_{ij} = \frac{R}{4\pi\rho} K(\rho_i, \psi_{ij}, R)\Delta w_j, \quad \psi_{ij} \leqslant \psi_c; i \neq j \tag{8-71}$$

$$A_{ij} = 0, \psi_{ij} > \psi_c \tag{8-72}$$

$$A_{ij} = \frac{R}{4\pi\rho}\int_{w_c} K(\rho, \psi, R)\,\mathrm{d}w - \frac{R}{4\pi\rho}\sum_{j=1, j\neq i}^{N} K(\rho_i, \psi_{i,j}, R)\Delta w_j \tag{8-73}$$

在航空重力测量的应用中,空中重力异常 $\boldsymbol{g}^h$ 是已知观测量,海面重力异常是未知量,这是泊松积分的逆问题,则积分区域内海面重力异常的解为

$$\boldsymbol{x} = \boldsymbol{A}^{-1}(\boldsymbol{g}^h - \boldsymbol{A}_w \boldsymbol{x}_w) \tag{8-74}$$

式(8-74)的最小二乘解目的是最小化范数,即

$$\| \boldsymbol{A}\boldsymbol{x} - \tilde{\boldsymbol{g}} \| = \min \tag{8-75}$$

记 $\tilde{\boldsymbol{g}} = \boldsymbol{g}^h - \boldsymbol{A}_w \boldsymbol{x}_w$,则最小二乘解 $\hat{\boldsymbol{x}}$ 为

$$\hat{\boldsymbol{x}} = (\boldsymbol{A}^{\mathrm{T}}\boldsymbol{A})^{-1}\boldsymbol{A}^{\mathrm{T}}\tilde{\boldsymbol{g}} \tag{8-76}$$

对系数矩阵 $\boldsymbol{A}$ 进行奇异值分解,$\boldsymbol{A} = \boldsymbol{U}\wedge\boldsymbol{V}^{\mathrm{T}}$,$\boldsymbol{U}$、$\boldsymbol{V}$ 分别是 $\boldsymbol{A}$ 的左、右特征向量矩阵,$\boldsymbol{U} = \{u_1, u_2, \cdots, u_n\}$,$\boldsymbol{V} = \{v_1, v_2, \cdots, v_n\}$ 且满足

$$\boldsymbol{u}_i \boldsymbol{u}_i^{\mathrm{T}} = 1, \boldsymbol{v}_i \boldsymbol{v}_i^{\mathrm{T}} = \boldsymbol{v}_i^{\mathrm{T}} \boldsymbol{v}_i = 1$$

$\wedge$ 是对角矩阵,其对角元素为 $\boldsymbol{A}$ 的递减奇异值 λ_i,代入式(8-76),得最小二乘解的谱分解形式为

$$\hat{\boldsymbol{x}} = (\boldsymbol{A}^{\mathrm{T}}\boldsymbol{A})^{-1}\boldsymbol{A}^{\mathrm{T}}\tilde{\boldsymbol{g}} \leftrightarrow \hat{\boldsymbol{x}} = \boldsymbol{A}^{+}\tilde{\boldsymbol{g}} = \sum_{i=1}^{n} \frac{\boldsymbol{u}_i^{\mathrm{T}}\tilde{\boldsymbol{g}}}{\boldsymbol{\lambda}_i} v_i \tag{8-77}$$

令 $\tilde{\boldsymbol{g}} = \boldsymbol{g} + \boldsymbol{e}$,其中 $\boldsymbol{g}$ 为观测值的真值,$\boldsymbol{e}$ 为观测值中的误差,则式(8-77)可写成

$$\hat{\boldsymbol{x}} = \sum_{i=1}^{n} \frac{\boldsymbol{u}_i^{\mathrm{T}}\tilde{\boldsymbol{g}}}{\boldsymbol{\lambda}_i} v_i = \bar{\boldsymbol{x}} + \sum_{i=1}^{n} \frac{\boldsymbol{u}_i^{\mathrm{T}}\boldsymbol{e}}{\boldsymbol{\lambda}_i} v_i \tag{8-78}$$

式中:$\bar{\boldsymbol{x}}$ 为 $\hat{\boldsymbol{x}}$ 的真值,由观测真值计算而来。

由式(8-78)可以看出,如果观测值中存在误差 e,则这个最小二乘解是不稳定的。因为当 $i \to \infty$ 时,$\lambda_i \to 0$,e 在高频段被放大。因此,航空重力测量数据的向下延拓是信号放大的非平稳过程,很小的观测噪声往往引起较大的误差,属于不稳定问题的求解。为了获得稳定的解,需对不稳定的方程进行处理,以抵制航空重力测量数据中高频段观测误差对推算海洋重力异常的影响。

航空重力测量数据向下延拓具有代表性的方法主要有4种。直接代表法是用空中重力异常代表地面相关区域平均重力异常的主项,并利用地形高数据恢复相应的高频信息。

直接代表法使用方便、灵活,延拓结果比较稳定、可靠,精度也较理想。它不受测区形状及范围大小的限制,无边界效应,但需要测区内有较精细的地形高度数据。虚拟点质量法是基于虚拟点质量模型以扰动质点表征外部重力异常,方法简单,使用方便,但延拓结果的精度稍差,主要原因是点质量的解算过程本身存在明显的不稳定性,而且由于缺少点质量的先验信息,解算过程难以实施正则化。此外,该方法受边界效应影响较大,当测区范围较小时不宜使用。Dirichlet 球内调和解法是利用空中重力异常直接积分计算地面点的重力异常,即由球外向球内直接积分,边界效应明显,该方法难以获得理想的结果。正则化算法的实质就是通过选择合适的正则化参数来抑制观测噪声高频部分对参数估值的影响,以求得精确、稳定的解。正则化方法是用受条件限制的 A_α^+ 代替不稳定的 A^+,从而限制其最小二乘解中的误差被放大。

A_α^+ 应该满足以下 3 个条件:

(1) A_α^+ 是有界的,

$$\| A_\alpha^+ \|_2 \leqslant d(\alpha) \tag{8-79}$$

$d(\alpha)$ 为正常数。

(2) 当观测数据没有误差时,正则化的解应该收敛于正常解,

$$\lim_{e\to 0} A_\alpha^+ \tilde{g} = A^+ g \tag{8-80}$$

(3) 当观测数据没有误差时,正则化因子收敛于零,

$$\lim_{e\to 0} \alpha = 0 \tag{8-81}$$

正则化解就表示为

$$\hat{x}_\alpha = A_\alpha^+ \tilde{\boldsymbol{g}} \leftrightarrow = \sum_{i=1}^{n} \delta_a \frac{\boldsymbol{u}_i^{\mathrm{T}} \tilde{\boldsymbol{g}}}{\boldsymbol{\lambda}_i} v_i \tag{8-82}$$

式中:,δ_a 为滤波因子,且 $|\delta_a| \leqslant d(\alpha)\boldsymbol{\lambda}_i$。对比正则化解与无误差的正常解,得出正则化误差方程为

$$\hat{x}_\alpha - \hat{x} = A_\alpha^+ \tilde{g} - A^+ g = A_\alpha^+ (\tilde{g} - g) + (A_\alpha^+ - A^+) g \tag{8-83}$$

正则化误差由两部分组成:一部分是数据或扰动误差;另一部分是正则化误差或偏差。如果已知 $\hat{x}$,就可以评价正则化解 $\hat{x}_\alpha$ 的好坏。在仿真研究中(已知 $\hat{x}$),经常用均方差函数来评价 $\hat{x}_\alpha$。从另一个角度上考虑,也可以通过最小化均方差函数的方式来确定 a 最佳的参数值。目前 Tikhonov – Phiilips 正则化方法应用最广,这个方法添加稳定因子到最小化的目标函数中,从而达到去除不稳定项的目的,这个稳定因子是添加到解矩阵范数上的参数,它是预测误差和最小化解矩阵范数的加权系数。Tikhonov 正则化函数(Tikhonov,1977)为

$$F_\alpha(\hat{x}_\alpha) = \| A x_\alpha - \tilde{g} \|^2 + \alpha \| x_\alpha \|^2 = \min \tag{8-84}$$

α 是正则化参数,$\alpha > 0$。最小化式(8-84)中的第一项与传统的最小二乘方法思想一致,最小化 $\| x_\alpha \|$ 是为了保证估值 $\hat{x}_\alpha$ 的稳定性和平滑性。α 是这两项的加权因子,增加 α 则是强调了平滑性,降低 α 则是强调其最小二乘部分。

式(8-84)的解为

$$\hat{x}_\alpha = (\boldsymbol{A}^{\mathrm{T}}\boldsymbol{A} + \alpha\boldsymbol{I})^{-1}\boldsymbol{A}^{\mathrm{T}}\tilde{\boldsymbol{g}} \tag{8-85}$$

式(8－84)在其频域内的形式为

$$\hat{x}_\alpha = \sum_{i=1}^{n} \frac{\lambda_i \boldsymbol{u}_i^{\mathrm{T}} \tilde{\boldsymbol{g}}}{\lambda_i^2 + \alpha} \boldsymbol{v}_i \tag{8-86}$$

对于 Tikhonov 正则化算法,其滤波因子为

$$\delta_\alpha = \frac{\lambda_i^2}{\lambda_i^2 + \alpha}$$

$\hat{x}_\alpha$ 的均值为

$$E\,\hat{x}_\alpha = E[(\boldsymbol{A}^{\mathrm{T}}\boldsymbol{A} + \alpha\boldsymbol{I})^{-1}\boldsymbol{A}^{\mathrm{T}}(\boldsymbol{g} + \boldsymbol{e})] = (\boldsymbol{A}^{\mathrm{T}}\boldsymbol{A} + \alpha\boldsymbol{I})^{-1}\boldsymbol{A}^{\mathrm{T}}\boldsymbol{A}\bar{x}_\alpha \tag{8-87}$$

其中,$\bar{x}_\alpha$ 是 $\hat{x}_\alpha$ 的真值,而因为 $E\,\hat{x}_\alpha \neq \bar{x}_\alpha$,所以 Tikhonov 正则化方法是有偏的,$\bar{x}_\alpha$ 与 $\hat{x}_\alpha$ 的偏差为

$$\begin{aligned} \hat{x}_\alpha - \bar{x}_\alpha &= (\boldsymbol{A}^{\mathrm{T}}\boldsymbol{A} + \alpha\boldsymbol{I})^{-1}\boldsymbol{A}^{\mathrm{T}}\boldsymbol{e} - \alpha(\boldsymbol{A}^{\mathrm{T}}\boldsymbol{A} + \alpha\boldsymbol{I})^{-1}\bar{x}_\alpha \\ &= \sum_{i=1}^{n} \frac{\lambda_i \boldsymbol{u}_i^{\mathrm{T}} e}{\lambda_i^2 + \alpha}\boldsymbol{v}_i - \alpha\sum_{i=1}^{n}\frac{\boldsymbol{v}_i^{\mathrm{T}}\bar{x}_\alpha}{\lambda_i^2 + \alpha}\boldsymbol{v}_i \end{aligned} \tag{8-88}$$

其均方差函数为

$$\begin{aligned} \mathrm{MSE} &= E[(\hat{x}_\alpha - \bar{x}_\alpha)(\hat{x}_\alpha - \bar{x}_\alpha)^{\mathrm{T}}] = E\{\|\hat{x}_\alpha - \bar{x}_\alpha\|^2\} \\ &= \sigma_0^2 \sum_{i=1}^{n} \frac{\lambda_i^2}{(\lambda_i^2 + \alpha)^2} + \alpha^2 \sum_{i=1}^{n} \frac{(\boldsymbol{v}_i^{\mathrm{T}}\bar{x}_\alpha)^2}{(\lambda_i^2 + \alpha)^2} \end{aligned} \tag{8-89}$$

式(8－89)表明,Tikhonov 正则化方法估计的偏差包括两部分:第一部分是测量误差引起的估值误差,随着 α 的增加而减少;第二部分是正则化引起的估值误差,它与 α 成比例,当 $\alpha=0$ 时,该项误差为零。

8.3.3　海洋重力仪测量

海面重力测量是将重力仪安置在水面舰船上,提供测线上的重力观测值。这种测量方式的显著特点是测量船受到海浪、航行速度、海风等扰动因素的影响,使重力仪始终处于运动状态,作用在海洋重力仪弹性系统上的除了重力以外,还有许多因为船的运动而引起的扰动力,这些扰动力必须在重力的观测值中予以消除。这些扰动影响归纳起来主要有以下4个方面。

(1) 水平加速度影响。由于波浪或气流起伏以及机器振动等因素引起测量船在水平方向上的周期性振动对重力观测值的影响。针对这个情况,海洋重力仪在设计时一般就采取措施,使仪器中感应重力的部件只能在垂直方向上移动。这样就使仪器本身对水平加速度的直接影响不敏感了。例如,以 KSS30 为代表的轴对称型海洋重力仪,其主弹簧和管状圆柱质块由5根细金属丝控制,使质块只能在垂直方向上做无摩擦运动。

(2) 垂直加速度影响。海浪起伏或机器振动引起测量船在垂直方向上的周期性振动对重力观测值的影响。这种干扰垂直加速度比实际重力加速度变化大得多,而且频率非常高,海洋重力仪总是采用强阻尼的方法来抑制垂直加速度影响。使用通过磁场、空气、黏滞性液体等物理方式,将重力仪传感器置于强阻尼中。例如,L&R 摆杆型

海洋重力仪，摆杆置于高阻尼的空气阻尼器中，以减少垂直附加加速度对重力测量结果的影响。KSS30 型轴对称海洋重力仪则采用阻尼液体，抑制垂直加速度影响。电磁加速度计（EMA）式重力仪传感器是将检测质量块悬浮在电磁场中，实现对垂直加速度的抑制。

（3）交叉耦合效应影响。当测量船所受的水平加速度和垂直加速度出现频率一样而相位不同时，安装在稳定平台上的摆杆式重力仪中水平加速度和垂直加速度发生交叉耦合效应（简称 CC 效应）。CC 效应产生的误差在一个波浪周期内不能消除。摆杆式重力仪通常配置专用的 CC 改正计算机，在稳定平台或重力仪外壳上装有水平加速度计，实时测量出水平加速度，并由计算机及时合成交叉耦合加速度，直接对重力仪读数进行 CC 改正，不需要另行计算。

（4）厄特弗斯效应影响。当测量船在一条东西向的测线上测量重力时，由东向西航行时所测得的重力值总是大于由西向东所测得的重力值，这是由于科氏力附加作用造成的。测量船向东航行时的速度加在地球自转速度上使离心力增加，就出现所测量重力比实际重力小；测量船向西航行时情况则相反，所测重力比实际重力大。将科氏力对于安装在测量船上的重力仪所施加的影响称为厄特弗斯效应。

设测量船的航向角为 A，航速为 v，则向东和向北的两个分速度分别为 $v_E = v\sin A$，$v_N = v\cos A$，东向分速度使地球自转增加了一个角速度，大小为 $v_E/(R\cos\varphi)$（R 为地球平均半径，φ 为测点的地理纬度）。北向分速度对应的角速度为 v_N/R，它产生一个附加的离心力 $R(v_N/R)^2$，直接作用于重力方向，这样，安装在以速度 v 和航向 A 航行的船上的重力仪所感受的重力值为

$$g' = \frac{fM}{R^2} - \left(\omega + \frac{v\sin A}{R\cos\varphi}\right)^2 R\cos^2\varphi - \frac{v^2\cos^2 A}{R}$$

上式中右边第一项是代表地球引力，而地球表面上的实际重力值应该是

$$g = \frac{fM}{R^2} - \omega^2 R\cos^2\varphi$$

将上两式相减，并整理得厄特弗斯改正公式为

$$\delta g_E = 2\omega v\sin A\cos\varphi + \frac{v^2}{R}$$

当船速以 kn 为单位时，上式还可写成

$$g_{BC} = 7.05v\cos\varphi\sin A + 0.004v^2\,(\mathrm{mGal})$$

当船速小于 10kn 时，上式的右边第二项将小于 0.5mGal，精度要求低于 1mGal 时，此项可以省略。

水平加速度、垂直加速度和交叉耦合效应影响都是依靠仪器本身的计算或增加附加装置来消除或减少的，但是厄特弗斯改正必须在处理重力数据时加以计算，它的计算精度是影响海洋重力测量精度的主要因素。

测量后的海洋重力数据要经过预处理，它主要包括重力基点比对、重力仪滞后效应校正、重力仪零点漂移改正等几个方面。

1）重力基点比对

为了控制和计算重力仪的零点漂移及测点观测误差的积累，同时将测点的相对重力值传递为绝对重力值，海洋重力测量要求在每一次作业开始前和结束以后，都必须将海洋重力仪置于重力基准点附近进行测量比对。要求重力基准点均需与1985年国家重力基本网系统进行联测，联测精度要求不低于±0.3mGal。重力基点比对计算式有以下几个。

（1）重力仪与重力基点之间纬度差改正公式。根据重力基点比对时量取的重力仪到重力基点的距离和方位角，计算两者在南北向的距离 d_B，之后求纬度差改正 δg_B，有

$$\Delta B = d_B/30$$

$$\delta g_B = 4.741636224(0.01060488\sin B\cos B - 0.0000234\sin(2B)\cos(2B))\Delta B$$

（2）重力读数 S 归算到重力基点高程面的改正公式为

$$S_{\mathrm{J}} = S_{\mathrm{Z}} - 0.3086h_{\mathrm{JZ}}$$

$$h_{\mathrm{JZ}} = h_{\mathrm{J}} - (h_{\mathrm{l}} + h_{\mathrm{r}})/2 + h_{\mathrm{Z}}$$

式中：h_{J} 为码头基点 P 到水面的高度；h_{l} 为重力仪安装位置到水面的高度；h_{r} 为船右舷甲板面到水面的高度；h_{Z} 为重力仪重心到甲板面的高度；h_{JZ}为重力仪重心到重力基点高程面的高度；S_{Z} 为比对重力基点时重力仪读数值；S_{J} 为归算到重力基点高程面的重力仪读数。

2）重力仪滞后效应校正

为了消除或减弱扰动加速度的影响，海洋重力仪的灵敏系统均采用了强阻尼措施，因而产生了仪器的滞后现象。即在某一时刻所读取的重力观测值，不是当时测量船所在位置的重力值，而是在滞后时间前的那一时刻的重力感应值。因此，必须消除这一滞后影响，使重力仪读数值正确对应于某一时刻的地理坐标。每台仪器的滞后时间都不一样，因此，在使用前必须在实验室内进行重复的测试，然后取其平均值作为该仪器的滞后时间常数。

3）重力仪零点漂移改正

零点漂移是重力仪固有的一个缺点，是由于海洋重力仪敏感系统的主要部件老化以及其他部分的逐渐衰弱，而引起重力仪的起始读数的零位在不断改变。但是，只要其变化幅度不大，且有一定的规律性，就可对相应的读数进行零点漂移改正。关于零点漂移的改正一般采用两种方法，即图解法和解析法。图解法因为费时又不便实现自动化处理，目前很少使用。

设测量船完成测量任务，分别在开始和结束时刻在基点 A 和基点 B 进行比对观测。记 Δg 为两个基点绝对重力值 g_A、g_B 的差。重力仪在基点 A 和 B 上的比对读数分别为 S'_A、S'_B，其重力差值为 $\Delta g' = K(S'_B - S'_A)$，$K$ 是重力仪格值，比对的相应时间分别为 t_A、t_B，记 Δt 为二者之差，则这次测量的零点漂移变化率可计算为

$$C = \frac{\Delta g - \Delta g'}{\Delta t}$$

设在两次比对重力基点期间完成的各个重力测点的观测日期和时间，与比对基点 A 时刻的日期和时间之间的时间差依次为 $\Delta t_1, \Delta t_2, \cdots, \Delta t_n$，于是各个重力测点的零点漂移改正值可按线性分配规律计算为 $C \cdot \Delta t_i (i = 1, 2, \cdots, n)$，经零点漂移改正后的各个重力

值则为

$$g_i = g_i' + \delta g_K \cdot \Delta t_i$$

式中：$\delta g_K = C \cdot \Delta t_i$；$g_i'$代表重力仪在第 i 个测点上的重力读数值。

在完成海洋重力测量数据的预处理后，下一步的任务是计算各类海洋重力异常，包括海洋重力测点绝对重力值计算、海洋空间重力异常计算和海洋布格重力异常计算。

（1）海洋重力测点绝对重力值计算。测点绝对重力值计算公式为

$$g = g_0 + K(S - S_0) + \delta g_E + \delta g_K + \delta g_C$$

式中：g_0 为重力基点的绝对重力值；K 为重力仪格值；S 为测点处重力仪读数（经滞后改正）；S_0 为重力基点处的重力仪读数（经重力基点比对纬度差改正和高程面归算）；δg_E 为厄特弗斯改正值；δg_K 为重力仪零点漂移改正值；δg_C 为测量船吃水改正值；g 为测点的绝对重力值。

（2）海洋空间重力异常计算。海洋空间重力异常计算公式为

$$\Delta g_F = g + 0.3086(h'' + h') - r_0$$

式中：g 为测点的绝对重力值；h''为重力仪相对于瞬时海平面的高度；h'为瞬时海面到大地水准面的高度；r_0 为重力测点所对应的正常重力值；Δg_F 为海洋空间重力异常。

（3）海洋布格重力异常计算。海洋布格重力异常的严密计算公式为

$$\Delta g_B = \Delta g_F + 0.0419(\sigma - \sigma_0)h - 0.041\sigma_0 h'$$

式中：Δg_B 为布格重力异常；Δg_F 为空间重力异常；h 为由平均海面起算的测点水深；h'为瞬时海面至平均海面的高度；σ 为地壳平均密度，一般取 2.679g/cm^3；σ_0 为海水密度，取为 1.03g/cm^3。

由于上式中的最后一项的值一般很小，使用时往往可以忽略不计，故通常使用下式计算布格重力异常，即

$$\Delta g_B = \Delta g_F + 0.0419(\sigma - \sigma_0)h$$

上述 3 种海洋重力异常，海洋布格重力异常被广泛应用，也是常说的海洋重力异常。

8.4 重力场导航基本原理

8.4.1 基于重力场异常的匹配导航

1. ICCP 数学原理

考虑多边弧 $\boldsymbol{A} = \{A_1, A_2, \cdots, A_N\}$，$\boldsymbol{X} = \{X_1, X_2, \cdots, X_N\}$，其中 A_N 和 X_N 是相对应的等长线段，A_N 的中点记为 $\boldsymbol{a}_n (n = 1, 2, \cdots, N)$，长度为 $\boldsymbol{l}_n$，单位方向矢量为 $\boldsymbol{b}_n$，即 $\boldsymbol{A}_n = (\boldsymbol{a}_n、\hat{\boldsymbol{b}}_n、\boldsymbol{l}_n)$，$A_N$ 的端点为 $\boldsymbol{a}_n \pm \boldsymbol{l}_n \hat{\boldsymbol{b}}_n / 2$，同理 $\boldsymbol{X}_n = (\boldsymbol{x}_n, \hat{\boldsymbol{y}}_n, \boldsymbol{l}_n)$。$\boldsymbol{a}_n$、$\boldsymbol{x}_n$ 是列向量，表示点的空间坐标（x, y, z），即 $\boldsymbol{a}_n = (a_{n1}, a_{n2}, a_{n3})^{\mathrm{T}}$，$\boldsymbol{x}_n = (x_{n1}, x_{n2}, x_{n3})^{\mathrm{T}}$。

进行多边弧的匹配，先考虑线段的匹配。$\boldsymbol{A}_n$ 和 $\boldsymbol{X}_n$ 是相对应的等长线段，$\boldsymbol{A}_n = (\boldsymbol{a}_n, \hat{\boldsymbol{b}}_n, \boldsymbol{l}_n)$，$\boldsymbol{X}_n = (\boldsymbol{x}_n, \hat{\boldsymbol{y}}_n, \boldsymbol{l}_n)$。距离 A_n 和 X_n 端点等长度的点称为相对应点，其坐标为$(\boldsymbol{a}_n + \boldsymbol{u}\hat{\boldsymbol{b}}_n, \boldsymbol{l}_n)$和$(\boldsymbol{x}_n + \boldsymbol{u}\hat{\boldsymbol{y}}_n, \boldsymbol{l}_n)$（$-\boldsymbol{l}_n/2 \leqslant u \leqslant \boldsymbol{l}_n/2$），相对应点欧几里得距离的平方为 $D_n^2(u) = \| (\boldsymbol{a}_n - \boldsymbol{x}_n) + \boldsymbol{u}(\hat{\boldsymbol{b}}_n - \hat{\boldsymbol{y}}_n) \|^2$。

则有

$$D_n^2(u) = \| (\boldsymbol{a}_n - \boldsymbol{x}_n) + \boldsymbol{u}(\hat{\boldsymbol{b}}_n - \hat{\boldsymbol{y}}_n) \|^2$$

$$= \| \boldsymbol{a}_n - \boldsymbol{x}_n \|^2 + \boldsymbol{u}(\boldsymbol{a}_n - \boldsymbol{x}_n)^{\mathrm{T}}(\hat{\boldsymbol{b}}_n - \hat{\boldsymbol{y}}_n) +$$

$$\boldsymbol{u}(\hat{\boldsymbol{b}}_n - \hat{\boldsymbol{y}}_n)^{\mathrm{T}}(\boldsymbol{a}_n - \boldsymbol{x}_n) + 2\boldsymbol{u}^2(1 - \hat{\boldsymbol{b}}_n^{\mathrm{T}} \hat{\boldsymbol{y}}_n) \|^2 \tag{8-90}$$

线段 $\boldsymbol{A}_n$ 和 $\boldsymbol{X}_n$ 的量测距离为

$$\boldsymbol{M}(\boldsymbol{A}_n, \boldsymbol{X}_n) = \int_{-l_n/2}^{l_n/2} D_n^2(\boldsymbol{u})\mathrm{d}\boldsymbol{u} = \boldsymbol{l}_n \| \boldsymbol{a}_n - \boldsymbol{x}_n \|^2 + \frac{\boldsymbol{l}_n^3}{6}(1 - \hat{\boldsymbol{b}}_n^{\mathrm{T}} \hat{\boldsymbol{y}}_n)$$

多边弧 $\boldsymbol{A}$ 和 $\boldsymbol{X}$ 的量测距离为

$$M(\boldsymbol{A}, \boldsymbol{X}) = \sum_{n=1}^{N} M(\boldsymbol{A}_n, \boldsymbol{X}_n) = \sum_{n}^{N} [\boldsymbol{l}_n \| \boldsymbol{a}_n - \boldsymbol{x}_n \|^2 + \frac{\boldsymbol{l}_n^3}{6}(1 - \hat{\boldsymbol{b}}_n^{\mathrm{T}} \hat{\boldsymbol{y}}_n)] \tag{8-91}$$

要实现将 $\boldsymbol{X}$ 匹配到 $\boldsymbol{A}$ 上,可以通过刚性变换(旋转和平移)。旋转和平移是非互易变换,这里先旋转再平移。旋转矩阵为 $\boldsymbol{R}$,平移向量 $\boldsymbol{t} = (t_1, t_2, t_3)^{\mathrm{T}}$,则进行以下变换:

$$\begin{cases} \boldsymbol{x}_n \to \boldsymbol{t} + \boldsymbol{R}\boldsymbol{x}_n \\ \hat{\boldsymbol{y}}_n \to \boldsymbol{R}\hat{\boldsymbol{y}}_n \end{cases} \tag{8-92}$$

故有

$$\boldsymbol{M}(\boldsymbol{A}, \boldsymbol{X}) = \sum_{n}^{N} [\boldsymbol{l}_n \| \boldsymbol{a}_n - \boldsymbol{t} - \boldsymbol{R}\boldsymbol{x}_n \|^2 + \frac{\boldsymbol{l}_n^3}{6}(1 - \hat{\boldsymbol{b}}_n^{\mathrm{T}} \hat{\boldsymbol{y}}_n)] \tag{8-93}$$

匹配的目标是要使 $\boldsymbol{M}(\boldsymbol{A}, \boldsymbol{X})$ 极小,而匹配的实现依靠旋转和平移。在此分别讨论该目标下平移向量 $\boldsymbol{t}$ 和旋转矩阵 $\boldsymbol{R}$ 的解。

显然,达到匹配目标的平移向量 $\boldsymbol{t}$ 就应满足

$$\frac{\partial \boldsymbol{M}}{\partial \boldsymbol{t}} = 0 \tag{8-94}$$

而

$$\frac{\partial \boldsymbol{M}}{\partial \boldsymbol{t}} = \left(\frac{\partial \boldsymbol{M}}{\partial t_1}, \frac{\partial \boldsymbol{M}}{\partial t_2}, \frac{\partial \boldsymbol{M}}{\partial t_3} \right)^{\mathrm{T}} \tag{8-95}$$

则

$$\frac{\partial \boldsymbol{M}}{\partial t_i} = 0 \tag{8-96}$$

笛卡儿坐标系的一个正交基为 $\{\hat{\boldsymbol{e}}_1, \hat{\boldsymbol{e}}_2, \hat{\boldsymbol{e}}_3\}$,$\hat{\boldsymbol{e}}_1 = (1,0,0)^{\mathrm{T}}$,$\hat{\boldsymbol{e}}_2 = (0,1,0)^{\mathrm{T}}$,$\hat{\boldsymbol{e}}_3 = (0,0,1)^{\mathrm{T}}$。

$$\frac{\partial \boldsymbol{M}}{\partial \boldsymbol{t}} = \frac{\partial \left\{ \sum_{n}^{N} [\boldsymbol{l}_n \| \boldsymbol{a}_n - \boldsymbol{t} - \boldsymbol{R}\boldsymbol{x}_n \|^2 + \frac{\boldsymbol{l}_n^3}{6}(1 - \hat{\boldsymbol{b}}_n^{\mathrm{T}} \hat{\boldsymbol{y}}_n)] \right\}}{\partial t_i}$$

$$= -2 \sum_{n}^{N} [l_n \hat{\boldsymbol{e}}_i^{\mathrm{T}} (\boldsymbol{a}_n - \boldsymbol{t} - \boldsymbol{R}\boldsymbol{x}_n)], \quad i = 1,2,3 \tag{8-97}$$

故

$$\frac{\partial \boldsymbol{M}}{\partial t_i} = -2\sum_{n}^{N}[l_n\hat{\boldsymbol{e}}_i^{\mathrm{T}}(\boldsymbol{a}_n - \boldsymbol{t} - \boldsymbol{R}\boldsymbol{x}_n)] = 0 \tag{8-98}$$

即有

$$\sum_{n}^{N}[l_n\hat{\boldsymbol{e}}_i^{\mathrm{T}}(\boldsymbol{a}_n - \boldsymbol{t} - \boldsymbol{R}\boldsymbol{x}_n)] = 0 \tag{8-99}$$

所以

$$t_i\sum_{n}^{N} l_n = \sum_{n}^{N} l_n a_{ni} - \boldsymbol{R}\sum_{n}^{N} l_n x_{ni} \tag{8-100}$$

记 $l = \sum_{n}^{N} l_n$,则

$$\boldsymbol{t} = \frac{\sum_{n}^{N} l_n a_{ni}}{l} - \frac{\boldsymbol{R}\sum_{n}^{N} l_n x_{ni}}{l} = \tilde{\boldsymbol{a}}_i - \boldsymbol{R}\,\tilde{\boldsymbol{x}}_i \tag{8-101}$$

所以

$$\boldsymbol{t} = \tilde{\boldsymbol{a}} - \boldsymbol{R}\,\tilde{\boldsymbol{x}} \tag{8-102}$$

其中

$$\tilde{\boldsymbol{a}} = \frac{\sum_{n}^{N} l_n a_n}{l} = \sum_{n}^{N}\frac{l_n}{l}a_n = \sum_{n}^{N} w_n a_n \tag{8-103}$$

$$\tilde{\boldsymbol{x}} = \frac{\sum_{n}^{N} l_n x_n}{l} = \sum_{n}^{N}\frac{l_n}{l}x_n = \sum_{n}^{N} w_n a_n \tag{8-104}$$

$$\boldsymbol{w}_n = \frac{\boldsymbol{l}_n}{l} \tag{8-105}$$

可见,$\tilde{\boldsymbol{a}}$ 是 $\boldsymbol{A}$ 的质心,$\boldsymbol{w}_n$ 反映了 $\boldsymbol{A}_n$ 在 $\boldsymbol{A}$ 中的相对重要性。为证明以上得到的是极小值,而不是极大值、鞍点、峰值点等,须判断$\partial^2\boldsymbol{M}/\partial\boldsymbol{t}^2$。

$$\frac{\partial^2\boldsymbol{M}}{\partial\boldsymbol{t}^2} = \frac{\partial\left(\frac{\partial\boldsymbol{M}}{\partial\boldsymbol{t}}\right)}{\partial\boldsymbol{t}} = \frac{\partial\left(\frac{\partial\boldsymbol{M}}{\partial t_1},\frac{\partial\boldsymbol{M}}{\partial t_2},\frac{\partial\boldsymbol{M}}{\partial t_3}\right)^{\mathrm{T}}}{\partial\boldsymbol{t}} = \begin{bmatrix} \frac{\partial^2\boldsymbol{M}}{\partial t_1^2} & \frac{\partial^2\boldsymbol{M}}{\partial t_2 t_1} & \frac{\partial^2\boldsymbol{M}}{\partial t_3 t_1} \\ \frac{\partial^2\boldsymbol{M}}{\partial t_1 t_2} & \frac{\partial^2\boldsymbol{M}}{\partial t_2^2} & \frac{\partial^2\boldsymbol{M}}{\partial t_3 t_2} \\ \frac{\partial^2\boldsymbol{M}}{\partial t_1 t_3} & \frac{\partial^2\boldsymbol{M}}{\partial t_2 t_3} & \frac{\partial^2\boldsymbol{M}}{\partial t_3^2} \end{bmatrix} \tag{8-106}$$

$$\frac{\partial^2\boldsymbol{M}}{\partial t_1 t_2} = \frac{\partial\left\{-2\sum_{n=1}^{N}[\boldsymbol{l}_n\hat{\boldsymbol{e}}_i^{\mathrm{T}}(\boldsymbol{a}_n - \boldsymbol{t} - \boldsymbol{R}\boldsymbol{x}_n)]\right\}}{\partial t_j} = -2\sum_{n=1}^{N}\left\{\frac{\partial[\boldsymbol{l}_n(a_{ni} - t_i - \boldsymbol{R}x_{ni})]}{\partial t_j}\right\}$$

$$= \left(2\sum_{n=1}^{N} l_n\right)\frac{\partial t_i}{\partial t_j} = 2l\delta_{ij} \tag{8-107}$$

其中，

$$\delta_{ij} = \begin{cases} 1, & i=j \\ 0, & i\neq j \end{cases} \tag{8-108}$$

所以

$$\frac{\partial^2 \boldsymbol{M}}{\partial \boldsymbol{t}^2} = \begin{bmatrix} 2l & 0 & 0 \\ 0 & 2l & 0 \\ 0 & 0 & 2l \end{bmatrix} \tag{8-109}$$

可见其 3 个特征值均为 $2l$，都为正数，故满足 $\partial \boldsymbol{M}/\partial \boldsymbol{t}=0$ 的平移向量 $\boldsymbol{t}=\tilde{\boldsymbol{a}}-\boldsymbol{R}\tilde{\boldsymbol{x}}$ 可使 $\boldsymbol{M}(\boldsymbol{A},\boldsymbol{X})$ 极小。

2. 旋转矩阵 $\boldsymbol{R}$ 的确定

$$\begin{aligned}
\boldsymbol{M}(\boldsymbol{A},\boldsymbol{X}) &= \sum_{n}^{N}\left[\boldsymbol{l}_n \|\boldsymbol{a}_n-\boldsymbol{t}-\boldsymbol{R}\boldsymbol{x}_n\|^2+\frac{\boldsymbol{l}_n^3}{6}(1-\hat{\boldsymbol{b}}_n^{\mathrm{T}}\boldsymbol{R}\hat{\boldsymbol{y}}_n)\right] \\
&= \sum_{n}^{N}\left[\boldsymbol{l}_n \|\boldsymbol{a}_n-\tilde{\boldsymbol{a}}+\boldsymbol{R}\tilde{\boldsymbol{x}}-\boldsymbol{R}\boldsymbol{x}_n\|^2+\frac{\boldsymbol{l}_n^3}{6}(1-\hat{\boldsymbol{b}}_n^{\mathrm{T}}\boldsymbol{R}\hat{\boldsymbol{y}}_n)\right] \\
&= \sum_{n}^{N}\left[\boldsymbol{l}_n\left(\|\boldsymbol{a}_n\|^2+\|\boldsymbol{x}'_n\|^2+\frac{\boldsymbol{l}_n^2}{6}\right)\right]- \\
&\quad 2\sum_{n}^{N}\left[\boldsymbol{l}_n\left(\boldsymbol{a}'^{\mathrm{T}}_n\boldsymbol{R}\boldsymbol{x}'_n+\frac{\boldsymbol{l}_n^2}{12}\hat{\boldsymbol{b}}_n^{\mathrm{T}}\boldsymbol{R}\hat{\boldsymbol{y}}_n\right)\right] \\
&= \boldsymbol{MC}-2\cdot\boldsymbol{MV}
\end{aligned} \tag{8-110}$$

式中：$\boldsymbol{a}'_n=\boldsymbol{a}_n-\tilde{\boldsymbol{a}}$，$\boldsymbol{x}'_n=\boldsymbol{x}_n-\tilde{\boldsymbol{x}}$。上述变换中用到 $\|\boldsymbol{R}\boldsymbol{u}\|=\|\boldsymbol{u}\|$，是因为旋转矩阵 $\boldsymbol{R}$ 只对向量 $\boldsymbol{u}$ 进行旋转，而不改变它的大小。由上可见，要使 $\boldsymbol{M}(\boldsymbol{A},\boldsymbol{X})$ 极小，结果的第二项 $\boldsymbol{MV}$ 就必须极大。旋转矩阵 $\boldsymbol{R}$ 的计算有两种途径，即通过奇值分解和四元数法。

定义矩阵

$$\boldsymbol{S} = \sum_{n}^{N}\left[\boldsymbol{l}_n\left(\boldsymbol{a}'^{\mathrm{T}}_n\boldsymbol{R}\boldsymbol{x}'_n+\frac{\boldsymbol{l}_n^2}{12}\hat{\boldsymbol{b}}_n^{\mathrm{T}}\hat{\boldsymbol{y}}_n\right)\right] \tag{8-111}$$

1）奇值分解法

已知两列向量 $\boldsymbol{u}$ 和 $\boldsymbol{v}$，有

$$\boldsymbol{u}^{\mathrm{T}}\boldsymbol{v} = \sum_{i=1}^{3}\boldsymbol{u}_i\boldsymbol{v}_i = \mathrm{trace}(\boldsymbol{u}\boldsymbol{v}^{\mathrm{T}}) \tag{8-112}$$

$$\sum_{n}\boldsymbol{u}^{\mathrm{T}}\boldsymbol{v} = \sum_{n}\mathrm{trac}(\boldsymbol{u}_n\boldsymbol{v}_n^{\mathrm{T}}) = \mathrm{trace}\left(\sum_{n}\boldsymbol{u}_n\boldsymbol{v}_n^{\mathrm{T}}\right) \tag{8-113}$$

则

$$\boldsymbol{MV} = \sum_{n}^{N}\boldsymbol{l}_n\boldsymbol{a}'^{\mathrm{T}}_n\boldsymbol{R}\boldsymbol{x}'_n+\sum_{n}^{N}\frac{\boldsymbol{l}_n^3}{12}\hat{\boldsymbol{b}}_n^{\mathrm{T}}\boldsymbol{R}\hat{\boldsymbol{y}}_n$$

$$= \mathrm{trace}\left(\sum_n^N \boldsymbol{l}_n \boldsymbol{a}'^{\mathrm{T}}_n \boldsymbol{x}'_n \boldsymbol{R}^{\mathrm{T}}\right) + \mathrm{trace}\left(\sum_n^N \frac{\boldsymbol{l}_n^3}{12} \hat{\boldsymbol{b}}_n \hat{\boldsymbol{y}}_n^{\mathrm{T}} \boldsymbol{R}^{\mathrm{T}}\right)$$

$$= \mathrm{trace}\left\{\sum_n^N \left[\boldsymbol{l}_n\left(\boldsymbol{a}'_n \boldsymbol{x}'^{\mathrm{T}}_n + \frac{\boldsymbol{l}_n^2}{12} \hat{\boldsymbol{b}}_n \hat{\boldsymbol{y}}_n^{\mathrm{T}}\right)\right]\boldsymbol{R}^{\mathrm{T}}\right\} = \mathrm{trace}(\boldsymbol{S}\boldsymbol{R}^{\mathrm{T}}) \qquad (8-114)$$

这里引用矩阵论中的相关定理。

定理 设 $\boldsymbol{A} \in \boldsymbol{C}_r^{m\times n}$，则存在 $\boldsymbol{U} \in \boldsymbol{U}^{m\times m}, \boldsymbol{V} \in \boldsymbol{U}^{n\times n}$，使得

$$\boldsymbol{A} = \boldsymbol{U}\begin{bmatrix} \Delta & 0 \\ 0 & 0 \end{bmatrix}\boldsymbol{V}^H \qquad (8-115)$$

式中：$\Delta = \mathrm{diag}(\delta_1, \delta_2, \cdots, \delta_r)$，$\delta_1, \delta_2, \cdots, \delta_r$ 是一组复数，且 $|\delta_i| = \sigma_i, i \in \underline{r}$，$\sigma_i$ 是 $\boldsymbol{A}$ 的正奇值。$\boldsymbol{A}$ 的式(8-155)形式的分解称为 $\boldsymbol{A}$ 的奇值分解，它表明 $\boldsymbol{A}$ 与一长方对角阵酉等价。根据定理，矩阵 $\boldsymbol{S}$ 的奇值分解为 $\boldsymbol{S} = \boldsymbol{U}\boldsymbol{W}\boldsymbol{V}^{\mathrm{T}}$，其中 $\boldsymbol{U}$ 与 $\boldsymbol{V}$ 是正交阵(即 $\boldsymbol{U}\boldsymbol{U}^{\mathrm{T}} = \boldsymbol{V}\boldsymbol{V}^{\mathrm{T}} = \boldsymbol{I}$)，$\boldsymbol{W} = \mathrm{diag}(W_1, W_2, W_3)$，$W_i \geqslant 0$。所以，有

$$\mathrm{trace}(\boldsymbol{S}\boldsymbol{R}^{\mathrm{T}}) = \mathrm{trace}(\boldsymbol{U}\boldsymbol{W}\boldsymbol{V}^{\mathrm{T}}\boldsymbol{R}^{\mathrm{T}}) = \mathrm{trace}(\boldsymbol{U}\cdot\boldsymbol{W}\boldsymbol{V}^{\mathrm{T}}\boldsymbol{R}^{\mathrm{T}}\boldsymbol{U}\boldsymbol{U}^{\mathrm{T}})$$

$$= \mathrm{trace}(\boldsymbol{W}\boldsymbol{V}^{\mathrm{T}}\boldsymbol{R}^{\mathrm{T}}\boldsymbol{U}) = \mathrm{trace}(\boldsymbol{W}\boldsymbol{V}) = \sum_{i=1}^3 W_i Z_{it} \leqslant \sum_{i=1}^3 W_t \qquad (8-116)$$

$\boldsymbol{Z} = \boldsymbol{V}^{\mathrm{T}}\boldsymbol{R}^{\mathrm{T}}\boldsymbol{U}$ 也是正交阵，因为 $\boldsymbol{Z}\boldsymbol{Z}^{\mathrm{T}} = \boldsymbol{V}^{\mathrm{T}}\boldsymbol{R}^{\mathrm{T}}\boldsymbol{U}\boldsymbol{U}^{\mathrm{T}}\boldsymbol{R}\boldsymbol{V} = \boldsymbol{I}$，$\boldsymbol{R}^{\mathrm{T}}\boldsymbol{R} = \boldsymbol{I}$ 对于正交阵 $\boldsymbol{Z}$ 有 $|Z_n| \leqslant 1$(易证)，所以上面的不等式成立。于是要使 $\boldsymbol{MV}$ 极大，则 $\boldsymbol{Z} = \boldsymbol{V}^{\mathrm{T}}\boldsymbol{R}^{\mathrm{T}}\boldsymbol{U} = \boldsymbol{I}$，即 $\boldsymbol{R} = \boldsymbol{U}\boldsymbol{V}^{\mathrm{T}}$。

2）四元数法

单位四元数定义为 $\boldsymbol{q} = (q_0, q_1, q_2, q_3)^{\mathrm{T}}$，且有 $\sum_{i=0}^3 q_i^2 = 1$，旋转角度 θ 和旋转轴 $\hat{\boldsymbol{v}} = (v_1, v_2, v_3)^{\mathrm{T}}$ 与四元数的元的关系为

$$\boldsymbol{q} = \left[\cos\frac{\theta}{2} \quad v_1\sin\frac{\theta}{2_1} \quad v_2\sin\frac{\theta}{2} \quad v_3\sin\frac{\theta}{2}\right]^{\mathrm{T}} \qquad (8-117)$$

相应的旋转矩阵 $\boldsymbol{R}$ 为

$$\boldsymbol{R} = \begin{bmatrix} q_0^2+q_1^2-q_2^2-q_3^2 & 2(q_1q_2-q_0q_3) & 2(q_1q_3+q_0q_2) \\ 2(q_2q_1+q_0q_3) & q_0^2-q_1^2+q_2^2-q_3^2 & 2(q_2q_3-q_0q_1) \\ 2(q_3q_1-q_0q_2) & 2(q_3q_2+q_0q_1) & q_0^2-q_1^2-q_2^2+q_3^2 \end{bmatrix} \qquad (8-118)$$

根据四元数性质，将 $\boldsymbol{MV}$ 写为

$$\boldsymbol{MV} = \sum_n^N \boldsymbol{l}_n \boldsymbol{a}'^{\mathrm{T}}_n \boldsymbol{R}\boldsymbol{x}'_n + \sum_n^N \frac{\boldsymbol{l}_n^3}{12}\hat{\boldsymbol{b}}_n^{\mathrm{T}}\boldsymbol{R}\hat{\boldsymbol{y}}_n = \sum_n^N (\boldsymbol{l}_n\boldsymbol{a}'^{\mathrm{T}}_n)\cdot(\boldsymbol{R}\boldsymbol{x}'_n) + \sum_n^N \left(\frac{\boldsymbol{l}_n^3}{12}\hat{\boldsymbol{b}}_n\right)\cdot(\boldsymbol{R}\hat{\boldsymbol{y}}_n)$$

$$= \dot{\boldsymbol{q}}^{\mathrm{T}}\left[\sum_n^N (\boldsymbol{U}_{an}^{\mathrm{T}}\overline{\boldsymbol{V}}_{xn} + \boldsymbol{U}_{bn}^{\mathrm{T}}\overline{\boldsymbol{V}}_{yn})\right]\dot{\boldsymbol{q}} = \dot{\boldsymbol{q}}^{\mathrm{T}}\boldsymbol{W}\dot{\boldsymbol{q}} \qquad (8-119)$$

其中，

$$\boldsymbol{U}_{an}=\begin{pmatrix}0 & -l_n a'_{n1} & -l_n a'_{n2} & -l_n a'_{n3}\\ l_n a'_{n1} & 0 & -l_n a'_{n3} & l_n a'_{n2}\\ l_n a'_{n2} & l_n a'_{n3} & 0 & -l_n a'_{n1}\\ l_n a'_{n3} & -l_n a'_{n2} & l_n a'_{n1} & 0\end{pmatrix},\boldsymbol{V}_{xn}=\begin{pmatrix}0 & -x'_{n1} & -x'_{n2} & -x'_{n3}\\ x'_{n1} & 0 & x'_{n3} & -x'_{n2}\\ x'_{n2} & -x'_{n3} & 0 & x'_{n1}\\ x'_{n3} & x'_{n2} & -x'_{n1} & 0\end{pmatrix}\tag{8-120}$$

$$\boldsymbol{U}_{bn}=\begin{pmatrix}0 & -\frac{\boldsymbol{l}_n^3}{12}\hat{b}_{n1} & -\frac{\boldsymbol{l}_n^3}{12}\hat{b}_{n2} & -\frac{\boldsymbol{l}_n^3}{12}\hat{b}_{n3}\\ \frac{\boldsymbol{l}_n^3}{12}\hat{b}_{n1} & 0 & -\frac{\boldsymbol{l}_n^3}{12}\hat{b}_{n3} & \frac{\boldsymbol{l}_n^3}{12}\hat{b}_{n2}\\ \frac{\boldsymbol{l}_n^3}{12}\hat{b}_{n2} & \frac{\boldsymbol{l}_n^3}{12}\hat{b}_{n3} & 0 & -\frac{\boldsymbol{l}_n^3}{12}\hat{b}_{n1}\\ \frac{\boldsymbol{l}_n^3}{12}\hat{b}_{n3} & -\frac{\boldsymbol{l}_n^3}{12}\hat{b}_{n2} & \frac{\boldsymbol{l}_n^3}{12}\hat{b}_{n1} & 0\end{pmatrix},\overline{\boldsymbol{V}}_{yn}=\begin{pmatrix}0 & -y'_{n1} & -y'_{n2} & -y'_{n3}\\ y'_{n1} & 0 & y'_{n3} & -y'_{n2}\\ y'_{n2} & -y'_{n3} & 0 & y'_{n1}\\ y'_{n3} & y'_{n2} & -y'_{n1} & 0\end{pmatrix}\tag{8-121}$$

又

$$\begin{aligned}\boldsymbol{S} &= \sum_n^N\left[\boldsymbol{l}_n\left(\boldsymbol{a}'_n\boldsymbol{x}'^{\mathrm{T}}_n+\frac{\boldsymbol{l}_n^2}{12}\hat{\boldsymbol{b}}_n\hat{\boldsymbol{y}}_n^{\mathrm{T}}\right)\right]\\ &=\begin{pmatrix}\sum_n^N\left(l_n a'_{n1}x'_{n1}+\frac{l_n^2}{12}\hat{b}_{n1}\hat{y}_{n1}\right) & \sum_n^N\left(l_n a'_{n1}x'_{n2}+\frac{l_n^2}{12}\hat{b}_{n1}\hat{y}_{n2}\right) & \sum_n^N\left(l_n a'_{n1}x'_{n3}+\frac{l_n^2}{12}\hat{b}_{n1}\hat{y}_{n3}\right)\\ \sum_n^N\left(l_n a'_{n2}x'_{n1}+\frac{l_n^2}{12}\hat{b}_{n2}\hat{y}_{n1}\right) & \sum_n^N\left(l_n a'_{n2}x'_{n2}+\frac{l_n^2}{12}\hat{b}_{n2}\hat{y}_{n2}\right) & \sum_n^N\left(l_n a'_{n2}x'_{n3}+\frac{l_n^2}{12}\hat{b}_{n2}\hat{y}_{n3}\right)\\ \sum_n^N\left(l_n a'_{n3}x'_{n1}+\frac{l_n^2}{12}\hat{b}_{n3}\hat{y}_{n1}\right) & \sum_n^N\left(l_n a'_{n3}x'_{n2}+\frac{l_n^2}{12}\hat{b}_{n3}\hat{y}_{n3}\right) & \sum_n^N\left(l_n a'_{n3}x'_{n3}+\frac{l_n^2}{12}\hat{b}_{n3}\hat{y}_{n3}\right)\end{pmatrix}\\ &=\begin{pmatrix}S_{11} & S_{12} & S_{13}\\ S_{21} & S_{22} & S_{23}\\ S_{31} & S_{32} & S_{33}\end{pmatrix}\end{aligned}\tag{8-122}$$

将式(8－120)、式(8－121)等代入上式，得

$$\boldsymbol{W}=\begin{pmatrix}S_{11}+S_{22}+S_{33} & S_{32}-S_{23} & S_{13}-S_{31} & S_{21}-S_{12}\\ S_{32}-S_{23} & S_{11}-S_{22}-S_{33} & S_{12}+S_{21} & S_{31}+S_{13}\\ S_{13}-S_{31} & S_{12}+S_{21} & S_{22}-S_{33}-S_{11} & S_{23}+S_{32}\\ S_{21}-S_{12} & S_{31}+S_{13} & S_{23}+S_{32} & S_{33}-S_{11}-S_{22}\end{pmatrix}\tag{8-123}$$

假定$\dot{\boldsymbol{q}}_i$ 是 $\boldsymbol{W}$ 的 4 个标准正交特征向量 $\boldsymbol{W}\dot{\boldsymbol{q}}_i=\lambda_i\dot{\boldsymbol{p}}\,(i=1,2,3,4)$。由于特征向量张满了整个四维空间，于是任何单位四元数$\dot{\boldsymbol{q}}_i$ 可以表示成它们的线性组合的形式，即

$$\dot{\boldsymbol{q}}=\alpha_1\dot{\boldsymbol{p}}_1+\alpha_2\dot{\boldsymbol{p}}_2+\alpha_3\dot{\boldsymbol{p}}_3+\alpha_4\dot{\boldsymbol{p}}_4\tag{8-124}$$

因为$\dot{\boldsymbol{p}}_i$是标准正交向量，有

$$\dot{\boldsymbol{q}}_i \cdot \dot{\boldsymbol{p}}_j = \begin{cases} 1, i=j \\ 0, i \neq j \end{cases} \tag{8-125}$$

所以

$$\dot{\boldsymbol{q}} \cdot \dot{\boldsymbol{q}} = \alpha_1^2 + \alpha_2^2 + \alpha_3^2 + \alpha_4^2 = 1 \tag{8-126}$$

$$\boldsymbol{W} \dot{\boldsymbol{q}} = \alpha_1 \lambda_1 \dot{\boldsymbol{p}}_1 + \alpha_2 \lambda_2 \dot{\boldsymbol{p}}_2 + \alpha_3 \lambda_3 \dot{\boldsymbol{p}}_3 + \alpha_4 \lambda_4 \dot{\boldsymbol{p}}_4 \tag{8-127}$$

将式(8-124)、式(8-127)代入，可以得出

$$\begin{aligned} \boldsymbol{MV} &= \dot{\boldsymbol{q}}^{\mathrm{T}} \boldsymbol{W} \dot{\boldsymbol{q}} = \dot{\boldsymbol{q}}^{\mathrm{T}} (\boldsymbol{W} \dot{\boldsymbol{q}}) = \alpha_1^2 \lambda_1 + \alpha_2^2 \lambda_2 + \alpha_3^2 \lambda_3 + \alpha_4^2 \lambda_4 \\ &= \sum_{i=1}^{4} (\alpha_i^2 \lambda_i) \leqslant \left(\sum_{i=1}^{4} \alpha_i^2 \right) \lambda_{\mathrm{m}} = \lambda_{\mathrm{m}} \end{aligned} \tag{8-128}$$

即$\boldsymbol{MV}$不大于$\boldsymbol{W}$的最大特征值λ_{m}。于是当$\dot{\boldsymbol{q}} = \dot{p}_{\mathrm{m}}$时，$\dot{\boldsymbol{q}}^{\mathrm{T}} \boldsymbol{W} \dot{\boldsymbol{q}} = \lambda_{\mathrm{m}}$，$\dot{p}_{\mathrm{m}}$是$\boldsymbol{W}$的最大特征值$\lambda_{\mathrm{m}}$对应的特征向量。使$\boldsymbol{MV}$极大的单位四元数是$\boldsymbol{W}$的最大特征值对应的特征向量，ICCP 算法的实质是进行多边弧的匹配，而实现多边弧的匹配，需使得两弧间的量测距离不断减小。针对这一要求，进行数学描述的问题转化为对目标函数极值条件的求解。

3. ICCP 算法

基于图的导航定位问题，就是通过载体上的传感器的测量值在已有的图上找到载体的位置。重力仪是用于提供附加定位信息以限制传统导航系统固有误差。在已有重力图上定位载体时，重力仪只能在某一位置测量，因此只能得到某一时刻的一个测量值。一个测量值只能将载体约束到称为等值线的曲线上。因此，载体必须移动并采集很多可以与重力图匹配的测量值。

记测量数据点集合为$\{x_n\}$（$n=1,2,\cdots,N$（同载体记录）），真实航迹点集合为$\{y_n\}$，重力测量值集合为$\{f_n\}$，由于导航误差，数据点坐标相对重力图存在误差，为求得载体的真实位置，将数据点与存储的重力图进行匹配，也就是要确定刚性变换T（旋转和平移），该变换使图上数据点和测量数据点间距离最小。数据点x_n一定在重力值为f_n的等值线C_n上，但不知道是在等值线的哪一点上，希望找到刚性变换T使下式表示的距离最小，即

$$M(C,TC) = \sum_{n=1}^{N} w_n d(C_n, Tx_n) \tag{8-129}$$

$X=\{x_n\}$为数据点集合；$C=\{C_n\}$为重力测量值等值线集合；$d(C_n,x_n)$为点x_n与等值线C_n之间的距离，在距离度量中引入了权系数w_n以考虑第n个测量的相对重要程度。采用下列迭代算法求取使距离最小的变换。

（1）对每一个数据点x_n在其等值线上寻找最近点，记这些点为y_n，假设y_n是x_n的相应等值线点。

（2）寻找变换T，使集合$Y=\{y_n\}$与集合$X=\{x_n\}$之间距离最小，即

$$M(C,TC) = M(Y,TX) = \sum_{n=1}^{N} w_n \| y_n - Tx_n \|^2 \tag{8-130}$$

（3）将集合X变换到集合TX，将新的集合TX作为起始集合进行下一步迭代，重复该

过程直至收敛,即 T 停止显著的变化。

迭代算法的收敛性非常明显,从起始集合 $X^{(0)}$ 开始算,生成集合序列 $X^{(1)},X^{(2)},\cdots,X^{(F)}$,每次迭代中距离减少,即

$$M(C,X^{(i+l)})=M(C,T^{(l)}X^{i})\leqslant M(C,X^{(t)}) \tag{8-131}$$

且由于距离有下界(正值,最好是 0),因此算法是收敛的。将这种算法叫作最近等值线点迭代算法(Iterated Closest Contour Point,ICCP)。

4. 刚性变换

有两个对应点集 $X=\{x_n\}$ 和 $Y=\{y_n\}$,要找到一个刚性变换 T(旋转和平移),使两个集合间的距离最小。这里先旋转后平移,记对 X 旋转的矩阵为 $\boldsymbol{R}$,平移矢量为 $\boldsymbol{t}$,于是有 $Tx_n=\boldsymbol{t}+\boldsymbol{R}x_n$,这里两个集合的质心分别是

$$\tilde{y}=\frac{1}{w}\sum_{n=1}^{N}w_n y_n,\tilde{x}=\frac{1}{w}\sum_{n=1}^{N}w_n x_n,w=\sum_{n=1}^{N}w_n \tag{8-132}$$

由 ICCP 原理,得

$$\boldsymbol{R}=\begin{pmatrix}\cos\theta & -\sin\theta\\ \sin\theta & \cos\theta\end{pmatrix},\boldsymbol{S}=\sum_{n=1}^{N}w_n(y_n-\tilde{y})(x_n-\tilde{x})^{\mathrm{T}} \tag{8-133}$$

$$\boldsymbol{W}=\begin{pmatrix}S_{11}+S_{32} & 0 & 0 & S_{21}-S_{12}\\ 0 & S_{11}-S_{22} & S_{12}+S_{21} & 0\\ 0 & S_{12}+S_{21} & S_{22}-S_{11} & 0\\ S_{21}-S_{12} & 0 & 0 & -S_{11}-S_{22}\end{pmatrix} \tag{8-134}$$

矩阵 $\boldsymbol{W}$ 的 4 个特征值是实数,由下式给出,即

$$\lambda=\pm[(S_{11}+S_{22})^2+(S_{21}-S_{12})^2]^{1/2},\pm[(S_{11}-S_{22})^2+(S_{12}-S_{21})^2]^{1/2} \tag{8-135}$$

记最大的特征值为 λ_{m},则特征向量可由下式计算出,即

$$(S_{11}+S_{22}-\lambda_{\mathrm{m}})q_0+(S_{21}-S_{12})q_3=0 \tag{8-136}$$

由此给出旋转角 $\tan(\theta/2)=(S_{11}+S_{22}-\lambda_{\mathrm{m}})/(S_{12}-S_{21})$。旋转矩阵确定后,平移矢量为 $\boldsymbol{t}=\tilde{y}-\boldsymbol{R}\tilde{x}$。

在上述计算最优变换的算法中,首先计算旋转矩阵,然后计算平移矢量,也就是说,先旋转集合 X 使其对准集合 Y 的方向,然后进行平移以使集合 X 的质心与集合 Y 的质心重合。

8.4.2　基于重力梯度的匹配导航

通过不断提高重力梯度仪信噪比,重力梯度辅助导航性能将会取得显著提高,尤其在重力梯度变化比较大的地方。卡尔曼滤波技术是迄今为止最为成熟的滤波技术,在导航领域得到广泛应用。重力梯度仪与惯性导航的组合可选取其中任意一个或全部分量作为系统的外部观测信息。因此,实测重力梯度与存储重力梯度数据的匹配问题,可以归结为

多观测量且观测方程为非线性的状态估计问题。然而，卡尔曼滤波公式应用的前提之一为线性系统，对于非线性系统，理论上难以找到严格的递推滤波公式，大都采用近似的方法处理。其中最常用的为扩展卡尔曼滤波技术，简称 EKF。有关卡尔曼滤波的理论在此不再赘述，仅就其在重力梯度匹配导航中的应用作一简要概述。

为讨论问题方便，以捷联式惯性导航系统为例，并将整体误差方程、陀螺误差方程、加速度计误差方程重写如下。

捷联式惯性导航系统整体误差方程为

$$\frac{\mathrm{d}}{\mathrm{d}t}\begin{bmatrix}\delta \boldsymbol{r}^n\\ \delta \boldsymbol{v}^n\\ \psi^n\end{bmatrix}=\delta\dot{\boldsymbol{x}}_{\mathrm{INS}}=\times\begin{bmatrix}\boldsymbol{F}_{\dot r r} & \boldsymbol{F}_{\dot r v} & 0\\ \boldsymbol{F}_{\dot v r}+\boldsymbol{F}_{gr} & \boldsymbol{F}_{\dot v v} & [\boldsymbol{f}^n\times]\\ \boldsymbol{F}_{\dot\psi r} & \boldsymbol{F}_{\dot\psi v} & [\boldsymbol{\omega}_{in}^n\times]\end{bmatrix}\delta\boldsymbol{x}_{\mathrm{INS}}+\begin{bmatrix}0 & 0\\ C_b^n & 0\\ 0 & -C_b^n\end{bmatrix}\begin{bmatrix}\delta\boldsymbol{f}^b\\ \delta\omega_{ib}^b\end{bmatrix} \tag{8-137}$$

式中：$\boldsymbol{F}_{\dot r r}$、$\boldsymbol{F}_{\dot r v}$为位置误差矩阵；$\boldsymbol{F}_{\dot v r}$、$\boldsymbol{F}_{\dot v v}$、$\boldsymbol{F}_{gr}$为速度误差矩阵；$\boldsymbol{F}_{\dot\psi r}$、$\boldsymbol{F}_{\dot\psi v}$为姿态误差矩阵；$[\boldsymbol{f}^n\times]$、$[\boldsymbol{\omega}_{in}^n\times]$为斜对称矩阵；$\delta\omega_{ib}^b$、$\delta\boldsymbol{f}^b$为陀螺与加速度计测量误差。

陀螺常值漂移误差方程为

$$\delta\dot{\omega}_{ibb}^b(t)=0 \tag{8-138}$$

陀螺随机漂移误差方程为

$$\delta\dot{\omega}_{ibr}^r(t)=-\beta\delta\omega_{ibr}^r(t)+\omega(t) \tag{8-139}$$

加速度计误差方程为

$$\delta\dot{\boldsymbol{f}}^b(t)=-\alpha\delta\boldsymbol{f}^b(t)+\omega(t) \tag{8-140}$$

则重力梯度辅助导航系统误差状态方程为

$$\dot{\boldsymbol{x}}(t)=\boldsymbol{f}[\boldsymbol{x}(t)]+\omega(t) \tag{8-141}$$

式中：$\dot{\boldsymbol{x}}=[\delta\varphi,\delta\lambda,\delta h,\delta v_x,\delta v_y,\delta v_z,\psi_x,\psi_y,\psi_z,\delta\dot{\omega}_{ibby}^b,\delta\dot{\omega}_{ibbz}^b,\delta\dot{\omega}_{ibrx}^b,\delta\dot{\omega}_{ibry}^b,\delta\dot{\omega}_{ibrz}^b,\delta f_x^b,\delta f_y^b,\delta f_z^b]$为系统状态矢量，$\delta\dot{\omega}_{ibby}^b$、$\delta\dot{\omega}_{ibbz}^b$、$\delta\dot{\omega}_{ibrx}^b$为沿载体坐标系的三轴陀螺仪常值漂移，$\delta\dot{\omega}_{ibrx}^b$、$\delta\dot{\omega}_{ibry}^b$、$\delta\dot{\omega}_{ibrz}^b$为沿载体坐标系的三轴陀螺仪随机漂移，$\delta f_x^b$、$\delta f_y^b$、$\delta f_z^b$为沿载体坐标系的加速度计的随机漂移；$\boldsymbol{f}[\boldsymbol{x}(t)]$为$\boldsymbol{x}(t)$的函数；$\omega(t)$为零均值系统白噪声。

当重力梯度仪和捷联式惯性导航安装于载体上时，其量测方程为

$$\begin{aligned}z(t)&=\hat{\boldsymbol{L}}^b-\tilde{\boldsymbol{L}}^b\\&=\boldsymbol{T}_n^b\left[\frac{\partial\boldsymbol{\Gamma}^n}{\partial\boldsymbol{r}^n}\right]\delta\boldsymbol{r}^n+\boldsymbol{T}_n^b\left[\frac{\partial\boldsymbol{L}_\psi^n}{\partial\psi^n}\right]\psi^n-\left[\frac{\partial\boldsymbol{L}_\omega^n}{\partial\omega_{ib}^b}\right]\delta\omega_{ib}^b+\boldsymbol{V}_L=\boldsymbol{h}_1(t)\boldsymbol{x}(t)+\boldsymbol{v}(t)\end{aligned} \tag{8-142}$$

当重力梯度仪和平台式惯性导航安装于载体上时，量测方程为

$$\begin{aligned}\boldsymbol{z}(t)&=\hat{\boldsymbol{L}}^b-\tilde{\boldsymbol{L}}^b\\&=\boldsymbol{T}_n^i\left\{\left[\frac{\partial\boldsymbol{\Gamma}^n}{\partial\boldsymbol{r}^n}\right]+\left[\frac{\partial\boldsymbol{L}_\psi^n}{\partial\psi^n}\right]\left[\frac{\partial\psi_{in}^n}{\partial\boldsymbol{r}^n}\right]\right\}\delta\boldsymbol{r}^n+\boldsymbol{T}_n^i\left[\frac{\partial\boldsymbol{L}_\psi^n}{\partial\psi^n}\right]\left[\frac{\partial\psi_{in}^n}{\partial t}\right]\delta t+\boldsymbol{V}_L\\&=\boldsymbol{h}_2(t)\boldsymbol{x}(t)+\boldsymbol{v}(t)\end{aligned} \tag{8-143}$$

扩展卡尔曼滤波利用状态向量和姿态矩阵的估计值与真实值进行初始化，初始误差方差阵一般设为对角阵，其各个分量等于初始状态误差方差。重力梯度仪每获取一次观测量，便可进行卡尔曼滤波增益的计算。然后利用卡尔曼滤波增益、真实值与估计值之间的偏差更新估计状态。

8.4.3　多源重力数据融合

海洋重力数据主要有 3 种，即卫星测高数据推导重力数据、航空重力数据和船测重力数据。卫星测高数据主要反映了重力信息中的低频部分，其中局部重力测量数据则覆盖中高频部分；航空重力测量和船测重力测量都属于局部重力测量方式，航空重力测量数据包含重力信息的中高频部分，船测的重力数据则只包含重力信息的高频部分。融合不同测量手段的重力数据能提高数据的可靠性，也能拓宽测量的范围。

本节在利用局部重力数据修改重力球谐函数的基础上，应用迭代过程融合多源重力数据方法，并使用移去－恢复技术避免融合结果受到高频噪声的影响，同时能滤掉较大的粗差。

设 $f(\theta,\lambda)$ 为单位球上的可积函数，其球谐展开式为

$$f(\theta,\lambda) = \sum_{n=0}^{\infty}\sum_{m=0}^{n}(\bar{C}_{nm}\cos(m\lambda) + \bar{S}_{nm}\sin(m\lambda))\bar{P}_{nm}(\cos\theta) \tag{8-144}$$

式中：$\bar{C}_{nm}$、$\bar{S}_{nm}$ 为完全规则化球谐系数；$\bar{P}_{nm}(\cos\theta)$ 为完全规则化勒让德多项式。

由于球谐函数的正交性，球谐系数 $\bar{C}_{nm}$、$\bar{S}_{nm}$ 为

$$\left.\begin{matrix}\bar{C}_{nm}\\ \bar{S}_{nm}\end{matrix}\right\} = \frac{1}{4\pi}\int_{w} f(\theta,\lambda)\begin{Bmatrix}\cos(m\lambda)\\ \sin(m\lambda)\end{Bmatrix}\bar{P}_{nm}(\cos\theta)\,\mathrm{d}w \tag{8-145}$$

设扰动位函数为已知函数，则可展成如式(8－146)球谐函数的形式，其球谐函数系数为

$$\left.\begin{matrix}\Delta\bar{C}_{nm}\\ \Delta\bar{S}_{nm}\end{matrix}\right\} = \frac{1}{4\pi}\int_{w} T(Q)\begin{Bmatrix}\cos(m\lambda)\\ \sin(m\lambda)\end{Bmatrix}\bar{P}_{nm}(\cos\theta)\,\mathrm{d}w \tag{8-146}$$

梅森原理给出了扰动位函数与重力变量的关系，即重力变量可以表示成扰动位的函数，重力异常的球谐函数为

$$\Delta g = \frac{GM}{R}\sum_{n=0}^{\infty}\left(\frac{R}{\rho}\right)^{n+1}\frac{n-1}{\rho}\sum_{m=0}^{n}(\bar{C}_{nm}^{*}\cos(m\lambda) + \bar{S}_{nm}\sin(m\lambda))\bar{P}_{nm}(\cos\theta) \tag{8-147}$$

简化式(8－147)后，有

$$\Delta g = \frac{GM}{R^2}\sum_{n=2}^{\infty}\left(\frac{R}{\rho}\right)^{n+2}(n-1)\sum_{m=0}^{n}(\bar{C}_{nm}^{*}\cos(m\lambda) + \bar{S}_{nm}\sin(m\lambda))\bar{P}_{nm}(\cos\theta) \tag{8-148}$$

则

$$\left.\begin{matrix}\Delta\bar{C}_{nm}\\ \Delta\bar{S}_{nm}\end{matrix}\right\} = \frac{R^2}{4\pi GM(n-1)}\int_{w}\Delta g\begin{Bmatrix}\cos(m\lambda)\\ \sin(m\lambda)\end{Bmatrix}\bar{P}_{nm}(\cos\theta)\,\mathrm{d}w \tag{8-149}$$

由于实际中获得的是离散的重力异常数据，现将式(8－149)离散化，则有

$$\left.\begin{matrix}\Delta\bar{C}_{nm}\\ \Delta\bar{S}_{nm}\end{matrix}\right\}=\frac{R^2}{4\pi GM(n-1)}\sum_{i=0}^{N-1}\sum_{j=0}^{2N-1}\frac{1}{q_n^i}\Delta g_{i,j}\int_{\theta_i}^{\theta_{i+1}}\int_{\lambda_j}^{\lambda_{j+1}}\begin{Bmatrix}\cos(m\lambda)\\ \sin(m\lambda)\end{Bmatrix}\bar{P}_{nm}(\cos\theta)\sin\theta\mathrm{d}\lambda\mathrm{d}\theta \tag{8-150}$$

式中：N 为在纬度方向上划分重力异常的网格数；q_n^i 为平滑因子，且有

$$q_n^i=\begin{cases}(\beta_n^i)^2, & 0\leqslant n\leqslant\dfrac{N}{3}\\ \beta_n^i, & \dfrac{N}{3}<n\leqslant N\\ 1, & N<n\end{cases} \tag{8-151}$$

式(8－151)中的 β_n^i 为平滑算子，即

$$\beta_n^i=\frac{1}{1-\cos\psi_0^i}\cdot\frac{1}{2n+1}[P_{n-1}(\cos\psi_0^i)-P_{n+1}(\cos\psi_0^i)] \tag{8-152}$$

式中：P_n 为勒让德多项式；ψ_0^i 为

$$\psi_0^i=\arccos\left[\frac{\Delta\lambda}{2\pi}(\cos\theta_{i+1}-\theta_i)+1\right] \tag{8-153}$$

$\Delta\lambda$ 为等网格的经度差。

因不同的全球重力场模型是通过不同的重力数据计算获得的，虽然它保留了重力变化的总体趋势，但对于重力数据的精度和分辨率要求较高时，它对具体的重力特征描写得就不够细致了，因此有必要对特定应用区域进行重力场特征细化。用局部重力数据结合全球重力场模型可精化局部重力场模型，其主要思想是在原始的球谐系数上添加改正项，即

$$\left.\begin{matrix}\Delta\bar{C}_{nm}^{\text{new}}\\ \Delta\bar{S}_{nm}^{\text{new}}\end{matrix}\right\}=\begin{Bmatrix}\Delta\bar{C}_{nm}^{\text{old}}\\ \Delta\bar{S}_{nm}^{\text{old}}\end{Bmatrix}+\begin{Bmatrix}\Delta\bar{C}_{nm}\\ \Delta\bar{S}_{nm}\end{Bmatrix} \tag{8-154}$$

式中：$\Delta\bar{C}_{nm}^{\text{new}}$、$\Delta\bar{S}_{nm}^{\text{new}}$为计算的新模型系数；$\Delta\bar{C}_{nm}^{\text{old}}$、$\Delta\bar{S}_{nm}^{\text{old}}$为未修正前的模型系数，称为旧系数；$\Delta\bar{C}_{nm}$、$\Delta\bar{S}_{nm}$为模型系数的改正项，它是由残差重力数据计算而来，残差重力数据是指用于精化局部重力场的新重力数据与旧重力场模型数据间的差，即有

$$AT'=AT-AT^{\text{old}} \tag{8-155}$$

式中：AT 为用于精化局部重力场的重力数据；AT^{old} 为旧的模型系数计算的重力数据；AT' 为残差重力。

假如已知研究区域内的重力异常 Δg，而且已知的重力场模型独立于所用的重力数据，则有

$$\left.\begin{matrix}\Delta\bar{C}_{nm}\\ \Delta\bar{S}_{nm}\end{matrix}\right\}=\frac{a^2}{4\pi GM(n-1)}\sum_{i=0}^{N-1}\sum_{j=0}^{2N-1}\frac{1}{q_n^i}\Delta g'_{i,j}\int_{\theta_i}^{\theta_{i+1}}\int_{\lambda_j}^{\lambda_{j+1}}\begin{Bmatrix}\cos(m\lambda)\\ \sin(m\lambda)\end{Bmatrix}\bar{P}_{nm}(\cos\theta)\sin\theta\mathrm{d}\lambda\mathrm{d}\theta \tag{8-156}$$

其中,残差重力异常为

$$\Delta g' = \Delta g - \Delta g^{\text{old}} \tag{8-157}$$

在利用局部重力数据并结合全球重力场模型精化局部重力场思想的基础上,可用迭代的过程来精化局部重力场,其迭代过程如图 8-2 所示。

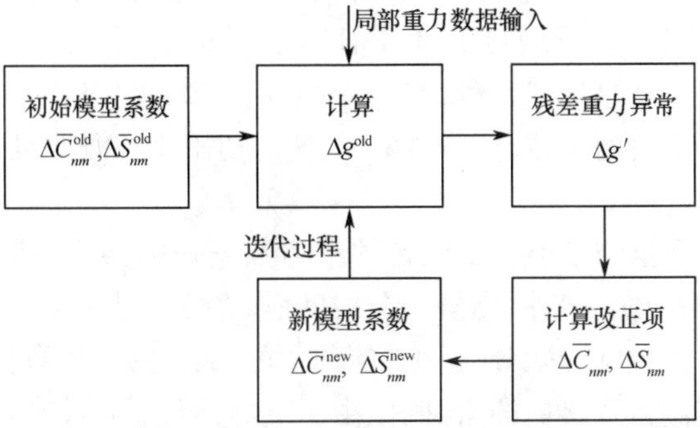

图 8-2 修正模型系数的迭代过程

首先,提供一个初始模型(独立于测量数据),根据初始模型系数计算重力异常 Δg^{old},然后用获得的局部重力测量数据与之做差,得残差重力异常 $\Delta g'$,根据式(8-150)计算系数的改正项 $\Delta\bar{C}_{nm}$、$\Delta\bar{S}_{nm}$,用系数的改正项根据式(8-154)修正初始的模型系数,产生新的模型系数 $\Delta\bar{C}_{nm}^{\text{new}}$、$\Delta\bar{S}_{nm}^{\text{new}}$,再利用新的系数计算重力异常 Δg^{old},重复上述过程直到满足终止条件,终止条件为重力残差小于设定的阈值时停止。迭代过程的一个优点是它能发现并去除测量中的大误差,而且不需要了解数据误差的信息就能得到平滑结果。迭代方法可以使用大量的数据,也能融合不同类型的扰动位函数(重力异常、重力扰动)。

融合卫星测量数据与全球重力模型对于全球或局部应用都是有益的。融合卫星数据后的模型增加了重力场模型中的低频信息含量。卫星推算的重力数据与重力场模型的融合方案如图 8-3 所示。

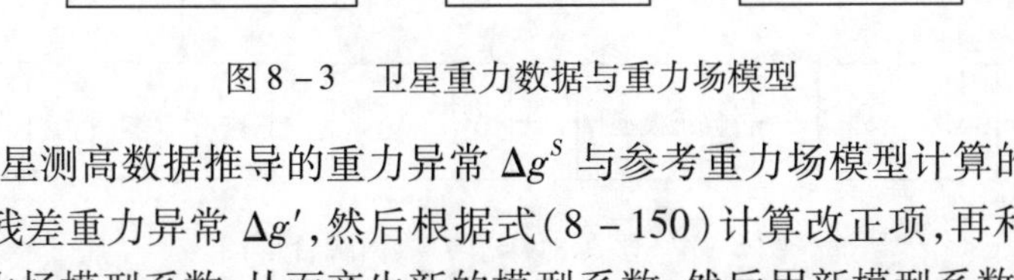

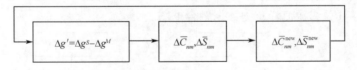

图 8-3 卫星重力数据与重力场模型

首先,将卫星测高数据推导的重力异常 Δg^S 与参考重力场模型计算的重力异常根据式(8-157)求残差重力异常 $\Delta g'$,然后根据式(8-150)计算改正项,再利用系数改正项修正初始的重力场模型系数,从而产生新的模型系数,然后用新模型系数计算新的 Δg^M,重复上述过程,直到满足收敛条件为止,产生融合了卫星数据的新模型系数,记为 $\Delta\bar{C}_{nm}^{A}$、$\Delta\bar{S}_{nm}^{A}$。

航空重力数据在进行融合之前,先经过移去-恢复过程对其向下延拓,其过程为

$$\begin{aligned}
&\text{移去过程:} && \delta g = \delta g^{\text{AIR}} - \delta g^{A} - \delta g_T \\
&\text{变换过程:} && \delta g \rightarrow \Delta g' \\
&\text{恢复过程:} && \Delta \hat{g} = \Delta g' + \Delta g^{A} + \Delta g_T
\end{aligned} \tag{8-158}$$

其中，向下延拓过程发生在变换过程中，在向下延拓之前要在航空测量的重力数据中去除重力场模型中包含的低频重力信息 δg^A 和地形的直接影响 δg_T。这里用到的重力场模型，是融合卫星数据后产生的新局部重力场模型。最后，恢复重力场模型的低频贡献 δg^A 和地形的间接影响 δg_T，利用计算后的航空重力数据进行下一步的数据融合。

航空重力数据的融合过程与前面的类似。首先，将航空重力测量数据与初始模型（融合卫星推导重力数据后的模型）的计算值作差，求取残差值，然后用残差值计算改正项，再添加到新系数上，经过迭代过程，修正局部重力场模型，从而达到与航空重力值的数据融合目的。产生新的模型系数，记为 $\Delta\bar{C}_{nm}^B$、$\Delta\bar{S}_{nm}^B$，初始化与海面直接测量重力数据的融合过程。

卫星推导的重力数据与航空向下延拓的重力数据是网格化的数据，对于海面直接测量的重力数据来说，由于实际海面测量的布线问题，存在与上述两种数据位置不符情况，因此要实现对 3 种重力数据的融合，必须将海面直接测量的重力数据网格化，网格化重力异常数据可以通过实测值直接内插得到，但由于重力异常受长波和短波分量的影响较大，直接内插的效果并不好。

海面直接测量的重力异常通常变化比较大，不宜直接内插网格化空间重力异常。网格化重力异常应采用移去－恢复技术计算，即首先在离散重力点的重力异常中消除利用高阶地球重力场模型计算的中长波重力异常，以及用 RTM 计算的地形改正（短波重力异常），得到离散重力点的残差重力异常，然后内插残差重力异常，最后在网格化残差重力异常中恢复重力场模型和 RTM 的贡献得到格网重力异常，其过程为

$$\begin{aligned}&\text{移去过程：} && \Delta g = \Delta g^{\text{Ship}} - \Delta g^B - g_T \\ &\text{变换过程：} && \Delta g \to \Delta g' \\ &\text{恢复过程：} && \Delta \hat{g} = \Delta g' + \Delta g^B + g_T\end{aligned} \tag{8-159}$$

最后，融合网格化的海面直接重力测量数据。由融合航空重力数据后的模型系数 $\Delta\bar{C}_{nm}^B$、$\Delta\bar{S}_{nm}^B$ 计算 Δg^B，作为此过程的重力场模型数据，然后融合船测重力数据，经过迭代过程生成最后的重力场模型修正系数 $\Delta\bar{C}_{nm}^C$、$\Delta\bar{S}_{nm}^C$，最后计算融合 3 种重力数据后的海洋重力异常。图 8－4 是多源海洋重力数据融合框图。

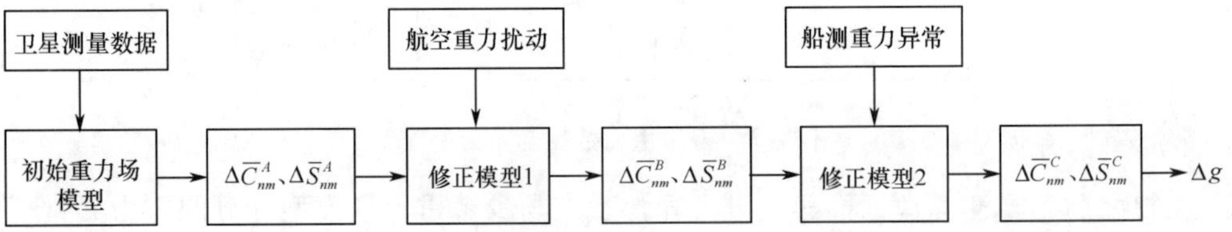

图 8－4　多源海洋重力数据融合框图

第9章 气象导航

船舶气象导航是将气象学、海洋学、航海学和计算机应用等学科有机结合起来的一项导航技术,目的是使船舶在海上航行能够达到最佳效果。船舶气象导航是现代科学技术发展的产物,是一门综合应用学科,已成为现代航海技术的一个重要组成部分,它在保证航行安全、提高海上运输经济效益等方面起着重要作用,并在很大程度上克服了以往选择大洋航线的盲目性和随机性。

9.1 气象导航概述

船舶在海上航行,始终与大气和海洋相接触,直接受到海洋气象环境的影响。狂风、巨浪、暴雨和浓雾等恶劣海洋气象条件,严重影响船舶的航行安全。最大限度地保障安全是船舶航行的基本要求,同时也是船舶选择航线必须考虑的问题。充分利用海洋气象条件的变化,为船舶选择合适的航线,最大限度保障船舶航行安全,提高船舶运营的经济效益,就是气象导航的主要任务。

因此,气象导航的作用就是要充分考虑大风、风浪、涌浪、海流等因素,避离灾害性海洋气象条件,在保证航行安全的条件下,使航行时间最短、经济效益最高。

9.1.1 气象导航的概念

船舶气象导航又称船舶气象定线,是根据海洋气象的预报信息情况,考虑船舶性能及技术条件,结合船舶航行任务,借助计算机综合、分析计算,为船舶设计航线,确定航向和航速,并对船舶航行进行跟踪指导,使船舶能随时调整航向、航速和航线。

自 19 世纪 50 年代初期,美国人霍华德和卡特创立美国海洋气象定线公司以来,世界上主要航运国家,如美国、荷兰、德国、日本以及苏联等都相继成立了由民间或政府主办的气象导航机构,其服务范围已经遍及世界各大洋。我国国家气象局于 20 世纪 80 年代开始提供船舶气象导航服务,目前也可以提供全球范围的气象导航服务。

气象导航不仅可以避免因气象和海洋的恶劣条件造成的船舶安全事故,还可以合理地利用海洋气象条件,缩短航行时间,降低燃料消耗,减少货损和准确预告进出港时间等,从而提高船舶营运率、载重率以及提高船舶经济效益和运输信誉等。

利用气象导航确定的航线应是一条经济、安全且符合特殊要求的航线,这条航线是建立在掌握了大量的、符合实际情况的天气状况并对大范围天气进行分析、预测及综合海洋水文状况的基础上,结合船舶性能、航行任务及要求,充分利用历史资料与实况资料,借助计算机处理得出的理论最佳航线。

根据船舶运输任务及要求,气象导航可以为船舶提供各种推荐的航线,推荐的船舶航线一般又可分为最短时航线、季节性航线、最舒适航线及战术性航线4种。

最短时航线不仅指航行时间最短,还指船舶和货物的损伤最小,燃料消耗最少。不同的船型和载货对航行要求不同,最短时航线是在保证船舶安全或其他特殊要求的前提下,使船舶航运各项经济指标达到最佳。因此,最短时航线又称经济航线。

季节性航线是指按季节推荐的标准安全航线。在某些特定海区,海洋气象要素具有明显的季节性变化特点。为规避严重热带风暴、雾和冰等恶劣天气,保障船舶安全航行,根据不同季节,船舶应按不同的纬度选择不同的航线。这些航线选择考虑了风、海流、海浪、海冰、风暴等的月变化规律,能充分保障船舶安全。因此,季节性航线也可以称较安全航线。

最舒适航线是指要求在航行中尽量减少大风浪的影响,保障船舶航行的安全性和舒适性,较少考虑经济性。一般情况下,客船、邮船和装有特殊货物的船舶对舒适性要求较高,常选用此类航线。

战术性航线是根据区域突发灾害性天气,将计划航线进行临时变更,以规避恶劣天气的影响。

对船舶来说,一般采用最短时航线,但随着船舶营运成本费用大幅度上升,利润降低,实行减速航行的船舶有所增加。因此,气象导航业务推荐最少燃料消耗航线的情况也日渐增多,最佳航线的选择在不断发生变化。目前航线的推荐种类和提供信息内容主要依赖于船舶的不同要求而定。一般中高纬推荐航线是航程最短的大圆航线,但容易遭受风暴的影响。最短时航线考虑了海洋气象因素的综合影响,偶尔会遇到强风袭击,但从全程分析利多弊少,航时最少,应是一种最佳或较为理想的航线。有时还应根据船舶的特殊要求而推荐最省燃料航线、最好天气航线或避免异常温度影响航线等,气象导航技术人员根据不同标准选择航线以适应船舶的要求。随着船舶现代化程度的提高,船长所承担的事务相应增加,接受气象导航服务,可以有更多时间去处理其他事务。

船舶全程气象导航包括优选航线和跟踪导航两大部分。优选航线是根据船舶性能、结构、载货压载情况以及所获取的天气和水文预报资料,选择一条既能避开大风浪,特别是顶头浪和横浪等的不利因素,又能充分利用有利的风、浪、流等因素的最短航线。跟踪导航是根据实际航海中海洋气象环境的变化和船舶性能特点,在选择最佳航线后,对船舶进行跟踪、监视和指导,当遇到突发性恶劣天气或船舶偏离推荐航线时,向船长提出推荐新的航线。

9.1.2 气象导航的类型

按船舶气象导航的方式划分,可分为岸上气象导航、船舶自行气象导航和船岸结合导航3种。岸上气象导航技术最为成熟,是目前采用最多的船舶气象导航方式。

1. 岸上气象导航

岸上气象导航是由专业气象导航机构为船舶提供导航,简称岸导。一般岸导机构拥有经验丰富的各种专业人员,包括气象专家、海洋专家、航海家、船长、操作计算机和编制程序的专业人员;拥有大容量、高速度的计算机,用来处理大量的观测数据,制作预报及进行优选航线计算;拥有快速、有效的通信网络,一方面用于与气象组织联网,以取得大量的气象、海洋情报资料,另一方面用于和船舶的通信联系。申请岸上气导的船舶,一般要遵从气导机构的申请程序和要求,也可向气导机构事先声明被推荐航线的总体要求。尽管岸导公司拥有诸多方面的专家、大量的信息资料、长期丰富的经验和各种现代化设备,但也受到多方面的局限,存在很多缺点,如中长期预报精度不足、对船舶性能不甚了解、航线跟踪修正不及时及保密性差等。

2. 船舶自行气象导航

船舶自行气象导航是船长根据所能获取的海洋和气象资料,结合本船性能和装载情况,经综合分析选择最佳航线,简称自导。

船舶自导对船舶水文气象信息获取能力和船长能力提出很高的要求。由于船舶自身气象资源不足,水文气象观测仪器设备有限,所获取气象信息量少,不能为船舶自导提供丰富的资源支撑。自导要求船长具有丰富的水文气象预报能力,若能力不足,盲目自导,可能会给船舶安全造成严重影响。与岸导相比,自导可节约导航费用,同时,对船舶自身情况熟悉,可根据气象条件变化随时调整。

3. 岸船结合气象导航

为充分发挥岸导和自导两者的优势,克服、弥补它们各自的不足,国内外都提出了船岸结合实施气象导航的方案。主要是岸导机构为船长提供初始推荐航线和中期海洋气象预报,最后由船长选定航线;或者为船长提供第一阶段航线,即从进入公海始至48h这一段航线,不断提供气象、海洋方面的预报资料,以后的航线设计由船长完成。这就要求船长充分理解岸导航线的意图,最大限度地参考它。另外,航线选择的大部分工作由船长来完成,要求船上具有一定的设备来支持这一工作系统。就目前气导技术来看,船岸结合的气象导航方式将是未来气象导航发展的重点。

9.1.3 气象导航的发展

自从人类从事航海活动以来,航海者始终重视气象和海洋环境对船舶的影响。在帆船时代,航海家利用季风远渡大洋,就是气象导航的应用。

早在16世纪时,西班牙商船的船长在从美洲返回西班牙的航行中就充分利用墨西哥流,顺流航行;在外海航行时,则利用了赤道流。

19世纪中叶,美国海军上尉莫里最初提出根据气候条件选择航路,他广泛收集船上的航海日记,整理收集到的风和流资料,编成了著名的“领航气象图”,该气象图至今仍在出版使用,这是建立在气候学基础上的气候航线应用的典范。

1882 年英国皇家气象委员会成立，并组织了世界上第一个气象机构，海军上将 Fitzoy 于 1855 年创建了英国气象局，绘制分析天气图并进行预报，将预报结果以天气公报方式向船舶发布。由于当时天气预报水平很低，预报时效短，预报区域有限，且预报信息难以及时传送给船舶，借助这种预报来拟定计划航线难以实施。

随着无线电通信技术的发展，从 1920 年开始，船舶无线电通告中已包含了天气公报，船长已经基本能够在船上接收天气电码报文，获取天气预报信息，并在修改航线中参考使用，减少恶劣天气对船舶航行的影响。

20 世纪 40 年代后期，驻在蒙特雷的美国海军最早采用气象导航，以减少太平洋舰队中军舰的损失。随后，气象导航在商船上也得到了应用。从 1948 年开始，气象预报部门广泛使用无线电发布编码的天气分析报告，并在无线电通告中加入船舶和海岸气象站的报告资料，船长可以利用这些资料，绘制天气图，报告中还包括了天气形势概况和一些海区未来 24h 的天气预告图。

1952 年，霍华德和卡特创立太平洋气象分析公司，是世界上第一个船舶气象导航机构，1968 年正式命名为海洋气象导航公司。从 20 世纪 60 年代末开始，由于油价猛涨，申请气象导航的船舶数量大大增加，气象导航业务迅速发展，世界主要航运国家如美国、苏联、日本、德国、荷兰和英国等，都相继成立了气象导航机构，有政府部门建立的，也有军队和民用商业机构建立的。例如，美国加利福尼亚荣得雷舰队数值预报中心、苏联水文气象总局、英国布拉克内尔气象局、本迪克司海运服务公司、德国汉堡气象台、荷兰地别尔皇家气象协会、日本气象厅和日本气象协会航路气象部等都建立了气象导航机构。

我国气象导航事业起步较晚，20 世纪 70 年代初，交通部上海船舶运输科学研究所，从理论上对气象导航技术方法进行了初步探讨。1979 年 5 月，中国远洋运输总公司首次对青岛远洋运输公司“玫瑰海”轮进行气象导航试验，试验结果表明，采用气象导航使航程缩短，有明显的安全性和经济效益。20 世纪 80 年代，上海船舶运输科学研究所对北太平洋气象航线选择、高空 500hPa 环流天气型与航线选择、各类船型船舶性能曲线等进行了研究，1983 年 1 月，该所和中国远洋运输总公司组成 5 人气象导航考察小组，到英国布拉克内尔气象局和美国海洋气象导航公司英国分公司进行气象导航考察，进而提出在我国建立气象导航机构的设想。

为适应我国远洋运输及海洋开发工程发展的需要，国家海洋局、国家气象中心及沿海各省市气象部门，在航海科研院校协作下，在 20 世纪 80 年代前期组织了气象、海洋、航海、数学、通信、计算机等方面专家，开展了气象导航科技攻关，经过研制和优化，分别在大连、青岛、上海等远洋运输公司及上海海运局进行了多次气象导航实船试验，取得明显成果。目前国家气象局北京气象中心和国家海洋局海洋环境预报中心均建立了一套自动化水平较高的全国性海洋气象导航技术业务系统，具有较强的实际业务功能，为发展我国气象导航业务打下扎实基础。经过几十年的发展，目前已形成了具有相当规模的全球气象导航业务系统，可以在全球范围内开展气象导航。

9.1.4 气象导航的效益

自 20 世纪中叶第一次出现海洋气象导航服务机构为商船安全航行提供海洋气象资料和航线选择指导以来，经过多年的发展，海洋气象导航服务已由对局部大洋扩展到对全球范围的、各种类型和各种航行任务的船舶提供咨询服务。实践证明,气象导航能提高船舶航行的安全性,并产生巨大的经济效益。

1. 提高船舶航行安全性

气象导航的根本目的是减少海洋气象条件对船舶航行的影响,提高船舶航行的安全性。采用气象导航可以使船舶海事、船损和货损减少,从而提高船舶航行的安全性。

1) 减少了重大海事

采用气象导航与未采用气象导航服务相比,由天气原因引起的船损、救助、共同海损等事故有较大幅度下降,船舶航行安全性有了较大提高。据有关资料统计表明,每年因天气造成的船舶灭失占世界总商船队吨位的0.13%,而使用气象导航的船舶在推荐航线上灭失仅占事故当年使用海洋气象导航船舶总数的0.02%。可见,使用海洋气象导航使船舶航行安全率提高6倍多。

2) 减少了船体损害

采用气象导航,可以大大改善航海环境条件,使船舶最大限度地规避恶劣天气区,减少风浪等对船体的损害,特别是船舶在顶浪航行时,持续的首底浪击可使累积的船体损伤相当严重,有时甚至会造成船体断裂。计算表明,在大风浪条件下,浪对船体的冲击力可超过$20t/m^2$。气象导航能使船舶减少遭遇顶头浪的机会,尽量避开这种危害船舶航行安全的恶劣天气区和恶劣海况区,从而减少风浪对船体的损害。

3) 减少了货物损失

采用气象导航后,航行环境相对有所改善,不仅减少了船损,而且货损也随之减少。如果期租船人租入船舶从事运输不使用气象导航,一旦由于恶劣天气而发生货损灭失,期租船人可能会因无法免责的货损灭失而进行巨额赔偿。但倘若期租船人能有效地利用气象导航,就可以选择安全航线,尽可能避开会造成货损灭失的恶劣天气,能提高船舶航行的安全性,减少货损。

2. 提高船舶航行经济性

气象导航除了保障船舶航行安全外,另一个重要的作用是降低营运成本,提高经济效益。提高经济效益主要体现在缩短航时、减少船货损、提高船舶使用率和节省燃料等。

1) 缩短航时

缩短航时是指气象导航一方面是使航程尽量短而合理,另一方面是尽量避开强风、巨浪,特别是顶风、顶流、顶浪的海区,充分利用顺风、顺浪、顺流等有利条件。

船舶采用气象导航后,航行中遭遇顶风、顶浪的机会大大减少,而顺风顺浪的机会增加,同时航程也有较大的缩短。例如,在北太平洋跨洋航行中采用气象航线,航程一般要比中纬度航线缩短500n mile以上,有时甚至缩短1000n mile,从而大大缩短了航时。

统计资料表明,北太平洋、北大西洋的跨洋航线,采用气象导航的船舶与没有采用气象导航的同类船舶相比较,航时有较大节省。据美国海洋气象导航公司统计,在北太平洋跨洋航线平均每次可节省4.5h,西航平均节省8.6h。在北大西洋东航跨洋航线平均每次可节省3.6h,西航平均节省5.9h,其中冬季导航的效益大于夏季。对横跨北印度洋的船舶,采用气象导航也可节省航时。

2) 减少船货损

现代船舶性能越来越好,其造价越来越高,利用气象导航,可使船舶尽量避开大风浪区,减少了船舶损失,从而带来了间接经济效益。

船舶营运过程中,若出现较大的货损,船舶方一般需向货主赔偿,借助气象导航,船舶按最佳航线航行,能减轻船舶的摇荡、颠簸,降低货损率,提高船舶运行的经济效益。据我国某远洋运输公司统计,没有采用气象导航前,该公司的船舶冬季由加拿大返航,沿中纬度的气候航线航行,大部分船舶都遭遇大风浪天气,且顶浪航行,海水经常淹没船舶前半部分舱口,造成严重货损;而采用气象导航后,船舶货损率显著降低,因风浪因素影响而发生的货损几乎没有。

据统计,20 世纪 60 年代前,气象导航尚未普及时,因恶劣天气引起的船损修理费平均每船达 32000 ~ 53000 美元。从 20 世纪 60 年代起,气象导航在船舶航线上应用后,使得船损修理费逐年下降,天气造成的船损修理费降为平均每船 6000 美元。可见,气象导航的运用使得船体损害的概率大幅下降。

3) 节省燃料

船舶气象导航选择比较合理的航线,能达到缩短航时的目的,同时,航时缩短又带来燃料的节省和运输成本的降低。航行于中—美西、中—加航线的船舶,若采用中纬度的习惯气候航线,航时长,最短为 21 天,最长达 29 天,平均 23 ~ 24 天,且常遭遇顶风逆浪,船损、货损都很大。采用气象导航,最短航时仅 15 天,平均缩短 4 ~ 5 天,仅燃料费一个单航次可省 3 ~ 4 万美元。以一艘航行于北太平洋上的船舶为例,西航时平均每个航次节约 8h,每日消耗燃料 36t,燃料费 2400 美元。因此,长期采用气象导航,对于船运公司或船舶营运人,能大大节省燃料,取得明显的经济效益。

4) 其他经济效益

在航运业务中经常会遇到签订有时间限制的运输合同,尤其对航次承租的船舶,有时货主受租期船舶按合同约定的日期到港装卸货,若逾期不到,则要赔偿滞期费或取消运输合同,这必然会对营运公司的经济产生一定的影响,甚至影响到公司的信誉。

据有关部门统计,接受气象导航的船舶有 93% 提前或准时抵达目的地,而没有接受气象导航的船舶却有 38% 晚到。可见,采用气象导航能够提高船舶到港时间的准确性,尤其对那些要求使用专用码头装卸货和严格按计划使用吊车的特种船舶和集装箱运输船舶来说,采用气象导航是极为有利的。另外,对赶潮水船舶来说,没有采用气象导航,若拖一次潮水,时间就要损失几至十几小时,经济效益会大大降低。可见,跨洋航行的船舶采用气象导航在很大程度上可达到安全、经济、准时的效果。

9.2 气象导航环境要素

9.2.1 影响航线选择的海洋环境要素

海洋环境是影响船舶航行的重要因素,特别是海洋和大气环境,经常处于复杂的、剧烈的变化中,使船舶海上航行受到很大影响和制约。在帆船时代,船舶海上活动取决于海洋环境。尽管随着船舶技术的发展,现代化的船舶都趋向大型化和自动化,但恶劣的海洋环境仍能造成船舶的严重损失。因此,在现代化航海活动中仍不可忽视海洋环境因素对船舶航行的影响。在众多海洋环境要素中,风、降水、海浪、海流、海雾和海冰等海洋环境要素的变化对船舶航行的影响尤为严重。正是由于诸多海洋环境要素对船舶航行的影响和制约,才使得船舶在航行中要充分考虑海洋环境条件并进行合理规划航线。

1. 风的影响

风是指空气的水平运动,具有大小和方向,风向是指风的来向,风的大小通常以风速或风级来表示。风是影响船舶海上航行的重要因素,在风的作用下,会使船舶发生横移、偏转和前冲或后移。风不仅直接影响船舶运动,而且还通过海浪和海流的作用间接地表现出来。

船舶因风压产生横向漂移速度与风速、风舷角、船速、船舶水上受风面积和船舶形状等有关。船舶在风中的偏转规律主要取决于风力中心、船舶重心和船舶水线下水阻力。不同类型的船舶水上部分受风面积的大小和形状有很大差别,受风影响亦不同,所以风对船舶运动的影响很难准确地测定。

船舶顶风航行时,在风力作用下,实际航速将降低,造成航向不稳定,易产生偏航,但风力对重心构成的转首力矩有利于船舶转向。

船舶顺风航行时,在风力作用下,实际航速将增大,且航向稳定,不易产生偏航,但风力对重心构成的转首力矩对转向起阻止作用,不利于船舶转向。

船舶舷侧受风航行时,由于受风面积大,风力对船舶航行的影响最为显著。舷侧风对停车漂泊船舶来说,在风压力矩的作用下,使船首向下风舷偏转,且边偏转边顺风漂移,漂移速度将随风力和受风面积增大以及水线以下面积减少而增大。如果海区周围存在危险物,或在狭水道和港湾时,船舶的安全就会受到威胁。对直航船舶来说,在风力作用下将向下风舷横移,使船舶离开原始直航线而发生偏离。对倒航船舶来说,风压合力作用在风压中心使船首向下风舷偏转。

风影响船舶航行速度,一般情况下,顶风减速,顺风增速。当风速小于20kn时,顶风约减速5%,顺风约增速2%。当风速较大时,风引起的波浪对船速影响很大,无论顺、逆风均使船速减小。当船速与风速相当时,既影响船速又影响航向,会使船舶发生偏荡运动。例如,一艘航速为20kn的船舶遇到舷角60°的7级风,且有4m高大浪时,船速将降至16kn,约下降20%。有时为了防止船体受海浪的冲击,船长可能下令降低主机转速,从而使船速更慢。

风对不同船型影响不同,一般而言,当风舷角相同时,客船受风影响最大,货船次之,油船最小。风对同样吨位的满载集装箱船比满载油船影响要大。总之,风对船舶运动的影响主要视船舶类型、装载情况、干舷高度、上层建筑面积及形状等因素而确定。

2. 气旋的影响

海上的风、浪引起船舶摇摆,造成船损或货损甚至沉没,大部分是由于气旋天气所产生大风的影响,热带气旋和温带气旋是经常产生大风的天气系统。热带气旋中心气压低,能引起较大的风、浪,对船舶造成重大的损坏,其危害性已引起重视。温带气旋的持续时间比较长,一般都在5~7天之间,分布范围广,一年四季几乎全球所有的温带地区都可能出现,有时也能产生大范围的大风天气,其对船舶的影响有时也较大,也是船舶气象导航不可忽视的一种危险性天气系统。

温带气旋对船舶的危害主要是风力较强和风向的突变以及由此而产生的巨浪。风向的突变使得船舶来不及改变航向,侧向受风,横向摇摆加大,造成船舶侧倾,如风速很大则可使船舶倾覆、沉没造成海难。

3. 雾的影响

雾是悬浮在贴近地面的大量微细水滴或冰晶的可见聚合体,能见度小于1km的叫雾,能见度在1~10km之间的叫轻雾。雾是影响海上能见度的主要因素之一,威胁船舶海上航行安全,雾中航行,稍有不慎,就会发生偏航、触礁、搁浅或碰撞的危险。

船舶在近雾区或雾区航行时,由于能见度不良,会给航行安全带来不利影响。船员应加强责任心,认真做好各种预防工作,充分估计到可能遇到的意外情况,正确使用雷达等助航仪器,加强瞭望,采用安全航速,掌握好船位,遵守航行规则,以保证船舶航行安全。

雾是造成船舶海上碰撞的最主要因素,为保障航行安全,船舶雾中航行时,一般要减速航行。据统计,在海上发生的船舶碰撞事故,有60%以上是在有雾情况下。因此,跨洋航线的选择,雾是主要的考虑因素之一。但是若整个海区都有可能发生雾,跨洋航线的选择要想完全避开雾区是不现实的。另外,海洋上大雾区往往又是大渔场所在地,鱼讯期间渔船云集,加上雾的频繁出现,这就使得航行条件更加恶化。气象导航的推荐航线会考虑到海雾因素影响,但要完全避离雾区是不可能的,即使采用了气象导航也要有短时的雾航准备,及时采取必要的雾航措施。

4. 海冰的影响

冬季,船舶在高纬度航行时,常会受到海冰的影响。海冰是海洋中水结冰现象,主要包括海冰、冰山和船体积冰等几种形式。

海冰是由海水冻结而成的冰,多见于高纬度沿岸和岛屿附近,多冻结于岸。

冰山是极地附近千年冰川断裂而成的高出海面5m以上的巨大冰块。冰山可以是漂浮的,也可以是搁浅的,形状多为桌状、尖顶状及冰岛。冰山的规模大小不同,南半球的冰山较北半球的冰山大。冰山的水下部分很大,水下部分和水上部分体积之比约为9:1,潜伏在水下部分像暗礁或浅滩一样伸展得很远,不易被船舶发现,对船舶航行的威胁很大,轻者会使船体、推进器和舵装置受到损伤,重者会造成船舶的倾覆。

船舶在高纬度航行时,当气温下降到海水冰点以下时,海水在船体上迅速凝结而成的冰,就是船体积冰,船体结冰会造成船舶性能下降,甚至船体封结、下沉。船体积冰往往发生在近岸水域,在开阔的海洋中较少发生。大风浪时,这种结冰可遍及船舶的上层建筑,严重地影响船舶操纵性能和稳定性,冰层会随时间越结越厚,且不对称,迎风面多,沿船的横向分布不均,严重时可导致船舶倾覆。另外,降水落到船上时也会发生船舶积冰,这种结冰现象往往是自上而下发展起来的,对船舶的稳定性影响很大。

5. 海浪的影响

海浪是发生在海洋中的一种波动现象,是海水运动的主要形式之一,也是影响船舶运动的重要因素。在海浪的作用下,船舶会发生摇摆、偏荡、砰击、上浪和失速等现象。

海浪作用下的船舶摇摆,给船舶操作和机械使用带来一系列影响,如船员体力消耗增加,精力涣散,操纵容易发生错误;船舶航行阻力增大,航向不易保持,主机可能超负荷,续航力降低,螺旋桨可能飞车,机械使用困难;还可能使船体结构受损等。

船舶在海浪的作用下产生周期性的首尾摇摆运动,称为纵摇。由于水上纵稳性很大,船舶水上纵摇通常不超过几度。但是顺浪(或顶浪)航行时,由于波浪的直接打击,可能使船尾的螺旋桨、舵等装置受损。

船舶横浪航行时，整个舷侧都受到浪的冲击而产生左右摇摆，称为横摇。由于船舶横稳性比纵稳性小几百倍，所以横摇比纵摇要剧烈得多。

海浪不仅会使船舶产生纵摇、横摇和升降运动，而且当波长接近船的长度时，还会产生共振现象，引起大幅度纵摇，使舵效降低，为减弱剧烈的纵摇，船舶就得主动降低船速，造成船舶失速现象。

船舶在海浪中失速取决于船舶特征函数（吃水、吨位和船型等）、风浪的大小和范围及浪舷角等因素。当海浪较小时，顶浪航行可使船速降低，顺浪可稍增加船速。当达到中至大浪或以上浪时，不仅使船舶减速，而且还会使船舶产生纵摇、横摇和升降运动。当横摇过大时会造成货物的位移，危及船舶安全。如果船舶的横摇周期与波浪周期同时趋向共振，可产生谐摇导致船舶倾覆。大的纵摇会产生严重的船首入水撞击船体，有时会造成打空车，降低舵效，损害推进设备，有时还会出现中拱或中垂现象，严重时会使船舶断裂。特别是在浅水区，海浪引起的升降运动会对船舶构成极大的威胁。船长有时为了减少不利因素的影响，必要时会主动降低船速或改变航向，从而延长航时或航程。

一般地，对于上层建筑不太臃肿和主机功率较大的现代船舶来说，船舶因风的阻碍作用引起的失速占全部失速率的1/3，而海浪引起的附加阻力作用产生的失速，占全部失速率的2/3。因此，海浪是造成船舶失速和危及船舶航行安全的最主要因素。

6. 海流的影响

海流也是海水的一种主要运动形式，是指海洋中大规模的海水运动，具有稳定的流向和流速，流向是指海水流去的方向，流速通常以 kn 表示。海流主要受大气环流的影响，同时还受地球自转、海底地貌、海岸和岛屿等因素的影响。

海流主要影响船舶的航速和航迹。受海流的作用，船舶相对海底的运动是流速与船速的合成，其影响大小视海流强弱和不同舷角而异。顺流增加船速，逆流降低船速，横流主要影响航迹，其他舷角既影响航迹又影响航速。

船舶直航向前（后退）时，在侧流的作用下，将使船向顺流方向移动。船舶转向时，如果顶流，由于流的作用，使船的航程缩短；如果顺流，由于流的作用，使船的航程增大。船舶处于舷侧受流的航向转向时，如果转向顶流，由于流的影响，使船的旋回直径减小，航程缩短，但时间不缩短；如果转向顺流，由于流的作用，使船的旋回直径增大，航程增大，但时间不增加。

海流对船速的影响，一般是以投影到船首尾线上的流速矢量大小为准，若此方向上流速矢量大于0.5kn时，就要考虑海流对船舶运动的影响。例如，船速为18kn的货船在海上航行，受到一股流速为2kn、相对流向为30°的海流影响，其船速将降低为16.4kn。

9.2.2 气象导航海洋环境要素获取

在气象导航航线设计中，所用的海洋气象信息大体可分成气候资料和天气资料两类。气候资料是气象资料经过统计分析和系统化处理而制成海区的各种水文气象资料，以气候表册、指南、图或数据库的形式出现。天气资料是指航区的海洋气象实况资料和预报资料等。气候资料和天气资料可通过各种不同的途径和渠道获得。

1. 海洋气候资料

横跨大洋航行的船舶，有时需要航行数十天，对于这种航时长、航程远的气象航线设计,由于受目前天气预报技术与预报时效的限制,在拟定最佳天气航线时,需要参考一些气候资料。先根据天气和气候资料选择出一条初始航线,然后在航行途中根据所获得的最新天气、水文资料对初始航线进行必要的修正或更改,力求达到最佳导航效果,气候资料是气象导航过程中不可缺少的主要参考资料之一。船舶应具备多种航海气候资料,常用的有世界气候图、世界大洋航路、航路设计图、天气手册、航海家手册、气候图和表层海流图等。

海洋气候资料是气象航线设计的基础,可分为咨询资料和计算资料两种。咨询资料包含有关海洋气象参数的一般情况,某种要素值出现频率和概率,这类资料主要包括领航的水文气象记录、水文气象图集和图表、自然地理图集、水文气象参数专集(海水、海温、海流、风暴和波浪等)、船用水文气象图集、专用参考材料及水文气象评论等。计算资料是根据具体条件确定某点或某时的海洋气象参数值,这类资料主要包括潮汐表、潮流表、计算的海浪表、距平表等。咨询资料可以用作评估航线上的一般水文气象条件,并借以选择船舶的最佳航行时段。计算资料可用于比较精确地考虑各种水文气象要素对航行安全、航速、进出港口、通过狭窄航道和避开浅滩的影响。对于选择最佳航线和评价航线上的海洋气象条件来说,水文气象图集是较好的气候资料,它列出气压、风、风浪、涌浪、海流、海温、盐度、雾、云、海冰、气旋等统计特征和变化规律等。在利用气候资料时,必须了解构成该资料序列的长度;了解在已知时段内参数的数值变化幅度;了解该要素值的出现频率,特别是灾害性天气,如热带风暴、浓雾等。观测资料的年限长度很重要,它可以决定所用资料的可靠程度,如果统计资料小于25年,对该资料的使用就应谨慎,因为这样的年限不可能包含全部可能发生的现象,最大和最小值也很可能落不到这段年限范围内,从而该现象出现的频率将不可靠。作为稳定性特征,所研究的参数变化幅度及其频率也是很重要的。如果振幅不大,而出现频率高,就可采用平均值。而在另外一些情况下,利用平均值也可能会导致大错,因为在资料短年限内,它们会与一些极值相加,而使平均值偏高或偏低。所以气候航线是平均情况,仅能作气象航线参考。

2. 海洋天气资料

大范围水文气象实况资料和预报图是船舶气象导航和跟踪服务的基础,在气象导航过程中常用的天气资料有不同层次的天气图,各种要素的实况分析和预报图,卫星云图资料,海冰、雾的报告,风暴警报,海流分析和预报,波浪频谱资料以及航海危险通告等。这些资料主要来源于世界气象组织、国家气象中心、商船协作报告网、海军舰队数值中心、美国联邦航空管理机构、斯克里普海洋研究所、日本海道测量部、加拿大冰情预报中心等。总之,最佳航线选择要求详尽的、准确的、大范围的气象和海况资料,因此,资料来源需具有广泛性和复杂性。

为了获取全球海洋资料,需建立全球海洋监测网、通信网,从20世纪70年代开始,有关世界组织和各主要海洋国家都在致力于建设这样的系统。全球海洋监测系统是一个庞大的立体观测系统,它包括海洋和岛屿站、船舶站、浮标站、定高气球、火箭、飞机和气象卫星等,其中以船舶测报、浮标观测和卫星观测作用最大。

船舶测报是根据政府协议,纳入世界气象通信网的气象报告,它能及时地、大量地提供广阔洋区的天气和海况信息,是船舶气象导航的基础资料之一。

海洋浮标能长期、连续、自动遥测各种水文气象要素,与船舶观测相比,具有明显的优越性。海洋浮标有两种：一种是锚泊浮标，相当于一个海上自动水文气象站，它可以定时观测和发报；另一种是漂流浮标，与通信卫星结合，不但可以实时传输海洋观测资料，而且可以推测表层海流。这些浮标提供的资料是水温、波浪、风场和流场分析、预报的重要依据。

卫星观测资料能显示天气系统的实时分布状况，能为预报人员进行气象和海洋预报提供极有价值的资料，填补大洋中测站稀少，水文、气象资料难以获取的空白。过去，观测资料稀少的地区，特别是大洋地区资料缺乏连续性，使得天气预报带有很大的局限性，预报精度较差，而气象卫星的出现使海洋资料大大改观，促进了天气预报的发展，使预报精度有了很大提高。另外，通信卫星可进行岸与船直接通信，及时传递情报资料，为船舶航行安全提供有力保障。

船舶海上航行，除了接收气象导航机构发布的气象导航信息外，还可利用气象接收设备获取气象传真台发布的气象传真图，为船舶自行气象导航提供参考。气象传真图中就包含较多的实况图和预报图，在西北太平洋海区，日本气象传真广播一台发布的气象传真图应用较为广泛，预报精度高，能为海上船舶提供丰富的气象传真图资料，接下来以此为例介绍各种天气图。

1）地面天气图

地面天气图包括地面分析图和地面预报图。地面分析图也称地面实况图，如图9－1所示。

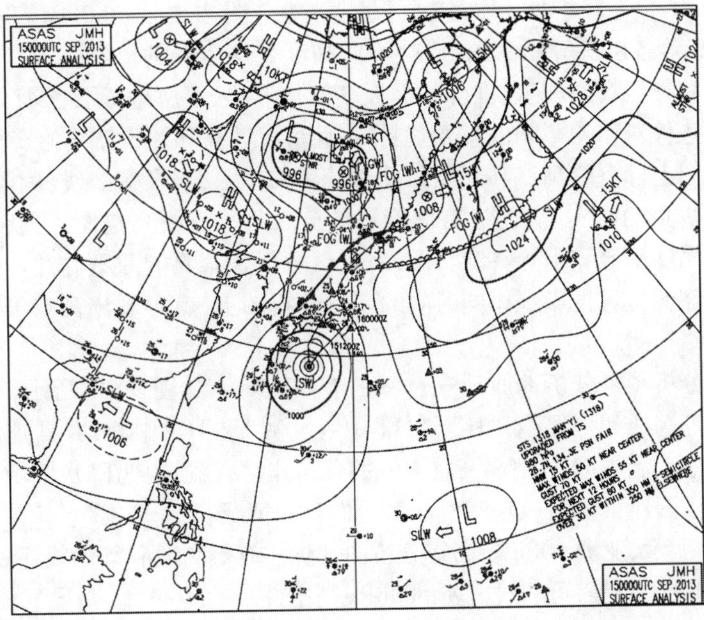

图9－1　地面分析图

地面分析图是制作各种气象要素预报的基础。根据地面分析图给出航线上的实际海洋气象状况，可及时发现作为最佳航线计算的基础过程预报的错误并加以纠正。

地面预报图给出预报时效内天气形势，图9－2所示为24h地面预报图。根据这些天气形势结合地面分析图，可进行要素预报，了解航区大致海洋气象要素分布情况，特别是灾害性天气的分布情况,是最佳航线设计最重要的依据。

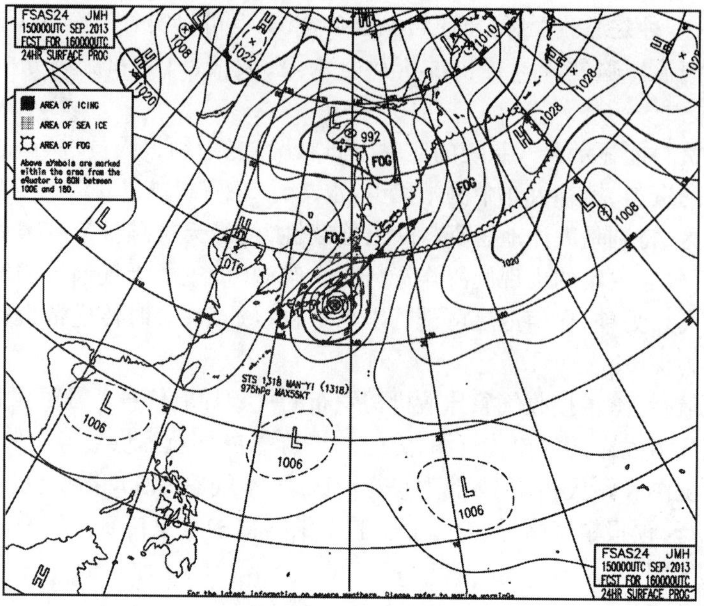

图 9-2　地面预报图

2）高空图

高空图分为高空分析图和高空预报图。高空图主要有 850hPa、700hPa、500hPa、300hPa、200hPa 等各层次等压面图,反映不同高度处气压场的分布情况。从高空图上可以获取温度场和气压场的配置,准确掌握天气变化形势,了解地面要素变化情况,高空图也是分析天气条件对船舶影响的重要资料,据此可以计算和评价航线的安全性与经济性。

高空分析图上标有等高线和高压(H)、低压(L)中心,以及等温线(间隔 4℃)、冷(C)暖(W)中心和少量测站实况,还标有湿度场的分布等。分析高空图,可获取高空温度平流、湿度平流、涡度平流和引导平流情况,对天气分析预报具有重要作用。将地面分析图上气压系统和锋的位置投影到相同时间的高空分析图上,就可看出高空气流对地面天气系统的影响。

高空天气分析图是分析地面天气过程的有效工具。如图 9-3 所示,700hPa 高空分析图上标注有等高线和等温线,“H”和“L”中心,“W”和“C”中心,并且把温度露点差小于 3℃的区域进行标注,这对把握高空水汽的分布非常有益,也为降水区域预报提供重要的参考,同时,该图还可分析风场和气压系统的移动情况。

如图 9-4 所示,亚洲 500hPa 高空分析图上标注有等高线和等温线、高压中心和低压中心、暖中心和冷中心等,可通过分析 500hPa 高空图的冷暖平流、引导气流等,大体掌握高空环流形势,进一步把握地面天气系统的发展变化情况。

高空预报图是预报未来某时间的高空天气形势。图上有等高线、高低位势中心的位置等,图 9-5 所示为高空 500hPa、48h 预报图,对了解未来 48h 天气形势变化有重要参考作用。

为了正确选择最佳航线,仅仅掌握天气实况是不够的,还必须具备 5~7 天的中期天气预报。根据各种预报图上对未来时刻气压场形势的判断,可掌握系统发展的动态,以便

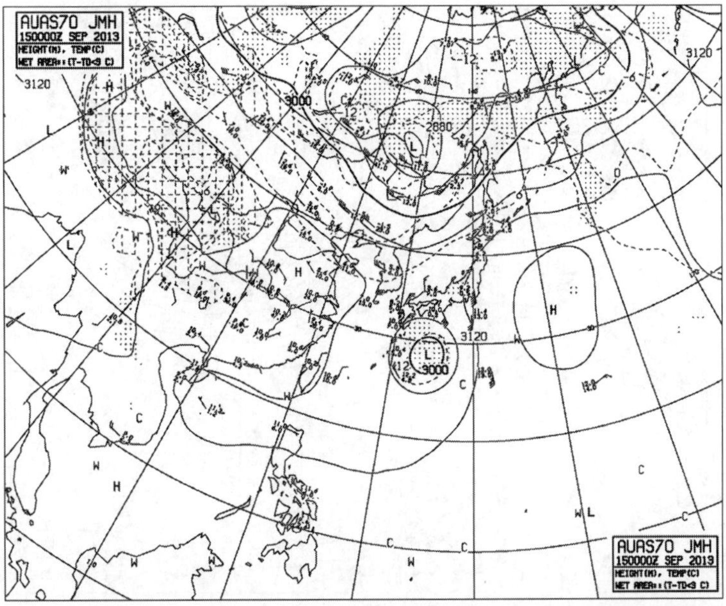

图9-3　700hPa 高空分析图

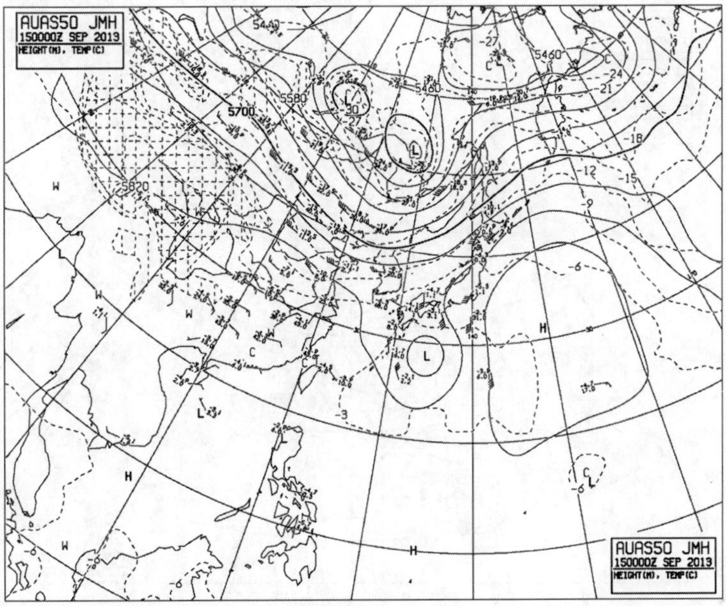

图9-4　500hPa 高空分析图

了解船舶航行海区海洋气象要素的变化情况。

3）海浪图

海浪图分为海浪分析图和海浪预报图。在海浪分析图上，测站周围分布的符号主要表示风、风浪、涌浪的情况。海浪分析图上的粗箭头代表主波向，标有数字的黑色实线表示等波高线，间隔1m，如图9-6所示。此外，在图上还绘有锋面、低压中心和高压中心位置、强度及风矢量等。浪向往往用箭头表示，并在尾端写上周期值。

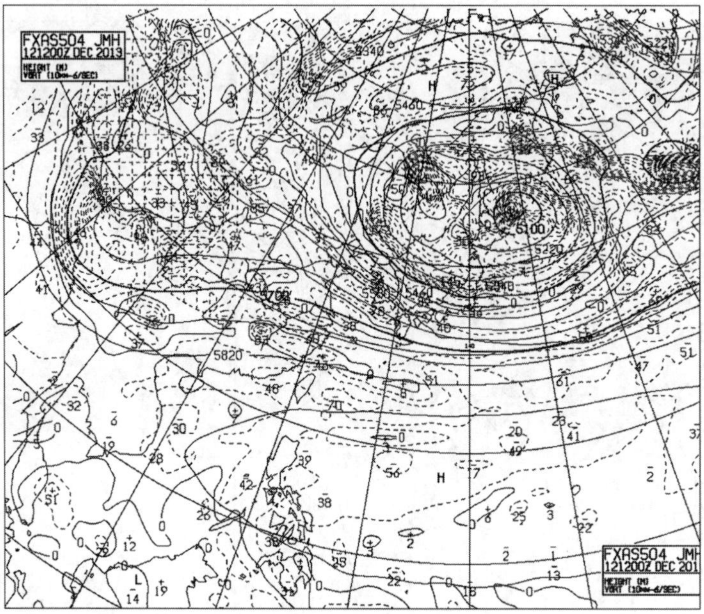

图 9-5　500hPa、24h 预报图

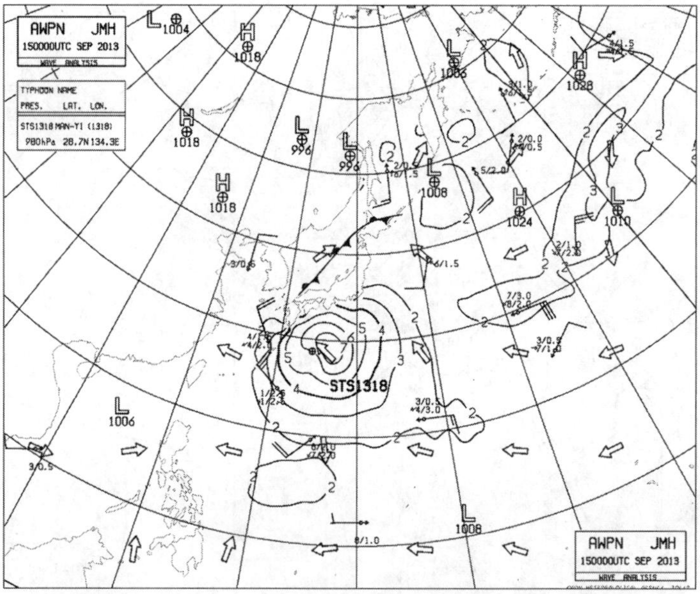

图 9-6　海浪分析图

海浪预报图上标注有预报的高、低压中心位置和强度,等波高线(间隔 1m),主波向等。海浪预报图是根据观测的海浪实况、天气形势预报和气象要素预报制作的,预报未来 24h 高压、低压中心位置和强度、锋面位置以及波高分布、主波向、波高和周期等,如图 9-7 所示。

海浪图对船舶气象导航尤为重要,因海浪是影响船舶航行的重要因素。许多国家的海洋、气象服务部门都会绘制大量海浪图以满足航海的需要。

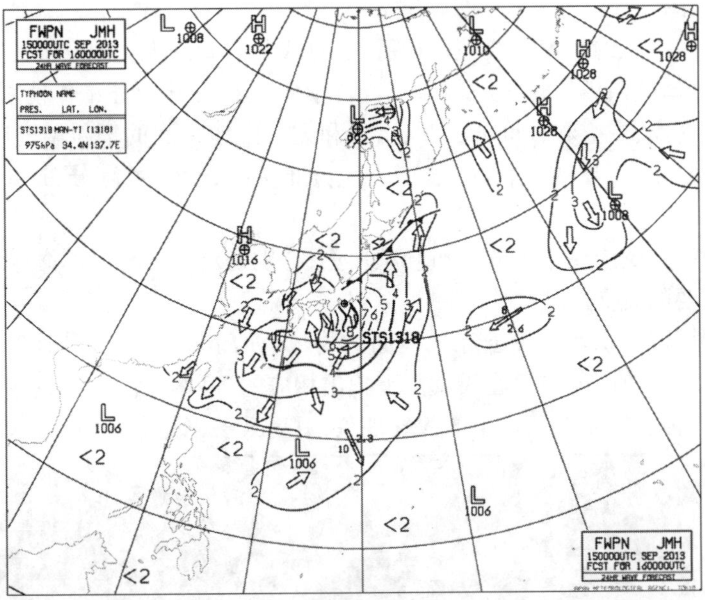

图9-7　24h海浪预报图

4）海流图

海流图有平均海流图、海流实况分析图和海流预报图等，图上给出了流向和流速，也是选择最佳航线的重要依据，如图9-8所示的表层海流图。图中箭头表示海流的方向，线条粗细表示流速的大小。

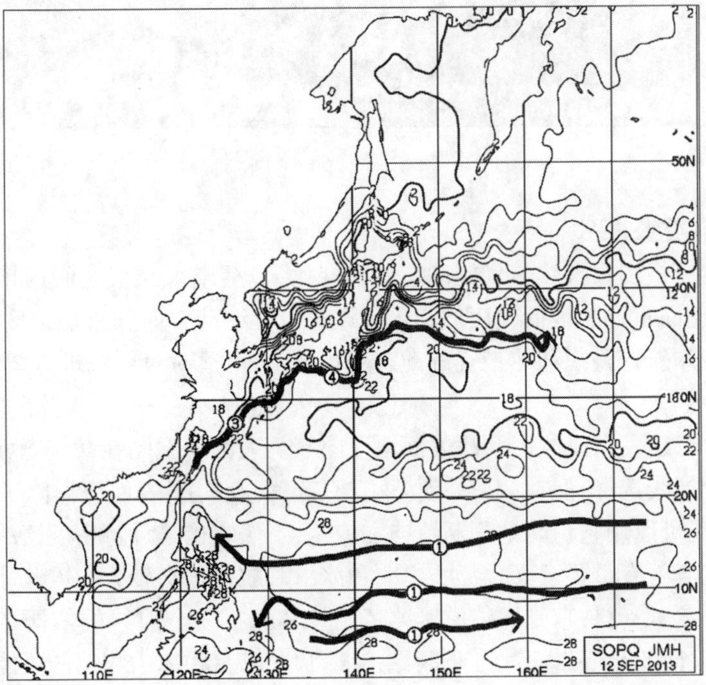

图9-8　表层海流图

5）卫星云图

气象卫星在一定的轨道上绕地球运行，定时或不间断地观测地球上的气象情况，将观测结果经过技术处理，就可供气象部门进行科学研究和日常业务工作使用。气象卫星可提供的观测资料有：白天和夜间的云图，云顶和无云区地表面的辐射温度（从而可推知云顶高度），对流层中、下层的风，大气温度垂直分布廓线，大气水汽分布、降水分布和雷暴活动等。

卫星云图已广泛应用于天气分析和预报上，特别是对测站稀少的海洋地区，卫星云图的应用具有重要的意义。

卫星云图可用来识别各种云和地表面的物体，如岛屿、海洋与陆地等，如图9－9所示。云图上云的大范围分布可在天气图上找出相应的各种系统及追踪系统的移动和发生发展，分析出各种天气系统所产生的天气现象，卫星云图也是选择最佳航线的重要依据。

图9－9 卫星云图

6）热带气旋警报图

热带气旋警报图预报热带气旋动态发展变化，包括未来预报时间内热带气旋的中心位置、中心近地面附近的最低气压值和最大风速以及移动方向和移动速度等，如图9－10所示。分析船舶航行路线和热带气旋动态变化关系，可适时对航线进行调整，以保障船舶航行的安全性。

气象传真台还发布海冰图和海表面温度图等。表面海温图在某些海域特定的情况下可以直接影响航线选择，但在一般情况下，它只起间接作用，表面海温除了计算海洋表面风场需要外，还可以用它粗略地判断流向和流速，当然它也是计算密度流的重要参数。海冰图在高纬度海区有重要意义，流冰、岸冰和冰山对航行危害较大。因此冰情图是最佳航线选择的重要参考资料，它是评估航区冰情条件和选择安全航线的依据之一。在航线跟踪服务中，及时向船长通告海冰分布区界，流冰状况以及和冰山相遇的可能性等。在海冰图上清楚地绘有各种密集度和厚度的冰块分布情况，冰的形成、冰的积聚度、冰的破碎度、冰山个数及冰区最大界线等。

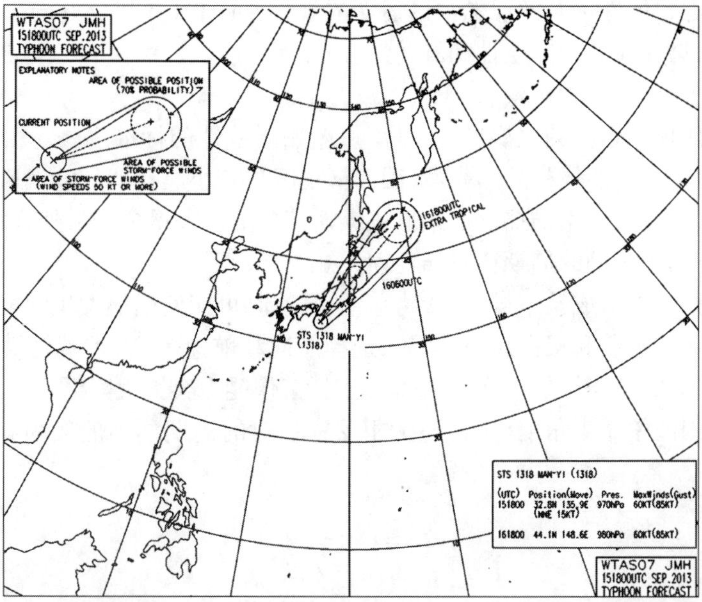

图 9-10 热带气旋警报图

另外,天气图还有一些辅助图,如垂直气流图、涡度图、散度图等,这些辅助天气图对了解和把握天气变化情况,也有重要的参考作用。

9.3 气象导航基本原理

9.3.1 船舶耐波性及失速

气象导航主要目的是为了保障船舶航行安全,大风浪是影响船舶航行安全的重要因素,因此,气象导航航线选择应尽可能避开大风浪区域。但不可避免地,船舶在大洋中航行总会或多或少地遇到较大的风浪。在气象导航业务中必须考虑在不同的风浪条件下船舶的性能,并根据船舶的性能判断是否需要变更航线,以及采取合适的操纵措施,以保证船舶航行安全。大风浪除了对船舶航行安全产生影响外,还会造成船舶失速现象,使船速降低。

1. 船舶耐波性

研究船舶在波浪中的特性,以确保在不同波浪等级情况下船舶航行的安全,是气象导航必须考虑的要素。船舶耐波性就是研究船舶在波浪中的运动规律,了解船舶摇荡运动的规律及其影响因素。浪中航行的船舶,由于受到波浪的扰动,船舶会发生复杂的摇荡运动。摇荡运动可以分为 3 种线运动和 3 种回转运动,线运动包括纵荡、横荡、垂荡,回转运动包括纵摇、横摇、艏摇。其中,横摇、纵摇和垂荡等运动显著,严重影响船舶安全。船舶耐波性除摇荡运动外,还包含由于摇荡运动而引起的拍底、甲板上浪、失速、螺旋桨打空车和纵摇引起的横稳性下降等。

船舶摇摆运动以及由摇荡引起的其他性能变化会影响船舶的舒适性、操纵性和安全性等。研究船舶耐波性可了解船舶摇荡运动的规律，可通过寻找良好的操船方法避免或减轻摇荡运动，增加船舶的安全性和舒适性。

1）横摇

横摇是船舶摇荡运动的主要形式，是衡量船舶耐波性的标准之一。由于船的横向尺度远小于纵向尺度，且船体的外形光滑，因而横摇阻尼较小。在船舶波浪遭遇周期与船舶固有横摇周期相近时，发生横摇谐摇幅值比纵摇情况下要大得多。另外，由于船的横摇复原力矩比较小，横摇运动的周期比纵摇运动大。

大幅度横摇可能造成舱室进水，货物移动，严重时可能使船舶发生倾覆，所以，在航行中必须注意货物的装载和根据风浪情况来选择航向和航速等，力求减轻横摇。横摇还可影响船员的工作状态，当横摇幅度在10°以上时，工作能力会大大降低。

船舶在规则波中做小角度（$<15°$）无阻尼横摇时的周期称为船舶固有横摇周期 T_R，可表示为

$$T_R = C \times \frac{B}{\sqrt{GM}} \tag{9-1}$$

式中：T_R 为船舶固有横摇周期（s），表示船舶自一舷横倾至另一舷再回到初始横倾位置所需时间；C 为横摇周期系数，该值与船型有关，一般客船为0.75～0.85，货船为0.7～0.8；B 为船宽（m）；GM 为初稳性高度。

对于同类型大小不同的船舶，用 T_R 衡量船舶横摇状况并不合适，一般可用横摇系数 $T_R \times \sqrt{G/B}$ 来判断。由于横摇系数比较稳定，一般在8～14之间，如果小于8，则横摇过于剧烈，超过14则船舶稳性力矩太小。当船舶受到横风的作用或操舵回转时，船舶将产生较大的横倾角。各种不同类型船舶的横摇周期如表9－1所列。

表9－1 船舶的横摇周期

船舶种类	载重/t	横摇周期/s
客船	500～1000	5～9
	1000～5000	9～13
	5000～10000	12～16
	10000～30000	16～20
	30000～50000	20～28
货船	满载	9～14
	压载	7～10
拖船	—	6～8

船舶在波浪中的横摇运动，是波浪的强迫摇摆和船舶本身固有摇摆相结合的复合运动，这种摇摆运动会受到水阻力的作用，逐渐衰减。

在规则波中，波浪能量越大，波长短而波高大时，船舶横摇幅度成正比增加。在不规则波中，船舶平均横摇周期接近船舶固有横摇周期，谐摇现象不明显，谐振区内摇幅小于规则波中的谐振摇幅，而在远离谐振区则相反。

船舶在波浪中航行时，为降低船舶航行的危险，可采取一些措施减轻横摇。一是通过

调整船舶固有横摇周期减轻横摇。在确定航线后根据本航次各海区可能经常遭遇的波浪周期特点,船舶在配载时调整好初稳性高度,使船舶固有横摇周期避免与波浪周期相同而产生谐摇,为避开谐摇区,调整船的固有横摇周期尽量大一些为好。二是改变遭遇浪向角、船速以调节波浪遭遇周期减轻横摇。船舶航行时,改变遭遇浪向角或船速,或同时改变遭遇角和船速,可改变波浪遭遇周期,减少横摇。

2）纵摇和垂荡

当波浪通过船体时,浸水面积变化,浮心会随之上下变动,将引起船舶纵摇。船舶中心在垂直轴上的上下运动就是垂荡运动。由于船的首尾形状不对称,一般船舶在迎浪航行时,会同时发生纵摇和垂荡,且纵摇和垂荡相互作用,纵摇引起垂荡,垂荡也引起纵摇。

船舶存在一个固有纵摇周期,可通过式(9－2)进行估算,即

$$T_P = C_P \sqrt{L} \tag{9-2}$$

式中:L 为船长(m);C_P 为船舶纵摇周期系数,客船为0.45～0.55,客货船为0.54～0.64,货船为0.54～0.72,油船为0.80～0.91。

船舶的垂荡周期可用式(9－3)近似估算,即

$$T_h = 2.4\sqrt{d} \tag{9-3}$$

式中:d 为船舶平均吃水(m)。

船舶的垂荡周期和纵摇周期很接近,它们约为船舶横摇周期的1/2。一般来说,船舶垂荡和纵摇周期大致为货船4～6s,客船(1万t以下)5～7s,渔船3～4s,小船与快艇(100t以下)2～3s。

纵摇与垂荡会对船舶造成很大的影响。纵摇和垂荡还可造成船舶拍底,严重的拍底可损坏船首部的结构,导致船体发生颤振;甲板上浪使甲板机械损害,船舶稳定性下降,影响船员工作。纵摇和垂荡能引起船舶失速,使主机功率得不到充分利用。在压载航行时,驾驶人员主动减速主要是避免船首部的严重拍底。满载船舶主动减速的重要原因是考虑上浪的频度。造成的螺旋桨飞车可使主轴受到较大的扭转振动,主机突然加速和减速,使主机部件损坏,推进效率降低;过大的摇荡使负荷加大,可能损害船体结构,甚至断裂。激烈的摇荡再加上大波浪,给船舶操纵带来困难,使船舶不易维持或改变航向。

船舶在规则波中迎浪航行时,其垂荡和纵摇具有以下特点。

(1) 与横摇运动相比,纵摇和垂荡运动较小。

(2) 波长与船长对纵摇和垂荡影响很大。波长与船长之比在1～2.5范围内纵摇和垂荡剧烈。

(3) 船速对船舶迎浪航行时的垂荡和纵摇运动影响很大。船速为零时,纵摇和垂荡运动较小,船身以波浪周期纵摇,纵摇角一般不超过最大波面角。随着船速的增加,垂荡和纵摇运动一般是增加的。对纵摇而言,船速变化对其影响较小,任何船速下,纵摇幅度都不会太大。

(4) 当船舶固有纵摇周期大于遭遇周期时,船首迎着短浪航行或船速较大,纵摇较小;当船舶固有纵摇周期小于遭遇周期时,船首迎着长浪航行或船速很低,或顺浪航行时,则船随波而摇,沿着波面运动;当固有纵摇周期和遭遇周期相差不大时,发生纵摇谐摇,摇

摆剧烈，容易发生甲板上浪或拍底现象。当船舶垂荡周期与遭遇周期近似相等时，垂荡谐摇，垂荡振幅达最大值。

（5）航向对纵摇和垂荡也会产生影响，顺浪航行时，波浪遭遇周期增大，偏离纵摇和垂荡的固有周期，纵摇和垂荡不会太大。迎浪时由于遭遇波浪周期减小，很可能接近船舶固有纵摇、垂荡周期而产生谐摇。因此，船舶在迎浪时，对纵摇和垂荡运动存在一个最佳航向范围，以避免谐摇的发生。

船舶在不规则波中，纵摇具有以下特点。

（1）与船舶在规则波中的纵摇周期等于波浪扰动力矩的遭遇周期不同，船在不规则波中的纵摇周期一般不等于波浪的遭遇周期，而接近于不规则波的平均遭遇周期。

（2）船速为零时，纵摇较小，随着船速增加，纵摇一般不会增加；当船速继续增加时，纵摇运动又会减小，因此，船舶在不规则波中迎浪航行时，有一最佳速度范围，使纵摇变小。

3）纵向受浪

船舶纵向受浪时，随着船舶运动与波浪运动相对关系变化，会产生拍底、甲板上浪、失速、推进器空转、尾淹、横稳性下降等现象。

（1）拍底。当船舶以超过界限速度顶浪航行时，船的纵摇和垂荡激烈，致使在船首底部离开波浪表面。船首底部受到极大的水压，不仅会使船体损伤，而且会引起船体自身做周期极短的急剧振动，出现拍底现象。

当船长与波长相当时，会产生剧烈的拍底，大洋中，波长在 80 ~ 140m 之间的波浪最易产生，若船长在这个范围内，则易产生拍底。当船舶吃水与船长之比较小时也易产生拍底，一般空船时拍底严重，2/3 载以上时则不易产生拍底。艉倾严重、上层建筑物庞大的船舶易产生拍底。方形系数和菱形系数大的船，拍底冲击力大；U 形船首比 V 形船首遭受拍击的次数多，强度也大，但冲击荷重的持续时间短，拍击部位也比较靠前。当船速和遭遇浪向角使得船舶运动周期和摇摆周期、振荡周期大致相近时，船舶发生纵摇和垂荡谐摇，纵摇和垂荡剧烈，产生剧烈拍底。对于中型船，在 5 级以上风时就可发生拍底，而且波高越大，波的能量也越大，造成的拍底也越剧烈。

为减少拍底对船舶造成的损害，可通过减速、保持船首吃水大于 1/2 满载吃水、调整遭遇浪向角等方式减小拍底。

（2）甲板上浪。船舶顶浪航行时，产生剧烈纵摇和垂荡，使船首冲入波峰，船首没入波浪中，海水淹没艏部甲板，产生甲板上浪。在波浪中航行时，由于甲板上浪而影响船舶稳定性，同时，波浪的作用还会使船体上部建筑物直接遭受破坏，特别是装有甲板货时，甚至导致货物发生移动，可使船舶适航性、安全性显著下降。

甲板上浪与船首干舷高度、船速及相对波高有关。船首干舷越低，船速越大，波高越高，甲板上浪也就越厉害。

（3）推进器空转。当船舶出现剧烈纵摇和垂荡时，船尾会发生周期性的垂直上下移动，使推进器的一部分露出水面，出现推进器空转现象，俗称打空车。空转时，推进器露出水面部分的负荷减小，转速增加，从而使推进效率显著降低，船速下降。此外，推进器、轴系和船体产生很大的振动，受到很大的冲击压力，可能随时受损。

一般来说,空船容易发生空转现象。为减少空转现象发生,应保证螺旋桨桨叶的上端有充裕的吃水,并尽可能使主机减速,同时,还要及时调整航向和航速以减轻船舶纵摇和垂荡。

(4) 艉淹。船舶顺浪航行时,若浪速大于船速,船尾陷入波谷时,波浪会冲击上船尾甲板,这种现象称为艉淹。艉淹时,航向不稳定,船首摇摆,甚至会出现突然打横,对船舶非常危险。若顺浪中出现横倾现象,应立即采取变速措施;否则极易发生危险。

(5) 横稳性下降。当船舶纵摇时,随着船的纵向倾斜,浮心移动,高度做周期性的上升。此外,随着横摇和波浪通过,船的水线面形状发生变化,水线面的惯性力矩也做周期性变化。当波浪遭遇周期与船舶固有横摇周期之比为1/2的整倍数时,横稳性下降增加,当波浪遭遇周期与船舶固有横摇周期之比为1/2或1时,较为显著。顺浪时,尤其是波速等于船速时,船可能呈现出静置于波峰或波谷的状态。当船静置于波峰上时,船舶的初稳性高度值下降到0.2~0.3m,且持续时间较长。

2. 船舶在波浪中的失速

船舶海上航行时,受风浪扰动作用影响,出现船速下降现象,称为船舶失速,也称为自然失速。除自然失速外,船舶在大风浪中航行时,由于波浪冲击和剧烈摇荡而引起严重拍底、甲板上浪、推进器空转致使船体受损和安全性下降,为了减轻这种危险现象而采取有计划的降低船速,则称为有意减速。

1) 自然失速

很多原因可引起船舶自然失速,主要包括风对船体水线以上部分形成的阻力;波浪反射作用所引起的阻力增加;船体摇荡引起的阻力增加;保向操舵、艏摇引起的斜航阻力增加;风浪的表面流所引起的阻力增加;由于波浪和风的阻力增加使推进器负荷变大造成推进效率降低;海流影响等。

海浪是引起船舶失速最为重要的一个因素。一般来说,风浪越大,失速越多,顶浪较顺浪失速多,船长较短的肥大型船,失速多。顺浪时,风力在蒲福风级4~5级时,速度可稍微增加,超过5级,速度便逐渐下降。多数船舶顶浪航行,波高小于2m时,船速大致与风平浪静时相同,波高增大,阻力随之增加,速度随之降低。对于风、浪阻力增加而引起的失速,大约1/3来自风的作用,2/3来自浪的作用。

目前,对于船舶在风浪中自然失速的研究,主要通过理论法、试验法和实验法3种途径进行,其中实验法在实际中采用最多。理论法是根据水—船体—空气系统能量平衡的原则,运用计算公式算出阻力增加和船舶航行要素的变化,在主机功率不变的情况下求得航速下降量。试验法是借助水池和风洞的模拟试验,测得有关要素,从而确定失速值。实验法是基于大量实测资料和船舶耐波性试验的结果,运用统计方法得出计算船舶在波浪中失速的经验公式或据此绘制的各种失速计算图表。

(1) 理论法的计算公式。

理论法得出的预报船舶失速公式有阻力增加法、推力增加法、直接功率增加法和计及主机特性的估算方法等几种类型。其中,日本学者中村等提出的计及主机特性的估算方法在得出失速公式时考虑了波浪中阻力的平均增值、自航要素和主机特性等方面因素,其预报结果比较精确,运用较多。其计算公式为

$$\Delta U=\frac{R-R_0+R_{AW}+R_{W1}}{(1-t)(1-W)\left[P_{TU}+\dfrac{P_{TN}P_{QU}}{r^2E_{QN}-P_{QN}}\right]} \qquad (9-4)$$

式中：R_0 为航速为 U 时静水中的阻力；R 为航速为 $U+\Delta U$ 时静水中的阻力；R_{AW}为航速为 $U+\Delta U$ 时不规则波总的阻力平均增值；R_{W1}为风产生的阻力；t、W 为静水中航速为 U 时推力减额系数和伴流分数；P_{TU}、P_{QU}、P_{TN}、P_{QN}分别为推力和转矩随螺旋桨进速的变化率，以及推力、转矩随转速的变化率；$1/r$ 为螺旋桨转速对主机轴转速的传动比；E_{QN}为主机轴的转矩随轴转速的变化率，$E_{QN}=\partial\theta_c/\partial N_c$，$\theta_c$、$N_c$ 为主机轴的转矩和转速。

中村等人通过对几种船型的模拟试验，发现试验测量值和利用该模型计算值之间有良好的一致性。

（2）经验法计算公式。

从 20 世纪 60 年代以来，美国、日本等对船舶波浪中的失速开展了许多研究，我国近些年也开展一些研究，并取得一些成果。

① 船舶性能曲线。有关船舶性能曲线，美国开展的研究相对较多。20 世纪 60 年代美国海军水文研究室通过研究，统计得出 15 种船型的船舶性能曲线，图 9－11 就是其中一种。利用曲线可查算船舶顶浪、顺浪和横浪几种情况下的航速。后来，美国气象导航公司进一步统计得出 20 种船型在风浪作用下的性能曲线，图 9－12 所示为船速 20kn 液化燃料船的性能曲线。

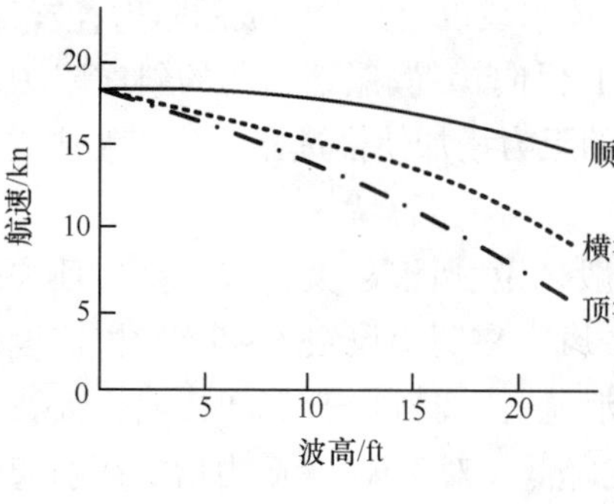

图 9－11 不同海浪情况下船舶性能曲线

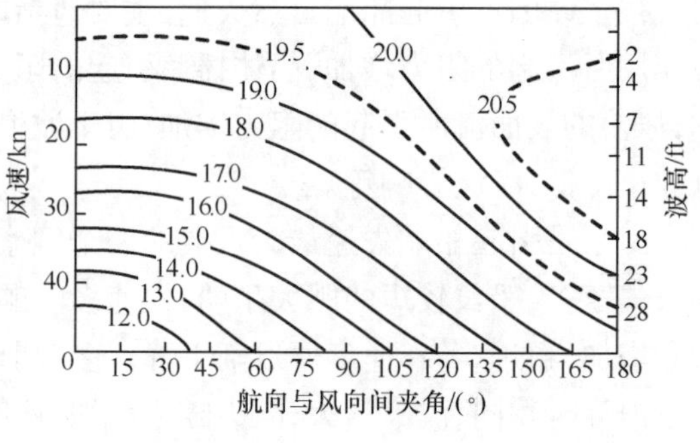

图 9－12 船速 20kn 液化燃料船的性能曲线

荷兰皇家气象研究院气象导航部门估算失速采用的是波向、波高—航速关系，如图 9－13所示。根据相对波向和波高即可查出航速。图中同心圆半径上的数字表示航速，心形曲线上的数字表示波高，大圆圈周外围的数字表示遭遇角。

② 失速计算经验公式。美国詹姆斯曾提出船舶失速计算经验公式。该公式表示为

$$v=v_0-k_1h^2(1+\cos q)-k_2h^2-k_3h(1-\cos 2q)+k_4h \qquad (9-5)$$

式中：v 为船舶在波浪中的速度；v_0 为船舶在静水中的速度；h 为浪高；q 为船与浪向之间的夹角（波浪遭遇角）；k_1、k_2、k_3、k_4 分别为船舶吨位和船型等决定的船舶性能系数。

苏联中央海运研究所给出计算船舶失速的经验公式为

$$v=v_0-(0.745h-0.257qh)(1.0-1.35\times10^{-6}Dv_0) \qquad (9-6)$$

式中：D 为船舶实际排水量。

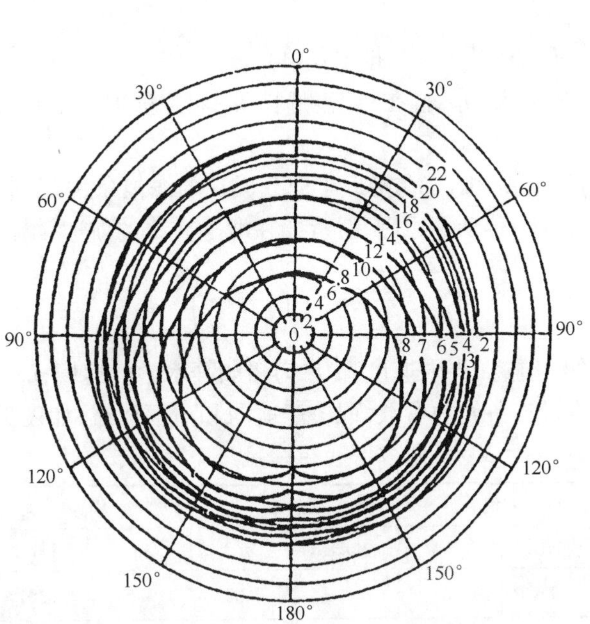

图9－13　波速、波高和航速关系

该公式适用于排水量在5000～25000t，船速在9～20kn的各种船舶，且浪高不超过5m。利用该公式进行计算，在浪高0～5m之间，计算结果和实际误差小于1kn。

在实际运用中，根据航行海区的海浪预报图，利用船舶运动性能曲线图或者计算失速的经验公式，则可求取船舶实际航速，这是气象导航计算选择航线必须要掌握的要素。

我国国家海洋局在开展船舶气象导航研究中，在线性失速公式基础上，引入波高的二次方这个非线性项，求得非线性综合速度计算公式，并通过大量实测资料，得出经验值公式为

$$v = v_0 - (a_1 h + a_2 h^2 + a_3 D^{1/3} F - a_4 q h)(k - a_5 D v_0) \tag{9-7}$$

式中：F为船舶吃水差变化；k为经验常数；a_1、a_2、a_3、a_4、a_5为船舶性能系数。

式(9－7)的适用范围为：$D = 5000 \sim 80000$t，$h = 0 \sim 9$m，$v_0 = 10 \sim 17$kn，方形系数$C_b = 0.65 \sim 0.68$范围以内的各类船舶。

2）有意减速

船舶在大风浪顶浪航行时，剧烈纵摇和垂荡会引起甲板上浪、拍底以及推进器空转等，致使船体受损、安全性下降。为了减轻纵摇和垂荡的影响，在船舶操纵时，可有计划地进行有意减速。为了保证航行安全，船舶允许采用的最大航速是模拟计算和航行中必须解决的一个问题，允许采用的最大航速称为界限速度。

一般情况下，船舶界限速度与波高或风级及航向有关。迎浪时，由于甲板上浪、拍底和推进器空转等限制，使海上允许航速较其他航向小。针对船舶允许速度的计算，许多学者从不同的角度提出不同的方法。

(1) Lewis方法。Lewis根据船舶迎浪时，以船长不大于波长产生的纵摇谐摇为条件，纵摇谐摇的临界速度作为海上允许速度，提出以下公式，即

$$U_{ws} = 0.223\sqrt{L}(M - 3.5) \tag{9-8}$$

式中:L 为船长(m);$M=L/D^{1/3}$,D 为排水量(t)。

从纵摇谐摇要求出发,船舶在给定船长和排水量时,海上实际船速将不大于式(9-8)给出的值。

(2) Aertssen 方法。Aertssen 在接近于充分成长的海浪条件下,考虑了由于推进器空转、甲板上浪、拍底或货物移动等原因,对货船在海上允许的航速,给出以下公式,即

$$\frac{U_{ws}}{U_s}=1-\left(\frac{m}{L_{pp}}+n\right) \tag{9-9}$$

式中:U_{ws}为海上允许的航速(界限速度);U_s 为船舶静水中的速度;L_{pp}为两柱间长;m、n 为不同风级和不同波浪状态条件的参数,取决于航向和蒲福风级,如表 9-2 所列。

表 9-2 不同航向和蒲福风级下的 m、n 参数表

蒲福风级	迎浪		艏斜浪		横浪		艉随浪	
	m	n	m	n	m	n	m	n
5	9	0.02	7	0.02	3.5	0.01	1	0
6	13	0.06	10	0.05	5.0	0.03	2	0.01
7	21	0.11	14	0.08	7.0	0.05	4	0.02
8	36	0.18	23	0.12	10.0	0.07	7	0.03

9.3.2 气象航线的设计原理及数学模型

1. 气象航线的设计原理

气象航线的设计是一个包含所有天气、海况和船舶等变化因素的复杂问题。要正确的选定航线,必须要对所有与选择航线有关的因素做出正确的综合性分析。气象航线的设计则是根据当前天气和短、中期天气及海况预报,即假设全航程海上天气、海况已知的前提下,结合船舶性能、装载情况,选择一条尽量能避开大风浪,特别是顶头浪和横浪等不利因素,又能充分利用有利的风、浪、流等因素的航线,使之达到所要求的最佳程度。实际上,要完成上述任务还受到两方面的限制,第一是天气和海况的预报时效很难达到与实况完全吻合,甚至有些突变的天气预报时效则更短。因而,初始优选航线一成不变的情况是很少的,必须随着天气、海况的变化而变更航线。第二是船舶性能方面的测算问题,随着造船技术、船舶测试设备、海浪预报技术的提高,为预测船舶在海上的适航性能及易损范围提供了可行性,而且预测结果正逐步接近准确,但距离准确的测算还存在一定的差距。因此,气象导航航线的设计要考虑全程优化,不断利用最新资料对局部优化而达到最佳目标,保证气象导航的效果。

2. 气象航线的数学模型

船舶海洋气象导航的最初阶段,由于受到各方面技术的限制,航线的拟定大都采用经验法和手工作图法。当申请导航的船舶数量大大增加后,这种方法的速度和精度已经不能满足业务的要求。随着电子计算机和天气、海浪预报技术发展,以及现代控制理论在航线优选技术中的运用,航线选择采用数值模拟方法,使航线选择逐步走向客观化、定量化,提高了航线计算的速度和精度。

为便于进行最佳航线的模拟计算,需建立有效的航线优化计算数学模型。对一些影响航线选择的重要海洋环境要素,建立预报方程,优化选择建立要素影响下的航线计算模型约束方程。

海面风的预报方程,即

$$\frac{\mathrm{d}v_W}{\mathrm{d}t}=F_W \tag{9-10}$$

海浪预报方程,即

$$\frac{\mathrm{d}H}{\mathrm{d}t}=F_H \tag{9-11}$$

$$\frac{\mathrm{d}G}{\mathrm{d}t}=F_G \tag{9-12}$$

海流预报方程,即

$$\frac{\mathrm{d}v_C}{\mathrm{d}t}=F_C \tag{9-13}$$

航线选择优化模型为

$$\frac{\mathrm{d}X}{\mathrm{d}t}=v(X,t) \tag{9-14}$$

船舶在大洋上的船速受到风、浪、流的约束,因此,得到船速函数为

$$\boldsymbol{v}(\boldsymbol{X},t)=F(v_W,H,T,v_C,N) \tag{9-15}$$

式中:$\boldsymbol{X}$ 为船位矢量;$\boldsymbol{v}(X,t)$为船速;t 为时间;v_W 为风速;H 为浪高;G 为浪向;v_C 为表层海流流速;F、F_W、F_H、F_G、F_C 分别为某种函数关系;N 为船舶主机功率。

约束条件:(1) $\boldsymbol{X}\in R$,R 为一闭集,它将船舶不可能到达所有位置排除在外,比如岛礁、禁航区、浅水区、冰区、爆炸危险物等。

(2) $|\boldsymbol{v}(\boldsymbol{X},t)|\leqslant M$,主要是根据船舶性能以及装载所决定的船舶受风浪的上限值作为约束条件,当风、浪等条件超过上限值时,则发出报警,需要调整船舶到安全海域航行。

泛函指标为

$$J=\int_{t_0}^{t_r}O(X,V,t)\,\mathrm{d}t\,|\,\boldsymbol{\Phi}(X(t))\,| \tag{9-16}$$

式中:t_0 为初始航行时间;t_r 为到达目的港时间;$O(X,V,t)$表示诸如燃料消耗量、安全度、航行时间等各项经济指标;$\boldsymbol{\Phi}(X(t))$为达到目的港后对船舶某些性能的要求。

从控制理论观点,气象导航就是利用式(9-10)~式(9-14)求解出海面风场、浪和流的预报,选取船速航速 $\boldsymbol{v}(X,t)$,使其在时间区间$[t_0,t_r]$内满足泛函达到极小。在不同的风、浪和流的条件下,船舶速度的求算问题成为确定航线解决问题的关键,可将船速称为最佳控制函数。所以,气象导航就是根据环境要素的变化求解最佳控制函数,这也是气象导航机构所重点解决的问题。

9.3.3 气象导航工作程序

气象导航一般由专业气象导航机构实施。气象导航机构将拟定的最佳航线推荐给申

请气象导航的船舶。在整个航行过程中,被导船在气象导航机构的指导下航行,并定时向导航机构报告船位以及沿途观测到的气象和水文资料。导航机构根据所掌握的整个航区情况的变化,每天两次调整推荐航线,告知被导船。有时会告知被导船航线附近的波浪预报图或天气形势报告。被导船遇到恶劣天气和异常海况时,需及时将现场附近的气象与水文情况报告给导航机构,导航机构则视需要随时向被导船提出指导性意见。被导船按照或参考导航机构推荐的气象航线航行,直到安全到达目的地。

开展气象导航工作时,首先由被导船提出气象导航申请,提交船舶信息,然后气象导航机构根据获取的船舶信息,对船舶航经处的海洋气象情况进行预报,选择最佳航线推荐给被导船;其次,获取推荐航线的船舶在航行中将情况及时反馈给气象导航机构,气象导航机构进行分析后对被导船进行跟踪指导。气象导航工作流程大致如图 9 – 14 所示。

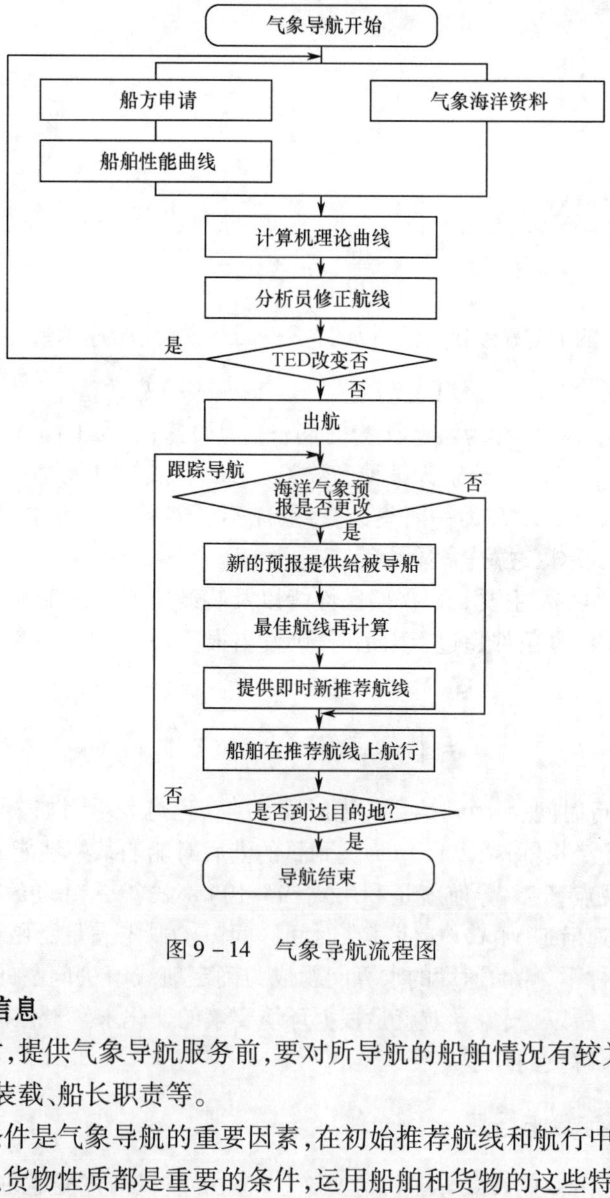

图 9 – 14　气象导航流程图

1. 获取船舶信息

在气象导航时,提供气象导航服务前,要对所导航的船舶情况有较为详尽的掌握。包括船舶性能、货物装载、船长职责等。

船舶和货物条件是气象导航的重要因素,在初始推荐航线和航行中的航线建议中,船舶类型、速度能力、货物性质都是重要的条件,运用船舶和货物的这些特性,是鉴别不利的海洋气象条件下船舶和货物的易损程度和在海浪中货物移位致使船舶倾覆的危险,以及判断船舶依靠更改航线及航速的建议有效地避开不利的天气和海况的能力。

一般来说,低速能力的船舶和货物装载多的船,比具有高速能力的船舶和货物装载少的船条件差。这是因为高速和装载少的船舶更有可能获得更多的短时航线,更能保持标准的计划航速。而低速并装载货物多的船舶,在类同的风和浪条件下,可能引起船舶更严重的摇摆,拍击船底等不利的运动。逆浪和横浪是危险的因素,必须给予规避,减少其波浪拍击和横摇,这是十分重要的。例如,一艘航速为20kn的多用途船舶,当有甲板装载货物时,则难以保持20kn的计划航速,再遇到波浪,要极力地减少顶浪和横浪;否则将产生较大的摇摆,还可能产生更恶劣的后果。若没有甲板装载,则比较容易保持20kn航速,遇到同样或更大一些的波浪,产生的摇摆也会大为减少。因此,最佳航线的选择,必须考虑船舶类型和货物的种类、负载、吃水差及有无甲板货等情况。

船长是船舶的最高指挥员,对船舶航行安全负有直接责任。气象导航的应用与船长有很大的关系。船舶气象导航机构的推荐航线,属于咨询性服务,采纳与否完全取决于船长。作为船舶操纵指挥的船长,一般应具有丰富的航海气象知识、货物装载知识和航海经验,才能肩负起保证船舶和货物安全的重任。同时船长在航行中遇到特殊情况时,要具有良好的决策能力和应变能力。

船舶气象导航能为船舶选择最佳航线,并提供天气报告和天气预报,当遇到不利海洋气象条件时,还可提供规避措施的建议。因此船舶要使用气象导航,除了加强与气象导航公司通信联络和密切配合外,船长还必须具备一定的气象、海洋基本知识和航海经验,能看懂和分析传真天气图(地面、高空实况和预报图,卫星云图,波浪图等),并能用接收的传真天气图,结合船舶实际观测海洋气象情况,来预测航线上天气变化以及分析对船舶的影响。船长应能与气象导航机构进行很好地沟通,充分理解气象导航机构推荐航线的意图。另外,远洋航行船舶的船长,应具备一定的英语基础,能识别气象导航公司所发电文的格式和意义。

2. 提供气象导航航线

在掌握被导的船舶情况以后,根据获取的气象、海洋资料,气象导航机构可借助计算机分析,为被导船舶提供气象导航推荐航线。

航线选择的核心问题是按照船舶类型及船舶对风浪的适应特性,尽可能对顺风、顺浪、顺流加以充分利用,并尽量避开持续性的坏天气,尤其是不利的顶浪及横浪。气象导航服务人员必须掌握恶劣天气系统的位置、移动路径、强度变化特点等,才能选择推荐出气象导航航线。

气象导航是以电子计算机为中心的复杂作业过程,详细过程如图9-15所示。

而气象导航机构推荐航线的业务程序是从接到船舶的申请报告开始,其步骤如图9-16所示。

1) 天气和海况要素预报

将气象预报部门发布的天气数值预报产品和有关的天气、海况资料输入到计算机中,进行中、长期天气分型和中、短期动力计算,从而得到该船航行期间的天气背景和5天逐日每个网格点上的风向、风速、浪高、涌高等要素值。

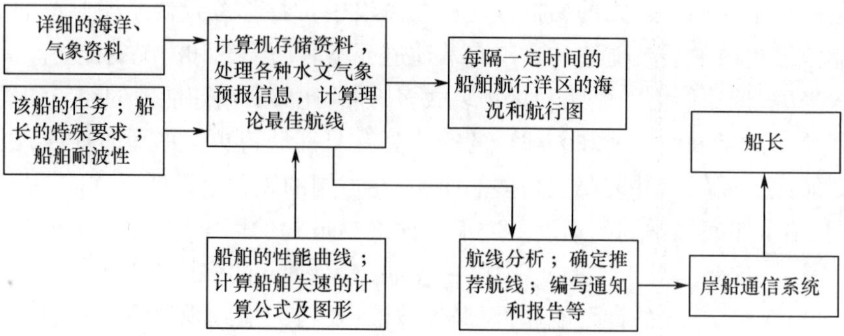

图9-15　气象导航过程

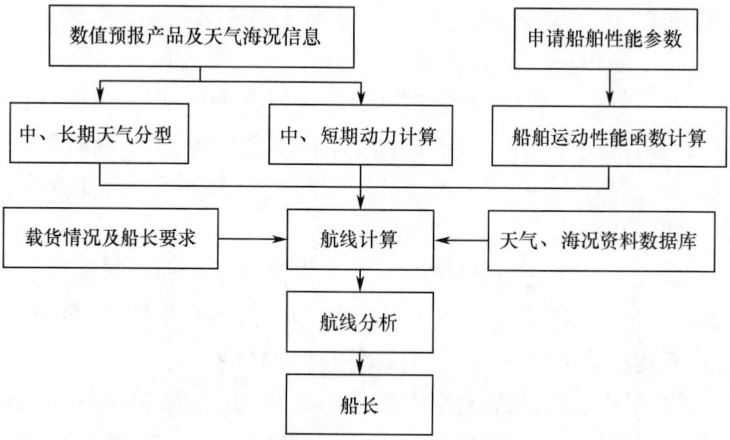

图9-16　推荐航线的业务工作步骤

2）船舶运动性能函数

将申请导航船舶发来的性能数据输入计算机中，建立该船的运动性能函数。

3）航线计算

航线计算需要输入的数据包括由中、长期天气分型所确立的危险信号；各网格点上的风、浪、流预报值；被导船舶的运动性能函数；该月天气、海况要素平均值；船载情况、出发地、目的地以及船长所提出的特殊要求等。

计算完后输出的天气航线，包括具体航法、全程及各段的航程、航时、航速及可能受到水文、气象要素影响情况等。

4）航线分析

一般情况下，航线分析主要借助计算机进行，根据实时气象、海洋资料与历史的统计气象资料相结合，做出大范围的天气分析和中、短、长期天气预报；做出波浪预报；根据全球洋流的资料，获取预报航区海流情况，分析洋流对船舶航行的影响；计算并标绘每隔一段时间被导船舶的实际船位及该船位的天气情况；计算出被导船舶的一组理论最佳航线。

计算机提供一组最佳航线可供航线分析者进行比较分析，评定出各理论最佳航线的优、缺点，从中选出推荐航线的初始航线，或者根据已在跟踪导航的船舶情况，决定是否提出修改航线以及如何变更航线等。将推荐航线及变更航线情况编写电文，及时发送给被导船舶。

气象导航的关键是具备准确的长、中、短期天气预报。从目前世界各国对中长期天气预报的准确率的评价来看,尚不理想。因此,气象导航所推荐的航线,自船舶启航后,还应随时加以修正,必要时更换航线,及时做好跟踪导航服务。

3. 跟踪导航

将初始理论最佳航线提供给船舶后,气象导航机构还应根据船舶实际航行情况,不断进行跟踪导航。

跟踪导航是指被导船舶在航行过程中,气象导航机构继续对其实施跟踪导航服务,并根据不断更新的、精度较高的短、中期天气和海况预报推测船位,当发现航线前方有恶劣天气和海况时及时报警提示,并对初始推荐航线提出修改或变更的建议。

初始的推荐航线,一般情况下是在开航和开始跟踪过程前两三天发送到船舶或发送到船公司。跟踪导航贯穿船舶航行的全过程,一条推荐航线是一个航线设计,意图是为一个特定的航行时期提供一个实际的、较好估算的航线。

在预定开航日期前,气象导航机构获取导航船舶的气象导航申请后,通常可以提供一月到数月的航线。远洋航线设计是基于季节的,根据概率统计求得的气候平均值,这个数值比当前天气形势占更重要的地位。规划设计一条航线,是以中期和长期的天气预报为基础,还需以短期天气预报为依据,即以靠近开航时当时的天气形势为依据,对推荐航线作必要的修正。

当按预定开航的时间,在预定启航点开始航行时,若航线的开始阶段不能有效避开或减少所预报不利天气和海况的影响,则需要对开航时间进行调整。由于启航点是确定的,最初航线是不好改变的,只能采取调整开航时间的办法,以便避开或有效地限制可能出现的不利天气条件所形成的危险天气形势,如果仍按照预定开航时间启航,是不存在最佳航线的选择。

航线变更是航行过程中对航线的调整,目的是规避和减少将遇到的不利海洋气象条件变化。航线变更可能会尽量保持接近计划航速,因此,改变航线,可能使到目的地的距离发生变化,但应尽量保持较小变化,避免出现因遭遇到灾害性天气而被迫降低航速,而使抵达目的地的距离大大增加的现象。

变更航线有时也需要调整航速,是为了通过调整航速而调整与不利天气形势遭遇的时间长短,以便从实际出发达到规避不利天气的目的。这种措施通常是在保持最大的船舶运转率,不偏离当前船舶航向的有效手段。通过调整船舶计划航速,有时能够避开主要的不利的天气又不增加航行的距离。

当可能遇到难以通过航线变更规避的灾害性天气系统时,可推荐一个规避机动的建议。为保障船舶航行安全,船长需要发挥自主作用,尽最大可能地规避一个可能遇到的灾害性天气系统。因此,当气象导航专家不能确定一条精确的航线时,应能够推荐规避的一般范围,考虑的船舶操纵、安全和航行的计划,可建议暂时停止航行。

跟踪导航时天气预报是发给船舶的,将灾害性的天气、持续时间及影响范围和程度等预报信息及时通知给船长。如当前处于较好的航行条件,预料未来24h内将处于不利的天气形势影响,应提出变更航线建议,或分析维持原推荐航线航行所遭受恶劣天气的影响情况。这些信息对船长如何决策具有非常重要的作用。

跟踪导航也是以计算机的程序控制来实现的,和选择初始航线一样,同样需要考虑船舶性能、货物情况、航行要求及天气、海况等诸要素。若船舶离开推荐航线,导航机构将根据天气和海况按同样方式对船舶进行监护并提出建议,必要时向船长推荐新的航线。计算机的控制程序将跟踪这两条航线,直到船舶抵达目的地。具体流程如图 9 - 17 所示。

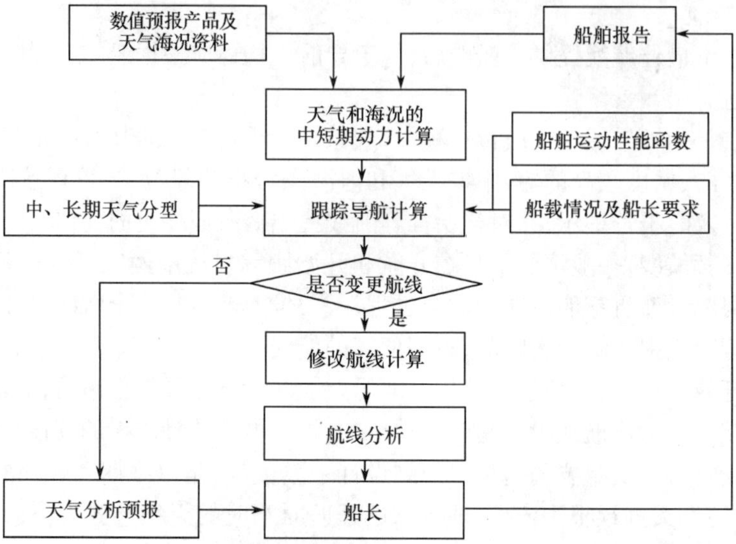

图 9 - 17　跟踪导航业务工作流程图

变更航线是航线分析人员感到较为困难的问题,通常在提出变更航线建议前需要考虑众多因素的影响,这些因素主要包括:

(1) 减少遭遇持续坏天气的机会。

(2) 避开大风及风暴最猛烈的区域。

(3) 减少穿越浓雾区。

(4) 为剩余航程提供一条天气海况较佳的航线,使船舶能尽早到达目的地。

(5) 在前方有坏天气时,如何取得较好的船头条件。

(6) 若船长决定偏离推荐航线,导航机构仍需对以后的航线实施跟踪导航服务。

(7) 因目的地改变,则需要根据新的情况修改原推荐航线。

(8) 由于其他原因造成的不可通航区,导致必须修改原推荐航线。

在气象导航中,变更航线的建议需要慎重考虑,不但要考虑当前的情况,而且还要考虑航线变更后,在剩余航程上避免再遇到恶劣或更坏的天气。因此,航线分析人员应该经各方面慎重考虑和协商后,才能发出是否变更航线的建议。

9.4　气象导航航线选择

航线选择与分析和船舶运动性能的估算一样,是船舶气象导航工作的主要组成部分。气象导航需要根据中、长期天气和海况预报图,以及大洋大型天气形势的主要形式和特殊形式,选定航线的起始点,确定一条基础航线,然后根据中、短期天气和海况预报资料,在基础航线两侧一定范围内选择最有利的航线。考虑船舶预计经过整个航区先后将要遇到的海洋气象环境有关数据、船舶运动性能曲线图、装载情况以及某些特殊要求等约束条件,编制成运算程序,利用计算机求出最佳航线。通用的方法是将基础航线全程划分为若干小段,每一小段有若干可供选择的航线,选择不同的航线可以到达不同的中间点。这些点和线组成的网络,布设于实际的最佳航线所可能通过的海区上,当网络足够密集时,实际的最佳航线必然很接近其中某一小段航线序列。每小段航程不长,气象和水文因素可当作常量,计算天气和海况因子的影响后,算出每小段的航行时间。在此基础上,逐段地找出到达各中间点的最佳路径,剔除非最佳路径,直至选出全程的最佳航线。

9.4.1　气象导航航线类型

对船舶航行来说,航线选择是航行前准备工作的重心,航线选择工作基本步骤大致分为以下几个方面:

(1) 研究航行海区资料。根据航行海区范围,查找各种有关航海图书资料,进行详细研究,了解气候、气象情况,粗选航线,并在总图上画出大致航线和计算出大概航程。

(2) 估算航行时间。根据大概航程和预定航速,估算航行时间,初步确定起航、进出港、经过重要海区和重要目标的时间。

(3) 预画航线。结合海区资料研究和对航行时间的估算情况,进行全面衡量,最后确定航线,并在航海图上准确画出全航程的航线,推算出较准确的航程和航行时间。

(4) 填写航行计划及有关表格。将选定的航向,求出的航程和航行时间及有关重要事项,填写到表格中去,便于航行中使用。

气象导航航线选择一般包括气候航线和气象航线两种。

1. 气候航线

气候航线是根据长期的天气和海况资料分析得出的平均特征所推荐的不同季节某些主要港口之间的航线,又称习惯航线。《世界大洋航路》和《世界航路》中所推荐的航线都是气候航线。

气候航线是某种气候条件下的较优航线,它是前人宝贵经验的总结,经历了一个丰富和发展的过程,在很长时期内,气候航线对大洋航行的船舶安全和船长的决策工作起着很大的作用。因为其选定方法简便,易被船长接受,现今仍有很多船长以它作为选择大洋航线的主要依据。

气候航线具有很强的实用价值,但也有它的不足之处。气候图是采用多年历史资料在某时段内的平均情况所绘制的,具有统计意义。实际上,年与年之间,月与月之间差异很大,即使在同年、同月、每天的情况也有很大差别。船舶海上航行时,当遇到实际天气情况与气候情况不一致时,就给航行带来很大困难,这是气候航线最主要的不足之处。但是,某些在气候上的优越航线,有时在气象上却是很坏的航线,一般航海图书资料中推荐的气候航线,从气候角度分析都是比较优越的。但从当时实际天气和海况来分析,就不一定是优越的,甚至是较差的。

一般说来,气候定线比较适合天气过程相对稳定,无显著异常现象的季节和区域,对于航时长、航程远,水文气象预报时效不够或无法预报时,更需要采用气候定线方法来选择最佳航线。

气候航线确定可采用定性和定量方法计算。其中,定量计算方法是先将横渡航线画在平面图上,绘制横渡大洋的最短距离线,亦即大圆航线,然后研究全程气候资料及航线两侧毗邻区域的水文气象条件,再根据气候参考资料中所列的海况数据,按照水文气象条件的均一性,把横渡航线划分为若干段,对航线的每一段,确定影响船舶的单个水文气象参数数值及其最大重现率。应该把风和浪的数据作为最基本的水文气象参数,而关于海流、雾、冰情的资料,作为根据风、浪资料计算的最佳横渡航线进行修正时参考。此外,为了确定水文气象参数对船舶的影响,还须了解船舶的运营特征、船的技术速度、排水量、载荷、横摇和纵摇周期及稳性等。

2. 气象航线

气象航线是根据较准确的短、中期天气预报和海洋预报,结合船舶性能、装载特点、技术条件、航行任务等,为横渡大洋的船舶选择最佳的天气航线,又称天气定线法或气象定线法。

天气定线比较适合天气过程复杂多变、水文气象预报时效较长并可以准确预报未来航程上的天气和海况的场合。应该说,船舶最佳航线选择是从气候定线发展到天气定线的一大进步,但就目前各方面条件看,后者还不能完全取代前者。在更多的场合下是将两者结合使用,从而可达到取长补短,充分利用广大洋区水文气象情报和预报来选择最佳航线。

气象航线与气候航线是不同的,但却有着密切的关系。气候航线是气象航线的基础,气象航线是气候航线的发展。气候航线是选定气象航线的参考资料,它是气象航线的基础。在适当的气候航线基础上选择气象航线,可避免航线设计的盲目性,能大大减少工作量,对一些采用数理方法定线来说,可减少其计算量。对一些采用以天气分析为主的作图定线来说,更少不了气候航线作为基础。从大量的实际气象定线例子中也可看出,有些气象航线与气候航线是比较接近的。例如,北太平洋冬季西行跨洋的气象航线与经白令海的高纬度气候航线比较接近,这样在选择西行的气象航线时,可把这条离纬度气候航线作为基础。在一般情况下,选定的气象航线不可能偏至千里之外,除非气候有较大的反常。因此,在气候航线的基础上选定气象航线是恰当的。

当然并非条条气候航线都能作为选择气象航线的基础航线,这要根据不同季节、月份等作具体分析。例如,《世界大洋航路》中以半年为期来划分冬半年、夏半年的气候航线,与气象航线有时相差很大;如果气候航线是按季节或月份推荐的,那与气象航线就比较接近,将这种气候航线作为选择气象航线的基础航线就比较适当。

9.4.2 气象航线选择方法

船舶气象航线是在天气、海洋环境状态与船舶应答特性的约束条件下,进行最优化计算,期望在出发地和目的地之间选择一条既安全又经济的最佳航线。在气象航线的优选过程中常常涉及最佳控制理论。因此,如何应用最佳控制理论选择船舶最佳气象航线是核心问题。常用的气象导航航线选择方法包括根据大型天气形势选择气象航线、等时线法选择气象航线和动态规划法选择气象航线等。

1. 根据大型天气形势选择气象航线

海洋气象环境虽然复杂多变,但具有一定的规律性和可预测性,海洋气象环境的变化常与高空大型天气形势有着密切关系。

大型天气形势是指大范围环流与不同类型天气系统分布的概况。天气系统的发生、发展、减弱和消亡都与天气形势变化有关。当天气形势处于稳定阶段时，天气系统及其相应的天气变化是渐进和连续的；当天气形势显著变动或环流突然调整时，则会出现剧烈天气变化。因此，地面天气系统的生消移动和演变主要取决于高空天气形势的变化。

例如，大型天气形势中，北太平洋的阿留申低压偏于正常位置西侧时，东亚气旋移向常为东北偏北；若阿留申低压偏于正常位置的东侧，东亚气旋的移向则偏向东；若在北美沿岸出现的阻塞高压脊向北伸入阿拉斯加和白令海一带，中部太平洋的风暴路径则偏南，大风浪海域也比往常偏南。

某些海洋气象部门对一些海区的大型天气形势进行统计分析，归纳总结出一些经验，可供船舶气象导航参考。美国海军气象部门通过对大量的历史天气图进行统计分析，归纳出北太平洋10个大型天气型、北大西洋7个大型天气型。气象导航机构的工作人员或船长，可根据未来5天的天气形势和以后的形势预报，对照大型天气型模式，结合船舶的技术条件和要求等选择航线，并根据逐日的短期预报和以后的形势预报，在航行过程中不断修正航线，以达最佳航行效果。

我国气象导航部门对北太平洋历史上的天气形势归纳整理出近10种天气类型，如东高西低型、南高北低型、两高一低型、两低一高型、鞍形场型、连续性气旋族型、副热带高压进退型等，可为船舶选择最佳航线提供参考。

归纳总结大型天气形势的变化特点，对航线选择具有重要参考价值。正确掌握、分析天气形势是做好天气预报进行优选航线的关键。根据天气形势选择出的气象航线是一种定性的分析，简便、实用，在气象导航业务中确定基础航线时得到广泛应用，也可用于船舶自行气象导航。

2. 等时线法选择气象航线

等时线法又称为图法，是利用天气预报图、波浪预报图和船舶失速图等，在航路图或航线选择专用图（空白海图）上，通过作图比较选择气象航线。等时线法选择的航线为最短时航线。

美国海军水道局詹姆斯在1957年提出等时线方法，当时利用等时线方法选定航线，使船舶横渡太平洋缩短了19h，横渡大西洋则缩短了9～12h。

作图法采用了球心投影底图，在该图上大圆弧航线为直线，即两点间最短距离连线为直线。这种等时线上找与终点距离最近点的方法很简单，以终点为圆心作弧与等时线相切的点即是。

先在图上画出船舶的始发点A，然后用一直线连接达到点B，以该连线作为基础航线，基础航线通常选取大圆航线或气候航线。从A点出发在基础航线两侧以α角作若干条辐射线（即航线），条数可任取，每条射线代表不同的航向，如图9－18所示。

然后根据24h波浪预报和船舶失速图，得出沿不同航向24h后的航程，再将这些点以平滑的曲线连接起来，得到一条位置线S_1，即第一条等时线。

在S_1曲线上取若干个点，本应由这些点作同样的离散，但为了简化只是在S_1等时线上的每个船位点作该等时线的法向线，并根据第二天（48h）的波浪项预报，得出第二条等时线S_2，若有4天的预报就可得到S_1、S_2、S_3、S_4 4条等时线，这样在波浪预报时效内一天接一天地重复上述计算，对预报时效以外和预报未涉及的航区，则可根据气候资料进行计

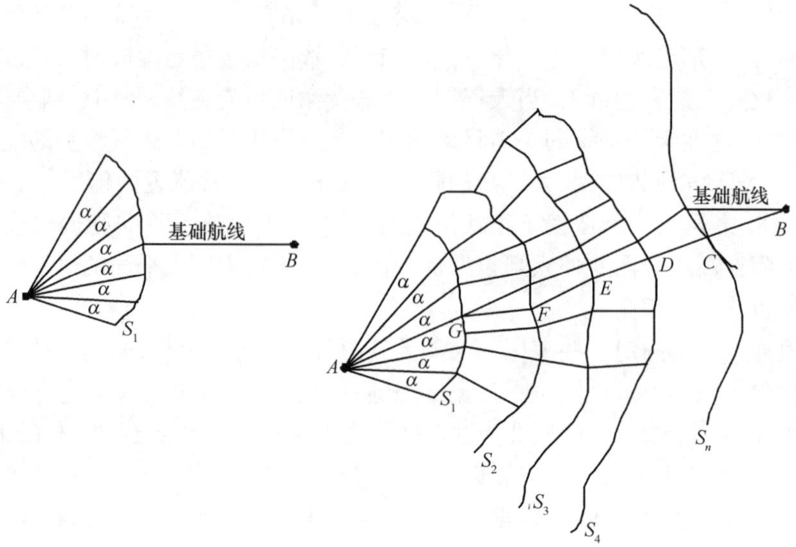

图 9-18　等时线法示意图

算。一直做到 S_n 接近 B 点为止。

以终点 B 为圆心作弧与 S_n 相切，取半径最小及最短距离的切点，再以该点为圆心作弧与 S_{n-1} 曲线相切，又得到一个新的切点。以此类推可到达 A 点，即为图中 $BCDEFGA$ 线，连接 A、B 间的各切点就可得到 A 点到 B 点的最短航时航线，即 $AGFEDCB$。

等时线法简单易行，有严密的数学依据，既可用手工方法制作，又可在计算机上实现，目前得到广泛应用，可用于优选初始航线和变更航线，也可用于船舶自行气象导航。

3. 动态规划法选择气象航线

动态规划法选择航线是根据贝乐曼最优化原理，在出发地和目的地之间选择主航线，然后按任设阶段节点、航向差展开数、时间步长等，组成航路网络。根据船舶在风、浪、流等要素作用下的航行效益，按最优化原理确定最优指标函数进行决策。决策的船舶如已航行到某一阶段，不论以后如何航行，其以前各阶段的决策必须是最优，才有可能成为全程最优航线，经过全程递推，达到航线终点时则可以获得全程的最优策略。用所选节点的经纬度，在海图上连成最优航线。

动态规划的核心是贝乐曼的最优化原理，涉及多级决策过程最优化。在船舶气象导航中，利用动态规划法，在得到整个航行时间内的波浪场和海流场的预报条件下，找出从出发地到目的地航行时间最少的航向和航线。

这种方法的基本原理是解一组含有确定函数(船首向)的船舶运动微分方程式。所选择函数需满足船舶从出发地到目的地航行时间最少。

考虑波高和海流的船舶运动方程具有以下形式，即

$$\frac{dx}{dt}=v\sin\theta+u\sin q_c \tag{9-17}$$

$$\frac{dy}{dt}=v\cos\theta+u\cos q_c \tag{9-18}$$

船速 v 由下面船舶失速公式求得，即

$$v = v_0 - (ah + bh^2) + kq_w \quad (9-19)$$

以上两式中：x、y 为船舶的笛卡儿坐标；v 为船舶运动速度；v_0 为船舶的正常速度；h 为波高；u 为流速；θ 为航向；q_c 为海流流向；q_w 为波向；a、b、k 为实验系数。

对上述方程组进行求解，必须掌握航行海域的浪场和海流的原始数据。若能获取整个航行时间内波浪和海流预报资料，问题就归结为找出满足航时最少的航向和航速。

利用动态规划法求解最佳航线，是将求解整个航线航时最少的一个复杂问题化成多个分段求解的简单问题，其步骤如下：

(1) 将起始地与目的地之间的基础(大圆)航线划分为若干个24h航程的区段，在每段点上作平行于经线的垂线，在垂线上，由基础航线南北两侧每个纬度2.5°标出一个点，于是得到一组节点 P_1^k，船舶最佳航线将在这些点的范围内寻找。

(2) 把起始点 P_0 和第1条垂线的各点 P_1^k 连接起来，求出与每条连线相对应的航向和航时 t_0^{lk}，然后将第2条垂线上的每一点 P_2^k 与第1条垂线的各点 P_1^k 连接起来，确定从起始点 P_0 出发的航时最少的最佳航迹，其余航迹则剔去。最佳航时按式计算，即

$$t_0^{2j} = \min_k (t_0^{1k} + t_{1k}^{2j}), \quad k, j = 1, 2, \cdots, m \quad (9-20)$$

(3) 重复上述过程直到$(N-1)$步，就可得到由 P_0 到 P_{N-1} 段的最佳航线，最后将 P_{N-1} 段各点和终点 P_N 点连接，并选取 P_0 点到 P_N 点的唯一最佳航线，就是最少航时的最佳航线，如图9-19所示。

最少航时为

$$T = \min_s (t_0^{N-1,S} + t_{N-1,S}^N), \quad S = 1, 2, \cdots, m \quad (9-21)$$

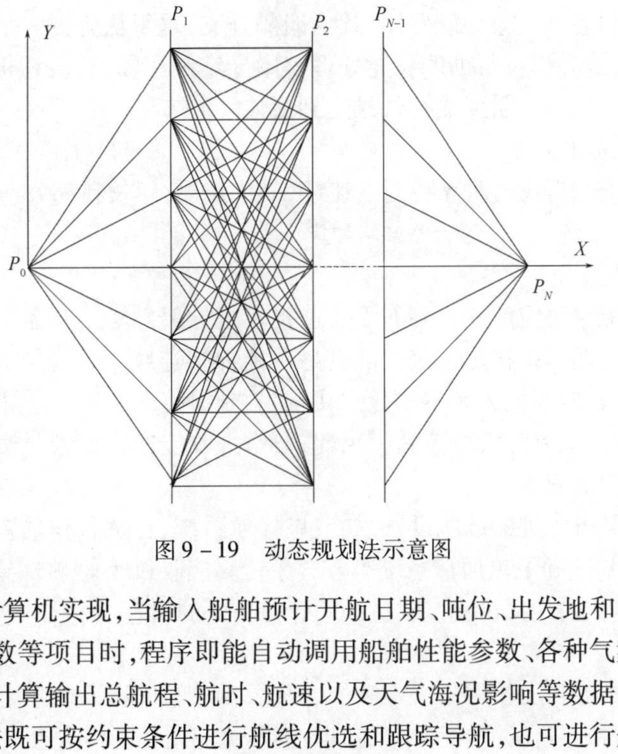

图9-19　动态规划法示意图

优选航线由计算机实现，当输入船舶预计开航日期、吨位、出发地和目的地的经纬度、航法、布设节点参数等项目时，程序即能自动调用船舶性能参数、各种气象海况数据，求得航时最短的航线，计算输出总航程、航时、航速以及天气海况影响等数据，并在屏幕上显示航迹图。这种方法既可按约束条件进行航线优选和跟踪导航，也可进行航行模拟。

这种计算方法的精度取决于垂线上的点数和浪场、海流预报的时效和精度，若浪场预报时效小于船舶航行全程所需的时间，则选择最佳航线只限于预报时效内。根据贝乐曼的最优化原理，当船舶航行到某一阶段时，不管后续如何航行，在此以前各阶段的航线选择为最佳，即选择了最短航时航线。若以前各阶段的选择是最优，下一阶段只要仍是最佳选择，那么到此航段的航线就应是最佳航线。这种不断类推的结果，从一开始就可以把那些最终不可能被选上的航线淘汰掉。在整个过程中只进行较少次数的决策对比，就可以得到最省时的航线。

动态规划法计算量大，整个程序可在计算机上运行，操作使用方便，目前在气象导航业务中得到广泛应用。

9.4.3 船舶自行气象导航

船舶接收气象导航服务公司提供的气象导航服务的为岸导，而船舶自行气象导航简称自导，是船长根据海洋、气象资料，各种传真天气图、天气报告和现场观测资料及本船的各种性能和航行任务等综合分析，确定本船的最佳气象航定线。随着海洋环境预报准确率的不断提高，船舶自行气象导航将成为广泛使用的导航方法。

与岸导相比，船舶所具备气象信息资源十分有限，装备的气象设备也较少，有的船舶只能靠气象传真接收机接收气象信息。此外，自导对船长自身知识能力水平要求很高，有些年轻船长的自导水平有待提高，完全盲目的自导可能会对船舶安全造成严重威胁。船舶自导虽然在设备、资料和人员上存在差距，但也具有自身的优点：一是船舶自导具有灵活主动性，因船长十分熟悉本船的各种性能，并能亲自分析天气形势和现场情况，这就使得船长在任何时候都不失主动性，不受限制，并能充分发挥船长灵活指挥航行的主动权；二是自导无须支付各种气象导航费用，减少船舶开支，赢得更多的经济效益；三是即使船舶接受岸导服务，自导也可帮助船长充分理解岸导定线意图，从而积极与其配合，弥补岸导不足之处，相互取长补短，使航行效果达到最佳。

1. 船舶自导基本条件

船舶自导要充分考虑各种条件对其影响，其中船舶、船长和气象条件是船舶自导必须考虑的基本条件。

1）船舶条件

船舶自身性能是决定船舶自导的重要前提。自导船舶需要具备良好的性能，船龄要小并有坚固良好的船体结构。主机性能良好并能保持连续正常运转。货物配载要合理，稳性良好，并能较长时间抗大风浪航行。在航线选择时，有时为了赢得航线前方大范围的好天气，可能要闯过短时间大风浪区。因此，要掌握本船的抗风浪上限，在选择航线时一定要避开超过上限的海域。

自导船舶要具备先进的助航设备，如卫星导航系统、正常工作的雷达、气象传真接收机、NAVTAX、GMDSS 和卫星通信系统等。气象传真接收机是船舶自导获取气象、水文资料的重要设备，船上的气象传真接收机必须保持良好的状态。

2）船长条件

在船舶自导中船长的作用是决定性的，因此，要求船长除了具有扎实的航海技术和航海经验外，还应具备丰富的海洋和气象知识，能熟练应用各种传真天气图、海况图，熟悉航行海域天气和气候资料的获取和应用,熟悉本船的各种设备性能和运动性能资料。遇到特殊情况时,船长应具有果断决策和指挥才能。

3）气象条件

气象导航首先需要掌握船舶航行有关海域的水文气象资料。对自导船舶来说,需要具备航区气象和水文资料。包括气侯资料,各种传真天气图、海况图,卫星云图,台风或飓风警报和预报图,风暴路径图和冰况图等。

对于船基方式自行气象导航,如何利用船舶现有设备条件收集并建立水文气象资料数据库,是实现气象导航的关键环节。目前,对于海上航行的船舶,收集水文气象资料的主要来源是接收气象传真图。传真图接收的主要内容包括:地面分析图和地面预报图;高空 500hPa 高度分析图和预报图;海浪分析图和海浪预报图;卫星云图;海流图;海冰图和台风警报图;等等。其中,地面分析图、地面预报图、海浪分析图和海浪预报图是自导船舶每天必须及时接收的图形,对船舶自导非常重要。此外,气候资料对于气象导航线路设计也非常重要。由于目前水文气象预报能力的限制,对于较长航线的设计,预报资料的时效往往不能满足航线设计要求,因此,需要采用气候资料作为补充。在条件许可情况下,所获取的水文气象资料越多、越详细,越有利于为船舶自导提供保障。

水文气象资料数据是船基方式气象导航的重要组成部分。优选航线计算,需要具备有关海域风、浪、流的实况数据、预报数据和气候数据。同时,要求对这些数据进行存取、订正、预报、检索和格式化输出等处理,具有数据量大、数据处理复杂的特点。为此,需采用数据库方式,对预报资料和气候资料进行统一管理和统一处理。在航线设计前,根据航线不同需要,完成数据资料的各种处理。其中主要包括:

(1) 实况和预报资料输入和订正处理。

(2) 风、浪资料预报处理。

(3) 实况和预报资料检索和数据合并。

(4) 实况和预报资料格式化输出。

(5) 气候资料检索。

(6) 气候资料格式化输出。

2. 船舶自导的工作流程

船舶自导按照步骤可分为三部分:选择基础航线、修正航线和总结航线。

1）选择基础航线

船舶出发前,根据季节、当时月份航行海区的气候状况及中、长期天气和海洋预报,选定一条基础航线。

船舶在海上航行,可以根据获取的水文气象资料,自行在船上完成气象导航定线工作。船舶自行气象导航要求具备水文气象资料的收集能力和数据处理能力。目前,绝大多数远洋船舶都已配备气象传真接收机。利用气象传真接收机可以接收世界各沿海国家发布的传真天气图。随着大容量、高速度、数据处理功能强的微型计算机的出现和普及应用,为船舶自行气象导航的实现提供了客观条件。

船舶基础航线的选择也以计算机为核心,包括气象传真接收机、气象观测仪、通信设备和导航定位设备等。气象导航工作流程如图 9－20 所示。

水文气象资料收集包括接收传真天气图和海洋水文气象实况观测。利用传真天气

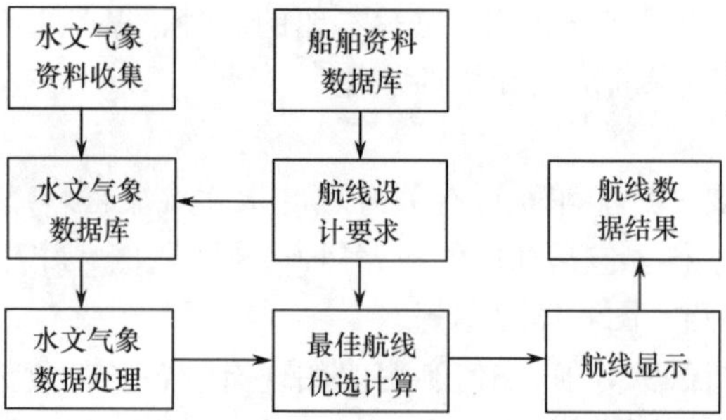

图 9-20 船舶气象自导工作原理流程

图,可以获得气象导航所需基本的水文气象预报资料。在船舶航行中,通过船舶各种观测仪,获取船舶航行周围海域的气象、海洋观测信息。此外,采用历史上统计的气候资料作为资料的补充和完善,水文气象数据库存储有关海域的气象预报资料和气候资料。

船舶耐波性能等参数是气象导航的基本依据。主要船舶资料包括船舶在风浪中失速函数、船舶最大抗风浪上限、船舶主机功率、船舶吃水深度、船舶静水航速等。此外,还包括船舶载货情况、航行任务和航行特殊要求等。

最佳航线设计软件根据航线设计要求,对有关海域水文气象预报数据进行检索和处理,并形成固定格式提供给航线计算使用。航线优化计算时,利用船舶当前船位和目的港等输入信息。结合船舶失速函数,调用水文气象预报数据,为船舶优选最佳航线。最佳航线计算结果采用微机屏幕航线显示和数据打印方式提供给船长使用。

2) 修正航线

按照船舶设计的推荐航线开始航行,船舶在航行途中会不断接收气象传真图和天气报告等信息。随着气象条件的变化,需要对基础航线进行不断修正。

修正航线的选择可采用前述的天气形势分析法、等时线法、动态规划法等。在天气形势分析中,对短期天气和中、长期天气形势要进行综合分析且全面考虑。如果在基础航线上可能会遇到恶劣天气,但估算影响时间不太长,一般不超过 12 ~ 24h,并且通过对船舶性能资料分析确认对船、货不会有太大的损害,估计穿过短时间不利海域将会迎来大范围有利航行条件,就可以不避开,这需要由船长根据当时具体情况来决定。对于那些危及船舶航行安全的海域,应及早采取避离措施,不可冒险航行。

3) 总结航线

在航次结束后,船舶应对该次自导情况进行总结。认真做好以下工作:

(1) 整理整个航次航行情况记录表,包括逐日实际风、浪、流的情况及昼夜平均航速及航程、船舶摇摆情况。

(2) 绘出预选航线和实际航行轨迹图,标出总航程和总航时。

(3) 分析自导所采用的航线是否最佳,若采用通常的习惯航线将会遇到怎样的情况。

(4) 本航次自导的主要经验和教训。

对船舶来说,航次总结是一项很重要的工作。不但记录了大量有价值的资料,而且为以后船舶自行导航提供经验和科学依据,使船舶自导方法逐步完善。

3. 船舶自导最佳航线选择系统

船舶自导对人的主观分析和经验依靠较大,航线的选择因人而异,具有随机性,同时也为船长增加了大量的工作。随着计算机和通信技术的发展,为船舶自导的客观化和自动化提供了条件。

日本在20世纪70年代初已成功研制了船舶最佳航线选择系统。该系统通过计算机对船舶安全、货物损失、经济效益及船员和乘客舒适性等做出综合判断来决定船舶的最佳航线。美国气象导航公司也成功研制了船舶自动导航系统(Oceanroutes on Board Guidance System,OGS),该系统是由岸上导航机构将信息通过卫星通信传输到船上的OGS,系统可显示多条航线,包括最佳航线、最短航程等供船长选择。

我国在船舶自导航线选择系统研制方面也做了大量的工作,20世纪80年代,曾研制"船载气象导航仪",经试验验证,效果较好。

气象导航是一门综合应用科学,它的发展依赖于其他各门学科的发展,最关键在于准确的中、长期天气预报和快捷的岸船通信联系。随着气象卫星、大气探测手段、卫星通信、电子技术的迅速发展以及海洋环境预报准确率和时效的提高,气象导航将会显示出其更大的优越性和更好的效果。

第10章 组合导航及信息处理

随着现代科学技术的进步和计算机技术的飞速发展,舰船对导航系统精度、可靠性和自动化程度的要求也在不断提高。除保证舰船基本的航行安全这一基本使命外,舰船导航系统要为武器系统、测量系统和监视系统提供更为精确的导航信息,为智能操舵和动力定位等自动化航行手段提供必需的信息支持。

经过半个多世纪的发展,各种单一舰船导航系统和设备的发展已趋于成熟、稳定,它们各自的优、缺点也明显地表现出来。例如:惯性导航系统自主性很强,有非常好的短期精度和稳定性,但定位误差随时间累积;由罗经/计程仪构成的推算船位系统,受海流、海风的影响,会产生较大的积累误差;卫星导航系统具有定位精度高的优点,且精度不随时间变化,但信号传播易受干扰,导致定位结果离散度较大,动态环境中由于信噪比下降,易产生周跳;天文导航具有定向误差不随时间累积、隐蔽性好、可靠性高等优点,但数据更新率低,且易受天气影响;罗兰 C 系统的定位误差不随时间增长,但却受外界干扰影响较大。由此可见,单一的导航系统很难在精度、可靠性和自动化程度等方面同时满足现代舰船对导航系统的需要。

组合导航系统将两种或两种以上导航子系统按某种适当方式组合在一起,通过发挥各导航子系统的优势,取长补短,达到提高系统精度和改善系统性能的目的。组合导航系统已经成为当前导航技术的重点发展方向之一,也是各国国防技术研究的重点。随着各种新型导航装备和电子海图信息显示系统的应用,舰船组合导航系统逐步向智能化、小型化、全自动、多功能的方向发展。

10.1 组合导航系统基本原理

10.1.1 组合导航组成及原理

组合导航系统将舰船上单独使用的导航系统,通过信息融合技术有机地组合在一起,使得最后提供至用户的航向、速度、位置、姿态等信息的精度、可靠性和自动化程度得到了提高。因此,相比较单一导航系统,组合导航系统具有以下优点:

(1) 能有效利用各导航子系统的导航信息,提高组合系统定位精度。例如,INS/GPS组合导航系统能有效利用INS短时的精度保持特性,以及GPS长时的精度保持特性,其输出信息特性均优于INS和GPS作为单一系统的导航特性。

(2) 允许在导航子系统工作模式间进行自动切换,从而进一步提高系统工作可靠性。由于各导航子系统均能输出舰船的运动信息,因此组合导航系统有足够的量测冗余度,当量测信息的某一部分出现故障,系统可以自动切换到另一种组合模式继续工作。

(3) 可实现对各导航子系统及其元器件误差的校准,从而放宽了对导航子系统技术指标的要求。例如,INS和GPS采用松耦合模式进行组合时,组合输出的位置、速度和姿态将反馈到INS和GPS,对INS和GPS的相应误差量进行校准。

图10－1给出了舰船组合导航系统的典型结构框图。舰船组合导航系统的基本原理是通过接口控制系统实时接收导航子系统发送的导航信息,经由合适的信息处理方法,对导航数据进行状态最优估计,最后通过接口控制系统发送给其他舰船系统。因此,舰船组合导航系统主要由导航子系统和控制显示系统两大部分组成。

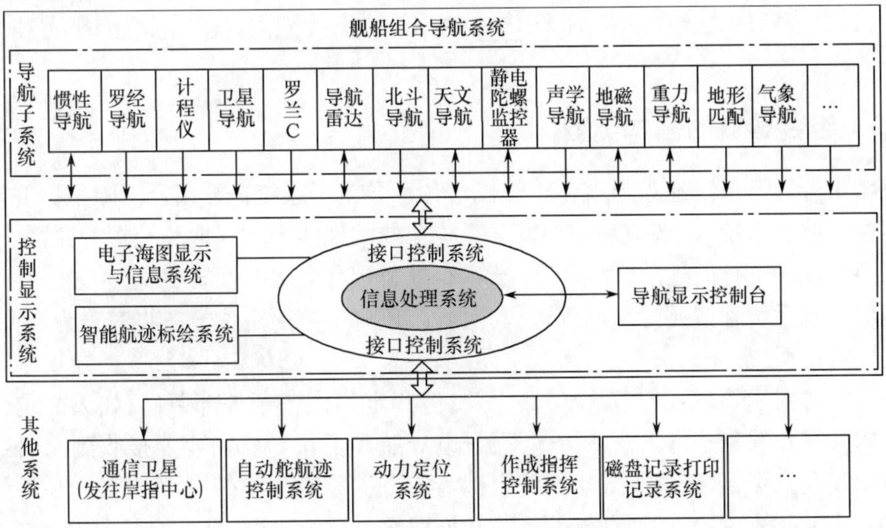

图10－1 舰船组合导航系统的典型结构框图

1. 导航子系统

导航子系统是组合导航系统的信息源,也是组合导航数据处理的依据。导航子系统一般包括惯性导航系统、罗经导航系统、静电陀螺监控器、计程仪、卫星导航系统、罗兰C、导航雷达、天文导航、声学导航、地磁导航、重力导航、气象导航等,这些导航子系统输出特性各异的舰船运动信息,用于进行组合导航信息融合。

由于舰船组合导航系统的组成和规模是由舰船所担负的任务决定的,因此舰船组合导航是根据不同舰船的具体要求而配置导航子系统。例如:核潜艇、驱逐舰和导弹快艇等具有在海上导弹发射能力,需要将提供水平姿态信息的设备参与组合;补给舰经常进行密集航行,需要将雷达信息加入组合;核潜艇和常规潜艇需要使用声学系统,如多普勒计程仪、测深测浅仪和避碰声纳加入组合。

2. 控制显示系统

舰船组合导航系统的控制显示系统实质是一高速计算机系统，用于接收和处理导航子系统的导航数据，并进行状态最优估计，按照导航显示控制台上指挥员的命令，将舰船的导航信息估计发送给作战指挥系统、通信卫星、自动舵、动力定位等设备，并同时完成数据存储和打印。

1）接口控制系统

接口控制系统包括伺服回路、信号控制与控制电路，其功能是对导航子系统提供的信号进行处理，转换为标准数字信息。主计算机系统与各输入、输出设备多采用分布式多机结构，由局域网络连接，分布式多机系统采用主、从计算机结构，易于扩展和维修，而局域网络化连接能实现各导航子系统与控制设备及用户间信息的快速交换和资源共享。

2）系统控制/数据处理模块

系统控制/数据处理模块主要进行系统工作流程控制；对导航子系统的输出进行采样计数；对总线进行管理，进行数据交换和信息控制；以导航子系统的数据为基础进行状态最优估计（滤波）。同时，还应完成系统自检、故障分析、系统报警等功能。

由于涉及了大量的数据处理、解算，因此舰船组合导航的主计算机通常以高速计算机为核心，具有一定的冗余度和防潮、防热、抗冲击、抗干扰能力，能适应海上恶劣环境下长期工作要求。

10.1.2 组合导航的基本类型

舰船组合导航系统通过导航主计算机对各种导航子系统进行组合。除根据舰船使命要求配置导航子系统外，还应考虑导航子系统在技术性能上相互取长补短的原则。例如，INS 与 GPS 具有互补的性质，而 INS 与推算船位则具有类似的性质。

舰船导航系统除按照导航原理进行分类外，还可以按照定位方法将其分为两大类：一类是直接定位系统，如天文导航、无线电导航、卫星导航、陆标定位等，这类导航系统的定位误差不随时间积累，精度与定位时间无关，但其定位依赖于外部条件，如天文定位需要在良好的天候和气象条件下观测天体，无线电导航和卫星导航需要能接收到岸台或卫星发射的无线电信号，因此这类导航系统也称为非自主导航系统；另一类导航定位系统以推算方法来确定载体位置，如惯性导航系统和推算航行系统，这类系统的最大优点在于不依赖任何外部信息，因而具有独立、自主、安全和隐蔽的特点，非常适合于军事应用，也称为自主式导航系统，但这类系统的误差是随时间积累的，必须经常进行校正。

通过对自主式和非自主式导航系统特性的分析可知，自主式导航系统能满足舰船对导航系统在连续性和可靠性两方面的需求。然而，误差随时间累积的问题使得自主式导航系统必须依赖非自主式导航系统进行定期校准。换言之，舰船组合导航系统通常是以自主式导航系统为核心，辅以非自主式导航系统作为外部校准手段。因此，舰船组合导航系统主要是基于惯性导航系统和基于推算舰位两大类。

1. 基于惯性导航为中心的舰船组合导航系统

以惯性导航系统为中心的舰船组合导航系统，适用于定位精度要求较高的各类舰船，如战略导弹核潜艇、靶场测量船、石油勘探船等，随着惯性导航系统装备范围的进一步扩大，各类先进的大、中型水面舰船也逐步装备了该类舰船组合导航系统。

由惯性导航系统的原理和误差分析可知，惯性导航系统几乎能输出舰船导航定位所需的全部导航参数，然而各类误差源激励的导航定位误差随时间积累的问题，使得无线电导航、卫星导航、天文导航、地球重力场导航和各类测速设备均适合作为惯性导航系统的辅助校准手段，构成舰船组合导航系统。典型的组合系统包括以下几种。

1）INS/GPS 组合导航

INS 与 GPS 的组合被认为是目前导航领域和大地测量领域最理想的组合方式，高精度 GPS 位置和速度信息作为外部量测输入，在运动过程中频繁修正 INS，以限制其误差随时间的累积。

INS/GPS 组合导航过程中，高精度 GPS 信息可用来修正 INS 以控制其误差随时间积累。反过来，INS 短时间内定位精度较高和数据高采样率的特点，也可以极大改善 GPS 的性能，如改善 GPS 重新捕获卫星信号的能力、提高 GPS 接收机的跟踪能力及解决周跳问题等。

2）INS/CNS 组合导航

天文导航系统通过星图识别与姿态计算，能输出舰船相对惯性空间的姿态信息，定姿精度高且误差不随时间积累。INS/CNS 组合导航一般以天文导航系统的高精度姿态信息作为观测量，对 INS 的误差和误差源进行校准，从而有效提高组合导航系统的精度。

目前，国内外 INS/CNS 组合导航已经在核潜艇、远程导弹和战略轰炸机等一些具有特殊技术要求的武器装备中获得广泛应用。

3）INS/DVL 组合导航

DVL 能输出舰船对地的绝对速度，测量精度高且误差不随时间积累。INS/DVL 组合导航采用以 DVL 的高精度速度信息作为观测量，对 INS 的误差和误差源进行校准。例如，IXSEA 公司生产的 PHINS 捷联惯性组合导航系统中，INS/DVL 组合导航便是水下应用的一种主要工作方式。除了与 INS 组合外，DVL 的速度信息还可作为惯性导航系统水平阻尼的外部参考信息，用于阻尼振荡误差以及减小随机误差对 INS 的影响。

4）INS/无源导航组合

现阶段的无源导航研究重点是利用海洋物理场信息辅助导航，该技术利用图像匹配方法将实测地理特征，在已知地理特征数据库中进行匹配定位，主要方法包括海底地形辅助导航、海洋重力场辅助导航和海洋地磁场辅助导航等。

INS/TAN 组合导航利用地形辅助导航传感器测量的地形高度信息或地形景象信息，通过与计算机内存储的参考地图进行比较，确定舰船的位置信息，并以该位置信息为观测信息，对 INS 的误差和误差源进行校准，从而有效提高组合导航系统的精度。

INS/重力组合导航，利用海洋重力梯度仪或重力仪的测量数据与计算机存储的重力梯度图或重力图匹配得到定位信息，并以该定位结果为观测信息，对 INS 的误差和误差源进行校准，从而有效地提高组合导航系统的精度。

INS/地磁组合导航利用地磁传感器的测量数据与预存的地球磁场数据库进行匹配得到定位信息，并以该定位结果为观测信息，对 INS 的误差和误差源进行校准，从而有效提高组合导航系统的精度。

5）基于推算舰位为中心的舰船组合导航系统

以推算舰位为中心的舰船组合导航系统，包含以平台罗经与多普勒计程仪构成的推算舰位系统和以电控罗经与电磁计程仪构成的推算舰位系统两大类，适用于远洋运输船、扫布雷艇和金海作业船等，推算舰位系统可与 GPS、罗兰 C、天文导航、避碰雷达等构成组合导航系统。由于推算舰位系统与惯性导航在误差特性上具有类似性，以两类系统为核心的舰船组合导航系统也具有类似性，在此不再赘述。

除了上述提及的组合导航系统外，舰船组合导航系统还经常采用两种以上的导航子系统进行组合，如 INS/GPS/CNS、INS/DVL/GPS 组合导航等。

10.1.3 组合导航的数据处理

在舰船组合导航系统中，各导航子系统敏感并输出舰船的运动信息，主计算机采用合适的数据处理方法，对导航子系统的数据进行信息融合，最终输出较导航子系统更优的导航信息。简单地讲，组合导航系统是将导航子系统的量测信息和系统信息按照一定的规则通过数据处理的方法进行融合，从而形成状态的最优或次优估计。目前，舰船组合导航系统的数据处理方法主要包括以下几种：

1. 导航子系统数据预处理

根据导航子系统的输出特性，通过合理的加权处理进行野值去除、噪声抑制等，该方法也称为数据预处理，对于处理系统的随机误差和位置误差是很有效的。

2. 基于频域的数字滤波方式

能够获得精确的校准信息用于组合导航系统。例如，INS/GPS 组合导航系统中，GPS 定位含有高频误差，基于频域设计的数字低通滤波器能滤除 GPS 随机噪声，获得畸变较小的精确位置，用以提升 INS 的校准结果。

3. 基于时域的卡尔曼滤波方式

通过建立描述系统动态特性的状态方程和反映量测与状态关系的量测方程，采用最优估计的方法，估计出舰船导航信息或误差信息。以 INS/GPS 集中式滤波组合为例，集中式滤波结构如图 10－2 所示。该方法采用一个共同的滤波器来处理 INS 和 GPS 数据，从而得到导航参数的最优估计值。集中式滤波组合的优点是，只需要一个滤波器，可以直接采用 GPS 的原始观测量，没有量测输入相关问题，组合紧凑、精度高。同时，GPS 接收机信号失锁后，若 INS 独立工作时间不长，由于组合滤波器对 SINS 已实施校正，故 INS 的输出时间积累误差不大，完全可以单独地进行精确导航，直到 GPS 接收机重新锁定卫星信号。集中式滤波缺点是状态维数高，计算负担重，不利于滤波的实时运行。另外，集中式滤波的容错性能差，任一导航子系统的故障在集中滤波中将会污染其他子系统的状态估计，使得组合导航系统输出的导航信息不可靠。如果任一子系统因故障而瘫痪，甚至可能使整个系统崩溃。

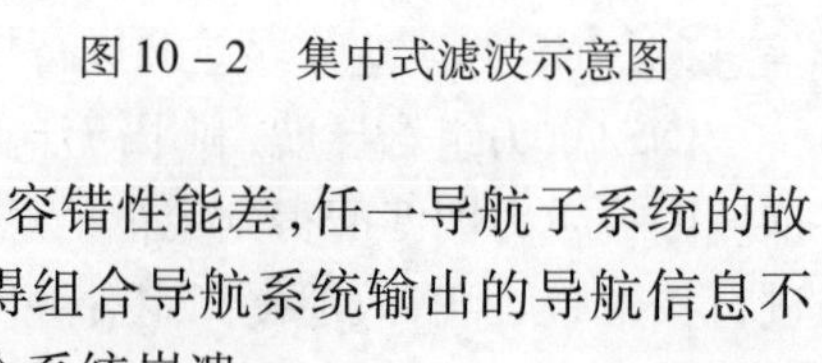

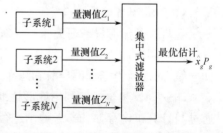

图 10－2 集中式滤波示意图

4. 分散式滤波方式

针对组合导航信息和状态变量增加，造成集中卡尔曼滤波数据处理时出现的“维数灾难”问题，出现了多传感器分散化滤波算法。

分散式滤波的方法一般分两步来处理来自多个子系统的数据。首先，每个子系统处理各自的观测数据，进行局部最优估计。然后，将局部滤波器的结果输入到主滤波器，获得主滤波器状态向量的最优估计。分散式滤波的典型代表就是联邦滤波器，其一般结构如图 10－3 所示。

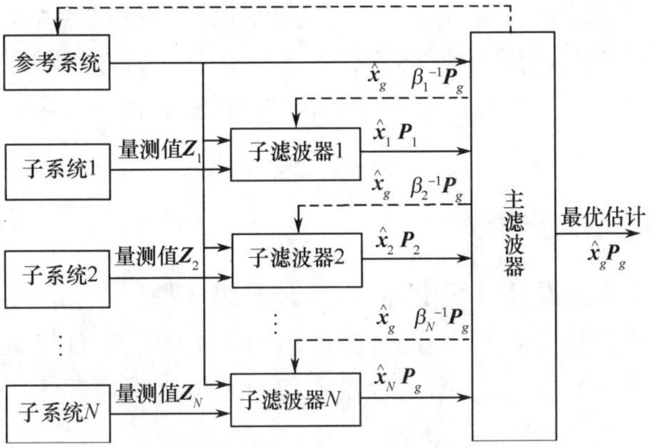

图 10－3　联邦滤波器结构示意图

分散式滤波方法具有信道要求低、容错性好、效率高和工程实现方便的优点，也成为了舰船组合导航的研究重点。

目前，舰船组合导航系统设计大多采用卡尔曼滤波方法，采用这种数据融合方法的前提是建立系统的状态方程和量测方程。根据卡尔曼滤波所估计变量的不同，可将卡尔曼滤波在组合导航系统中的应用分为直接滤波法和间接滤波法，直接滤波法以导航子系统的导航输入参数作为状态，实现组合导航的滤波处理；间接滤波法则以导航子系统的误差量作为状态进行滤波处理。在组合导航实际应用中，由于直接滤波法的系统状态方程通常是非线性的，需要采用非线性滤波方法对状态进行滤估计，这就给滤波器的设计带来一定的困难，而且参数估计的精度也不高，甚至可能导致滤波发散。因此，一般都采用间接卡尔曼滤波算法。

当采用间接卡尔曼滤波算法时，滤波器的状态是误差状态，以 INS/GPS 组合导航为例，滤波方程中的状态向量是 INS 姿态、速度等误差状态或 GPS 参数误差状态，因此滤波后需用误差的最优估计值来对原系统进行校正，获得精确的导航参数。滤波器的输出对组合导航系统参数进行校正时，根据使用方法的不同，间接卡尔曼滤波又可分为开环校正（输出校正）和闭环校正（反馈校正）。图 10－4 给出了集中式滤波的开环和闭环校正方案示意图。

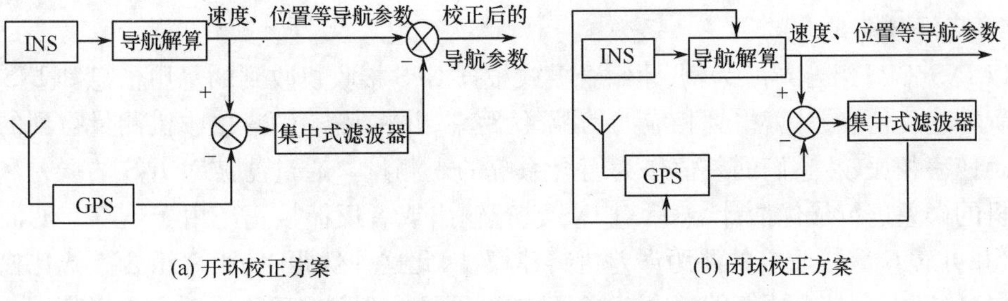

(a) 开环校正方案　　(b) 闭环校正方案

图 10－4　集中式滤波的开环和闭环校正方案框图

开环校正和闭环校正各有优、缺点。开环校正的优点是工程上比较容易实现,滤波器的故障不会影响惯性导航系统的工作;缺点是 INS 的误差是随时间积累的,而滤波器的数学模型在长时间的工作条件下会发生变化,从而使滤波方程出现模型误差,导致滤波精度下降。若采用闭环校正,INS 的输出就是组合系统的输出,滤波器的数学模型在长时间工作情况下依然保持稳定,不会产生滤波方程的模型误差,这是闭环校正的优点;其缺点是,工程上实现相对复杂,且滤波器的故障会“污染”INS 的输出,系统的稳定性和可靠性降低。

10.1.4 组合导航的工作模式

舰船组合导航系统在设计过程中,需要综合考虑多种因素,设计一种可行的、能够高效利用导航子系统导航信息的工作方法,由此出现了不同的组合导航工作模式,主要包括重调模式、阻尼模式、松组合模式、紧组合模式和超紧组合模式。

1. 重调模式

这是一种早期的组合导航模式,以 GPS 辅助 INS 为例,在重调组合模式中,需假定 GPS 导航的精度高于 INS 导航精度。此时,重调模式直接以 GPS 的输出参数来修正 INS,通过定期的重调,限制 INS 误差在一定的误差范围内,避免随时间累积的问题。

2. 阻尼模式

自主工作的惯性导航系统,除导航误差随时间累积外,在陀螺仪和加速度计等误差源的激励下,水平通道会存在明显的舒勒和傅科周期振荡,方位回路存在明显的地球周期振荡,为使这些振荡误差得到衰减并达到稳定状态,可引入多普勒计程仪或电磁计程仪的速度信息对系统进行阻尼,以抑制 INS 的振荡误差。同时,由于 INS 高度通道为正反馈系统,可引入测深测潜仪的深度信息对 INS 的高度通道进行阻尼。

3. 松组合模式

以 INS/GPS 组合导航为例,松组合模式是以 INS 和 GPS 输出的速度和位置信息的差值作为观测量,以 INS 的姿态、速度及位置等误差方程作为状态方程,通过非线性滤波器对 INS 的速度、位置、姿态以及惯性器件误差进行估计,并根据估计结果对 INS 进行输出或者反馈校正。这种组合方式的主要特点是系统结构简单,易于实现,可以大幅度提高系统的导航精度,并使 INS 具有动基座对准能力。其不足之处在于组合导航量测噪声在时间上相关,不满足滤波器假定的量测噪声为高斯白噪声的基本要求,造成估计精度下降,严重时甚至使滤波器不稳定。在实际中,常常通过加大滤波器迭代周期的方法来降低量测噪声的相关性,从而可以将量测噪声做白噪声处理。

4. 紧组合模式

以 INS/GPS 组合导航为例,紧组合模式根据 GPS 接收机收到的星历信息和 INS 输出的位置和速度信息,计算得到相应的伪距、伪距率,并将其与 GPS 接收机测量得到的伪距和伪距速率相比较,它们的差值作为组合系统的观测量。通过滤波对 INS 的误差和 GPS 接收机的误差进行最优估计,然后对 INS 进行输出或者反馈校正。由于不存在滤波器的级联,并可对 GPS 接收机的测距误差进行建模,因此这种伪距、伪距率组合方式比松组合中位置、速度组合具有更高的组合精度,且在可见星的个数少于 4 颗时也可以使用。但这种组合方式的量测方程是强非线性的,滤波计算复杂度增加,运算量大。

5. 超紧组合模式

以 INS/GPS 组合导航为例,超紧组合模式是一种考虑了使用惯性信息对 GPS 接收机进行辅助的组合方式。其主要思想是既使用滤波技术对 INS 的误差进行估计,同时使用校正后的 INS 速度信息对接收机的载波环、码环进行辅助,从而减小环路的等效带宽,增加 GPS 接收机在高动态或者强干扰环境下的跟踪能力。

10.2　组合导航系统数据融合方法

组合导航系统实现的关键是数据融合技术,各种滤波算法的出现为组合导航系统提供了理论基础和数学工具。应用滤波算法设计组合导航系统的基本原理是:首先建立组合导航系统的状态方程和测量方程,然后采用相应的滤波算法对系统状态进行最优估计,以去除噪声的干扰,得到尽量准确的状态估计值,最后利用这些状态估计值修正系统的导航误差,进而获取准确的导航参数信息,达到提高导航精度的目的。

10.2.1　估计理论基础

估计就是根据与状态 $\boldsymbol{x}(t)$ 有关的测量数据 $\boldsymbol{z}(t)=\boldsymbol{H}\boldsymbol{x}(t)+\boldsymbol{v}(t)$,解算出 $\boldsymbol{x}(t)$ 的计算值 $\hat{\boldsymbol{x}}(t)$,其中 $\boldsymbol{v}(t)$ 为量测误差,$\hat{\boldsymbol{x}}(t)$ 表示 $\boldsymbol{x}(t)$ 的估计,$\boldsymbol{z}(t)$ 为 $\boldsymbol{x}(t)$ 的量测。因为 $\hat{\boldsymbol{x}}(t)$ 是根据 $\boldsymbol{z}(t)$ 确定的,所以 $\hat{\boldsymbol{x}}(t)$ 是 $\boldsymbol{z}(t)$ 的函数。如果 $\hat{\boldsymbol{x}}(t)$ 是 $\boldsymbol{z}(t)$ 的线性函数,则称 $\hat{\boldsymbol{x}}(t)$ 为 $\boldsymbol{x}(t)$ 的线性估计。最优估计则是指某一指标达到最优值时的估计。

假设已经获得在 $[t_0,t_1]$ 时间段内的量测值 $\boldsymbol{z}(t)$,估计状态为 $\hat{\boldsymbol{x}}(t)$,则:

(1) $t=t_1$ 时,依据过去直到现在的量测值估计当前的状态,$\hat{\boldsymbol{x}}(t)$ 称为 $\boldsymbol{x}(t)$ 的滤波。

(2) $t>t_1$ 时,依据过去直到现在的量测值预测未来的状态,$\hat{\boldsymbol{x}}(t)$ 称为 $\boldsymbol{x}(t)$ 的预测或外推。

(3) $t<t_1$ 时,依据过去直到现在的量测值估计过去的历史状态,$\hat{\boldsymbol{x}}(t)$ 称为 $\boldsymbol{x}(t)$ 的平滑。

1. 最小二乘估计

最小二乘估计由德国数学家高斯首先提出,目前被广泛应用于科学和工程技术领域。假设系统的量测方程为

$$\boldsymbol{z}=\boldsymbol{H}\boldsymbol{x}+\boldsymbol{v} \tag{10-1}$$

式中:$\boldsymbol{z}$ 为 $m\times1$ 维矩阵;$\boldsymbol{x}$ 为 $n\times1$ 维矩阵;$\boldsymbol{H}$ 为 $m\times n$ 维矩阵;$\boldsymbol{v}$ 为 $m\times1$ 维白噪声,且 $\mathrm{E}(\boldsymbol{v})=0$,$\mathrm{E}(\boldsymbol{v}\boldsymbol{v}^{\mathrm{T}})=\boldsymbol{R}$。

最小二乘估计的指标是使量测量 $\boldsymbol{z}$ 与由估计 $\hat{\boldsymbol{x}}$ 确定的量测量估计 $\hat{\boldsymbol{z}}=\boldsymbol{H}\hat{\boldsymbol{x}}$ 之差的平方和最小,即

$$J(\hat{\boldsymbol{x}})=(\boldsymbol{z}-\boldsymbol{H}\hat{\boldsymbol{x}})^{\mathrm{T}}(\boldsymbol{z}-\boldsymbol{H}\hat{\boldsymbol{x}})=\min \tag{10-2}$$

要使式(10-2)达到最小,须满足

$$\frac{\partial J}{\partial\hat{\boldsymbol{x}}}=2\boldsymbol{H}^{\mathrm{T}}\boldsymbol{H}\hat{\boldsymbol{x}}-\boldsymbol{H}^{\mathrm{T}}\boldsymbol{z}-\boldsymbol{H}^{\mathrm{T}}\boldsymbol{z}=0 \tag{10-3}$$

由此解出$\hat{x}$,得到

$$\hat{\boldsymbol{x}}=(\boldsymbol{H}^{\mathrm{T}}\boldsymbol{H})^{-1}\boldsymbol{H}^{\mathrm{T}}\boldsymbol{z} \tag{10-4}$$

最小二乘估计使所有偏差的平方和达到最小,这实际上是平等对待所有误差使整体偏差达到最小而得到的近似解,这对抑制测量误差的影响是有益的。

可以证明,最小二乘估计是无偏的。即令

$$\tilde{\boldsymbol{x}}=\boldsymbol{x}-\hat{\boldsymbol{x}}=\boldsymbol{x}-(\boldsymbol{H}^{\mathrm{T}}\boldsymbol{H})^{-1}\boldsymbol{H}^{\mathrm{T}}\boldsymbol{z}$$

则有

$$\begin{aligned}\mathrm{E}(\tilde{\boldsymbol{x}})&=\mathrm{E}[(\boldsymbol{H}^{\mathrm{T}}\boldsymbol{H})^{-1}\boldsymbol{H}^{\mathrm{T}}\boldsymbol{H}\boldsymbol{x}-(\boldsymbol{H}^{\mathrm{T}}\boldsymbol{H})^{-1}\boldsymbol{H}^{\mathrm{T}}\boldsymbol{z}]=(\boldsymbol{H}^{\mathrm{T}}\boldsymbol{H})^{-1}\boldsymbol{H}^{\mathrm{T}}\mathrm{E}(\boldsymbol{H}\boldsymbol{x}-\boldsymbol{z})\\&=-(\boldsymbol{H}^{\mathrm{T}}\boldsymbol{H})^{-1}\boldsymbol{H}^{\mathrm{T}}\mathrm{E}(\boldsymbol{v})=0\end{aligned} \tag{10-5}$$

于是

$$\mathrm{E}(\hat{\boldsymbol{x}})=\boldsymbol{x} \tag{10-6}$$

还可计算最小二乘的均方误差阵为

$$\mathrm{E}(\tilde{\boldsymbol{x}}\tilde{\boldsymbol{x}}^{\mathrm{T}})=(\boldsymbol{H}^{\mathrm{T}}\boldsymbol{H})^{-1}\boldsymbol{H}^{\mathrm{T}}\mathrm{E}(\boldsymbol{v}\boldsymbol{v}^{\mathrm{T}})\boldsymbol{H}(\boldsymbol{H}^{\mathrm{T}}\boldsymbol{H})^{-1}=(\boldsymbol{H}^{\mathrm{T}}\boldsymbol{H})^{-1}\boldsymbol{H}^{\mathrm{T}}\boldsymbol{R}\boldsymbol{H}(\boldsymbol{H}^{\mathrm{T}}\boldsymbol{H})^{-1} \tag{10-7}$$

最小二乘估计为使总体偏差达到最小,平等利用了所有量测误差,而其缺点也正是不分优劣地使用了各量测值。如果可以知道不同量测值之间的精度,那么可以采用加权的思想区别对待各量测值,也就是说,精度比较高的量测值所取的权重较大,而精度较差的量测值权重取的较小。根据以上的思路可以得到加权最小二乘估计准则为

$$\boldsymbol{J}(\hat{\boldsymbol{x}})=(\boldsymbol{z}-\boldsymbol{H}\hat{\boldsymbol{x}})^{\mathrm{T}}\boldsymbol{W}(\boldsymbol{z}-\boldsymbol{H}\hat{\boldsymbol{x}})=\min \tag{10-8}$$

式中:$\boldsymbol{W}$为正定的权值矩阵。不难看出,当$\boldsymbol{W}=\boldsymbol{I}$时,式(10-8)就是一般最小二乘估计。由此可以解得

$$\hat{\boldsymbol{x}}=[\boldsymbol{H}^{\mathrm{T}}(\boldsymbol{W}+\boldsymbol{W}^{\mathrm{T}})\boldsymbol{H}]^{-1}\boldsymbol{H}^{\mathrm{T}}(\boldsymbol{W}+\boldsymbol{W}^{\mathrm{T}})\boldsymbol{z} \tag{10-9}$$

由于正定加权矩阵$\boldsymbol{W}$也是对称阵,即$\boldsymbol{W}=\boldsymbol{W}^{\mathrm{T}}$,所以加权最小二乘估计为

$$\hat{\boldsymbol{x}}=(\boldsymbol{H}^{\mathrm{T}}\boldsymbol{W}\boldsymbol{H})^{-1}\boldsymbol{H}^{\mathrm{T}}\boldsymbol{W}\boldsymbol{z} \tag{10-10}$$

若$\mathrm{E}(\boldsymbol{v})=0$,$\mathrm{Cov}(\boldsymbol{v})=\boldsymbol{R}$,对于加权最小二乘估计误差$\tilde{\boldsymbol{x}}$,有

$$\mathrm{E}(\tilde{\boldsymbol{x}})=(\boldsymbol{H}^{\mathrm{T}}\boldsymbol{W}\boldsymbol{H})^{-1}\boldsymbol{H}^{\mathrm{T}}\boldsymbol{W}\mathrm{E}(\boldsymbol{v})=0 \tag{10-11}$$

即加权最小二乘估计是无偏估计,且可得到估计的均方误差为

$$\mathrm{E}(\tilde{\boldsymbol{x}}\tilde{\boldsymbol{x}}^{\mathrm{T}})=(\boldsymbol{H}^{\mathrm{T}}\boldsymbol{W}\boldsymbol{H})^{-1}\boldsymbol{H}^{\mathrm{T}}\boldsymbol{W}\boldsymbol{R}\boldsymbol{W}\boldsymbol{H}(\boldsymbol{H}^{\mathrm{T}}\boldsymbol{W}\boldsymbol{H})^{-1} \tag{10-12}$$

如果满足$\boldsymbol{W}=\boldsymbol{R}^{-1}$,则加权最小二乘估计变为

$$\begin{cases}\hat{\boldsymbol{x}}=(\boldsymbol{H}^{\mathrm{T}}\boldsymbol{R}^{-1}\boldsymbol{H})^{-1}\boldsymbol{H}^{\mathrm{T}}\boldsymbol{R}^{-1}\boldsymbol{z}\\ \mathrm{E}(\tilde{\boldsymbol{x}}\tilde{\boldsymbol{x}}^{\mathrm{T}})=(\boldsymbol{H}^{\mathrm{T}}\boldsymbol{R}^{-1}\boldsymbol{H})^{-1}\end{cases} \tag{10-13}$$

即只有当$\boldsymbol{W}=\boldsymbol{R}^{-1}$时,加权最小二乘估计的均方差误差才能达到最小,此时的估计也称为马尔可夫估计。

2. 最小方差估计

对于式(10-1),求$\boldsymbol{x}$的估计$\hat{\boldsymbol{x}}$就是根据量测量$\boldsymbol{z}$解算$\hat{\boldsymbol{x}}$,所以$\hat{\boldsymbol{x}}$必然是$\boldsymbol{z}$的函数,即

$\hat{\boldsymbol{x}}(z)=f(\boldsymbol{z})$。由于 $\boldsymbol{v}$ 是随机误差，所以无法从 $\boldsymbol{z}$ 的函数式中直接获得 $\hat{\boldsymbol{x}}$，而必须按照一定的统计准则求取。

最小方差估计准则就是以状态估计误差方差阵达到最小的那个值作为状态估计值的准则。其性能函数可表示为

$$J(\hat{\boldsymbol{x}})=\mathrm{E}[(\boldsymbol{x}-\hat{\boldsymbol{x}}(\boldsymbol{z}))(\boldsymbol{x}-\hat{\boldsymbol{x}}(\boldsymbol{z}))^{\mathrm{T}}] \tag{10-14}$$

极小化上述性能函数所求得的状态最优估计值就叫作最小方差估计，有

$$\left.\frac{\partial J(\hat{\boldsymbol{x}})}{\partial \boldsymbol{x}}\right|_{\boldsymbol{x}=\hat{\boldsymbol{x}}(z)}=0 \tag{10-15}$$

且最小方差估计 $\hat{\boldsymbol{x}}(z)$ 等于在已知量测值 $\boldsymbol{z}$ 条件下状态 $\boldsymbol{x}$ 的条件均值，有

$$\hat{\boldsymbol{x}}_{MV}=\mathrm{E}(\boldsymbol{x}|\boldsymbol{z}) \tag{10-16}$$

根据式(10－16)，有

$$\mathrm{E}(\hat{\boldsymbol{x}}_{MV})=\mathrm{E}[\mathrm{E}(\boldsymbol{x}|\boldsymbol{z})]=\int_{-\infty}^{+\infty}\left[\int_{-\infty}^{+\infty}\boldsymbol{x}\cdot g_{x|z}(\boldsymbol{x}|\boldsymbol{z})\mathrm{d}x\right]g_z(\boldsymbol{z})\mathrm{d}z$$

由贝叶斯公式得

$$\begin{aligned}\mathrm{E}(\hat{\boldsymbol{x}}_{MV})&=\int_{-\infty}^{+\infty}\int_{-\infty}^{+\infty}\boldsymbol{x}\cdot g_{x,z}(\boldsymbol{x},\boldsymbol{z})\mathrm{d}\boldsymbol{x}\mathrm{d}z=\int_{-\infty}^{+\infty}\left[\int_{-\infty}^{+\infty}\boldsymbol{x}\cdot g_{x,z}(\boldsymbol{x},\boldsymbol{z})\mathrm{d}z\right]\mathrm{d}\boldsymbol{x}\\&=\int_{-\infty}^{+\infty}\boldsymbol{x}\cdot g_x(\boldsymbol{x})\mathrm{d}\boldsymbol{x}=\mathrm{E}(\boldsymbol{x})\end{aligned}$$

式中：$g_{x,z}(\boldsymbol{x},\boldsymbol{z})$ 为联合概率密度分布函数。

即最小方差具有无偏性，有

$$\mathrm{E}(\boldsymbol{x}-\hat{\boldsymbol{x}}_{MV})=0 \tag{10-17}$$

最小方差估计可适用于线性和非线性系统的状态估计。为了进行最小方差估计，需要知道 $\boldsymbol{x}$ 和 $\boldsymbol{z}$ 的条件概率密度函数 $p(\boldsymbol{x}|z)$（或 $p(z)$）及其联合概率密度函数 $p(\boldsymbol{x},z)$。

3. 线性最小方差估计

采用最小方差估计准则对状态进行滤波时，需要知道 $p(\boldsymbol{x}|z)$ 或 $p(z|\boldsymbol{x})$。对于绝大多数非线性系统来说，状态先验或后验密度函数的求取是极其困难的，甚至是根本无法实现的。如果此时只知道量测值 z 和被估计状态 $\boldsymbol{x}$ 的一阶和二阶矩，即 $\mathrm{E}(\boldsymbol{x})$、$\mathrm{E}(\boldsymbol{z})$、$\mathrm{Var}(\boldsymbol{x})$、$\mathrm{Var}(\boldsymbol{z})$ 及 $\mathrm{Cov}(\boldsymbol{x},\boldsymbol{z})$，那么就可以基于线性最小方差估计准则来对状态进行最优估计。

线性最小方差估计，就是在已知被估量 $\boldsymbol{x}$ 和量测量 $\boldsymbol{z}$ 的一阶矩、二阶矩、方差和协方差的情况下，假定所求的估计量 $\hat{\boldsymbol{x}}$ 是量测量 $\boldsymbol{z}$ 的线性函数，满足的最优指标是使均方误差最小，即设

$$\hat{\boldsymbol{x}}(\boldsymbol{z})=\boldsymbol{a}+\boldsymbol{b}\boldsymbol{z} \tag{10-18}$$

将式(10－18)代入到式(10－14)，并通过极小化性能函数就可得到 $\boldsymbol{x}$ 的线性最小方差估计为

$$\hat{\boldsymbol{x}}(\boldsymbol{z})=\mathrm{E}(\boldsymbol{x})+\mathrm{Cov}(\boldsymbol{x},\boldsymbol{z})[\mathrm{Var}(\boldsymbol{z})]^{-1}(\boldsymbol{z}-\mathrm{E}(\boldsymbol{z})) \tag{10-19}$$

可以证明，当系统状态（线性或非线性）服从高斯分布时，条件均值是量测值的线性函数，线性最小方差估计等价于最小方差估计，即有

$$\hat{\boldsymbol{x}}(\boldsymbol{z})=\mathrm{E}(\boldsymbol{x}|\boldsymbol{z})=\mathrm{E}(\boldsymbol{x})+\mathrm{Cov}(\boldsymbol{x},\boldsymbol{z})[\mathrm{Var}(\boldsymbol{z})]^{-1}(\boldsymbol{z}-\mathrm{E}(\boldsymbol{z})) \tag{10-20}$$

线性最小方差估计$\hat{\boldsymbol{x}}$具有以下性质:

(1) 无偏性,即

$$\mathrm{E}(\hat{\boldsymbol{x}})=\mathrm{E}(\boldsymbol{x}) \tag{10-21}$$

(2) 正交性,即

$$\mathrm{E}(\tilde{\boldsymbol{x}}\cdot\boldsymbol{z}^{\mathrm{T}})=0 \tag{10-22}$$

10.2.2 线性系统卡尔曼滤波

1. 随机线性连续系统离散化

线性离散系统的卡尔曼滤波可以由计算机执行且不必存储大量数据,因此在工程中被广泛应用。虽然许多物理系统都是连续系统,但只要将连续系统离散化,就能使用离散卡尔曼滤波技术进行最优估计。

考虑以下线性连续系统,即

$$\dot{\boldsymbol{x}}(t)=\boldsymbol{A}(t)\boldsymbol{x}(t)+\boldsymbol{B}(t)\boldsymbol{w}(t) \tag{10-23}$$

$$\boldsymbol{z}(t)=\boldsymbol{H}(t)\boldsymbol{x}(t)+\boldsymbol{v}(t) \tag{10-24}$$

式中:$\boldsymbol{x}(t)$为系统n维状态向量;$\boldsymbol{w}(t)$为p维零均值白噪声向量;$\boldsymbol{A}(t)$为$n\times n$维系统矩阵;$\boldsymbol{B}(t)$为$n\times p$维干扰输入矩阵;$\boldsymbol{z}(t)$为m维量测向量;$\boldsymbol{H}(t)$为$m\times n$维量测矩阵;$\boldsymbol{w}(t)$、$\boldsymbol{v}(t)$为互不相关或相关的高斯白噪声,且满足

$$\begin{cases}\mathrm{E}[\boldsymbol{w}(t)]=\boldsymbol{\mu}_w, & \mathrm{E}[\boldsymbol{w}(t)\boldsymbol{w}^{\mathrm{T}}(\tau)]=\boldsymbol{Q}(t)\delta(t-\tau)\\ \mathrm{E}[\boldsymbol{v}(t)]=\boldsymbol{\mu}_v, & \mathrm{E}[\boldsymbol{v}(t)\boldsymbol{v}^{\mathrm{T}}(\tau)]=\boldsymbol{R}(t)\delta(t-\tau)\\ \mathrm{E}[\boldsymbol{w}(t)\boldsymbol{v}^{\mathrm{T}}(\tau)]=0 & \text{或 } \mathrm{E}[\boldsymbol{w}(t)\boldsymbol{v}^{\mathrm{T}}(\tau)]=\boldsymbol{S}(t)\delta(t-\tau)\end{cases} \tag{10-25}$$

式中:$\boldsymbol{\mu}_w$、$\boldsymbol{\mu}_v$分别为$\boldsymbol{w}(t)$和$\boldsymbol{v}(t)$的均值矩阵;$\boldsymbol{Q}(t)$为非负定对称阵;$\boldsymbol{R}(t)$为正定对称阵;$\boldsymbol{S}(t)$为协方差阵,且它们均对t连续。

系统的初始状态是某种已知分布的随机向量,其均值和协方差分别为$\hat{\boldsymbol{x}}_0$和$\boldsymbol{P}_0$,初始状态$\hat{\boldsymbol{x}}_0$与过程噪声$\boldsymbol{w}(t)$和量测噪声$\boldsymbol{v}(t)$互不相关。

对式(10-23)和式(10-24)做离散化处理,令采样间隔为Δt和$t_k=t$,得到

$$\boldsymbol{x}(t_k+\Delta t)=\boldsymbol{\Phi}(t_k+\Delta t,t_k)\boldsymbol{x}(t_k)+\int_{t_k}^{t_k+\Delta t}\boldsymbol{\Phi}(t_k+\Delta t,\tau)\boldsymbol{B}(\tau)\boldsymbol{w}(\tau)\mathrm{d}\tau \tag{10-26}$$

$$\boldsymbol{z}(t_k+\Delta t)=\boldsymbol{H}(t_k+\Delta t)\boldsymbol{x}(t_k+\Delta t)+\boldsymbol{v}(t_k+\Delta t) \tag{10-27}$$

式中:$\boldsymbol{\Phi}(t_k+\Delta t,t_k)$满足

$$\begin{cases}\boldsymbol{\Phi}(t_k+\Delta t,t_k)=\boldsymbol{A}(t)\boldsymbol{\Phi}(t,t_k)\\ \boldsymbol{\Phi}(t_k,t_k)=\boldsymbol{I}\end{cases} \tag{10-28}$$

对$\boldsymbol{w}(t)$和$\boldsymbol{v}(t)$做以下等效处理,即

$$\boldsymbol{w}_k=\frac{1}{\Delta t}\int_{t_k}^{t_k+\Delta t}\boldsymbol{w}(\tau)\mathrm{d}\tau \tag{10-29}$$

$$\boldsymbol{v}_k = \frac{1}{\Delta t}\int_{t_k}^{t_k+\Delta t}\boldsymbol{v}(\tau)\,\mathrm{d}\tau \tag{10-30}$$

根据式(10－29)和式(10－30)可推得

$$\begin{cases}\mathrm{E}(\boldsymbol{w}_k\boldsymbol{w}_j^{\mathrm{T}}) = \boldsymbol{Q}_k\delta_{kj}\\ \mathrm{E}(\boldsymbol{v}_k\boldsymbol{v}_j^{\mathrm{T}}) = \boldsymbol{R}_k\delta_{kj}\end{cases} \tag{10-31}$$

式中：$\boldsymbol{Q}_k$ 为系统噪声 $\boldsymbol{w}_k$ 的非负定方差矩阵，$\boldsymbol{Q}_k = \boldsymbol{Q}(t_k)/\Delta t$；$\boldsymbol{R}_k$ 为量测噪声 $\boldsymbol{v}_k$ 的正定方差矩阵，$\boldsymbol{R}_k = \boldsymbol{R}(t_k)/\Delta t$。

可以将式(10－26)近似为

$$\boldsymbol{x}(t_k+\Delta t) = \boldsymbol{\Phi}(t_k+\Delta t, t_k)\boldsymbol{x}(t_k) + \boldsymbol{\Gamma}(t_k+\Delta t, t_k)\boldsymbol{w}_k \tag{10-32}$$

其中，

$$\boldsymbol{\Gamma}(t_k+\Delta t, t_k) = \int_{t_k}^{t_k+\Delta t}\boldsymbol{\Phi}(t_k+\Delta t, \tau)\boldsymbol{B}(\tau)\,\mathrm{d}\tau \tag{10-33}$$

令 $t_{k+1} = t + \Delta t$，$\boldsymbol{x}_{k+1} = \boldsymbol{x}(t_k+\Delta t)$，$\boldsymbol{z}_{k+1} = \boldsymbol{z}(t_k+\Delta t)$，$\boldsymbol{\Phi}_{k+1|k} = \boldsymbol{\Phi}(t_k+\Delta t, t_k)$，$\boldsymbol{\Gamma}_{k+1|k} = \boldsymbol{\Gamma}(t_k+\Delta t, t_k)$，$\boldsymbol{w}_k = \boldsymbol{w}(t_k)$，$\boldsymbol{H}_{k+1} = \boldsymbol{H}(t_k+\Delta t)$，$\boldsymbol{v}_{k+1} = \boldsymbol{v}(t_k+\Delta t)$，可得到随机线性连续系统离散化表达式为

$$\begin{cases}\boldsymbol{x}_{k+1} = \boldsymbol{\Phi}_{k+1|k}\boldsymbol{x}_k + \boldsymbol{\Gamma}_{k+1|k}\boldsymbol{w}_k\\ \boldsymbol{z}_{k+1} = \boldsymbol{H}_{k+1}\boldsymbol{x}_{k+1} + \boldsymbol{v}_{k+1}\end{cases} \tag{10-34}$$

对于式(10－34)中的一步转移矩阵 $\boldsymbol{\Phi}_{k+1|k}$，由于采样间隔较短，可认为在 $t_k \sim t_{k+1}$ 时间内，$\boldsymbol{A}(t)$、$\boldsymbol{B}(t)$ 为定常阵 $\boldsymbol{A}(t_k)$、$\boldsymbol{B}(t_k)$。设 $\boldsymbol{A}_k = \boldsymbol{A}(t_k)$，则一步转移矩阵 $\boldsymbol{\Phi}_{k+1|k}$ 满足

$$\boldsymbol{\Phi}_{k+1|k} = \boldsymbol{I} + T\boldsymbol{A}_k + \frac{T^2}{2!}\boldsymbol{A}_k^2 + \frac{T}{3!}\boldsymbol{A}_k^3 + \cdots \tag{10-35}$$

2. 线性离散系统卡尔曼滤波基本方程

根据随机连续线性系统的离散化结果，设随机线性离散系统的方程为

$$\boldsymbol{x}_k = \boldsymbol{\Phi}_{k|k-1}\boldsymbol{x}_{k-1} + \boldsymbol{\Gamma}_{k|k-1}\boldsymbol{w}_{k-1} \tag{10-36}$$

$$\boldsymbol{z}_k = \boldsymbol{H}_k\boldsymbol{x}_k + \boldsymbol{v}_k \tag{10-37}$$

式中：$\boldsymbol{x}_k$ 为系统的 n 维状态向量；$\boldsymbol{z}_k$ 为系统 m 维量测向量；$\boldsymbol{w}_k$ 为 p 维系统过程噪声；$\boldsymbol{v}_k$ 为 m 维量测噪声；$\boldsymbol{\Phi}_{k|k-1}$ 为系统 $n\times n$ 维状态转移矩阵；$\boldsymbol{\Gamma}_{k|k-1}$ 为 $n\times p$ 维噪声输入矩阵；$\boldsymbol{H}_k$ 为 $m\times n$ 维量测矩阵；下标 k 表示第 k 时刻。

关于系统过程噪声和量测噪声的统计特性，可假定为

$$\begin{cases}\mathrm{E}(\boldsymbol{w}_k) = 0, & \mathrm{E}(\boldsymbol{w}_k\boldsymbol{w}_j^{\mathrm{T}}) = \boldsymbol{Q}_k\delta_{kj}\\ \mathrm{E}(\boldsymbol{v}_k) = 0, & \mathrm{E}(\boldsymbol{v}_k\boldsymbol{v}_j^{\mathrm{T}}) = \boldsymbol{R}_k\delta_{kj}\\ \mathrm{E}(\boldsymbol{w}_k\boldsymbol{v}_j^{\mathrm{T}}) = 0\end{cases} \tag{10-38}$$

如果被估计状态 $\boldsymbol{x}_k$ 和量测值 $\boldsymbol{z}_k$ 满足式(10－36)和式(10－37)的约束，系统过程噪声 $\boldsymbol{w}_k$ 和量测噪声 $\boldsymbol{v}_k$ 满足式(10－38)的统计特性假设，则 $\boldsymbol{x}_k$ 的状态估计方程如下：

(1) 状态一步预测，有

$$\hat{\boldsymbol{x}}_{k|k-1} = \boldsymbol{\Phi}_{k|k-1}\hat{\boldsymbol{x}}_{k-1} \tag{10-39}$$

（2）状态估计，有

$$\hat{\boldsymbol{x}}_k = \hat{\boldsymbol{x}}_{k|k-1} + \boldsymbol{K}_k(\boldsymbol{z}_k - \boldsymbol{H}_k\hat{\boldsymbol{x}}_{k|k-1}) \tag{10-40}$$

（3）滤波增益矩阵，有

$$\boldsymbol{K}_k = \boldsymbol{P}_{k,k-1}\boldsymbol{H}_k^{\mathrm{T}}(\boldsymbol{H}_k\boldsymbol{P}_{k|k-1}\boldsymbol{H}_k^{\mathrm{T}} + \boldsymbol{R}_k)^{-1} \tag{10-41}$$

（4）一步预测误差方差阵，有

$$\boldsymbol{P}_{k|k-1} = \boldsymbol{\Phi}_{k|k-1}\boldsymbol{P}_{k-1}\boldsymbol{\Phi}_{k|k-1}^{\mathrm{T}} + \boldsymbol{\Gamma}_{k|k-1}\boldsymbol{Q}_{k-1}\boldsymbol{\Gamma}_{k|k-1}^{\mathrm{T}} \tag{10-42}$$

（5）估计误差方差阵，有

$$\boldsymbol{P}_k = (\boldsymbol{I} - \boldsymbol{K}_k\boldsymbol{H}_k)\boldsymbol{P}_{k|k-1}(\boldsymbol{I} - \boldsymbol{K}_k\boldsymbol{H}_k)^{\mathrm{T}} + \boldsymbol{K}_k\boldsymbol{R}_k\boldsymbol{K}_k^{\mathrm{T}} \tag{10-43}$$

其中，式(10-41)可以进一步转化为

$$\boldsymbol{K}_k = \boldsymbol{P}_k\boldsymbol{H}_k^{\mathrm{T}}\boldsymbol{R}_k^{-1} \tag{10-44}$$

式(10-43)可以等效为

$$\boldsymbol{P}_k = (\boldsymbol{I} - \boldsymbol{K}_k\boldsymbol{H}_k)\boldsymbol{P}_{k|k-1} \tag{10-45}$$

式(10-39)~式(10-45)即为随机线性离散系统卡尔曼滤波基本方程。只要给定初值 $\hat{\boldsymbol{x}}_0$ 和 $\boldsymbol{P}_0$，根据 k 时刻的量测值 $\boldsymbol{z}_k$，就可以递推计算出 k 时刻的状态估计 $\hat{\boldsymbol{x}}_k$。

卡尔曼滤波器利用反馈控制的方法估计系统过程状态：滤波器估计过程某一时刻的状态，然后以量测更新的方式获得反馈。因此卡尔曼滤波可以分为两个部分，即状态更新过程和量测更新过程。状态更新方程推算当前状态变量和估计误差方差矩阵，为下一个时间状态构造先验估计，量测更新方程结合先验估计和新量测值改进后验估计。

式(10-39)~式(10-45)的滤波算法如图10-5所示，可以看出，卡尔曼滤波具有两个相互影响的计算回路，即状态更新回路和量测更新回路，也就是预测与校正的过程。

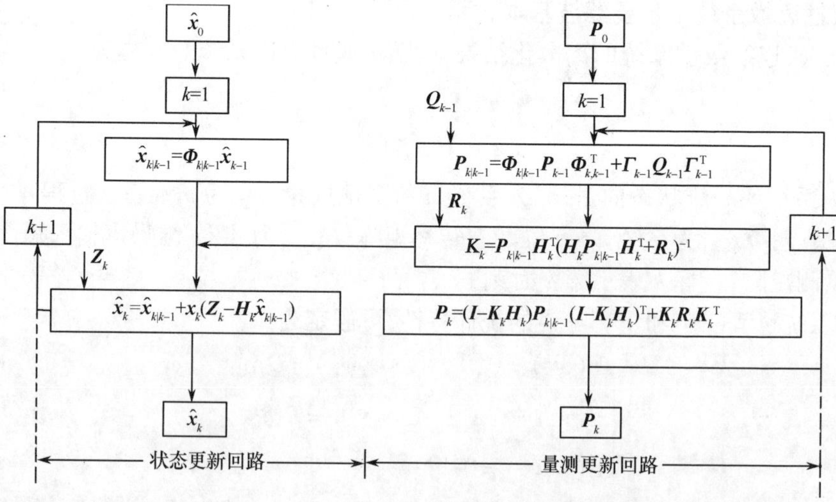

图10-5　卡尔曼滤波器工作原理框图

在实现卡尔曼滤波器时，可以离线获取系统量测值以计算系统量测噪声方差阵 $\boldsymbol{R}_k$，也就是说，量测噪声方差阵可以通过系统量测量得到，是滤波器的已知条件。对于系统过

程噪声方差阵 $\boldsymbol{Q}_k$，在得到系统过程信号 $\boldsymbol{x}_k$ 的前提下，可通过数理统计推算得到 $\boldsymbol{Q}_k$。

由线性离散系统卡尔曼滤波基本方程可以得到卡尔曼滤波器框图，如图 10－6 所示。其中滤波器的输入是系统量测值，输出是系统状态估计值。

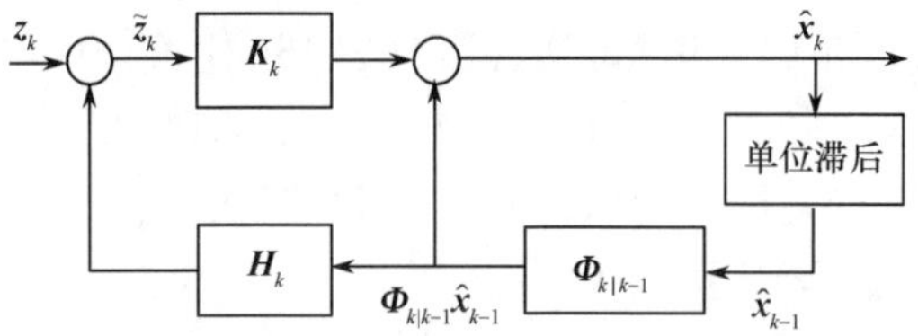

图 10－6　随机线性离散系统卡尔曼滤波器结构

离散系统卡尔曼滤波基本方程具有以下特点[5]：

(1) 由于卡尔曼滤波算法将被估计信号看作是在白噪声激励下的系统输出，并且其输入输出关系由时域形式的状态方程和量测方程所确定，因此这种滤波方法不仅适用于平稳序列的滤波，而且还适用于平稳或非平稳马尔可夫以及高斯－马尔可夫过程的滤波，因此其应用范围是十分广泛的。

(2) 由于卡尔曼滤波基本方程是时域递推形式，其计算过程是一个反复“预测—修正”的过程，一旦得到当前时刻的量测数据，就可以解算出当前时刻的滤波值，在求解时不需要存储大量数据，因此这种方法便于计算机实时处理和实现。

(3) 在求解滤波器增益 $\boldsymbol{K}_k$ 时，$\boldsymbol{R}_k$ 可以预先离线算出，从而可以减少实时在线计算量。另外，由于需要计算 $(\boldsymbol{H}_k\boldsymbol{P}_{k|k-1}\boldsymbol{H}_k^{\mathrm{T}}+\boldsymbol{R}_k)^{-1}$，其阶数通常取决于量测量的维数 m，当 m 较小时求逆过程比较方便。

(4) 在滤波稳定的前提下，估计误差方差 $\boldsymbol{P}_k$ 和滤波增益 $\boldsymbol{K}_k$ 都会快速收敛并且保持为常量。此外，增益矩阵 $\boldsymbol{K}_k$、初始方差阵 $\boldsymbol{P}_0$、系统噪声方差阵 $\boldsymbol{Q}_{k-1}$ 以及量测噪声方差阵 $\boldsymbol{R}_k$ 之间具有以下的关系：

由式(10－41)和式(10－42)可知，$\boldsymbol{P}_0$、$\boldsymbol{Q}_{k-1}$ 以及 $\boldsymbol{R}_k$ 同时乘以一个标量时，$\boldsymbol{K}_k$ 值不变，这使得各种新型卡尔曼滤波算法成为可能。另外，由滤波的基本方程式(10－44)可知，当 $\boldsymbol{R}_k$ 增大时，$\boldsymbol{K}_k$ 就变小，也就是说，如果量测噪声增大导致新量测值所包含误差比较大，那么滤波增益相应就要减小一些，以减弱量测噪声对滤波的影响。如果 $\boldsymbol{P}_0$ 变小，$\boldsymbol{Q}_{k-1}$ 变小，或者两者同时变小，由式(10－42)可知，$\boldsymbol{P}_{k|k-1}$ 也随之减小，而由滤波方程式(10－45)可以看出，这时 $\boldsymbol{P}_k$ 也将变小，$\boldsymbol{K}_k$ 随之变小。这是因为 $\boldsymbol{P}_0$ 变小表示初始估计较为准确，$\boldsymbol{Q}_{k-1}$ 变小意味着系统噪声变小，此时增益矩阵也应对系统状态估计给予较小的修正。

综上可知，$\boldsymbol{K}_k$ 决定了对量测值 z_k 和上一步估计值 $\hat{\boldsymbol{x}}_{k-1}$ 利用的比例程度。若 $\boldsymbol{K}_k$ 增加，z_k 的利用权重增加，$\hat{\boldsymbol{x}}_{k-1}$ 的利用权重相对降低；反之则反。卡尔曼滤波能定量识别各种信息的质量，自动确定对这些信息的利用程度。

3. 带确定控制项和量测偏差的卡尔曼滤波

式(10－36)所示的卡尔曼基本滤波方程，是假定系统没有外加控制项。然而，对于实际控制系统，有时必须加入其确定性控制以实现某种控制目的。

考虑线性离散系统，即

$$\boldsymbol{x}_k=\boldsymbol{\Phi}_{k|k-1}\boldsymbol{x}_{k-1}+\boldsymbol{\Psi}_{k|k-1}\boldsymbol{u}_{k-1}+\boldsymbol{\Gamma}_{k|k-1}\boldsymbol{w}_{k-1} \tag{10-46}$$

$$z_k = H_k x_k + M_k + v_k \tag{10-47}$$

式中：$\{u_k\}$为 r 维控制输入向量；$\{M_k\}$为量测方程的 m 维系统误差向量。其余向量和矩阵的意义、维数和统计假设与系统式(10-36)和式(10-37)的定义相同。

比较式(10-46)和式(10-36)可知，式(10-46)比式(10-36)多一项 $\boldsymbol{\Psi}_{k|k-1}u_{k-1}$，式(10-47)比式(10-37)多了一项 M_k。由于假定$\{u_k\}$和$\{M_k\}$为非随机序列，这意味着 $\boldsymbol{\Psi}_{k|k-1}u_{k-1}$ 和 M_k 只影响有关量的均值，而不会影响其方差。因此，根据线性最小方差估计的性质，可得系统的一步最优预测为

$$\hat{x}_{k|k-1} = \boldsymbol{\Phi}_{k|k-1}\hat{x}_{k-1} + \boldsymbol{\Psi}_{k|k-1}u_{k-1} \tag{10-48}$$

新息序列为

$$\tilde{z}_{k|k-1} = z_k - M_k - \hat{z}_{k|k-1} = z_k - M_k - H_k(\boldsymbol{\Phi}_{k|k-1}\hat{x}_{k-1} + \boldsymbol{\Psi}_{k|k-1}u_k) \tag{10-49}$$

结合式(10-48)和式(10-49)，可以得到带有确定性控制项 u_k 和量测偏差 M_k 的随机线性离散系统卡尔曼滤波递推方程为

$$\begin{cases}\hat{x}_k = \hat{x}_{k|k-1} + K_k\tilde{z}_{k|k-1}\\ \hat{x}_{k|k-1} = \boldsymbol{\Phi}_{k|k-1}\hat{x}_{k-1} + \boldsymbol{\Psi}_{k|k-1}u_{k-1}\\ K_k = P_{k|k-1}H_k^{\mathrm{T}}[H_kP_{k|k-1}H_k^{\mathrm{T}} + R_k]^{-1}\\ P_{k|k-1} = \boldsymbol{\Phi}_{k|k-1}P_{k-1}\boldsymbol{\Phi}_{k|k-1}^{\mathrm{T}} + \boldsymbol{\Gamma}_{k|k-1}Q_{k-1}\boldsymbol{\Gamma}_{k|k-1}^{\mathrm{T}}\\ P_k = (I - K_kH_k)P_{k|k-1}\\ \hat{x}_0 = \mathrm{E}(x_0), P_0 = \mathrm{Var}(x_0)\end{cases} \tag{10-50}$$

可知，系统非随机控制项和量测偏差的加入，不会改变基本卡尔曼滤波算法的结构。

4. 噪声相关的卡尔曼滤波

考虑随机线性离散控制系统

$$x_k = \boldsymbol{\Phi}_{k|k-1}x_{k-1} + \boldsymbol{\Psi}_{k|k-1}u_{k-1} + \boldsymbol{\Gamma}_{k|k-1}w_{k-1} \tag{10-51}$$

$$z_k = H_kx_k + v_k \tag{10-52}$$

式中：w_k 和 v_k 为相关的白噪声序列。

系统过程噪声和量测噪声的统计特性假定为

$$\begin{cases}\mathrm{E}(w_k) = 0, \quad \mathrm{E}(w_kw_j^{\mathrm{T}}) = Q_k\delta_{kj}\\ \mathrm{E}(v_k) = 0, \quad \mathrm{E}(v_kv_j^{\mathrm{T}}) = R_k\delta_{kj}\\ \mathrm{E}(w_kv_j^{\mathrm{T}}) = S_k\delta_{kj}\end{cases} \tag{10-53}$$

式中：Q_k 为系统过程噪声 w_k 的非负定方差矩阵；R_k 为系统量测噪声 v_k 的对称正定方差矩阵。其他变量的定义与系统式(10-46)、式(10-47)的定义基本相同，不同之处在于 w_k 和 v_k 的相关性，互相关矩阵为 S_k。

可以采用控制项法来解决噪声相关性问题。引入新的状态转移矩阵 $\boldsymbol{\Phi}_{k|k-1}^*$ 和动态过程噪声 w_{k-1}^* 的定义为

$$\boldsymbol{\Phi}_{k|k-1}^{*}=\boldsymbol{\Phi}_{k|k-1}-\boldsymbol{J}_{k-1}\boldsymbol{H}_{k-1} \tag{10-54}$$

$$\boldsymbol{w}_{k-1}^{*}=\boldsymbol{\Gamma}_{k|k-1}\boldsymbol{w}_{k-1}-\boldsymbol{J}_{k-1}\boldsymbol{v}_{k-1} \tag{10-55}$$

式中:$\boldsymbol{J}_{k-1}$为 $n\times m$ 维待定系数矩阵。

此时,系统状态方程可表示为

$$\boldsymbol{x}_k=\boldsymbol{\Phi}_{k|k-1}^{*}\boldsymbol{x}_{k-1}+[\boldsymbol{\Psi}_{k|k-1}\boldsymbol{u}_{k-1}+\boldsymbol{J}_{k-1}\boldsymbol{z}_{k-1}]+\boldsymbol{w}_{k-1}^{*} \tag{10-56}$$

对于动态过程噪声 $\boldsymbol{w}_{k-1}^{*}$,有

$$\begin{cases}\mathrm{E}(\boldsymbol{w}_k^{*})=\boldsymbol{\Gamma}_{k|k-1}\mathrm{E}(\boldsymbol{w}_{k-1})-\boldsymbol{J}_{k-1}\mathrm{E}(\boldsymbol{v}_{k-1})=0\\ \mathrm{E}[\boldsymbol{w}_k^{*}(\boldsymbol{w}_k^{*})^{\mathrm{T}}]=\mathrm{Var}(\boldsymbol{w}_k^{*})\delta_{kj}\quad \forall k,j\geqslant 0\end{cases} \tag{10-57}$$

还可以证明,新构造的动态过程噪声 $\boldsymbol{w}_k^{*}$ 和量测噪声 $\boldsymbol{v}_k$ 不相关,这样就可以按照常规卡尔曼滤波的推导方法,得到噪声 $\boldsymbol{w}_k^{*}$ 和 $\boldsymbol{v}_k$ 相关时卡尔曼滤波递推方程为

$$\begin{cases}\hat{\boldsymbol{x}}_k=\hat{\boldsymbol{x}}_{k|k-1}+\boldsymbol{K}_k(\boldsymbol{z}_k-\boldsymbol{H}_k\hat{\boldsymbol{x}}_{k|k-1})\\ \hat{\boldsymbol{x}}_{k|k-1}=\boldsymbol{\Phi}_{k|k-1}\hat{\boldsymbol{x}}_{k-1}+\boldsymbol{\Psi}_{k|k-1}\boldsymbol{u}_{k-1}+\boldsymbol{J}_{k-1}(\boldsymbol{z}_{k-1}-\boldsymbol{H}_k\hat{\boldsymbol{x}}_{k-1})\\ \boldsymbol{K}_k=\boldsymbol{P}_{k|k-1}\boldsymbol{H}_k^{\mathrm{T}}(\boldsymbol{H}_k\boldsymbol{P}_{k|k-1}\boldsymbol{H}_k^{\mathrm{T}}+\boldsymbol{R}_k)^{-1}\\ \boldsymbol{P}_{k|k-1}=(\boldsymbol{\Phi}_{k|k-1}-\boldsymbol{J}_{k-1}\boldsymbol{H}_{k-1})\boldsymbol{P}_{k-1}(\boldsymbol{\Phi}_{k|k-1}-\boldsymbol{J}_{k-1}\boldsymbol{H}_{k-1})^{\mathrm{T}}+\\ \qquad\qquad \boldsymbol{\Gamma}_{k|k-1}\boldsymbol{Q}_{k-1}\boldsymbol{\Gamma}_{k|k-1}^{\mathrm{T}}+\boldsymbol{J}_{k-1}\boldsymbol{R}_{k-1}\boldsymbol{J}_{k-1}^{\mathrm{T}}\\ \boldsymbol{P}_k=(\boldsymbol{I}-\boldsymbol{K}_k\boldsymbol{H}_k)\boldsymbol{P}_{k|k-1}\\ \boldsymbol{J}_k=\boldsymbol{\Gamma}_{k|k-1}\boldsymbol{S}_k\boldsymbol{R}_k^{-1}\\ \hat{\boldsymbol{x}}_0=\mathrm{E}(\boldsymbol{x}_0),\boldsymbol{P}_0=\mathrm{Var}(\boldsymbol{x}_0)\end{cases} \tag{10-58}$$

式中:$\boldsymbol{J}_k$ 为一步预测增益。

由式(10-58)所示的算法可以看出,在进行卡尔曼滤波之前,必须准确确定系统动态噪声和量测噪声方差,否则会造成较大的滤波误差。

5. 有色噪声条件下的卡尔曼滤波

实际工程系统中的噪声总是相关的,只是在相关性比较弱的前提下近似地表示成白噪声,而在相关性比较强的条件下就必须考虑有色噪声的影响。

考虑式(10-59)所示的随机线性离散系统

$$\begin{cases}\boldsymbol{x}_k=\boldsymbol{\Phi}_{k|k-1}\boldsymbol{x}_{k-1}+\boldsymbol{\Gamma}_{k|k-1}\boldsymbol{w}_{k-1}\\ \boldsymbol{z}_k=\boldsymbol{H}_k\boldsymbol{x}_k+\boldsymbol{v}_k\end{cases} \tag{10-59}$$

式中:$\boldsymbol{x}_k$、$\boldsymbol{\Phi}_{k|k-1}$、$\boldsymbol{\Gamma}_{k|k-1}$、$\boldsymbol{z}_k$ 及 $\boldsymbol{H}_k$ 各向量和矩阵的意义、维数和统计假设与系统式(10-36)和式(10-37)的定义相同,不同的是系统噪声 $\boldsymbol{w}_k$ 和量测噪声 $\boldsymbol{v}_k$ 的统计特性。

1) 系统噪声为有色噪声,量测噪声为白噪声

设系统噪声 $\boldsymbol{w}_k$ 为有色噪声,满足方程

$$\boldsymbol{w}_k=\boldsymbol{A}_{k|k-1}\boldsymbol{w}_{k-1}+\boldsymbol{\eta}_{k-1} \tag{10-60}$$

式中:$\boldsymbol{\eta}_k$ 为零均值的白噪声序列。

可以采用状态扩充的方法进行卡尔曼滤波方程的推导，即将 $\boldsymbol{w}_k$ 也列为状态，则扩充后的状态为 $\boldsymbol{x}_k^a=[\boldsymbol{x}_k^{\mathrm{T}}\quad \boldsymbol{w}_k^{\mathrm{T}}]^{\mathrm{T}}$，扩充状态后的系统状态方程和量测方程为

$$\begin{cases}\boldsymbol{x}_k^a=\boldsymbol{\Phi}_{k|k-1}^a\boldsymbol{x}_{k-1}^a+\boldsymbol{\Gamma}_{k|k-1}^a\boldsymbol{w}_k^a\\ \boldsymbol{z}_k=\boldsymbol{H}_k^a\boldsymbol{x}_k^a+\boldsymbol{v}_k\end{cases} \tag{10-61}$$

式中，

$$\boldsymbol{\Phi}_{k,k-1}^a=\begin{bmatrix}\boldsymbol{\Phi}_{k|k-1} & \boldsymbol{\Gamma}_{k|k-1}\\ 0 & \boldsymbol{A}_{k|k-1}\end{bmatrix},\boldsymbol{\Gamma}_{k,k-1}=\begin{bmatrix}0\\ \boldsymbol{I}\end{bmatrix},\boldsymbol{w}_k^a=\boldsymbol{\eta}_k,\boldsymbol{H}_k^a=[\boldsymbol{H}_k\quad 0] \tag{10-62}$$

不难看出，状态扩充后的系统过程噪声 $\boldsymbol{w}_k^a$ 和量测噪声都是零均值的白噪声，符合卡尔曼滤波基本滤波的要求，可以根据卡尔曼基本方程类似的推导方法得到相应的滤波方程。

2）系统噪声为白噪声，量测噪声为有色噪声

利用状态扩充法可以处理系统噪声为有色噪声而量测噪声为白噪声的卡尔曼滤波的问题，但不适用于系统噪声为白噪声而量测噪声为有色噪声的情况。采用量测状态扩充法可以解决量测噪声为有色噪声的问题。

设系统量测噪声 $\boldsymbol{v}_k$ 为有色噪声，满足方程

$$\boldsymbol{v}_k=\boldsymbol{\psi}_{k|k-1}\boldsymbol{v}_{k-1}+\boldsymbol{\xi}_{k-1} \tag{10-63}$$

式中：$\boldsymbol{\xi}_k$ 为零均值的白噪声序列，并满足 $\mathrm{E}(\boldsymbol{\xi}_k\boldsymbol{\xi}_k^{\mathrm{T}})=\boldsymbol{R}_k$，$\mathrm{E}(\boldsymbol{\xi}_k\boldsymbol{w}_j^{\mathrm{T}})=0$。

假设

$$\boldsymbol{z}_k^*=\boldsymbol{z}_{k+1}-\boldsymbol{\psi}_{k+1|k}\boldsymbol{z}_k \tag{10-64}$$

$$\boldsymbol{H}_k^*=\boldsymbol{H}_{k+1}\boldsymbol{\Phi}_{k+1|k}-\boldsymbol{\psi}_{k+1|k}\boldsymbol{H}_k \tag{10-65}$$

$$\boldsymbol{v}_k^*=\boldsymbol{H}_{k+1}\boldsymbol{\Gamma}_{k+1|k}\boldsymbol{w}_k+\boldsymbol{\xi}_k \tag{10-66}$$

通过上述假设可以得到增广后的量测方程为

$$\boldsymbol{z}_k^*=\boldsymbol{H}_k^*\boldsymbol{x}_k+\boldsymbol{v}_k^* \tag{10-67}$$

通过分析，可知 $\boldsymbol{v}_k^*$ 是零均值的白噪声，其方差为

$$\boldsymbol{R}_k^*=\boldsymbol{H}_{k+1}\boldsymbol{\Gamma}_{k+1|k}\boldsymbol{Q}_k\boldsymbol{\Gamma}_{k+1|k}^{\mathrm{T}}\boldsymbol{H}_{k+1}^{\mathrm{T}}+\boldsymbol{R}_k \tag{10-68}$$

基于白噪声相关条件下的一步预测方程，可得到量测噪声为有色噪声时的卡尔曼滤波递推方程为

$$\hat{\boldsymbol{x}}_{k+1}=\boldsymbol{\Phi}_{k+1|k}\hat{\boldsymbol{x}}_k+\overline{\boldsymbol{K}}_{k+1}(\boldsymbol{z}_{k+1}-\boldsymbol{\psi}_{k+1|k}\boldsymbol{z}_k-\boldsymbol{H}_k^*\hat{\boldsymbol{x}}_{k+1|k}) \tag{10-69}$$

$$\overline{\boldsymbol{K}}_{k+1}=(\boldsymbol{\Phi}_{k+1|k}\boldsymbol{P}_k\boldsymbol{H}_k^{*\mathrm{T}}+\boldsymbol{\Gamma}_{k+1|k}\boldsymbol{S}_k^{\mathrm{T}})(\boldsymbol{H}_k^*\boldsymbol{P}_k\boldsymbol{H}_k^{*\mathrm{T}}+\boldsymbol{R}_k^*)^{-1} \tag{10-70}$$

$$\boldsymbol{P}_{k+1}=\boldsymbol{\Phi}_{k+1|k}\boldsymbol{P}_k\boldsymbol{\Phi}_{k+1|k}^{\mathrm{T}}+\boldsymbol{\Gamma}_{k+1|k}\boldsymbol{Q}_k\boldsymbol{\Gamma}_{k+1|k}^{\mathrm{T}}-\overline{\boldsymbol{K}}_{k+1}(\boldsymbol{H}_k^*\boldsymbol{P}_k\boldsymbol{\Phi}_{k+1|k}^{\mathrm{T}}+\boldsymbol{S}_k^{\mathrm{T}}\boldsymbol{\Gamma}_{k+1|k}^{\mathrm{T}}) \tag{10-71}$$

式中：$\boldsymbol{H}_k^*$ 和 $\boldsymbol{R}_k^*$ 分别由式（10-65）和式（10-68）确定。滤波初值 $\hat{\boldsymbol{x}}_0$ 和 $\boldsymbol{P}_0$ 由式（10-72）确定，即

$$\begin{cases}\hat{\boldsymbol{x}}_0=m_{x_0}+\boldsymbol{C}_{x_0}^{-1}\boldsymbol{H}_0^{\mathrm{T}}(\boldsymbol{H}_0\boldsymbol{C}_{x_0}\boldsymbol{H}_0^{\mathrm{T}}+\boldsymbol{R}_0)^{-1}(z_0-m_{z_0})\\ \boldsymbol{P}_0=(\boldsymbol{C}_{x_0}^{-1}+\boldsymbol{H}_0^{\mathrm{T}}\boldsymbol{C}_{x_0}\boldsymbol{H}_0)^{-1}\end{cases} \tag{10-72}$$

对于量测噪声为有色噪声的卡尔曼递推滤波方程，由于

$$\hat{\boldsymbol{x}}_{k+1|k}^{*} = \mathrm{E}^{*}(\boldsymbol{x}_k | z_1^{*} z_2^{*} \cdots z_k^{*}) = \mathrm{E}^{*}(\boldsymbol{x}_k | z_1 z_2 \cdots z_k z_{k+1}) = \hat{\boldsymbol{x}}_{k+1} \tag{10-73}$$

因此，一步预测方程实际就是滤波方程。

3）系统噪声和量测噪声均为有色噪声

对于系统噪声和量测噪声均为有色噪声的情况，可同时采用状态扩充法和量测状态扩充法处理。在状态扩增后，系统过程噪声和量测噪声被白化，此时可利用基本卡尔曼滤波方程进行相应推导。

6. 卡尔曼滤波稳定性的判别

稳定性是任何控制系统正常工作的基本要求。卡尔曼滤波的稳定性是指系统平衡状态的稳定性，即 Lyapunov 意义下的稳定性。由前面的卡尔曼滤波基本方程的推导可知，卡尔曼滤波是一种递推算法，进行滤波之前须给定状态初值 $\boldsymbol{x}_0$ 和状态估计误差方差阵初值 $\boldsymbol{P}_0$，这样卡尔曼滤波估计从初始时刻开始就是无偏的，且状态估计误差协方差矩阵是最小的。但是在工程实践中，往往很难得到初始状态 $\boldsymbol{x}_0$ 的统计值，而只能进行假定。滤波的稳定性问题就是要研究滤波初值对滤波稳定性所产生的影响，即随着滤波的递推，估计值$\hat{\boldsymbol{x}}_k$ 和状态估计误差方差阵 $\boldsymbol{P}_k$ 是否逐渐不受初始值 $\boldsymbol{x}_0$ 和 $\boldsymbol{P}_0$ 的影响。

由于控制系统为时变系统，按照经典控制理论来判别稳定很不方便。卡尔曼提出了一种根据系统可控性和可量测性判据来判断系统稳定性的方法。

对于式(10-36)和式(10-37)的随机线性离散系统，定义可控性矩阵 $\boldsymbol{M}_{\mathrm{c}}(k,k-N+1)$ 和可量测矩阵 $\boldsymbol{M}_{\mathrm{o}}(k,k-N+1)$：

$$\begin{cases} \boldsymbol{M}_{\mathrm{c}}(k,k-N+1) = \sum\limits_{i=k-N+1}^{k} \boldsymbol{\Phi}_{k,i}\boldsymbol{\Gamma}_{i,i-1}\boldsymbol{Q}_{i-1}\boldsymbol{\Gamma}_{i,i-1}^{\mathrm{T}}\boldsymbol{\Phi}_{k,i}^{\mathrm{T}} \\ \boldsymbol{M}_{\mathrm{o}}(k,k-N+1) = \sum\limits_{i=k-N+1}^{k} \boldsymbol{\Phi}_{k,i}^{\mathrm{T}}\boldsymbol{H}_i^{\mathrm{T}}\boldsymbol{r}_i^{-1}\boldsymbol{H}_i\boldsymbol{\Phi}_{k,i} \end{cases} \tag{10-74}$$

式中：N 为与 k 无关的正整数。

对于可控性矩阵，若存在 N 和 $\alpha_2 > \alpha_1 > 0$，使得当所有 $k \geqslant N$ 时有

$$\alpha_1 \boldsymbol{I} \leqslant \boldsymbol{M}_{\mathrm{c}}(k,k-N+1) \leqslant \alpha_2 \boldsymbol{I} \tag{10-75}$$

成立，则称该随机线性离散系统一致完全可控。

对于可量测矩阵，若存在正整数 N 和 $\alpha_1 > 0, \alpha_2 > 0$，使得对所有 $k \geqslant N$ 有

$$\alpha_1 \boldsymbol{I} \leqslant \boldsymbol{M}_{\mathrm{o}}(k,k-N+1) \leqslant \alpha_2 \boldsymbol{I} \tag{10-76}$$

成立，则称该随机线性离散系统一致可量测。

基于系统可控性和可量测性对判断随机线性离散系统稳定性的原理：如果随机线性系统是一致完全可控和一致完全可量测的，则卡尔曼滤波器是一致渐进稳定的。

从这个稳定性原理可以看出：一方面，判定卡尔曼滤波器是否一致渐进稳定，只需判断原系统是否一致完全可控和一致完全可量测；另一方面，对于一致完全可控和一致完全可量测的随机线性系统，当滤波时间充分长之后，不仅最优滤波值将逐渐地不受滤波初值选取的影响，而且有界量测输入将导致有界量测输出。

利用完全可控和完全可量测的判别条件是目前判断卡尔曼滤波是否稳定的较为常用

的方法,主要是因为可控性和可量测性只需利用系统的参数阵和噪声方差阵就可以直接进行计算判别,这种方法比较简单,而且实际工程中大多数系统都能够满足这种判别条件。

7. 卡尔曼滤波发散的原因和抑制

当系统为完全可控和完全可量测时,随着滤波的推进,卡尔曼滤波估计的精度应该越来越高,滤波误差方差阵也应趋于稳定值或有界值。但在实际应用中,随着量测值数目的增加,由于估计误差的均值和估计误差协方差可能越来越大,使滤波逐渐失去准确估计的作用,这种现象就称为卡尔曼滤波发散。

引起卡尔曼滤波发散的原因主要有以下两点:

(1) 描述系统动力学特性的数学模型和噪声统计模型不准确,不能真实地反映物理过程,使得模型与获得的量测值不匹配而导致滤波发散。这种由于模型建立过于粗糙或失真所引起的发散称为滤波发散。

(2) 由于卡尔曼滤波是递推过程,随着滤波步数的增加,舍入误差将逐渐积累。如果计算机字长不够长,这种积累误差很有可能使估计误差方差阵失去非负定性甚至失去对称性,使滤波增益矩阵逐渐失去合适的加权作用而导致发散。这种由于计算舍入误差所引起的发散称为计算发散。随着计算机硬件技术的日益发展,计算发散正在逐步得到解决,但是对于一些低成本的应用场合,计算发散仍然是一个需要考虑的问题。

需要说明的是,以上所述的各种原因并不一定引起滤波的发散,需要视实际情况而定。

针对卡尔曼滤波发散的问题,目前已经出现了几种有效抑制滤波发散的方法,常用的有衰减记忆滤波、限定记忆滤波、扩充状态滤波、有限下界滤波、平方根滤波和自适应滤波等。这些方法本质上都是以牺牲滤波器的最优性能为代价来抑制滤波发散,也就是说,多数都是次优滤波方法。

10.2.3 非线性滤波

任何实际系统总是存在不同程度的非线性,其中有些系统可以近似看成线性系统,即采用线性化数学模型能够大致反映出实际系统或过程的实际性能和特点,而对于大多数系统,存在于系统的非线性因素不能忽略,即不能仅用线性数学模型来描述。

近20年来,基于非线性模型的滤波算法取得了很大的进展,出现了一些经典的非线性滤波方法,包括扩展卡尔曼滤波、粒子滤波及 Unscented 卡尔曼滤波等。

1. 扩展卡尔曼滤波

扩展卡尔曼滤波器(Extended Kalman Filter, EKF)于20世纪60年代提出[126,127],是一种应用最为广泛的非线性次优滤波算法,其核心思想就是以非线性最优滤波为滤波器的基本理论框架,通过对非线性函数泰勒展开式进行一阶线性化截断来达到对非线性状态后验均值和协方差的近似。

考虑以下所示的非线性离散随机系统,即

$$\begin{cases} \boldsymbol{x}_{k+1} = \boldsymbol{f}_k(\boldsymbol{x}_k, \boldsymbol{u}_k) + \boldsymbol{w}_k \\ \boldsymbol{z}_k = \boldsymbol{h}_k(\boldsymbol{x}_k) + \boldsymbol{v}_k \end{cases} \tag{10-77}$$

式中：$\boldsymbol{x}_k$ 与 $\boldsymbol{z}_k$ 分别为系统 n 维状态向量和 m 维量测向量；$\boldsymbol{u}_k$ 为 l 维控制输入向量；$\boldsymbol{f}_k(\quad)$ 和 $\boldsymbol{h}_k(\quad)$ 分别为系统非线性状态函数和测量函数；$\boldsymbol{w}_k$ 和 $\boldsymbol{v}_k$ 分别为 n 维系统噪声和 m 维量测噪声，且为互不相关的高斯白噪声，统计特性满足

$$\begin{cases}\mathrm{E}(\boldsymbol{w}_k)=\boldsymbol{q}_k, & \mathrm{Cov}(\boldsymbol{w}_k,\boldsymbol{w}_j^{\mathrm{T}})=\boldsymbol{Q}_k\delta_{kj}\\ \mathrm{E}(\boldsymbol{v}_k)=\boldsymbol{r}_k, & \mathrm{Cov}(\boldsymbol{v}_k,\boldsymbol{v}_j^{\mathrm{T}})=\boldsymbol{R}_k\delta_{kj}\\ \mathrm{Cov}(\boldsymbol{w}_k,\boldsymbol{v}_j^{\mathrm{T}})=0\end{cases} \tag{10-78}$$

式中：$\boldsymbol{Q}_k$ 为非负定对称阵；$\boldsymbol{R}_k$ 为正定对称阵；δ_{kj}为 Kronecker－δ 函数。

设初始状态 $\boldsymbol{x}_0$ 与 $\boldsymbol{w}_k$、$\boldsymbol{v}_k$ 互不相关，且服从高斯正态分布，其均值和协方差阵为

$$\begin{cases}\hat{\boldsymbol{x}}_0=\mathrm{E}(\boldsymbol{x}_0)\\ \boldsymbol{P}_0=\mathrm{Cov}(\boldsymbol{x}_0,\boldsymbol{x}_0^{\mathrm{T}})=\mathrm{E}[(\boldsymbol{x}_0-\hat{\boldsymbol{x}}_0)(\boldsymbol{x}_0-\hat{\boldsymbol{x}}_0)^{\mathrm{T}}]\end{cases} \tag{10-79}$$

将式(10－77)所示的非线性状态函数和量测函数分别围绕状态估计值$\hat{\boldsymbol{x}}_k$ 和一步状态预测$\hat{\boldsymbol{x}}_{k+1|k}$展成泰勒级数，并忽略二阶以上项，得到

$$\boldsymbol{x}_{k+1}\approx\boldsymbol{f}_k(\hat{\boldsymbol{x}}_k,\boldsymbol{u}_k)+\boldsymbol{G}_{\hat{\boldsymbol{x}}_k}(\boldsymbol{x}_k-\hat{\boldsymbol{x}}_k)+\boldsymbol{w}_k \tag{10-80}$$

$$\boldsymbol{z}_{k+1}\approx\boldsymbol{h}_{k+1}(\hat{\boldsymbol{x}}_{k+1|k})+\boldsymbol{G}_{\hat{\boldsymbol{x}}_{k+1|k}}(\boldsymbol{x}_{k+1}-\hat{\boldsymbol{x}}_{k+1|k})+\boldsymbol{v}_{k+1} \tag{10-81}$$

式中

$$\boldsymbol{G}_{\hat{\boldsymbol{x}}_k}=\nabla^{\mathrm{T}}\boldsymbol{f}_k(\boldsymbol{x}_k,\boldsymbol{u}_k)\big|_{\boldsymbol{x}_k=\hat{\boldsymbol{x}}_k} \tag{10-82}$$

$$\boldsymbol{G}_{\hat{\boldsymbol{x}}_{k+1|k}}=\nabla^{\mathrm{T}}\boldsymbol{h}_{k+1}(\boldsymbol{x}_{k+1})\big|_{\boldsymbol{x}_{k+1}=\hat{\boldsymbol{x}}_{k+1|k}} \tag{10-83}$$

对于非线性状态后验均值和协方差，可近似计算得出

$$\boldsymbol{f}_k(\boldsymbol{x}_k,\boldsymbol{u}_k)\big|_{\boldsymbol{x}_k\leftarrow\hat{\boldsymbol{x}}_k}\approx\boldsymbol{f}_k(\hat{\boldsymbol{x}}_k,\boldsymbol{u}_k) \tag{10-84}$$

$$\mathrm{E}(\boldsymbol{\Lambda}_k\boldsymbol{\Lambda}_k^{\mathrm{T}})\approx\boldsymbol{G}_{\hat{\boldsymbol{x}}_k}\boldsymbol{P}_k\boldsymbol{G}_{\hat{\boldsymbol{x}}_k}^{\mathrm{T}} \tag{10-85}$$

$$\boldsymbol{h}_{k+1}(\boldsymbol{x}_{k+1})\big|_{\boldsymbol{x}_{k+1}\leftarrow\hat{\boldsymbol{x}}_{k+1|k}}\approx\boldsymbol{h}_{k+1}(\hat{\boldsymbol{x}}_{k+1|k}) \tag{10-86}$$

$$\mathrm{E}(\boldsymbol{\Theta}_{k+1}\boldsymbol{\Theta}_{k+1}^{\mathrm{T}})\approx\boldsymbol{G}_{\hat{\boldsymbol{x}}_{k+1|k}}\boldsymbol{P}_{k+1|k}\boldsymbol{G}_{\hat{\boldsymbol{x}}_{k+1|k}}^{\mathrm{T}} \tag{10-87}$$

$$\mathrm{E}(\tilde{\boldsymbol{x}}_{k+1|k}\boldsymbol{\Theta}_{k+1}^{\mathrm{T}})\approx\boldsymbol{P}_{k+1|k}\boldsymbol{G}_{\hat{\boldsymbol{x}}_{k+1|k}}^{\mathrm{T}} \tag{10-88}$$

将上式代入非线性最优滤波递推公式中，即可得到 EKF 递推算法。

时间更新方程，即

$$\hat{\boldsymbol{x}}_{k+1|k}=\boldsymbol{f}_k(\hat{\boldsymbol{x}}_k,\boldsymbol{u}_k)+\boldsymbol{q}_k \tag{10-89}$$

$$\boldsymbol{P}_{k+1|k}=\boldsymbol{G}_{\hat{\boldsymbol{x}}_k}\boldsymbol{P}_k\boldsymbol{G}_{\hat{\boldsymbol{x}}_k}^{\mathrm{T}}+\boldsymbol{Q}_k \tag{10-90}$$

$$\hat{\boldsymbol{z}}_{k+1|k}=\boldsymbol{h}_{k+1}(\hat{\boldsymbol{x}}_{k+1|k})+\boldsymbol{r}_{k+1} \tag{10-91}$$

$$\boldsymbol{P}_{\tilde{z}_{k+1}}=\boldsymbol{G}_{\hat{\boldsymbol{x}}_{k+1|k}}\boldsymbol{P}_{k+1|k}\boldsymbol{G}_{\hat{\boldsymbol{x}}_{k+1|k}}^{\mathrm{T}}+\boldsymbol{R}_{k+1} \tag{10-92}$$

$$\boldsymbol{P}_{\tilde{x}_{k+1}\tilde{z}_{k+1}}=\boldsymbol{P}_{k+1|k}\boldsymbol{G}_{\hat{\boldsymbol{x}}_{k+1|k}}^{\mathrm{T}} \tag{10-93}$$

量测更新方程，即

$$\begin{cases}\hat{\boldsymbol{x}}_{k+1}=\hat{\boldsymbol{x}}_{k+1|k}+\boldsymbol{K}_{k+1}(\boldsymbol{z}_{k+1}-\hat{\boldsymbol{z}}_{k+1|k})\\ \boldsymbol{K}_{k+1}=\boldsymbol{P}_{\tilde{x}_{k+1}\tilde{z}_{k+1}}\boldsymbol{P}_{\tilde{z}_{k+1}}^{-1}\\ \boldsymbol{P}_{k+1}=\boldsymbol{P}_{k+1|k}-\boldsymbol{K}_{k+1}\boldsymbol{P}_{\tilde{z}_{k+1}}\boldsymbol{K}_{k+1}^{\mathrm{T}}\end{cases}\tag{10-94}$$

通过 EKF 滤波递推公式可以看出,EKF 对非线性状态后验分布的近似只能达到泰勒级数一阶精度,当系统具有强非线性时,忽略级数二阶以上高阶项会在状态后验均值和协方差的计算中引入较大的近似误差,且这些误差是累积的,最终导致 EKF 滤波精度下降甚至出现发散。另外,EKF 的实现关键依赖于雅可比矩阵的计算,这就要求非线性系统必须连续可微,从而限制了 EKF 的应用范围,而且雅可比矩阵求解的复杂性使得 EKF 在实际中应用比较困难。

2. Unscented 卡尔曼滤波器

Unscented 卡尔曼滤波(UKF)是近年来提出的一种新型非线性滤波算法,由于 UKF 可以有效克服 EKF 滤波精度偏低及需要计算雅克比矩阵的局限性,故其在 SINS/GPS 组合导航系统非线性状态估计、惯性导航初始对准、机动目标跟踪等各个领域已经得到了广泛的应用。

1) Unscented 变换

对于某一非线性函数 $\boldsymbol{z}=\boldsymbol{f}(x)$,$\boldsymbol{x}$ 的统计特性为$(\bar{\boldsymbol{x}},\boldsymbol{P}_x)$,通过非线性函数 $\boldsymbol{f}(\cdot)$进行传播得到 z 的后验统计特性$(\bar{z},\boldsymbol{P}_z)$。一般情况下,由于函数 $\boldsymbol{f}(\cdot)$的非线性,很难精确求解 z 的统计特性,故对$(\bar{z},\boldsymbol{P}_z)$只能采用近似的方法求解。EKF 采用了一阶线性化截断近似方法来计算$(\bar{z},\boldsymbol{P}_z)$,它在均值点进行泰勒级数展开,从而将非线性方程线性化,由于没有考虑随机变量的散布情况(不确定性),因而这种近似很容易引入大的近似误差,导致非线性滤波性能不佳。

加权统计线性回归提供了另一种计算$(\bar{z},\boldsymbol{P}_z)$的方法。它根据随机变量先验分布$(\bar{\boldsymbol{x}},\boldsymbol{P}_x)$选取一定数量的点,并计算这些点经非线性传递之后的值,然后利用线性回归技术实现对随机变量非线性函数的线性化。由于这一统计近似技术考虑了随机变量的先验统计特性,因此与截断泰勒级数的方法相比,可以期望获得更小的线性化误差。

Unscented 变换(简称 U 变换)正是基于加权统计线性回归的方法,来计算随机变量后验分布的。它根据随机变量先验统计$(\bar{\boldsymbol{x}},\boldsymbol{P}_x)$,基于采样策略设计一系列的点 $\boldsymbol{\xi}_i$($i=0,1,\cdots,L$),称为 Sigma 点;对设定的 Sigma 点计算其经过 $\boldsymbol{f}(\cdot)$传播所得的结果 $\boldsymbol{\gamma}_i$;然后基于 $\boldsymbol{\gamma}_i$ 计算随机变量的后验统计$(\bar{z},\boldsymbol{P}_z)$。U 变换是 UKF 过程中至关重要的一环,它的好坏直接影响到 UKF 的滤波效果。

UKF 中的 U 变换方法有很多种,如单一无迹变换、球形无迹变换、比例修正无迹变换、一般无迹变换、高斯分布 4 阶矩无迹变换、高斯分布 3 阶矩等。其中,球形无迹变换方法综合了一般无迹变换和单一无迹变换的优点,其 Sigma 点的个数与单一无迹变换的个数相同,只有 $n+1$ 个,且它的计算量与一般无迹变换相当,从而使得以球形无迹变换为基础的 UKF 不仅计算量小,而且数值稳定性也好。

球形 Sigma 点的选取方法如下:

(1) 选取初始权值 $\boldsymbol{W}^{(0)}\in[0,1)$,且 $\boldsymbol{W}^{(0)}$ 的选择方法只影响 Sigma 点集中的 4 阶和高阶项。

(2) 选取剩余的权值，即

$$W^{(i)}=\frac{1-W^{(0)}}{n+1},\quad i=1,\cdots,n+1 \tag{10-95}$$

(3) 对一元矢量进行初始化：

$$\begin{aligned}&\boldsymbol{\sigma}_0^{(1)}=0\\&\boldsymbol{\sigma}_1^{(1)}=-1/\sqrt{2\boldsymbol{W}^{(1)}}\\&\boldsymbol{\sigma}_2^{(1)}=1/\sqrt{2\boldsymbol{W}^{(1)}}\end{aligned} \tag{10-96}$$

(4) 在 $j=2,\cdots,n$ 时，对矢量 $\boldsymbol{\sigma}$ 进行递归运算，有

$$\boldsymbol{\sigma}_i^{(j)}=\begin{cases}\begin{bmatrix}\boldsymbol{\sigma}_0^{(j-1)}\\0\end{bmatrix}, & i=0\\ \begin{bmatrix}\boldsymbol{\sigma}_i^{(j-1)}\\-1/\sqrt{j(j+1)\boldsymbol{W}^{(j+1)}}\end{bmatrix}, & i=1,\cdots,j\\ \begin{bmatrix}\boldsymbol{0}_{j-1}\\j/\sqrt{j(j+1)\boldsymbol{W}^{(j+1)}}\end{bmatrix}, & i=j+1\end{cases} \tag{10-97}$$

式中：$\boldsymbol{0}_j$ 为包含 j 个 0 元素的列向量。

(5) 完成递归运算后，获得了 n 维矢量 $\boldsymbol{\sigma}_i^{(n)}$ $(i=0,\cdots,n+1)$，再计算新的无迹变换 Sigma 点，即

$$\boldsymbol{x}^{(i)}=\bar{\boldsymbol{x}}+\sqrt{P}\boldsymbol{\sigma}_i^{(i)}\quad i=0,\cdots,n+1 \tag{10-98}$$

在球形无迹变换 UKF 中，$\boldsymbol{\sigma}_i^{(n)}$ 中元素的最大值与最小值的比率为

$$\frac{n}{\sqrt{n(n+1)\boldsymbol{W}^{(1)}}}\Big/\frac{1}{\sqrt{n(n+1)\boldsymbol{W}^{(1)}}}=n \tag{10-99}$$

由式(10-99)可知，球形无迹变换的数值计算量远远小于单一无迹变换，所以在实际高维非线性系统状态量的估计中，可以选择以球形无迹变换为基础的 UKF。

2) Unscented 卡尔曼滤波器算法

UKF 通过给定的概率密度函数的均值和协方差的样本点进行采样，通过给定的非线性变化来获得所需要的所有 Sigma 点；变换后的 Sigma 点的均值和协方差通过变换点获得。UKF 的基本原理如图 10-7 所示。

考虑以下的非线性系统数学模型，即

$$\begin{cases}\boldsymbol{x}_{k+1}=f(\boldsymbol{x}_k,\boldsymbol{w}_{k-1}), & \mathrm{E}[\boldsymbol{w}_k\boldsymbol{w}_k^{\mathrm{T}}]=\boldsymbol{Q}_k\\ \boldsymbol{z}_{k+1}=\boldsymbol{h}(\boldsymbol{x}_k,\boldsymbol{v}_k), & \mathrm{E}[\boldsymbol{v}_k\boldsymbol{v}_k^{\mathrm{T}}]=\boldsymbol{R}_k\end{cases} \tag{10-100}$$

式中：$\boldsymbol{v}_k$ 和 $\boldsymbol{w}_k$ 互不相关，且有系统的过程模型和观测模型都是非线性的，状态量的初始值 $\boldsymbol{x}_{0|0}$ 和初始均值 $\hat{\boldsymbol{x}}_{0|0}=\mathrm{E}(\boldsymbol{x}_{0|0})$ 已知，则系统的 UKF 滤波公式为

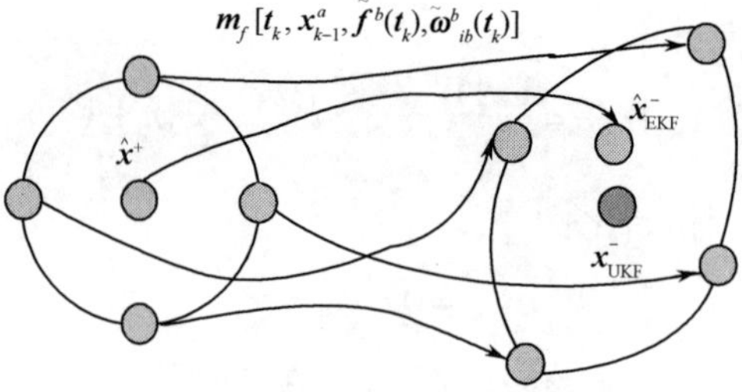

图 10－7　UKF 的基本原理

（1）初始化。

① 状态量初始化，有

$$\begin{cases}\hat{\boldsymbol{x}}_{0|0} = \mathrm{E}(\boldsymbol{x}_{0|0}) \\ \boldsymbol{P}_{0|0} = \mathrm{E}[(\boldsymbol{x}_{0|0} - \hat{\boldsymbol{x}}_{0|0})(\boldsymbol{x}_{0|0} - \hat{\boldsymbol{x}}_{0|0})^{\mathrm{T}}]\end{cases} \tag{10-101}$$

② Unscented 变换。

a. 定义$\{w_i, \boldsymbol{\chi}_{u,i}\}$分别为零均值和单位协方差的权值和 Sigma 点，选取$0 \leqslant w_0 \leqslant 1$；

b. 计算权值序列：

$$w_i = (1 - w_0)/(n+1) \quad i = 1, \cdots, n+1 \tag{10-102}$$

c. 初始化 Sigma 点的矢量序列，即

$$\boldsymbol{\chi}_{u,0}^1 = [0], \boldsymbol{\chi}_{u,1}^1 = \left[\frac{-1}{\sqrt{2w_1}}\right], \boldsymbol{\chi}_{u,2}^1 = \left[\frac{1}{\sqrt{2w_1}}\right] \tag{10-103}$$

d. 将 Sigma 点的矢量序列扩展到$j = 2, \cdots, n$：

$$\boldsymbol{\chi}_{u,i}^j = \begin{cases}\begin{bmatrix}\chi_{u,0}^{j-1} \\ 0\end{bmatrix}, i = 0 \\ \begin{bmatrix}\chi_{u,i}^{j-1} \\ -1/\sqrt{j(j+1)w_1}\end{bmatrix}, i = 1, \cdots, j \\ \begin{bmatrix}0_{j-1} \\ j/\sqrt{j(j+1)w_1}\end{bmatrix}, i = j+1\end{cases} \tag{10-104}$$

式中：j为向量的维数；i为 Sigma 点的序列数。

e. 利用公式：

$$w_i^m = \begin{cases}(w_0 - 1)/\alpha^2 + 1, i = 0 \\ w_i/\alpha^2, i \neq 0\end{cases} \text{和 } w_i^c = \begin{cases}(w_0 - 1)/\alpha^2 + 2 + \beta - \alpha^2, i = 0 \\ w_i/\alpha^2, i \neq 0\end{cases}$$

计算权值的均值w_i^m和协方差w_i^c；其中，α为缩放比例参数，为一个小的正数，取值范围约为$10^{-4} \leqslant \alpha \leqslant 1$，$\beta$是用来减轻高阶项效应的参数，当系统状态量为高斯分布时$\beta = 2$为最优。

③ 对立方根矩阵$\boldsymbol{S}_{0|0}(\boldsymbol{S}_{0|0}\boldsymbol{S}_{0|0}^{\mathrm{T}} = \boldsymbol{P}_{0|0})$进行克罗尼克分解，采用以下的公式获得缩放

后的 Sigma 点，即

$$\boldsymbol{\chi}_{i,0|0}=\hat{\boldsymbol{x}}_{0|0}+\alpha\boldsymbol{S}_{0|0}\boldsymbol{\chi}_{u,i} \tag{10-105}$$

（2）预测。

① 通过过程模型变换 Sigma 点，即

$$\boldsymbol{\chi}'_{i,k|k-1}=g[\boldsymbol{\chi}'_{i,k-1|k-1}] \tag{10-106}$$

② 计算变换后的 Sigma 点的均值和协方差，即

$$\begin{cases}\hat{\boldsymbol{x}}_{k|k-1}=\sum\limits_{i=0}^{p-1}w_i^m\boldsymbol{\chi}'_{i,k|k-1}\\ \boldsymbol{P}_{k|k-1}=\sum\limits_{i=0}^{p-1}w_i^c(\boldsymbol{\chi}'_{i,k|k-1}-\hat{\boldsymbol{x}}_{k|k-1})(\boldsymbol{\chi}'_{i,k|k-1}-\hat{\boldsymbol{x}}_{k|k-1})^{\mathrm{T}}+\boldsymbol{Q}_{k-1}\end{cases} \tag{10-107}$$

③ 对立方根矩阵 $\boldsymbol{S}_{k|k-1}(\boldsymbol{S}_{k|k-1}\boldsymbol{S}_{k|k-1}^{\mathrm{T}}=\boldsymbol{P}_{k|k-1})$ 进行克罗尼克分解，采用以下的公式获得缩放后的 Sigma 点，即

$$\boldsymbol{\chi}'_{i,k|k-1}=\hat{\boldsymbol{x}}_{k|k-1}+\alpha\boldsymbol{S}_{k|k-1}\boldsymbol{\chi}_{u,i} \tag{10-108}$$

（3）观测更新。

① 通过观测模型变换 Sigma 点，即

$$\boldsymbol{z}_{i,k|k-1}=h[\boldsymbol{\chi}'_{i,k|k-1}] \tag{10-109}$$

② 计算变换后的 Sigma 点的预测观测量为

$$\hat{\boldsymbol{z}}_{k|k-1}=\sum_{i=0}^{p-1}w_i^m\boldsymbol{z}_{i,k|k-1} \tag{10-110}$$

③ 计算状态量和观测量之间的协方差为

$$\boldsymbol{P}_{xz,k}=\sum_{i=0}^{p-1}w_i^c(\boldsymbol{\chi}'_{i,k|k-1}-\hat{\boldsymbol{x}}_{k|k-1})(\boldsymbol{z}_{i,k|k-1}-\hat{\boldsymbol{z}}_{k|k-1})^{\mathrm{T}} \tag{10-111}$$

④ 计算信息序列的协方差为

$$\boldsymbol{P}_{vv,k}=\sum_{i=0}^{p-1}w_i^c(\boldsymbol{z}_{i,k|k-1}-\hat{\boldsymbol{z}}_{k|k-1})(\boldsymbol{z}_{i,k|k-1}-\hat{\boldsymbol{z}}_{k|k-1})^{\mathrm{T}}+\boldsymbol{R}_k \tag{10-112}$$

⑤ UKF 算法中剩余的更新方程为

$$\boldsymbol{K}_k=\boldsymbol{P}_{xz,k}\boldsymbol{P}_{vv,k}^{-1} \tag{10-113}$$

$$\hat{\boldsymbol{x}}_{k|k}=\hat{\boldsymbol{x}}_{k|k-1}+\boldsymbol{K}_k(\boldsymbol{z}_k-\hat{\boldsymbol{z}}_{k|k-1}) \tag{10-114}$$

$$\boldsymbol{P}_{k|k}=\boldsymbol{P}_{k|k-1}-\boldsymbol{K}_k\boldsymbol{P}_{vv,k}\boldsymbol{K}_k^{\mathrm{T}} \tag{10-115}$$

⑥ 对立方根矩阵 $\boldsymbol{S}_{k|k}(\boldsymbol{S}_{k|k}\boldsymbol{S}_{k|k}^{\mathrm{T}}=\boldsymbol{P}_{k|k})$ 进行克罗尼克分解，采用以下的公式获得缩放后的 Sigma 点，即

$$\boldsymbol{\chi}'_{i,k|k}=\hat{\boldsymbol{x}}_{k|k}+\alpha\boldsymbol{S}_{k|k}\boldsymbol{\chi}_{u,i} \tag{10-116}$$

3. 粒子滤波

粒子滤波（Particle Filter，PF）算法是一种基于贝叶斯采样估计的顺序重要采样（Sequential Importance Sampling，SIS）滤波方法。PF 算法的基本思想是：通过寻找一组在状态

空间中传播的随机样本对概率密度函数 $p(x_k/z_k)$ 进行近似，以样本均值代替积分运算，从而获得状态最小方差估计的过程，这些样本即称为“粒子”。PF 适用于非线性非高斯系统的状态估计，尤其对强非线性系统的滤波问题有独特的优势，摆脱了解决非线性滤波问题时随机量必须满足高斯分布的制约条件。

PF 算法为解决组合导航定位系统中的非线性非高斯滤波问题提供一种很好的思路，这些应用包括车辆组合定位、组合导航系统中的地形匹配、伪距组合的 SINS/GPS 组合导航系统、GPS 的整周模糊度求解等。

选择重要性概率密度函数为先验概率密度，并在标准的 SIS 算法中引入重采样步骤，这便形成了序贯重要重采样(Sequential Importance Resampling, SIR)算法，也就形成了标准粒子滤波算法的基本框架。

考虑以下非线性状态空间模型，即

$$\begin{cases}\boldsymbol{x}_k = \boldsymbol{f}(\boldsymbol{x}_{k-1}, \boldsymbol{w}_{k-1})\\ \boldsymbol{z}_k = \boldsymbol{h}(\boldsymbol{x}_k, \boldsymbol{v}_k)\end{cases} \tag{10-117}$$

式中：$\boldsymbol{x}_k \in \mathbf{R}^n$ 与 $\boldsymbol{z}_k \in \mathbf{R}^m$ 分别为系统状态向量和量测向量；$\boldsymbol{f}_{k-1}(\ ): \mathbf{R}^n \to \mathbf{R}^n$ 和 $\boldsymbol{h}_k(\ ): \mathbf{R}^n \to \mathbf{R}^m$ 分别为系统非线性状态转移函数和测量函数；$\boldsymbol{w}_k \in \mathbf{R}^p$ 和 $\boldsymbol{v}_k \in \mathbf{R}^q$ 分别为系统的过程噪声和量测噪声，且互不相关。

对应式(10-117)所示非线性状态空间模型的标准粒子滤波算法如下：

(1) 初始化。由先验概率 $p(\boldsymbol{x}_0)$ 产生粒子群 $\{\boldsymbol{x}_0^i, i = 1, 2, \cdots, N\}$，所有粒子权值为 $1/N$。

(2) 序贯重要性采样：

① 选取先验概率作为重要性密度函数，即

$$q(\boldsymbol{x}_k^i | \boldsymbol{x}_{k-1}^i, \boldsymbol{z}_k) = p(\boldsymbol{x}_k^i | \boldsymbol{x}_{k-1}^i) \tag{10-118}$$

从重要性分布中抽取 N 个样本 $\{\boldsymbol{x}_k^i, i = 1, 2, \cdots, N\}$；

② 计算各粒子权值

$$\omega_k^i = \omega_{k-1}^i \frac{p(\boldsymbol{z}_k | \boldsymbol{x}_k^i) p(\boldsymbol{x}_k^i | \boldsymbol{x}_{k-1}^i)}{q(\boldsymbol{x}_k^i | \boldsymbol{x}_{k-1}^i, \boldsymbol{Z}^k)} \tag{10-119}$$

③ 归一化权值，即

$$\omega_k^i = \omega_k^i \Big/ \sum_{i=1}^{N} \omega_k^i \tag{10-120}$$

(3) 重采样。若 $N_{\mathrm{eff}} \approx 1 \Big/ \sum_{i=1}^{N} (\hat{\omega}_k^i)^2 < N_{\mathrm{threshold}}$，则进行重采样，将原来的带权样本 $\{\boldsymbol{x}_{0:k}^i, \omega_k^i\}_{i=1}^N$ 映射为等权样本 $\{\boldsymbol{x}_{0:k}^i, 1/N\}_{i=1}^N$。

(4) 状态估计，即

$$\hat{\boldsymbol{x}}_k = \sum_{i=1}^{N} \omega_k^i \boldsymbol{x}_k^i \tag{10-121}$$

$$\boldsymbol{P}_k = \sum_{i=1}^{N} \omega_k^i (\hat{\boldsymbol{x}}_k^i - \hat{\boldsymbol{x}}_k)(\hat{\boldsymbol{x}}_k^i - \hat{\boldsymbol{x}}_k)^{\mathrm{T}} \tag{10-122}$$

SIR 算法实现如图 10-8 所示。

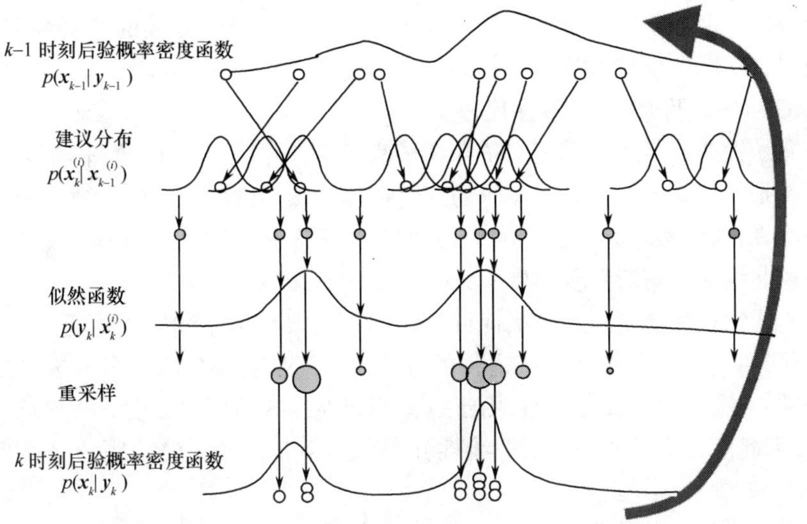

图 10-8　SIR 算法原理

下面通过一个经典模型对标准粒子滤波算法进行说明。

$$\begin{cases} x_{k+1} = f(x_k) + v_{k+1} = ax_k + bx_k/x_k^2 + 1 + \cos(d \cdot k) + w_k \\ z_{k+1} = h(x_{k+1}) + e_{k+1} = ux_{k+1}^2 + v_{k+1} \end{cases} \tag{10-123}$$

式中,参数 $a=0.5$, $b=25$, $c=8$, $d=1.2$, $u=0.05$,状态噪声 $w_k \sim N(0,\sigma_w^2)$, $\sigma_w^2=10$ 观测噪声 $v_k \sim N(0,\sigma_v^2)$, $\sigma_v^2=1$, $x_0 \sim N(0,10)$。对 SIR 滤波器进行 100 次独立仿真,粒子数 N 与平均每次用时如表 10-1 所列。选取粒子数为 $N=400$,仿真步数与估计均方误差如表 10-2 所列。

表 10-1　粒子数与平均每次用时

粒子数 N	400	800	1200	1600	2000
平均用时/s	6.176	15.263	30.549	47.820	77.055
均方误差	0.812	0.654	0.597	0.523	0.459

表 10-2　仿真步数与估计均方误差

仿真步数	100	300	500	700	900
均方误差	0.254	0.137	0.724	3.589	7.646

从表 10-1 可以看出,虽然增加粒子数目 N,可以减弱粒子退化问题,提高滤波精度,但粒子滤波的计算量随粒子数增加而上升,影响算法的实时性。重采样既可以克服粒子退化的问题,又可以降低计算的复杂度,但负作用是引起样本贫化,损失了粒子的多样性,导致滤波精度下降,这一点可以从表 10-2 中均方误差随仿真步数先小后大的现象看出。

综上所述,对于 PF 或 SIR 算法来说,实现起来都比较简单。但由于粒子在状态空间的探索过程中没有用到最新的观测值,所以当似然函数的高似然度区域出现在先验尾部时,退化现象将会比较严重,又因随后的重采样是在离散分布进行的,从而必然导致样本贫化现象。粒子滤波还有一个不容忽视的问题,就是计算量随着粒子数的增大而急剧膨胀，当状态方程维数较高时，为提高估计精度需要的粒子数将会更多，这就使得此算法很难广泛地应用于动态系统状态的实时估计中。为了克服粒子滤波的这些缺陷，在应用过程中必须根据实际情况对基本算法做必要的改进[10]。

4. EKF、UKF 及 PF 3 种算法比较

（1）非线性非高斯随机系统大量存在于实际应用中，解决非线性非高斯滤波问题的最优方案就是得到系统条件后验概率的完整描述。然而这种精确的描述需要无尽的参数及大量的运算，因而实际应用非常困难，为此各国学者提出了大量次优的近似方法，以此来近似描述非线性非高斯系统的后验分布。

对于非线性系统滤波问题的次优近似，有两大途径：①非线性函数近似，即将非线性环节线性化，对高阶项采用忽略或逼近的方法，EKF 及对 EKF 的众多改进方法都属于此类；②用采样方法近似非线性分布，由于近似非线性函数的概率密度分布比近似非线性函数更容易，因此使用采样方法近似非线性分布来解决非线性滤波问题的途径得到了广泛关注。UKF 和 PF 就属于此类。

（2）在滤波算法实现上，EKF 和 UKF 都是针对非线性系统的线性卡尔曼滤波方法的变形和改进形式，因此受到线性卡尔曼滤波算法的条件制约，即系统状态应满足高斯分布。对于非高斯分布的系统状态模型，若仍简单地采用均值和方差表征状态概率分布，将导致滤波性能变差。故 EKF 和 UKF 一般不适用于状态非高斯分布的系统模型。而 PF 不需要对状态变量的概率密度作过多的约束，其不受模型非线性及高斯假设的限制，适用于任何非线性非高斯的随机系统，从这个意义上讲，与 EKF 和 UKF 相比，PF 是非高斯非线性系统状态估计的“最优”滤波器。

10.3 组合导航系统设计和分析

10.3.1 惯性导航/卫星组合导航

捷联式惯性导航系统（SINS）和卫星导航系统（GPS）各有所长，具有互补的特点。二者的组合不仅具有两个系统各自的主要优点，而且随着组合程度的加深，它们之间互相传递、使用信息的加强，组合系统的总体性能要远优于任一独立系统。高精度 GPS 信息，作为外部量测输入，在运动过程中频繁修正 SINS，以限制其误差随时间的积累；而短时间内高精度的 SINS 定位结果，可以很好地解决 GPS 动态环境中的信号失锁和周跳问题。因而 GPS 与 SINS 的组合被认为是目前导航领域和大地测量领域最理想的组合方式。

1. 基于位置、速度组合的 SINS/GPS 导航系统

1）SINS/GPS 组合导航系统状态方程

SINS/GPS 导航系统的状态方程中除了 SINS 的误差状态变量，是否还需要增加与 GPS 有关的误差状态变量，应依据观测信息的选择来确定。如果选择位置、速度为观测信息，则不需要在组合系统中增加 GPS 的状态变量。当采用 GPS 原始观测量作为量测信息时，一般利用状态扩充法，将 GPS 接收机的钟差及其钟漂扩充到组合导航系统的状态变量中，使之符合滤波器的要求。因此，基于位置、速度组合的 SINS/GPS 导航系统中，状态方程主要是 SINS 的误差方程，包含姿态误差角方程、速度误差方程、位置误差方程和惯性仪表误差方程。

在第 4 章,惯性导航系统的误差分析和组合式对准方法对捷联惯性导航系统的误差方程进行了简化,其中包括假定姿态误差角为小角度、等效惯性仪表误差和忽略垂直通道等,这一方面是为了简化误差分析的难度,同时也为了将非线性误差方程与非线性滤波方法的内容同时体现在 SINS/GPS 导航系统设计章节。

(1) 姿态误差角方程。

仍采用 $\boldsymbol{\phi}=[\phi_x \quad \phi_y \quad \phi_z]^{\mathrm{T}}$ 描述平台坐标系(p 系)与地理坐标系(t 系)间的不对准角。$\boldsymbol{\phi}$ 是平台坐标系相对于理想地理坐标系的旋转角矢量,所以

$$\dot{\boldsymbol{\phi}}=\boldsymbol{\omega}_{tp}^{p}=\boldsymbol{\omega}_{ip}^{p}-\boldsymbol{\omega}_{it}^{p}=\boldsymbol{\omega}_{ip}^{p}-\boldsymbol{C}_{t}^{p}\boldsymbol{\omega}_{it}^{t} \tag{10-124}$$

式中:$\boldsymbol{\omega}_{it}^{t}$ 为理想地理坐标系相对于惯性坐标系的角速度在地理坐标系中的投影;$\boldsymbol{C}_{t}^{p}$ 为两坐标系 t 和 p 之间的坐标变换矩阵。

基于式(10-124),可推得 SINS 姿态误差角方程为

$$\begin{aligned}\dot{\boldsymbol{\phi}}&=\boldsymbol{\omega}_{ip}^{p}-\boldsymbol{C}_{t}^{p}\boldsymbol{\omega}_{it}^{t}=\boldsymbol{\omega}_{it}^{c}+\hat{\boldsymbol{C}}_{b}^{t}\boldsymbol{\varepsilon}^{b}-\boldsymbol{C}_{t}^{p}\boldsymbol{\omega}_{it}^{t}=\boldsymbol{\omega}_{it}^{c}-\boldsymbol{\omega}_{it}^{t}+(\boldsymbol{I}-\boldsymbol{C}_{t}^{p})\boldsymbol{\omega}_{it}^{t}+\hat{\boldsymbol{C}}_{b}^{t}\boldsymbol{\varepsilon}^{b}\\&=\delta\boldsymbol{\omega}_{ie}^{t}+\delta\boldsymbol{\omega}_{et}^{t}+(\boldsymbol{I}-\boldsymbol{C}_{t}^{p})(\boldsymbol{\omega}_{ie}^{t}+\boldsymbol{\omega}_{et}^{t})+\hat{\boldsymbol{C}}_{b}^{t}\boldsymbol{\varepsilon}^{b}\end{aligned} \tag{10-125}$$

式中:$\hat{\boldsymbol{C}}_{b}^{t}$ 为实现坐标变换的计算姿态矩阵,可以看成是“数学平台”,代替平台惯性导航系统中的物理平台,即 $\hat{\boldsymbol{C}}_{b}^{t}=\boldsymbol{C}_{b}^{p}$;$\boldsymbol{\omega}_{ie}^{t}$ 和 $\boldsymbol{\omega}_{et}^{t}$ 分别为地球系相对惯性系、地理系相对地球系的旋转角速度沿地理系的投影;角速度误差 $\delta\boldsymbol{\omega}_{ie}^{t}$ 和 $\delta\boldsymbol{\omega}_{et}^{t}$ 分别为

$$\delta\boldsymbol{\omega}_{ie}^{t}=\begin{bmatrix}0\\-\omega_{ie}\sin\varphi\delta\varphi\\\omega_{ie}\cos\varphi\delta\varphi\end{bmatrix},\delta\boldsymbol{\omega}_{et}^{t}=\begin{bmatrix}-\dfrac{\delta V_y}{R_M+H}\\\dfrac{\delta V_x}{R_N+H}\\\dfrac{\delta V_x\tan\varphi+V_x\sec^2\varphi\delta\varphi}{R_N+H}\end{bmatrix} \tag{10-126}$$

对于式(10-126)中的变换矩阵 $\boldsymbol{C}_{t}^{p}$,当姿态误差角较大,无法按照小角度等效时,式(10-125)为非线性方程。例如,惯性导航系统的水平姿态误差角为小角度,而方位误差角较大时,此时 $\boldsymbol{C}_{t}^{p}$ 可以写成

$$\boldsymbol{C}_{t}^{p}=\begin{bmatrix}\cos\phi_z&\sin\phi_z&-\phi_y\\-\sin\phi_z&\cos\phi_z&\phi_x\\\phi_y\cos\phi_z+\phi_x\sin\varphi_{\mathrm{U}}&\phi_y\sin\phi_z-\phi_x\cos\varphi_{\mathrm{U}}&1\end{bmatrix} \tag{10-127}$$

当惯性导航系统的姿态误差角均为小角度时,$\boldsymbol{C}_{t}^{p}$ 可以写成

$$\boldsymbol{C}_{t}^{p}=\begin{bmatrix}1&\phi_z&-\phi_y\\-\phi_z&1&\phi_x\\\phi_y&-\phi_x&1\end{bmatrix} \tag{10-128}$$

此时,姿态误差方程为线性方程。

(2) 速度误差方程。

重新定义 SINS 的速度误差 $\delta\boldsymbol{v}=[\delta v_x \quad \delta v_y \quad \delta v_z]^{\mathrm{T}}$。基于惯性导航系统基本方程，可得到速度误差方程为

$$\delta\dot{\boldsymbol{v}}=\delta\boldsymbol{f}^t-(2\delta\boldsymbol{\omega}_{ie}^t+\delta\boldsymbol{\omega}_{et}^t)\times\boldsymbol{v}^t-(2\boldsymbol{\omega}_{ie}^t+\boldsymbol{\omega}_{et}^t)\times\delta\boldsymbol{v}^t+\delta\boldsymbol{g}^t \tag{10-129}$$

式中：$\delta\boldsymbol{g}^t$ 为重力加速度的计算误差，为简单起见，重力加速度 $\boldsymbol{g}^t$ 通常作为已知量处理，因此 $\delta\boldsymbol{g}^t=0$。

定义

$$\delta\boldsymbol{f}^t=\boldsymbol{f}^p-\boldsymbol{f}^t \tag{10-130}$$

SINS 将加速度计直接与载体固连，设加速度计理论输出为 $\boldsymbol{f}^b$，实际输出值为$\hat{\boldsymbol{f}}^b$，加速度计误差为 $\boldsymbol{\Delta}^b$，于是$\hat{\boldsymbol{f}}^b=\boldsymbol{f}^b+\boldsymbol{\Delta}^b$，式(10－131)可以表示成

$$\begin{aligned}\delta\boldsymbol{f}^t&=\boldsymbol{f}^p-\boldsymbol{f}^t=\boldsymbol{C}_b^p\hat{\boldsymbol{f}}^b-\boldsymbol{C}_b^t\boldsymbol{f}^b=\boldsymbol{C}_b^p\hat{\boldsymbol{f}}^b-\boldsymbol{C}_b^t(\hat{\boldsymbol{f}}^b-\boldsymbol{\Delta}^b)\\&=\boldsymbol{C}_t^p\hat{\boldsymbol{f}}^b+\boldsymbol{C}_b^t\boldsymbol{\Delta}^b=\boldsymbol{C}_t^p\hat{\boldsymbol{f}}^b+\boldsymbol{C}_p^t\boldsymbol{C}_b^p\boldsymbol{\Delta}^b=\boldsymbol{C}_t^p\hat{\boldsymbol{f}}^b+\boldsymbol{C}_p^t\hat{\boldsymbol{C}}_b^t\boldsymbol{\Delta}^b\end{aligned} \tag{10-131}$$

将 $\delta\boldsymbol{g}^t$ 和 $\delta\boldsymbol{f}^t$代入到式(10－129)可得 SINS 速度误差方程为

$$\delta\dot{\boldsymbol{v}}=\boldsymbol{C}_t^p\hat{\boldsymbol{f}}^b-(2\delta\boldsymbol{\omega}_{ie}^t+\delta\boldsymbol{\omega}_{et}^t)\times\boldsymbol{v}^t-(2\boldsymbol{\omega}_{ie}^t+\boldsymbol{\omega}_{et}^t)\times\delta\boldsymbol{v}^t+\boldsymbol{C}_p^t\hat{\boldsymbol{C}}_b^t\boldsymbol{\Delta}^b \tag{10-132}$$

式中，当 $\boldsymbol{\phi}$ 较小时，上述速度误差方程为线性的；而当 $\boldsymbol{\phi}$ 较大时，速度误差方程为非线性的。

(3) 位置误差方程。

重新定义 SINS 的位置误差 $\delta\boldsymbol{P}=[\delta\varphi \quad \delta\lambda \quad \delta H]^{\mathrm{T}}$，根据 SINS 的位置基本方程，即

$$\dot{\varphi}=\frac{v_y}{R_M+H},\dot{\lambda}=\frac{v_x}{(R_N+H)\cos\varphi},\dot{H}=v_z \tag{10-133}$$

可直接写出位置误差方程为

$$\begin{cases}\delta\dot{\varphi}=-\dfrac{\delta v_y}{R_M+H}\\ \delta\dot{\lambda}=\dfrac{\delta v_x}{R_N+H}\sec\varphi-\dfrac{v_x\sec\varphi}{R_N+H}\tan\varphi\delta\varphi\\ \delta\dot{H}=\delta v_z\end{cases} \tag{10-134}$$

(4) 惯性仪表误差方程。

SINS 的陀螺仪和加速度计进行误差标定和补偿后，仍然具有误差，通常用以下误差模型来描述，即

$$\boldsymbol{\varepsilon}^b=\boldsymbol{\varepsilon}+\boldsymbol{\omega}_\varepsilon,\quad \boldsymbol{\Delta}^b=\boldsymbol{\Delta}+\boldsymbol{\omega}_\Delta \tag{10-135}$$

式中：$\boldsymbol{\varepsilon}$ 和 $\boldsymbol{\Delta}$ 为随机常值漂移，它取决于陀螺和加速度计启动时的各种随机因素，每次启动都不一样，但单次启动完成后它们为一个随机的固定值，可以用一个随机常数来描述，即$\dot{\boldsymbol{\varepsilon}}=0$，$\dot{\boldsymbol{\Delta}}=0$；$\boldsymbol{\omega}_\varepsilon$ 和 $\boldsymbol{\omega}_\Delta$ 为白噪声。

(5) SINS 误差状态方程。

联合 SINS 姿态误差方程式(10－125)、速度误差方程式(10－132)、位置误差方程

式(10－134)及惯性仪表误差方程式(10－135),可以写出 SINS 系统误差非线性状态方程为

$$\dot{\boldsymbol{x}}(t)=\boldsymbol{f}(\boldsymbol{x}(t),t)+\boldsymbol{G}(\boldsymbol{x}(t),t)\boldsymbol{W}(t) \tag{10-136}$$

式中:$\boldsymbol{x}=[\phi_x\ \phi_y\ \phi_z\ \delta v_x\ \delta v_y\ \delta v_z\ \delta\varphi\ \delta\lambda\ \delta H\ \varepsilon_x\ \varepsilon_y\ \varepsilon_z\ \Delta_x\ \Delta_y\ \Delta_z]^{\mathrm{T}}$ 为状态向量;$\boldsymbol{f}(\boldsymbol{x}(t),t)$为 $\boldsymbol{x}(t)$ 的非线性函数;ε_x、ε_y、ε_z 与 Δ_x、Δ_y、Δ_z 分别为沿载体坐标系的三轴陀螺仪和加速度计的随机常值漂移;$\boldsymbol{W}(t)=[\omega_{\varepsilon x}\ \omega_{\varepsilon y}\ \omega_{\varepsilon z}\ \omega_{\Delta_x}\ \omega_{\Delta_y}\ \omega_{\Delta_z}]^{\mathrm{T}}$,$\omega_{\varepsilon x}$、$\omega_{\varepsilon y}$、$\omega_{\varepsilon z}$与 ω_{Δ_x}、ω_{Δ_y}、ω_{Δ_z}为陀螺仪和加速度计的随机白噪声。相应地有

$$\boldsymbol{G}(\boldsymbol{x}(t),t)=\begin{bmatrix}\hat{\boldsymbol{C}}_b^t & \boldsymbol{0}_{3\times3}\\ \boldsymbol{0}_{3\times3} & \boldsymbol{C}_p^t\hat{\boldsymbol{C}}_b^t\\ \boldsymbol{0}_{9\times3} & \boldsymbol{0}_{9\times3}\end{bmatrix} \tag{10-137}$$

2) SINS/GPS 组合导航系统量测方程

当 SINS/GPS 组合导航系统的组合模式选择位置、速度的组合时,则系统的量测值包含有两种:一种是位置量测差值;另一种是速度量测差值。位置量测值是由 SINS 给出的位置信息与 GPS 接收机计算的相应位置信息求差,作为一种量测信息;速度量测差值是由 SINS 给出的速度信息与 GPS 接收机给出的相应速度信息求差,作为另一种量测信息。

SINS 的速度量测信息可表示为地理坐标系下的真值与相应速度误差之和,即

$$v_x^{\mathrm{c\_SINS}}=v_x+\delta v_x,v_y^{\mathrm{c\_SINS}}=v_y+\delta v_y,v_z^{\mathrm{c\_SINS}}=v_z+\delta v_z \tag{10-138}$$

式中:v_x、v_y、v_z 为 SINS 沿地理系东、北、天坐标轴的真实速度。

GPS 的速度量测信息,同样可以表示为地理系下的真值与解算的速度误差的值,即

$$v_x^{\mathrm{c\_GPS}}=v_x+\delta M_x,v_y^{\mathrm{c\_GPS}}=v_y+\delta M_y,v_z^{\mathrm{c\_GPS}}=v_z+\delta M_z \tag{10-139}$$

式中:M_x、M_y、M_z 为 GPS 接收机的测速误差在地理坐标系东、北、天 3 个方向上的分量,可作为白噪声处理。

基于式(10－138)和式(10－139),可得速度观测矢量为

$$\boldsymbol{Z}_v(t)=\begin{bmatrix}v_x^{\mathrm{c\_SINS}}-v_x^{\mathrm{c\_GPS}}\\ v_y^{\mathrm{c\_SINS}}-v_y^{\mathrm{c\_GPS}}\\ v_z^{\mathrm{c\_SINS}}-v_z^{\mathrm{c\_GPS}}\end{bmatrix}=\begin{bmatrix}\delta v_x+M_x\\ \delta v_y+M_y\\ \delta v_z+M_z\end{bmatrix}=\boldsymbol{H}_v(t)\boldsymbol{x}(t)+\boldsymbol{v}_v(t) \tag{10-140}$$

式中:$\boldsymbol{H}_v=[0_{3\times3}\ \mathrm{diag}[1\ 1\ 1]\ \boldsymbol{0}_{3\times9}]$;$v_v=[M_x\ M_y\ M_z]^{\mathrm{T}}$。

$$\boldsymbol{H}_v=[\boldsymbol{0}_{3\times3}\ \mathrm{diag}[1\ 1\ 1]\ \boldsymbol{0}_{3\times9}] \tag{10-141}$$

SINS 的位置量测信息可表示为地理坐标系下的真值与相应误差之和,即

$$\begin{bmatrix}\varphi_{\mathrm{c\_SINS}}\\ \lambda_{\mathrm{c\_SINS}}\\ H_{\mathrm{c\_SINS}}\end{bmatrix}=\begin{bmatrix}\varphi+\delta\varphi\\ \lambda+\delta\lambda\\ H+\delta H\end{bmatrix} \tag{10-142}$$

GPS 接收机给出的位置量测信息,可表示为地理坐标系下的真值与相应误差之差,由式(10－143)表示,即

$$\begin{bmatrix}\varphi_{c\_GPS}\\ \lambda_{c\_GPS}\\ H_{c\_GPS}\end{bmatrix}=\begin{bmatrix}\varphi-N_x\\ \lambda-N_y\\ H-N_z\end{bmatrix}\tag{10-143}$$

式中:φ、λ 及 H 表示真实的位置;N_x、N_y、N_z 为 GPS 接收机沿地理坐标系东、北、天方向的位置误差,可视为白噪声。

位置观测向量为

$$\boldsymbol{Z}_p(t)=\begin{bmatrix}\varphi_{c\_SINS}-\varphi_{c\_GPS}\\ \lambda_{c\_SINS}-\lambda_{c\_GPS}\\ H_{c\_SINS}-H_{c\_GPS}\end{bmatrix}=\begin{bmatrix}\delta\varphi+N_x\\ \delta\lambda+N_y\\ \delta H+N_z\end{bmatrix}=\boldsymbol{H}_p(t)\boldsymbol{x}(t)+\boldsymbol{v}_p(t)\tag{10-144}$$

式中:$\boldsymbol{H}_p=[\boldsymbol{0}_{3\times6}\quad \mathrm{diag}[1\ 1\ 1]\quad \boldsymbol{0}_{3\times6}]$;$\boldsymbol{v}_p=[N_x\ N_y\ N_z]^{\mathrm{T}}$。

将位置观测矢量和速度观测矢量进行合并,即可得到 SINS/GPS 位置、速度组合系统线性量测方程为

$$\boldsymbol{Z}(t)=\begin{bmatrix}\boldsymbol{Z}_v(t)\\ \boldsymbol{Z}_p(t)\end{bmatrix}=\begin{bmatrix}\boldsymbol{H}_v\\ \boldsymbol{H}_p\end{bmatrix}\boldsymbol{x}(t)+\begin{bmatrix}\boldsymbol{v}_v(t)\\ \boldsymbol{v}_p(t)\end{bmatrix}=\boldsymbol{H}(t)\boldsymbol{x}(t)+\boldsymbol{v}(t)\tag{10-145}$$

由于 SINS 和 GPS 接收机给出的信息都是离散的数据,因此,在实际处理时需要把状态方程式(10-136)和观测方程式(10-145)进行离散化。

2. SINS/GPS 非线性组合导航仿真分析

根据 SINS/GPS 组合导航系统的非线性模型,在不同条件下分别采用 EKF 和 UKF 算法对载体的姿态、速度及位置等误差信息进行估计,并通过输出校正来修正 SINS 的导航参数。滤波算法性能的好坏可通过 SINS/GPS 组合导航系统的定位精度来衡量。

仿真参数设置

加速度计常值零偏 $\Delta=1\times10^{-4}g$,随机噪声 $\omega_\Delta\sim N(0,(10^{-2}g)^2)$;陀螺仪常值漂移 $\varepsilon=0.01°/\mathrm{h}$,随机漂移 $\omega_\varepsilon\sim N(0,(0.1°/\mathrm{h})^2)$;GPS 系统的速度量测噪声为 0.1m/s,位置量测噪声为 10m。

假设载体初始位置为$[\varphi\quad\lambda\quad H]^{\mathrm{T}}=[125°\quad 45°\quad 0]^{\mathrm{T}}$,初始位置误差为 30m;水平姿态误差角较小,方位误差角较大,且 $\boldsymbol{\phi}=[\phi_x\quad\phi_y\quad\phi_z]^{\mathrm{T}}=[30'\quad 30'\quad 2°]^{\mathrm{T}}$;初始速度误差为$[\delta v_x\quad\delta v_y\quad\delta v_z]^{\mathrm{T}}=[0.5\mathrm{m/s}\quad 0.5\mathrm{m/s}\quad 1\mathrm{m/s}]^{\mathrm{T}}$。

取滤波初始状态为

$$\begin{cases}\hat{\boldsymbol{x}}_0=\boldsymbol{0}\\ \boldsymbol{P}_0=\mathrm{diag}\{(30')^2\quad(30')^2\quad(2°)^2\quad(0.5\mathrm{m/s})^2\quad(0.5\mathrm{m/s})^2\quad(1\mathrm{m/s})^2\\ \qquad(1'')^2\quad(1'')^2\quad(1'')^2\quad(0.01°/\mathrm{h})^2\quad(0.01°/\mathrm{h})^2\quad(0.01°/\mathrm{h})^2\\ \qquad(1\times10^{-4}g)^2\quad(1\times10^{-4}g)^2\quad(1\times10^{-4}g)^2\}\end{cases}\tag{10-146}$$

噪声协方差为

$$
\begin{cases}
\boldsymbol{Q} = \mathrm{diag}\{(0.1°/\mathrm{h})^2 \quad (0.1°/\mathrm{h})^2 \quad (0.1°/\mathrm{h})^2 \quad (10^{-2}g)^2 \quad (10^{-2}g)^2 \quad (10^{-2}g)^2\} \\
\boldsymbol{R} = \mathrm{diag}\{(0.1\mathrm{m/s})^2 \quad (0.1\mathrm{m/s})^2 \quad (0.1\mathrm{m/s})^2 \quad (10\mathrm{m})^2 \quad (10\mathrm{m})^2 \quad (10\mathrm{m})^2\}
\end{cases}
\tag{10-147}
$$

分别采用 EKF 和 UKF 对载体的导航误差进行估计，输出校正后的姿态、速度及位置等误差仿真图如图 10－9 至图 10－11 所示。

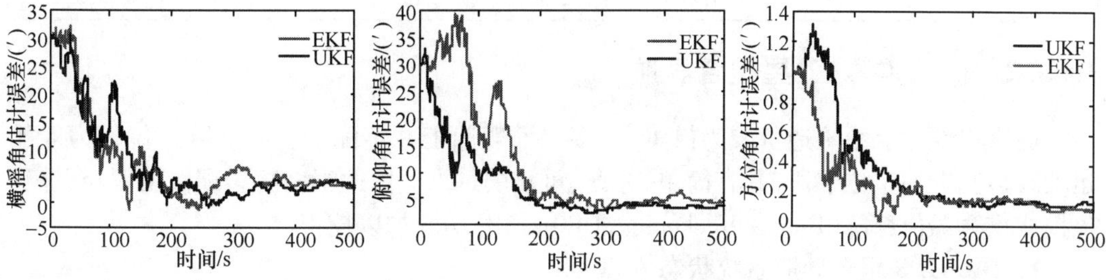

图 10－9　姿态角估计误差

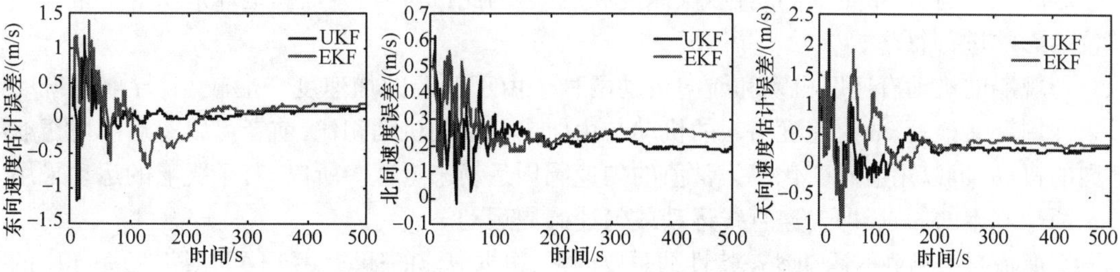

图 10－10　速度估计误差

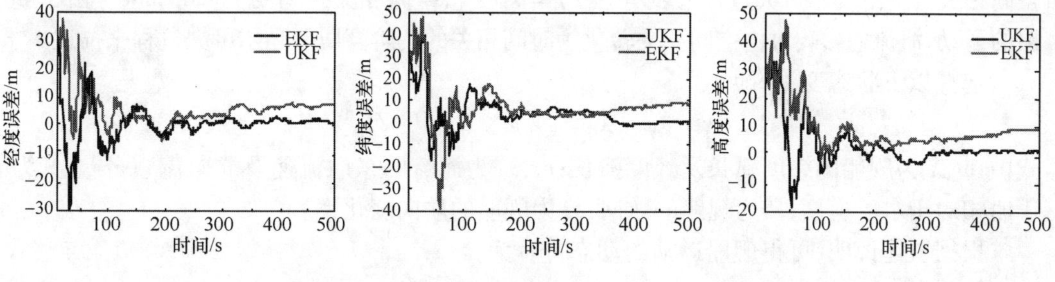

图 10－11　位置估计误差

从图 10－9 及图 10－10 中不难看出，两种滤波方法对姿态误差角的稳定估计精度大致相当，而在速度误差的估计中，UKF 的滤波精度略高于 EKF，而且 UKF 的滤波曲线相对于 EKF 更加平滑。

特别地，由图 10－10 及图 10－11 可知，由于采用了 GPS 和 SINS 的位置、速度残差作为观测量，系统状态中的位置和速度误差状态直接可观测，因此 UKF 和 EKF 两种滤波方法对系统位置和速度的估计误差都是收敛的。UKF 的定位精度高于 EKF，这是因为方位误差角较大，SINS/GPS 组合导航系统表现为强非线性，U 变换对非线性状态后验分布的近似精度高于 EKF 中的一阶线性化近似。表 10－3 给出了两种滤波方法位置估计误差统计特性对比。

表 10-3　UKF 及 EKF 滤波精度比较

统计特性	位置估计误差/m					
	经度		纬度		高度	
	UKF	EKF	UKF	EKF	UKF	EKF
均值	2.659	8.937	1.241	9.820	3.505	10.001
标准差	3.973	11.846	2.304	13.479	4.626	12.524

10.3.2　船位推算/卫星组合导航

通常惯性导航系统造价较为昂贵，很多水面舰船上并不配备。而推算船位作为船舶运动时最基本的定位手段，具有简单、方便、可靠的特点。因此很多舰船配置由罗经、计程仪构成推算船位系统(Dead - Reckoning, DR)，采用 GPS 加以校正。

1. DR/GPS 组合导航系统状态方程

舰船运动是许多因素如速度、航向、海流、风速、风向、地球形状等的非线性函数。对于导航问题而言，最重要的是位置、速度和航向，因此可对风、海浪和地球形状等对推算船位的影响进行忽略。

舰船的机动有速度机动和航向机动两种。由于舰船的加速度一般较小，导航系统的采样周期又很短，故由速度引起的机动与由航向引起的机动相比，前者可以忽略。对于航向的机动，可以用航向变化率为常值的匀速圆周运动来近似。所以，对于舰船的运动采用了两个基本的假定，即匀速直线运动或匀速圆周运动。

海流是影响舰船运动动态特性的重要因素，根据海流的迷向性和不可压缩性，海洋中的流速是空间和时间的函数。对于一段较短的时间区间，海流可以近似看作是空间的函数，用空间相关的一阶马尔可夫过程来表示 $x(\tau)=\sigma^2 e^{-\beta\tau}$，空间相关距离约为 15n mile。由于舰船的运动，海流的影响可由空间相关转化为时间相关的一阶高斯—马尔可夫过程来描述。

选择以下状态变量，即

$$\boldsymbol{x}=[\varphi \quad \lambda \quad v_x \quad v_y \quad S \quad H \quad \Omega]^{\mathrm{T}}$$

式中：φ、λ 为舰船的纬度弧长及经度弧长；v_x、v_y 为海流的东向流速及北向流速分量；S 为舰船相对于水的速度；H 为舰船的航向；Ω 为舰船的航向变化率。

根据上述说明，可得舰船运动的动态方程为

$$\begin{cases}\dot{\varphi}=v_y+S\cdot\cos H+\omega_1\\ \dot{\lambda}=v_x+S\cdot\sin H+\omega_2\\ \dot{v}_x=-\beta v_x+\omega_3\\ \dot{v}_y=-\beta v_y+\omega_4\\ \dot{S}=\omega_5\\ \dot{H}=\Omega+\omega_6\\ \dot{\Omega}=\omega_7\end{cases}\tag{10-148}$$

式中：$\omega_1\sim\omega_7$ 为互不相关的零均值白噪声，它们反映了舰船运动的不确定性和随机干扰。

流中推算船位误差 ε 一般包含无风流推算船位均方误差 ε_1 和定海流均方误差 ε_2 两部分,它们是流速 v、航速 S 及其均方误差 m_v、m_s 以及罗经均方误差 m_c 的函数。根据均方误差传播定律,可以表示为

$$\begin{aligned}\varepsilon &= \sqrt{\varepsilon_1^2 + \varepsilon_2^2} \\ &= \sqrt{(ST)^2\left[\left(\frac{m_c}{57.3°}\right)^2 + m_s^2\right] + T\left[\left(\frac{m_c}{57.3°}v\right)^2 + m_v^2\right.}\end{aligned} \tag{10-149}$$

式中:T 为航行时间。

将式(10-148)写成矢量形式,即

$$\dot{\boldsymbol{x}}(t) = \boldsymbol{\Phi}(\boldsymbol{x}(t), t) + \boldsymbol{W}(t) \tag{10-150}$$

通过观察式(10-150)可知,DR/GPS 组合导航的状态方程是一组非线性的微分方程,即其状态方程不再是线性的,因而必须采用推广卡尔曼滤波器或其他非线性滤波器进行处理。考虑到初始条件,即

$$\begin{cases}\varphi(t_{k-1}) = \hat{\varphi}_{k-1}, & \lambda(t_{k-1}) = \hat{\lambda}_{k-1} \\ v_x(t_{k-1}) = \hat{v}_{x,k-1}, & v_y(t_{k-1}) = \hat{v}_{y,k-1} \\ S(t_{k-1}) = \hat{S}_{k-1}, & H(t_{k-1}) = \hat{H}_{k-1} \\ \Omega(t_{k-1}) = \hat{\Omega}_{k-1} \end{cases}$$

解方程式(10-150),得

$$\begin{cases}\hat{\varphi}_{k/k-1} = \hat{\varphi}_{k-1} + \dfrac{1-\mathrm{e}^{-\beta\cdot\Delta T}}{\beta}\cdot\hat{v}_{y,k-1} + \hat{S}_{k-1}\cos\left(\hat{H}_{k-1} + \dfrac{\Delta T}{2}\cdot\hat{\Omega}_{k-1}\right)\cdot\Delta T \\ \hat{\lambda}_{k/k-1} = \hat{\lambda}_{k-1} + \dfrac{1-\mathrm{e}^{-\beta\cdot\Delta T}}{\beta}\cdot\hat{v}_{x,k-1} + \hat{S}_{k-1}\sin\left(\hat{H}_{k-1} + \dfrac{\Delta T}{2}\cdot\hat{\Omega}_{k-1}\right)\cdot\Delta T \\ \hat{v}_{x,k/k-1} = \mathrm{e}^{-\beta\cdot\Delta T}\hat{v}_{x,k-1} \\ \hat{v}_{y,k/k-1} = \mathrm{e}^{-\beta\cdot\Delta T}\hat{v}_{y,k-1} \\ \hat{S}_{k/k-1} = \hat{S}_{k-1} \\ \hat{H}_{k/k-1} = \hat{H}_{k-1} + \hat{\Omega}_{k-1}\cdot\Delta T \\ \hat{\Omega}_{k/k-1} = \hat{\Omega}_{k-1}\end{cases} \tag{10-151}$$

当采样间隔 ΔT 较短时,H 与 S 通常变化很小,可以近似为常值,于是状态转移矩阵可以写为

$$\boldsymbol{\Phi}_{k,k-1}=\begin{bmatrix}1 & 0 & 0 & \dfrac{1-\mathrm{e}^{-\beta\cdot\Delta T}}{\beta} & \cos\hat{H}_{k-1}\cdot\Delta T & -\hat{S}_{k-1}\sin\hat{H}_{k-1}\cdot\Delta T & 0\\ 0 & 1 & \dfrac{1-\mathrm{e}^{-\beta\cdot\Delta T}}{\beta} & 0 & \sin\hat{H}_{k-1}\cdot\Delta T & \hat{S}_{k-1}\cos\hat{H}_{k-1}\cdot\Delta T & 0\\ 0 & 0 & \mathrm{e}^{-\beta\cdot\Delta T} & 0 & 0 & 0 & 0\\ 0 & 0 & 0 & \mathrm{e}^{-\beta\cdot\Delta T} & 0 & 0 & 0\\ 0 & 0 & 0 & 0 & 1 & 0 & 0\\ 0 & 0 & 0 & 0 & 0 & 1 & \Delta t\\ 0 & 0 & 0 & 0 & 0 & 0 & 1\end{bmatrix} \tag{10-152}$$

2. DR/GPS 组合导航系统观测方程

根据水面舰船的常规配置,选择电磁计程仪(相对于水)的速度 v_L、电罗经的航向信息 H_G 以及 GPS 的位置信息(φ_m,λ_m)作为观测变量,其中位置信息需转换到地球坐标系中对应的弧长:

$$\begin{cases}\varphi_c=R_M\cdot\varphi_m\\ \lambda_c=R_N\cdot\cos\varphi_m\cdot\lambda_m\end{cases} \tag{10-153}$$

式中:R_M、R_N 分别为子午圈和卯酉圈曲率半径。

因此,令观测变量为

$$\boldsymbol{z}=[\varphi_c\quad\lambda_c\quad v_L\quad H_G]^{\mathrm{T}} \tag{10-154}$$

观测方程可以写为

$$\begin{cases}\varphi_c=\varphi+v_1\\ \lambda_c=\lambda+v_2\\ v_L=S+v_3\\ H_G=H+v_4\end{cases} \tag{10-155}$$

式中:$v_i(i=1,2,3,4)$为测量噪声,反映观测量的随机干扰特性,由相应观测设备输出的性质和精度决定,需要经过理论分析和大量试验予以确定。

计程仪和罗经的测量噪声较为简单,均可视为零均值白噪声。于是 DR/GPS 组合导航系统观测方程的测量矩阵可写为

$$\boldsymbol{H}=\begin{bmatrix}1 & 0 & 0 & 0 & 0 & 0 & 0\\ 0 & 1 & 0 & 0 & 0 & 0 & 0\\ 0 & 0 & 0 & 0 & 1 & 0 & 0\\ 0 & 0 & 0 & 0 & 0 & 1 & 0\end{bmatrix} \tag{10-156}$$

建立 DR/GPS 组合导航系统的状态方程和观测方程后,即可按照非线性滤波方法对系统状态量进行估计。

第 11 章

电子海图系统

11.1 电子海图系统概述

电子海图系统是随着航海技术、测绘技术、计算机技术等发展而产生的一种以数字形式表示的实时导航信息系统。与其他舰船导航系统能够通过观测、测量等手段获得舰船位置、速度和姿态信息不同，电子海图系统以计算机为核心，综合定位、测深、计程仪、雷达等各类设备，以电子航海图为基础，能综合反映舰船行驶状态，并完成航线设计、航线检查、航行计算、航行标记和信息处理等诸多航海功能。

由于航运事业的蓬勃发展，过往的航运管理方式已经无法应付日益复杂的水上交通状况。各个海区和港口的船舶数目逐年大幅上升，这就要求更加先进的导航技术提供有效的安全保障。继雷达和 ARPA 之后，电子海图是航海领域出现的又一项伟大的技术革命，具有纸质海图无法比拟的优势，能够综合水域地理信息，连续给出船舶位置和相关的水域信息，辅助船舶航行，预防各种险情，保障航行的安全性。

电子海图的技术发展，大致经历了 3 个阶段。

(1) 纸质海图等同物。20 世纪 70 年代末至 80 年代中期，人们主要是想减少体积和减轻海图作业的劳动强度，因此仅仅把纸质海图经过数字化处理后存入计算机。1979 年，加拿大 OSL 公司推出了第一代的商用电子海图系统 PINS，拉开了电子海图系统技术发展的序幕。

(2) 功能开拓阶段。自 20 世纪 80 年代中期开始，由于电子海图对保障船舶航行安全所起的重要作用，得到了国际海事组织(IMO)、国际海道测量组织(IHO)、国际电工委员会(IEC)以及众多航海专家的关注和认可。1986 年，IMO 和 IHO 同意成立一个由各国有关部门组成的协调小组(HGE)，共同参与电子海图技术讨论，1987 年和 1989 年两次起草了电子海图(ECDIS)规范。同时，也开始挖掘电子海图的各种潜能，如在电子海图上显示船位，航线设计，显示船速、航向等船舶参数，报警等。

(3) 航行信息系统阶段。将电子海图作为航行信息核心，包括电子海图数据库的完善，与雷达、定位仪、计程仪、测深仪、GPS、VTS、AIS 等各种设备和系统的接口和组合等，对保证船舶航行安全所起的重要作用。而随着电子海图系统各类标准和规范不断建立和完善,各种性能优良的电子海图产品也不断推陈出新。

尽管电子海图技术的发展只有20余年的历史,但现今国际上从事电子海图研发和生产的大公司有上百家。目前,能够提供符合国际标准的电子海图系统厂家较著名的有美国的Sperry公司、英国船商公司、德国Raytheon公司和ATLAS公司、加拿大OFFSHORE公司等,有代表性的产品如英国Tramas Marine公司的Navi. Sailor2400型电子海图系统、德国STN Atlas Electronik公司的ChartPilot型导航工作站、英国Racal. Cecca公司的Chart M_flstcr CM500型电子海图系统等。

我国从20世纪80年代后期就开展电子海图技术的研究,并取得了可喜的成果。海军海图出版社不仅完成了数字海图的建库工作,而且紧跟国际标准发展,能够批量生产发行国际标准数据和军用海图数据。2011年8月25日,我国在北京举行中国官方电子海图发布会,正式对外推出国际标准版的中国海区电子海图,这是我国首次对外正式发布中国海区国际标准电子海图。与此同时,包括海军海洋测绘研究所、海军大连舰艇学院、哈尔滨工程大学、船舶系统工程研究院等多家单位成功研制多种系列电子海图应用系统,并推广应用到军民船舶领域。

目前,电子海图系统已经与综合导航、ARPA、自动舵等连接在一起,构成集海上导航、通信、雷达、航行控制、监控于一体的综合舰桥系统,实现舰船高度自动化,大大提高了舰船的作战能力和航行的安全性、经济性和有效性。

11.2 电子海图基础

11.2.1 电子海图相关技术术语

"电子海图"是一个很模糊的概念,通常把各种数字式海图及其应用系统统称为电子海图。因此,为了方便理解和区分,需明确电子海图相关的技术术语。

1) 海图

海图(Chart)是为适应航海需要而绘制的一种地图,它以海洋及其毗邻的陆地为描述对象,详细标绘了与航海有关的各种资料,如海岸线、港口、岛屿、礁石、浅滩、障碍物、海流、潮汐、水深、底质及助航标志等。

2) 电子海图

电子海图(Electronic Chart, EC)也称为数字海图,是以数字形式表示的海图信息和其他航海信息。电子海图分为矢量海图和光栅海图两大类,矢量海图是数字化海图信息的分类存储,可查询任意图标的细节,光栅海图是由纸质海图经扫描形成的数字信息,可视作纸质海图的复制品。在功能和智能化方面,矢量海图明显优于纸质海图。

3) 电子海图系统

电子海图系统(Electronic Chart System, ECS)是用来显示海图和航迹的船用系统,在海图显示上并不完全等效于纸质海图,航行中与纸质海图配合使用,是辅助航海设备。

4) 电子航行海图

电子航行海图(Electronic Navigational Chart,ENC)是由政府、经授权的航道组织或其他相关的政府公共机构发布或授权发布，具有标准化的内容、结构和格式，并符合 IHO 标准，专为电子海图系统使用的数据集。ENC 包含安全航行所必需的所有海图信息，并可包含纸质海图所含信息之外但可视为安全航行所必需的附加信息，如航路指南、港口概况等。

5）系统电子航行海图

系统电子航行海图（System Electronic Nautical/Navigational Chart, SENC）是一种数据库，是制造商内部的 ECDIS 格式，该数据库是 ECDIS 的显示生成和其他航行功能实际访问的数据库，其与最新的纸质海图等效。

6）电子海图显示与信息系统

电子海图显示与信息系统（Electronic Chart Display and Information System, ECDIS）是基于电子海图及其相关数据与多种传感设备、图形显示终端、计算机软硬件等高度融合的多参数电子综合信息处理系统。该系统用来辅助航海人员制定航线设计和航线监测，并可应要求显示其他的航行相关信息。ECDIS 显示的海图等效于纸质海图。可以说，符合 IMO、IHO 和 IEC 相关国际标准的电子海图系统才能称为 ECDIS。本章中如不特殊说明，电子海图系统均指电子海图显示与信息系统。

11.2.2　地图的投影与分类

地球是一个旋转椭球体，它的表面是一个曲面。要在一个平面上绘制出地球表面的地理信息，就必须把曲面图形转化到平面上去。地图投影就是按一定的数学法则，把地球表面一部分或全部按照一定的比例尺绘制到平面上，形成地图的经纬线图网的方法。对于电子海图系统，海图数据是各项功能实现的基础。因此，需通过投影的方式，获得海图数据。

用投影的办法把曲面上的地球表面图形绘制到平面上，解决了地球曲面与地图平面之间的转化问题，但投影也必然会产生某种变形。而基于对航用海图的需求不同，也产生了不同的投影方法，投影的方法不同，产生的变形也不同。通常，可以根据投影的变形或者根据绘制图网的方法，对地图投影进行分类。

1. 按变形的性质分类

（1）等角投影。等角投影指投影面上任意两方向的夹角与地面上对应角度相等的投影方怯，又称正形投影，如图 11－1（a）所示。这种投影只满足对应角相等的条件，而对应边成比例的条件并不满足。所以等角投影只在无限小的面积上同时满足等角和对应边成比例的条件，常用的墨卡托海图属于等角投影。

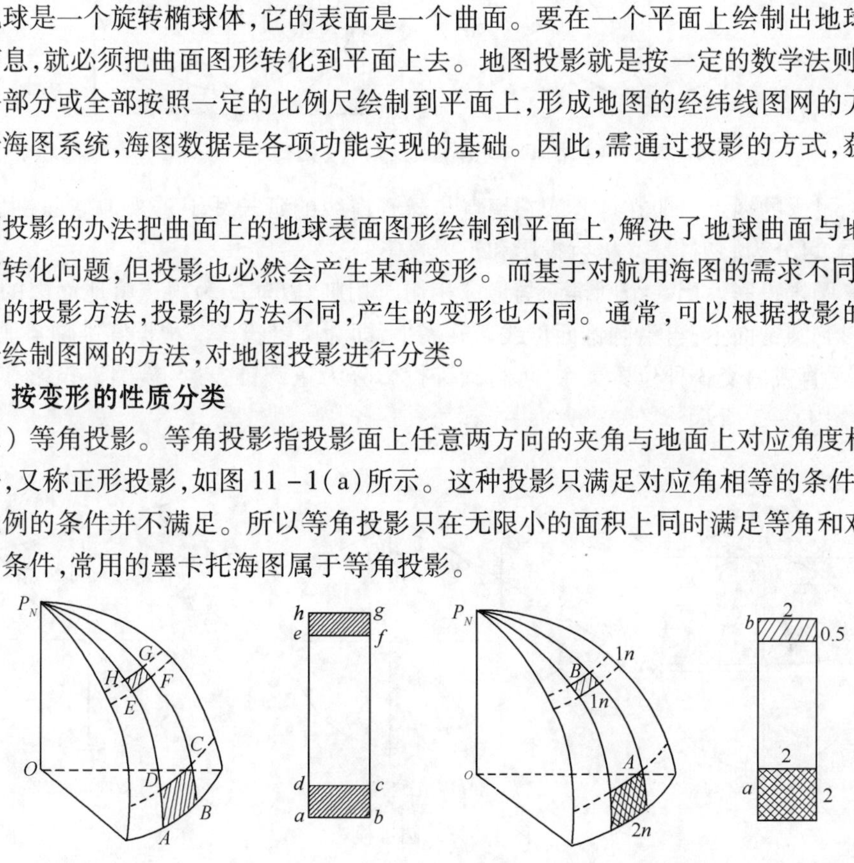

（a）等角投影　　（b）等积投影

图 11－1　等角和等积投影示意图

(2) 等积投影。保持地球上图形面积与地图上图形面积成恒定比例的投影，如图 11-1(b)所示。例如，地面上图形 A 的面积是图形 B 的面积的 4 倍，在投影图上 a 面积仍然是 b 面积的 4 倍。在等积投影中，相似与等面积不能同时满足，有关自然和经济地理图形等采用此种等积投影。

(3) 任意投影。任意投影指既不满足等角也不满足等面积条件的其他投影，如日晷投影图就不具备等角、等面积的特性，但它具有球面上大圆弧在投影图上是直线的特性。航海上采用“大圆航法”时，就需要这种海图。

2. 按绘制地图网方法分类

(1) 平面投影。又称为方位投影(Azimuthal Projection)，将地面上的经线和纬线直接投影到与地面相切或相割的平面上。平面投影属于透视投影，即以某一点为视点，将球面上的图像直接投影到与球面相切或相割的平面上。图 11-2 所示为切点(投影中心)在极点的方位投影图，在这种投影图上，经线为交汇于地极的直线，纬线为二次曲线。

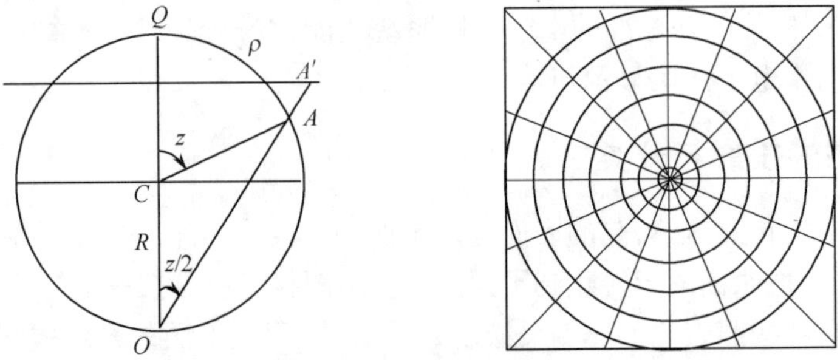

图 11-2 平面投影示意图

平面投影的视点一般在球心或在切点与球心连线的延长线上透视地球面，根据视点位置不同，可分为心射投影、极射投影和正射投影。

(2) 圆锥投影。用一个圆锥面与地球相切或相割，以球心为视点将地面上的经线和纬线投影到圆锥面上，再沿圆锥面母线切开展平，即为圆锥投影。根据圆锥轴与地球自转轴重合、垂直或斜交 3 种位置关系，可将圆锥投影分为正圆锥投影、横圆锥投影和斜圆锥投影，如图 11-3 所示。

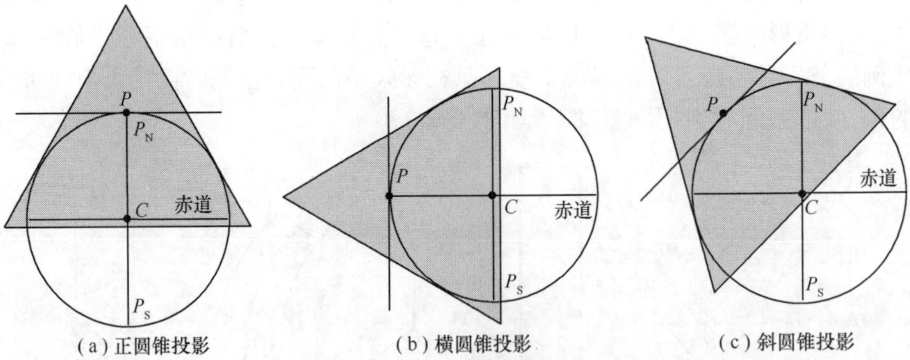

图 11-3 圆锥投影

在实际使用中，圆锥投影一般是将一定图网形状与一定的变形性质结合起来的，如等积正圆锥投影或等角正圆锥投影等，中华人民共和国地图、天气图等常采用圆锥投影。

(3) 圆柱投影。圆柱投影相当于用一圆柱筒套于地球上,并与地球表面相切(或相割),视点位于球心,将地球经线和纬线投影到圆柱筒上,然后沿圆柱筒母线切开展平,即为圆柱投影图网。根据圆柱轴与地球自转轴重合、垂直或斜交 3 种位置关系,可将圆柱投影分为纵圆柱投影、横圆柱投影和斜圆柱投影 3 类。在纵轴圆柱投影中,经线描绘成互相平行的等间隔的直线,纬线被描绘成和赤道平行的直线,且与经线垂直相交,常用的墨卡托海图就是纵轴圆柱投影图,如图 11－4(a)所示。如果圆柱筒和某个子午圈相切(或相割),这种投影叫横轴圆柱投影。在横轴圆柱投影图上,地极 P_N、P_S 将形成两个中心点,纬圈是以极点为中心的椭圆簇,经线是连接两中心的曲线。横轴圆柱投影图常用于某些军用地图、港湾图中,如高斯投影图,如图 11－4(b)所示,我国沿海及港口某些大比例尺海图或航道图是采用高斯投影法的。

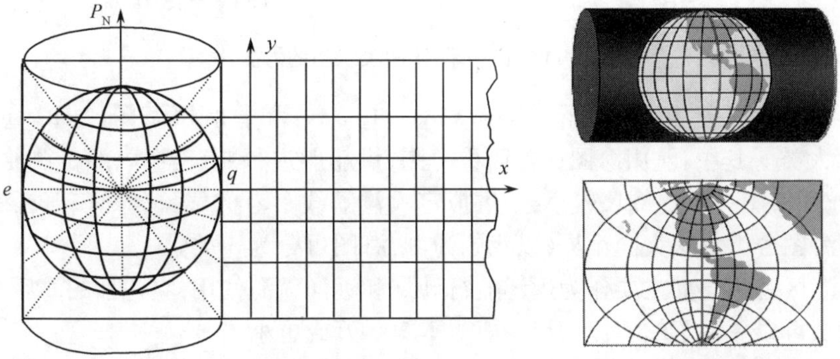

(a) 纵轴圆柱投影　　(b) 横轴圆柱投影

图 11－4　圆柱投影经纬线网格示意图

11.2.3　海图比例尺和海图分类

任何一张地图都是把实际的地球表面缩小以后绘制而成的,其缩小的程度用比例尺表示。比例尺的定义为:设在图上任意点 a,沿一定方向作任意小的线段 ab,与图上 ab 相对应的地面线段为 AB,当 AB 趋于零时,ab 与 AB 的比值称为 a 点在 ab 方向上的局部比例尺,即

$$c = \lim_{AB \to 0} \frac{ab}{AB}$$

比例尺用数字或线段两种形式表达。数字比例尺是用分数或比例式表示的比例尺,如 1∶250000 或 $\frac{1}{250000}$,表示图上 1mm 长度等于地面实际长度 250m(250000mm)。线比例尺是用线段长度表示的比例尺,在地图上画有一定长度的线段,用截线将之分割成许多部分,每一部分代表地面对应的实际长度。应用线比例尺可直接量度图上两点间的距离。

由于把地面图形投影到平面图上不可避免地存在投影变形,因此图上各点缩小的程度是不相同的,即图上各点的比例尺不相等,有些图上甚至同一点各个方向上的比例尺也不一样,因此在绘制地图时,必须规定以某一点或某条线的局部比例尺作为计算和表达的基准。把作为计算和表达基准的局部比例尺称为基准比例尺。在海图中往往以某一纬度的局部比例尺作为基准比例尺,除标明比例尺数值外,一般还注明作为基准比例尺的纬度,它称为该图的主纬度或基准纬度。我国比例尺小于 1:100000 的海区海图均以北纬 30°作为基准纬度。

航海保证部门根据航海中的不同需要,绘制出版了多种不同比例尺的海图。海图的比例尺越小,同样面积的一幅海图,所包含的海区范围就越大,标绘的图形越简要,反之,海图比例尺越大,则包含的海区范围越小,标绘的图形也越详细和精确,如图 11-5 所示。

(a) 比例尺为1:7500

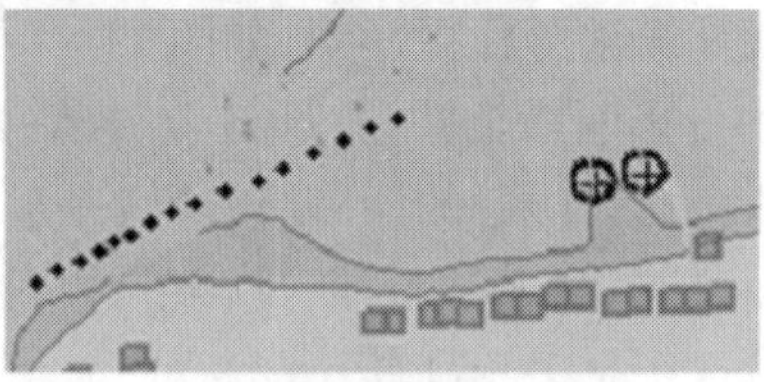

(b) 比例尺为1:2000

图 11-5　不同比例尺状态的海图

海图按用途可分为航用海图(Navigational Charts)和非航用海图(Non-navigational Charts)两大类。其中:航用海图通常简称海图,供船舶进行航迹推算、船位测绘和航线设计等;非航用海图一般比例尺较小,如供拟定大洋航线参考的气象、海流、海区磁差图等。各国航用海图分类方法大同小异,以我国为例,海图可分为 3 类。

(1) 海区总图。其主要作为远洋航行计划和远洋航海使用,它包括的海区很大,全部航行的海域可以一目了然。比例尺一般为 1:300 万或更小。

(2) 航行图。其主要供船舶航行作业使用,比例尺在 1:10 万~1:299 万之间。其中:航洋图为 1:100 万~1:299 万;近海航行图为 1:50 万~1:99 万;近岸航行图为 1:20 万~1:49 万;沿岸航行图一般为 1:10 万~1:19 万。

(3) 港湾图。其主要供船舶进出港湾、锚地、通过狭窄水道及港湾施工、管理等使用。比例尺一般大于 1:10 万。

11.2.4　电子海图的坐标变换

不同于空间笛卡儿坐标系的坐标变换。电子海图系统需要实现地理坐标与投影平面笛卡儿坐标系的转换、投影平面笛卡儿坐标与海图平面笛卡儿坐标的转换以及海图平面笛卡儿坐标与海图屏幕坐标的转换。由于投影方式的不同,电子海图也存在多种坐标变换形式。

1. 地理坐标与投影平面的转换

1) 地理坐标与墨卡托投影的转换

船舶在海上航行时,为了操纵方便,在一段时间内总是保持航向不变。保持航向不变(即保持航向线与经线之间的夹角不变)的航线叫作恒向线或等角航线。因此,对于航海上使用的海图,有两个基本的要求:

(1) 恒向线在海图上是一条直线:一般情况下为船舶设计的航线是恒向线,而且在海图上绘制直线既是最简便的也是最经常用的。

(2) 海图投影的性质是等角的,即正形投影:进行航海作业时,无论是画航向线,还是画目标方位线,都要用到角度,要求在海图上量得的角度与地面上相对应的角度保持相等,这样就可以直接根据求得的真航向角或真方位的读数,在海图上画出航向线或目标的方位线。

1569 年荷兰制图学家墨卡托(Gerardus Mercator)发现了能同时满足上述两条件的投影,即纵轴圆柱投影。为了纪念这位伟大的制图先驱,凡是用这种投影方法制成的海图,都被称为墨卡托海图。

由于墨卡托投影在大多地图投影书籍中都有详细介绍,因此直接给出其投影坐标公式。如图 11 -5(a)所示,墨卡托投影的正变换公式为

$$\begin{cases} x = r_0\lambda \\ y = \dfrac{D\cos\varphi_0}{\sqrt{1 - e^2\sin^2\varphi_0}} \end{cases} \tag{11-1}$$

式中:r_0 为基准纬度的纬度圈半径;φ_0 为墨卡托投影的基准纬度;φ、λ 为地理坐标系的纬度和经度;x、y 为墨卡托投影笛卡儿坐标;D 为渐长纬度,其表达式为

$$D = a\ln\left[\left(\frac{1 - e\sin\varphi}{1 + e\sin\varphi}\right)^{\varepsilon/2}\tan\left(45° + \frac{\varphi}{2}\right)\right] \tag{11-2}$$

由墨卡托投影的平面笛卡儿坐标反求相应的地理坐标比较复杂,如式(11 -1)所示,经度 λ 与 x 成简单的线性关系,但纬度 φ 与 y 之间的关系是非线性的,可采用试探取值法求解纬度 φ。

2) 地理坐标与兰勃特投影的坐标变换

如图 11 -4(a)所示的正圆锥投影,设一圆锥面与地球相割于 30°和 60°两条纬线上。在地心 O 处放置点光源,将地表特征线照射到此圆锥上,将圆锥面展开成扇形平面,由此得到的兰勃特投影变换为

$$\begin{cases} x = \rho\sin\lambda' \\ y = \rho\cos\lambda' \end{cases} \tag{11-3}$$

式中:φ、λ 为地理坐标系的纬度和经度;λ'为经度投影 $\lambda' = \lambda/\sqrt{2}$;$x$、$y$ 为正圆锥投影笛卡儿坐标;ρ 为投影平面上点到原点的距离,其表达式为

$$\rho = \frac{\sqrt{2}R}{\tan\varphi + 1}$$

式中:R 为地球半径。

根据式(11 -3)所示的正变换,可得地理坐标与兰伯特投影逆变换公式为

$$\begin{cases} \lambda = \sqrt{2}\arctan\dfrac{x}{y} \\ \varphi = \arctan\left(\dfrac{\sqrt{2}}{\rho} - 1\right) \end{cases} \tag{11-4}$$

3) 地理坐标与极地平面投影的坐标变换

如图 11 -3 所示的平面投影图,设一平面图纸与地球北纬或南纬 60°相交割,把地球表面上各点投影在该平面图纸上,其纬线是以极点为中心的同心圆,经线为极点向外辐射的直线。

根据图 11 -3,可得地理坐标与极地平面投影的正变换公式为

$$\begin{cases} x = \rho\cos\delta \\ y = \rho\sin\delta \end{cases} \tag{11-5}$$

式中:ρ 为投影平面上点到原点的距离;δ 为投影面上两经线的夹角,$\delta = \lambda$。

根据式(11-5),可求得逆变换公式为

$$\begin{cases} \lambda = \arctan \dfrac{y}{x} \\ \varphi = 90^\circ - 2\arctan \dfrac{\rho}{R(1+\sin 60^\circ)} \end{cases} \tag{11-6}$$

式中:$\rho = \sqrt{x^2 + y^2}$。

2. 投影平面笛卡儿坐标与海图平面笛卡儿坐标的相互转化

通过坐标变换将地理坐标变换为投影坐标后,仍需进一步转换。以墨卡托海图为例,由墨卡托投影正变换得到的坐标(x,y)是投影平面的绝对坐标,单位为 m,但海图坐标的原点已不是(0,0)。设海图平面笛卡儿坐标原点(x_0,y_0)为已知,海图比例尺为 c,则海图平面笛卡儿坐标(x_h,y_h),单位为 0.1mm。其表示关系为

$$\begin{cases} x_h = \dfrac{x - x_0}{c} \times 10000 \\ y_h = \dfrac{y - y_0}{c} \times 10000 \end{cases} \tag{11-7}$$

转换示意图如图 11-6 所示。

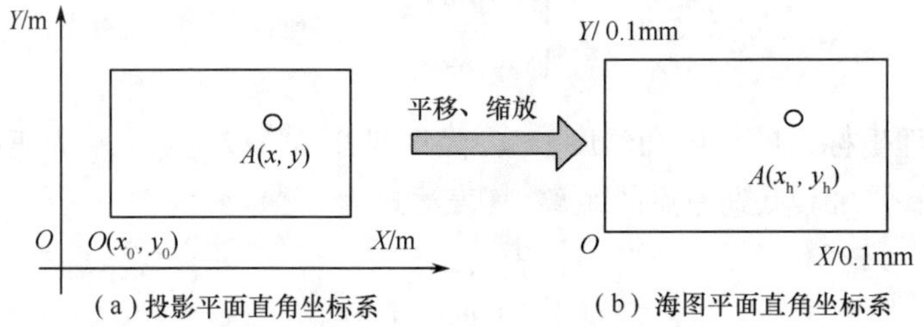

图 11-6 投影平面笛卡儿坐标系与海图平面笛卡儿坐标系变换示意图

3. 海图平面笛卡儿坐标系与屏幕坐标的相互转化

海图平面坐标的原点在左下角,屏幕坐标的原点在左上角,且在显示时一般不将海图一个单位的逻辑坐标转化为一个屏幕像素点,二者也呈一线性比例关系。

设海图平面笛卡儿坐标为(x_h,y_h),单位为 0.1mm。Scale 为当前海图的显示比例,Vunit 表示一个像素点表征的实际长度,单位 0.1mm。屏幕坐标为(x_s,y_s),单位为像素点,则可得海图平面坐标系与屏幕坐标间的关系为

$$\begin{cases} x_s = x_h \times \dfrac{\text{Scale}}{\text{Vunit}} \\ y_s = V_h - y_h \times \dfrac{\text{Scale}}{\text{Vunit}} \end{cases} \tag{11-8}$$

转换示意图如图 11－7 所示。

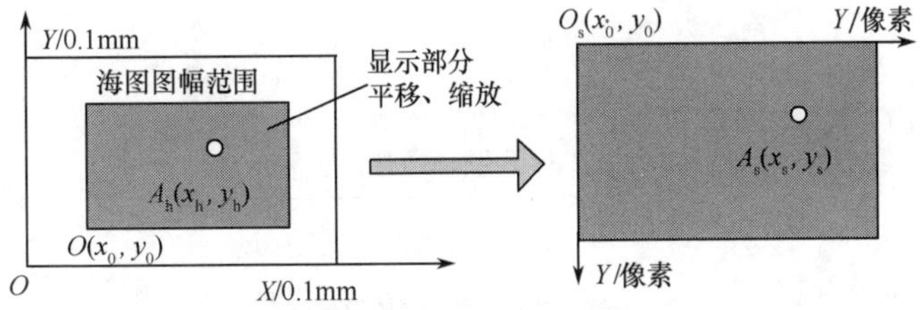

(a) 海图平面直角坐标系　　(b) 屏幕坐标

图 11－7　海图平面笛卡儿坐标系与屏幕坐标变换示意图

通过上述各坐标系的转化可知,要实现从地理坐标至海图显示屏幕坐标的转换,要首先通过投影正变换,将地理坐标变换至投影平面笛卡儿坐标,再通过比例变换为海图平面笛卡儿坐标,最后通过比例变换为海图显示的屏幕坐标。

11.3　电子海图国际标准

在电子海图的发展过程中,各国出现了多种电子海图标准。而为了使电子海图走向国际标准统一化,IHO 先后于 1987 年和 1992 年发布了专用出版物《电子海图内容和显示规范》(即 S－52 篇)和《IHO 数字海道测量数据交换标准》(即 S－57 篇),并后续进行了多次修改完善,到 1997 年 9 月正式发行了 S－57 V3.10 格式,成为各国相关部门广泛采用的国际民用数字海图数据传输标准。IEC 应 IMO 的要求也于 1996 年公布了 IEC61174(即 ECDIS 性能与测试标准)。目前,电子海图系统的标准主要有以下几个:

(1)《S－57 数字海道测量数据传输标准》(IHO)。这是关于数字海道测量数据的传输标准,它包括数据模型、数据结构、数据改正机制、物标类目和产品规范,该标准旨在规范各国的数字化海道数据生产部门和使用部门间的数据交换传输。

(2)《S－52 电子海图显示与信息系统内容与显示规范》(IHO)。详细规定了 ECIDS 的显示要求,包括要素内容、显示色彩和符号规范、表示库、分层显示、漫游拖动和多模式显示等,同时规定必须采用符合 S－57 标准的 ENC 数据。

(3)《电子海图显示与信息系统性能标准》(IMO)。规定了 ECDIS 必须达到的性能要求。

(4)《电子海图显示与信息系统操作和性能测试标准》(IEC 61174)。规定了 ECDIS 的性能测试方法和应达到的测试结果。

ECDIS 与 3 个主要国际标准的关系如图 11－8 所示。

由图 11－8 可知,S－57 和 S－52 是设计和实现 ECDIS 的基础。目前,这两个标准已经成为世界上多数国家采纳的数据生产和交换标准。本节将简要介绍 S－57 和 S－52 标准的内容及特点。

11.3.1　标准化电子海图数据解析

对于电子海图系统,海图数据是实现各项功能的基础。也就是说,任何电子海图系统运行时的第一步,都是读入 ENC 文件。正确解读 ENC 文件,必须清楚 ENC 文件的代码规

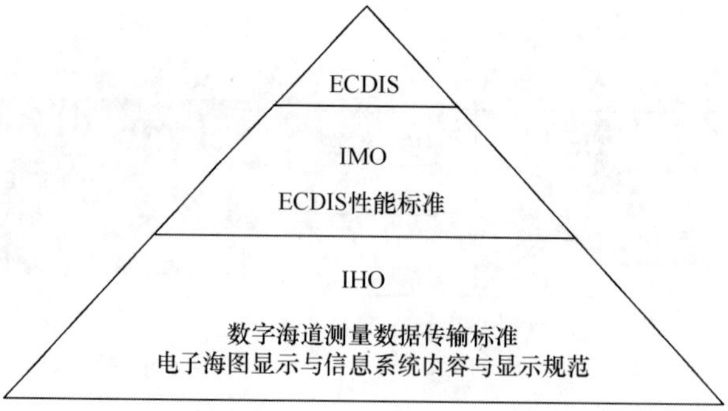

图 11－8　ECDIS 与 3 个主要国际标准间的关系

则编排，这种规则就是 IHO 数字海道测量数据传输标准，简称 IHO S－57。

IHO S－57 标准目前为 2000 年 11 月修订的第 3.1 版，该规范有 3 个组成部分和 2 个附录：

- 标准概述和专业术语定义表。
- 理论数据模型。
- 数据结构和封装格式。
- 附录 A：IHO 物标类目。
- 附录 B：IHO 产品制作规范（包括 ENC 产品规范和数据字典产品规范）。

S－57 的核心问题是理论数据模型、数据结构和封装格式。该标准采用分层逼近的方式，实现从真实世界到计算机世界的信息传递。首先，真实世界以理论模型简化并描述，而后将获得模型转换成指定的结构（如记录和字段），转换的结果便产生了数据结构，最后利用国际标准化组织 ISO/IEC 8211：1994 标准对数据结构进行封装，从而建立统一的物理结构，实现海图数据在不同计算机间的传递与交换。模型和数据结构的转换如图 11－9所示。

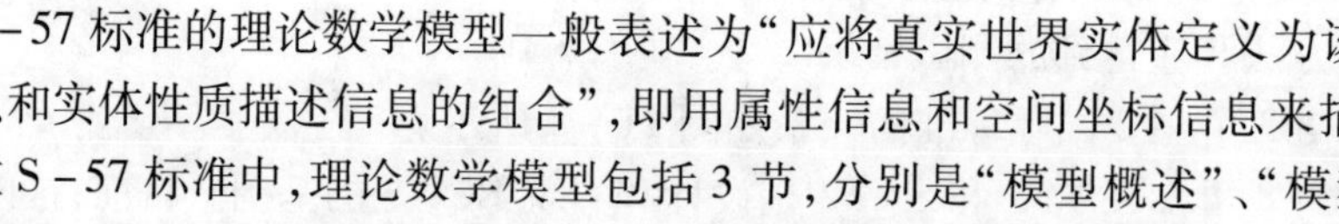

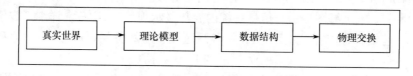

图 11－9　模型与数据结构的转换

1. 理论数据模型

IHO S－57 标准的理论数学模型一般表述为"应将真实世界实体定义为该实体的空间坐标信息和实体性质描述信息的组合"，即用属性信息和空间坐标信息来描述一个地理对象。在 S－57 标准中，理论数学模型包括 3 节，分别是"模型概述"、"模型实现"和"显示"。其中，"显示"一节强调 S－57 标准只提供描述地理世界的方法，而不包含任何用于显示的规则，信息的存储与显示独立。因此，在理论数学模型中，模型概述和模型实现是重点。

S－57 标准在"模型概述"一节中，将真实世界的实体分为特征物标和空间物标的组合。特征物标含有描述属性但没有几何属性，其描述了实体的种类、性质、特征等信息，空间物标可能含有描述属性但必须有几何属性（如关于真实世界实体形状和位置的信息），其描述了实体的空间位置属性。二者的关系如图 11 – 10 所示。

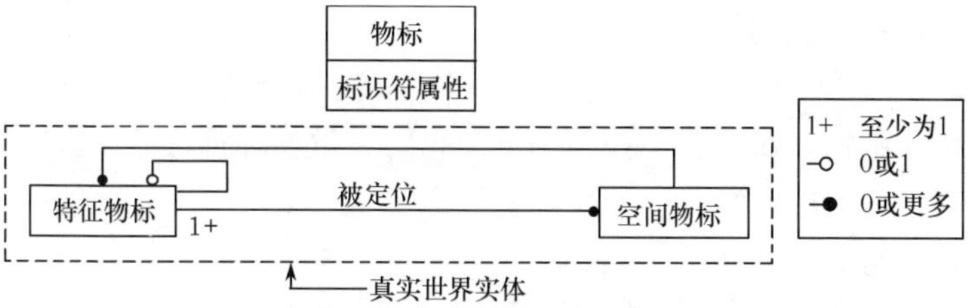

图 11 – 10　物标关系模型示意图

S – 57 标准在“模型实现”一节中定义了 4 类特征物标。

① 元物标(Meta)。含有其他物标共有信息的特征物标,即关于物标的物标,它描述如海图数据的品质、特性和内容,如数据精确度、比例尺、海图投影方式、高程和测量单位等信息。

② 制图物标(Cartographic)。含有真实世界实体制图(包括文字)表现信息的特征物标。描述海图中图形的呈现方式,如制图线条、图例、文字字型、呈现角度等。在新版 S – 57 标准中,此类属性已禁止使用,由 S – 52 标准来规定。

③ 地理物标(Geo)。携带真实世界实体描述特征的特征物标,如灯塔的灯光、射程等。

④ 集合物标(Collection)。描述与其他物标之间相互关系的特征物标。

“模型实现”定义了 3 类空间物标:矢量型(Vector)、光栅型(Raster)和矩阵型(Matrix)。目前,S – 57 标准实际只使用矢量型空间物标,其他两种是待定义的。模型内部相互关系如图 11 – 11 所示。

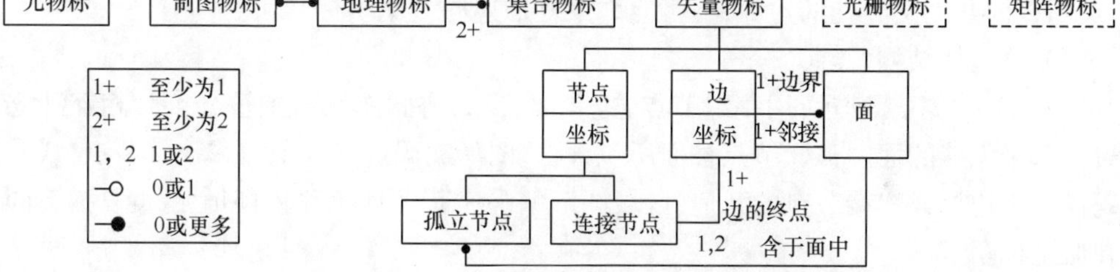

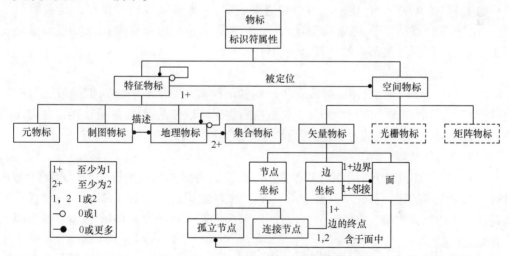

图 11 – 11　数据模型内部关系示意图

矢量型空间物标由“点”、“边”和“面”构成。点状物标又分为孤立节点和连接节点两种。孤立节点用 VI 表示,一个孤立节点空间物标表示点特征物标的位置;连接节点用 VC 表示,作为一条或多条边的起点或终点。边用 VE 表示,由两个或两个以上坐标(或两个连接点)和内插参数定义一维空间物标,如无内插曲线,相邻坐标点对用直接连接。面用 VF 表示，由一个以上的边所包围的封闭区域，面的边界除连接点外不可与其本身的其他边相交，也不可与其他面的边相交。

S－57 标准中的矢量物标以 4 种拓扑结构编码，分别是无拓扑结构、链节点结构、平面图结构和全拓扑结构。每一种拓扑结构下编码的矢量物标都反映了真实世界的空间属性，其拓扑结构也依次越全面。

（1）无拓扑结构。

如图 11－12（a）所示，用一组孤立节点和边表示，点编码成孤立节点，线编码成连接的一组边，区域图形用闭环来编码。若要求保持逻辑的一致性，则公共边界必须包含有相同的坐标几何。

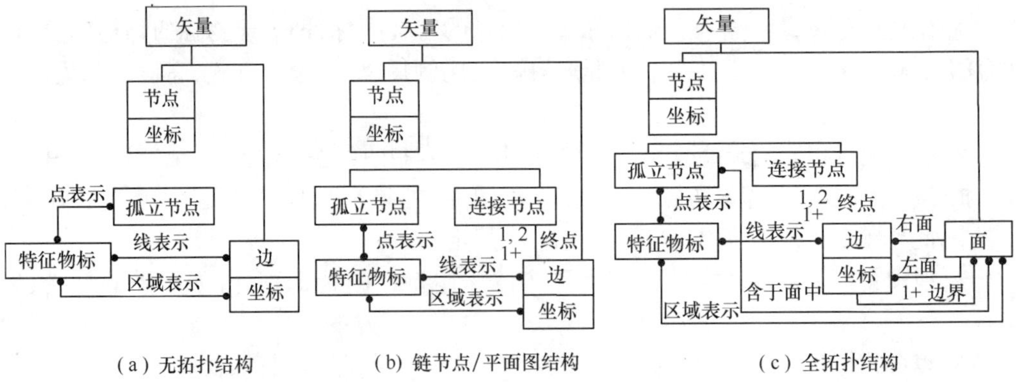

图 11－12 S－57 矢量物标拓扑结构

（2）链节点结构。

如图 11－12（b）所示，用一组节点和边界表示，边界必须以连接点作为其起始和终点。点图形编码成孤立节点或连接节点，线图形编码成一组边或连接节点，面图形编码成开始和终止于同一连接节点的边界组成的封闭环。

（3）平面图结构。

如图 11－12（b）所示，用一组节点和边界表示，与链节点结构类似，但链节点组成的边不能相交，只能在连接节点处相接。矢量空间物标可以被共享，限制是连接边共用连接节点、相邻面共用交界处的边界，但不允许重复描述同一个坐标几何。

（4）全拓扑结构。

如图 11－12（c）所示，用一组节点、边和面表示，海图图域范围被分割为相互独立并且聚集起来无缝的面。孤立节点被面所包含，边图形编码成孤立节点或连接节点，线图形编码成一组边界或连接节点的几何，区域图形编码成面，但该结构中不允许重复描述同一个几何坐标。

2. 模型转换的数据结构

理论数据模型实现了对真实世界的认知，并建立了真实世界的抽象模型，但这个模型并不能被计算机认识和理解，因此需设计相应的数据结构转换成交换集。数据结构就是实现这种转换时必须依照的各种规则和约束的定义。数据结构完成转换后，便可以通过数据封装生成最后的 ENC 文件。

S－57 标准将抽象模型转换成记录、字段和子字段 3 种形式的数据结构，其中子字段是 S－57 数据结构中最基本的单位。记录由一个或多个字段组成,字段又由一个或多个子字段组成,三者的层次关系为树状结构。抽象模型中的每种物标被结构化为数据结构的一种记录,物标的各种信息被结构化为相应记录中的字段和子字段。

一个 S－57 文件由一个或多个记录构成,若干复合数量和种类要求的文件,构成交换集。S－57 的产品规范对数据交换集的内容和结构作了详细规定,其结构层次关系如图 11－13所示。

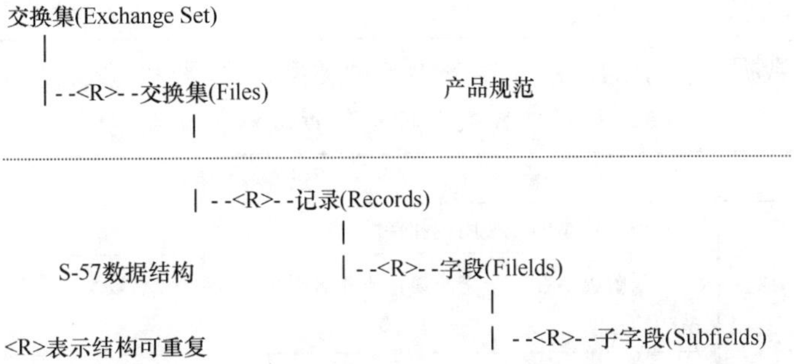

图 11－13　S－57 数据结构的层次关系

通过图 11－13 所示的层次关系可以看出,子字段是 S－57 数据结构的最底层,该结构中的最低层是子字段,子字段只能包括一个基本数据项(如某个属性值)。规范化的子字段(如日期子字段),需由应用程序进一步分析,在 S－57 标准中,这类子字段是不可分割的。S－57 的数据结构一般采用 ASCII 码和二进制码两种形式,至于特定交换所应用的形式,在相关的产品规范中另作定义。另外,从图 11－13 还可以看出:

- 一个交换集由一个或多个文件构成。
- 一个文件由一个或多个记录构成。
- 一个记录由一个或多个字段组成。
- 一个字段由一个或多个子字段组成。

S－57 标准中,规定了将理论数据模型转换为 S－57 数据结构的细则,理论数据模型是特征物标和空间物标的组合,而由图 11－13 可知,交换集由记录和字段构成。因此二者肯定存在相对应的转换关系。表 11－1 给出了理论数据模型和数据结构间的转换关系。

表 11－1　理论数据模型与数据结构的转换关系

理论数据模型	数据结构
特征物标	特征记录
元特征对象	元特征记录
制图特征物标	制图特征记录
地理特征物标	地理特征记录
集合要素物标	集合要素记录
空间物标	空间记录
矢量物标	矢量记录
孤立节点物标	孤立节点记录
连接节点物标	连接节点记录

（续）

理论数据模型	数据结构
边物标	边矢量记录
面物标	面矢量记录
属性	特征或空间属性字段
特征物标之间关系	集合特征记录或指针字段
特征物标与空间物标之间关系	指针字段

S－57 标准数据结构中的记录主要分为 5 种类型，其主要描述如表 11－2 所列。

表 11－2　S－57 标准数据结构的记录

记录名称	记 录 描 述
数据集描述记录	标识交换集的一般用途和特性信息
目录记录	记录解码器在整个交换集查找并引用文件所需信息，以及交换集内各记录间特殊关系的信息
数据字典记录	记录非 IHO 物标的定义，只用 IHO 物标则不需要
特征记录	记录真实世界的非定位数据，主要为属性信息、关系信息和改正指令，可以是元物标、制图物标、地理物标和关系物标的信息
空间记录	记录物标的位置信息，包括与特征记录相关的几何坐标、空间属性、拓扑关系和改正指令

S－57 交换集数据的绝大部分记录属于特征记录和空间记录，占据了大部分数据容量。

3. 交换集封装

由文件组成的交换集本身并不能从一个计算机系统直接传到另一个计算机系统，这是因为 S－57 标准以记录来组织数据。为了实现这种转换，结构必须被封装于一种物理转换标准中。为实现不依赖于具体计算机系统的数据交换，S－57 文件选用 ISO/IEC 8211 作为数据封装格式。

1）封装标准：ISO/IEC 8211

ISO/IEC 8211 标准提供了独立于计算机设备、独立于介质、从一种计算机系统向另一种计算机系统传递文件的机制。ISO/IEC 8211 格式由国际标准化组织制定，目前为 1994 年的版本。不论是数据的类型还是内容，采用该格式封装的文件都可实现与计算机硬件系统和存储介质无关的数据交换传递。

在 ENC 文件中，S－57 数据结构体现为 ISO/IEC 8211 格式所封装数据的逻辑结构，前者的记录对应后者的逻辑记录，前者的字段、子字段分别对应后者的字段、子字段。

ISO/IEC 8211 是以文件为基础的交换格式。ISO/IEC 8211 文件的基本成分是逻辑记录（LR）。ISO/IEC 8211 文件的第一个逻辑记录叫作“数据描述记录”（DDR），它包含该文件中实际数据的描述和逻辑结构。后续所有的逻辑记录称为“数据记录”（DR），包含所要交换文件中的实际数据。文件的结构如图 11－14 所示。

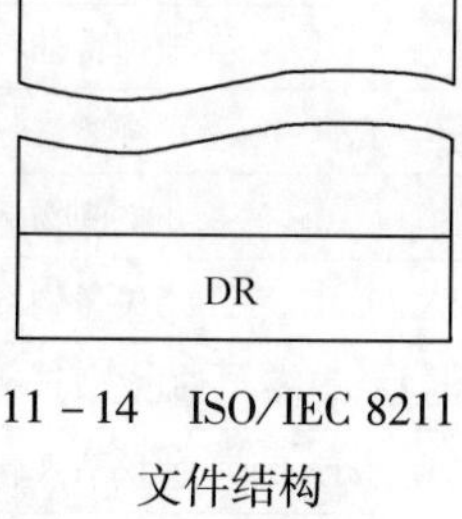

图 11－14　ISO/IEC 8211 的文件结构

尽管DDR和DR的作用所有不同,但它们的结构是类似的,每一个逻辑记录都包含3个基本元素(头标区、目次区、字段区),基本结构如图11-15所示。

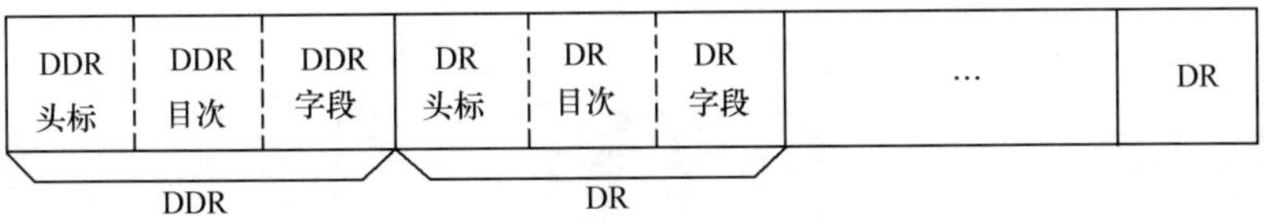

图11-15 海图文件基本结构

2)数据描述记录(DDR)

(1)DDR头标区。

逻辑记录的头标区包括读取记录和分解成项目细项所需参数。此外,DDR的头标区还包含可用于整个文件的一些描述参数。DDR头标区结构如表11-3所列。

表11-3 DDR头标区的结构

编号	长度	项目名	内 容
1	5	记录长度	记录中的字节数
2	1	交换级别	"3"
3	1	头标区标识符	"L"
4	1	线内扩充代码指示符	"E"
5	1	版本号	"1"
6	1	应用指示符	空格
7	2	字段控制长度	"09"
8	5	字段区基地址	字段区起始地址(头标区和目录中的字节数)
9	3	扩充字符集指示符	"!"(空格,!,空格)
10	1	字段长度字段的大小	变量1~9(由编码者定义)
11	1	字段定位字段的大小	变量1~9(由编码者定义)
12	1	保留字	"0"
13	1	标识字段的大小	"4"

(2)DDR目次区。

DDR的目次区包含确定给一个字段在字段区的标识和定位参数。目次区由重复的目录项组成,目录项包括字段标记、字段长度和字段位置,目录项各要素的字节数由逻辑记录头标区的项目表定义。

(3)DDR字段区。

① 文件控制字段。DDR的第一个字段是文件控制字段。文件控制字段的标记是"0000"。文件控制字段包含文件标记对列表。该表定义DDR中所有文件的父/子关系,还包括DDR中描述字段的前序遍历顺序,形成了交换文件的树形结构。字段标记对可以以任何次序置于列表中,但必须连续。图11-16给出一个树形结构示例。文件标识对有HE、EA、EB、HF、HG、GC和GD。

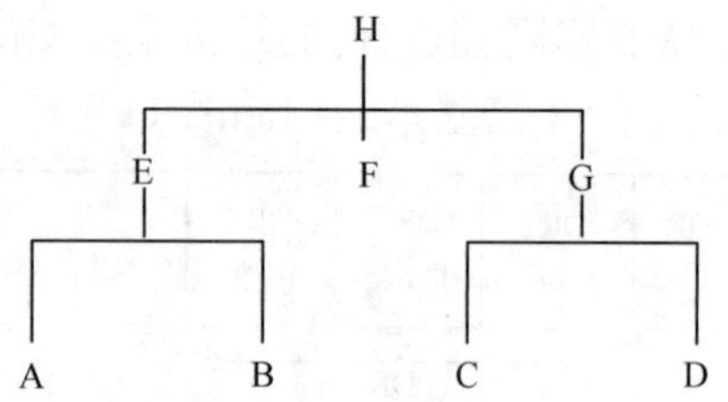

图 11－16　树形结构示例

文件控制字段的结构如下：

字段控制	外部字段名	单元结束符 UT	字段标识对列表	字段结束符 FT

② 数据描述字段。字段区里的下一个字段是数据描述字段。数据描述字段在 DDR 中以前序遍历顺序编码。图 11－16 所示的树的前序遍历顺序是 HEABFGCD。

数据描述字段的结构如下：

字段控制	字段名	单元结束符 UT	格式控制	字段结束符 FT

3）数据记录（DR）

（1）DR 头标区。

DR 头标区结构如表 11－4 所列。

表 11－4　DR 头标区的结构

编号	长度	项目名	内　容
1	5	记录长度	记录中的字节数
2	1	交换级别	“3”
3	1	头标区标识符	“L”
4	1	线内扩充代码指示符	“E”
5	1	版本号	“1”
6	1	应用指示符	空格
7	2	字段控制长度	“09”
8	5	字段区基地址	字段区起始地址（头标区和目录中的字节数）
9	3	扩充字符集指示符	“!”（空格，!，空格）
10	1	字段长度字段的大小	变量 1～9（由编码者定义）

（2）DR 目次区。

DR 目次区结构如表 11－5 所列。

表 11－5　DR 目次区结构

编号	长　度	内　容
1	4＋DR 头标中编号 9 定义的大小＋DR 头标中编号 10 定义的大小	0001－ISO/IEC 8211 记录标识符
2	4＋DR 头标中编号 9 定义的大小＋DR 头标中编号 10 定义的大小	一般目次项，由字段记录、字段长度和字段位置组成

（3）DR 字段区。

DR 和 DDR 的字段区有所不同。在 DDR 的第一个记录中，字段区包括数据描述字段，每一个数据描述字段包含对 DR 字段区中的用户数据译码时所需的信息。DR 的字段区则包含需转换的具体数据。

DR 的字段区必须以 DDR 中定义的前序遍历顺序编码，数据字段的结构由 DDR 中数据描述字段定义。图 11－17 给出一个交换文件范例（ASCII 码形式）。

DDR leader

019003LE1□0900319□!□5504

DDR directory

00000016300000000010004400163FRID0011400207FOID0007400321ATTF0006000395NATF0006900450FFPC0008900524FFPT0008300613FSPC0008900696FSPT0009100785VRID0008300876ATTV0005900959VRPC0007001018VRPT0007701088SGCC0005901165SG2D0004601224SG3D0005101270ARCC0007801321AR2D0006001399EL2D0007401459CT2D0004801533

DDR field area (field control field)

0000;&???　**0001FRIDFRIDFOIDFRIDATTFFRIDNATFFRIDFFPCFRIDFFPTFRIDFSPCFRID..............**

图 11－17　S－57 标准海图数据交换文件示例

11.3.2　电子海图内容和显示

与 IMO 的 ECDIS 性能标准相呼应，IHO 在 1996 年 12 月增补通过了关于电子海图内容、图标、颜色和 ECDIS 显示系统的规范，简称为 IHO S－52。IHO S－52 规定了电子海图的内容和显示、数据结构、改正方法和信息传输途径，以及屏幕上电子海图的颜色和符号等使用细节。其内容分成以下四部分（IHO S－52 标准）：

（1）ECDIS 的表示库。详细描述了颜色、符号和符号化等，并规定了如何把海图显示出来。

（2）显示器颜色的初始校准以及检查校准的方式和流程等。

（3）显示器校准的维护方式。

（4）电子导航海图更新指南。

其中，ECDIS 表示库提供了大部分把相对抽象的 S－57 对象转化为 ECDIS 显示信息的依据。可见，S－52 的核心内容是 ECDIS 表示库，该文件主要包括以下 7 个方面内容：

① ECDIS 符号库，包括国际电工委员会（IEC）的导航符号。

② ECDIS 的颜色表，包括晴朗白昼、白昼（白背景）、白昼（黑背景）、黄昏、夜晚（使用滤光器）和夜晚（不使用滤光器）六类。

③ 查找表，通过符号说明的方式将 SENC 物标解释为适当的颜色、符号、IMO 分类、显示优先级、雷达覆盖和显示分组。

④ 为某些特殊应用提供的条件符号显示方法，包括依赖于环境条件的符号显示、画法过于复杂而无法用查找表定义的符号等。

⑤ 符号指令的描述说明。

⑥ 航海人员导航物标（为方便 ECDIS 处理，其说明方式与海图符号说明相同）。

⑦ 增补物标，颜色差别检测表和颜色校准软件。

1. 颜色编码

ECDIS 所使用的颜色在表示库中有十分详细的规定，其颜色规范既用于海图显示操作，也用于与海图同屏显示的各种文本要素显示。

对颜色和符号的设计，应致力于确保重要的海图和航行要素在强烈的阳光下和黑暗的夜晚都能保持清晰的可视性。为此，S－52 标准表示库提供一个颜色编码系统，将颜色按照用途进行分类，以适应不同光线条件下的物标显示，如表 11－6 所列。

表 11－6　颜色表的分类

颜色表模式	中文名称	背景属性	备注
DAY_BRIGHT	晴朗白昼	白背景	通常情况下系统设计应包含前 5 种颜色表模式，第 6 种模式仅供没有安装滤光器的设备参考
DAY_WHITEBACK	白昼（白背景）	白背景	
DAY_BLACKBACK	白昼（黑背景）	黑背景	
DUSK	黄昏	黑背景	
NIGHT	夜晚（使用滤光镜）	黑背景	
NIGHT_UNFILTERED	夜晚（不使用滤光镜）	黑背景	

基于表 11－6 所列的颜色表模式，航海工作人员可根据驾驶台上的光亮程度，选择适当的海图显示颜色表，如图 11－18 所示。

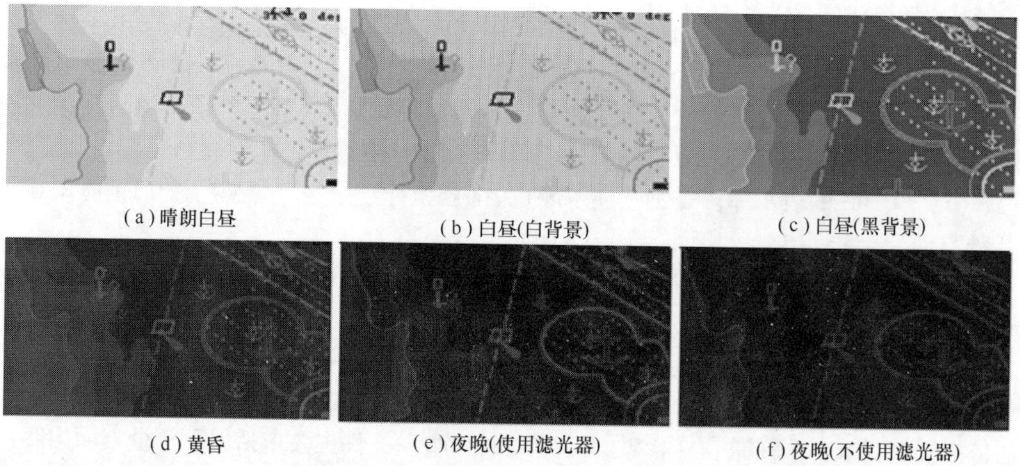

（a）晴朗白昼　（b）白昼(白背景)　（c）白昼(黑背景)

（d）黄昏　（e）夜晚(使用滤光器)　（f）夜晚(不使用滤光器)

图 11－18　不同显示颜色表控制下的海图显示

2. 符号库和符号说明

S－57 标准中定义了 180 个不同的物标，ECDIS 每一个物标符号的显示是通过符号说明产生的，符号说明是将符号库中的一系列符号指令语句进行组合而成。符号说明通过查找表找到物标的符号指令/条件符号指令，符号指令语句可以直接由计算机解释为底层的图形操作，在 ECDIS 中形成图形显示。通常符号库中有 5 种符号说明形式。

（1）点物标说明。

（2）线物标说明。

（3）面物标说明。

（4）文本说明。

（5）条件符号说明程序。

大部分物标都可以通过点、线、面的说明直接显示。而为了实现复杂物标的显示，条件符号是必不可少的。与标准符号的不同之处在于，条件符号需要一段处理程序，而不是直接的一条符号说明。

符号说明针对不同的物标类型采用不同的描述方法，如矢量符号描述语言、光栅符号描述格式和文本符号说明。

1）矢量符号描述语言

矢量符号格式采用一个虚构的画笔，画笔在笛卡儿坐标系范围内作画。笛卡儿坐标系的范围是 0 ~ 32767 个单位，每个单位代表 0.01mm，坐标系的原点是左上点，坐标系的 X 轴向右延伸，Y 轴向下延伸。矢量符号格式规定如下：

（1）每个说明使用分号作为结束标志。

（2）说明内部不同参数之间用逗号分隔，如果说明内没有参数，不可以使用逗号。

图 11 - 19 给出一个符号库文件的实例。每个符号库都由固定的文件格式构成，主要由格式描述说明和描述语言表示的内容构成。格式描述说明将每个符号库文件的主要内容结构进行描述，如 LNST 是对线型的描述，LIND 是线型的定义，LXPO 是扩展使用状态字段，LCRF 是该线型的颜色参考字段，最后 LVCT 是线型矢量画法描述字段。每个格式描述字段又由很多子字段构成，这些内容说明具体符号画法，包括点、线、面和条件符号的各种参数，如中轴点、符号宽度、边框高度、边框宽度等。S - 52 标准附录 2 中的符号库使用手册给出了各种符号的详细说明，读者可自行参照。

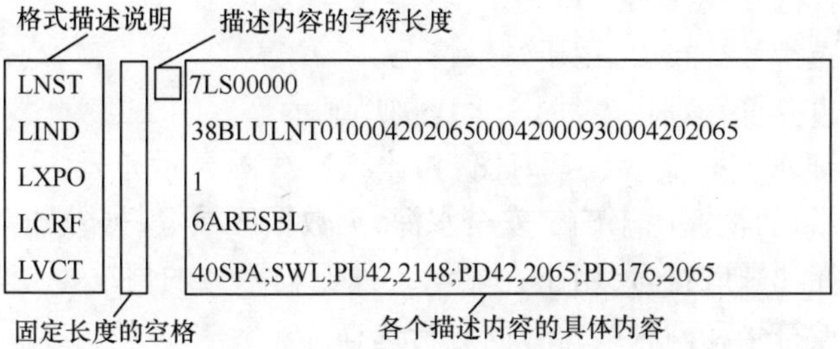

图 11 - 19　符号库的内容结构

2）光栅符号描述格式

光栅符号就是把海图符号以像素存储在介质上。像素是图像上定义颜色、明亮程度的最小单位，像素通常以行或者列排列。光栅符号的轴点通过行号和列号给出，大小可以由 ECDIS 屏幕上的实际像素数确定，但光栅符号不支持符号的旋转操作。

3）文本符号说明

文本说明用于为 ECDIS 提供点、线、面状物标的文字说明。文字符号是独立于点、线、面的另一种符号，它不是点、线、面符号的一部分，因此文本说明不是调用某一点、线、面符号，而是从特征物标和制图物标的定义中调用独立的文本表示。

需要说明的是，水深数据不作为文本符号处理。符号库为水深数据设计了一组条件符号用于显示水深数据。海图上水深的颜色可以根据安全水深设置而变化，从而方便航海人员区分安全海域与不安全海域,如图 11－20 所示。

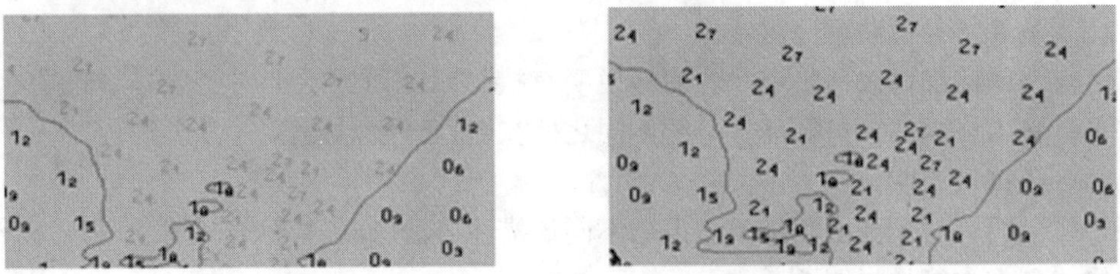

(a) 安全水深为2m　　(b) 安全水深为5m

图 11－20　不同水深控制条件下的海图显示

文本符号不进行旋转操作。面状符号文本的轴点位于面状符号的中心,线状符号文本的轴点位于线状符号的中心。

文本显示命令字有两种形式:①TX 命令针对纯字符文本显示;②TE 命令针对数字文本显示。文本的显示控制必须独立于所对应的物标,船员可以完全控制文本的显示,所有的文本在类别中属于“其他信息”。

3. 查找表

查找表是联系海图物标与 S－52 表示库的桥梁,它描述了物标和表示库之间的对应关系。S－52 标准共提供了 6 种查找表。

(1) 纸质海图点状符号查找表,又称传统点状符号。

(2) 简化点状符号查找表。

(3) 纸质线状符号查找表,又称传统线状符号。

(4) 简化线状符号查找表。

(5) 简单边界符号查找表,用于一般情况。

(6) 符号化边界符号查找表,用于大比例尺显示。

由于 ECDIS 要求实时显示数字海图,相比纸质海图显示方式,需要引入使用一些新的物标内容,这些新的物标用于确定安全水深、无数据区域等,另外还新增了一系列简化、更容易识别的浮标和灯塔符号,用于在显示条件比较恶劣的情况下使用。ECDIS 系统应允许用户在两种点符号和两种线符号间进行选择。

表示库中的查找表一般是文本格式的,它由若干条结构相同的查找记录构成,每条查找记录由 6 个字段和 1 个可选项构成。图 11－21 给出一个查找表文件实例,在查找表里通过物标标识和相关显示属性来确定物标类实例对应的符号说明,最终查到的符号说明可以由 ECDIS 的显示驱动部分处理。

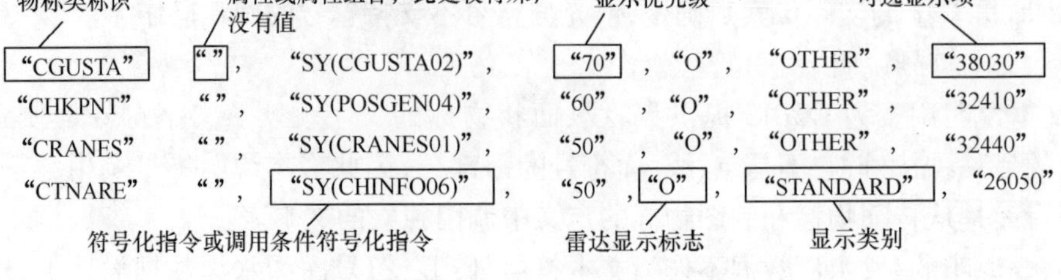

图 11－21　S－52 查找表文件结构

11.4 电子海图系统组成

ECDIS 通常以计算机处理装置为核心,以电子海图数据为基础,通过连接各种导航传感器、雷达和自动舵等设备,将海图信息和航海信息相互融合,图文并茂地集中显示在一个监视器上,从而综合反映船舶行驶状态,为船舶驾驶人员提供信息查询、海图量算和航海作业等功能。因此,一个完整的 ECDIS 主要由硬件系统和软件系统两部分组成。

11.4.1 电子海图硬件框架结构

ECDIS 硬件系统主要是由一些外部及内部电路组成,其系统结构在实际中是多种多样的。但不论如何变化,ECDIS 硬件系统结构中的基本关键部件是不能缺少的,这些基本关键部件就构成了 ECIDS 的基本硬件系统。根据国际海事组织(IMO)相关文件的要求,ECDIS 的基本硬件系统应包括以下几个部分:

1. 主控计算机

主控计算机是硬件系统的核心,主要由主机和处理器组成。在 ECDIS 中,系统所有功能的完成都是在主控计算机的控制下进行的,包括硬件系统各组成部分间的通信、应用程序的控制和计算、各种数据处理、故障检测以及指令和中断的处理。

2. 高分辨率彩色监视器

监视器是 ECDIS 系统的主要输出设备,主要用于显示海图、航行要素和其他有关的图形和数据(如雷达图像、气象传真图像等),一般要求选用分辨率在 1280 × 1024 以上的彩色显示器,用户还可选择图形加速卡来提高显示质量和显示速度。

3. 智能 I/O 接口单元

智能 I/O 接口单元是 ECDIS 与外部设备联系的纽带,通常配有微处理器及接口芯片(如串口、以太网等),对数字 I/O 信息实行统一管理。主要功能包括:检测并采集各路导航传感器的信息;采集 ARPA 发出的数字信息和向主机发出中断申请;等等。

4. 输入输出模块

输入输出模块主要是指光盘系统与硬盘系统,光盘存储的是标准 ENC 数据,而硬盘存储的是经过转换以后的 SENC 数据;键盘和摸球可实现各种交互指令的输入,打印设备则帮助用户输出航海日志等多种文件。

5. 其他模块

ECDIS 配有语音卡等辅助模块,主要用来实现语音报警等功能。

图 11 - 22 给出了典型电子海图系统硬件组成结构框图,对于不同的船型而言,电子海图系统的硬件配置要求可能略有不同。

11.4.2 电子海图软件框架结构

1. 软件系统组成

ECDIS 各种功能的实现都是由其软件系统来完成,可以说软件是 ECDIS 的核心。虽然针对不同形状、不同大小船舶的 ECDIS 功能有多样化的需求,但多数的 ECDIS 产品软件系统结构基本都由图 11 - 23 所示的几大功能模块组成,包括海图显示模块、海图作业

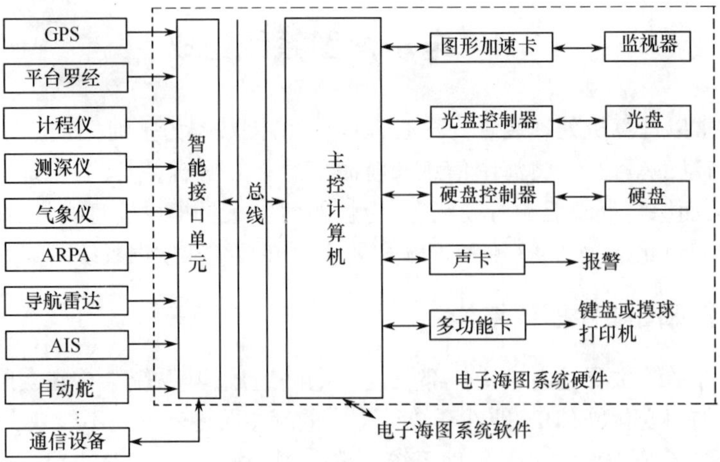

图 11－22　电子海图系统硬件基本组成框图

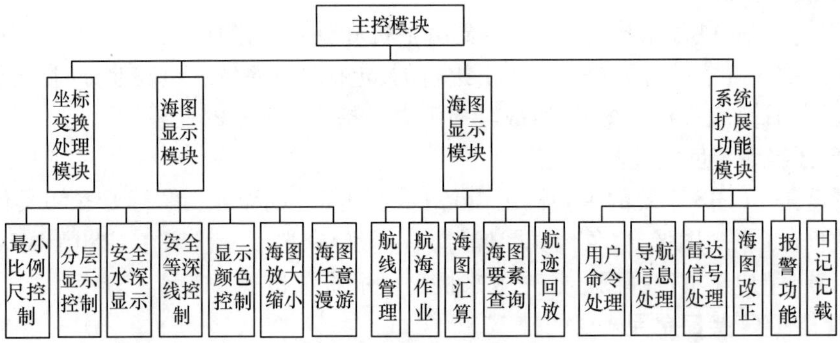

图 11－23　ECDIS 系统软件功能配置图

模块及系统扩展功能模块。

2. 软件模块功能

1）主控模块

其主要用于处理所有的指令及命令的组合，主控模块通过设置中断优先级服务命令来控制程序的执行，从而满足多任务系统的需求，如同时实现海图显示、航迹标绘及发布航行警告等任务。

2）坐标变换处理模块

负责完成地理坐标到屏幕显示坐标的转换，如将 ECDIS 系统接收到的海图数据进行坐标转换处理，为海图显示奠定基础。关于坐标变换，已经在 11.2.4 小节中详细叙述。

3）海图显示模块

其主要用来处理符合 S－57 标准的 ENC 数据，并按照 S－52 表示库的要求完成电子海图的显示，该模块还可以实现海图的最小比例尺控制、分层显示（图 11－24）、显示颜色控制、海图缩放、海图漫游、海图旋转、安全水深控制等功能。

4）海图作业模块

其主要负责完成航线设计及航迹的标绘处理，如航线管理、航海作业、海图汇算、海图

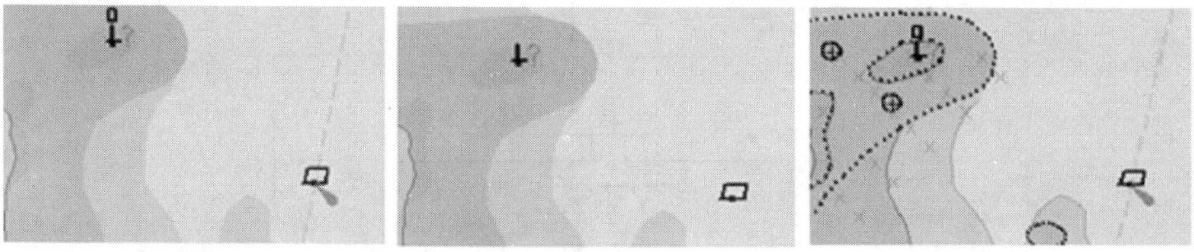
(a) 标准显示　(b) 基础显示　(c) 扩展显示

图11－24　不同模式下的海图显示

要素查询和航迹回放等，从而为舰船安全航行提供保障。

5）系统扩展功能模块

该功能模块是为了进一步保证舰船航行安全而提供的其他应用导航功能。举例如下：

（1）用户命令处理。其主要负责完成用户的操作命令，如功能菜单、功能热键操作等。

（2）导航信息处理。负责导航数据的接收和处理、数据优化及一些船位运算等。

（3）雷达信号处理。接收和处理雷达信号，并完成电子海图与雷达图像的叠加。

（4）海图改正。及时接收最新发布的海图数据，完成对原有信息的更新。

（5）报警功能。监视舰船的运行，可以在出现危险情况下给出提示，实现舰船避碰。

（6）日志记载。对舰船运行全过程的原始记录。

通过上述的功能分析可知，电子海图系统功能组成复杂，涉及内容广泛，设计时需采用模块化设计思想，尽可能保证各个功能的独立性和完整性，以便系统的维护和功能扩展。因此，功能设计是ECDIS开发过程中的首要任务。同时，用户可基于不同的硬件和软件平台，开发适合的电子海图应用系统。

11.5　电子海图集成技术

随着电子海图系统的广泛应用，电子海图技术呈现了蓬勃发展的趋势，不仅数据生产区域国际标准化、信息获取能力持续增强、信息处理能力日趋完善，而且系统的集成度也不断提高，可以将各种航海传感器，如GPS、罗兰C、罗经、计程仪、导航雷达、ARPA、气象传真机、AIS等有效融入，为系统提供更为丰富的导航参数及航行状态信息。

11.5.1　电子海图/雷达图像叠加技术

导航雷达是舰船导航的重要设备之一，可用于舰船定位、航行避让、狭水道引航，尤其能在狭水道、沿岸和有雾天气等复杂条件下辅助避碰。通过电子海图与导航雷达的有效结合，不仅能有效弥补单独使用雷达的局限性，又能在航行水域海图信息的基础上提供本舰、本舰周围的静态与动态目标间的位置关系，大大提高船舶避碰能力和导航定位精度。

1. 导航雷达概述

1）导航雷达基本工作原理

典型船用导航雷达的基本组成如图11－25所示，基本组成包括雷达电源、发射机、触发电路、接收机、收发开关、天线和显示器。

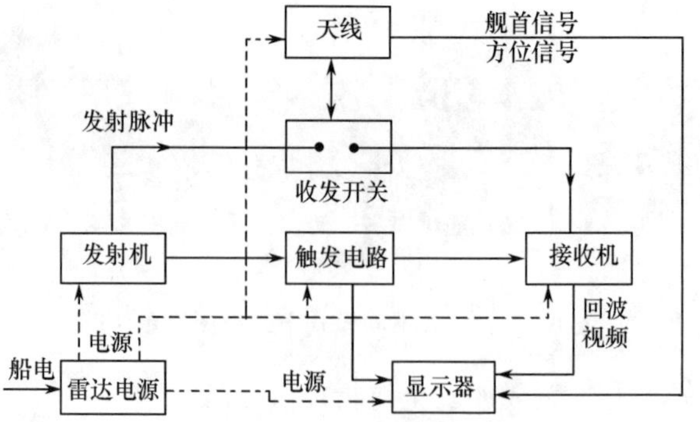

图 11－25　船用导航雷达组成框图

船用导航雷达的基本工作流程如下：

(1) 触发电路每隔一定时间(如 1000μs)产生一个作用时间很短的尖脉冲(触发脉冲),并把该信号分别送到发射机、接收机和显示器,使它们同步工作,如图 11－26(a)所示。

(2) 在触发脉冲的控制下,发射机产生一个具有一定宽度(0.05～2μs)的大功率(3～75kW)超高频(如 X 波段 9300～9500MHz,S 波段 2900～3100MHz)的脉冲信号,即发射脉冲(或称射频脉冲),经波导馈线送入天线向外发射,如图 11－26(b)所示。

(3) 雷达天线由驱动电机带动并按顺时针方向(从天线上方向下看)匀速旋转,转速一般为 15～30r/min,并把发射机经波导馈线发送来的发射脉冲能量聚成细束朝一个方向发射出去,同时,接收从该方向物标反射的回波,并再经波导馈线送入接收机。由于电磁波在空中传播和经物标反射,故回波强度大大减弱并滞后于发射脉冲,其回波波形如图 11－26(c)所示。

(4) 接收机把回波信号先进行变频处理使其变成中频回波信号,然后再放大、检波、再放大,变成显示器可以显示的视频回波信号,如图 11－26(d)所示。

(5) 显示器在触发脉冲的控制下产生一个锯齿电流,在屏幕上形成一条径向亮线(即距离扫描线),如图 11－26(e)所示,用来计时、计算物标回波的距离,同时,这条扫描线由方位扫描系统带动随天线同步旋转。这样,显示器根据接收机送来的回波信号、天线送来的方位信号将物标回波显示在物标所在的方位和距离。此外,显示器还配有测量物标方位、距离的装置,以测量物标的方位和距离。

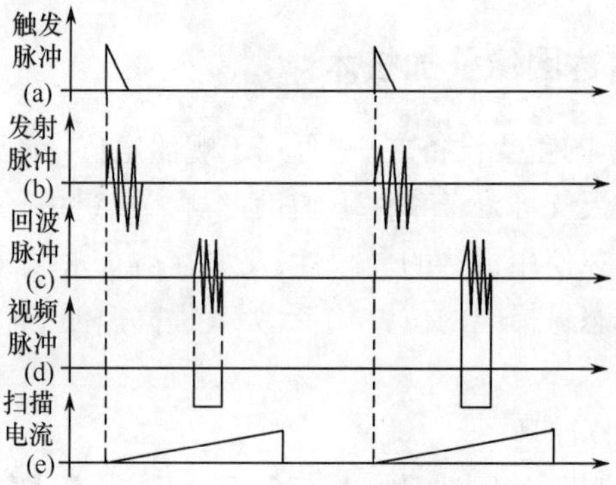

图 11－26　导航雷达基本波形时间关系

2）导航雷达测距原理

导航雷达测距是基于无线电波直线传播和反射特性实现的。设导航雷达发射的超高频脉冲离开天线的时刻为 t_0，当脉冲信号沿直线传播遇到物体时，便会产生反射并被雷达天线所接收。设脉冲反射到天线的距离为 t_1，由此可计算出目标离本舰的距离 R 为

$$R = \frac{c}{2}(t_1 - t_0) = \frac{c}{2}\Delta t$$

式中：c 为电磁波在空气中的传播速度；Δt 为超高频脉冲从发射到被天线接收的传播时间，$\Delta t = t_1 - t_0$。

3）导航雷达测向原理

导航雷达通过天线的不断旋转，瞬间定向发射并接收电磁波，则电磁波回波的方向即为目标的方位。在实际实现时，利用方位扫描系统使显示上的扫描线与雷达天线同步旋转，则出现波的扫描线方向就代表了目标的实际方位。

4）导航雷达显示原理

导航雷达一般采用光栅扫描方式，雷达信号的采集通常是径向圆扫描方式，信息用极坐标表示，而雷达显示器显示信息通常采用 TV 扫描方式（即从左到右的行扫和从上到下的帧扫方式），用笛卡儿坐标表示每一位信息，所以要实现雷达数据的 TV 扫描显示，首先要将雷达的极坐标信息转换成笛卡儿坐标信息存入存储器，再以 TV 扫描方式从存储器中读出数据并显示出来。Rθ/TV 数字转换器的作用就是将视频信号进行 Rθ/TV 坐标转换，并以视频信号的幅度代码为内容，以转换得到的坐标为地址存入 RAM 中，产生 TV 扫描的行、场同步信号。

Rθ/TV 坐标转换原理如图 11－27 所示。按照式（11－5）所示，先将雷达极坐标信息转换成以扫描中心为原点的雷达笛卡儿坐标信息，即 $x = R\sin\theta$，$y = R\cos\theta$，再将雷达笛卡儿坐标圆点 O 移到 TV 扫描笛卡儿坐标的原点 O'，即

$$\begin{cases} x' = x + x_0 = R\sin\theta + x_0 \\ y' = y + y_0 = R\cos\theta + y_0 \end{cases} \tag{11-9}$$

进行数字采样时，方位角 θ 等于方位量化单元 $\Delta\theta$ 乘以从船首开始计数的方位单元数 N，即 $\theta = N \cdot \Delta\theta$。距离 R 等于距离量化单元 ΔR 乘以计数频率 f_c 和计数的时间 t（即从

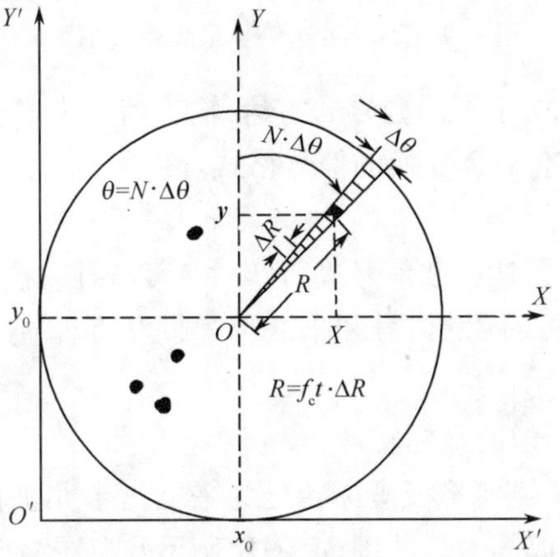

图 11－27　Rθ/TV 坐标转换原理

开始扫描到回波到达天线的时间)：$R=\Delta Rf_c t$，则式(11－9)可写为

$$\begin{cases}x'=\Delta Rf_c t\sin(N\cdot\Delta\theta)+x_0\\ y'=\Delta Rf_c t\cos(N\cdot\Delta\theta)+y_0\end{cases}\tag{11-10}$$

然后，以求出的 x'、y'坐标值为地址将物标回波的幅度数据等存入雷达视频 RAM 中，显示雷达图像时，按 TV 扫描规律再从 RAM 中取出数据送 TV 显示器进行显示。

2. 电子海图/雷达图像叠加处理实现

1）电子海图/雷达图像叠加的基本条件

在完成电子海图显示的基础上，还必须清楚雷达图像的显示基理，才能实现电子海图、雷达图像和目标间的精确叠加，这也构成了电子海图/雷达图像叠加的基本条件。

（1）显示方式要一致。电子海图平面坐标的原点在左下角，采用北向上的显示方式，雷达图像和雷达目标则有舰首向上、北向上和航向向上等显示方式。在叠加时，需通过变换，使三者的显示方式一致。

（2）比例尺要一致。比例尺相同也是地图叠加的前提之一。在叠加时，要根据海图的比例尺对雷达图像进行比例调整，且图像叠加后要实时根据海图比例尺的变化调整雷达图像比例。

（3）选用共同定位参考点。电子海图和雷达图像之间的图幅大小不同，要实现图像叠加，需以本舰地理位置为参考点，为电子海图和雷达图像叠加显示提供共同的定位参考点。

2）雷达信号采集

雷达信号采集系统用于将雷达扫描到目标的原始回波信号进行处理，提取扫描目标的距离信息和方位信息，是雷达信息可视化显示的前提。主要实现的功能是 A/D 转换，数字信号量提取、计算，存储并显示极坐标图像。基本结构如图 11－28 所示。

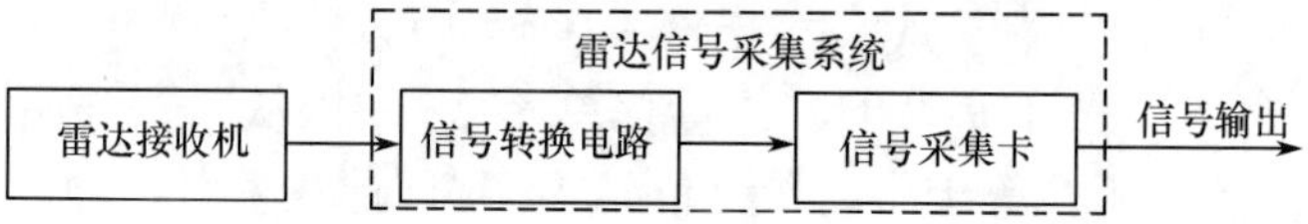

图 11－28　雷达信号采集系统框图

（1）信号转换电路。由于不同型号的雷达，输出信号格式有所不同，因此需对回波信号进行预处理，转换为适合 A/D 变换的信号格式。例如，信号转换电路需要将舰首、触发信号变换为 +5V/TTL 电平信号。

（2）信号采集卡。对雷达回波信号进行实时 A/D 转换，包括将雷达视频信息数字量化，转换为极坐标视频，并与触发信号和指北信号同步存储在 RAM 中，传送给系统控制终端做雷达视频的光栅显示使用。

3）电子海图与雷达图像的坐标转换

雷达图像显示时，除了需要将极坐标转化为平面笛卡儿坐标、变换坐标原点外，还需根据电子海图需要显示的海图区域范围、海图比例尺及海图缩放比等参数，对雷达图像进一步变换，以便使对应信息统一在相同的坐标系中。

根据海图要素的投影变换，可得雷达扫描的经纬度范围，即

$$\begin{cases}(w_{\min},j_{\min})=\phi^{-1}(\phi(w_0,j_0)-L)\\(w_{\max},j_{\max})=\phi^{-1}(\phi(w_0,j_0)+L)\end{cases}\tag{11-11}$$

式中：$(w_{\min},j_{\min})$、$(w_{\max},j_{\max})$为雷达搜索的经纬度范围；(w_0,j_0)为雷达中心经纬度；$\phi(,)$为地图投影映射；$\phi^{-1}(,)$为地图投影映射反变换；L为雷达量程。

根据计算得到的经纬度范围搜索满足显示需要的海图，并且要求海图比例尺最大（满足显示要素丰富、准确和清晰的要求），则可以计算出当前海图比例尺。

根据雷达回波图像显示的屏幕范围（Width，Height）可以计算海图的缩放比参数 scale_factor。若保持雷达量程在海图屏幕上的投影大小与雷达在自身屏幕上的大小相同，则有下面的关系式存在，即

$$\begin{cases}\text{Width}=2L\times\text{scale}\times\text{scale\_factor}\\\text{Height}=2L\times\text{scale}\times\text{scale\_factor}\end{cases}\tag{11-12}$$

由式(11-12)可得

$$\text{scale\_factor}=\text{Min}\left(\frac{\text{Height}}{2L\times\text{scale}},\frac{\text{Width}}{2L\times\text{scale}}\right)\tag{11-13}$$

根据计算出的电子海图基本参数（海图比例尺 scale、海图缩放比 scale_factor、中心经纬度(w_0,j_0)和海图图号），可以实现合适的电子海图数据与雷达图像叠加。

4）电子海图/雷达图像叠加显示原理

电子海图/雷达图像叠加原理如图 11-29 所示。其工作过程：在主控计算机的控制下，将矢量电子海图数据读入内存，并将矢量数据转化为点阵形式，存入图形加速卡的动态随机存取存储器中，在显示海图时，将动态随机存储器中特定范围的点阵式海图数据映射到图形加速卡的视频存储器中，通过视频处理器转换为 RGB 信号，发送给监视器显示。同时，视频转换卡将随机扫描方式的雷达信号转换为数字光栅信号，在完成电子海图/雷达图像坐标统一变换后，将雷达数据送入到 Overlay（专门存储雷达叠加数据的显存），在显示雷达图像时，将 Overlay 中的雷达视频数据同步地送入视频处理器进行合成，转换为 RGB 信号显示，此时显示的图形即为电子海图/雷达图像叠加结果。

图 11-30 给出一个电子海图/雷达图像叠加实例。

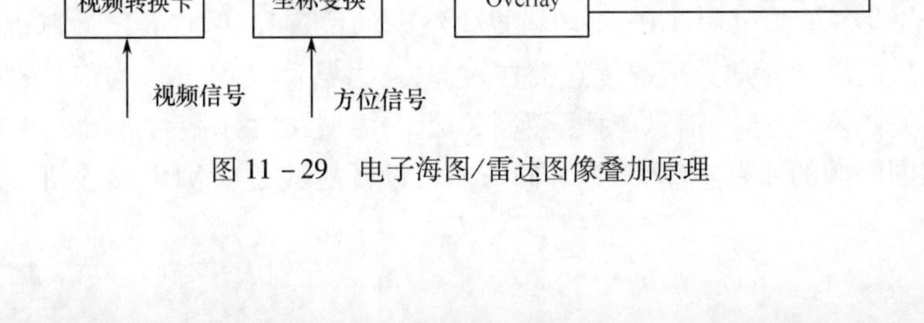

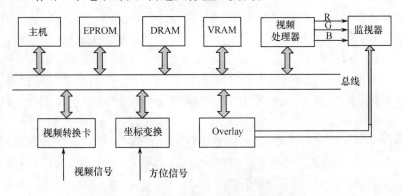

图 11-29　电子海图/雷达图像叠加原理

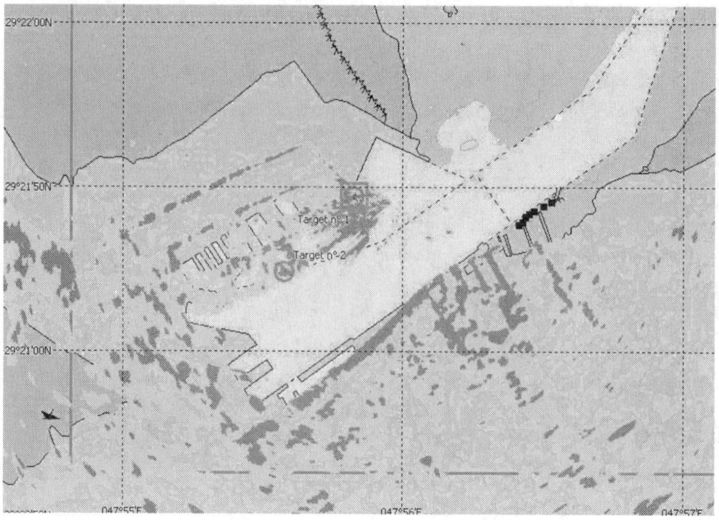

图 11 - 30　电子海图/雷达图像叠加实例

11.5.2　电子海图/AIS 集成技术

船舶自动识别系统(Automatic Identification System, AIS)是由国际海事组织、国际电工委员会、国际电信联盟及其他相关组织共同研究并推出,以信息和电子技术为核心的船舶导航技术,通过在甚高频频率上周期性的广播本船静态、动态、航次及安全状态等信息,实现船舶与船舶之间、船舶和岸站间的信息交互,达到船舶避碰、领航调度和航运管理等航行辅助决策的目的。

基于附近船舶的 AIS 报文,船员可结合电子海图的具体海图信息,设计合理的航线线路,避免事故发生。尽管雷达也能实现与 AIS 同样的导航功能,但 AIS 的准确性远远大于后者。AIS 可以较好地避免天气等因素的影响,并且能有效防止障碍物信息获取的干扰,同时,由于电子海图可以显示雷达数据,所以 AIS 的信息可以作为对雷达的检测系统来使用。

在船舶搜救领域,基于电子海图/AIS 集成技术,不仅可以使遇险船只的 AIS 信息精确显示在电子海图显示区域里,还能提供周围水域的具体信息,以便搜救工作顺利开展。

1. AIS 结构和原理

AIS 通常由船台设备和岸台设备两部分组成。船台设备典型结构包括一个 GPS 接收机、一个通信处理器(计算机)、两个多信道 VHF - TDMA 数据接收机(接收指定的频率数据)和一个 VHF - DSC 数据发射机(在指定的两个频段上轮换发射数据信号),基本结构如图 11 - 31(a)所示。岸台系统由一系列岸台联网而成,一个典型的岸台由 VHF 发射机、VHF 接收机、基站控制器、网络设备、控制软件和应用软件组成,如图 11 - 31(b)所示。

AIS 船台设备工作过程:GPS 接收机提供精确的位置和导航信息,计算机把这些信息与船速、船号、航向和对地速度等信息捆在一起,通过甚高频(VHF)通信,按照 SOTDMA/CSTDMA 相关协议,把这些信息广播至整个邻近的海域,使得附近的其他 AIS 船舶和岸台能够获取周围海域的所有本船信息。同时,船台设备能够通过 VHF 接收机自动接收附近

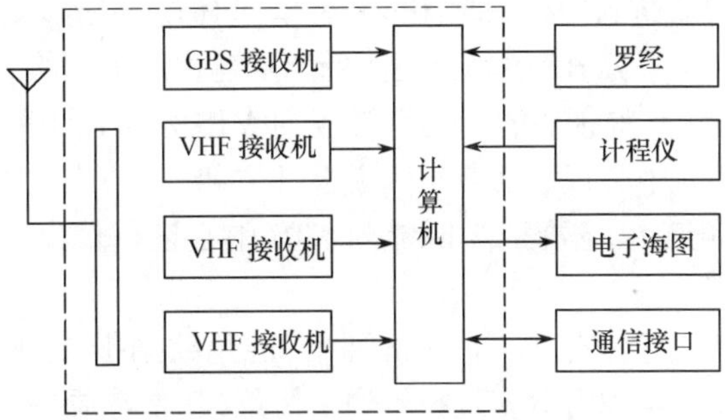

(a) 船台设备组成

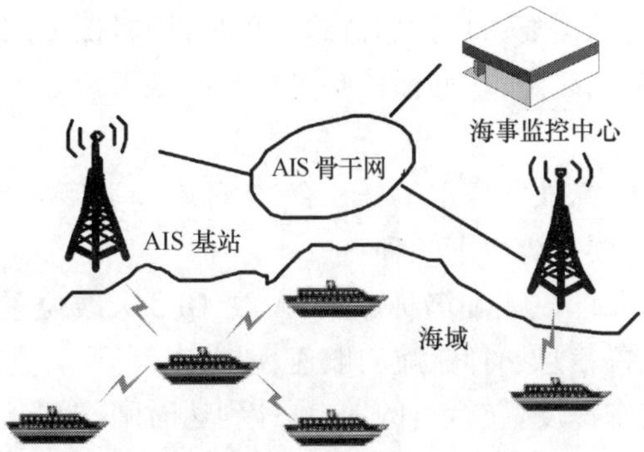

(b) 岸台设备组成

图 11 - 31　典型 AIS 组成框图

AIS 船舶以及岸台发送的数据报文，并且把信息数据在 ECDIS 进行显示，从而对一些较为危险的情况采取必要的避让，减少事故发生概率。图 11 - 32 给出了一个电子海图/AIS 信息叠加显示态势图。

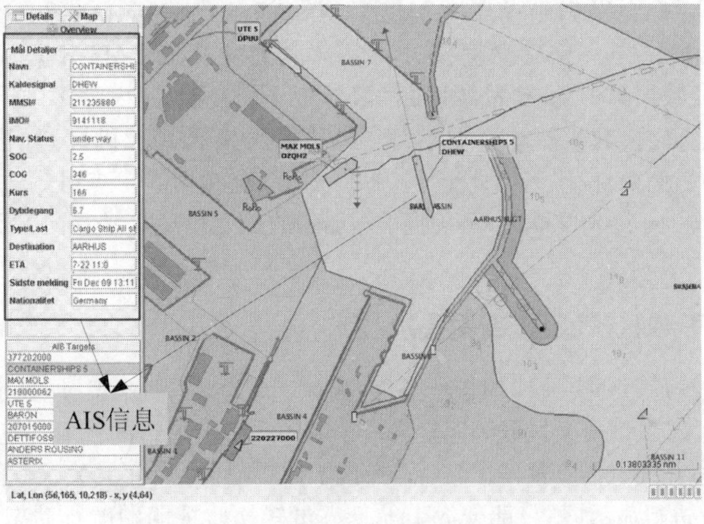

图 11 - 32　电子海图/AIS 信息叠加显示态势图

AIS 岸台设备工作过程：通过 AIS 基站获取船台设备发送的数据报文，通过 AIS 网络传送数据至海事监控中心，海事监控中心根据获取的船舶信息掌握海区的整体情况。

AIS 能以"双工"模式进行"船—船"和"船—岸"间信息交换。在开阔海域，系统自动播发船位信息并自动与其他 VHF 覆盖范围内的船舶建立通信网络，从而提供一个局域海上交通态势图像，增强海上避碰功能。当船舶驶向 VTS 水域时，系统的一路接收单元受岸台遥控，转到本地 VTS 中心规定的双工频道上，以"船—岸"模式工作，而另一路接收单元仍工作在海上专用频道上，这样船舶既能与 VTS 中心进行信息交换，又能同时保持与其他船舶间的信息交换。

AIS 为协调某个区域里所有 AIS 台站的通信，避免数据报文通信受其他船舶影响的问题，采用了 SOTDMA 自组织时分多址技术通信协议，其基本原理是在一个载波频率上，将一个时间片划分为多个时隙，以时隙为基本单位把信道分配给某个用户。系统按照时分多址协议，把时隙分配给需要占用数据链路的用户，同时保证用户只能在该时隙里发射信号，而不占用其他用户的时隙，从而保证整个 AIS 有条不紊地工作。

2. AIS 主要功能

ITU－R M. 1371－4* 标准中规定了 AIS 有 27 种不同类型的消息报文，分别发挥着不同的作用，从功能角度主要分为以下几种：

（1）静态信息。MMSI 号、船舶名称、船员人数、GPS 天线位置等。

（2）动态信息。位置信息、时间、航向航速、船首向等。

（3）航行信息。吃水深度、航行目的地、预计到达时间、船舶计划航线。

（4）安全相关信息。基于安全因素向周围发布的安全信息。

不同类型的信息广播频率一般都不相同。AIS 动态信息由于需及时更新，以避免发生事故，其更新频率一般最高；航行信息与静态信息在航行中一般变化较小，其更新率较低；安全相关信息一般在需要时才会对外发布。

3. 电子海图/AIS 集成显示

电子海图/AIS 集成显示的工作过程：AIS 按照 ITU－R M. 1371－1 电文格式向 ECDIS 发送数据报文，如英国 McMurdo 公司的 UAIS MT－1 通过 MIAN 和 AUX/PILOT 输出口与 ECDIS 相连，输出 RS422 数据；ECDIS 按照电文格式实现 AIS 数据的正确提取和解析；ECDIS 完成数据解析后，首先将船舶的经纬度坐标转换为电子海图笛卡儿坐标，再将海图笛卡儿坐标转换为屏幕坐标，最后，根据不同的电子海图比例尺，选用不同的图形表示并显示船舶。例如，在比例尺大于 1∶10000 时，系统将用 3 个点组成的示意船型来表示，在比例尺不大于 1∶10000 时，系统将根据船舶的长度和宽度用 7 个点组成的真实船型来表示。

11.5.3 电子海图/气象传真图叠加技术

气象导航是通过研究海洋的自然条件，如风速风向、气温水温、能见度、波浪、海流、雨、雪、雾、冰、湿度、气压及风暴等因素来指导船舶在海上航行的技术。舰船在航行过程中，如果能通过无线电传真仪器接收所需海区不同气象台发布的传真天气图，并将气象信息融入 ECDIS 进行显示，不仅能使海上航行人员轻松监视船舶航行动态及进行相关作业，还可以监测、观察海区周围海洋及天气状况，尽可能制定航行计划规避风险，这对于扩大 ECDIS 的信息涵盖范围，提高系统的信息处理能力具有重要的现实意义。例如，英国船商公司研制的 Weather Wizard 系统，可以同构 Internet 接收由英国气象局提供的任意局部海域甚至全球海域的综合气象图，将目前与未来5天的动态气象参数叠加显示在Navi Sailor电子海图系统上，并提供直观、动态显示所接收的气象参数、预演未来气象动态变化、根据气象形式检验所涉及的计划航线等功能。

要实现电子海图/气象传真图的叠加显示，除采用无线电传真仪正确接收气象传真图外，还需要对气象传真图进行预处理、图题识别、信息提取等操作，而后进行坐标变换，才能实现气象信息在电子海图上的叠加显示。

1. 气象传真图预处理

由于受天气、传输信道等因素干扰，由气象传真机接收到的气象传真图往往伴有不同程度的噪声，导致图像清晰度下降、对比度偏低、动态范围不足、图像倾斜等现象，直接影响气象信息提取。

1）图像降噪处理

从频域角度看，气象传真图频域基本处于低频和中频区域，大部分噪声属于高频区域，因此可通过滤除高频分量的方法达到图像降噪的目的。常用的方法如理想低通滤波器、同态滤波等。

可采用空域降噪法，即利用各种模板对图像各领域间像素进行平滑，以达到降噪的目的。其原理是让图像在傅里叶空间某个范围内的分量受到抑制，而其他分量不受影响，从而改变输出图的频域分布，达到去噪的目的。

除通常的频域和空域降噪法外，还可采用先对图像进行分割，将灰度图像转换成二值图像，之后再根据二值化后的图像特征进行降噪。即先将处于中间灰度的干扰变为前景或背景，再根据它们的空域分布特征用模板法进行滤除。例如，当设定阈值为t时，图像的二值化可根据下式所示的阈值处理进行，即

$$f_t(i,j)=\begin{cases}1, & f(i,j)\geqslant t\\0, & f(i,j)<t\end{cases} \tag{11-14}$$

通常，1代表黑色像素即前景图像，0代表白色像素即背景图像。二值化处理问题的关键是阈值t的确定。因为阈值选取的好坏决定图像处理效果，如果阈值选得过高，偶然出现的物体就会被认作是背景，若阈值定得过低，则会发生相反的情况。

2）传真图细化

经过降噪和二值化处理后，气象传真图的结果变得清晰、简单，为进一步对其进行识别及特征提取，需要对传真图进行细化，即将图像变换为宽度为一个像素的线图像，细化过程也就是对图像逐层剥落时期有规律缩小的过程。

目前的传真图细化算法，除经典算法外还有最大距离法、Hilditch法、Deutsch法及各种改进算法等。各种算法没有统一优劣标准，实际应用中，根据不同需要选取不同算法，但不管选用哪种算法，都应遵循的标准如下：

（1）保证细化后图像的连通性不变。

（2）细化后的图像保持原图像的拓扑结构不变。

（3）细化后的线宽为单像素。

（4）细化后的结果是原图像曲线的中轴线。

3）图像倾斜及其校正

由于采样速度的影响，接收到的图像会存在一定程度的倾斜，不仅会影响后续的图像

识别和信息提取，还会影响到气象传真图与电子海图的叠加精度。

可以采取基于 Hough 变换的图像校正方法，首先利用 Hough 变换检测出图线倾斜角，然后根据倾斜角度，利用双线性插值算法对图像进行校正，如图 11－33 所示。

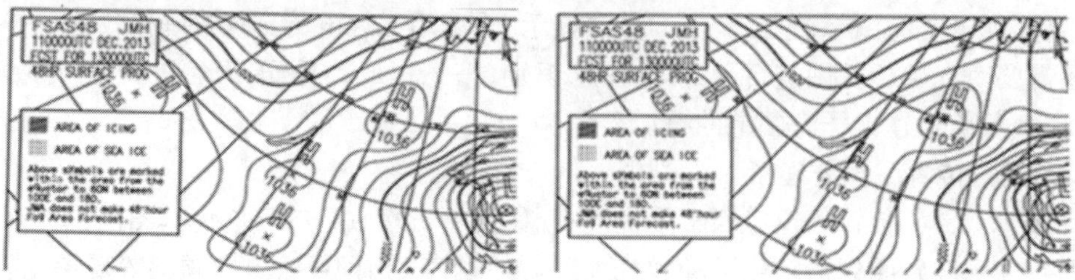

(a) 接收到的传真图　　(b) 倾斜校正后的传真图

图 11－33　Hough 变换及双线性差值倾斜校正后的传真图

2. 气象传真图图题识别

每幅气象传真图都有图题说明，图题包含传真图的类型、传真广播台的名称或呼号、接收时间、预报时效等内容。同时，根据传真图的类型及传真广播台的呼号等内容，结合英国海军测量局每年刊出的《无线电信号》，可判断出该幅传真图的覆盖区域范围及采用的投影方式。因此，气象传真图的图题识别至关重要。

气象传真图通常按图题定位→字符分割→字符识别的流程进行图题识别。

(1) 图题定位。对于位于矩形框中的图题(如日本台站发送的传真图)，可采用基于领域相关性提取矩形框的方法；对于其他位于图像顶部且没有矩形框包围的图题，可采用手工确立的方法。

(2) 字符分割。确定出字符区后，需要将字符分割成单个字符。字符分割是后续字符识别的基础，字符分割将好坏直接影响到字符识别的结果。常用的字符分割法有字符间隙分割法、连通域生长法和投影法等。而由于分离出的字符大小不一，还可通过归一化处理将字符统一成标准模板大小，以利于识别。

(3) 字符识别。常用字符识别方法有模板匹配法、统计模式识别法、神经网络识别法等，其中最常用的是模板匹配法和神经网络识别法。

首先获取图题在气象传真图中的位置，然后利用投影、轮廓切分分离粘连字符，完成对气象传真图图题字符的分离，最后对分离字符进行归一化及特征量提取等处理，通过匹配的方法实现字符的识别。

3. 气象传真图信息提取

气象传真图的种类繁多，如地面分析预报图、高空分析预报图、热带气旋警报图、波浪分析预报图以及海流图、海温图、台风警报图等；其包含信息丰富，如传真图会包含经纬线、海岸线、气象信息及表示符号等。如果直接与电子海图进行叠加显示，则会使叠加的效果杂乱无章。

总体说来，一幅气象传真图的整体信息可分为 3 类：经纬海岸线、等值线及字符，可按照此 3 类信息将气象传真图分为 3 层。

1) 经纬海岸线的提取

根据经纬海岸线相对于图框位置固定不变的特点，依次计算传真图中各点相对于图框左上角的相对坐标,并按照传真图与底图的水平、垂直缩放比系数进行缩放,计算映射到底图的相对坐标。以该坐标为原点,半径为1个像素的圆内搜索位于底图中点的个数,若个数大于零,则认为传真图中该点是经纬海岸线,并将其提取出来。

2）等值线的提取

等值线根据传真图的不同类别可分为等温线、等压线、等高线及等波高线,但无论是哪种,均是一些形状起伏不定的波线。

在完成经纬海岸线提取后,气象传真图只剩下等值线和符号信息。可采用矢量化方法,如基于轮廓跟踪、步长跟踪、行程编码、网格模式、Hough变换等的矢量方法。

3）字符提取及识别

经过矢量化及等值线与字符分离处理后,可以将等值线与字符分离出来,分别按照矢量形式存储。与题图中的字符不同,传真图中的字符位置不固定,部分字符有小角度倾斜,且易存在等值线与字符分离过程中产生个别字符断裂的现象,因此给字符识别带来了困难。常用的方法有滑动窗口确定字符位置、对图像进行标记和聚合的方法等。

4. 气象传真图与电子海图的叠加

由于气象传真图的投影方式与电子海图的投影方式不同,要实现二者的叠加,需先进行相应的坐标变换。气象传真图的投影方式主要有墨卡托投影、兰勃特投影和极射赤面投影等。将其转换为电子海图屏幕坐标显示的整个流程如图11-34所示。

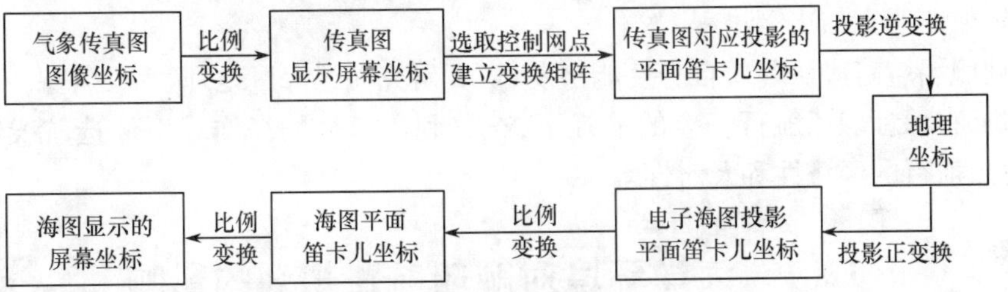

图11-34　气象传真图像坐标变换整体流程图

图11-35给出了Navi Sailor系统的电子海图/气象传真图叠加显示图(http://www.transas.com/products/Weatherservices? from=17348JHJlightbox[gallery]/0/)。

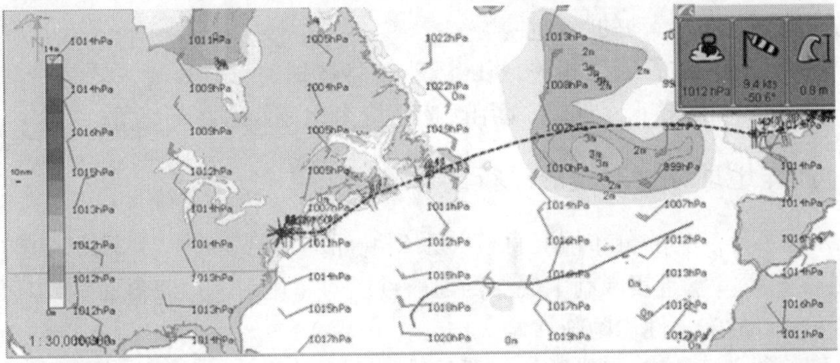

图11-35　电子海图/气象传真图叠加显示图

第12章

舰船航路规划

舰船航路规划是指根据航行任务、航行海区环境和舰船自身性能，按照“安全、及时、经济”的总要求，选择舰船从出发地到目的地的航线、航速、出航及航行时间、经过重要航段时机等航路要素的决策过程。

规划舰船航路应从舰船自身性能出发，认真研究航经海区地理、水文气象等对舰船航行的影响，在保证舰船航行安全的前提下，充分利用海区的海洋环境优选航线等航路要素，以达成航行的经济性和及时性。

12.1 海洋环境对舰船航路规划的影响

舰船航路规划是指在特定的环境背景下，按照“安全、及时、经济”的总要求，根据航经海区海洋环境和舰船自身的性能选择舰船从出发地到目的地的航线、航速、出航时间、通过特殊航段的时机等的决策过程和方法。军用舰艇在保证航行安全的前提下，还应考虑敌情的影响，以保证行动的隐蔽性。

海洋环境与舰船航行密切相关，影响舰船航路规划的海洋环境主要是指海洋地理环境、海洋气象环境和海洋水文环境，军用舰艇还应考虑海洋水声环境等。

12.1.1 海洋地理环境对舰船航行的影响

海区水深和碍航物的分布情况直接关系到舰船的航行安全。水深浅、碍航物分布密集、可航宽度窄等要素直接限制了舰船的通航性。对军用水下运载器而言，海区水深直接关系到水下航行的安全性和隐蔽性。

另外，高纬地理环境对舰船导航仪器的导航精度会产生一定的影响，甚至无法使用。

12.1.2 海洋气象环境对舰船航行的影响

影响舰船航行的海洋气象环境要素主要是风、能见度等。

1. 风的影响

风与舰船航行关系密切,特别是海面风力较大(6 级以上)时,对舰船航行操纵影响较大,主要表现为:船员体力消耗增加,精力涣散,容易发生误操作;航向不易保持,造成舰船偏航;阻力增大,使得航行失速;舵效降低,不易操纵;摇摆颠簸;等等。

海面风除对舰船航行、操纵产生直接影响外,因风而形成的海浪、海流等水文条件对舰船航行也会产生一定的影响。特别是强热带气旋(如台风),此时应特别注意舰船航行操纵的安全性。

2. 能见度的影响

海雾是影响海面能见度的首要因素。在浓雾天气下,舰船目力和光学观察、搜索比较困难,陆标定位和基于可见光的天文定位难以实现;恶劣的能见度还能对雷达探测造成影响,云雾粒子会对雷达电磁波产生吸收和散射,从而影响雷达的探测效果。舰船在能见度不良海区航行时,航速受到限制,对舰船航行和操纵造成一定的不便。

当然,雨、雪天气也会不同程度地影响海上能见度。

对军用舰艇而言,不良能见度虽然对航行操纵不利,但对其行动的隐蔽是有利的。

12.1.3 海洋水文环境对舰船航行的影响

影响舰船航行的海洋水文环境要素主要有海流、海浪等。

1. 海流的影响

海流对舰船航行的影响较大,不仅直接关系到舰船推算航行的准确性,而且还关系到舰船航行操纵的安全。

舰船在侧流的作用下,会向顺流方向偏移。为使舰船保持航迹,应预配流压角。舰船顶流转向,流的作用使舰船的旋回直径减小、航程缩短;顺流转向,流的作用使舰船的旋回直径增大、航程增大。

海流直接影响舰船航行的位置推算以及实际航速、航迹。若海区的流速、流向精度不高,舰船推算位置就会产生较大的误差,造成舰船偏离计划航线,不能按时到达目的地,甚至还会造成严重事故。海流对舰船操纵的影响也很显著,流速大、流向复杂都会给舰船操纵造成一定的困难。但若掌握了海流的规律,顺流航行,可节省航行时间。对军用舰艇,特别是水下运载器而言,借助海流的作用,有时会达成出其不意的行动效果。

2. 海浪的影响

海浪能使舰船产生摇摆,难以保持航向,大涌浪还可能使在浅水区航行的舰船触底搁浅。浪向多变的大浪更容易造成舰船打转、失控,甚至卷入海底。

舰船顶浪航行时,海浪会增加航行阻力,使实际航速降低,甚至不能航行。当舰船长度小于波长、纵摇剧烈时,螺旋桨会露出海面,发生空转,这时由于舰船尾部受到过大的振动,会造成螺旋桨脱落,艉轴断裂,甚至艉壳破裂进水;当舰船长度与波长相等时,会发生“中垂”或“中拱”现象,使船体受到严重损伤,甚至断裂;当舰船摇摆周期与海浪周期相同时,容易发生共振,舰船摇摆会越来越大,甚至有倾覆的危险。

舰船顺浪航行时,在海浪不太大、航行安全有保障时,有利于舰船航行。如果航速稍大于波速,舰船摇摆和起伏较为缓和,受海浪的冲击力减弱;但若航速小于波速,舰船又处于波谷之中,则波浪冲击会淹没船尾,推进器和艉轴会受到损害;若舰船航速和波速相当,舰船位于波浪前部斜面或波谷时，舰船易发生偏转，使船体横对风浪，造成船体倾斜，对航行安全极为不利。

舰船航向与波浪传播方向垂直时，舰船将产生横摇。因大浪不断地拍打冲击，会加剧船体的倾斜，甚至会使舰船翻沉。所以应尽量避免舰船横浪航行。

12.2 舰船航路规划方法

规划舰船航路应在正确理解上级意图和本船航行任务的前提下，认真分析、研究相关海区地理环境、水文气象环境等对舰船航行的影响，正确判断航经海区海洋环境及其他因素对舰船的综合威胁程度。最终确定舰船航线、航速、出航时间及通过特殊航段的时机等航路要素。

12.2.1 舰船航路规划一般方法

舰船航路规划的主要内容包括航线、航速、出航时间及通过特殊航段的时机等航路要素的选择与确定。

舰船航路要素选择应考虑的因素如下：

（1）舰船航线的选择应充分考虑海区的地理、水文气象条件等对舰船航行的有利程度，通过特殊航段的威胁程度，得到支援的有利程度。

（2）航速的选择涉及舰船的安全性和快速性，应考虑对舰船操纵的有利程度和满足舰船设备要求的程度。

（3）出航时间的选择直接关系到舰船完成任务的及时性，应在保证安全的前提下，合理选择出航时间。

（4）通过特殊航段时机的选择涉及舰船的安全性，应考虑海区条件对舰船观察器材和舰船通行的有利程度。

1. 航线的确定

1）近岸航线

近岸航行环境的特点是：地形比较复杂、碍航物分布较密集、水深有限、潮流复杂且对航行影响大、航行船只密度大；但航海资料充分、导航条件良好。

选择航线应在仔细研究海图和有关资料的基础上，重点考虑以下因素：舰船性能、航行任务、航程长短、季节、风浪、海流、能见度、碍航物、导航定位条件以及本船的总体训练水平等。具体要求包括以下内容：

（1）充分考虑海流的影响，尽量选择顺流航线，尽量防止舰船正横受流，保证舰船航行的安全性和快速性。

（2）尽可能采用推荐航线作为计划航线，计划航线应尽可能与岸线的总趋势平行。

（3）保证有足够的水深。

舰船航行海区水深一般应大于1.5~2倍吃水，当舰船高速或在大风浪海区航行时，水深还应适当增加。若必须通过小于1.5倍吃水的浅水区域，应准确计算潮汐，以确保航行安全。尽量选择海图上水深点密集且排列整齐或经过扫海的水域，避免选择在小范围内水深变化剧烈可能存在暗礁或浅滩的水域，图上注有“水深变浅”、“海水变色”和岛岸附近未测量的空白部分海域。

(4) 确定适当的避离碍航物距离。

避离碍航物距离应根据航程的长短、测定船位的精度、海图测绘的精度、风流的影响、航行船只的密度、航行状态和操纵性能等情况综合加以考虑。

舰船能保持连续定位时,避离碍航物距离可根据定位精度和舰船的操纵性能等进行确定。航线到碍航物的最近距离一般应不小于此时船位 3 倍均方误差。如果海流的影响比较大,或航经注有"概位"、"疑位"碍航物附近时,则避离碍航物的距离应适当增大。

(5) 转向点和转向物标的选择。

选择转向点应根据转向前后的两条航线综合考虑,应有利于航行安全和缩短航程,同时便于计划航线的执行与检查。

舰船沿岸航行时,转向点一般应选在有合适转向物标或具有定位条件的位置上,如灯塔、显著物标或海角、岛屿附近。应避免在碍航物附近转向,尤其要避免向碍航物方向做大角度转向。狭水道航行,转向点应选在航门大开的位置上,切忌斜插航门。夜间或能见度不良时的航行,可以选用灯标或雷达显影显著的物标作为转向物标,也可用卫星定位作为转向点。

2) 远岸航线

远岸航行时航程远、水深大、碍航物少、定位手段相对较少、气象和水文情况较复杂。在航程远、纬度跨度较大时,为缩短航程,还应考虑使用大洋航线。

远岸航线的选择除了航行任务要求外,一般应考虑下列因素:

(1) 气象条件。气象条件是舰船选择远岸航线尤其是大洋航线必须考虑的重要因素。应查阅资料,结合中长期天气预报,分析航行中遇到大风或灾害性天气的可能性。必要时,可采用气象航线并申请气象导航服务。

(2) 水文条件。在选择航线时,尽可能利用顺流,避开较强的逆流,尽量避开常年或季节性的大风浪区,同时还应避免从中、短期预报中获知的大风暴区通过。

(3) 碍航物情况。远岸航线应远离碍航物,离碍航物的距离一般应大于 3 倍船位均方误差。在定位条件没有保证的情况下,宁可绕道航行。

(4) 定位与通航情况。选择航线时,应考虑到各种定位的可能性,如罗兰 C、卫星和天文定位的情况,特殊情况下还应考虑无线电定位(包括卫星定位)可能受到干扰等问题。在通航密度较大的海区,如有可能,可尾随其他同类型的舰船航行,以增加舰船的安全性。

(5) 本舰条件。远岸航行时,必须考虑本舰各方面的性能条件,如本舰的排水量、航速、续航力、耐波力、导航定位能力及舰员综合训练水平等。

3) 通过海峡水道等特殊航段航线

海峡水道一般可航水域有限,地理、水文情况相对复杂,对于军用舰艇而言,有时还存在一定的敌情威胁。一般应考虑以下原则:

(1) 航线的设置尽可能最大限度地利用海峡水道的最大可航宽度,在海峡水道的狭窄航段,航线一般选择在可航水域的中线附近或按规定航道航行。

(2) 航线距碍航物的最近距离尽可能大于船位的 3 倍均方误差,航线附近水深尽量在 1.5 ~2 倍吃水以上。

(3) 按国际海洋法有关要求及海峡水道的有关规定选择航线。

(4) 海峡水道内尽量少变向、变速,尽可能避免横流,充分利用顺流航行。

对于军用舰艇,还应尽可能选择敌情威胁小、防御薄弱的航线,尽量避开敌方有效探测范围。

2. 舰船航速和出航时间的选择

航速和出航时间的选择关系到舰船的安全性和及时性,在选择航速时应考虑对舰船操纵的有利程度和舰船主机设备的承受力。

1) 舰船航速和出航时间的选择原则

从航行安全方面考虑,航速和出港时间的选择应遵循以下原则:

(1) 进、出港航行一般采用慢速,选择来往船只较少时进、出港,并在弱顶流时靠、离码头或起、抛锚。

(2) 顺流通过潮流大的水域,顶流通过潮流弱的水域,可减少航行时间,节省油料。

对于隐蔽性要求较高的军用舰艇而言,选择夜间或能见度不良时进、出港,并尽量利用敌卫星过顶间隙选择出港和水面航行,有利于军用舰艇行动的隐蔽;在通过有敌情影响的海域,应尽量选择小噪声航速,以减小被敌探测发现的可能性。

2) 舰船航行时间计算

舰船航行时间计算通常是以上级规定的时间为依据,分为以下几种情况:

(1) 若上级规定出航时间,则应根据进、出港及各航段确定的相应航速,依次计算到达各转向点、指定点或目的地的时间。

(2) 若上级规定到达时间,则应适当留出到达目的地的机动时间,按各航段选定的航速从到达点反推,依次计算各转向点时间及起航时间。

(3) 若上级规定通过某海区的时间,则应以该时间为基准,按选定的航速反推出起航时间,顺推出到达时间。

(4) 若上级规定出航时间和到达时间,则应按平均航速,具体计算各航段的时间。

计算航行时间和选择航速时,应注意留有一定的机动余地,但机动时间不应过分宽裕;同时计算航行时间时应考虑流的影响。

3. 舰船通过特殊航段时机的选择

舰船通过特殊航段时机受海区条件、舰船的突破能力等因素的影响,且随时空和地域的变化而变化。所以,应本着优先重点、兼顾一般的原则,根据当时、当地的具体情况进行合理选择。舰船通过特殊航段时机的选择一般应遵循以下原则:

(1) 狭水道和航行困难的水域,在条件允许时,宜选择白天能见度良好时通过。通过急流的航门水道,应选择流速较小时通过较为稳妥。

(2) 需要乘潮通过浅水区时,一般应选在该水域高潮前 1h 通过,避免在高潮时或高潮后通过;否则一旦搁浅,离滩困难。

对于隐蔽性要求较高的军用舰艇而言,可选择在夜间通过敌方可目力观察的海域,可能或必要时,利用商船艉流的声屏蔽与衰减特性及电磁导率发生变化特性,保持军舰的声隐蔽和磁隐蔽,尾随商船通过敌情威胁较大的海域。

12.2.2 舰船航路规划的一般程序

舰船航路规划的一般程序包括受领任务、研究海区和制定航路方案等环节。

1. 受领任务

一般从上级主管机关获得本次航行的任务和时间,同时尽可能了解航行海区的有关情况,明确制定航路方案的具体要求和注意事项。

2. 研究海区

海区研究是舰船航路规划的重要前提,是完成航行任务的基本保证。所以,在规划舰船航路前,必须对航行海区进行认真研究,为圆满完成航行任务选择安全、经济的舰船航路。

1)海区研究的内容

(1)海区概貌。

其包括海区地理概况、水文和气象概况,掌握海区渔船活动规律及商船航线等。军用舰艇还应关注敌我兵力态势、敌方探测器材的配置及战术技术性能、敌兵力活动的规律和范围等。

(2)水文气象环境。

研究海区潮流、海流、海浪等的特点及对舰船活动的影响;研究季风、台风、寒潮、海雾等天气系统出现的规律及对舰船航行的影响。军用舰艇还应研究海区水文气象环境对敌我战斗行动的有利和不利影响。

(3)航行条件。

其主要研究定位条件、碍航物的性质及分布情况等,航门水道的特点及航行方法,各种条件下特别是远岸航行方法等。

(4)停泊条件。

研究可供舰船停泊的港湾、锚地的地理位置、避风条件,水深、底质、海流情况、航行方法、设防情况及疏散条件等,港湾、锚地的有关规章制度、泊区划分、修理及补给条件等。

(5)禁航区域。

掌握海、空训练海区、射击区、雷区、禁止抛锚区及其他特定的禁航区。

2)海区研究的方法

(1)利用资料研究海区。

总体原则是先了解概貌,再分段研究,最后进行专项研究。利用资料是研究海区的首要方法,尤其是对未到过的生疏海区的研究,是系统、全面了解海区情况的一种基本方法。

(2)实践中研究海区。

利用执行任务等各种可能的机会,加深对航行海区的了解,验证资料的可靠性,为今后工作积累经验。

(3)向有关部门和人员调查。

直接向远航经验丰富,特别是多次执行专线任务的领导和同志调查、了解有关情况,也是海区研究的重要方法。

3. 制定航路方案

航路方案的制定是在充分研究海区后,综合考虑航行海区的海洋环境、敌情信息,结合本船的实际情况,并针对本航次的使命任务而进行的一项重要工作。包括选择航线、航速、出航时间及通过特殊航段的时机等。制定舰船航路一定要认真贯彻上级主管部门的指示要求。基本原则包括以下内容:

(1) 所选航路应满足安全、及时、经济的总要求。这些要求既相互联系又相互制约。应根据航行任务的不同,分清主次,从实际出发,权衡利弊,全面加以考虑。

(2) 所选航路应遵守有关规定。如在实施分道通航区航行,航线应在规定的分航通道之内;进出港应按该港《港章》规定的航线等。

(3) 所选航路应具有较好的航行条件,如水深合适、碍航物少以及有较好的定位条件、水文气象条件等。

军用舰艇选择的航路还应尽量处于敌情威胁小且便于我方兵力掩护的区域等。根据上级同意的航路方案再制定具体的航海计划、拟定航海保证措施,再上报审批。

12.3 舰船航路规划算法及模型

舰船航路规划,不仅要考虑航行海区的自然地理、水文气象环境等对舰船航行所产生的影响,还要综合考虑舰船自身的性能;军用舰艇还应研究海区敌情以及海洋环境对舰艇隐蔽性的影响。这就使舰船在特定海区航行时的航线、航速、通过特殊航段时机的选择具有一定的模糊性。

12.3.1 舰船航路规划的常用算法

舰船航路规划问题的求解算法较多:主要有动态规划算法、蚁群算法、模拟退火算法、遗传算法、递归算法;另外还有神经网络算法、启发式 A^* 搜索算法、电势理论算法、最速下降算法、样条插值算法等。这些算法都需解决大范围航路规划过程中巨大的信息存储量和全局最优之间的矛盾。根据实际问题建立的模型不同,所应用的算法也不一样,而且不同算法具有不同的特性。应根据需要选择适宜的算法,以求得理想的航路。

1. 动态规划算法

舰船航路规划问题属于一个多阶段决策过程。动态规划是目前求解多阶段决策过程问题的基本方法之一。多阶段决策过程,是指这样一类特殊的活动过程:问题可以按时间、空间等标志分解成若干相互联系的阶段,在每一个阶段都要做出决策,全部过程的决策是一个决策序列。动态规划在每个阶段选择了一个使当前阶段代价之和最小,而且对于未来阶段也可期望最佳的决策。

动态规划用来描述多阶段决策问题的基本要素有阶段与阶段变量、状态与状态变量、决策与决策变量、策略、指标函数与最优值函数、阶段指标等。

1) 阶段与阶段变量

规划舰船航路时,可按起点到终点的顺序将整个航路分为若干个航段,每个航段即为一个阶段。用阶段变量 k 进行描述,对于 n 个阶段的问题,则 $k=1,2,\cdots,n$。

2) 状态与状态变量

舰船航路规划一般应建立在海区网格化的基础上。一条航路实际上是由若干航路点组成的多个航段,每一航段即阶段可供选择的航路点很多。这些航路点既是下一个阶段的起点,也是前一个阶段的终点。在航路点之后的航路要受到该航路点的影响,而不受其之前的各阶段航路点影响。动态规划要求状态必须具有无后效性,因此可把各航路点称为状态;航路点对应的网格序列号作为描述状态的状态变量。第 k 阶段的状态变量 x_k 的

状态集合为 $X_k=\{x_k^{(1)},x_k^{(2)},\cdots,x_k^{(r)}\}$，其中 r 为 k 阶段的状态数。

3）决策与决策变量

决策是某一阶段的状态给定后，从该状态演变到下一阶段某状态的选择。当舰船处于某一航路点，即状态变量为 $x_k^{(i)}$ 时，可以选择各种不同的决策，以便使以后各段的状态依不同的方式演变。这些决策可用决策变量 $u_k(x_k^{(i)})=u_k(i)$ 表示，不同的决策对应着这个决策变量 $u_k(i)$ 的不同值。如舰船在第 k 段第 i 个状态上，要做出向第 $k+1$ 段第 j 个状态航行的决策，则这时决策变量 $u_k(i)=x_{k+1}^{(j)}=x_{k+1}$。一般而言，$x_{k+1}$ 随着 x_k 和 u_k 变化，可表示为 $x_{k+1}=T_k(x_k,u_k)$，这就是状态转移方程。第 k 阶段的决策变量 u_k 的状态集合为

$$U_k=U_k(X_k)=\{u_k(x_k^{(1)}),u_k(x_k^{(2)}),\cdots,u_k(x_k^{(r)})\} \tag{12-1}$$

4）策略

策略是各阶段决策按照一定的顺序排列的集合。对于 n 个阶段的决策问题，从第1阶段到第 n 阶段的过程为全过程。由每阶段的决策函数 $u_k(x_k)$ 组成了全过程策略，记为 $p_{1,x}$。由第 k 阶段起每段的决策按顺序排列组成的决策函数序列称为子策略，记为 $p_{k,x}$，表示从第 k 阶段到第 n 阶段所采取的一系列决策序列，即

$$p_{k,n}=\{u_k(x_k),u_{k+1}(x_{k+1}),\cdots,u_n(x_n)\} \tag{12-2}$$

当 $k=1$ 时，为全过程策略。

在实际问题中，可供选择的策略有一定的范围，此范围称为允许策略集合(P)，显然 $p_{k,n}\in P$。

5）指标函数与最优值函数

任何决策过程都必然有一个衡量其策略优劣的尺度，即指标函数。定义为全过程和所有后部子过程上确定的数量函数。全过程上的指标函数记为 $V_{1,n}$，相当于静态规划中的目标函数，k 阶段后部子过程中的指标函数记为 $V_{k,n}$，则

$$V_{k,n}=V_{k,n}(x_k,u_k,x_{k+1},u_{k+1},\cdots,x_n,u_n) \tag{12-3}$$

多阶段决策过程关于目标函数的总效益是由各阶段的阶段效益(阶段指标)累积而成的。适用于动态规划求解的指标函数，必须具有关于阶段指标的可分离形式。

记第 k 阶段的阶段指标为 $v_k(x_k,u_k)$。用累积和的形式表示为

$$V_{k,n}=\sum_{i=k}^{n}v_i(x_i,u_i) \tag{12-4}$$

当指标函数达到最优值时，称为最优值函数，记为 $f_k(x_k)$。表示从第 k 阶段到第 n 阶段的过程中，采用最优策略时所得到的指标函数值。舰船航路规划求解的是指标函数最小值，即

$$f_k(x_k)=\min_{k,k+1,\cdots,n}V_{k,n}(x_k,u_k,x_{k+1},u_{k+1},\cdots,x_n,u_n) \tag{12-5}$$

运用动态规划的前提是最优策略必须符合最优性定理。最优性定理的数学描述：设多阶段决策过程的阶段变量 $k=1,2,\cdots,n$，则允许策略 $p_{1,n}^*=(u_1^*,u_2^*,\cdots,u_n^*)$ 为最优策略的充分必要条件是：对任何一个 $k(1<k<n)$，设初始状态为 x_1 时，有

$$V_{1,n}(x_1;p_{1,n}^*)=\min_{p_{1,k-1}(x_1)}\{V_{1,k-1}(x_1;p_{1,k-1})+\min_{p_{k,n}(x_k)}V_{k,n}(x_k;p_{k,n})\} \tag{12-6}$$

动态规划按递推方式可分为顺序递推和逆序递推两种。舰船航路规划问题多采用逆序递推，即从终点向起点逐段递推。

根据最优性定理，动态规划的基本方程为

$$f_k(x_k)=\min_{P_{k,n}}V_{k,n}(x_k;p_{k,n})=\min_{u_k(x_k)}[v_k(x_k,u_k)+f_{k+1}(x_{k+1})] \tag{12-7}$$

式中：$x_{k+1}=T_k(x_k,u_k)$。

终端条件：$f_{n+1}(x_{n+1})=0$。

2. 蚁群算法

利用蚂蚁在经过的路径上留下信息素的正反馈效应而达到最快捷搜索到食物源的原理，形成的一种优化算法称为蚁群算法。

1）基本原理

蚂蚁在行进时会通过在路径上释放出一种特殊的分泌物为信息素进行路径寻找。当蚂蚁碰到还没有走过的路口时，就随机地挑选一条路径前行，同时释放出与路径长度有关的信息素。路径越长，蚂蚁释放的信息素越少，这样就形成了一个正反馈机制。最优路径上的信息素浓度越来越大，而其他路径上的信息量却随时间的流逝而逐渐削减，最终蚁群会找出最优路径。同时蚁群还能适应环境的变化。当蚁群的运动路径上突然出现碍航物（威胁区）时，蚂蚁也能很快地重新找到最优路径。可见，在整个寻找路径过程中，虽然单个蚂蚁的选择能力有限，但是通过信息素的作用使整个蚁群行为具有非常高的自组织性，蚂蚁之间交换路径信息，最终通过蚁群的集体自催化行为找出最优路径。其搜索原理可用图 12－1 进行说明。

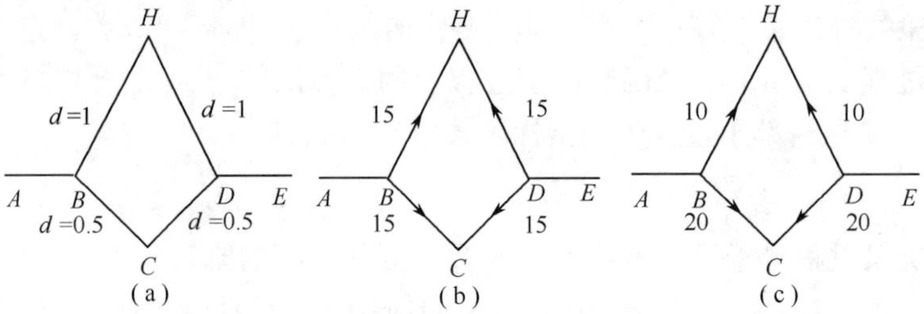

图 12－1 蚁群搜索原理示意图

在图 12－1 中，设 A 为蚁巢，E 是食物源，H、C 为碍航物（威胁区），距离为 d。由于碍航物（威胁区）的存在，由 A 外出觅食或由 E 返回巢穴的蚂蚁只能经由 H 或 C 到达目的地。假设蚂蚁以“1 单位长度/单位时间”的速度往返于 A 和 E 之间，每经过 1 个单位时间各有 30 只蚂蚁离开 A 和 E 到达 B 和 D（图 12－1(a)）。初始时，各有 30 只蚂蚁在 B 和 D 点遇到碍航物（威胁区），开始选择路径。由于此时路径上无信息素，蚂蚁便以相同的概率随机地选择两条路径中的任意一条，因而 15 只选择往 C 方向，15 只选择往 H 方向（图 12－1(b)）。经过 1 个单位时间以后，路径 BCD 被 30 只蚂蚁爬过，而路径 BHD 上则只被 15 只蚂蚁爬过（因 BCD 距离为 1，而 BHD 距离为 2），BCD 路径上的信息量是 BHD 路径上信息量的 2 倍。此时，又有 30 只蚂蚁离开 B 和 D，于是有 20 只选择往 C 方向，而另外 10 只则选往 H 方向（图 12－1(c)）。这样，更多的信息素量被留在更短的路径 BCD 上。随着时间的推移和上述过程的重复，短路径上的信息量便以更快的速度增长，于是会有越来越多的蚂蚁选择这条短路径,以致最终完全选择这条短路径。

模拟基于蚂蚁群体觅食行为的蚁群算法基于以下假设:

(1) 蚂蚁之间通过信息素和环境进行通信。每只蚂蚁仅根据其周围的局部环境做出反应,也只对其周围的局部环境产生影响。

(2) 蚂蚁对环境的反应由其内部模式决定。因为蚂蚁是生物,蚂蚁的行为实际上是其基因的适应表现,即蚂蚁是反应型适应性主体。

(3) 在个体水平上,每只蚂蚁仅根据环境做出独立选择;在群体水平上,单只蚂蚁的行为是随机的,但蚁群可通过自组织过程形成高度有序的群体行为。

基本蚁群算法的寻优机制包含适应和协作两个基本阶段。在适应阶段,各待选路径根据积累信息不断调整自身结构,路径上的蚂蚁越多,信息量越大,则该路径越容易被选择,时间越长,信息量会越小;在协作阶段,待选解之间通过信息交流,以期产生性能更优的解。

在解算舰船优化航路时,可对航行区域进行网格化,并对网格图中各节点给出合适的初始值,形成初始节点信息素浓度值矩阵。将威胁区域里的节点初始值设为0,其余各节点设一常值,这样蚂蚁将不会搜索威胁区域里的节点,只会在安全区域内搜索,得到的航路很好地规避了威胁。然后将蚂蚁全部放在起始点,同时向目标方向行进,最终到达目标点。每只蚂蚁在行进中运用状态转移规则在其可能到达的下一垂线上各节点集合中进行选择。假设蚂蚁从垂线段上 L_i 的节点 a 到下一个垂线段 L_{i+1} 上任意节点 b 的时间相等,与距离无关,那么全部蚂蚁将同时到达目标。同时完成一次循环,当所有的蚂蚁都搜索完到达目标点后,依据各只蚂蚁搜索得到的可行航路目标函数,对其上各节点进行全局信息素更新,对没有经过的各节点只是进行信息素挥发,重复这个过程,直到求出优化航路。

2) 信息素调整准则

假设蚂蚁的数量为 m,每只蚂蚁的行为符合下列规律:根据路径上的信息素浓度,以相应的概率选取下一步路径;用数据结构控制不再选取自己本次循环已经走过的路径。当完成了一次循环后,根据整个路径长度释放相应浓度的信息素,并更新走过路径上的信息素浓度。

现用 $\tau_{ij}(t)$ 表示在 t 时刻路径 (i,j) 上的信息素浓度,则在 $t+1$ 时刻此路径上的信息素浓度为

$$\tau_{ij}(t+1) = (1-\rho)\cdot\tau_{ij}(t) + \sum_{k=1}^{m}\Delta\tau_{ij}^{k} \tag{12-8}$$

式中:ρ 为信息素挥发因子,取值范围为 0 ~ 1 的常数;$1-\rho$ 为信息素残留因子,表示残留信息素的相对重要程度;$\Delta\tau_{ij}^{k}$ 为第 k 只蚂蚁在时刻 t 到 $t+1$ 之间,在路径 (i,j) 上增加的信息素浓度。

$\Delta\tau_{ij}^{k}$ 实现的算法有 3 种,分别称为 Ant-Cycle(蚁周)、Ant-Quantity(蚁量)、Ant-Density(蚁密)算法。舰船航路规划问题求解可采用 Ant-Quantity 算法,即

$$\Delta\tau_{ij}^{k} = \frac{Q}{d_{ij}} \tag{12-9}$$

式中:Q 为常量,用以表示每只蚂蚁所释放的信息素总量;d_{ij} 为节点 i 和 j 之间的路径长

度，即增加的信息素浓度与所经过的路径长度有关。

3）航路点选择准则

在 t 时刻位于节点 i 的第 k 只蚂蚁选择节点 j 为下一目标的概率为

$$p_{ij}^{k}(t) = \begin{cases} \dfrac{\tau_{ij}^{\alpha}(t)\eta_{ij}^{\beta}}{\sum\limits_{j \in N_i^k} \tau_{ij}^{\alpha}(t)\eta_{ij}^{\beta}}, & j \in N_i^k \\ 0 \end{cases} \tag{12-10}$$

式中：N_i^k 为位于节点 i 的第 k 只蚂蚁还没有访问的节点集合；α 为残留信息素浓度的相对重要程度；β 为期望值的相对重要程度；η_{ij}为由节点 i 转移到节点 j 的启发信息，该信息由要解决的问题给出，在此问题中可取为 i、j 两点间距离的倒数，即

$$\eta_{ij} = \frac{1}{d_n} \tag{12-11}$$

其中：d_n 为 i、j 两点之间距离。

为了满足蚂蚁必须经过所有不同航路点这个约束条件，可采用禁忌表记录蚂蚁当前所经过的航路点，不允许蚂蚁在本次循环中再经过这些航路点。当本次循环结束后，禁忌表被用来计算蚂蚁当前所建立的解决方案。之后，禁忌表被清空，该蚂蚁又可以进行选择。

为了避免残留信息素过多引起残留信息淹没启发信息，在每只蚂蚁走完一步或者完成一次循环后，应对残留信息进行更新处理。由此，$t+n$ 时刻在路径(i,j)上的信息素量按下面两式调整，即

$$\tau_{ij}(t+n) = (1-\rho) \cdot \tau_{ij}(t) + \Delta\tau_{ij}(t) \tag{12-12}$$

$$\Delta\tau_{ij}(t) = \sum_{k=1}^{m} \Delta\tau_{ij}^{k}(t) \tag{12-13}$$

式中：ρ 为信息素挥发系数，为防止信息的无限积累，ρ 的取值范围为 $\rho \subset [0,1)$；$\Delta\tau_{ij}(t)$为本次循环中路径(i,j)上的信息素增量；$\Delta\tau_{ij}^{k}(t)$为第 k 只蚂蚁在本次循环中留在路径(i,j)上的信息量。

根据信息素更新策略不同，可分别采用 Ant－Cycle 模型、Ant－Quantity 模型及 Ant－Density 模型 3 种不同的基本蚁群算法模型，其差别在于 $\Delta\tau_{ij}^{k}(t)$的表达式不同。

在 Ant－Cycle 模型中，有

$$\Delta\tau_{ij}^{k}(t) = \begin{cases} \dfrac{Q}{L_k}, & \text{第 } k \text{ 只蚂蚁在本循环中经过}(i,j) \\ 0, & \text{其他} \end{cases} \tag{12-14}$$

式中：Q 为信息素强度；L_k 为第 k 只蚂蚁在本次循环中所走路径的长度。

在 Ant－Quantity 模型中，有

$$\Delta\tau_{ij}^{k}(t) = \begin{cases} \dfrac{Q}{d_{ij}}, & \text{第 } k \text{ 只蚂蚁在 } t \text{ 和 } t+1 \text{ 之间经过}(i,j) \\ 0, & \text{其他} \end{cases} \tag{12-15}$$

在 Ant－Density 模型中，有

$$\Delta\tau_{ij}^{k}(t)=\begin{cases}Q, & 第\ k\ 只蚂蚁在\ t\ 和\ t+1\ 之间经过(i,j)\\ 0, & 其他\end{cases} \tag{12-16}$$

在 Ant－Cycle 模型中利用的是整体信息，即蚂蚁完成一个循环后更新所有路径上的信息素；在 Ant－Quantity 和 Ant－Density 模型中利用的是局部信息，即蚂蚁完成一步后更新路径上的信息素。

4）蚁群算法的改进

蚁群算法在构造解的过程中，随机选择策略使得算法的进化速度变慢，正反馈原理旨在强化性能更优的解，但却容易出现停滞现象。对蚁群算法的状态转移概率、信息素挥发因子、信息量等因素采取自适应调节可在一定程度上有效地克服基本蚁群算法的一些不足。

（1）自适应调节信息素挥发因子的蚁群算法。

蚁群算法存在着收敛速度慢、易于陷入局部最小值的现象。其中的信息素挥发因子 ρ 的大小直接关系到蚁群算法的全局搜索能力及收敛速度。当求解问题的规模比较大时，这种影响更为突出。可通过自适应调节 ρ 提高算法的全局性。

假设 ρ 的初始值 $\rho(t_0)=1$，则当蚁群算法求得的最优值在 N 次循环内没有明显改进时，ρ 按照式（12－17）做自适应调整，即

$$\rho(t)=\begin{cases}0.95\rho(t-1), & 0.95\rho(t-1)\geqslant\rho_{\min}\\ \rho_{\min}, & 其他\end{cases} \tag{12-17}$$

式中：$\rho_{\min}$ 为 ρ 的最小值，可以防止 ρ 过小而降低算法的收敛速度。同时，为了提高蚁群算法的全局搜索能力，提高搜索速度；每次循环结束后，求出最优解并保留。

（2）基于 Q 学习的自适应蚁群算法。

蚁群算法的状态转移概率反映了蚁群算法与 Q 学习算法之间的内在联系。其中，τ_{ij} 相当于 Q 学习算法中的 Q 值，表示学习所得到的经验，而 η_{ij} 由某种启发式算法确定，如何将两者有效结合是提高蚁群算法收敛性的关键所在。为了避免出现停滞现象，在算法中可采用确定性选择和随机性选择相结合的选择策略，并在搜索过程中动态调整状态转移概率。即对位于节点 r 的蚂蚁 k 按照式（12－18）选择下一节点 s，即

$$s=\arg\max_{u\in \mathrm{allowd}_r}\{[AQ(r,u)]^{\alpha}[HE(r,u)]^{\beta}\},\quad q\leqslant q_0 \tag{12-18}$$

$$p_k(r,s)=\begin{cases}\dfrac{[AQ(r,s)]^{\alpha}[HE(r,s)]^{\beta}}{\sum\limits_{u\in J_k(r)}[AQ(r,u)]^{\alpha}[HE(r,u)]^{\beta}}, & s\in J_k(r)\\ 0, & 其他\end{cases} \tag{12-19}$$

式中：q_0 为区间[0,1]内的一个随机数；$J_k(r)$ 为待选择的航路点集合；$HE(r,u)$ 为启发式信息；信息量 AQ 值按照以下规则进行更新，即

$$AQ(r,s)\leftarrow(1-\delta)\cdot AQ(r,s)+\delta\cdot(\Delta AQ(r,s)+\gamma\cdot\max_{u\in \mathrm{allowed}_r}AQ(r,s)) \tag{12-20}$$

其中，信息素增量 $\Delta AQ(r,s)$ 的求法有两种，包括全局最优法和本次迭代最优法。

全局最优算法为

$$\Delta AQ(r,s)=\begin{cases}\dfrac{W}{L_{k_{gb}}}, & (r,s)\text{为蚂蚁 }k_{gb}\text{经过的路径}\\ 0, & \text{其他}\end{cases} \tag{12-21}$$

式中：W 为常数，一般设 $W=10$；k_{gb} 为寻到与全局最优解相对应路径的蚂蚁；$L_{k_{gb}}$ 为该蚂蚁所经过的路径长度。

本次迭代最优算法为

$$\Delta AQ(r,s)=\begin{cases}\dfrac{W}{L_{k_{ib}}}, & (r,s)\text{为蚂蚁 }k_{ib}\text{经过的路径}\\ 0, & \text{其他}\end{cases} \tag{12-22}$$

式中：k_{ib} 为本次迭代中寻到最优路径的蚂蚁；$L_{k_{ib}}$ 为该蚂蚁所经过的路径长度。

(3) 带精英策略的蚁群算法。

在带精英策略的蚁群算法中，为了使到目前为止所找出的最优解在下一循环中对蚂蚁更有吸引力，在每次循环之后给予最优解以额外的信息素量，这样的解称为全局最优解。信息素量根据下式进行更新，即

$$\tau_{ij}(t+1)=\rho\tau_{ij}(t)+\Delta\tau_{ij}+\Delta\tau_{ij}^{*} \tag{12-23}$$

式中

$$\Delta\tau_{ij}=\sum_{k=1}^{m}\Delta\tau_{ij}^{k} \tag{12-24}$$

其中

$$\Delta\tau_{ij}^{k}=\begin{cases}Q/L_k, & \text{蚂蚁 }k\text{ 在本次循环中经过路径}(i,j)\\ 0, & \text{其他}\end{cases}$$

$\Delta\tau_{ij}^{*}$ 为精英蚂蚁引起的路径 (i,j) 上的信息素增量，其表达式为

$$\Delta\tau_{ij}^{*}=\begin{cases}\sigma\dfrac{Q}{L^{*}}, & \text{边}(i,j)\text{是所找出最优解的一部分}\\ 0, & \text{其他}\end{cases} \tag{12-25}$$

式中：σ 为精英蚂蚁的个数；Q 为信息素强度；L^{*} 为所找出的最优解路径长度。

一些研究结果表明，使用精英策略可以找出更优解，并且在运行过程的更早阶段就能找出这些解。但是，如果使用精英蚂蚁过多，搜索会很快集中在极优解周围，从而导致搜索早熟收敛，因此应恰当地选择精英蚂蚁数量。

5) 蚁群算法的参数选择

在蚁群算法中，信息素启发因子 α、期望启发因子 β 和信息素衰减系数会严重影响到算法的收敛性。同时，蚁群算法的参数也是影响其求解性能和效率的关键因素。但由于蚁群算法参数空间的庞大性和各参数之间的关联性，如何确定最优组合参数使蚁群算法求解性能最佳，一直是一个极其复杂的优化问题，目前还没有确定最优参数的一般方法，大多数情况下都是基于经验而定。

对于蚁群算法中的 α、β、ρ、m、Q 等主要参数,解析法难以确定其最佳组合,目前已经公布的蚁群算法参数设置成果都是针对不同蚁群算法模型所解决的特定问题而言的。以应用最多的 Ant - Cycle 模型为例,其最好的实验结果为 $0\leqslant\alpha\leqslant5$、$0\leqslant\beta\leqslant5$、$0.1\leqslant\rho\leqslant0.99$、$10\leqslant Q\leqslant10000$。

也有学者提出了一种分步选择蚁群算法最优组合参数的有效方法,具体步骤如下:

(1) 参照航路点规模与蚂蚁数目之比约为 1.5 的选择策略确定蚂蚁数目。

(2) 调整取值范围较大的信息启发因子 α、期望启发因子 β 及信息素强度 Q 等参数,以得到较理想的解。

(3) 调整取值范围较小的信息素挥发因子 ρ。

上述步骤反复进行,直到最终确定出一组较为理想的组合参数为止。

3. 模拟退火算法

模拟退火算法是一种迭代式的组合优化算法。模拟退火算法的数学模型如下:

在给定邻域结构后,模拟退火过程为马尔可夫过程。当温度 t 为确定值时,两个状态的转移概率为

$$p_{ij}(t)=\begin{cases}G_{ij}(t)A_{ij}(t), & j\neq i\\ 1-\sum\limits_{l=1,l\neq i}^{|D|}G_{il}(t)A_{il}(t), & j=i\end{cases} \tag{12-26}$$

式中:$|D|$ 为状态集合中的状态个数;$G_{ij}(t)$ 为温度 t 下在状态 i 时,状态 j 被选取的概率。若在邻域中等概率均匀选取,且 i、j 可达,则 j 被选中的概率为

$$G_{ij}(t)=\begin{cases}\dfrac{1}{|N(i)|}, & j\in N(i)\\ 0, & j\notin N(i)\end{cases} \tag{12-27}$$

$A_{ij}(t)$ 为选取 j 后,接受 j 的概率。模拟退火算法中计算接受概率采用的指数形式为

$$A_{ij}=\begin{cases}1, & f(i)\geqslant f(j)\\ \exp\left(-\dfrac{\Delta f_{ij}}{t}\right), & f(i)<f(j)\end{cases} \tag{12-28}$$

式中:$f(i)$ 为状态 i 的目标函数值;$\Delta f_{ij}=f(j)-f(i)$。

模拟退火算法包括 4 个基本要素:解的形式、邻域结构、温度参数、迭代长度。

1) 解的形式和邻域结构

解的形式视具体问题而定。对于舰船航路规划问题,由于最终结果是选择航路,并确定其各航段的状态,故以航路作为解的形式。对于网格化海区,航路对应的是均匀随机选择的若干航路点,以该航路作为初始解。解空间为航路点个数相同的航路,航路由航路点的序列号和排列顺序唯一决定。海区中除掉航路包含的航路点补集构成了当前解的邻域。通过航路中的某个航路点以接受概率 $A_{ij}(t)$ 向邻域内任一航路点转移,以形成新的航路,从而不断迭代至最优解。模拟退火算法是等效算法的一种形式,其前提是将航路等效近似为几个直航段。因此,航路包含的航路点个数不应过小;否则会使误差变大。但航路点的数目取得过大,则不符合等效近似要求,而且会增大计算的复杂度,不利于解的收敛,通常根据航行海区的范围和起、止点的位置决定。

2）温度参数

温度参数是模拟退火算法中最关键的参数之一。其主要包括初始温度的选取、温度的下降方法等。

初始温度的选取应保证转移概率满足

$$A_{i,j}=\exp\left(-\frac{\Delta f_{ij}}{t_0}\right)\approx 1 \tag{12-29}$$

设估计初始温度 $t_0=K\delta$，K 为一充分大数，$\delta=\max\{f_j|j\in D\}-\min\{f_j|j\in D\}$。由于 K 和 δ 的值很难估计，所以对 t_0 的估计应采用数值计算方法。即选定初始温度 t_0，在同一温度下按 $A_{i,j}$ 接受新状态的概率对 t_0 进行不断调整，经过多次迭代得到初始值。

温度下降的方法一般采用 $t_{k+1}=d(t_k)=\alpha t_k(0<\alpha<1)$，这种方法简单易行，每一步温度以相同的比例下降，可以控制温度下降的总步数。当 α 较小时，收敛速度很快，但有可能陷入局部最优解；反之，收敛速度慢，但解的质量高。使用人工干预的方法，先令 α 为一较小值，当解的收敛速度明显降低时，增大 α 值，使解稳步收敛。

3）迭代长度

迭代长度分为内循环和外循环两种。内循环迭代长度要保证在当前温度下达到平衡状态。由于邻域空间比较大，为了缩短计算时间，采用按接受和拒绝的比率控制同一温度下的迭代长度，即给定接受比率指标 R、迭代长度上限 U 和下限 L；在同一温度下至少迭代 L 步，得到接受概率 P，当 $P>R$ 时，不再迭代，否则迭代 U 步。

外循环的迭代长度根据温度的下降进行确定，一般使用零度法，即给定一个小量 ε，当温度 $t_k\leqslant\varepsilon$ 时，计算停止。

4. 遗传算法

遗传算法是一种借鉴于生物界中自然选择和自然遗传机制的随机化自适应搜索算法。其主要特点是群体搜索策略和群体中基因之间的信息交换，搜索不依赖于外部信息，具有较强的全局搜索能力。

遗传算法包括5个基本要素：编码、初始群体、适应度函数、遗传操作（选择、交叉、变异、群体更新）和控制参数（迭代次数、交叉和变异概率）。遗传算法可利用极坐标描述威胁位置和航路点，将路径编码由二维缩减至一维，从而降低搜索空间，提高优化效率。

1）编码与初始群体

遗传算法的编码通常采用二进制，类似于模拟退火算法，遗传算法的编码（解的形式）也是航路。将一条航路定义为一个染色体，航路中包含的航路点则是染色体中的基因，一个染色体由航路点序列号和排列顺序唯一决定。初始群体由若干染色体组成，通常根据染色体的长度确定群体规模。

2）适应度函数

遗传算法的目标函数是求总体效益的最小值，故适应度（fitness）函数采用目标函数的倒数。由于航路本身的约束使每一航路点只能经历一次，使用惩罚策略实现非约束转换，可得适应度函数为

$$\text{fitness}=\frac{1}{f(x,h,v)+\sigma N_t} \tag{12-30}$$

式中：σ 为惩罚系数，一般可取航路中两航路点之间最大指标的 4 倍（$4\max\limits_{0<i\leqslant N} f_i(x,h,v)$）；$N_t$ 为相同航路点的个数。

3）遗传操作

选择算子通常采用适应度比例（FT）方法。在该方法中，各染色体的选择概率为

$$p_i = \frac{f_i}{\sum\limits_{j=1}^{M} f_j} \tag{12-31}$$

式中：f_i 为两航路点之间的指标值。

按照选择概率选出进行交叉和不交叉的染色体。

交叉算子是遗传操作的核心，反映了全局搜索能力。常用的交叉算子有部分匹配交叉（PMX）、顺序交叉（OX）、循环交叉（CX）等。具体操作根据 FT 选择两个父串，在其上均匀随机产生两个交叉点，定义交叉点之间的基因为匹配区域；交换匹配区域内的基因，依据匹配区域内的位置映射关系，对区域外出现的相同基因逐一对换。其过程为，选择父串 A 和 B，即

$$A = 18\ 25\ |\ 33\ 48\ 51\ |\ 62\ 96\ 115$$
$$B = 16\ 33\ |\ 36\ 46\ 62\ |\ 75\ 88\ 118$$

交换匹配区域，则

$$A' = 18\ 25\ |\ 36\ 46\ 62\ |\ 62\ 96\ 115$$
$$B' = 16\ 33\ |\ 33\ 48\ 51\ |\ 75\ 88\ 118$$

映射关系为

$$33\rightarrow 36,\ 48\rightarrow 46,\ 51\rightarrow 62$$

替换相同基因，则

$$A'' = 18\ 25\ |\ 36\ 46\ 62\ |\ 51\ 96\ 115$$
$$B'' = 16\ 36\ |\ 33\ 48\ 51\ |\ 75\ 88\ 118$$

变异算子是为选择、交叉过程中可能丢失的某些遗传基因进行的修复和补充，反映了算法的局部搜索能力。引入逆转算子进行变异，则

$$A = 18\ 25\ 33\ 48\ 51\ 62\ 96\ 115$$

对 33 和 62 之间的基因进行逆转操作，则

$$A' = 18\ 25\ 62\ 51\ 48\ 33\ 96\ 115$$

群体更新方式采用保留最佳个体策略，即用父代中适应度最高的个体代替子代中最差的个体。

5. 广度优先递归算法

递归算法适合于解决那些需要做 n 次重复，但又不易确定进行重复操作的起始条件的问题。当然，能确定起始条件的重复性问题也能用递归算法解决。由于起始条件不易确定，故难以用循环程序来解决。这时就要首先从所要解决的问题出发向前递推，一步步寻找问题解决的根源（即起始条件），根源找到后再按原路一步步返回，返回的过程中，每一步都能得出一个确定的中间结果，全部返回后就得到了最终的结果，返回的过程又称为回归。可见，递归包括向前的递推和向后的回归两个过程。递推是寻找起始条件的过程，回归是从起始条件回推求解的过程。两个过程紧密结合，互相呼应。

递归思想运用到航路规划问题中，是基于以下原理：若序列{1,2,…,n}是1～n的最短路径，则序列{1,2,…,$n-1$}必为1～$n-1$的最短路径。这样依次由终点向起点逐步递推，直到找到起始点，再根据记录下来的路径，即为可行航路。舰船航路规划是在栅格环境中利用递归算法，因此需要涉及图的遍历范围问题。

图的遍历就是从图中指定的某顶点作为遍历的起始出发点，按照一定的搜索遍历路径，对图中所有顶点仅作一次访问的过程。因为图的复杂性，在图中的任何顶点都可能与其余顶点相邻接，故在访问某个顶点之后，可能沿着某条路径又回到了该顶点。为避免重复访问图中的同一个顶点，在搜索访问过程中必须记住每个顶点是否被访问过，为此可设置一个向量 visited，其初始值为{0}，一旦访问到第 i 顶点，便将 visited[i]置为1。

根据搜索路径方向的不同，遍历图方法可分深度优先搜索遍历和广度优先搜索遍历。

1）深度优先搜索遍历

假定给定图 G 的初态是所有顶点均未访问过，在 G 中任选一顶点 i 作为遍历的起始点，则深度优先搜索遍历基本思想是：首先访问起始顶点 i，并将其访问标记置为已访问过，即 visited[i]=1；然后依次从顶点 i 的未被访问的邻接点中选顶点 j，若 j 未被访问过，则访问它，并将顶点 j 的访问标记置为已访问过，即 visited[i]=1，再从 j 开始重复此过程；若 j 已访问，再看与顶点 i 有边相连的其他顶点，若与 i 有边相连的顶点都被访问过，则退回到前一个访问顶点并重复前过程，直到图中所有顶点都被访问完为止。

2）广度优先搜索遍历

假定给定图 G 的初态是所有顶点未被访问，在 G 中任选一顶点 i 作为遍历的起始点，则广度优先搜索遍历的基本思想是：首先访问起始点 i，并将其访问标记置为已访问过，即 visited[i]=1，接着依次访问顶点 i 的未被访问过的邻接点 $W_1,W_2,\cdots,W_t$，然后再依次访问与 $W_1,W_2,\cdots,W_t$ 相邻接且未被访问过的顶点。依次类推，直到图中所有顶点都被访问完为止。

在规划航路的海域面积较小（如突破海峡水道）时，采用广度优先的搜索遍历会使效率更高，所得结果更具全面性和代表性。

6. 航线拟合

由于参数设置及模型本身的原因，在使用相关算法计算航线所得的结果，可能航路点较多，不便于实际执行。航线拟合的目的就是在不影响航路安全的前提下，尽量减少航路点。拟合航线采用线性最小二乘法，通常是从一组数据中寻求反映客观事物变化规律的函数关系 $y=f(x)$ 的最佳近似表达式 $y=s^*(x)$。因此，不要求所求函数 $y=s^*(x)$ 经过每一个点 (x_i,y_i)，仅要求

$$s^* = \sum_{i=0}^{m} a_i^* \cdot \varphi_i \in \operatorname{span}\{\varphi_0,\varphi_1,\cdots,\varphi_n\} \tag{12-32}$$

且满足

$$(\|\delta\|_2)^2 = \sum_{i=0}^{m}\delta_i^2 = \sum_{i=0}^{m}(s^*(x_i)-f(x_i))^2 = \min_{s^*\in M}\sum_{i=0}^{m}(s^*(x_i)-f(x_i))^2 \tag{12-33}$$

式中：

$$\delta=(\delta_0,\delta_1,\cdots,\delta_m),\delta_i=s^*(x_i)-f(x_i) \tag{12-34}$$

满足上述要求,其几何意义是非常明显的。更一般的提法是,求 $s^* \in M$ 使得加权平方和误差达到最小,表达式为

$$(\|\delta\|_2)^2 = \sum_{i=0}^{m}\rho(x_i)(s^*(x_i) - f(x_i))^2 = \min_{s^* \in M}\sum_{i=0}^{m}\rho(x_i)(s^*(x_i) - f(x_i))^2 \tag{12-35}$$

式中:$\rho(x_i)$为$[a,b]$上的权函数,满足$\rho(x_i)>0(i=0,1,\cdots,m)$。

有多种选择权函数的方法,表示每一个数据(x_i,y_i)的权重。

式(12-35)可化为求多元函数,即

$$F(a_0,a_1,\cdots,a_n) = \sum_{i=0}^{m}\rho(x_i)\left[\sum_{j=0}^{n}a_j\varphi_j(x_j) - f(x_j)\right]^2 \tag{12-36}$$

其极小点$(\alpha_0^*,\alpha_1^*,\cdots,\alpha_n^*)$,有多元函数极值存在的必要条件为

$$\frac{\partial F}{\partial \alpha_K} = 2\sum_{i=0}^{m}\rho(x_i)\left[\sum_{j=0}^{n}\alpha_j\varphi_j(x_j) - f(x_j)\right]\varphi_k(x_i) = 0,\quad k = 0,1,\cdots,n \tag{12-37}$$

令

$$[\varphi_j,\varphi_k] = \sum_{i=0}^{m}\rho(x_i)\varphi_j(x_i)\varphi_k(x_i)[f,\varphi_k] = \sum_{i=0}^{m}\rho(x_i)f(x_i)\varphi_k(x_i) \tag{12-38}$$

则得法方程组为

$$\sum_{j=0}^{n}[\varphi_j,\varphi_k]\alpha_j = [f,\varphi_k],\quad k = 0,1,\cdots,n \tag{12-39}$$

其系数行列式为

$$G = \begin{vmatrix} (\varphi_0,\varphi_0) & (\varphi_0,\varphi_1) & \cdots & (\varphi_0,\varphi_n) \\ (\varphi_1,\varphi_0) & (\varphi_1,\varphi_1) & \cdots & (\varphi_1,\varphi_n) \\ \vdots & \vdots & & \vdots \\ (\varphi_n,\varphi_0) & (\varphi_n,\varphi_1) & \cdots & (\varphi_n,\varphi_n) \end{vmatrix} \tag{12-40}$$

由于$\{\varphi_0,\varphi_1,\cdots,\varphi_N\}$线性无关,所以 $G=0$,线性方程组有唯一解,即

$$\alpha_j = \alpha_j^*,\quad j=0,1,\cdots,n \tag{12-41}$$

从而得到

$$s^*(x) = \sum_{j=0}^{n}\alpha_j^*\varphi_j(x) \tag{12-42}$$

式(12-42)即为拟合曲线的函数表达式。

以上几种算法中,动态规划是求解航路规划问题的常用算法,对求解小范围的最优解非常有效,但由于数据存储量大,在大范围海区进行规划则显得无能为力。因此要在一定范围内搜索,但可能得不到全局最优航路。不过动态规划法模型简单,算法不依赖于威胁区域的连续性,容易实现。

遗传算法全局搜索能力比模拟退火算法更强,在相同的前提下,遗传算法规划的航路精

度高于模拟退火算法。模拟退火算法具有较强的局部搜索能力。利用概率选择法进行优化的模拟退火算法，虽然能较快收敛，但由于全局搜索能力比较差，容易陷入局部最优解。

蚁群算法采用的是正反馈机制，它是一种具有自组织性、进化性和稳健性的全局优化算法。基本蚁群算法一般需要较长的搜索时间，且容易出现停滞现象，其收敛性能对初始化参数的设置比较敏感。

递归算法在一定范围内，算法的效率比较高，但大范围的全局搜索则效率较低。

因此，舰船航路规划问题的求解，应结合各种算法的优点，对算法进行改进，综合运用以求得较优解。例如，通过对原始蚁群算法进行改进，保留最优解、采用自适应选择策略和自适应信息素调整准则，可有效提高算法的收敛速度和解的性能。再如：将模拟退火、动态规划与遗传算法结合构成特定的遗传模拟退火算法，这种算法的优点是使用模拟退火的概率选择法进行染色体中的基因选择，即航路中航路点的更新操作，可大大提高搜索效率；使用动态规划进行染色体中的基因排列组合操作，快速准确；同时结合遗传算法的全局搜索能力，可保证算法较快收敛于最优解。

12.3.2 舰船航路规划模型

按照“安全、及时、经济”的总要求，舰船航路规划实际上应满足所受的安全威胁程度较小、总航程较小、用时较短。舰船航行过程中可能受到的威胁主要包括碍航物、热带气旋、涌浪、冰情、能见度等；军用舰艇还应考虑敌情威胁。规划舰船航路时，在保障航行安全的前提下，尽量缩短航程和航行时间。

1. 舰船航行海区网格化

为便于定量分析和简化计算，可将舰船航行海区进行网格化。设航行海区为二维结构化空间，并记为 RS，并且威胁区位置、范围已知。为计算方便，采用沿经、纬线方向划分网格，网格大小应根据海区的可航宽度和舰船航海性能等综合确定，网格大小要适中：网格过大，可能就限制了局部海区的通航性；网格过小，会增加系统的运算量。

如图 12-2 所示，设舰船航行任务是从 A 点到 B 点，A、B 两点间的经差为 L，纬差为 D，A、B 区之间存在若干威胁区。现以 A 为坐标原点，纬线向东方向为 X 轴，经线向北方向为 Y 轴。将 A、B 两点间的经差进行 m 等分，在每个等分点画出经线，得到线段

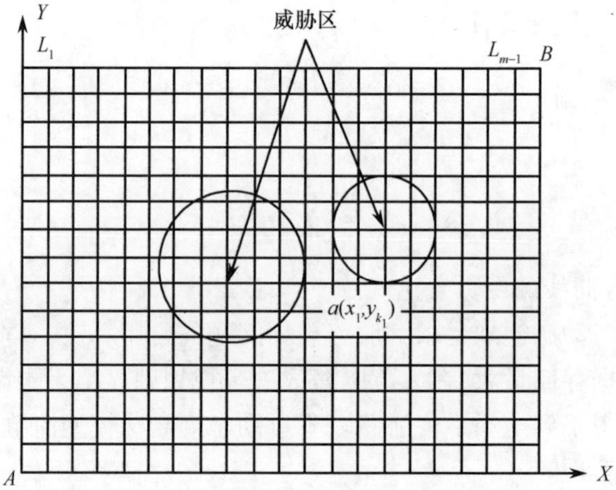

图 12-2　航行海区网格化示意图

$L_1, L_2, \cdots, L_{m-1}, L_m$，再以 X 轴为基准，将线段 $L_1, L_2, \cdots, L_{m-1}, L_m$ 进行 n 等分，每条经线段上有 $n+1$ 个点。这样在整个航行海区内，就有 $(m-1)\times(n-1)$ 个路径节点，则从起点 A 到终点 B 的航路可表示为

$$\text{Path} = \{A, \cdots, L_1(x_1, y_{k1}), \cdots, L_2(x_2, y_{k2}), \cdots, L_{m-1}(x_{m-1}, y_{k(m-1)}), \cdots B\} \tag{12-43}$$

式中：$L_i(x_i, y_j)$ 为第 i 条经线上的第 j 点。

整个航线的航程 L_k 为航路上各节点的距离之和。其表达式为

$$L_k = \sum L[(x_i, y_j), (x_p, y_q)] \tag{12-44}$$

式中：$L[(x_i, y_j), (x_p, y_q)]$ 为航路上相邻两节点之间的距离。

当 $i=p$ 时，有

$$L[(x_i, y_j), (x_p, y_q)] = \frac{D}{n} \tag{12-45}$$

当 $j=q$ 时，有

$$L[(x_i, y_j), (x_p, y_q)] = \frac{L}{m}\sec\varphi_{j,q} \tag{12-46}$$

否则，有

$$L[(x_i, y_j), (x_p, y_q)] = \sqrt{\left(\frac{D}{n}\right)^2 + \left(\frac{L}{m}\sec\varphi_{j,q}\right)^2} \tag{12-47}$$

式中：$\varphi_{j,q}$ 为两节点间的中分纬度（可用平均纬度代替）。

假设航行海区内共有 t 个威胁区，每个威胁区用圆心为 (x_a, y_b)、威胁半径为 r_j 的圆进行表示，则选定的节点 (x_i, y_j) 到最近威胁区的距离 $d_{i\min}$ 可表示为

$$\begin{aligned} d_{i\min} = \min\{&(\sqrt{[(x_i - x_1)\sec\varphi_{1,j}]^2 + (y_j - y_1)^2} - r_1), \cdots, \\ &(\sqrt{[(x_i - x_t)\sec\varphi_{t,j}]^2 + (y_j - y_t)^2} - r_t)\} \end{aligned} \tag{12-48}$$

则航路的约束条件为：在 $d_{i\min} \geqslant 0$ 的情况下，$L_k = \sum L[(x_i, y_j), (x_p, y_q)]$ 取得最小值。

设舰船航行海区为二维结构化空间，记为 RS，并且威胁区位置、范围已知。若某栅格内不存在威胁，则称此栅格为自由栅格；反之称为障碍栅格。自由空间和威胁区均可表示成栅格块的集合。

网格标识可采用下述两种方法：

(1) 笛卡儿坐标法。以网格阵左上角为坐标原点，水平向右为 X 轴正方向，竖直向下为 Y 轴正方向，每一网格区间对应坐标轴上一个单位长度。任一网格均可用笛卡儿坐标 (x, y) 唯一标识。

(2) 序号法。按从左到右、从上到下的顺序，从网格阵左上角第一个网格开始，给每个网格一个序号 n（从0开始），则序号 n 与网格块一一对应。

上述两种标识关系可表示为

$$n = x + N_x y \tag{12-49}$$

或

$$\begin{cases} x = \mathrm{mod}(n, N_x) \\ y = \mathrm{int}(n, N_y) \end{cases} \tag{12-50}$$

式中：N_x 为每行的网格数；mod 为取 n/N_x 之余数；int 为取 n/N_x 之整数。

威胁区可能占一个或多个网格，当不满一个网格时，也记为一个网格。该划分策略使场景描述与实际环境严格相符，规划的路径保证舰船畅通无阻。记 g 为任意网格，设 RS 中的网格构成集合 G_r；记 $ZS = \{z_1, z_2, \cdots\cdots, z_m\} \in G_r$ 为障碍网格集；$KS = G_r \cap \overline{ZS}$为可行网格集；令 $S = \{1,2,3,\cdots,N\}$ 为网格序号集。根据上述对应关系，可知 $g(0,0)$ 的序号为 0，$g(1,0)$序号为 1，……$g(x,y)$的序号为 n，由式(12-49)计算。

规划起始位置 $g_{\text{begin}} \in KS$ 为任意位置，称 g_{begin} 为开始节点，终止点 $g_{\text{end}} \in KS$ 也为任意位置，称 g_{end}为目标节点，且 $g_{\text{begin}} \neq g_{\text{end}}(\text{begin}, \text{end} \in S)$。

在 RS 上建立的栅格环境模型，可以逻辑对应到图结构。如图 12-3 所示，图 12-3(a)为栅格环境，g_0 为开始节点 g_{begin}，g_{15}为目标节点 g_{end}，黑色栅格 g_1、g_3、g_9、g_{14}为障碍栅格，其余白色栅格都属于可行栅格集 KS。图 12-3(b)为图 12-3(a)所对应的图结构，其节点对应于图 12-3(a)中序号相同的栅格。g_i 既表示图 12-3(a)中的栅格又表示图 12-3(b)中的节点，也就是栅格和节点为同一概念。图 12-3(b)中关联节点的弧根据图 12-3(a)中栅格的邻接情况而产生，图 12-3(b)的参照坐标系及节点坐标与图 12-3(a)相同。

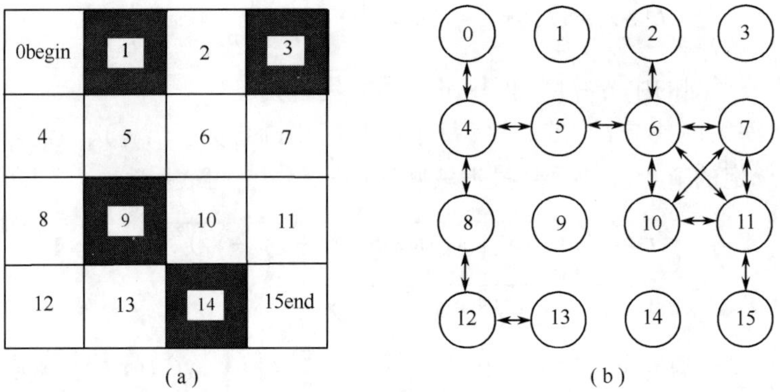

图 12-3 栅格图与逻辑图之间的关系

由此得到

$$G = (V, E)$$

式中：V 为图中节点的集合，$V = \{g_0, g_1, g_2, \cdots, g_7, g_8, \cdots, g_{15}\}$；$\boldsymbol{E}$ 为弧的集合，$\boldsymbol{E} = \{\langle g_0, g_4\rangle, \langle g_4, g_5\rangle, \langle g_5, g_6\rangle, \langle g_2, g_6\rangle, \langle g_6, g_7\rangle, \langle g_6, g_{10}\rangle, \langle g_6, g_{11}\rangle, \langle g_7, g_{10}\rangle, \langle g_7, g_{11}\rangle, \langle g_4, g_8\rangle, \langle g_8, g_{12}\rangle, \langle g_{10}, g_{11}\rangle, \langle g_{12}, g_{13}\rangle, \langle g_{11}, g_{15}\rangle\}$。

对于所有的栅格环境都可以用这样的方法对应到图上。

2. 舰船航路选择约束模型

(1) 海区水深应不小于 1.5 倍舰船吃水。

(2) 航行总时间满足任务要求(如航程满足平均速度的时间要求)。

(3) 到碍航物边缘的距离约束(如较宽阔海区不小于 1n mile,海峡水道取中间或按规定分道通航)。

(4) 每一段航向与舰船总航路起始两点连线所成夹角小于 180°。

(5) 通过国际自由通航水道时,航线到他国领海线的距离限制(如不小于 1n mile);通过群岛海道不能偏离海道中心线两侧超过 25n mile 以外,而且到海岸的距离不应小于海道边缘各岛最近各点之间距离的 10%;通过无害通过水道时,航线到他国领海基线的距离限制,如不小于 0.5n mile。

另外,军用舰艇航路还应考虑尽可能避开敌探测器材的有效作用范围等因素。

3. 舰船航路规划常用算法的实现

1) 动态规划

动态规划是求解精确航路的最有效算法之一,在舰船航路规划中通常采用固定阶段法和非固定阶段法两种方式。对于网格化海区,固定阶段法即根据预先设定阶段数 n,将海区划分为 n 个区域,并按照规划方向对其排序,每个阶段(区域)内的所有航路点作为该阶段的状态,状态转移为相邻区域内的所有航路点。阶段数可根据起、止点间的跨度确定,则区域划分为同一经度或纬度网格的总和。规划方向由起、止点的经差、纬差以及采用的是顺序还是逆序规划进行确定。若经差大于纬差,则规划方向为经向;反之为纬向。这种方法的优点是规划过程较简单,速度快;缺点是方向固定,不能往相反方向规划。在舰船航路规划中,由于某些区域必须绕过,而且有时可能要绕行很远。在这种情况下,航线可能需要"向回走",固定阶段法的规划结果不能满足要求。非固定阶段法是阶段数不固定,只定义上限,且规划方向不唯一,其状态转移为与当前航路点相邻的 8 个航路点。这种方法使航线可以"向回走",能较好地解决绕行问题。舰船航路动态规划可借鉴这种方法,采用从终点向起点逆推的逆序法。算法结构如下:

(1) 初始化,设定 num 为总阶段数,其值由起、止点的位置和海区网格的个数决定。为保证至少产生一组最优解和减少不必要的迭代,num 取值为

$$\mathrm{num}=\frac{2\max(|\Delta\varphi|,|\mathrm{Dep}|)}{a} \tag{12-51}$$

式中:$\Delta\varphi$ 为起、止点的纬差;Dep 为起、止点的东西距;a 为网格边长。

对于阶段 $k=\mathrm{num}$,当前状态为终点(DESTIN),则其上一阶段状态为邻近的 8 个航路点,记为 $x_{k-1}^{(j)}(j=1,2,\cdots,8)$。根据目标函数计算终点到 8 个航路点指标为

$$v_{kj}=v_k(\mathrm{DESTIN},x_{k-1}^{(j)}) \tag{12-52}$$

令 $f_k(j)=v_{kj}$,并记航路 $N_k^j=\{\mathrm{DESTIN},x_{k-1}^{(j)}\}$,$M(\mathrm{num})=8,k=k-1,t=1$。

(2) 若 $k=1$,转至第(3)步;否则,根据状态转移方案,以 $x_k^{(j)}$ 为中心,同样得到 8 个航路点,记为 $x_{k-1}^{(j)}(j=1,2,\cdots,8)$,分别计算 $x_k^{(j)}$ 到 8 个航路点的指标,记为 $v_{k-1}^j(i)$。令

$$f_{k-1}^j(i)=f_k(x_k^{(j)})+v_{k-1}^i \tag{12-53}$$

对于 $x_{k-1}^j(i)=x_n^{(m)},x_n^{(m)}\in N_n^m(n=k,k+1,\cdots,\mathrm{num},m=1,2,\cdots,M(n))$,若 $f_{k-1}^j(i)>f_n(x_n^{(m)})$,则删除 $x_{k-1}^j(i)$。记下保留的航路点的个数,定义为 $M(k-1)$。

对于 $X=\{x_{k-1}^j(i)\}(j=1,2,\cdots,M(k-1))$，若存在相同点，记相同点的集合为 X'，则由 $f_{k-1}(x_{k-1}^{(m)})=\min\limits_{x_{k-1}^j(i)\in X'}[f_{k-1}^j(i)]$，确定最小值对应的航路点作为第 m 个状态，即 $x_{k-1}^{(m)}=x_{k-1}^j(i)$，删除其余航路点，并记 $f_{k-1}(x_{k-1}^{(m)})=f_{k-1}^j(i)$，$N_{k-1}^m=N_k^j\cup\{x_{k-1}^{(m)}\}$。

若 $x_{k-1}^{(m)}=\text{START}$，则记 $S(t)=N_{k-1}^m$，$F(t)=f_{k-1}(x_{k-1}^{(m)})$，$t=t+1$，同时删除状态 $x_{k-1}^{(m)}$ 和 N_{k-1}^m，得阶段 $k-1$ 的所有状态 x_{k-1}^j，并记下状态的个数 $M(k-1)$。

(3) $k=k-1$，转至第(2)步。

(4) 从所有路线 $\{S(i)\}(1\leqslant i\leqslant t)$，得到 $\min\limits_{1\leqslant i<t}F(t)$ 对应的 $S(i)$，反序后即为规划航路。

2）模拟退火算法

模拟退火算法的搜索速度在规划航路的各种算法中是最快的，基本思想是从当前最优解出发，对其邻域进行搜索，直到搜索到最优解。由于利用了概率选择法替代当前最优解，无须存储任何数据，而且其搜索的基础是将航路等效为几个直航段，只需内部迭代，不需要扩展搜索，因此计算量大为缩减。

邻域结构是模拟退火算法的关键，与计算时间紧密相联。由于初始解不可能恰好覆盖最优解包含的所有航路点，在其内部进行迭代计算无法收敛到最优解。故在温度下降过程中需不断更新当前航路中的部分航路点。同时为了提高算法的收敛性，需对每条航路进行整理，得到相对于各航路点的最优航路。实际解算时，要构造两个邻域。

(1) 构造邻域。

① 航路中航路点的更新。以整个海区作为航路点的邻域，这样直接导致计算量非常大，而且不容易收敛。若采用在当前航路点附近区域搜索，则可大大缩短计算时间。具体操作为：任意选择航路中 n(小于航路中航路点的个数)个航路点，从每个航路点的邻域选取新的航路点，根据转移概率决定是否替换当前航路点。其邻域是以当前航路点为中心，由边长为 m 个网格组成的方区，m 随收敛速度的减慢逐渐变小。这样，对航路的邻域进行由粗到细的搜索，使航路逐步逼近最优解。

② 航路点的排列组合。对每条航路中的航路点进行排列优化，去除由于引入不合适的航路点造成的航路交叉现象。为提高搜索效率，对邻域中的航路点排列组合操作采用动态规划。动态规划使用逆序法，借鉴标号算法，具体操作步骤如下：

第 1 步，定义阶段数为航路中航路点的个数 N；$k=1$，对航路点进行编号，航路点的集合为 $V=\{1,2,\cdots,M\}$。第一阶段为终点(DESTIN)到各航路点 $u_1(i)=i(i\in V)$，其指标为 $f_1(u_1(i))=f_{\text{Destin},u_1(i)}(x,h,v)$，定义从航路点 i 出发的路径 $S_i=\{i\}$。

第 2 步，若满足终止规则($k=N$)，转至第 4 步；否则，计算式(12-54)，即

$$\begin{aligned}f_{k+1}(u_{k+1}(i))=\min(&f_k(u_k(1))+f_{u_k(1),u_{k+1}(i)},f_k(u_k(2))+f_{u_k(2),u_{k+1}(i)},\cdots,\\&f_k(u_k(i))+f_{u_k(i),u_{k+1}(i)},\cdots f_k(u_k(N))+f_{u_k(N),u_{k+1}(i)})\end{aligned}\tag{12-54}$$

第 3 步，$k=k+1$，$S_i=S_i\cup\{u_{k+1}(i)\}$，返回第 2 步。

第 4 步，计算起点(START)到 $u_N(i)(i\in V)$ 的指标，即

$$f_{N+1}(u_N(i))=f_{\text{Start},u_N(i)}(x,h,v)\tag{12-55}$$

(2) 确定最终解。

模拟退火算法在确定两个邻域后，可按以下方法确定最优解。

① 确定航路点个数 N，初始温度 t_0，内循环步数 k。均匀随机选择 N 个航路点形成一条航路。在若干条这样的航路中，根据目标函数值选出最佳的航路，作为当前最优解。

② 若 $t_0 < \varepsilon$，算法停止，当前解即为规划的最优航路；否则，对航路进行航路点排列组合邻域操作，再对整理后的航路中任意 n 个航路点先后进行邻域搜索。即均匀随机选择航路点更新邻域中的 K 个航路点，先后按照下式表述的接受概率对其接受，即

$$A_{i,j} = \min\left(1, \exp\left(-\frac{\Delta f_{ij}}{t_0}\right)\right) \geqslant \mathrm{random}(0,1) \tag{12-56}$$

然后进行下一航路点的邻域搜索，当所有 n 个航路点完成搜索，则认为达到内平衡状态。

③ 按照比例降温法实行降温 $t_0 = d(t_0)$，将内平衡状态的航路作为当前最优解，进行步骤②。

3）遗传算法

遗传算法全局搜索能力比模拟退火算法更强，在相同的前提下，遗传算法规划的航路精度高于模拟退火算法。算法的基本思想是产生一系列的航路，通过更新航路点改变航路本身，同时各条航路之间进行交叉、变异，每一代以较优的航路替代较差的。经过若干次迭代，所得航路都进行了优化，再从中选出最优的航路。由于更新航路点同样需要使用邻域，故在算法的实现中继续使用了模拟退火算法的邻域结构。

基本遗传算法存在局部搜索能力较差的缺陷，通常应与其他启发式的搜索算法相结合。如结合模拟退火算法较强的局部搜索能力，将模拟退火、动态规划与遗传算法相结合构成特定的遗传模拟退火算法。这种算法的优点是：使用模拟退火的概率选择法进行航路点更新邻域操作，提高了搜索效率，同时对新种群的构成也采用概率选择法，加快了解的收敛；使用动态规划进行航路点排列组合邻域操作，快速准确；结合遗传算法的全局搜索能力，保证了算法较快收敛于最优解。

算法的基本结构如下：

(1) 给定群体规模初始温度 t_k 和初始种群 $\mathrm{pop}(k)$，$k=0$。

(2) 若满足终止规则（$t_k \to 0$），停止计算；否则，对群体中每一个染色体使用动态规划进行航路点排列组合邻域操作，得到局部最优的新群体Ⅰ。对新群体Ⅰ中的每一染色体 i（$i \in \mathrm{pop}(k)$）进行航路点更新邻域操作，得到新的状态 j，按照模拟退火算法中的接受概率接受或拒绝 j，经过若干次迭代选择出新群体Ⅱ。

(3) 在新群体Ⅱ中计算适应函数，即

$$f_i(t_k) = \exp\left(-\frac{f(i) - f_{\min}}{t_k}\right) \tag{12-57}$$

式中：$f_{\min}$ 为群体Ⅱ中的最小值，由适应函数决定的概率分布从群体Ⅱ中随机选择染色体构成种群Ⅲ。

(4) 对种群Ⅲ进行交叉变异逆转得到新一代群体 $\mathrm{newpop}(k+1)$。

(5) $t_{k+1} = d(t_k)$，$k = k+1$，$\mathrm{pop}(k) = \mathrm{newpop}(k)$，返回步骤(2)。

4）蚁群算法

(1) 算法描述。

给定一个有 n 个节点的航行海区网格的航路规划问题，将指定的起点 A 假设为人工

蚁群的巢穴,把目标点 B 假设为要寻找的食物,则航路规划问题就可以转化为蚁群寻找食物的路径寻优问题。假定蚂蚁的数量为 m 只,其寻路过程遵循以下规则:

① 根据与当前节点相连接的各个路径上的信息素浓度和路径长度,以相应的概率随机选择下一个节点。

② 利用数组结构控制蚂蚁不选择已经走过的节点为下一个节点。

③ 按一定的路径长度释放相应的信息素浓度,并且所释放的信息素浓度随着时间的推移而逐步减少。信息素浓度 $\tau_{ijj}(t+1)$ 按式(12-8)计算。

④ 合理调整有关参数。在航路规划问题中,由于蚂蚁可经过的点太多,很难确保每个点都能获得信息素。因此,在构建舰船航路规划问题的蚁群算法时,α 和 β 将随时间 t 变化而做相应调整,即有

$$\alpha=\begin{cases}\dfrac{4t}{m}, & 0\leqslant t<m\\[2ex] 0, & m\leqslant t<u\end{cases}\tag{12-58}$$

$$\beta=\begin{cases}\dfrac{3m-1.5t}{1.5}, & 0\leqslant t<m\\[2ex] 1.5, & m\leqslant t\leqslant u\end{cases}\tag{12-59}$$

式中:m 为临界时刻;u 为终止时刻。

在 m 时刻前,由于各航路点上的信息量较少,蚂蚁寻路过程中的主导因素为启发式因素,这样能使更多的点获得信息素;在 m 时刻后,蚂蚁寻路过程中的主导因素变为信息素浓度因素。从初始时刻 0 到临界时刻 m,α 值随时间线性递增,β 值随时间线性递减;从临界时刻 m 到终止时刻 u,α 和 β 值均为常数。

在只依赖于距离信息时,第 k 只蚂蚁从当前节点 i 向下一节点 j 的距离启发式信息概率为

$$\varphi_{i,j}^{k}=\begin{cases}\dfrac{((\text{MaxDistance}_{A(i),e}-\text{Distance}_{j,e})\omega+\mu)^{\lambda}}{\sum\limits_{j\in \text{Available}(i)}((\text{MaxDistance}_{A(i),e}-\text{Distance}_{j,e})\omega+\mu)^{\lambda}}, & j\in \text{Available}(i)\\[2ex] 0, & \text{其他}\end{cases}\tag{12-60}$$

式中:Available(i)为点 i 周围一个单位距离内非威胁区中点的集合,算法中的人工蚂蚁只能向前、后、左、右 4 个方向移动,因此,有 $0<|\text{Available}(i)|\leqslant 4$;$\text{Distance}_{j,e}$ 为从 j 点到终点 e 的距离,其值在算法执行前已进行预先计算;$\text{MaxDistance}_{A(i),e}$ 为 $\text{Distance}_{j,e}$ 中的最大值;ω 为标定系数,取 $\omega=10$ 较合适;μ 为标定系数,取 $\mu=2$ 较合适;λ 为标定系数,取 $\lambda=2$ 较合适。

(2) 实现步骤。

① 初始化航行区域网格图上所有节点处的信息素,形成初始信息素矩阵。

② m 只蚂蚁位于起始点 A 等待出发。

③ 每只蚂蚁根据状态转移规则选择网格图上的下一点,最终达到目标点,形成一条可行航路。

④ 计算各蚂蚁得到的可行航路目标函数,保存最优航路解。

⑤ 根据目标函数，依据信息素调整准则，对各点的信息素进行调整。

⑥ 判断是否满足迭代条件（即达到设定的迭代次数或最小目标函数），若满足，则完成搜索；若不满足，则返回重新执行，直到满足迭代条件为止。

（3）程序流程。

首先连接海图数据库，然后输入、初始化各个参数并开始循环。在每次循环中，每只蚂蚁依次进行寻食过程，如果有蚂蚁找到了食物即找到了一条寻食路径，则将此路径与本次循环中其他蚂蚁找到的寻食路径进行比较，将最小的寻食路径更新为最优路径，并判断是否满足所给定的精度，如果满足则退出循环；否则进行下一次循环。当循环次数达到最大次数时，结束循环并判断是否找到了最优路径，如果找到了最优路径，则输出最优路径及其权值；否则显示没有找到最优路径。最后，关闭海图数据库并结束程序。

在每只蚂蚁进行寻食的过程中，首先判断蚂蚁是否正在寻找食物：如果是则进行寻找食物的过程，否则进行寻找巢穴的过程。在进行寻找食物过程中，首先从海图数据库的路径表中读取与当前节点所连接的节点数以及每个节点的编号和权值。判断每个节点是否已经走过：如果此节点已经走过，则读取下一个节点。从海图数据库的信息素表中读取对应边的“食物”信息素值，从当前点到下一可行点的转移是由基于信息量的状态转移概率和距离启发式信息概率综合决定的。从海图数据库的路径表中读取对应边的权值，并计算所走过路径的权值。从海图数据库的信息素表中读取对应边的“巢穴”信息素值，并重新计算对应边的“巢穴”信息素值。当所得的值小于 1 时，将此值设置为 1，以保证下一回计算选择概率时分母不为 0。将重新计算的“巢穴”信息素值更新到信息素表中。

判断下一个目标节点是否为食物，如果是的话，则保存各个记录，如蚂蚁所走过的节点、此蚂蚁找到食物的次数以及整个路径的总权值等数据，并为寻找巢穴做准备，如清空内存中的历史数据、将食物作为起始节点等；否则设置下一个目标节点为当前节点。

在进行寻找巢穴的过程中，大部分的操作都与蚂蚁进行寻找食物的过程一样，只不过将“食物”信息素和“巢穴”信息素进行对调，在判断下一个目标节点是否为巢穴的时候，不需要保存各个记录，只需为寻找食物做准备。如清空内存中的历史数据，将巢穴作为起始节点，并将此蚂蚁上次找到食物的路径记录清空等。

5）广度优先递归算法

广度优先递归算法实现的基本步骤如下：

（1）输入起始点和目标点后，进行数据初始化。

（2）设置起始点为当前点，列举出其相邻的可行航路点集 S_1（$S_1=\{s_{1j}|s_{1j}$为相邻可行航路点$\}$）。

（3）判断起始点是否为目标点，如果是目标点，转步骤(6)；否则转步骤(4)。

（4）设置当前点为 s_{ij} 点，列举出其相邻的可行航路点集 S_i（$S_i=\{s_{ij}|s_{ij}$为相邻可行航路点，$i=1,2,\cdots\}$）。

（5）判断当前点是否为目标点，如果是目标点，转步骤(6)；否则转步骤(4)。

（6）依次将 s_{ij} 点的数值返回，记录所有返回值中的最小值及其路径。

（7）将最小值及其路径进行显示。

12.3.3 舰船航路规划辅助系统

1. 研究思路和设计原则

1）研究思路

在充分研究航行任务、航经海区环境（包括海洋环境以及军用舰艇需考虑的敌情信息）和舰船自身性能的基础上，自动生成舰船从出发地到目的地的优化航路。该航路能使舰船在指定时间安全到达目的地的前提下，尽可能地节省航程和航行时间；军用舰艇的航路规划应以安全、隐蔽为前提。该系统可为舰船优选航路、制定舰船航海计划提供辅助决策。

2）设计原则

以电子海图为平台，立足舰船自身性能，以海洋地理、水文气象环境为主要因素，结合航经海区的有关规定和军用舰艇应考虑的敌情威胁，运用动态规划、蚁群算法、模拟退火算法、遗传算法、递归算法等适用于舰船航路规划的优化算法，建立舰船航路规划模型，生成舰船从出发地至目的地的优化航路。

2. 系统组成及功能

如图12－4所示，舰船航路辅助设计系统由威胁输入模块、海情输入模块、舰船航路约束模块、舰船航路优化计算模块和舰船航路生成模块等组成。

1）威胁输入模块

其主要提供各种固定式威胁源的位置及威胁范围，并分类显示在电子海图上。一次输入后系统具有保存功能，可进行删除和修改。

2）海情输入模块

其主要提供各种统计、预报或实时的海情信息，除电子海图可以获取的海洋自然地理环境信息（如水深、碍航物、海流等）外，需人工输入气象、海况、冰情信息等。

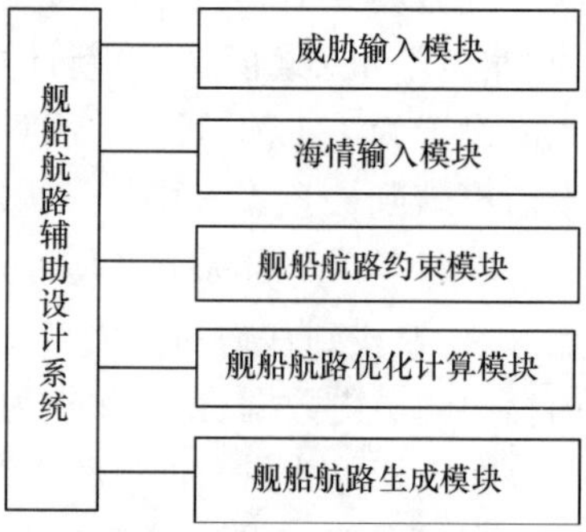

图12－4　船舶航路辅助设计系统组成

3）舰船航路约束模块

其主要设置舰船航线到威胁源（包括碍航物、敌方探测区等）以及到领海线、特定海区边线等的最近距离，设置舰船最大航速、平均航速等。

4）舰船航路优化计算模块

其主要应用舰船航路规划有关算法求解最优航路。舰船航路优化计算模块是根据输入的威胁源、海情信息以及舰船航路规划约束条件，依据航路规划算法和模型进行优化航路计算和航路拟合。

5）舰船航路生成模块

其主要显示系统计算的优化航路，包括总航线及各航段的航向、航程、航速、航行时间等。生成后的航路可进行航路点增减、航线调整，航线确定后，自动生成舰船航海计划表。

参 考 文 献

[1] 赵琳,程建华,赵玉新. 船舶导航定位系统[M]. 北京:国防工业出版社,2011.

[2] 杨晓东,赵琳. 舰船导航概论[M]. 北京:科学出版社,2009.

[3] 赵琳,等. 非线性系统滤波理论[M]. 北京:国防工业出版社,2012.

[4] 赵琳,丁继成,马雪飞. 卫星导航原理及应用[M]. 西安:西北工业大学出版社,2011.

[5] 袁书明,杨晓东,程建华. 导航系统应用数学分析方法[M]. 北京:国防工业出版社,2013.

[6] Armenise M N,Cimineui C,Olio F D,et al. 新型陀螺仪技术[M]. 袁书明,程建华,译. 北京:国防工业出版社,2013.

[7] 杨礼伟,杨良华. 船舶气象定线[M]. 北京:人民交通出版社,1986.

[8] 王长爱,姚洪秀. 船舶海洋气象导航[M]. 上海:中国纺织大学出版社,1993.

[9] 陈家辉. 航海气象学与海洋学[M]. 大连:大连海事大学出版社,2001.

[10] 李志华,王辉. 海洋船舶气象导航[M]. 大连:大连海事大学出版社,2006.

[11] 吴文风. 舰船气象导航[M]. 北京:海潮出版社,1999.

[12] 赵琳,王小旭. 基于极大后验估计和指数加权的自适应 UKF 滤波算法[J]. 自动化学报,2010(7):1007-1019.

[13] 赵琳,王小旭. 组合导航系统非线性滤波算法综述[J]. 中国惯性技术学报,2009(12):46-52, 58.

[14] 王小旭,赵琳. 自适应融合滤波算法及其在 INS/GPS 组合导航中的应用[J]. 宇航学报,2010(11):1636-1641.

[15] 赵琳, 丁继成. 极弱信号环境下 GPS 位同步和载波跟踪技术研究[J]. 航空学报,2010(6):1204-1212.

[16] 杨晓东,施闻明,徐彬. 基于加速度计的水下惯性导航系统[J]. 中国造船,2008(1):107-111.

[17] 杨晓东,施闻明. 潜艇水下位置监测方法研究[J]. 中国造船,2008(2):101-106.

[18] 杨晓东,陈利敏. 磁通门罗盘的数字信号处理方法[J]. 交通运输工程学报,2008 (3):33-36.

[19] 程建华,李明月. 基于小波分析的容错组合导航系统故障检测算法研究[J]. 宇航学报,2012 (4):419-425.

[20] 程建华,陈岱岱. 基于分类因子自适应滤波的惯性导航传递对准精度评估方法[J]. 中国惯性技术学报,2013 (5): 598-603.

[21] 程建华,时俊宇,等. 多阻尼系数的全阻尼惯性导航系统的设计与实现[J]. 哈尔滨工程大学学报,2011 (6): 786-791.

[22] 程建华,时俊宇,等. 基于潜器空间运动的捷联式惯性导航系统误差仿真算法[J]. 传感器与微系统,2010 (12): 25-28.

[23] 程建华. 光纤陀螺旋转调制技术研究[R]. 哈尔滨:哈尔滨工业大学博士后出站报告,2009.

[24] 徐丽娟. BD-2 RDSS 分系统导航误差修正技术研究[D]. 北京:中国科学院研究生院(空间科学与应用研究中心), 2007.

[25] 北斗卫星导航系统简介[EB]. http://www. beidou. gov. cn/xtjs. html.

[26] 郜敏. 北斗卫星导航系统正式提供区域服务[J]. 卫星应用,2013(1):5-8.

[27] 中国卫星导航系统管理办公室. 北斗卫星导航系统发展报告[J]. 国际太空,2012(4):6-11.

[28] 张建喜. 基于长基线定位系统的水声定位技术研究[D]. 上海:华东理工大学,2012.

[29] 朱坤. 声相关计程仪测速技术[D]. 哈尔滨:哈尔滨工程大学,2010.

[30] 段海滨. 蚁群算法原理及其应用[M]. 北京:科学出版社,2005.

[31] 朱庆保,张玉兰. 基于栅格法的机器人航路规划蚁群算法[J]. 机器人,2005 (2):132-136.

[32] 王俊贤. 动态航路规划及其在航海导航中的应用[D]. 西安:西安交通大学,1997.

[33] 刘怀春,刘怀亮. 改进的混合遗传模拟退火算法及其在组合优化中的应用研究[J]. 现代计算机,2004(1):1-4.

[34] 唐正平,赵宝庆,等. 基于蚁群算法的舰船避险航路规划[J]. 船海工程,2008(5):110-112.

[35] 赵丰,唐正平,等. 基于广度优先递归算法的航路规划[J]. 四川兵工学报,2009(4):45-47.

[36] 唐正平,杨军鹏. 船舶大洋航线评价中多属性指标隶属函数的确定方法[J]. 船海工程,2010(4):110-112.

[37] 唐正平,张宁川,等. 基于模糊综合评价的舰艇航路评估方法[J]. 大连舰艇学院学报,2013(1):1-4.

[38] 尹尽勇,张楠. 北大西洋船舶航线选择[J]. 气象,1999(9):41-44.

[39] 李志华,陈家辉,王辉. 海洋船舶自行气象导航[J]. 世界海运,2001(1):18-19.

[40] 刘峰,李春宝,庞福文,等.船舶自行气象导航的研究[J].中国航海,1992(2):24-31.
[41] 乔前防.船舶气象导航的分析与评价[J].南通航运职业技术学院学报,2009(4):31-33.
[42] 李超.气象导航浅析[J].天津职业院校联合学报,2013(1):118-120.